叢書・ウニベルシタス　917

# サバタイ・ツヴィ伝（下）

## 神秘のメシア

ゲルショム・ショーレム
石丸昭二 訳

法政大学出版局

Gershom Scholem
SABBATAI ZWI
Der mystische Messias

下巻／目次

## 第七章　棄教のあと（一六六七－一六六八年）　727

# 凡例

一　本訳書では一巻本の原著を上下二巻に分け、上巻には原著の「英語版へのまえがき」と第一章から第四章までを、下巻には第五章から第八章までを収めた。原注も、原著では各章の末尾に付されているが、訳書では上下巻に分け、まとめて巻末に置いた。しかし注のページ番号は上下巻通しになっている。人名索引については、上下巻本文のページ数が通し番号になっているので、各巻の巻末に同じものを掲げた。但し、現われる人名ならびにそのページ数挙示は本文のみに限り、原注部分については割愛した。

二　下巻の巻末に掲げた文献目録の表示形式は便宜上本書英語版に拠っている。

三　本文ならびに注の文中に挿入されている〔　〕内の記述はすべて訳者が付した注釈である。

四　原著では作品名、引用文、強調表現等に対して一律に≪　≫が使用されているが、本訳書ではそれを踏襲せず、訳者の裁量において『　』、「　」〈　〉などを適宜使い分けた。［　］の使用は原著のままである。

五　注及び文献目録（一部）に掲げられている書名のうち英語とヘブライ語以外のものには注では（　）に、文献目録では『　』に入れて仮の訳を付した。

六　固有名詞のカナ表記はなるべく各言語の発音に近づけるよう心がけた。その際依拠した主な発音辞典は　Duden（ドイツ語）、Warnant（フランス語）、固有名詞英語発音辞典（三省堂）である。

七　聖書の引用文は日本聖書協会訳（一九五五年改訳）と旧約聖書翻訳委員会訳（全四巻岩波書店）にしたがった。

# サバタイ・ツヴィ伝（下）

# 第五章　ヨーロッパにおける運動（一六六六年）

## Ⅰ　成功の条件と要因。運動の広がり。贖罪運動の全般的記述

パレスチナとエジプトのユダヤ人が離散地にいる友人や親戚たちに朗報を知らせはじめるや、サバタイ主義運動は急速に広まった。彼らの手紙が呼び起こした興奮はとてつもなく大きかった。反応がどこでも似通っていたことは、運動の根本的原因を特別な地域事情に求めてはならないことを示している。いくつかのコミュニティでは、いやそれどころか多くの国々でも地域的要因がひと役買っていたことは疑いないが——それはスミルナの例からして明らかである——それを決定的と考えることはできない。一六四八年の鏖殺がポーランドやロシアのユダヤ人にあたえた影響はよく証明されているところであるし、たしかにその過小評価してはならないだろう。だが、よい報せにたいする全般的好感度は皆殺しや迫害のせいばかりではない。救済の大波は直接抑圧や流血の犠牲にならなかったコミュニティにも、そのような経験をしたコミュニティにも、ひとしく押し寄せた。むしろ、メシア運動の勃発とそのプロパガンダに主導的役割をになったのは、最も多く自由を享受していたコミュニティにほかならなかった。ユダヤの資料は、支配者がもろもろの経済的理由からユダヤ人の入植を望んでいたサロニキ、リヴォルノ、アムステルダムでユダヤ人

が享受していた自由について述べ、一方キリスト教の資料はそれにいたく憤慨している。トスカーナ公は新しい都をヴェネツィアやジェノヴァと競う大きな港町に変える決心をしたあと、リヴォルノのユダヤ人に非常な特権をあたえた。アムステルダムのユダヤ人の裕福さは有名である。それでも、そのメシア熱はいかなる点でも他のコミュニティに劣らなかった。サスポルタスのような運動の反対者がこれらの主だったコミュニティが果たした役割を嘆くのはもっともであった。とくにアムステルダムは救済妄想に歯止めをかけるどころか、それをいっそう煽り立てた罪を着せられたのだった。

メシア運動の勃興にさいしては、社会的要因と宗教的要因が分ちがたく結びついていた。そもそも何も明らかにしていない史的唯物論の「説明」はおくとして、ユダヤ人コミュニティ内での階級闘争をもち出さずとも、ユダヤのメシアニズムが、なかんずくその後期段階において、ある一定の社会的機能を果たしたことは見紛うべくもない。ユダヤ人の生存のとくべつ条件下では、メシアニズムはユダヤ人内の——階級間あるいは別の原因からの——争いの表われというより、賤民の異常な状況の表われであった。生命と財産の不安感と絶えざる危機感は下層階級に劣らず上層階級をもとらえた。それどころかしばしば心配の種は金持ちのほうが多かった。メシアニズムと貧困との関係はまったく不明瞭であった。もちろん、ユダヤ民族の状況に急激な変化があれば、なんであれ支配層の利害に影響しただろう。このことはたしかに救済理念が受け容れられた理由を一部明らかにしている。他方、破壊的革命的特徴と大衆への影響力をそなえた黙示録的メシアニズムの大きな魅力については疑いの生ずるべくもない。貧困と欠乏はユートピア的希望をはぐくむが、決定的背景となったのは民族全体の状況である。このばあい国家神話の救済的な側面が第一番の社会的要因となりえた。そのことはルーリア的カバラーの歴史と、それが、まさにあのユダヤにたいして宗教的社会的責任をになったサークルの神秘神学として根をおろしていくさまにはっきり表わ

TICVN
DE LA NOCHE;
Y DE EL DIA
ORDENADO
Para la ſaluacion.
*Por el S. H. R.*
NATAN
SQVENAZI.

(l'Anno 5426.)

ナータンの『夜の祈祷のためのティックーン』のスペイン語訳表紙.

Ⅳ

れている。しかし、ルーリアのティックーン説は社会状況の表われであったけれども、後者が前者の「本当の」隠れた内容ではなかった。真の内容は本質的に宗教的であった。人間存在の変革の期待にはすべて社会的な観点と含意があるのだから、それは「本質的に」社会的である、ということを信ずるには現代的無邪気さが必要である。わたしたちがここで扱っている世代の世界観はそれほど貧しくなってはいなかった。彼らの経験のなかにはまだ、社会的現実の直接的間接的反映を超えた精神的次元の占める余地があった。サバタイ主義運動の歴史的アクチュアリティのなかにいろいろな要素が根ざしていたことこそがその運動に爆発的な力を充電させたのである。

金持ちたちの態度は同時代のユダヤ人にもキリスト教徒たちにも大きな関心事であった。資料を注意深く調べてみると、階級による画一性がまったくないことがわかる。経済的特権階級の多くのメンバーがメシア宣伝の主導権を取ったのは偽らぬ熱意をもってしてであり、けっしてテロの圧力にたいする不安からではなかった。イタリア、オランダ、ドイツ・オーストリア帝国からの証言はこの点で一致している。その一方で、富裕層の多くは已れの地位の快適さを大事にし、メシア的変革に不信感をもった。国家宗教的傾向と自分の経済的利益のあいだで相克した者は少なくない。ヤーコプ・タウスクの詩（五七四ページ参照）はこの葛藤をありありとえがき出している。ユダヤ人にあまり好感をもっていないキリスト教徒のマルティン・マイヤーは一六八八年にこの問題における彼の印象を次のようにまとめている。「それにたいし、裕福な資産家の客たちはたしかにそんな夢みたいな希望を面白がったが、でも内心では、出て行くとなると、全財産をもっては行けないだろうし、キリスト教徒たちに残していかねばならないのが苦痛だった。」(1)このテーマにかんするウィットやギャグが広まった。ホッティンガーには、黄金一〇〇トン分の財産をもつアムステルダムのユダヤ人の話がある。メシアとその預言者のために献金してくれないかとたのまれたとき、彼はこう答えた。自分には「偉大な預言者なんかより大儲けのほうが関心がある」と。[2]これはおそらく特殊なケースではなかっただろう。一方に聖地の呼び声、他方には働いて手に入れた富と快適さ、両者の葛藤は現代のシオニズム運動が始まりではない。だが、この反駁の余地のない事実を同様に反駁の余地のない他の事実と合わせて正しい光に照らして見る必要があるだろう。弁証法的唯物論の無邪気な単純さをもってサバタイ主義運動の多様性に取り組んでも、えるところはない。[3]メシアニズムは、とくにその内容が偉大な幻想家によって再編されるときに、巨大な、進歩的革命的力として機能しうる。しかしそれはまた、その活力が失われて古い民衆神話の化石標本と化すなら、ブレーキになる退歩的要因であると判明するかもしれない。

ガザからの報せの成功にはいくつかの要因がはたらいた。

一、救済の叫びは聖地から来た。勃興がどこか離散地で始まったなら、その効果はおそらくもっと少なかっただろう。パレスチナが当時のユダヤ人の生活の中心地から遠く離れていたことと、そこのコミュニティが数的にも物質的にも重要性をもたなかったことは、もっぱらその精神的名声を強めた。二、三〇〇〇人を越えるか越えないくらいの、パレスチナのほんのひと握りのユダヤ人のあいだには社会的緊張はあまりないというか、まったくなかった。大半はラビの学者で、貧しかった——ときとしてこの二つの概念は同義であった。自活できたのはわずかで、大半は外地の家族か、それともだいたいにおいて全ユダヤ人共同体によって支えられていた。信仰復興は純粋な徹底的な精神性に立つ中心地から来た。メシアが登場場所に選ぶにはパレスチナほど良いところはまずなかった。なぜなら、そこはいわばアルキメデスの支点で、そこから離散地に挑むことができたからである。エルサレムからの報せはペルシアやイエーメンで当然の敬意をもって受け取られた。ポーランドやイタリアから来たのであれば、そうはいかなかっただろう。

サーフェードから起こった新しいカバラーがユダヤを征服し、世界各地のカバリストが精神的完成を求めて当地に住みついてからというもの、聖地の威信はいっそう高まった。

二、救済の啓示は預言の復活にともなって行なわれた。「ヤコブの神の油を注がれた者」の最初の報告はこうも告げている。彼の使命はひとりの預言者によって認証された、その預言者の誠実さはガザのラビを初め他の学者たちも保証している、と。それどころか、最初はむしろ預言者にアクセントが置かれていた。それというのも、メシアの使命を基礎づけたのは彼の証言であって、その逆ではなかったからである。多くの書物や書簡に記されている日付――「預言と王国の復活の最初の年に」(4)――はこの点で重要である。年若い、すぐれた学者にして禁欲を旨とする預言者という注目すべき人物像がメシアの人格の少々胡散臭い面を覆い隠した。一般大衆は言わずもがな、支持者の意識のなかではたしかにメシアの人格は棄教のあとまであまり、というかまったく問題にならなかった。

三、この報せには伝統的通俗的な黙示録とルーリア的カバラーに照らしてみたその新解釈の示唆との奇妙な結びつきが見られた。カバリストたちが取り組んだ問題には格別精通していない大衆向けの文学では前者の要素が優勢である。その世界は救済伝説と黙示録戦争の世界であった。初め大衆に向けられた宣伝はその全般的な表現において根本的には伝統的なパターンに結びついていた。細かいところはほとんどすべてそれとは違っているけれども。従来の考えは放棄されなかったが、その諸要素は新たに組み換えられ(たとえば広く流布したナータンの書簡がそうである)、新しい詳細がつけ加えられた。一六六六年の書簡やその年から伝わる伝承は次の一点における決定的な意味を裏づけている。大衆のメシアは、黙示録的幻想界に生まれ、中世に民衆の表象界にはいってきた古い終末論的ミドラーシームであった。大衆の救済への期待は、その性格からしてはっきりと「政治的」であった。解放を生じさせる手段は超自然的であったけれども。黙示録の戦争の観念は保持されたが、二つの構成部分に分かたれた。征服は戦わずして即座になされるだろう、一方、救済戦争はずっとあとに起こるだろう、と。民衆の空想力はまたすぐに失われた部族も引き込み、離散地のユダヤ人が自分たちには実行できないと思っていた戦いの機能を彼らに委ねた。サバタイ主義のプロパガンダは新旧の伝説を融合させたこの神話の重要性を過少視しようとはしなかった。それはむしろ、古い素材をたくさん残したから、それだけ多くの新しい要素を受け容れることができたのだった。

この通俗神話の大事な点はその正統的性格であった。なるほどそれは世界の諸民族とその支配者にかんしては革命的であったが、ユダヤ人の生活の未来にかんする考えはあくまでも保守的であった。運動の最盛期における多くの声はどちらかというと反律法主義的な響きをもっていたようだが、(5) 救済世界のなかに律法厳守の保証人を見た多数派の合唱のなかにかき消されてしまった。単純な「信者たち」の集団はトーラーの体質のなかの神秘主義的変化を理論的にとらえてはいなかった。彼らが「律法の実現」について語ったとき、彼らの言ったことは言ったとおりのことであった。実現とは彼らにとって廃止の逆説的な婉曲話法ではなかった。だが同時に、救済のプロパガンダはカバラー学者の有名層にも向けられ、彼らにサバタイの福音をルーリア的秘教の概念とゾーハルの概念で解釈した両義的な象徴体系を提供した。ナータンと彼の友人たちはカバラーの言葉で語った。だから彼らは理解され、彼らの教えは受け容れられ、読者は、ナータンの象徴表現とその含む意味が本当にオーソドックスなのかどうか、一瞬たりとも疑わなかった。読者はサバタイ主義の象徴表現と自分たちの伝統的な用語法との類似を確信していた。継続性があると思われたことによって、古いカバラーの殻の下に隠れて新しい革命的要素が存在しえたのである。報せがカバリストに及ぼした魅力は決定的な意味をもっていた。それは最も活発な、最も先鋭な宗教集団をつくり出したからである。一般大衆とカバラーの精鋭たちのこの二重の反応が運動に強い勢いをあたえたのである。

四、預言者が書簡やトラクトで何度も改変し解説した悔い改めの呼びかけは、救済の報せにたいする公衆の反応を決めるのに決定的なはたらきをした。預言者の心底からの叫びはひとつの信仰行為であって、戦術的な手ではなかった。それでも彼の意図は反対者の可能性を極力狭めることであった。悔い改めの要請はすべてのユダヤ人の心のなかにある非常に気高い憧れに訴えたが、今回それは救済の陣痛を短くして解放の到来を早めようというとくべつな目標とつながっていた。しかし贖罪の熱意の根底にはどのような動機があったのか。正統派のラビたちは全民衆が贖罪の叫びに応えたその熱意に対抗して何をもち出すことができただろうか。預言者とメシアの強固な反対者ですら世に高まった要求を認めないわけにはいかなかった。それどころか、こう願うしかなかった。「ただ願わしいことは彼らがいつまでもそのような心をもってくれることである。」(申命記五、二六または二九)きわめて厳格な禁欲生活と悔い改めの勤行への熱心な呼びかけが何ヵ月も続いたのち、世の中全体に公然と律法違反(アヴ九日の断食の廃棄)を命ずるメシアの指令が出された。この指令でさえ、トルコ国外のユダヤ人中心地に達したのはずっとあとになってからである。その間ラビたちは自分自身の「信仰」や不信仰の問題に自分の良心でもって片をつけねばならなかったばかりか、大きな贖罪運動を妨げる資格が自分にあるだろうかという問題にもけりをつけねばならなかった。彼らが注意するようにと忠告したとき、ほとんど反論しようのない答えが返ってきた。あなたがたが信じられないのなら、少なくとも民衆の贖罪を妨げるな、と。そうした考慮が懐疑者に積極的な反対を思いとどまらせることになったのだろう。

五、救済の高潮が全民衆を呑み込みはじめたとき、その運動にかかわっていたさまざまな要素はいまだ見分けがつかなかった。保守的な考えの持ち主は、伝統的な終末論的期待の実現を約束してくれるような報せを躊躇なく受け容れた。そういうひとたちが運動のなかにいることは不断の自明な継続性についてつゆ疑わぬ気分を醸し出した。彼らは細かい点を吟味せず、救済の幕あけの性質そのもののなかに隠れている危機の芽にも気づかなかった。彼らの生活やその諸価値にかんするかぎり、彼らは救済の世界をおなじみの世界の継続だと思っていた。外側はがらっと変わるだろうが、内的現実は変わらぬだろう——あるいはもっと正確にいえば、完全になるだろう。この点では一方の一般大衆ともう一方のラビや保守的なカバリストたちとはあまり違わなかった。だが、もっと別な種類の「信者たち」がいた。危機感と新時代の幕あけへの待ちきれぬ期待感を抱いたユートピアンで、現状の終りに涙を流さない者たちである。しかしその当時は、復活の包括的な民族主義的性格はその信奉者たちの情緒的な状態にかき消されていた。そして信者全体に差した拡散光はまだ棄教と危機のプリズムを通していろいろな光に分光していなかった。

以上解説した五つの考察は一六六五—六六年の運命の年において東西のユダヤ人にひとしくあてはまった。離散地のいろいろな部分のいろいろな発展はまさに始まったばかりであって、ユダヤ人社会は多かれ少なかれどこでも同じであった。ユダヤ人たちは——聖書からルーリアの著作まで——同じ文学を読み、それについて瞑想した。離散地どこでも社会的風土と宗教的民族的意識が似ていることは必然的に同じ結果をもたらした。その性質はユダヤの文献でも非ユダヤの文献でも注目すべきことに一致してえがかれている。たしかに地方による違いはあったが、運動の全体像にはさわらなかった。過激派も穏健派もいた。非ユダヤ人にたいして誇らしげに挑戦的な態度に出る熱狂者もいれば、王国の喜びを胸深くしまった信者もいた。しかし、そのような違いは個人的な気質の問題であり、大衆参加、熱心な贖罪熱、極端な禁欲生活といった特徴に加え、公衆の感情の爆発と喜びの表明、普段のビジネス生活の中止、ユダヤ人コミュニティ間の熱心な文通、空想的なニュースの流布、そしてしばしば全財産の処分とかそれに類した具体的な聖地への旅支度等々をともなった運動の公の顔にはほとんど意味をなさなかった。

組織立った布教活動がないのは驚きである。福音はほとんどもっぱら手紙や噂で広まった。パレスチナや、のちにはさらに他国のラビが幾人かサバタイ・ツヴィに与し、旅のお供をしたが、逆方向の、つまりサバタイ・ツヴィからユダヤ人コミュニティへの運動はなかった。後世の著者の誇張された報告に反して、良い報せをイスラエルの亡命地へ運ぶために使徒が出て行ったという証拠は何もない。二人の宣伝員がパレスチナから「派遣」されたというが、彼らが本当に公式の使命をおびていたかどうか疑問である。マッターティアス・ブロッホ・アシュケナージはエジプトへ赴き、一六六六年の棄教までその地にとどまった。サバタイ・ラファエル（八二八―八三〇ページ参照）は――どうやらもっと早く――イタリアへ旅した。それ以外のどこかの国へ使者が送られたという話はない。つとにサスポルタスは、日頃、喜捨を集めるとかその他の目的で短期間おきに使者を外国へ送っていたパレスチナのラビたちが、良い報せの告知にはどうしてこんなに消極的だったのか、いぶかっている(6)。ある報告によれば、サバタイはコンスタンチノープル滞在中に自分の名声を全世界の国々へ知らせる使者を送ろうとしたが、そうはならなかった。信頼すべき資料には、メシアが使節を派遣したという報告はない(7)。実際、当時伝書師は必要なかった。一六六六年初春と夏、参拝者たちはメシアの顔を一目見ようと「堅固な櫓」に殺到した。そして家へ戻り、自分の目で見たことを驚きいっぱいで語った。彼らこそ、非公式ながら本当のメシア信仰の宣教師だったのである。

もうひとつの奇妙な特徴は、個人的なメンタリティの違いに帰せられるだろう。すなわち、一方では救済告知はあまねく知れ渡っているのに、もう一方では非ユダヤ人から復讐されないように黙っていろと注意する、この明らかな矛盾である。サバタイはガザやアレッポやスミルナで公のスポットライトを浴びて役目を果たした。他所でもサバタイ信者は喜びや期待を隠さなかった。他方多くのコミュニティは厳として沈黙を守り、報せに喜ぶ者たちが追放するぞと脅されたケースも少なくない。ニュースの最終的事実確認がまだなされないかぎり、反ユダヤの騒動を恐れて救済の興奮状態を非ユダヤの隣人たちに秘密にしておこうとしたコミュニティの長老たちの賢明な慎重さは理解するに難くない。さらに多くのサバタイ派の著者たちも暗示を織りまぜた秘教的な文体を心がけた(8)。ガザに預言者が出現したこととメシアの「塗油」についてのはっきりした報せが初めてヨーロッパに届いたのは一六六五年一〇月、一一月であった。それまでは失われた部族にかんする空想的な噂が流れているだけだった（三五八―三六〇ページ参照）。ニュースはイタリア、とくにヴェネツィア、リヴォルノを経て、ドイツ、オランダ、イギリス、その他の大陸へ伝わった。ポーランドへはトルコからバルカン半島を経る別のルートがあった。こんにちのブルガリア、ユーゴスラヴィアへ達した情報は、ただちに北へ伝えられた。二、三の都市、たとえばウィーンやとくにアムステルダムは、ニュースの積み替えセンターであった。片やイタリア、オランダと、片やトルコとのあいだには密接な交易関係のみならず、たくさんの縁故関係があった。それどころか、活発な交易は大部分縁故関係に基づいて生まれていたのである。とくにスペインから追い出されたひとたちと逃げ去ったマラノの末裔たちは多くの国々へ四散していた。同じ家族のメンバーですら追われてバラバラになることがあった。ある者はオランダやハンブルクに、ある者はイタリアやトルコに住み着いた。ヨーロッパのセファルディーの家族のほとんどすべてはスミルナやサロニキに縁者をもっていて、この縁者たちから大いなる復活についてつねに情報を報されていた。アシュケナージのユダヤ人も、少数ながら、オリエント、とくに聖地に親戚をもっていた。ほとんど同時に各所からはいってきた洪水のようなニュースがさらに興奮を大きくした。日々の郵便は山のような手紙を運んできた。そうした手紙の受取人のだれもが、隣人の受け取った報せには含まれていない詳細を伝えることができた。残存している書簡集にはこのモザイク模様のようなニュースの多面的な性格が映し出されている。ヴェネツィアから来た手紙のなかから三行、リヴォルノから来た手紙から五行、ひとつ、もしくはいくつかのイタリアの小都市から伝えられた二、三の短い報告、そしてウィーンやパリの手紙から二、三行、それらがつなぎ合わされて一通の手紙となり、アムステルダムからロンドン、ポーランド、ドイツへと送られることがあった。これらの手紙の大半は遺失してしまったが、それでも起こったことのイメージを伝えてくれるには十分な多くの手紙が遺っている。

ユダヤ人の情報源にまもなくキリスト教徒の回状が加わった。これに書かれた東方からのニュースはもちろんユダヤ人から出たものであるが、それに誇張や歪曲をつけ加えた。運動が非ユダヤ人にそのような印象をあたえたことが逆にまたユダヤ人に感銘をあたえ、ユダヤ人はまもなくキリスト教徒の文献から引用しはじめた。いくつかのキリスト教国で刊行されたパンフレットをユダヤ人はむさぼるように読み、それを他国の兄弟たちへ伝えた。イタリアのカサーレで手紙を書いたユダヤ人はアムステルダムやロンドンで印刷されたパンフレットから引用することができた。アムステルダムのアアロン・サルファティはキリスト教徒のあいだに広まっている報せ[9]を急いでハンブルクにいる義理の兄弟に伝えた。別の支持者――多分ハンブルクのセファルディーのコミュニティのラビ――は、イザヤ書二七、一三（「その日、大いなるラッパが鳴り響き……」）について説教をし、「大いなるラッパ」とは多くのパンフレットや回状のことである、「なぜならこれ以上に大きなラッパはないからだ」と説明した――新聞雑誌の威力を表わす表現としては悪くない[10]。その当時は現代的意味での新聞は存在しなかった。当時の言語慣用では「新聞」といえばとくべつなテーマについて報ずる（すなわち論ずる）パンフレットとか通常六ページから八ページの小冊子を指した。ここで扱われているパンフレットの書き手は、（セラリウスのように）この運動に真に関心をもち、受け取った情報を忠実に再現した男たちか、それとも平気で細目をつけ加えたり、あまつさえ話全体をでっちあげたりする通信業者だった。サスポルタスは、ユダヤ人を惑わし笑い者にするために報告を誇張して印刷配布したキリスト教の作者たちに苦言を呈している[11]。あるドイツの神学者は憤慨してこう報告している。「近頃、こんなキリスト教徒がかなり見受けられる。新しいユダヤ人メシアについて新聞を作らせ、記事を書かせ、印刷させて、モーセと預言者のまったく本当の話として、ただでさえ陰鬱な、メシアを渇望するユダヤ人たちに読み聞かせ、解説し、誇張する。それから彼らは、馬鹿どもを懲らしめてやらねばならないと言い、ユダヤ人と戦う。ユダヤ人は劣悪な家畜の商いやまがい物のがらくた品でキリスト教徒をだます。だから、お返しに言葉で危ない目に遭わせてやればいい。連中を角にかけてやればいい。なにしろエリヤはバアルの神を嘲ったのだから、という[12]。」たしかにキリスト教徒の回状は運動の広がりにわずかながらひとつの役割を果たした。多くのキリスト教徒にとってこの運動は嘲笑の的であり、この頑迷な民族が盲目であることのさらなる証であった。別の者たちはユダヤ人が軽蔑されてもなお確信と誇りをもつことに警戒心を抱き、不安にかられて、先行きどうなるのかと自問した。ともあれ、贖罪熱はどこでも深い印象をあたえずにはいなかった。多くのプロテスタントはきまって、ユダヤ人こそ世俗的欲求や俗事に堕したキリスト教徒とは対照的な見習うべき存在であると指摘した。またある者はすすんでサバタイを「主の立派な道具」とみなし、すぐ間近に迫るイスラエルの解放にいささかの疑念も抱かなかった[13]。

出来事のあとに書かれた記述となんらかの編集の手が加えられていない初期の証言とは区別されねばならない。同様にまた、内部者、つまりサバタイ信奉者の報告と部外者によって書かれた報告も区別しなくてはならない。後者の記述はメシア熱の一致団結を誇張し、支持者と反対者の熾烈な争いと見解の相違を隠蔽しようとする傾向がある。キリスト教のパンフレットは大半が反対者の存在をまったく知らなかった。ユダヤ人世界の出来事にかんする彼らの知識は熱い信仰の目に見える表われと公表された供述を超えるものではなかったからである。ユダヤ人の資料でももともとの運動の単純化され理想化されたイメージを反目や争いで汚さないように、反対者の存在が往々にして不問にされている。ごく古い資料はのちの民間伝説が、たとえばレイーブ・ベン・オーザーの『歴史』におけるように、黙って見過ごそうとした事実を明かしている。伝説はサバタイの棄教まで自身信奉者であった人びとによって発展させられた。彼らは、たとえメシアを拒否しても、復活は否定しなかった。それは自分たちが参加したものであり、敬虔にして神聖なるものという輝かしい名声の光を浴びてなお美しく見えたからである。何年もあとでその復活をえがいた民衆の叙述にこめられた明白な共感といわんや熱意はそこから来る。そうすることが容易になったのは時間的隔たりがあったからでもあろう。というのも、のちの描写で伝えられている多くのことは真実であり、それを裏づける証言もあるからだ。ただ話の芳しくないマイナス面だけは忘れなくてはならなかった。集団の記憶というものは、話すことを選んで話を単純化し、なまじ分析して複雑にしないようにする傾向がある。ラビたちにとってメシア信仰の爆発は恥ずべき失態であって、秘密にしようとした。民衆にとってはそれはあくまで、悲劇的な結末にもかかわらず、流謫のイスラエルがかつて経験した最も偉大にして高貴な復活であったのである。

ひとつはセファルディーから、もうひとつはアシュケナージから出た二つのテクストがそれを明らかにしてくれるかもしれない。事件から七年後の一六七三年、サロニキのラビ・ヤコブ・ベン・ボートンがある婚姻契約の立会人の合法性についてラビ回答書を書いた。当該の男たちについては、当時違反をしたためラビの決まりでは立会人と認められないことがわかっていた。決定は、立会人が正式に悔い改め、「罪人」であることをやめるや否やという問題にかかっていた。この問題点で著者の冷静な法的論証は激しい感情の爆発となる。

わたしはこれらの立会人が律法の定めるすべての禁を破り、立会人の資格のない重罪人であることをたとえ確信していても、これは四二六年の大贖罪［印刷された原文は四二七年としているけれども、これは誤植であろう］のまえのことであって、かつて類を見なかった大贖罪の結果彼らの罪はすべて赦されていると［わたしは論証するだろう。］彼らはふたたび元の状態になったのだ。なぜなら、あのときだれもが自分の悪い行いを悔い改め、衷心から［神のもとへ］帰ったのだから。もろびとが自分の罪を認め、どんな違反にたいしても鞭打ちに服し、数知れぬ断食や禁欲を行なった。……そしてこの贖罪は……ユダヤ人がどこにいても行なわれた。……ああ、そういう心が彼らのなかにあるなら、いつ何時も！……なれど、わたしたちが［贖罪運動のたけなわに］アブの九日の断食において飲み食いにかんして犯した罪を非難されるなら、実際すべてのユダヤ人が排斥されることになる……この件では全民衆がひとりとして例外なく過ったのだから。……でも、神は正しく、慈悲深い。……「恵み深き主よ、みなをお赦しください」（歴代志下三〇、一八）。神のなさり方はわたしたちにはわからない。しかし、これらの立会人が排斥されるような罪を大いなる贖罪のあとに犯したのなら、彼らの贖罪が証人によって裁きのまえで確証されるまでは、けっして赦されることはない。(14)

このラビ回答書は、周知のようにスミルナでサバタイ・ツヴィを支えたラビ・ハイーム・ベンヴェニステに宛てられたものである。このように熱情的な弁論が法律文書に現われるということはその意味を高める。立会人は一六六六年以前に罪を犯したのであれば許容できるとみなされる。トルコのユダヤ人はだれもがその年の大贖罪に参加したと思われたからである。あの日々を思い出すとき、著者の言葉は深い感情をあらわにする。あの出来事は少なくとも部分的には超自然的な性格のものだったが、「神の秘密とは関係ない」と示唆するとき、彼は大方の意見を言い表わしているように思える。復活は純粋かつ神聖なものであった。民衆が救済の報せを信じたこと、そしてアブ九日の断食廃止におとなしくしたがったことを咎めるべきではないだろう。

レイーブ・ベン・オーザーがヨーロッパでの贖罪運動について述べたことは、旅行者や訪問者たちから集めた情報に基づいている。

預言者ナータンは預言し、サバタイ・ツヴィは改心しない者はシオンとエルサレムの慰めにあずかることはないだろうと説いた。その者たちは恥さらしとなり、永遠に辱めを受けるだろう。開闢以来一度もなかったような贖罪が行なわれた。……それはおよそ筆舌に尽くしがたく、たとえ語っても、信じられないだろう。

最初、どの町にも一週間断食を続け、毎日浸礼をするひとたちが大勢いた。それができない者たちは「毎週」二、三日おきに断食し、女子供は少なくとも毎週月曜日と木曜日に断食をした。彼らは真夜中に起き、真夜中の祈りを唱えた。そして明け方になると浸礼に出かけ、立錐の余地もないほどひとであふれた浸礼浴槽に立ちながら大いなる懺悔を口にした。彼らは一日中善い行いに努め、当時定められていた日々の祈りを口ずさんだ。男たちは夜裸で雪のなかに横たわり、半時間か、少なくとも一五分間そのなかを転げ回った。それから茨と薊を手に取って、身体を水ぶくれができるまで鞭打った。そして毎日固い鞭で身体を打った。……彼らは数えきれないほど喜捨をした。ドイツターラーのように十字の入った硬貨にはだれも手を触れなかった。……十字のついたナイフや器は壊されるか作り替えられた。彼らは家や家財を二束三文で売り払った。ほどなくパレスチナへ行くものと固く信じていたからである。それで何も残さないように、一切合切を半値で売り飛ばしたのだった。

天の酬いを受けるために貧しい孤児の娘を持参金なしで娶る金持ちの若者がいた。若者は独身であってはならなかった。それでだれもが行きずりの女と結婚した。それというのも、ラビたちがタルムード（イェバモース書六三）を引用したからである。「グフ（天の魂の貯蔵庫）の魂が配分されぬうちはダビデの子は来ないだろう。」……貧富の差はなく……本当に貧しい者はひとりもいなかった。なぜなら、人びとは直接必要なもの以外は望まなかったからである。何ももたぬ者はいくらかもっている者たちから必要な分をもらった。だれもが自宅に学者を呼んで、日夜彼と律法を学ぼうとした。金持ちは自宅に学者を住まわせ、面倒を見た。要するに、当時は、だれもが心のなかで悔い改めたので、罰当たりなユダヤ人や罪人はひとりもいなかった。そのような懺悔は前代未聞であった。人びとは他の仕事を全部うっちゃって、シナゴーグで深い瞑想と贖罪の行に時間を費やした。多くの者は熱い蠟を一時間かそれ以上裸の身体にしたたらせ、またある者は肉体の苦行を高めるために薊で肌を包み、重たい衣服をまとった。比較的大きなコミュニティではもう近辺から薊が採れなくなって、遠方から高い費用をかけて取り寄せなくてはならなかった。……

商売に打ち込むユダヤ人はいなかった。店は閉まったままだった。手工業者は生業の心配をするかわりに、断食をし、悔い改めをした。人びとは全財産をいついかなる値段でも売ろうとした。メシアと預言者エリヤが現われて世界の終焉を告げるときに、すぐさま「聖地へ」移れるように用意万端整えたのである。ユダヤ人には別のユダヤ人から物を買うことは許されず、違反すれば追放と脅された。この悔い改めは世界創造後五四二六年に行なわれた。わたしの描写が誇張だなどというひとはいないだろう。なぜなら、わたしが書いていることは一人ならず、何百人という信ずべき目撃者によって報告されていることの半分にもみたないことを人びとは知っているに違いないのだから。この目撃者たちはわたしたちの住む地域［すなわちドイツ、オランダなど］で行なわれた悔い改めについてまったく驚くようなことを語っている。でもトルコではその十倍のことがなされた。それというのも、人びとはとくに悔い改めの注意を受けたからである。彼らは自分の目で奇跡を見たが、それにひきかえこれらの国々ではこれ［すなわち救済の報せ］を手紙で受け取ったにすぎないからだ(15)。

これら二つの引用は、民衆の記憶に息づいている大いなる復活の信頼すべきイメージを映している。記述はすこぶる当をえたものだ。そのなかに伝えられている事実は実際何百、何千というケースで起こったものである。それでもこの描写は両陣営間ないしは、多くのコミュニティで見られたように、圧倒的多数派と数は小さいが頑強な少数派とのあいだにあった激しい葛藤を看過している。反サバタイ派についてのこの沈黙が弁護の意図で行なわれたことは疑いない。例外なく万人が過ちをしたのなら、だれも不正はしておらず、訴えられることもない。運動が全ユダヤ住民を巻き込むことはとくに小さい町や村ではよくあったことかもしれない。だが、大きな中心地では状況はもっと複雑であった。もろもろの記録は党派間の争いを雄弁に証言している。

あのひと握りの不屈な「不信仰者たち(16)」の代弁者であったサスポルタスは、大多数が支持者で、反対者はごく少数であったことを認めている。党派の相対的な強さについてはサスポルタスは非常に慎重に言葉を選んでいる。そして三年後の一六六九年になってようやくはっきり表現するが、ひょっとすると逆のほうに誇張しているかもしれない。後年の書簡で彼は、「下層民」が優勢であったこと、そしてどのコミュニティにも運動を支えたラビが若干いたこと、さらには「下層民を恐れて」黙りこくっていたラビもいたことを認めている。彼が言うには、二、三のラビは「勇敢にわたしを支持してくれた。……またいくらかものわかりのいい俗信徒もあちこちに現われ、大きな生命の危険を冒してわたしたちを助けてくれた。だが、一般大衆は彼らのことを不信仰者と思っていた」。モロッコのラビ・ヤコブ・サアドゥンに宛てた手紙でサスポルタスは「どこでも意見は分かれていました。無教養な群衆のなかにさえ彼を信ずる者たちがいましたが、ほかの者たちはすべてをまったくの気違い沙汰と考えていました」と述べている。[17]エジプトのラビ・ヤコブ・ベン・ヨセフ・リンドスは――やはり事件の数年後に――救済の興奮の絶頂におけるジエルバ（チュニジア）での家の売却にかかわるラビ回答書のなかでもっと強い言葉を使っている。回答書の終りで著者はこう説明している。「[サバタイ]信仰は広く行き渡っているにもかかわらず、すべての人によって共有されているわけではない。馬鹿やお人好しや……町から町へ渡り歩いて、人びとをだましてお金をぽっぽから巻き上げている連中は別として。だが、神と心を触れ合っているひとたち［つまりものわかりのいいひとたち］には、これらすべてがごまかし、嘘、迷妄のなせるわざであることは明々白々であった。[18]」けれども、一般の反応を述べたこの叙述はあくまで例外で、実際の事実というよりむしろこの主題にかんする著者の激しい感情を反映しているように思われる。同じ件にかんするリンドスの同僚の回答書は逆のことを示している。当時エジプトにいたラビ・ナータン・ベン・ゼラヒヤ・グータはこう書いている。周知のように、「この件にかんしては、多数派は巌のように固く信じていた。……一方、少数派は質的にはまさっていたけれども、公衆にこの説を捨てさせることはできなかった。［そうすると］ユダヤ人仲間からやられる危険にみずから身をさらすことになるからだった——わたしは自分の経験から言っているのである」[19]。彼の同僚ラビ・モーセス・サラゴッシの意見も同じだった。

これらの一般的な憶測も運動が栄えたいろいろな国々からわかった具体的な情報によって裏づけられる。しかし、ひとつ問題が残っている。大いなる復活に続く年には初期の頃の財産の大量処分を明かす証拠がいっさいないのだ。ユダヤ人が持ち物を一切合切処分したという多くの報告が正しいなら、彼らのその後の財政状態は絶望的だったに相違ない。ところが、本当にそうであったことを示すものは何もないのだ。資産売却とそのような売却の結果としての訴訟というおなじみのケースは、必ずしも一般大衆の行動に特徴的だとはいえない。そのような経済行為の数はどうやらあとから誇張されたもののようだ。多くの信奉者はひょっとすると事業をたたむ用意はしたものの、ふんぎるのを決定的なしるしが現われるまで延ばしたのかもしれない[20]。しるしは現われなかった。それですべては元どおりに運んだ。しかし、ユダヤ人がいっさいの業務放棄と、大量の贖罪者や貧乏人を支援するのに十分な資金を調達することから生ずる重い財政負担に耐えられたという事実は、彼らの経済力に思いがけない光をあてる。彼らが危機を切り抜けるにあたってかなりの痛手をこうむったことは疑いないが[21]、しかしたとえ彼らの経済的状況が出来事の結果悪化したとしても、彼らはへこたれなかったのである。

## Ⅱ　イタリア

最初エジプトから、次いでスミルナとバルカン半島から来た報告はイタリアで大きな興奮を惹き起こした。イタリアへ届いたニュースがどのようなものであったかは、エマニュエル・フランセスによって作成された論文集、さらには遺されている書簡や回状のコピーや引用が示している。[22] 東方からの回状のコピーはすべてのコミュニティに行き渡り、最初の反応が出るまでに時間はいくらもかからなかった。運動が始まったのは下から、つまり下層階級からではなかった。なぜなら、復活運動の先頭にはラビや一般信徒の指導者たちがかなりの数いたからである。大きな町、たとえばリヴォルノ、ヴェネツィア、フィレンツェ、アンコーナ、マントヴァ、そしてカサーレでは、学者の大多数が信奉者であった。そして救済の報せの最もきわだった特徴が悔い改めの呼びかけだったので、慎重でしぶりがちなラビ——そういうひとたちがとくにヴェネツィアには多かった——といえども宗教的改新と精神的道徳的改造を約束する運動を支持しないわけにはいかなかった。ナータンの祈禱のマニュアル——そのうち二つの版はマントヴァで出された——は、シナゴーグで使用するように定められていた。[23] ヴェネツィアの印刷所が何もしなかったのは意外である。[24] ことによると共和国政府を刺激しないように手控えていたのかもしれない。あるいは、もっとありえそうなことだが、ユダヤ書の印刷許可をあたえるラビの権威を兼ね備えていた「大アカデミーの学者たち」がこの問題に賛同できなかったからかもしれない。

イタリアのユダヤ人たちは前世紀のカバラー運動に深い感動を受けていた。イタリアは一六世紀にサーフェードから発したカバラー教義がヨーロッパに達した最初の国であった。多くのユダヤ人コミュニティにはとくべつな禁欲的祭祀的祈禱を行なう団体が形成された。この団体は救済運動以前のユダヤ人コミュニティの生活に重要な役割を果たした。その豊かな祭祀文学は新しいカバラーが残した深い印象を物語っている。[25] 救済の報せは本来の、どちらかといえば敬虔主義的な改革の継続として現われた。パレスチナのカバラーの主だった代表者たち、サーフェードとエルサレムのラビ・ベンヤミン・ハ゠レーヴィとエルサレムのラビ・ナータン・シャピラーは、長くイタリアに滞在していた。前者は一六六〇—六三年にようやくパレスチナへ戻った。後者は一六六四年早春にレッジョで亡くなった。救済運動勃発のほぼ二年まえである。[26] 両者とも数多くの友人や弟子たちを通じてカバリストの宗教的生き方に大きな影響を及ぼした。ラビ・ベンヤミン・ハ＝レーヴィはパレスチナから運動を支え、都市貴族ノルサ家とスラム家の一員である友人たち宛に、「わたしたちの王サバタイ・ツヴィによるわたしたちの解放」について手紙を書いた。[27] ラビ・ナータン・シャピラーが生前行なった一連の説教は原始サバタイ的といえるかもしれない。モルターラがこれらの説教の手稿を調べた結果、著者は「同時代の二、三の者が抱く目睫の間に迫った救済についての途方もない幻想を共有している」という結論を引き出しているからである。[28]

シエナではすでに一六六五年一二月に生まれた新生児にサバタイという名がつけられた。「それというのも、イスラエルのすべての地方で間近に迫っているラビ・サバタイ・ツヴィによる解放の報告が聞かれたからである。[29]」北イタリアのあるコミュニティのモヘルという男がアブラハムの契約のなかに入れた子供たちのリストを載せたメモ帳を残している。彼はこのメモ帳を「わたしたちのメシアが到来した最初の年に」開始した。[30] 小さな町では奇妙な、奇跡を行なう男たちの出現について噂が飛び交った。これらの報告をどこまで公にしたらよいかについては始めから意見が分かれていた。二、三の支持者は良いニュースをだれからも邪魔されずに知らせたが、多くのばあい、ラビや長老たちは、解放の完成が明らかになるまで、追放の罰を科しておおっぴらに宣伝することを禁じた。「賤民」（つまり非ユダヤ人のこと）がイスラエルにたいして復讐をしないようにである。しようと思えば簡単にできるのだから。それゆえ、多くの信奉者はその著作にサバタイの名を出すことをやめ、イニシアルにとどめるか、それに類した手口を使った。さいわい残存しているメモ帳から重要な情報が引き出せる。[31] その著者はヴェネツィア近郊に住むユダヤ人で、一六六五年末と一六六六年の最初の数ヵ月に北イタリアを旅した。彼は救済の興奮に包まれた町々を見出し、自身もそれを共にしたらしい。旅で見聞きしたことをすべて家へ書き送ったようだ。彼は耳にした噂を書き留め、目にすることができた記録文書、たとえばチェレビー・ラファエル・ヨセフに宛てたナータンの手紙の写しなどを書き写した。(この受取人は手紙の原文を兄弟のサロモン・ヨセフに転送し、そこからコピーが他のイタリアのコミュニティへ送られた。)この直接本人の手になる体験記は他所から出た情報の真偽を確かめるばかりでなく、それ自体重要な一級資料でもある。ヘブライ語とイタリア語を混ぜた、みずみずしい生き生きした文体で書かれたこのメモ帳は彼の記録の自発性と直接性を表出している。それはヴェネツィアとリヴォルノにおける運動の残存している最も初期の記録を含むと同時に、格別生き生きと詳細にピエモント最大のユダヤ人コミュニティ、カサーレの雰囲気をえがいている。この日記の書き手は、東方からの類似の報告よりも早くイギリスからはいってきた失われた部族にかんする噂を忠実に書き留めている。ユダヤ人の軍団がアシュケナージ(ロシア人、ポーランド人、ドイツ人?)にたいする攻撃の準備にかかっていた。そして神殿が不思議にも目に見えぬ手で再建される。「わたしたちは近いうちに喜び勇んで聖地へ出発するだろう」と著者は期待する。

キリスト教徒も救済の興奮をまぬがれなかったという。ヴェネツィア市当局はユダヤ人の長老たちに説明を求めた。長老たちがまったく知らないというと、ユダヤ人が報せを受け取ったが隠そうとしていることはよくわかっている、と市政府は彼らに伝えた。贖罪運動はすでにヴェネツィアでも始まっていた。「罪人やシェマーの祈りすら読めない無教養な者たちや……私生児は無償で教える三人のラビたちといっしょに熱心に勉強した。」キリスト教徒もユダヤ教に改宗したという。フェララからの報告によれば、宗教裁判所は四人のフランス人を逮捕した。彼らが、唯一真の宗教はモーセの宗教であるなどと明言したからである。ローマからのある報告には、「教会の長[枢機卿か?]がユダヤ人たちに『喜びなさい、あなたがたのメシアが来ましたぞ』と言った」と書かれている。ほかの資料もローマの教会仲間の懸念について伝えている。セラリウスは「ローマではいまにも反キリスト者が現われるだろうと一般に思われている」と聞いた。[32] 一方、クーネンはある噂に触れている。それによると、エルサレムのローマカトリック教の僧侶が教皇にサバタイの登場について報せると、教皇は偵察者を送り、事の真相を調べさせた。[33] 一六六六年末、リヴォルノに噂が流れた。それによると、二人のイエズス会士がとつ国のニュースの正しいことを認め、ユダヤ人は信仰を強められたという。

一六六六年二月十六日、旅行者がカサーレから家族に次のような手紙を書いた。[34]

昨日当地にはいったうれしい報せをおまえたちに知らせることができるのはさいわいだ。……「報せによると」何かが起こったようで、それを裏づけるものはいくらでもある。引きも切らず起こる奇跡やしるしをすべて書くにはとても時間が足りないとみな書いている。コミュニティのひとたちみなに各自の問題をできるだけ早くきちんと片づけるよう伝えてほしい。こういえばわかるだろうが、みなに商いをやめさせなさい。わたしたちの解放が思ったより早く来る希望があるからだ。四百の家族が旅の仕度をととのえてフランクフルトで待っている。同地方のほかの大勢の者たちはすでに移ってしまった。間違ったことは言いたくないが、いまあちこちで奇跡が確かめられるのを見ると、おまえたちにそのことを話さずにはいられない。これ「すなわちニュース」はみな昨晩はいったもので、大歓声を惹き起こし、あまりのうれしさに泣き出すひとたちが大勢いた。上演するつもりでいた芝居の演目のコピーはただちに破棄された。いまはつまらぬことに時間を費やしている時ではなく、律法の研究と善い行いをする時だからだ。今日、新しいお勤めが導入される。安息日のお勤めの写しを送ろう。

更なる報告が待たれている。元気づけられるようなものであればいいが。はいったら知らせよう。ここを立ち去らねばならないのが残念だ。この町にきっと大きなことが起こると思うので。この幸せに与りたければ、みな同胞の幸福に心を砕かなくてはいけない。ここにはひとに請求をするような者はいない。むしろ、不当にえた利益を返すことが問題になっている。

記述は本当に生き生きしている。籤祭や謝肉祭劇の準備は中止された。いまは芝居上演のようなつまらないことをしている時ではないからだ。とくに、不正にえた利益をすべて返せという注意はこの旅行者に大きな感銘をあたえたようだ。同じような注意はほかの町でも説教師によってなされた。[35]悔い改めの呼びかけに含まれた社会倫理を民衆が実際は真剣に受け取らなかったことは、のちにあるサバタイ信者によって運動崩壊の部分的理由説明に使われた。「なぜなら、だれかが『さあ、これがおまえから不正に受け取った一〇〇スクーディだよ。』と言われたケースはイタリア全体でひとつも報告されていないからだ。[36]……」

謝肉祭などの世俗の娯楽にたいする聖戦は一六六五年末にはもう始まった。「アンコーナからの手紙は、先週木曜日セネガリアに巡礼のなりをしたひとりの使者が到着したと報じている。」その者はアレクサンドリアから来て、ヴェネツィアからローマへ向かう途中だと言った。彼はラビたちに、

手紙のはいった函を見せた。そこには羊皮紙に包まれ、三ヵ所に封印をしたローマのコミュニティ宛の束とリヴォルノのコミュニティに宛てた同様のものがはいっていた。彼はまずローマへ行くよう命ぜられたと言った。ヴェネツィアにも手紙をもってきたのかだれも知らないが、そうだろうと思われる。ただし、それについては話したり書いたりすることが禁ぜられているので、何も知られていない。

俗物どもが非常に怖いからだ。以前なら信じられなかったことだが、彼らが贖罪をしたり定めを守ったりしていることは知られている。彼らの新しい掟のひとつに、安息日の始めと終りに盃について、それに儀式で許された葡萄酒以外のものがはいっているかぎり、祝福を述べてはならぬという決まりと、芝居や仮面舞踏会に行ってはならぬという禁止がある。彼らは清貧の生活をするようみずからに課したのだ。この町［ヴェネツィア？］ではちょっとした意味のあることだ。使者はこうも言った。「あなたがたユダヤ人はさいわいだ。……エルサレムのユダヤ人はひとりのユダヤの王を選んだ。その名は、周知のように、ラビX［!］である。」彼らが、旅をするのに何か食料とか金が入用ではないかと聞くと、彼はすべて間に合っていると答え、立ち去った。それで町［アンコーナ？］中に大歓声が起こり、人びとはローマからの良い報せを待っている。

イタリアのユダヤ人が芝居や仮面舞踏会などの世俗の娯楽をすべて断ったことにまもなくアムステルダムのユダヤ人も倣いはじめた。彼らも「日々の罪業を遠ざけたばかりか、すべての虚栄を捨て去った」(37)。あちこちで相互の影響が始まった。アムステルダムからの回状は即座にイタリアに広まり、反対にオランダのユダヤ人は、噂は本当だ、イタリアのお勧めは見習わねばならない、と誓った。一六六六年始めにはすでに、アムステルダムからリヴォルノへ来た［キリスト教徒の？］商人たちが「一部始終を伝え、われわれの解放を知らせる」本やパンフレットを一般に売っていた――これはたしかにこの種のキリスト教文学の流布を示す興味深い証拠である。同じメモ帳の書き込みは、一二五隻の船がユダヤ人を聖地へ運ぶべくオランダから出帆したという報告にも触れている。この日記報告がたまたま出会ったことだということは、イタリアの他のコミュニティも似たような雰囲気だったに相違ないことを推測させる。

資料はローマについてはついでにちょっと触れるだけで、変に沈黙している。でも、キリスト教徒である通信者の報告がキリスト教の中心地にはいったことは間違いなかろう。ローマのある僧が友人に「最近のユダヤ人のメシアを囲む集会」について知らせ、ユダヤ人の度外れた喜びようとメシア出現のさまをえがいた手紙をエルサレムからもらった、と書いている。この者は気持ちのいい若者で、両親はエルサレムに住んでいる。一二歳の年に預言者ナータンの手で油を注がれ、いまはすでに聖地を征服したそうだ。いずれそこにすべての部族が結集するだろう。[38] これやこれに類したローマからの描写は、当地のキリスト教界には一六六五年末頃にはまだ然るべき報告が届いていなかったことを示している。したがって、オランダのキリスト教徒の通信者の言によれば、恐怖とおののきがローマの教会を襲ったというが、これは信が置けない。同様に、この種の話はユダヤ人のあいだにも流れた。スルタンが神殿の再建を約束したことを知らせる手紙がローマからカサーレに届いた。ひとりのラビと何人かの教区民がローマで「この新しいニュースを聞いて示した思い上がり」によって逮捕された。この意味深い証言はローマのユダヤ人の奇妙な沈黙のわけを明かしているかもしれない。カトリックの総本山で救済の確信と「思い上がり」を示すことは危険だったのかもしれない。決着の日は疑いなく迫っていた。しかし、ローマのユダヤ人の置かれた特殊な状況は長老たちにとくべつの責任をになわせた。逮捕にいたるには多少のもめごとがあったのかもしれない。だが、一六六六年夏の終りになってふたたびローマから確かなニュースがはいる。ローマのラビ、ヨシュア・メナッジェンはとくに態度を決めかねていたようだ。ヴェネツィアのラビ・サムエル・アボアブとの通信によれば、彼は信者たちが宣伝した改新、たとえば断食の廃止などにはさして好感を示さなかった。それにはエルサレムのサバタイ派から出たある若い冒険家の影響もあったようだ。彼は早くとも一六六六年晩夏にローマに来たが、「彼の愚かさと単純さに気づいた」ラビや長老たちに追い出されたのだった。(39) これまでのところヴァチカンの記録保管所からは運動にかんする情報はえられていない。

リヴォルノは新興のユダヤ人中心地で、一六六〇年にはおよそ一六〇〇〇人のユダヤ人がおり、(40) 信仰復興は全般に及んでいた。ここでも、「賎民」がこの運動に群がり、コミュニティの残りのひとたちをむりやり巻き込んだという主張は事実からして嘘であることは明らかだった。この町は重要な交易の中心地であった。ここに定住し、かなりの「自由」(すなわち特権)を享受していたユダヤ人が貧乏人でなかったことは確かだ。貧乏人はごくわずかだったろう。近東ならびに地中海貿易の大部分は、また北アフリカやトルコとの交易も、ユダヤ人の手に握られていた。そのなかでとくに目立つのはマラノの関与であった。そしてまさに彼らこそどこでも運動の主導的な支持者として姿を現わすのである。サスポルタスと他の反サバタイ派はこの事情を故意に無視した。その理由ははっきりしている。つまるところ、「賎民」を名指しで非難することのほうがずっと簡単だったのだ。以前のマラノたちの裕福な、社会的名声のあるグループが果たした役割を認めることは面白くなかったのであろう。しかし、かつてのマラノの大中心地、最も重要なものだけを挙げれば、サロニキ、リヴォルノ、アムステルダム、ハンブルクで、サバタイの福音がむさぼるように受け容れられたという事実は変わらない。それはどうやら、自身にせよ、自分の先祖たちにせよ、スペインやポルトガルで余儀なくひとを欺きうわべを装って生の悲惨をしのいできた人びとの心の琴線に触れたようだ。キリスト教に改宗した過去の罪滅ぼしをしたいという願いは、マラノたちのメシア熱において少なからぬ意味をもっていた。なぜなら、彼らの意識的な姿勢は反キリスト教であったけれども、サバタイのメシア信仰復興は彼らが若い頃にスペインで経験したメシア熱のユダヤ産、したがって「正当な」等価物だったからである。熱狂の大波にさらわれたのは商人や平信徒ばかりではない。自身はマラノの過去をもたない大半のラビや学者も同断であった。この二つの社会的要素の結合はリヴォルノにおける運動を相当に強化した。コミュニティの説教師、ラビ・ヨセフ・ハ＝レーヴィだけは終始頑強に反対を押し通した。だが、彼の注意を聞く者はいなかった。真の贖罪は同胞にたいする罪の赦しと正しい行いにあるのであって、苦行の禁欲的な英雄行為にあるのではないと、彼はしきりに説いた。サスポルタスに宛てた彼の書簡のいくつかが遺っており、彼の炯眼と性格の強さを示す雄弁な証となっている。

ラビ・ヨセフは孤立を嘆いた。コミュニティのわずかな物のわかった連中――そのなかにはのちにヴェネツィアへ行った詩人エマニュエル・フランセスがいた――を除いて、大半の学者やラビ会議のメンバーはサバタイの支持者になった。サバタイの友で、スミルナで学究の日々を共にしたラビ・モーセス・ピンヘイロは、何年もまえからリヴォルノに暮らしていた。彼の父が、ことによるとサバタイを囲む小グループの解散と関係して、一六五〇年以後ここに住み着いたのだった(41)。当地で彼は敬虔な禁欲生活を送り、コミュニティ全体の尊敬をかちえていた。確たる証拠はないけれども、ピンヘイロがこの間ずっとサバタイと接触をもっていた可能性は排除しきれない。実際に彼が、かつてサバタイのメシア性を信じていたことをほのめかしたことは一度もない(42)。救済の報せがはいるとともに、すべての眼差しはこの敬虔なカバリストに注がれた。ピンヘイロのばあいも、ナータンの預言がサバタイとの長年のつきあい以上に効き目を現わした。ピンヘイロと高名な学者でサスポルタスの親しい友であったスピーノとは共に支持派のスポークスマンになった。二人はヨセフ・ハ＝レーヴィを信仰が足りぬと非難した。それればかりか、ピンヘイロは同市民たちに感きわまる熱烈な言葉でメシアとして変貌をとげたサバタイという人間を見たままに語って聞かせた。信仰の深さによる彼の高い声望と、サバタイを知る唯一の人間であったという事実が、彼の証言に重みをあたえた。彼はおそらくサバタイやサバタイを取り巻く支持者集団ともつながりがあっただろう。彼は尊師をおとなう巡礼の旅も計画したかもしれない。だが実際は、一六六六年夏までイタリアを出なかった[43]。

リヴォルノにはアレクサンドリアやパレスチナ、アレッポ、さらにアジア各地から続々と手紙が届いた。そして預言者の書簡や祈禱手引書に煽られた贖罪運動がますますふえた。ラビ・ヨセフ・ハ＝レーヴィ（彼の舌鋒はサバタイの棄教が知れたあといちだんと鋭くなった）は一年後このような言葉でメシア信仰復興をえがいている。

> 当地の多くのひとたちは道を間違え、贖罪の仕方について説教してほしいとわたしに求めるので、わたしは公衆の面前で単刀直入に話し……彼らに徹底的な悔い改めを促した。そして彼らが贖罪は断食と祈りにあると思っているのは誤りであると（注意した）。贖罪とは本当は、彼らがむさぼったもの（つまり不当にえた利益）や不正な手段で同胞から巻き上げたものを返すこと、憎しみ合いをやめること、またキリスト教徒の酒をやめること[44]、もみあげを切らないこと（ただし四八六ページ参照）、見知らぬ（つまり不信心な）女や異教徒の（つまりキリスト教徒の）女とつきあわないこと等々なのだ。……これが大方の連中には気に食わない。とくに不当な利益を返すという件が。……それというのも、彼らは処々方々から受け取った、信ずる者は救われるという報せをすっかりあてにしているからだ。それと彼［すなわちガザの預言者］が、信じない者はたとえトーラーを学び、善い行いをしても、救われない、と書いていたからだ。……だれもがこの誤った教えをまるでモーセの律法であるかのように信じていた。それにたいし、わたしは公衆に説いて言った。彼［メシア］を信ずるかどうかなどはまったくどうでもいいことで、大事なのはひとえにトーラーと善行なのだ、と[45]。

ヨセフ・ハ゠レーヴィはさらに、「ほかのだれよりもこの信仰を支持した」ピンヘイロにたいして激しい言葉を浴びせたと言っている。別の手紙では支持者たちのひとかたならぬ抵抗があったことを認めている。「わたしは周りを見回したが、助けてくれる者はいなかった［イザヤ書六三、五］。……というのも、無知な大衆ばかりでなく、学者たちも［わたしに反対した］からで、これについてはなまじ意見は言わぬ［に越したことはない］。」この言葉は、運動の本質を正しく伝えまいとして、責任を一社会層に押しつけ、他の層やラビたちが果たした役割のことは黙っていようという意図を無邪気にはっきり表わしている。(46)衝突は表面化した。支持者たちはこの不人気な説教師から離れ、彼が預言についての説教で贖罪の邪魔をし、ナータンの使命に不審感を表わして信者たちの信仰を弱めているという苦情の回状を書いた。(47)彼の闘いは見込みのない闘いであった。アムステルダムの指導的な支持者で、サスポルタスの以前の友人であったラビ・イサアク・ナハル（あるいはナアル）はサバタイ・ツヴィのもとへ行く途中でリヴォルノに来たとき、ここにとどまってくれとたのまれた。彼はすぐに人気者になり、一六六六年初春から夏にかけてリヴォルノに滞在した。「というのも支持者はだれでも愛され、尊敬されたからである。」彼は「人びとを集め、彼らに説教をした」。人びとは彼に第二説教師の地位をあたえようとした。「そしてときどき会衆に説教をしてもらうために彼に報酬を支払い、すべての信者は彼にしたがった。(48)」ピンヘイロは東方へ出発したとき、コミュニティの長やラビたちからサバタイ宛の忠誠を誓う書状を託された。長老たちから渡された手紙には金文字で書かれたラファエル・スピーノ作の詩が同封されていたらしい。(49)

新しい信仰はいわば「モーセの律法」とみなされよう、というヨセフ・ハ゠レーヴィの断言は論争好きの誇張ではなく、正確な描写である。(50)この表現は支持者たちの著作にも現われる。ラファエル・スピーノは信仰復興の始めにリヴォルノで受け取った一通の手紙に触れているが、そのなかでアレクサンドリアのラビたちが「このモーセの律法」と同じ信仰について意味深いことを言っている。この表現はほかの多くの記録文書にも用いられている。たとえばアレクサンドリアのラビ、ホセア・ナンタワの手紙には「それ（つまりサバタイのメシア性を否定すること）はモーセの律法と死者の復活を否定するようなものだ」と書かれている。(51)（ほかの記録も同断である）。ヨセフ・ハ゠レーヴィは「最も重要な支持者のひとりダヴィド・イツハーキ」のリヴォルノへ送られた書状に触れているが、それによれば、神の統一性と神の律法を信ずるようにサバタイを信ずることは少なからず大事なことだという。(52)この教えをナンタワから受け継いだダヴィド・イツハーキは卓越した学者であり、(54)旧友ヨセフ・ハ゠レーヴィとともにサロニキのラビ・エリヤ・グアルティィルに師事した。(55)彼はエルサレムに行き、そこで高名なカバリスト、ヘブロンのラビ・アブラハム・アズライの娘と結婚、ラビ法廷の裁き司として高い名声を受けた。メシア復活の最初の報がヨーロッパに届いたとき、彼はアレクサンドリアにいたが、夏じゅうずっとそこにいたのか、それともコミュニティの支持者を固めるためにエルサレムへ戻ったのか、わかっていない。信仰の重要性についての彼の言葉は初期のテクストに見られる最も過激なもののひとつであるが、多くの信者たちの抱いた見解を言い表わしていることは確かである。

リヴォルノにおける争いは激化した。コミュニティの指導的人物で、エジプトに親戚をもつイサアク・カストロはラビ・ホセア・ナンタワにこの件で指示を仰いだ。サバタイがエルサレムに来るまえにそこのイェシヴァで学び、周知のように熱狂的な支持者になったナンタワは、コミュニティ全体に宛てた正式な回状で答えた。これは一六六六年晩夏に書かれたもので、サバタイがガリポリで捕えられたあと投げかけられた山のような疑問に答えようとするものだった。ナンタワは「聖なる信仰」の究極の意味を強調し、全身全霊をもってそれを守るよう読者に注意するとともに、これとの関連で、メシアの幽囚は「聖書（雅歌七、六）にいわれている、時みつるまで〈王はその巻き毛にとらわれる〉が実現するためには必要」なのだと説明した。「彼の幽囚は現実というよりは見かけである。それは彼が国王の衣装をまとっているからである……玉座におわす王のように。コンスタンチノープルのトルコ人と非割礼者たちは彼に会いに出かけ、そして彼を見ると、その場にひれ伏す……彼の幽囚はゼルバベル〔ダビデ王家の血筋を引く人物で、バビロン幽囚からユダヤ人を率いてエルサレムに帰還後、エルサレム再建を指導した。エズラ記二―四章〕の預言に予告されており、イスラエルの長老や賢者はメシア王を否定し、侮辱し、打つだろう、そして彼は捕えられる、といわれている。[56]」サスポルタスは不当にもナンタワにありもしない預言を捏造した疑いをかけた。[57] しかし、この種の預言はゼルバベルの書やサバタイの時代以前に書かれたいろいろな手稿本に見られる。これらの手稿本にはサバタイの棄教まえに彼の信者たちが自分たちの目的に利用することのできたものが多々含まれていた。[58] この回状は反対派をおおいに怒らせた。そしてサバタイの棄教後、それにたいする返答がいくつか公刊された。そのなかにはエマニュエル・フランセスの諷刺詩もある。[59]

ナンタワの回状は「スミルナ、キオス、ロドス、ドイツ、モレア［ここではギリシア全体を代表している］そしてモロッコにおける」預言的啓示と、さらにエジプトにおける預言者マッターティアス・ブロッホの活動に触れている。リヴォルノのユダヤ人たちは遠方からの事実確認を必要としなかった。身近に預言者がいたのだから。早くも一六六六年にエルバ島のポルトフェライオにひとりの預言者が現われた。その姿をラファエル・スピーノは次のようにえがいている（彼はエルバ島に預言者を訪ねたらしい。預言者のほうがリヴォルノへ来たと想定しないならば）。「わたしが見たのはひとりの若い学者だった……彼は深い失神に陥り、心臓の鼓動もほとんど聞かれぬさまで聖書の文言を口にし、ついでこう言った。『サバタイ・ツヴィは最高の王冠を戴いたわれらの王にして救世主、知恵と法の教師である。あなたは全地の支配者、天の軍勢の統師者……』そう言ってふたたび［聖書の］文言を述べ、……地面に身体を投げ出して、笑ったり、泣いたりした。……ふたたびわれに返ったとき、彼はもう何も覚えていない。嘘をつくひとはいるかもしれないが、心臓の鼓動を変えられる者はいない。思うに、これ［つまりこの啓示］は亡き聖人の魂の憑依であり、主をほめ讃えるために［預言者の身体のなかに］はいり込んだのだ[60]。サスポルタスはこの預言者についていろいろな情報源を握っていたらしい。なぜなら彼は、このエルバの預言者は職業が仕立て屋で、サバタイ・ラファエルがイタリアの町々を巡行したときにはまだ預言を行なっていたと述べているからである[61]。ラファエルはガザのナータンの名誉を守るために口をきわめてこの預言者をくさしている[62]。

　メシア運動はほかのコミュニティにも広がった。どこでもナータンの贖罪行が採り入れられた。ラビ・イサアク・ランプロンティ（一六七九―一七五六）が遺している興味ある情報によれば、「フェララではこの断食［六日六晩ぶっ続けの断食］の結果、偽メシア、サバタイ・ツヴィの時代に三人の死者が出た。……全世界がサバタイ・ツヴィをメシア、ダビデの子と認めたという報せが東方からはいった一六六六年にも、二人の人間が四日四晩断食をしたのち死んだ。別のコミュニティでも多くのユダヤ人がわずか三日三晩断食をしただけで死んだ[63]」。カバリストや説教師はゲマトリアによって目前に迫る救済の暗示を発見した。詩篇六三、三二は四二六―四二七年を指すものと解釈され、カルマニョラのラビ・モーセス・ダイエナはモーセ五書から、四二六年の始めがあらかじめ定められた救済の日付であることを証明した[64]。

　たしかにサバタイを讃えるために詩を作った支持者はラファエル・スピーノひとりではなかったが、これらの作品の大半はのちに破棄されてしまった。マントヴァのヤコブ・フランセスはサバタイの讃美と称する長い詩を書いたが、別の詩では称賛の語をことごとく消し去って、メシアを嘲笑した[65]。これらサバタイ派の詩のひとつがほぼ完全なかたちで遺っている。アンコーナのラビ、マハラレル・ハレルヤがコミュニティのひとたちのために書いた讃歌である。ラビ・ハレルヤは当時六五歳で、ラビの学者、詩人として北イタリア全体に知られていた。彼自身カバリストで、カバラーの信奉者がコミュニティに大勢いたので、彼の『讃美と祈りの書』（セーフェル・ハレルヤ）にカバラー的主題がたくさんあるのは怪しむに足りない。アンコーナはアドリア海に面した重要な港町で、通商が盛んだったので、東方から直接ニュースがはいってくる利点もあった。[66] 彼と彼のコミュニティの大多数は熱心な支持者となり、それはサバタイの棄教後も、少しトーンが落ちたとはいえ、変わらなかった。ラビ・ハレルヤの讃歌には二つのまったく異なったタイプのメシア讃歌が含まれている。ひとつはイタリアにおける運動の最盛期に書かれたもので、もうひとつは棄教後の時期のものである。ラビ・ハレルヤが躊躇なく二つのタイプを讃歌に採り入れたということは、本書の利用者である支持者たちがいずれのタイプももっていなかったことを示している。最初の詩は著者自身の筆跡で「スミルナの町におわす王、われらが救世主……偉大なるラビ、われらが師サバタイ・ツヴィ……」に献呈されている。[67]

北イタリア（たとえばヴェロナ、マントヴァ、トリノなど）でも運動は信者たちが中心となって盛り上がった。コミュニティの文書にメシア熱の痕跡が残っていなくても、それは記録文書の消失のせいというより、用心のために外敵（たとえばキリスト教当局）に口実をあたえそうなものを公的な文書に採り上げなかったからである。それでも事件の反響はマントヴァのコミュニティの公文書に達したようである。この文書はいまも完全なかたちで遺っている。これには毎年、当時ヴェネツィアについで最も重要であったマントヴァのユダヤ人コミュニティの指導的委員会である長老会議、ヴァアド・ハ＝ガードールの新メンバーの名前が記された。（喜ばしい報せがガザとエジプトから届いた）一六六五年一二月に、コミュニティのラビで指導的なカバリストであったサロモン・フォルミッジニは新しく選ばれたメンバーの名表に異例の意味深長な美辞麗句を書き添えた。「そのほかに、長老がいつもどおり投票で決められ、次のひとたちが選出された。……主、わたしたちの神が彼らやわたしたちとともにありますように。彼らが近い将来イスラエル離散民たちの結集に加わる機会に恵まれますように。アーメン。［氏名］サムソン・ヨナ、アブラハム・プロヴァンサール、アズリエル・フィンツィ[68]。」一六六六年夏、北イタリアの派遣団がサバタイ・ツヴィに仕えるべく出立した。三人のメンバーのうち一人はマントヴァ出身だった。派遣団がなぜ最初にスミルナへ来たのか定かではないが、ここでクーネンはヨリノ（？）と彼が呼ぶこのマントヴァ人から、マントヴァのユダヤ人のみならずキリスト教徒にもトルコ在住の縁故者を通じて伝わっていた例の報告について聞いたのである。オリエントに住んでいたあるドイツ人商人はマントヴァの貴族に宛てて、スミルナでサバタイ・ツヴィを見ましたが、学者で、多国語を話します、と書いていた[69]。

運動が強力であったヴェロナでは多くの信者はサバタイの棄教後も信仰を固く守ったが[70]、しかしイサアク・カルドーソ博士のような高名な反対者もいた。彼はトリポリの熱狂的なサバタイ信者アブラハム・カルドーソの兄である[71]。トリノのユダヤ人は救済の報せを「公的な」情報源から受け取れることを誇ることができた。コミュニティの長アブラハム・ヌニェスがサヴォアとピエモントの君主から彼の外交官たちが伝えてきた報告や噂についてつねに最新の情報を知らされていたからである[72]。高地イタリアの派遣団のメンバーが証言するところによれば、イタリアの多くの支配者は非ユダヤの情報源からえた書簡の内容を自国のユダヤ人に伝えている。これらの報告はユダヤ民衆に相当な影響をあたえた。それらは彼らが兄弟たちからえた報せを公正に裏づけるもののように思われたからである。当時、モンデーナの富裕な名門一家の子息である若いアブラハム・ロヴィゴの胸に点火された火花は生涯心からの誠実な信仰でありつづけた。

フェラーラ出身では、名家の息子ペラティア・ヤゲル・モンセレーゼが運動の血気盛んな「闘士」と目されている。(73)

多くのコミュニティを支配する熱狂は、カサーレのコミュニティが二人の使者、カサーレのサムソン・バッキーとヴェルチェリのラビ・ハイーム・セグレを通じてサバタイ・ツヴィに送った二通の忠誠を誓う手紙にはっきり表われている。(74) それは「聖地から遠く離れた、やんごとなき最高の国王陛下の威光がじかには届かぬ、ただ間接的に、神の来駕を一様に伝えるさまざまな報告といういわば針の穴を通してしか届かぬ、イタリアのカサーレ・モンフェラートのコミュニティの哀れな羊たち」の手紙である。サバタイ・ツヴィへ忠誠を誓うにあたって人びとはこう断言している。「初めて御声が聞かれ、令名が全地に行き渡ってからというもの、わたしたちは贖罪行と贖罪儀式にかかわるガザの預言者の命をあだやおろそかにしたことはなく、常日頃、やんごとなき聖なる陛下をほめ讃えることに意を用いております。」彼らはみずから出向かぬことを詫び、本来ならそうすべきなのだが、「行政府により生命が危ぶまれるので――とのみ申しておきましょう」、信頼できる使者を送り、メシアの命を伝えてもらおうとした。使者はまた「全能者の幻を澄んだ鏡に映ったようにはっきり見る、光に包まれた、喜びの報せをもたらし、平和を告げる神の人」ガザのナータンに手渡すべく、推薦状を携えていた。さらに彼らは神が憐れみ深く「御声と御話」を授け給い、「まことの預言者をおあたえくださった」ことを讃える。「彼の霊感は本物であり、わたしたちは彼の言葉が真実で、彼の約束が確かであることを認め、信じております。……それでカサーレのコミュニティのわたしたちは、みなにかわって二人の使者を送ることにしました。この者たちが陛下に温かく迎えられますように。そしてまたあなたの内なる聖霊の光に照らされますように。そうすればこの者たちは帰国後、平易にして秘義的な（あなたの）教えをわたしたちに伝授し……わたしたちを完成へと導いてくれるでしょう[75]。」

これらのコミュニティにおけるほぼ完全に心を一にした平和な像は、当時ユダヤ人世界で最も重要な文化的中心地のひとつであったヴェネツィアにおける激しい、嵐のような論争と著しいコントラストをなしている。ここのユダヤ人コミュニティはレヴァントやパレスチナと密接なコンタクトを保っており、実際に東と西のあいだを旅行するひとたちはみな遅かれ早かれこの町を通った。異端裁判を逃れたマラノたちにとって、わけてもヴェネツィアとリヴォルノは寄港地であり、そこでは強力な政府によって宗教裁判の強圧的な措置は許されず、隠れて信仰するユダヤ人はおおっぴらに先祖の宗教に帰ることができた。（教会法ではキリスト教からの離反は重罪で、いかなるばあいでも異端裁判で糾弾された。）

ヴェネツィアのゲットーには同時代のすべてのユダヤの潮流が流れ込んだ。すべての潮流がそこで合わさり、激しくぶつかり合った。ラビ・モーセス・ザクートは五五歳の年、彼の活動の全盛期にカバラーの教義とそれが涵養した禁欲的な信仰を広めた。市のラビや学者たちはイェシヴァ、「大アカデミー」に会した。そこの活動はラビの知識をユダヤ人のあいだに生き生きと保ちつづけた。しかしタルムードを印刷することはイタリアでは禁じられていた。アカデミーの会員たちはよく組織された「正」委員会を作り、コミュニティの平信徒たち（「小委員会」）といっしょに公共のすべての問題を司った。有力な平信徒と気位の高い、少し傲慢なラビたちとのあいだには、いつも対抗意識と絶え間ない摩擦が見られた。ラビたちは自分の尊厳や権利にふさわしいとみなしたことについては一歩も譲ろうとしなかったのである。しかし両派は、教区民にたいし強力な保守的貴族的権威を保ちたいという願望においては一致していた。

間近に迫る解放の報せはとてつもない興奮を惹き起こした[76]。下層民の反応は熱烈であった。それに同調したラビ学者も若干いたが、その他は静観するか、それとも反対を表明した。反応はけっして全員一致というわけではなかったのである。アレッツォのバルーフの描写は支持者の視点から実情を反映しているかもしれないが、必ずしも全真実をえがき出してはいない。「大半のひとたちは、神が民衆にパンを、すなわち解放というパンをあたえるために訪れたと信じた。コミュニティ指導部の賢者や平信徒は」甘い生活で知られる「この町でこれまで一度も見られなかったような大贖罪を宣言することを合同会議で決議した(77)」。贖罪努力を促す一方で、コミュニティの指導者は度が過ぎたり伝統の道から外れたりするのを防ぐことに労をいとわなかった。ヴェネツィアのアカデミーの長を務める上級ラビ・サムエル・アボアブは、洞察力のある慎重な学者で、感情に流されることはなかった。彼の警世の声は大衆の熱狂の嵐を抑えようとした。彼が喜びの報せをひとつとして――サバタイのメシア性も、すべての手紙、とくに東方からの手紙が証言する驚きの出来事も――信じていなかったことは十分考えられることである。しかし、彼は慎重に言葉を選んだ。けっして否定的なことはいわなかった。質問に答えて、彼は贖罪運動を抑えるべきではないと力説した。彼がこれを運動のプラスの面と見ていることは明らかだった。彼はほかの多くのラビたちと同様に、大きな贖罪は、たとえ当面の救済の期待が実現しなくても、結局はイスラエルの幸せになるだろうと期待したのかもしれない。

ニュースにたいするアボアブの最初の反応はさいわいなことに遺されている。ヴェロナのラビ・サウル・メラーリは最初の手紙を受け取ったあと、アボアブに手紙を書き、助言を求めた。アボアブの短い返事は彼が運動の最盛期中ずっと取りつづけた態度と一致していた。彼は手紙の相手にこのニュースは反ユダヤの騒乱を起こすかもしれないことを認め、慎重さと自粛を助言した。当然大方の騒ぎが予想されるので、以前のメシア運動の苦い経験を繰り返さぬためにも、この件を公の場で口にしてはならない、と。他の思慮深い運動反対者と同様に、彼は往年の権威のメシア熱にたいする注意――たとえば、一二九五年にアヴィラの預言者についてなされたサロモン・ベン・アドレースの回答書とか、一二世紀のイエーメンに現われたある暴動の扇動者と関連したマイモーニデスの『イエーメンのユダヤ人に宛てた手紙』など――を引用した。それでも「贖罪運動はつねに良いことである。だが、真の礼拝というものはひとりひとりの心のなかで行なわれるものであって、謙虚な気持ちで神とともに歩み、メシアの到来を妨げるいっさいの罪をぬぐい去ることにある」。アボアブがした忠告は厳に沈黙を守ること、哀歌三、二六の忠告「主の救いを静かに待ち望むことは、良いことである」にしたがうことである。[78] この姿勢は、ヴェネツィア当局がコミュニティの長老（「小委員会」）を召集して、彼らがまったく何も知らない振りをしていること、あるいは少なくとも確かな情報をもっていないと主張していることについて問い質したという前述の報告と一致している。アボアブは運動を非難攻撃する手紙をサスポルタスから受け取ったときですら、慎重な、公共を慮った外交的姿勢を崩さなかった。サスポルタスはコミュニティの道徳的精神的安寧を守る真の責任を負っていないものだから、言いたいことを言えるのだということを彼はよく知っていた。しかしアボアブは公的責任の重さを十分感じていた。彼はサスポルタスを勇気づけ、自身の疑念や憂慮を匂わせはしたが、非難の声に同調することはこばんだ。彼には反サバタイ運動を組織する気はなかった。気が昂ぶった大衆を刺激することは危険な離教につながる恐れがあると感じたからかもしれない。彼や彼の同僚たちは「事の次第がはっきりするまで」慎重に振舞うよう忠告した。とにかく、彼らは「贖罪を固く守るよう」人びとを励まさねばならないと感じたのである。[79]

二月一八日のアボアブの手紙は相当な外交的手腕を示している。彼は扇動的な回状や宣伝パンフレットにはまことに穏やかならざる点が多々含まれているので、慎重かつ批判的に吟味しなければならないと考えた。[80] 彼はメシアのことをさも自分たちと変わらぬ人間であるかのようにいう支持者の癖を嘆いた。それは「真実と正義の預言者がえがくメシアの実像と合っていなかった」。また、支持者たち（そのなかには名のあるラビたちが大勢いた）の思慮のなさも彼を不安にした。でも彼には、一般大衆の贖罪への目覚めを妨げるつもりはなかった。むしろ彼や彼の同僚たちは、人びとの贖罪を抑制するのは良くないことだと感じた。「なぜなら、たとえ［救済の］報せが本当でなくても、正しい贖罪の力は解放の時が来るのを早めることができるかもしれないからだ。」アボアブはサスポルタスに、ヴェネツィアのラビたちが支持者たちに厳重な沈黙を課したことも伝えた。メシアにかんする噂を公の場で、あるいは非ユダヤ人の前でしてはならない、と。[81] 熱病のようなメシア熱が蔓延する状況のなかではこの注意はもとより純粋に学問的であった。イタリアの同じ聖職者仲間との交信のなかでもアボアブは同じ姿勢を通した。マントヴァのラビ・アブラハム・ミカエル・マルアッハから一六六六年初春にはいった報せについて意見を求められたとき、アボアブは（同年初夏に）このように答えた。「やかましく言いふらされる噂や人心を惑わす報せについては、わたしどもは尊師がご存じのこと以上は知りません。[82]」

始めからヴェネツィアのラビたちはパレスチナやコンスタンチノープルのラビたちの不可解な沈黙に考えさせられた。ヴェネツィアは聖地のために集められた寄進の中継地であった。またパレスチナやコンスタンチノープルから送られた使者がまず最初に脚を休める場所であった。それゆえ、各地から確かな情報を求める声がヴェネツィアのラビ会議に寄せられたことにはそれなりの理由があったのである。しかしそれも無駄であった。ヴェネツィア市民のすぐれた海外通信網もメシア危機のあいだは無きにひとしかった。アボアブの態度は確かな情報に基づいていたわけではなく（彼はそんなものはもっていなかった）、彼の批判的な洞察力と思慮深さに依っていたのである。前章のひとつで、エルサレムのラビ会議に沈黙を守らせ、それにより危険な混乱を生じさせることとなった理由について考察する機会があった。その理由がなんであったにせよ、アボアブと彼の同僚たちはそれを知るよしもなかった。サスポルタス宛の手紙で彼は事情を詳しく知っているはずのひとたちの沈黙に驚きを表明しているが、アボアブがそれを書いたのは、エルサレムのアシュケナージのコミュニティの密使ラビ・レムライン（レンメル）がヴェネツィアに到着した直後であった。「エルサレムの全権委員」（聖地のユダヤ人への寄進を分配する責任者で、パレスチナとのコンタクトはすべて彼のもとに集まった）宛の公式の手紙がはいったアボアブの鞄には当時の出来事にひとことでも触れたものははいっていなかった。当時の「エルサレムの全権委員」はラビ・サロモン・ハイ・サラヴァルといい、ある旧家出身の名のあるヴェネツィアのラビであった。当然のことながら、人びとは彼に救済の噂について尋ねた。しかし、彼とプラハのラビたちとの往復書簡から明らかなように、ヴェネツィアにおいても運動のエネルギーは信頼できる情報よりもむしろ伝説めいた報告から供給されていた。ラビ・レムラインが一六六六年一月末ヴェネツィアに着いたとき、町じゅうのひとは報せを渇望していた。だが、運動はさらに二ヵ月のあいだ、前章で扱った想像力にあふれた回状に頼るしかなかった。それでも見たところ運動の増大を保証するにはこれで十分だったようだ。この新しいエルサレムの使者でさえ伝説に入れられた。二月三日にはもう彼の到着の報せがカサーレに届いた。レムラインはサラヴァルが町にいなかったので、すぐさまフリウリ地方へ脚を伸ばし、そこでサラヴァルと会った、と報告はつけ加えている。そのあとサラヴァルはヴェネツィアのアカデミーへ手紙を書き、近々に全離散民を喜ばすようなうれしい報せをもって町へ戻ると伝えた[83]。しかし、およそその一ヵ月後に書かれたプラハのラビ宛の手紙ではエルサレムの使者の行動をより控えめに慎重にえがいている。今後も非常に熱狂的な手紙がエジプトから届くだろうが、しかし「わたしは使者のラビ・レムラインを交互尋問したとき、彼がなんら確かな信頼できる情報をもっていないことを確認しました。このナータンは本物の聖人で、未来を預言することのできる預言者であるようですが。彼はエルサレムの人びとにこう言ったそうです。もしイスラエル人が立派な人間だとわかれば、非ユダヤ人の聖なる場所は日曜日に倒壊するだろう。しかし、彼らが十分な功績を挙げられなかったら、一〇二個の石しか建物から落ちないだろう、と。そして実際に彼らはその日、建物は崩れませんでしたが、石が落ちたのを目撃しました。エルサレムの人びとや隣国のユダヤ人がいま離散地のいたるところで行なわれているような贖罪をやりはじめたのは、これがきっかけになったのかもしれません」。書類鞄に入れてもっていたラビ・イッセルレスの短い報告（三八六ページ参照）は別として、レムラインがサラヴァルに提供できた情報はこれがすべてであった。サラヴァルのほうはプラハのラビに信頼できる正確な情報を受け取ったらなんでもすぐに伝えると誓い、さらにこうつけ加えた。すでにエルサレムのラビたちに手紙を書き、ただちに詳しい情報を、「とくにこれらの報告について、良い報告であろうと悪い報告であろうとすべて詳しく……でも本当のことだけ」を教えてほしいとよくたのんでおきました。「また返事はすぐにくれともたのみました。たとえ速達便になっても、費用はわたしがもつからと。さらにこのラビ・ナータンにも丁重な手紙を書き、いろいろと尋ねました。」[84]

これによれば、パレスチナへのサラヴァルの手紙は、彼が一六六六年三月一日にプラハへ手紙を出すまえに発送された。ヴェネツィアのラビたちが正確な情報をえるために最善を尽くしたことは疑いない。彼らはエルサレムが沈黙を守ると決めたことを知るよしもなかった。残念ながら、エルサレムへ送られた手紙の文言はわからないが、それと対をなす、コンスタンチノープルのラビへ宛てられた手紙は遺っている。これは普通郵便ではなく、速達便で送られた。[85] この手紙が書かれたのは三月半ば、スミルナやほかの町々で起こった出来事にかんする報告がはいったあとであるが、しかしサバタイがコンスタンチノープルで拘禁されたという報せはまだヴェネツィアに届いていなかった。そこにはコミュニティ内の意見の相違がはっきりえがかれている。「わたしたちの解放にかんする洪水のようなニュースについて大声で激論を交わす人びとの群れがいたるところに見られます。多くは堅い信者ですが、疑問や留保を口にする者もいます。ですから、実情をよく知るひとに聞いてみるのがいちばんいいと思います……みんな心配、動転していますし、重大な影響を及ぼしかねないのですから。……」ヴェネツィアのラビたちはこう問い合わせた。「これはうれしい報せの日なのでしょうか……それとも根も葉もない噂なのでしょうか……たとえこの件が不確かなものであるとしても、あなたがたはどういうお考えなのか教えてください。なにしろイスラエルじゅうの人びとはあなたがたを、あなたがたすべてが全き真実に照らされていることを、注視しているのですから。」この手紙にはアカデミーの中心的な会員たち、ラビ・ヤコブ・ハ＝レーヴィ、ラビ・モーセス・トレヴェス、ラビ・モーセス・ザクート、ラビ・ヨセフ・ヴァレンシ、ラビ・サロモン・ハイ・サラヴァルが署名した。この文書は分別と常識を示しているが、同様にまた書き手たちの遅疑逡巡も示している。彼らの全員が、境界線ははっきりしないけれども、同じ見解ではなかったかもしれない。いずれにせよ、アカデミーの長ラビ・サムエル・アボアブは手紙に署名しなかった。彼のサスポルタスとの往復書簡から、彼がその報せを信じなかったことがわかる。彼の同僚たちのほうが好意的だったのかもしれないが、しかしヴェネツィアのラビたちのなかの支持者たちも、いろいろなグループが始めたサバタイの改革をどうしても容認しようとはしなかった。

　ナータンの手紙が広まったあと、支持者たちは真夜中の祈りをやめた。そして多くのカバリストたちは祈りのさいにルーリアの瞑想を続けるべきかどうか思案した。イタリアの指導的カバリスト、ラビ・モーセス・ザクート(86)は弟子のカサーレ・モンフェラートのラビ・サムソン・バッキーからこの問題での指導を正式にたのまれた。カサーレのユダヤ人は、ラビたちも、熱烈な支持者だった。そして彼らとマントヴァのコミュニティは前述のとおり（五二四ページ参照）熱狂にかられて共同で使節団を送った。バッキーへのザクートの返事[87]は最盛期のこの運動にたいする彼の立場を明らかにするとともに、ザクートをヴェネツィアにおける指導的な、きわめて活動的な支持者としてえがくか、それとも――反対に――サバタイ主義に汚染されていない反対者としてえがく以前の描写を一掃する。[88]実際にザクートは報せを信じ、「現在を恩寵の時として」推奨した。しかし彼は穏健な考えの持ち主で、この運動において指導的な役割はになわなかった。ルーリアの瞑想を続けるなというナータンの指示にたいする彼の反応は実際驚きを禁じえないものだった。彼は手紙の真正さを疑い、それを偽物とすることによって、解放の報せそのものは疑わずに、その信憑性に異論を唱えたのである。こうして彼は「信ずる」ことができたが、同時にルーリアの実践活動においては不信仰者と違わなかった。二月か三月のザクートの書簡は同僚の多くがもつ過激な信仰との違いをそれとなく示している。ルーリアの瞑想について彼はサムソン・バッキーにこう書いている。「およそ二ヵ月間わたしは、ラビ・ナータンがエジプトのある人物に送ったという手紙をじっくり吟味しました。初めわたしは混乱しましたが、問題をよく考えたのち、わたしはいろいろな理由からこれまでの習慣を変えないことにしました。」まず初めに、ナータンはまだ一般に真の預言者として認知されていなかった。次に、その手紙が本当に彼のものだという保証がどこにあったか。「要するに、非常にたくさんのものが彼の名前で広まっていました。たとえば、失われた部族の到着の日付がそうですが、ナータンはそのことについて何も言っていないことがあとでわかりました。もっともっとこの種の馬鹿げたことが毎日言いふらされております……それでわたしはこういう結論に達したのです。ルーリアのカバラーはしっかりしたものだが、それにひきかえラビ・ナータンの指示は疑わしい……いっときスミルナにいて、いまはコンスタンチノープルにいる神の聖人ラビ・サバタイ・ツヴィはわたしたちの知るかぎりではこの問題に一度も触れたことがないのだから、なおさらだ、と。」ザクートはナータンの論拠のなかにあるある種の矛盾も指摘している。ナータン自身の礼拝はルーリアの前提に基づいており、彼は、聖なる老人の光は最終的にはサバタイ・ツヴィによって啓示されるだろうとみずから説明していたのだから、実際はティックーンがまだ完成していないことを認めていた。「だからわたしはいつもどおりのルーリアの勤行を続けますが、一点、違うところがあります。わたしはもう哀歌を朗誦しません。夜半の礼拝のときにも地面の上に座りません。いまは間違いなく恩寵の時だと思うからです。確かな筋から聞いたところによると、コンスタンチノープルではもうテベス一〇日［の断食日］にキノース〔キーナ（哀歌）の複数形。一番古いものはサウルの子ヨナタンの死を哀悼するダビデの歌（サムエル記下第一章）。多く断食日のミサで捧げられる〕と悔い改めの祈りが唱えられなくなったそうです。スミルナのことはいうまでもありません。そこでは断食がまったく行なわれないのですから。わたしはそれを聞いて本当にほっとしています。」しめくくりに彼は、このことについてだれかほかのひとに話すのは初めてであるとラビ・サムソン・バッキーに断言している。「なぜかと申しますと、わたしは当地のラビたちの何人かと考えが合わず、この件における彼らの姿勢と一致できないからです。なによりも彼らはカバリストではないものですから。」

手紙の客観的な口調、バランスの取れた論証から、ザクートがけっして多くの歴史家たちがいうような「信じやすい愚かなカバリスト」、サバタイ主義扇動者の筆頭ではなかったことがわかる。支持者と反対者の違いはけっして一目瞭然ではなかった。カバリストたちでさえ、すでに見たとおり、この問題では不統一であった。モーセス・ザクートはヴェネツィアのコミュニティの政治的決定には関与していなかった。彼にはメシアにかんする報告を言葉どおり信ずる気はあったが、伝統的な実践を離れ、宗教的「改革」を導入すべき理由は見当たらなかった。「恩寵の時だから」彼が夜半の礼拝のさいにひとつだけ変更を敢行したことは、彼の慎重な保守主義がたんに反意をカムフラージュするだけのものではなかったことを十分に証している。しかし、彼のナータン批判は解放の報せにたいする彼の肯定的な反応によって動かされることはなかった。サスポルタスも好ましくない記録文書を贋作とする手法を用いた。一方ザクートは信じようとした。だから彼は疑いを公には表明せず、あの時点でも手紙の相手に絶対に口外しないという約束でそれを打ち明けたのである。彼の信仰は根本的には懐疑家のそれであった。したがって、彼がサバタイの棄教のあとすぐ信仰を放棄したのも怪しむに足りない[89]。

当時(一六六六年春)イタリアを旅していたらしいパレスチナの使節ラビ・サバタイ・バルの手紙には、夜半の礼拝を続けるかやめるかという問題へのもっとはっきりした否定的姿勢が表われている。あるどこかのコミュニティから彼はこう尋ねられた。いまも夜半の祈りを唱えなくてはならないでしょうか、福音が告げられました、そして「世界の果てから歌声が聞こえ」、老いも若きも預言をし、失われた部族がエルサレムへ移っています。ですから、いまはもう「涙を流して悲しんでいる時ではなくて、むしろ笑って踊る時かもしれないのです」(集会の書三、四参照)と。それに答えて彼は保守的なカバリストのだれもが口にするおきまりの論拠を主張した[90]。これまであるのは噂ばかりで、証拠は何もありません。これまでは何も変わっていません。「わたしたちの口は笑いでみたされた。それは主がわたしたちのために大いなる事をなされるから」です(詩篇一二六、二—三)が、でも主はまだこれをなされておりません、と。ラビ・バルはマイモーニデスの言葉を引用している。それによると、メシアが来たと思ってよいのは、国王が立ち上がり、イスラエルびとに律法を守らせ、もろびとをイスラエルに率いて、神殿を再建するときである(二二ページ参照)。実際、ユダヤの伝統はメシアが明瞭なしるしによって身の証を立てることを要求している。「これまでわたしたちはまだそのようなしるしを何も見ていません。ですから、シェキーナーの追放を悲しむのをやめる理由はあるでしょうか。」あるいはその他の改変を導入する理由があるでしょうか。

ヴェネツィア自体に預言者は現われなかったが、当時ヴェネツィア共和国の一部をなし、首都と密接な関係にあったコルフにひとりの女預言者が現われた証言がある。コルフの田舎貴族の一員アンドレア・マルモーラが遺した出来事の描写である。それはおきまりの反ユダヤの文体で書かれ、サバタイ主義運動については触れていないが、一六六六年に起こった出来事の実情についてなんら疑念を生じさせない。コルフには五〇〇所帯のユダヤ人家族が暮らしており、メシア運動はラビや長老たちも含めてコミュニティの大部分に広がった。ヴェネツィア生れでコルフに定住していた商人ハイーム・ベン・アアロンの娘が預言を始めたとき――お告げを述べるとき彼女の身体は痙攣し、不自然に折れ曲がっていた――ラビたちはそのニュースがキリスト教徒の耳にはいったばあいの騒ぎを恐れた。そこで彼らは彼女を父親の家に拘禁したが、「世間のひとたちは彼女をうやまい、捧げ物をするためにそこへ押しかけた」。著者はこのエピソードをひと儲けをたくらむ父娘の共謀としてえがいているが、これは彼自身の記述に反する説明である。[91] コルフのサバタイ熱はなお数年間続いた。イタリアのラビたちの反応はこのように一様ではなかった。みなてんでに解放の報せを説明した。慎重に振舞うよう忠告したにもかかわらず、ヴェネツィアのラビたちは両派のあいだに広がる裂け目を埋めることはできなかった。少数派の「不信仰者」は機会あるごとに抗議の意を表明したが、支持者たちは外国から来る手紙のなかで推奨されている典礼の改変を進めた。また疑いなく彼らはイスラエルの王のためにおごそかに祈りを朗誦することも主張した（四五二ページ参照）。シナゴーグではたびたび、とくに安息日には、言い争いが起きたに違いない。ある安息日にはひとりの反対者が袋叩きに遭い、重傷を負った。モーセス・ナハミアスがガリポリへ巡礼したときには、支持者側から、反対者がメシアを侮辱するようなことを言ったら殺してもいいか問い合わせてくれとたのまれた。サバタイはそれを許可した。

前述の手紙や問い合せ文書はすべて一六六六年の二月か三月に書かれた。返事がその指定地に着くまでには数ヵ月かかった。そのあいだに伝説や噂が跋扈した。ようやく七月に正式な回答がコンスタチノープルから届いた。(92) 手紙はラビ会議の支持者派によって書かれた。署名者の何人かはその文書を見ていないとサスポルタスが主張しているのは正しいかもしれない。「当時彼らは文書を偽造し、虚偽を書いていた」からである。実際あとで多くの署名者は文書偽造に抗議をし、「あのときわれわれがこの手紙に署名をしたというのはとんでもない嘘である」と言明したが、彼らが抗議の声をあげたのはサバタイが棄教したあとであった。実際、それは抗議をするラビたちが正式に署名を取り下げるかわりにまずは静観していたことを認めたも同然であった。ヴェネツィアのラビたちがサバタイ支持の文書に自分の名前を見る羽目になったのは不運だったけれども。(93)

一六六六年五月二五日の手紙はこみいった、謎めいてわかりにくい文体で書かれているけれども、受取人には明々白々であった。コンスタンチノープルのラビたちはヴェネツィアの同職者の問い合せに答えたいと思ったが、それはある品物のためだった。その品物というのはラビ・アブラハムの息子で現在はコンスタンチノープルに住むエルサレムのラビ・イスラエルが購入したもので、それをめぐって彼の家族のなかにもめごとが生じていた。この品は無価値な代物で、取引するのは罪深いというのが大方の意見だった。コンスタンチノープルのラビたちは、一件を念入りに調査した結果、この品は非の打ちどころのないものだと思う、と太鼓判を押しています。そこで商人たちは、この品を売れば大儲けできると判断しました。「しかし来年の大市の時を待たねばなりません。そのときには神のご加護により、第一原因、第一始源の好意的な摂理のもとで高値で売れるでしょう。(94) わたしたちは一部始終を念入りに調査しました。真実は前述のラビ・イスラエルのもとにあります。わたしたちは疑いなくそう確信するにいたりました。ですから、いまはそのとおりに行動するのがあなたがた僧侶［すなわちヴェネツィアのラビたち］の責務です。なにとぞ神がいがみ合っている両者に和平をもたらしますように。彼らが自分の行いに気をつけ、これ以上この件で疑ったりしませんように。なぜなら、ラビ・イスラエルは神により正しいとされているからです。」このあとに以下の署名が続く。ハナニヤ・ベン・ヤカル、モーセス・イブン・シャーニイ、カレブ・ベン・サムエル、モーセス・ベン・アブラハム・ガランテ、アブラハム・ヤキーニ（彼の署名のまえに二、三語あり、その頭文字はサバタイ・ツヴィの名になっている）、そしてニッシーム・ベン・ハイーム・エゴジ(95)。

ヴェネツィアのラビたちがわざわざ使者をコンスタンチノープルへ送ったという報告が正しいとすれば、使者が署名にその名を連ねているラビたちにたいしてそれ以上自分で調査をすることなくこの文書を受け取ったというのは妙である。おそらく彼はヴェネツィアからコンスタンチノープルへ手紙を運んだだけなのだろう。ラビたちの返事はそのあと通常郵便で送られたのだ。返事の文言が暗号化されているのもそのためかもしれない。いずれにせよ、ヴェネツィアのラビたちが受け取ったのは彼らが求めた詳しい返事ではなく、熱烈な信者の信条であった。手紙の写しは支持者たちによってヨーロッパの各地へ送られ、アムステルダムのラビはそれを公式文書として引用した(96)。

さいわいにも、コンスタンチノープルからの手紙の到着に続いてヴェネツィアに起こった出来事の描写が遺っている。ラビ・レオーネ・ダ・モデナ（一五七一—一六四八）の孫で、あまり著名ではないが、それだけに注意深いヴェネツィアのラビのひとり、ラビ・イサアク・ベン・ヤコブ・デ・レヴィータ（一六二三年生）が自伝的な論文を書いており、そのなかで自分がこうむったと思っている蔑視や中傷をひとつひとつ挙げている。この短い著作はメシアショックにかんする一章も含んでいるが、しかしサバタイの名に言及することはなく、激動の性格をひとつひとつ挙げることもしていない(97)。自分は終始一貫して運動の反対者だったが、「最後の八ヵ月間」(つまり一六六五年一一月以来)はだれも自分の説教に耳を貸さなかった、とラビ・イサアクは主張している。

イサアク・デ・レヴィータによれば、小委員会はシヴァン二八日(二九日と読める)金曜日(一九六六年七月二日)ラビたちを会議に召集し、その席上で「コンスタンチノープルからの手紙」が読み上げられた。会議(怒っているラビ・イサアクは「例によって」その席に呼ばれなかった)では激しい論争、口論になったが、決議はなされなかった。シモン・パレンツォに率いられた長老たちは手紙を秘密にしておこうとしたが、二、三のラビ(支持者側の?)は公表を迫った。おそらく意見の対立が巻き起こったのはコンスタンチノープルからのヤキーニの手紙のせいばかりでなく、タンムーツの断食を廃止する指示を支持者たちが適当な時期に告知することを望んだためでもあったろう。会合の意味は煽られた民衆に抑制と沈黙を課すことであったが、それには二つの問題点があっただろう。ひとつはキリスト教徒を宥めることであり、もうひとつは断食を守る義務を正式に確認することであった。さらに長老とラビの権限争いが加わり、前者はラビの権威の及ぶ範囲は純粋に宗教問題に限られ、公共の福祉にかんする問題はラビの権限外であると主張した。するとラビたちは独自の決定を下し、ゲットーの門が閉められるタンムーツ二日(一六六六年七月四日)の前夜に「イェシヴァの名で」布告を出した。もしこの布告が三ヵ月後アボアブがサバタイ・ツヴィにかんする問い合せに答えることを拒否したときに引き合いに出した「決議」と同じであるならば、それはキリスト教徒にたいしてだけでなく、ユダヤ共同体内でも秘密と沈黙を守ることを命じていたに相違ない。布告の作成者は、このテーマにかんするいっさいの論議を禁ずればシスマの差し迫った危険を取り除けると信じていたようだが、その期待はお粗末な心理学に基づいていた。三ヵ月のちアボアブは、一般大衆はこの禁止をまず守れないだろうと認めた。ラビの仲間に属さない支持者たちはその後も友人宛に手紙を書き、いろいろな噂や奇跡話を広めた。

ラビの布告はヴェネツィアのゲットーで怒りの嵐を呼び起こした。小委員会はラビたちが権威を奪い取ったことに憤激し、先の布告（ラビ・イサアクはその内容をひとことも漏らしていない）を無効とする独自の布告を出し、相手がだれであれ「わが師」という肩書きで呼びかけることを禁じた。それを破れば追放の刑と二〇〇ドゥカーテンの罰金が科せられた。この肩書きは通常、叙階されたラビがシナゴーグでの礼拝のあいだ聖書を朗読するために呼ばれたとき、その名前のまえにつけられるものである。信者と不信仰者の衝突はどうやら俗信徒の指導者とラビ職とのあいだの伝統的な争いに巻き込まれたようだ。とにかくイサアク・デ・レヴィータの記述からわかることは以上である。そのほかの点では記述は身辺で起こった公の重大事件よりもむしろ個人的な悩みを扱っている。これらの恥ずべき出来事はあるひとりのよこしまな人間のせいであるという。ヴェネツィアではタンムーツ一七日とアブ九日の断食は廃止されたようだ。とにかくラビ・イサアクはことさらにこう強調している。「わたしはタンムーツとアブのために泣いた。」そのさい彼はとくに「トーラーの失墜とそれを惹き起こした者たち（小委員会?）の堕落を嘆くと同時に先見の明を遺憾なく発揮しえないラビたちを悲しんだ」。ラビの威厳はほどなく回復された。最初の布告は効力を保った。両権力機関は争いを収めた。それでも事件はちょっとしたきっかけで大きな紛争になりかねない潜在的な緊張を如実に示している。モーセス・ザクートとイサアク・デ・レヴィータの証言からわかるように、運動への参与には多くのニュアンスや度合いがあり、境界線はけっして明瞭、明確ではなかった。加えて同職者への批判は、ラビ集団の姿勢がけっして熱狂した民衆に威圧された結果ではなかったことを証している。真相はのちの護教的描写とは遠く隔たっていた。

イサアク・デ・レヴィータが言及している出来事の反響は晩夏のある別の手紙にも見られる。ローマのユダヤ人はまだほかのコミュニティよりも難しい状況に置かれていた。彼らは教皇座のお膝元に住んでいた。初めにユダヤ人とキリスト教徒とのあいだに何度か衝突があったあと、支持者たちは完全黙秘を守った（五一七―五一八ページ参照）。サバタイ派の預言者サバタイ・ラファエルがこの初期の段階にローマにいたという見解を支持するものは何もない。彼は夏の終り頃（一六六六年八月ないし九月）に来たらしい。ローマのラビ・ヨシュア・メナッジェンは一六六六年八月アボアブに手紙を書き、精確な情報を依頼した。彼の問合せはサバタイ派の宣教師の短期間ながら熱心な活動によって喚起されたのかもしれない。アボアブの返書はローマでサバタイ・ラファエルの来訪にともないある種の不穏な出来事が起こったことを推測させるけれども。サバタイの棄教の報せがヴェネツィアに届く以前の一六六六年九月に書かれたアボアブの返書は最近発見され[98]、ヴェネツィアから直接はいる報告がサバタイの棄教に先立つ数ヵ月間非常に乏しかったわけを説明してくれる。どうやらラビたちはサバタイ・ツヴィにかんすることすべてについて守秘を定めた彼らの厳粛な決議にこだわっていたようだ。このような事情で彼らはきっとガリポリからヴェネツィアに届く洪水のようなニュースをほかへ伝えることができなかったのだ。ナータンの礼拝マニュアルの唯一の版がユダヤ人の印刷業のメッカであるヴェネツィアで刊行されなかったのも、この件についてはいっさい口外無用とした罰令のせいかもしれない[99]。ヴェネツィアの外でさえ支持者たちは何ヵ月もためらった。一六六六年の三月から九月にかけて、イタリアではこの論文は一冊も印刷されなかった。ようやく九月になって、ナータンのトラクトはマントヴァで『ティックーン・ハ゠ミッドース』というタイトルで再版された。

返書のなかでラビ・サムエル・アボアブはローマのラビたちに詫び、三ヵ月まえにヴェネツィアで議決された決議が支障となって詳しい情報を伝えることができなかったと説明している。「でも、沈黙は万能薬です。」キリスト教徒から迫る危険とユダヤ陣営の内紛が新たに勃発する恐れから、「舌禍を招か」ぬほうが賢明と思われました。それで、決議がなされてから、わたしはおちこちからヴェネツィアに届く多くの手紙に答えずにいました。詳しい回答のかわりにアボアブはローマのラビたちに一六六六年二月付サスポルタス宛の書簡の写しを送り、さらに、その日付以降コンスタンチノープルとパレスチナからはいった手紙には確かな、あるいは事実的に重要な事柄は述べられていない、とつけ加えた。どちらかというと、これはエルサレムからの手紙はそこへ向けられた質問に答えられなかったことを意味している。アボアブはさらにローマの同僚に、ヴェネツィアの決議はユダヤ陣営内の平和をある程度回復したと知らせている。わたしのほうからまた何かいうと「わたしたちのコミュニティ内に齟齬が再燃する」かもしれません。ラビ陣営内でも意見が分かれています。それゆえ、いちばん無難な道は辛抱強く待つことでしょう。いずれ時がたてばこの問題の真相は明らかになるでしょう。それまではラビたちは人びとを静かに贖罪の道にいざなうべきでしょうが、そのほかの点では、人びとに解放の報せを信じさせるべきか、させないべきか。もちろん、ラビの伝統を踏み外さず、むしろ「［神の］王国の軛を、［つまり］聖書とラビの掟をしっかり受けとめる」心がまえでいることが前提ですが。

　コンスタンチノープルからヴェネツィアへ送られたさらにもうひとつの手紙も、その断固たるラジカルさによって両陣営に深い感銘をあたえたようである。ただしヴェネツィアのコミュニティの指導者たちの反応にかんする証言は残存していない。ガリポリでのサバタイの秘書サムエル・プリモ[100]によって書かれ、「メシア王の命により」彼が署名したこの手紙は、不敬の罪を犯した反対者を罰する指令をあたえている。

サスポルタスは「王」の印璽を使って畏れ多くも神の冒瀆を広めた罪をプリモに着せている(101)。この冒瀆、たとえば神の属性をサバタイに付与することがプリモではなく、サバタイ自身によって語られたことは、敬虔な、神を畏れるユダヤ人にとってとくにショッキングであったに相違ない。しかし、プリモの文学的作風は見紛う余地がない。彼は凡庸な学者ではなかった。彼の文体はラビの語法と、ユダヤ人のなかでは久しく聞かれなかったうっとりするほど響きの良い、誇張した、格調の高い「荘厳な」語調とを結びつけていた。「王の布告」はすべてのユダヤ人を骨の髄まで揺さぶったことだろう。

プリモの書簡は当時のサバタイの気分を反映している。彼は新しい法律を布告していた。そしていま、ヴェネツィアの支持者たちがよこしまを一掃し、「メシアを侮辱する」者はだれでも殺すぞと脅し、「安息日であってもそいつを叩き殺す」のを多としようとしたのだった。プリモは「[安息日にシナゴーグで不信仰者を襲う]これらの人びとがなす行為にまさる安息日の聖化はないとされるわれらが主なる王の」判断を告げ、この勅令を通りや市の広場に公示するよう支持者たちに呼びかけたのである。コミュニティの指導者たちはただひたすら沈黙を望んだが、支持者たちはこう勧告された。「あなたがたは喜びなさい。つまり、ほかのひとたちも共に喜ぶようにするのです。なぜなら、王の命令と信頼がどこへ下されようと、あなたがたは救いと慰めの報せを宣べ伝え、毅然として贖罪の砦に籠らねばならないからです。……見なさい、われらが主なる王はあなたがたにいっさいの富と名誉と栄光をおあたえになるでしょう。ことに、世界を統べる主［すなわちサバタイ］に刃向かう者を打ち倒し、それによってわれらが主なる王である［真の］安息日をふさわしいやり方で祝った心正しき［信者たち］には。」メシアが真の安息日だとすれば、彼の名誉を守るためになされたすべての行為は安息日の本当の祝いとされた。プリモはメシア信仰の精神的および政治的な面を要約してこう勧告する。「あなたがたの王、あなたがたの救い主、天と地におけるあなたがたの魂と肉体の解放者がいることを喜びなさい。彼はあなたがたの死者を甦らせ、金持ちへの隷従と地獄の罰からあなたがたを救うでしょう。これらはいと高きことであり、口では言い表わせません。なぜなら、なにびともわれらが主［つまりサバタイ・ツヴィ］なるシーン〔ש〕・ダーレース〔ד〕・ヨード〔י〕［すなわち、神の名のひとつ、シャッダイ〔שדי〕］を見究めることはできないからです[102]。」

プリモの手紙はいろいろな点で教えられことが多い。それを読めばだれしも、王が堂々とした振舞いで虜囚という現実の状況を飛び越え、メシアの「牙城」と化した牢獄から拘束力のある指令を発したことに気づかずにはいなかった。救済の幻想は存在の精神的な面と政治的な面を包含していた。この手紙の心理的に注目すべき特徴は過去と未来がぼやけていることである。救世主という未来の職務が遂行される経過のなかで初めて起こる復活のような出来事が、あたかも現在起きているかのように語られる。この種の運動においては、未来のヴィジョンが現在の心理的現実に変じるプロセスが生ずるのはほとんど避けられないことであるが、プリモの手紙はそのプロセスが現実に進行するのを見られるようにする。現実の境界線は消滅し、メシア的改新の呼びかけは支持者たちの経験に存在の新しい次元をひらく。もはや救済を待ち望む必要はなかった。それは支持者の心のなかで生きた現実となっていたからだ。お伽話のような奇跡やしるしの報告が「外的な」歴史的現実とは無関係な「内的」宇宙を創り上げるのに貢献した。

手紙はそのうえはっきり暴力への誘いを含んでいた。イスラエルと世界全体の救済という大きなユートピア的な夢の実現が目前に迫っているように見えたあの瞬間からこの問題は避けられなくなった。熱心な信者は大いなる出発をさぼろうとする者たちにたいしてどう処したらいいか。新しい危険な「聖霊」の権威が首をもたげ、伝統的な宗教的権威を脅かした。危険性は少数の冷静な反対者によってはっきり認識された（リヴォルノ出身のラビ・ヨセフ・ハ＝レーヴィの手紙、本書五二一ページと八〇三ページ参照）。

安息日の本当の遵守が真の安息日たるサバタイ・ツヴィを讃えることにあったのなら、寓意が直接の理解にとってかわったのであり、いかなる伝統的な掟や禁止もこの霊的ないしは比喩的な新解釈をまぬがれなかった。寓意が「神秘的」だったことがもっぱらその革命力を強めた。これまでラビたちは律法を自分たちの伝統や認識にしたがって理解、解釈して、その権威によってユダヤ人を導き、彼らに……「天の王国の軛」をになわせてきた。ところが、メシア――シャッダイの王国が近づき、それどころか信者の心の中で現実となったいま、ラビの権威は新秩序の先導者に座をあけわたした。権威の問題は必然的に暴力、すなわちテロリズムの行使の問題につながった。この二つの問題のあいだにある内的関係を正しく評価するなら、ユダヤ史の一章以上をより良く理解することができるかもしれない。いままさに生まれようとしている、しかしまだ完全には建ち上がっていない王国の国主サバタイを疑うことがメシアの王位にたいする反逆にひとしいのであれば、結論は明らかであった。実際、サバタイがみずからの手で数行書き加えたプリモの手紙は、伝統的な権威にまさる新しいメシアの権威の存在を正式に告知するものとなった。

前章で述べたスミルナの出来事がけっして異常な、気違いじみたエピソードではなかったことがいまやはっきりしただろう。それはサバタイの心理から生まれたが、現実に転化した終末論的幻想の内的結果でもあった。暴力を勧奨したのはプリモの手紙だけではなかった。むしろ、多くの証言は密告が疫病のように広がったことを示している。「あの頃、ユダヤ人のあいだに密告などなかったことは絶対に確かである」というレイーブ・ベン・オーザーの確信は理想化する寓話の領域に属する。「起きたことや王侯君主についていわれたことをお上に漏らす密告がイスラエルになかったことはさいわいだった。さもなければ、ユダヤ人は「非ユダヤ人の復讐を」まぬがれなかっただろう。それというのも、だれもがまるでもうメシアが来て、自分たちの支配を確立し、非ユダヤ人の軛を投げ捨てたかのように、絶対の確信をもって暮らしていたので、最下層のユダヤ人ですら、非ユダヤ人をどう牛耳ってやろうか、役人たちをどう始末してやろうかと、鼻息荒かったからである(103)。」両者、支持者も反対者も、この対決では嚇しや密告を初め、使えるかぎりの武器を使った。すでに一六六六年初頭、ラビ・ハイーム・ベンヴェニステはスミルナのコミュニティの長老たちから次のような事件を委託される。二人の男が言い争いになり、ひとりが雑多な群衆の面前でトルコ語でこう叫んだ。「おまえらはスルタンの謀叛者だ、だから死罪だ」と。この者には無法者として追放を科すべきでしょうか。サバタイ・ツヴィからスミルナの上級ラビに任命されていたベンヴェニステは、この男を密告者として、口実はどうであれ、死刑執行のために非ユダヤ人に引き渡すか、それとも、身体を切断——たとえば目をくり抜き、舌を切り落とすなど——しなさい、と判決を下した。いずれにせよ、彼を無罪放免することは考えられなかった。そうすれば裏切り者や密告者がいい気になるからである(104)。ベンヴェニステの裁定はたんなるアカデミックな実習ではなかった。クーネンの報告によれば、一六六六年夏、反対派の旗頭のひとりであるコミュニティの著名な有識者がカーディの前で、自分はサバタイ・ツヴィなんか知らないし、運動にも加わっていないと、正式に供述した。その後支持者たちが、この男に卑劣きわまる犯罪をなすりつける嘘の証言をした。謀叛の疑いを抱いたカーディは、被告人にガレー船送りを宣告し、ひげを剃るよう命じた。それから男はガレー船ではなく、別の町のトルコ人高官の邸へ連れて行かれ、興奮が収まるまでそこにいた(105)。

この出来事は支持者たちが活発な反対者を無法者のように扱ったことを示している。口を閉ざしている反対者はむりやり参加させられ、なかにはサバタイ信仰へ改宗するふりをした者も多くいた(106)。少数の鞏固な反対者のひとりは扇動された群衆に自宅を襲撃されるのを見越して、金目のものをすべてクーネンの家に運び込んだ(107)。さらに、反対者のグループがトルコ人の拷問者に引き渡されるという暴力事件が小アジアの別の場所で起こった。この事件は多くの点でラパーパの職務追放と似ているが、その間に争いは激しさを増し、支持者たちは反対者をただ職務から追放するだけではもはや満足しなかった。マグネージアの近辺と思われるあるコミュニティでは平信徒の長老が熱烈なサバタイ・ツヴィ支持者で、ラビが反対者だった。「そして［ラビが］多くの人間を惑わした行為のためにメシアを誹謗中傷するのを聞いて、長老は彼を敵とみなし、とっちめてやろうとした。……意表を衝いて彼はラビとその支持者の数人を支配者［すなわち地方のトルコ当局］の手に引き渡した。当局は彼らに判決を言い渡し、彼らを手酷く打ち据え、牢屋にぶち込んだ。長老は彼らの足を鎖につながせ、金を奪った。しかしこれすら当のラビにたいする彼の怒りを鎮めることができず、彼はコミュニティをせっついてラビの職務を剝奪させ、向こう三年間ラビに復職させない［ことを保証する］書類に署名させた[108]。」

プリモの手紙に開陳された教条はサバタイ陣営のいやましに強くなる非妥協的な雰囲気とイスラエルの王、主の油を注がれた者としてのサバタイへの深い信仰とを如実に示している。けれども、ナータンやサムエル・プリモやサバタイ自身による後押しにもかかわらず、イタリアのユダヤ人のあいだではテロや嚇しが幅を利かすことはなかった。ヴェネツィアの平信徒の指導者やラビたちはけっして大衆にたいする権威を失うことはなかった。その権威が大いに疑問視されることは一度ならずあったけれども。王の布告というかたちを取ったメシアの書簡は初夏まえには届かなかった。それまではサバタイ運動の宣伝は主としてナータンの贖罪冊子に依っており、その禁欲的な敬虔な性格はそれがもつ革命的な核心をうまく包み隠していた。

当時フィレンツェないしはリヴォルノにエマニュエル・ベン・ダヴィド・フランセスとヤコブの二人兄弟が住んでいた[109]。兄のヤコブ（一六一五―一六六七）が最初にフィレンツェでサバタイ運動とその指導者たちを揶揄する諷刺詩を書こうと思いついたらしい。まもなく兄弟は諷刺詩をやりとりした。そして運動が頂点に達したとき、エマニュエルが彼らの共作をツヴィ・ムダッハ（追い立てられたノロジカ）というタイトルで出版しようと提案した。[110] 詩は東方から届いた書簡や話のいわば連続した注釈で、ナータンの教義やサバタイの「狂気」を辛辣な諷刺で嘲っていた。ヤコブ・フランセスは支持者たちの敵意と彼を敵とみなして苦しめようとする彼らの企ても引き合いに出している。[111] サバタイがコンスタンチノープルでスルタンによって王位につけられたというウィーンから来た噂にエマニュエルは決疑論的なソネット形式で注釈を加えたが、そのなかで彼は聖書に「輝き」とか「ノロジカ」とか「鹿」といったいろいろな意味で頻出するヘブライ語のツヴィにかけて、言葉たくみに地口の限りを尽くしている。[112] サバタイ拘禁のニュースは二人の兄弟によってことさらきわだたせられ、とことん餌にされるが、支持者たちはそのニュースをできるだけ軽視しようとした。ラビ・ヨセフ・ハ＝レーヴィと同様、ヤコブ・フランセスもサバタイ主義運動の支持者たちが律法とラビの伝統を軽んじていると非難したが、彼の激しい批判は多くの問題を投げかけている。律法を破ったり、タルムードや宗教を冒瀆することにたいする彼の憤慨は、断食の廃止や、その他いくつかのサバタイがスミルナで行なった改変によって惹き起こされた詩的誇張なのであろうか。それともイタリアの信者たちのなかにある反律法主義的傾向に向けられているのか。「いわゆるカバリスト」にかんする諷刺はサバタイの取巻きに向けられているのか、[113] それともリヴォルノを初め、その他のイタリアのコミュニティのカバラー的ラビに向けられているのか。正しい答えがどうであれ、一方の伝統主義者たちともう一方の狂信者たち——彼らにとってはすべてがいま新しく生まれたものである——とのあいだの緊張が兄弟の諷刺詩にはっきり表われていることは疑いない。

ヤコブ・フランセスは当時としては特異な存在であった。正統派のユダヤ人でタルムードの学者だったが、きわめて合理主義的な性質であった。サバタイ熱の不屈な、妥協を知らぬ敵対者として旗幟を鮮明にするまえから、すでにカバラーに疑問をもつことで一般に知られていた。マントヴァに生まれ、ヴェネツィアのラビ学校に通ったあとも、長くそこに住んだ。一八世紀における真正カバラーの伝統の大の擁護者であるマントヴァのラビ・アビアド・サル・シャーローム・バジラ（一六八〇―一七四三）はある人物について触れ、こう述べている。「彼はわれわれの秘教的伝統を信じず、つねづね、カバリストは『虚妄を追いかけ、中身が空疎になった』と言っている。彼はまたゾーハル［の真正さ］を否定し、この書は偽作であり、シモン・バル・ヨハイの書いたものではないと説いた。……そして毎日、口をきわめてこの町［マントヴァ］の学者たちを攻撃している。彼らがカバラーを研究しているからであった。[114]」一六六一年、フランセスはカバラーを諷刺する詩を載せたちらしを刊行した。すると、カバリスト、サロモン・フォルミッジニの音頭のもとに、マントヴァのラビは、すべてのシナゴーグで反フランセスの公告を読み上げ、ちらしを全部押収し焼却するようにとの指示を出した。[115]フランセスは独立した収入のある商人で、ラビではなかったが、ラビの教職を務めた。一世代まえのヴェネツィアのラビ、レオーネ・ダ・モデナと違って、彼は自分の批判的意見を隠すいわれは毛頭ないと思った。彼はこれ以上マントヴァのラビたちから迫害を受けるのを避けてフィレンツェへ逃げ、サバタイ活動のあいだそこで暮らした。一六六七年に死去。サバタイのメシアニズムにたいする彼の断固たる拒否の姿勢を説明してあまりある彼の合理主義精神によって、彼は「信じない」反対行動のスタート地点としてもふさわしくなく、影響力をもつにはいたらなかった。神学も信仰もカバラーの精神を呼吸していた時代にあって、ラジカルなカバラー批判者は歓迎されざる同盟者であった。反サバタイ派の多くのラビは――カバリストでもあったサスポルタスも含めて――フランセスの見事な筆さばきによる助太刀を恩義というよりは友誼と感じたに違いない。[116]フランセスのほうは盟

*Den Nieuwen Ioden Koningh.* *Den Propheet der Iooden.*

Afbeelding, van den gewaenden, nieuwen Joodſchen Koning

# SABETHA SEBI,

Met zijn byhebbende Profeet, opgeſtaen in den jare 1665, etc. zoo vele daer van tot noch toe bekent is, of van de Joden geſeit wort, uit de nauwkeurigſte brieven, en ſchriften opgeteekent.

DEſen *Sabetha Sebi*, is gebooren in *Aſia*, in de vermaarde koopſtad *Smirna*, van ſlechte doch vroome Ouders, beide als noch in leven, als mede verſcheide Broeders en Suſters hebbende; van de ouderdom ontrent veertig jaren.

*Gedaente.* Hy is gheen mooy man, maar rouw van aangheſicht, het hair een weinigh gekrult, kloeck en dickachtige geſtalte, hebbende op ſtaande knevels, en aen de kin een weinig baerts.

*Leven.* Heeft wel in verſcheide geweſten des weerelds geweeſt, maer meeſt zijn tijd in zijn Vaderlijke Stad door gebracht, met het onderſoecken der *Schriften*, *Talmud*, en oude *Rabynen*. Levende zoo ſtrickt na de Wet *Moſes*, dat onberiſpelijk is geweeſt; van God meenigmael vermaent, als een beſonder heilig Man, wat groots van hem ſtont te zullen werden: hy ſpreeckt meeſt alle Talen, hebbende geleert by eenen R. *Gagas*.

*Gevolg.* Sijn voornaemſte gevolgh, beſtaet uit den Profeet *Nathan*, van afkomſte uit de Stad *Gaza*, een hoogh geleert Man, rechtvaerdigh, oprecht en ſeer ootmoedigh, begaeft met den Geeſt. Voorts vier of ſes van de deſtigſte Rabijnen.

*Aenhang.* De aenhang van deſe *Sabetha*, en Profeet *Nathan Levi*, is ſeer groot. In het Land van *Sus*, zijn 8000 Troupen, ider der zelve van 100 tot 1000 mannen gerekent. In *Barbarien*, in de Woeſtyne van *Theophilea*; zijn ongevaer hondert duyſent Jooden, om dezen als haren Koning en Profeet te volghen, en op te trekken. Ontelbaer is het ghetal van deze Iſraeliten die dagelijks in die quartieren aen komen.

*Mirakelen door hem, of den Profeet gedaen.* Aen het Graf van *Zacharias*, die de Joden tuſſchen den Tempel en den Autaer gedood, en waer in zy groote zonden begaen hebben, gekomen zijnde; was een oudt Man (*Zacharias* zelfs) daer uit voortgekomen, met een kom vol waters in zijn hand, waer in de Jooden haer gewaſſchen, en met een van die zonden gereinight zijn. Uit de Graf-ſteeden der oude Rabynen, over honderden van jaren ghestorven, hoordemen levendighe ſtemmen; Hy ontdeckt de ſecreten eens menſchen hert; doet vier van den Hemel dalen, gelijck op den dagh van ſijn vertreck van *Smirna*, en meermalen is geſchiedt: als oock ter zelver tijd, des Turkſen Overſten hand die hem meinde te vatten, verdorven, en op ſijn ootmoedige beede weer tot ſigh zelven gekomen. De plaetſe van *Ieruſalem* beſchijnt een geduurig licht; de fondamenten der muuren geven ſigh op, en die van den Tempel, zijn alreede eenige voeten gerezen, zo datmen bequamelijk de vertrekken, daer in kan onder kennen. En ontallijck veel wonderen meer, die al was de geheele werelt papier, alle de wateren inkt, alle boomen pennen, niet magtig zijn te beſchrijven.

Den 11 December 1665, is dezelve met een Schip oft Barque, vergezelſchapt met eenige weinige perſoonen, met een goede wind, van *Smirna* na *Conſtantinopolen* gezeylt; om daer van den Turkſen Sultan te vorderen de Kroon van *Paleſtina*, en de erffelijke Landen der Jooden, en daer op zal terſtont de optocht der Stammen, alreede verzamelt, derwaerts aen volgen.

De Joodſche Natie in de deelen van *Aſien* is allenthalven in ghevoelen, dit boverſtaende, en noch veel meer, waerachtig te zijn. Houden dezen Koning, en Profeet, te wezen haren herſteller des Rijks, en kort om, haren beloofden *Meſſias*, die hare zonden oock zal dragen en weg nemen. In andere quartieren des Werelts, zijn de Joden, door ſchrijvens daer van, verzeckert, zommige vaſt en zommige klein geloovig; eenige zeggen ront uit het is den *Meſſias*, andere willen haer oordeel noch een maendt op ſchorten, immers is een algemeene vreugd onder haer, hier over, 't welk zy op den 11 en 12 Meert 1666, in hare Synagoge tot *Amſterdam*, met het aanſteken van lichten, ſingen van Pſalmen, ſtaande op de Verloſſinge Iſraels, en anders, opentlijk vertoont hebben.

Turken, en Chriſtenen, houden den zelven meerendeel voor een bedrieger. Turkſen oft Joodſen Quaker: en het geheele werk, een verleidinge, oft voor teeken van den Jongſten Dag, hoewel voor beide zeltzame dingen zijn vertoont, zeggen, hem, eenen anderen *Mahumeth*, *Simon Magus* oft Tovenaer te wezen, en daer over alreede, op ſijne reize van *Smirna* na *Conſtantinopolen* van de Turcken geſtranguleert, oft op de Galeye voor Slaaf ghebannen. Eenighe ſchorten haar oordeel noch tot nader beſcheit op: ons aengaende, wy zeggen, met den ouden Leeraer *Hieronymus*, *De Ioden verwachten een gulde en met koſtelyke ſteenen verciert den Ieruſalem: en dat de Offerhanden en het Ryck des Heeren Meſſias op aerde herſtelt ſullen werden; welke dingen, alhoewel wy niet en volgen, ſoo konnen wy ſe niet verdoemen: alſoo veele Kerkelyke perſonen en Martelaren ook zoo geſprooken hebben.* In Jer. 19. 10. Pag. 377

E Y N D E.

「新しいユダヤの王」と彼の預言者ナータンの想像上の肖像．ときには捏造もある1666年３月までの出来事をまとめたオランダ語のパンフレット（オランダ，1966早春）．

V

友などいらなかった。メシアの回状と伝説は彼の痛烈な機知にとって与しやすい獲物だったのである。ヤコブがリヴォルノで弟と交わした諷刺詩は書かれてすぐに広まったのか否か、とにかく兄弟の運動反対の姿勢は悪名高く、数々の腹立ちやいやがらせを彼らにもたらした(117)。あまつさえ、自宅まで襲われる始末だった。ヤコブ・フランセスは「主の民が罪を犯さぬために」警鐘を鳴らすようラビたちに求め、羊飼い、つまりラビたちが義務を怠っていると非難した。しかし、彼の叫びに耳を貸す者はいなかった。イタリアの数少ない運動反対者は一致団結して流れに逆らおうとはしなかったのである。

## Ⅲ　アムステルダム

東方からの救済の報せの大半はイタリアを経由した。それで熱狂の大波も西ヨーロッパに広がるにあたって、まずはイタリアのコミュニティを襲った。しかしサバタイ主義の歴史において果たした役割にかんしていえば、アムステルダムのユダヤ人コミュニティはイタリアと一、二を争うかもしれない。いずれにせよ、運動はその推進力の多くをこの両中心地の大きな影響力に負うていた。実際に、アムステルダムにおける条件は救済の報せの成功に比べようのないほど有利であった。オランダのユダヤ人の大多数を形成するアムステルダムのユダヤ教徒は二つのグループから成り立っており、どちらも——それぞれの理由から——救済の報せにたいする感受性がことのほか強かった。スペインとポルトガル出身のマラノによって築かれたセファルディー（ポルトガル）のコミュニティのメンバーの多くは異端審問を逃れてきた者たちであった。アシュケナージのコミュニティでは一六四八年のコサックによる大虐殺の記憶がまだ依然として生々しかった。とくに生存者の多くは——そのなかにはサバタイの妻とその兄弟もいた——アムステルダムに逃れたからである。その受け容れにさいしてはアムステルダムのユダヤ人が享受していた比較的大きな自由がさいわいした。ユダヤ人にとってオランダ共和国は本当に安全な避難港であったが、直接経験した過去の嵐とカタストロフィはまだ鮮明だったので、救済の叫びは彼らにとって重要な意味をもっていた。彼らは当時比類のない保護を受けて暮らしていたので、「キリスト教徒たちになんと言われるだろうか」などと心配して意気沮喪することなく、自由に反応することができた。トルコではこの運動は謀叛にひとしかった。教会と世俗のキリスト教当局の対抗措置を誘発する危険に直面して、ポーランドやイタリアなどのカトリック教国では責任のある長老たちは自制を命じざるをえなかった。だがそこですら、慎重を促す注意はしばしば群衆の熱狂的な叫びにかき消されてしまった。アムステルダムでは偽装や追従を余儀なくされるようなことはけっしてなかった。それゆえ、ここのコミュニティはほかのユダヤ教徒が感じた本当のところを示す公正な指数であるといってさしつかえない。サスポルタスは一六六八年にコミュニティに面と向かって叱責を浴びせたとき、そのことを十分意識していた。「この誤りが始まったとき、全イスラエルの目はあなたがたに向けられていた。もしあなたがたが報告を拒否しておれば、あるいは「少なくとも」確実視していなかったなら、ほかのコミュニティもこの誤りに陥ることはなかっただろう。なぜなら、彼らはあなたがたのひそみにならったからだ。[118]」サスポルタスの非難は、依然として低く見られていたアシュケナージのコミュニティにというよりむしろ、富と短かったとはいえ目くらむばかりの栄華によって――当然というか不当にもというか――ヨーロッパのユダヤ貴族にまでなったスペインとポルトガルの亡命マラノの子孫たちに向けられていた。アムステルダムのセファルディームの栄華はじきに終り、事実というよりむしろ伝説として生きつづける。運命の年一六六六年にはまだ繁栄していた。セファルディームの名声はサバタイ運動の重要な要因であり、それだけでいっさいの反対を失敗に帰せしめるに足る力をそなえていた。かなりの自由と安全を享けているアムステルダムのユダヤ人の救済の報せにたいする反応に嘘偽りがないなら、わたしたちはドイツやポーランドにおける迫害され抑圧された彼らの同胞たちの感情を容易に推し量ることができる。サバタイ派の「恐怖政治」の問題と支持者たちがコミュニティに圧力を加えたという主張については先に述べた。ほかのどこよりも自由を享受していたアムステルダムとサロニキには皆目といっていいほどテロがなかったことは注目に値する。わずかな例外を除いて、長老や平信徒の指導者やラビたちが運動の先頭に立っており、ぬかりのない指導と大衆の熱狂とのあいだに緊張があったことを示す証拠は何もない。彼らのいっせいの勝利の雄叫びは先々まで聞こえた。

一七世紀末アシュケナージのコミュニティの公証人であったレイーブ・ベン・オーザーは回想録のなかでアムステルダムを支配する雰囲気をいくばくか伝えている。ただし彼の叙述は全般的にコミュニティ内の紛争を無視している。サスポルタスの証言からわかっているとおり、ここにも恐喝のケースはあった。アムステルダム随一の豪商のひとり、アブラハム・デ・スーザは「終始反対者で、彼や彼の家族をきらう人びとの前に［出ることは］無謀にも命の危険を冒すことだった。それでも彼は［不］信仰を変えなかった」。彼はほかのコミュニティの反対者たちと連絡を取り、報せや文書を送ってもらって、それをさらにハンブルクのサスポルタスに伝えた。「彼はそのため筆舌に尽くしがたい侮辱や嚇しをこうむり、殺されかねないところだった。なぜなら、彼を襲おうと待ちかまえている者たちが大勢いたからである。」(119) レイーブ・ベン・オーザーはコミュニティに騒動を起こしたもうひとりの反対者について触れている。「アラティーノという名のセファルディーの商人はこれらの報告や書簡をことごとく否定し、公然と言ってのけた。『おまえたちは狂っている。どこにしるしがあるんだ。預言者エリヤがみずからもたらすという報せはどこにあるんだ。［エルサレムに降りるという］天の神殿はどこにあるんだ。預言されている［終末］

なぜなら戦争はどこにあるんだ。その闘いで倒れるというヨセフの子メシアのことを何も聞いていないのはなぜなんだ。』だが、みんなは彼を罵って、こう言った。『奴にはメシアの顔を拝ませてやらないぞ。』ある日彼は取引所から食事に戻った。そして手を洗ってパンをちぎるまでのあいだに突如倒れて死んでしまった。ユダヤ人やキリスト教徒にそれが知れたとき、彼らは恐れおののいた。[120]」

しかし、そのような戦闘的な反対のケースは、コミュニティ〈賎民〉のみならず）の圧倒的多数がメシア熱を共有していたアムステルダムでは例外であった。それでも意見の対立は続いた。自身では支持者であったラビ・イサアク・アボアブは一六六六年中頃サスポルタスにこう確言した。わたしとラビ会議の仲間たちは、わたしの名誉を傷つけ、わたしの名を汚すことのないよう気をつけています。しかし一般のひとたちについては、「メシアへの……信仰に逆らう者にはみな敵意を抱いています。広場や通りでは一日中争いや喧嘩になっています。［反対者たちが］彼らを刺激し、彼らの感情を害するので、燃え上がった怒りが収まらないからです[121]」。アボアブはサスポルタスの支持者が彼の手紙を「無知な群衆」も含めてだれ彼となく知らせるものだから、いさかいや無礼行為が絶えないと、苦言を呈した。アボアブの手紙はレイーブ・ベン・オーザーのえがく牧歌的な像にいくらかの修正を促すものである。

東方からの最初の決定的な報せはラファエル・ヨセフ宛のナータンの手紙文といっしょに一六六五年一一月に届いた[122]。「アムステルダムの町には大きな動揺と――大きな震えが走った。彼らは大喜びでタンバリンを打ち鳴らして踊りながら通りを練り歩いた。［聖体行列のために］聖遺物匣から律法の巻物を豪華な飾りとともに取り出した。キリスト教徒の嫉妬や憎しみを買う恐れがあろうとはだれも思わなかった。それどころか［ニュースを］吹聴して歩き、キリスト教徒に報告の一部始終を知らせた[123]」早くも運動にかんするオランダ初のパンフレットが現われた。ユダヤ人もキリスト教徒もだれかれに宛てて手紙を書いた。ペーター・セラリウスは最も熱心な手紙の書き手のひとりで、このニュースを英国やその他の国々へ知らせた。だが最初から、キリスト教徒の通信者はドラマの最も重要な登場人物の名とひとを取り違えていた。聞き慣れぬ「ツヴィ」という名は「レーヴィ」となり、キリスト教の著者たちは早くから預言者のことを「ナータン・レーヴィ」というふうに語った。このかたちの名は運動にかんするすべてのキリスト教の著作物に現われ、一部のユダヤ人著者にも継承された[124]。

セファルディーのコミュニティのラビや学者たちはこれらの報告をためらいなく信じた。それは何通かのカイロからの手紙の説得力によるものと思われる。これらの手紙は残存していないが、どうやらナータンの預言者の肩書きを正式に認める内容のものであったらしい。ラビ・イサアク・ナハルは、いまこうして預言者がラビ法廷（すなわちカイロの）によって正式に認証されたからには、これ以上この件で疑いが抱かれてはならないと言っている[125]。支持者派を率いていたのはほかでもない上級ラビのイサアク・アボアブ・ダ・フォンセカ（一六〇五―一六九三）であるが、彼とサスポルタスとの往復書簡の大部分が遺っている。彼のカバラーへの関心は彼がヘブライ語に翻訳したヘレラの作品『神の家と天の門』から出ている[126]。この翻訳は一六五五年に刊行され、広く利用された。アボアブは民衆のあいだに広まった礼拝形式を歓迎し、サスポルタスとは逆にそれを擁護した。そこにはなんらかの意味で「律法とわれわれの伝統」、すなわちラビ的ユダヤ教に反するようなものは何ひとつない、と彼は主張する[127]。もし失敗するようなことがあれば、どんな壊滅的結果をもたらすかというような考えはアムステルダムのラビたちの素朴な信仰にはまったくなかった。「そしてたとえ尊師のかたがたが恐ろしい結果を恐れても、『もし……彼の言葉が成就せず、その事が起こらないとき』〔申命記一八、二二〕でも」とイサアク・ナハルはサスポルタスに書く。「そのことで解放を疑うユダヤ人はいないでしょう。なぜなら、彼らは誠実な信者であり、誠実な信者の子孫たちだからです。[それまでのあいだ]贖罪をするのはよいことです。」一六六五年一二月のある手紙でサスポルタスはこの見解を腹立たしげに「馬鹿げた信仰」といってのける(128)。

コミュニティでもきわめて声望の高い卓越したメンバーがアボアブを支援して信仰を広めた。たとえば、サスポルタスの古い友人であるモロッコ生まれの説教師ラビ・アアロン・サルファティは熱心な「信仰」告白を懐疑的な同僚に送った。ラビ・モーセス・ラファエル・ダギラルについては友人のサスポルタスが、彼は自分のことを「ダニエルよりも賢い」と思っているとこぼしている(129)。また医者でラビのイサアク・ナハル博士は以前スピノザとアムステルダムのタルムード・トーラーで学んだことのあるひとである。

サスポルタス宛の彼らの手紙には興味深い個人的気質の違いが表われている。アボアブとナハルは心のこもった調子で書き、自分の関心を淡々とした口調で語ったが、友がナータンの書簡を中傷したことを聞いてサルファティがハンブルクに送った手紙は感情むき出しであった。「民イスラエルに預言者ナータンを、真実と正義と光輝の預言者、われらが正義のメシアを遣わし給うた主はほめられよ。ラビ・シモン・バル・ヨハイ……[とほかの多くのひとたち]が今日まで目にしなかったものを見られるわれわれはさいわいだ。」王笏がまもなくユダに返されることは疑いなかった。ナータンの預言を嘲ったサスポルタスは注意をあたえられた。「三週間か四週間たって、スルタンが彼[メシア]の頭に王冠を載せ、ユダとエルサレムの全国土を彼にあたえたことを聞いたら、きみはなんと言うだろうか。」イスラエル王国の再建は目前に迫っていた。コミュニティの説教師であるサルファティは最後の安息日の説教のテーマとしてしばしば引用されるユダ・ハ゠レーヴィの詩の一節を選んだ。――「主の解放は目睫の間に迫っている(130)。」それまでのあいだイスラエルは贖罪を行ない、祈るがよい。「ほら、もう真夜中だ。わたしは夜明けとともに起床して、祈り、神にお願いしなくてはならない。コミュニティのひとたちはみなそうしている。彼らはものすごく熱心だ。きみにはそれが見えるだろうか。またこれが主の御業であることをきみはうべなうだろうか。なぜなら、彼らは昼も夜も贖罪の日のようにシナゴーグで過ごしているからだ。そして安息日には一〇〇〇フロリーン以上も献金をした。(131) わたしたちのイェシヴァには「多くの贖罪者や礼拝者のために」もっとたくさんのベンチを置かなくてはならなかった。「もしきみがここにいたら」天地がひっくり返ったように思うだろう。なぜなら、これまで賽子賭博をしていたどの家も教区長の命令を待たずしてそれをやめ、昼も夜も主の律法を心に懸けているからだ。(132)……彼らの話すことはわれらの聖なる律法のことばかりだ。本当に主が御言葉をヤコブに贈られたのだ。だから、わたしのいうことを聞け、ヤコブ「サスポルタス」よ、そのとおりに行動せよ、兄弟、そうすれば君は救われるだろう。」サルファティは彼の手紙があとあと「思い出を穢」し、彼の信用を損なったりしないように、また「信じなかったためにいまだに検閲を受けているラビ・ヤコブ・ハギスの二の舞にきみがならないように」、手紙を燃やしてしまえと忠告もした。(133)

贖罪運動はナータンの昼の礼拝と夜の礼拝のための典礼手引書によって強い刺激を受けた。この礼拝マニュアルの最初のコピーが一六六五年一二月末に届き、ただちに印刷に付された。一六六六年一月から晩夏までにこの礼拝・贖罪儀式のたえず新しい改訂版が数多く出された。版の数量から察するに、それはアムステルダムのみならず、他のヨーロッパのコミュニティの需要をもみたそうとするものであったようだが、しかしのちにはたとえばフランクフルトやプラハのように、コミュニティで独自の版が印刷された。一六六六年二月二六日付でアムステルダムから手紙を書いたセラリウスもこのテーマに言及している。「すべてのユダヤ人のために預言者ナータンによって書かれ指定された祈禱書の表題をよく見なさい。この書はユダヤ人のあいだで重んぜられており、キリスト教徒からもある程度注目されています。わたしはこれの翻訳を始めました。」[134] アムステルダムのユダヤ人印刷所（ヨセフ・アッティアス、ダヴィド・デ・カストロ・タルタス、アシュケナージの印刷業者ウーリ・ファイブッシュ・ベン・アアロン・ハ＝レーヴィ）は競って祈禱書のより良い、より完全な版を作ろうとしたが、どれもみな通常非常に小さい版型であった。最初のヘブライ語の版にはもっぱら聖書の抜粋が含まれていた。「日々の歩みを神によって義とされ正しいとされるようなものにし、主と向き合うように、主がわたしたちを憐れみ給うように、また主の喜びを見、主の神殿を見、観ずるように、もろびとを教え導くための日々の祈りの規則。その年に、見よ、わたしはわが民を救う［ヘブライ語 *moschi'a*。ゼカリヤ書八、七参照。このヘブライ語がもつ数値は四二六（一六六五—一六六六年）である］。」時とともに、いろいろなものがつけ加えられた。多くの版は「その年に *moschi'a*」を明確に「最初の年に」と説明している。[135] ヘブライ語版のタイトルページにナータンの名は挙がっていないが、わたしはあるスペイン語版のタイトルに「ハハム・ナータン・エスケナジ」を見つけた。[136] さらに地元のラビたちの祈りや懺悔や讃歌、とくにイサアク・アボアブとサロモン・オリヴェイラのものをつけ加えた版もいくつかある。ほとんどすべての版には熱狂的なまえがき（オリヴェイラの？）が置かれているが、それは狂想詩風の言葉で、主なるわれらの神が救済の業を「栄えの冠」（ヘブライ語でアテレース・ツヴィ、すなわちサバタイ・ツヴィのこと。この表現はイザヤ書二八、五に基づく）に命ぜられたことを告げている。「このすばらしい町の裁判長にして学院長」であるイサアク・アボアブの祈りと懺悔は禁欲的な礼拝書の伝統的なスタイルで書かれており、その直接の動機をはっきりとはほのめかしていないが、それと違ってオリヴェイラのものは韻文で書かれ、明確である。名だたる詩人というよりはむしろ技巧家のオリヴェイラはアダル一日の前夜に行なう午後の礼拝用の懺悔を書いたが、これはのちにティックーンの一六六六年夏に刊行された版のいくつかに採り上げられた。彼はまた「救済にかんする詳細を含んでいる請願」と詩篇のいろいろな詩、とくに第一二六篇「主がシオンの繁栄を回復されたとき」を韻文にした詩も書いている[137]。印刷者（あるいは校正者？）がいわば釈明のように付記しているあとがきから、これらの版がいかに急いで製作されたかがわかる。「わたしがこのティックーンをまえに印刷していたことは本当です。しかし、急ぎすぎたためと、大勢のひとたちから『わたしたちの預言者、ガザにおわす神の人が言われたとおり昼夜それを読むことができるように、早く仕事を仕上げてくれ』とせっつかれたせいで、印刷に不手際が生じ、本文に若干、わずかな誤りがあります。それでわたしはもう一度刷り直し、作業と校正者たちがついて来れるようにゆっくり進むことにしました（この言葉は創世記三三、一四に依拠している）。ですから、このすばらしい仕事は、活字、紙、インクのどれをとってもいまや申し分なく、完璧になされております[138]。」

少なくとも三つの版には扉と向かい合わせに全ページ大の銅版画がついている。三つのうち二つの版――ひとつはセファルディーの、もうひとつはアシュケナージの印刷者によるもの――では、二つの銅版画がページを占めている（図Ⅵ参照）。上の描写は王として玉座に座るサバタイ・ツヴィを示している。両側を四人の老人が囲んで、彼を讃えて讃歌をうたっているように見える。玉座に続く六段の階段の両端には獅子が鎮座している。王冠は、ハッガーダーのミドラーシムに書かれているように、ソロモン王ものらしい。サバタイは手に王笏を握っている。アテレース・ツヴィ（「栄えの冠」、イザヤ書二八、五参照）の銘のはいった大きな王冠が四人の天使によって彼の頭上に捧げられている。階段にはエレミヤ書三三、一五の「その日、その時になるならば、わたしはダビデのために一つの正しい枝を生じさせよう。彼は公平と正義を地に行なう。」が銘文として書かれている。下の絵はひげを生やした一二人の男たちがひときわ大きくえがかれた一三人目の人物――どうやら一二の部族とメシアらしい――とともに円卓を囲ん

サバタイ・ツヴィがメシアとして玉座に座している．頭上に天使に支えられた天の王冠．そこには「ツヴィの王冠」と銘が入っている．下はメシアとともにトーラーを研究している十二部族〔英語版，ドイツ語版共に［失われた］十部族としているが，誤りであり，改めた〕．ナータンの『ティックーン・ケリーア』（アムステルダム1666年）の版のひとつの表紙による銅版画．

VI

で注意深く本を読んでいるさまを示す。彼らの背後には大勢の男や女がおり、絵の下端には言い伝え（ヨシュア記一、八）「昼も夜もそれ（律法書）を思いなさい」が書かれている。第三版（印刷者ヨセフ・アッティアス）の銅版画には三枚の図が収まっている。その中央にある一枚の板の上には「昼と夜に朗誦するためのティックーン」と表示されている。上の図はシナイ山上における律法の伝授をえがいている。中の図では五人の男が表示板の両側で学問的な話に熱中している。下の図は中の図に似ているが、左側に帽子を脱いだラビのひとりがえがかれ、壁のなかから伸びた一本の手が彼の上に水か油を注いでいる。もう一方の手は彼の頭上に王冠を捧げている。彼にかぶせようとしているらしい。五人のラビと一人の小天使が読んでいる本から目を上げ、驚いたようにメシアとおぼしきその男を見つめている。

この版もほかの多くの版と同じように、ティックーンの朗誦のあとにとなえられる非常にメシア的な祈りの文句でしめくくられている。「あなたのしもべダビデのファンファーレを吹き鳴らさせてください。光の再点火をあなたの油を注がれた者、エッサイの息子にお許しください。彼の威風を高め、彼の王国を全世界の上に君臨させてください。彼の名が太陽のごとく続きますように。……そしてイスラエルびとを彼の小屋に帰らせてください。宮殿はもと立っていたところに立つ［エレミヤ書三〇、一八］。最初の主権、王国もエルサレムの娘のもとに帰って来る［ミカ書四、八］。そしてひとりの王が世を治め、栄えて、公平と正義を世に行なう［エレミヤ書二三、五］……なぜなら、わたしたちは、おお主よ、あなたの救いを待ち望んでいるからです。わたしたちの希望を懐さないでください、おお主なるわれらの神よ。主よ、あなたの慈しみをわれらに示し、あなたの救いをわれらにあたえてください［詩篇八五、八］(139)」。

六つか七つのヘブライ語版(140)のほかに、アムステルダムでは少なくとも三つか四つのスペイン語ないしはポルトガル語の版が印刷された(141)。この翻訳は女性と最近到着したばかりのマラノたちのために作られたたらしい。彼らにはヘブライ語で祈りをとなえることが難しかったからであろう。この大きなメシア信仰復興のきわだった贖罪性格と一致して、他の、古い禁欲的なカバラー文学から選び取られたいろいろな贖罪祈禱のアンソロジー[142]も、ヘブライ語やスペイン語で印刷された。一例を挙げれば『エンセニャ・ア・ペカドレス』(罪人のための手引き)。ポーランドやイタリアでもメシア熱はナータンの礼拝行にいつまでも満足してはいなかった。贖罪の手引きや決まりがないかとドイツのハーシードたちやサーフェードのカバリストの著作が徹底的に調べられた。サーフェードのカバリストたちによって作られた禁欲の規則表がサバタイ主義の稿本に生き残っているのもたしかに偶然ではない。[143]アムステルダムのある謙虚な詩人がサバタイ・ツヴィを讃える詩を書いたとき、発行人はそれに『ラビ・イサアク・ルーリアの贖罪行』の新版をつけ加え、かくして歓喜と贖罪が結び合わされた。

　救済の始まりというような重大な出来事にはたしかに新しい暦計算が必要であった。マカベア人たちも彼らの勝利の意味をコインの上に「イスラエル解放の元年」という銘で表わした。バル・コクバのコインにも似たような日付が入れられた。たとえば「イスラエルの自由の元年」。同様のやり方は、すでに見たとおり(二八三ページ参照)、パレスチナやエジプトの支持者たちにも引き継がれた。「預言と王国の復活の一年目」にアムステルダムでモーセ五書版——メシア時代初めてのトーラー編集——と週間ハフタロース〔安息日のトーラー読誦のしめくくりとしてそのときそのときの週間章節のあとで読まれる預言書の一節を表わす名称〕版が刊行された。表紙はサバタイ信仰のイラストで飾られていた。たとえば、ハフタロースの表紙にはひとつの王冠と環状頭飾り《ダイアデム》がえがかれ、ダイアデムの上にはアテレース・ツヴィの文字が読める。その下には「サバタイ・ツヴィ、イスラエルの王にしてヤコブの神の油を注がれた者」という銘文があり、さらにその下に通常の表題「年間のハフタロース日程」などが書かれている。[144]しかし、メシア熱は新しい版の表紙ばかりでなく、もっとまえの印刷のさいに行なわれた改変にも表われた。ナフタリ・バハラハの『エメク・ハ＝メレク』（アムステルダム一六四八年）は当時、すでに見たとおり（八五—八七ページ参照）、ルーリア・カバラーの最も包括的な概説書であったばかりか、切なる終末論的期待の証でもあった。実際、著者は一六四八年に救済を（一〇七ページ参照）期待していた。それはちょうど彼の作品の刊行年でもあった。一六六六年イスラエルの希望がまさにかなわんとするかのように見えたとき、発行人は売れ残った版のすべてに新しい表紙を付し、新版と称して「イスラエルが主によって救われ[145]［ヘブライ語 *noscha*ʿ は四二六（一六六五—六六年）の数値をもっている］る年に」という日付で刊行した。一六六六年もまだ秋のうち、サバタイの棄教の報せがアムステルダムに届く直前に、当市で婚姻と離婚の法律にかんする純粋にハラハー的作品が刊行されたが[146]、その表紙には刊行年として「ダビデの子メシア［ヘブライ語の数値四二七］が来た年」と記されていた。

　印刷行為は一般の熱狂ぶりを反映する一局面にすぎなかった。町でいちばん名声のある信者」はアブラハム・ペレイラであった。マドリード出身のマラノ一門の子孫で、オランダで最も裕福な工場経営者・豪商のひとりである。ペレイラは信心や礼拝が大好きで、一六五九年ヘブロンにイェシヴァ「ヘセド・レ＝アブラハム」を創設、経営した。ヘブロンのイェシヴァの学者たちが熱狂的な「信者」で、この恩寵の時を共に過ごそうと熱心な誘いの手紙をパトロンに送ったので、ペレイラはパレスチナの情報を直接入手した。彼はもてる力と名声のすべてをかけて運動を支援した。イサアク・ナハル博士と彼は聖地へ赴いて、ヘブロンに築いていたイェシヴァでメシアの決定的な輝かしい出現を待とうと決めた。彼らは三月中頃、籤祭の数日まえにアムステルダムを発ったが[147]、イタリアに——ナハルはリヴォルノ、ペレイラはヴェネツィアに——一年以上滞在し、そこからふたたびアムステルダムに帰った[148]。あるキリスト教徒の回状は次のように伝えている。「当市の金持ちのユダヤ人アブラハム・ペレナ［！］は市参事会から休暇を取り、離散民の彼や同胞たちが当地で受けた好意に謝辞を述べたのち、先週月曜日に[149]家族とともにエルサレムへ旅立った。彼は田舎の別荘を大損承知のうえで価格三〇〇〇ポンドのスターリングで売りに出したといわれる。しかも、買い手はユダヤ人に王がいることを自分で完全に納得するまではびた一文払わなくてもよいという条件付きで[150]。」

聖地へ出発するまえに、ペレイラはスペイン語で道徳や典礼や禁欲の勧めを収めた浩瀚な本『ラ・セルテサ・デル・カミノ』（道の確実さ）を出版した。この作品が一六六六年以前に書かれたものであることは確かだが[151]、ちょうどこの時期に出版されたことは偶然ではあるまい。それはサバタイ的刷新をマラノたちに勧めると同時に、「著者が犯した罪の贖罪的供犠」でもあるのだろう。サスポルタスによれば、彼が最初の反サバタイ的書簡を書いたあと、ペレイラが彼に抗議をし、ナータンの預言に異論を唱え、素朴なひとたちの信仰と贖罪熱を阻喪させるかもしれないような宣言を出さないでほしいとたのんだ。彼はさらにこうつけ加えている。「ほかの身分ある富裕なひとたちからも同様の趣旨の手紙をもらっています[152]。」フランス語の『見聞記』の著者は例によって意地悪く、二、三の金持ちのユダヤ人は「サバタイの愛顧をえて、王国の重要ポストの割当がなされるときには自分もひとつ確保しようとして」せっせとサバタイに手紙を書いている、と伝え、さらに実例として、ペレイラと彼の友人のひとりのことと見られる詳細をつけ加えている。「オランダで最も金持ちのユダヤ人の二人が最近——もうまえに来ていた——ヴェネツィアから彼［すなわちサバタイ］に手紙を書き、こう知らせた。自分たちはあなたの祝福とご指示を受けるとともに、何百万もの財産をあなたに捧げ、ご自由にお使いいただくために、はるか世界の果てから急ぎ馳せ参じたのです」と[153]。この内容は同書の別の報告とも一致している。それによると、二人のオランダの商人がサバタイに一通の報せを送った。公証人の署名入りで、貧しい新郎新婦の持参金とその他慈善事業のために一〇〇万ターラー送金したことを証明するものだった[154]。このアムステルダムの商人たちはイタリアへも手紙を書き、当地の友人たちに最新のニュースを知らせた[155]。

熱狂の第一段階では使者の遺骨を墓から取り出し、聖地へ運ぶ支度もされたようだ。ヴェネツィアのラビ・サムエル・アボアブは然るべき噂を耳にして、「埃をかぶって眠っているひとたちの墓が［ユダヤの律法に反して］あばかれ、死者の遺骨が墓から持ち出される」ことに驚きの意を表していた[156]。それ以外はなにせ大きな港町であるし、富有なユダヤ人の多くは船主だったから、集団脱出のどちらかといえば実際的な問題に注意が向けられたのは当然だった。ロシアやギリシアのユダヤ人と違って、アムステルダムの支持者は空の雲に乗せて聖地へ移送するなどという突拍子もないことを考えるよりは、むしろ正規の輸送手段を考えた[157]。いちばんの難点は、英国とオランダの海戦と思われた。オランダの船ならなんでも英国の海賊の恰好の獲物になったからである。ロンドンの公立記録保管所は、アムステルダムのユダヤ人、ジャン・ディランが一六六六年二月五日にイギリス国王に宛ててオランダ船の通行許可証を求めた一通の請願書を保存している。「神がご慈悲をもって散逸した民衆を集めはじめ給い、わたしたちのためにひとりの預言者を立ち上がらせ給うたことがわかりましたので、わたしとわたしのユダヤ人仲間の数名は五〇所帯の貧しい家族らとともにエルサレムまで運んでくれる船を借用したいと思っております。つきましては、公海上で拿捕されたり、面倒なことになったりしないよう、陛下におかれましては当地から出帆するオランダ船の通行許可証をご下付賜りたく、ここにつつしんでお願い奉る次第です。……陛下の艦船に阻まれたり、迫撃されたり、煩わされたりすることなくエルサレムに到着した暁には、陛下のご成功をお祈り申し上げる所存です[158]。」ジェロニモ・ヌニェス・ダ・コスタ（モーセス・クリエルというユダヤ名でも知られる）はアムステルダムでも最も富有なユダヤ人のひとりで、オランダにおけるポルトガル王の代理人であった――オランダ亡命中のカール二世の代理人でもあった――が、「多くの船を所有していたので」旅に同行するよう、友人たちのひとりを誘った[159]。すでに一六六五年一二月にアムステルダムのポーランド人文通者が「ラビと親しい関係にあるひとりの良き友から」金持ちのユダヤ人が家屋敷や家財を売り払い、商売をやめて、旅に出る用意をしていることを聞いている。「二艘の船が〔当地を〕出帆する予定である。一艘はヤッファへ、もう一艘はガザへ[160]。」さらに一六六六年夏にはイディッシュ語で書くひとりの詩人が金持ちの信者仲間に、やさしく貧乏人の面倒を見てやり、聖地へ行けるようにしてやれと注意した（五七五ページ参照）。あるイギリスの報道員は三月一五日に、ユダヤ人が急いでアムステルダムを出立する用意をしていると報じた[161]。

一六六六年二月五日にスミルナから書簡が届き、大興奮を巻き起こした[162]。テベス一〇日の断食をとりやめ、それを王の勅令により喜びの日に移す、それにはラビたちも同意している、という報せはためらいも疑いもなく受け容れられた。それはもっぱら救済の報せの信憑性を裏づけるのに役立った。三月一〇日、かなり遅れて大衆預言のニュースがはいり、公衆の前で読み上げられると、熱狂はさらに高まった[163]。「今回アムステルダムに郵便が届いたときは大変な人だかりで、最新のニュースを聞きたいという人びとの願いもほとんど圧し潰されてしまった[164]。」翌日、きらきらと灯りのともったシナゴーグで荘厳な礼拝が催され、（ハレル〔詩編一一三―一一八。祝日の祈禱に挿入される〕と呼ばれる）祝禱が捧げられた[165]。

アムステルダムのシナゴーグ礼拝ではサバタイ主義的改新が行なわれた――たとえば、毎日詩篇二一を朗誦するとか国王陛下のために祈りを捧げることなど（四五二ページ参照）[166]。二人のラビ、オリヴェイラとアボアブはどちらもこの祈りの、オリエント起源と思われる比較的短い原文にかわるべきとくべつな増補版を書いている。これはその増補版のひとつである。

諸王に救いを、諸侯に覇権をあたえ給う神、万代の御国をしろしめす神、しもべダビデを滅びの刃から救い給い、海原に道を、強大な水に小径をつくり給う神、恐るべき剛腕をもって強さをあたえ、大いなる業をなし、剛力の右手をもち給う、大いなる、万能のやんごとなき神、海の、いと深き水を干し、自由の民がそこを通れるようになさったのはあなたではありませんか。孤高なる王、みもとに仕えし王に大いなる救いを授け、油を注がれし者を慈しみ給う不朽なる神、神がわれらの主、偉大なる王サバタイ・ツヴィ、主の油を注がれし者、ダビデの子メシア、王メシア、解放者メシア、救い主メシア、義しきわれらのメシア、ヤコブの神の油を注がれし者を祝福し、守り、助け、支え、栄えさせ、偉大にし、大いに高め給いますように。王のなかの最高の王がご慈悲と強き腕をもって陛下をとわに高め、その王国を万代までも強大になし給いますように。王に刃向かう敵は恥辱にまみれますように。しかし王の頭上には必ずや王冠が燦然と光り輝いているだろう。主を待ち望むひとたちは新しい力をえるだろう。主の解放された者たちはシオンへ帰るだろう。うたいながらシオンへ行くだろう。彼らのこうべに喜びが絶えることはないだろう。彼らは喜びと歓喜に達するだろう。不安と悲しみは遠ざかるだろう。そして世のすべての王国は、おお主よ、あなたこそ王であることを知るだろう。偉大と力と栄光と勝利と威厳は、おお主よ、あなたのものです。われらの王、メシア、解放者のお顔を拝させてください。生きて、われらの荘厳な神殿が見られますように。記されていることがそのとおりになりますように。「あなたがたは喜びをもって出ていき、無事に導き出されるからです。山と丘があなたがたに向かって歌声を上げ、野の木々は手を叩くだろう。」そしてさらにこう言われています。「あなたがたは急いで出ていくこともないし、逃げる必要もない。主があなたがたの前を歩き、イスラエルの神があなたがたに報いるからです。」これが神の思し召しでありますように。アーメン。[167]

アムステルダムのポルトガル系コミュニティはつねに、祭司の祝福を大祭の日に限るというすべての離散民コミュニティの習慣にしたがっていた。救済の開始を画するためとメシアを奉ずる儀式を先取りして、祭司の祝福がいまやすべての安息日に行なわれることとなったが、この改新はのちにサスポルタスとアムステルダムのラビたちの対立につながった。ラビたちは運動崩壊のあともこのやり方を維持しようとした。それは、少なくとも形のうえでは、不敬ではない、古文書に記された慣習だったからである。サスポルタスは、そうはいっても最近行なわれた慣習の改めは「罪のなかで受け容れられ」たものであるから、存続させるべきではないと論駁したが、効を奏しなかった[168]。

コミュニティの二人のカントル〔シナゴーグでの祈禱や聖歌の先唱者〕、ヤコブ・デ・ファロとエマニュエル・ベナッタールは熱烈な信奉者であった。デ・ファロは家族が祭司の出らしいとまえから推測されていたが、この点にかんしてナータンに問い合わせたところ、ナータンは一六六六年夏に彼は祭司ではないとの回答を伝えた。デ・ファロはそれまで祭司に定められたとくべつな禁止条項を几帳面に守ってきたが、「自分が「祭司ではない」イスラエル人であることを示すために、屍体に触って名誉を穢した。そのため長老たちは彼を激しく非難した[169]。メシア熱が嵩じて二人のカントルは伝統的な典礼文を逸脱する行為を冒し、長老たちから罰せられた。もちろん長老自身も信奉者だったのだが、伝統的な祈禱の文句を早まって変えたりすべきではないという考えだったのである[170]。二人のうちのひとりは、安息日の晩の礼拝をしめくくるイグダル讃美歌をうたうさいに大きな声でこう朗誦したのだった。「神はわれらの救世主を日々の終りに送られた」(「送られるであろう」というかわりに)。もうひとりは礼拝でハヴダラ、すなわち安息日の終りにこう言った。「預言者エリヤがダビデの子メシアとともにわたしたちのもとへ来られた」(「エリヤが早くわたしたちのもとへ来られますように」等々)。もとはカバラーに反対していた者が、たとえばキリスト教の学者たちのあいだでも高い名声をえていた医者で文献学者のベンヤミン・ムッサフィア博士のように、「信仰」に転じ、運動の活発な支持者となった。一六六六年二月、カバラーの専門家をもってみずから任ずるサスポルタスは皮肉をこめて、まえには軽蔑していたカバラーの教義をいまになって受け容れたのかと彼らに問いかけた[171]。

メシアの幽囚はけっして町の緊張した雰囲気を損なったり、意気消沈させたりはしなかった。コンスタンチノープルからの手紙は想像を絶したニュースをもたらし、それは口コミやときにはまたパンフレットのかたちで熱心に広められた。サバタイは死者を生き返らせたとか、固く錠のかかった牢の扉がひとりでにあいてサバタイは外に出たとか、手足を縛っていた鉄の鎖がひとりでに破裂したとかいわれた。捕えられたことすらみずからの意志によるものだった[172]。サバタイは捕まったさいに（あるいはその直後に）殺されたという噂がアムステルダム市内に流れたが、じきに打ち消された。手紙がオリエントから届くまでに通常要する時間の長さを考えるならば、サバタイのガリポリ移送の報せがアムステルダムに届いた早さはじつに驚くべきである。すでに一六六六年五月にはセラリウスがこの出来事の一部始終をイギリスの文通相手に知らせている。同じ手紙で彼はこうも言っている。「［アムステルダムの］ユダヤ人たちは四月五日付（サバタイのガリポリ移送のおよそ二日まえ）の一通の手紙を王のお供をしてコンスタンチノープルへ行ったスミルナのある人物から受け取りました。」（手紙の本文については四八四ページ参照）スミルナからの手紙がどうして四週間もしないでアムステルダムに届くのか謎であるが、手紙の内容は型どおりのもので、一六六六年二月にコンスタンチノープルの信奉者たちのあいだで広く行なわれていた事実とフィクションの混淆を表わしていて信憑性はある。本当にれっきとした目撃者が手紙を書いたのなら、それに絶対の信用をおいても驚くことはない。いずれにせよ、彼の言は、サバタイがほぼ完全な自由を享けているという幻想を力説している。

コンスタンチノープルのサバタイ派のラビたちはあらゆる方面へ書簡を書き送った。とくに、四二七年に開催される「大市」で「ラビ・イスラエル、アブラハムの子」が自分の品物を売ること（五三九—五四〇ページ参照）を支持者たちに知らせる暗号文めいた手紙は、ラビ・アボアブと彼の同職者たちを心から喜ばせた。夏のあいだに、サバタイ自筆の手紙の写しとガザの預言者のとくべつな励ましの手紙の写しが届いた。七月二三日にはコンスタンチノープルの七人の著名なラビによる六月一日付の手紙がアムステルダムに届いた。このきわめて楽観的な手紙の内容をあるキリスト教徒の交信者が次のように要約している。

すべてはこのうえなく順調にいっているらしい。彼らは救済がまもなく来ることを疑っていない。王はガリポリにいて、おおいに自由を楽しんでいる。宮殿の門は万人にひらかれている。王は公の場で過越祭を祝い、四〇〇〇人の人びとの前で礼拝を行なっている。彼らはわたしに、王と預言者の言を援用して、来年九月に始まる四二七年にイスラエル人が結集するだろうと語った。こうしたことがここアムステルダムのユダヤ人たちを驚くほど勇気づけ、贖罪に精を出すきっかけとなっている。この助言をしたのが、この件についてどう思うかというヴェネツィアのラビたちの問いに答えたコンスタンチノープルの上級ラビたちであっただけになおさらであった。[173]

コンスタンチノープルの信者たちはどうやら、補足情報を含む添え状[174]といっしょにヤキーニと彼の同僚たちの手紙の写しをアムステルダムに送っていたらしい。[175]八月と九月に到着した手紙は、ナータンがまもなくサバタイと会って、亡命者の結集につながるあの一連の出来事を開始するのではないかという期待を高めた。コンスタンチノープルからの手紙とともにヴェネツィアのラビたちに宛てた「公式の」回状は、アムステルダムの反対者たちにさえ感銘をあたえ、いまや彼らのうちの何人かの者までが「そのなかに含まれている指示にしたがった[176]」。

一六六六年七月にアムステルダムで一冊の小さな本が出版された。そこには『イサアク・ルーリアによる贖罪勤行』のほかに一篇のイディッシュ語の詩『メシアの綺麗な新しい歌[177]』が含まれていた。作者はプラハ出身のヤーコプ・タウスクというひとで、アムステルダムに住む貧しい教師らしく、「多くの信仰篤いユダヤ人、女性や子供たち、若者や娘たちの」心を喜ばせたいと思ったのである。「ラビたちも読めるものであった。この詩はすぐ絶版になり、一六六六年に少なくとも二回版を重ねたが[178]、アシュケナージ・ユダヤ人のなかの素朴な、信仰篤い「普通のひと」の姿勢や感情を示すまことに貴重な証拠である。いっさい文学性を求めないこの詩には純真かつ素朴な信仰のゆえに独特な魅力がある。この詩人は、あるいはへぼ詩人といったほうがいいかもしれないが、素朴な心情の持ち主で、その子供っぽい信仰はカバラー流へ理屈や多くの反対者がこの運動のなかに見ようとした神秘主義的反抗とはおよそ無関係であった。詩はサバタイ・ツヴィについてさほど多くのことは語っていないかもしれないが、しかし彼を信じた普通の平凡なユダヤ人が当時どのように考え、どのように感じていたかを如実に語ってくれる。一五〇〇年以上もの長きにわたって、わたしたちは追放の苦しみをしのんできた、と詩人は言う。でも、わたしたちの希望とわたしたちの苦しみは無駄ではなかった。これからわたしたちは聖地へ赴き、「そこで平穏に暮らすだろう。わたしたちはそこでは働かず、ただ律法を学び、主に仕えるだろう」。彼の救済のヴィジョンは厳密に伝統的な信仰の枠内にとどまっており、ユダヤ宗教におなじみのパターンから全然はみ出していない。サバタイ・ツヴィは敬虔な英雄なのである。過去と未来が作者の想念のなかでひとつになる。神殿は神によってすでに再建された（過去形！）。

わたしはアムステルダムに大きな喜びを見、聞いた。
朗報が届いたとき、なんと大きな喜びが沸き起こったことか。
ポルトガル［のユダヤ］人は律法の巻物を取り出し、
その周りを踊り跳ねた。(179)

詩は六月始めに届いた手紙について語っている。それは吉報をもたらし、メシアが捕えられたときに行なった奇跡について語っていた。(180)「わたしたちのきょうだいは、今年メシアが来るだろうとはっきり書いている。」そして「わたしたちのきょうだい」は年が変わるまえに（エルサレムの神殿に）生け贄を捧げる準備をせよと注意している。だが清い心でエルサレムへ行くためには、なによりも悔い改め、喜捨をし、いっさいの憎しみを捨てなければなるまい。(181)

富者に向けられた謙虚ながらも脅すような注意のなかには社会的抗議の響きが聞き取れるように思う。パレスチナへ行くならば、貧しいひとたちもいっしょに連れて行くチャンスを逃すな。悲しいかな、メシアの声に耳貸さぬ富者たちは。彼らは堆肥の山の上で滅びるだろう。

わたしたちの神は比ぶべきものがない
貧者の祈りも富者の祈りと隔てなく聞いてくださる
金持ちは愉しみ事にお金を使い、

貧しい者には目もくれない。
わたしたちの新しい預言者はお国から金持ちたちに書いてこられた
貧しいひとも遅れずにいっしょに行けるように、金持ちは貧しいひとたちに親切にしてやりなさいと。
だがもし貧乏人の声に耳を傾けようとしないなら、
彼らは金をすべて失い、悲しみにくれるだろう。
一部の金持ちはパレスチナで暮らすまでもないという、
貧乏人に敬意を払い、喜捨をしていれば。
でもそういうひとたちはパレスチナではもっと尊敬されるだろう！
綺麗なキッドゥーシュ〔安息日の礼拝後、家族でテーブルを囲んで楽しく葡萄酒を祝し、歓を尽くす祝いの儀式〕の銀盃だけもっていけばいい。
貧乏人に親切にし、彼らもいっしょに連れていってやるような金持ちは、
パレスチナに来たらおおいに尊敬されるだろう。
だが、貧者の救済のことなど何とも思わない金持ちがいくらもいる
そんな連中は堆肥の山の上で滅びるだろう。[182]

この説教のなかで金持ちを批判しているのは心底からほとばしり出る民衆の声である。詩人は階級としての金持ちの消滅を思っているのではない。それどころか、金持ちに聖地における大きな栄誉すら約束している。しかし、金持ちに向けられた最後の二行の詩句には彼の抑えられた敵意と怒りが噴き出している。

これらの詩行はおまけに救済の報せにかんして富有なユダヤ人のあいだに意見の相違があったことを証している。

アムステルダムにはヤーコプ・タウスクのほかにも朗報に触発されて詩作をした者がいた。残念ながら、メシアを讃えたダニエル・レーヴィ・デ・バリオス（一六二五―一七〇一）――アムステルダムの非常にすぐれたマラノ人の詩人――のスペイン語の詩は遺っていない。[183] だが、ラビ・サロモン・デ・オリヴェイラの詩のなかでひとつ、サバタイ讃歌が生き残っている。預言者エリヤへの呼びかけで始まり終るこの詩（五六〇―五六一ページ参照）は「安息日終りの讃歌」と題され、「預言者の名と彼の町、王の名と肩書きと生まれた町、失われた部族の再来等のほのめかしを含んでいる」。[184]

一六六六年夏、多くのコミュニティが使者を、あるいは少なくとも表敬状をサバタイ・ツヴィに送ったことがアムステルダムに知れ渡った。このやり方はトルコからほかの国々へ広まっていたのである。ペルシア、イタリア、ポーランド、ドイツ、フランス、オランダなどの例が知られている。コミュニティの長老たちかイェシヴァ・エツ・ハイームのメンバー（その大多数は熱心な信奉者であった）[185] がなんらかの儀礼的な、あるいは公式の処置を取ったことを証するものはこれまで現われなかった。だがその一方で、他のいろいろなセファルディーのイェシヴォース（学院）の「丁重な挨拶状」が遺っている。あるケースではサバタイの手に渡ることがなかったオリジナルな文書すら残存している。どうやら使者が旅の途中でサバタイの棄教を聞いてがっかりし、恥ずかしくなって手紙を携えたまま戻って来たもののようだ。手紙は九月に書かれた。アムステルダムの署名人はトルコで運動がすでに深刻な危機に陥っていたことを知るよしもなかった。彼らはリヴォルノのラビ・イサアク・ナハルにメッセージを送り、彼からサバタイ・ツヴィに渡してもらおうとした。最初の手紙には上級ラビのイサアク・アボアブがイェシヴァ・トーラス・

ールのメンバーらとともに署名をしたが、いまのところまだ写しは見つかっていない。医師ベンヤミン・ムッサフィアもメシアに恭順の意を表わそうとしたのだが、アボアブが彼を除外したことに少なからず感情を害した。それでエルール〔ユダヤ暦第一二番目の月。八月から九月〕二四日に彼とイェシヴァ・ケセル・トーラーのメンバーたちは別の「恭しい挨拶状」を書いた。オリジナルが遺っているこの手紙のなかで、彼らはサバタイを自分たちの王と認め、「わたしたちが歩むべき道、わたしたちがなすべきこと」について、すなわち、いますぐ発って、メシアの足下にひれ伏すか、それとも追放された者たち全体が集結する合図のあるときまで待つべきか、指図を乞うている。「わたしたちはどうしたらいいかわかりません、それで主のご返事とご指示を待っています。」この手紙には「エルール二四日〔一六六六年九月二四日〕」のこの日にアムステルダムに住んでいたスペインから追放されたしもべたち」の署名がある。この一四人の署名者のなかにはベンヤミン・ムッサフィア、アアロン・サルファティ、モーセス・ラファエル・アギラル、アブラハム・ピメンテル、ダヴィド・シャーローム・ダゼヴェード、モーセス・ナハル（イサアク・ナハルの兄弟）、そしてサロモン・デ・オリヴェイラらがいる。[186] 歴史の奇妙な皮肉のひとつによって、この信仰の証は、サバタイが教えに背いて、深い鬱の発作に見舞われたあとに書いた最初の元信仰仲間宛の手紙と同じ日に署名された（七二四ページ参照）。

これらの手紙の差出人は学者であった。そして多くは「哲学者」で合理主義者だという評判であった。とくにムッサフィアはサスポルタスに叱責され、軽蔑的にこう問われた。「当時哲学はこの医師に何の役にも立たなかった……彼は哲学を用いるどころか、〈信仰〉にどっぷり浸かってしまった。彼の論証や論理学はどこに行ってしまったのか。すべてを自然法に還元する彼の大胆な体系はどこに行ってしまったのか。」[187] 大いなる目覚めの結果として設立された新しいイェシヴォースのひとつが送った手紙は少なからず

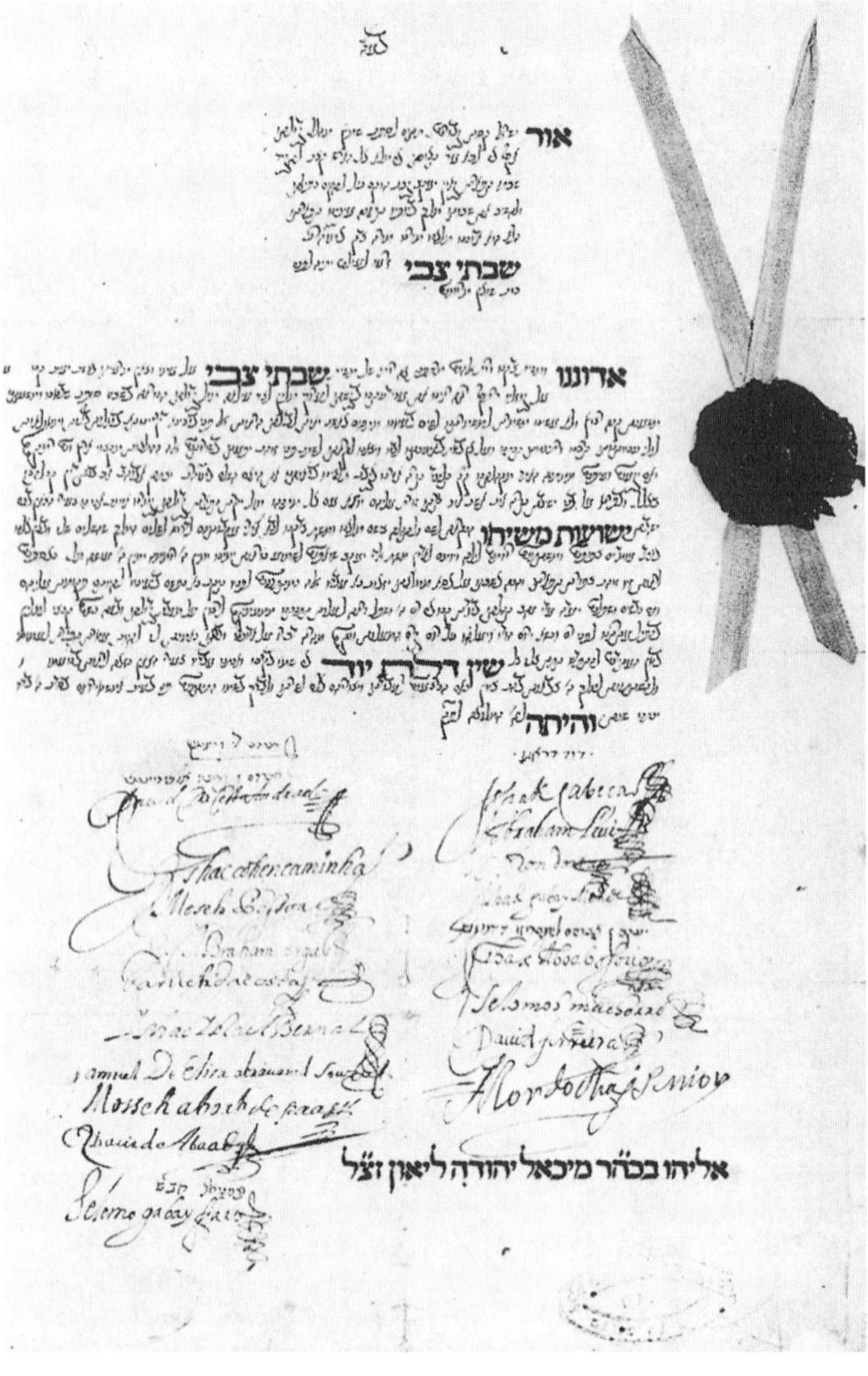


サバタイ・ツヴィの王位を承認する声明．アムステルダムのイェシヴァ，イェシュオース・メシホーのメンバーたちによって書かれ，署名されている．1666年９月26–28日付．

VII

興味深い。イェシヴァ・イェシュオース・メシホー（「主の油を注がれた者の救済」）のメンバーの大半は普通のひとたち、学者というよりは贖罪者であり、ヘブライ文字で署名した者はわずかしかいなかった。手紙は美文調で書かれていて、聖書やタルムードの表現、さらにはナータンの書簡や他の著作から取られたカバラー的メシア的暗示に富んでいる。書かれた相手は「イスラエルの光……ヤコブの誇りの美しさ……わたしたちの目に美々しく映る王……われらの主なる王……ラビ・サバタイ・ツヴィ、彼の種子が高きところの岩の前でとわに生きんことを」である。筆者は「われらの主なる正義のメシア、翼で巣を揺るがす鷲のごとく民と牧場の羊の上に漂う――われらのメシア、サバタイ・ツヴィの霊なる――われらが神の霊に」「その燦然と光り輝くかんばせ」を拝する無礼の赦しを乞う。しかしわたしたちは「一般にはわれらがコミュニティの上級ラビにして特殊にはイェシヴァ・トーラースの一員たるラビ・イサアク・アボアブ」のためしに勇気をえました。「……彼はあなたの偉大なる栄光の誉れとまみえるために、すべての弟子を引き連れて旅立ちました。それでわたしたち、われらが王なるメシアの御名を冠したイェシヴァ・イェシュオース・メシホーの若い羊たちも……平和の王の平和を求める決心をしたのです。わたしたちは日夜ヤコブの神の主メシアの御前にぬかずき、主の右手の大いなる業のことを聞きたいと切に願っております。主の右手は高く上がった。主の右手は勇みはたらいている。……主が王国の玉座におわすとき、その御前で嘆願したすべてのしもべたちのことを思い出してくださいますように……たとえ軽んぜられた卑しい者たちであっても。わたしたちの嘆願が深いところから昇って行き、偉大なるあなたの祭壇で受け容れられますように。……［神によって］胎内から生まれ、SCHDJ［ヘブライ語 *Schaddaj* 全能者。三一八ページ参照］の影の下で生まれ変わるべき者たちにとってわれらの主は誉れ高き冠であるという神の御言葉がすみやかに実現しますように。なぜなら、神の名が主のなかにあるからです。われら主のしもべ、若き羊たちに主の美しさを拝し、シナイ山上の王、万軍の主を崇めることができますように[188]」

九月と一〇月の丸ふた月のあいだにほかにも朗報を知らせる手紙が届いた。アシュケナージのラビたちもセファルディーのラビたちと同様に、吉報を知人たちみなに広めた。当時マインツかヴォルムスに住んでいたラビ・ヤイール・バハラハと彼の父はアシュケナージのコミュニティのラビ・イサアク・デッキンゲンから「当地［すなわちアムステルダム］に日々届く驚くべき手紙」の最新の情報をいつも知らされていた[189]。キリスト教の学者ヨーハン・クリストフ・ヴァーゲンザイルはアシュケナージのグループから情報をえていたらしい。脱出の準備をするさいに多くのアシュケナージのユダヤ人は本や写本も売却した。当時アムステルダムを訪れていたヴァーゲンザイルはこの機会に重要な作品をいくつも買った[190]。

オランダの他所の証拠物件は希少であるが、アムステルダムでこんなに大きかった運動だからほかの小さいコミュニティにも広がったことは確かだといえる。一六六七年一月の手紙でロッテルダムのセファルディーコミュニティのラビ・ヨシア・パルドは、サバタイの棄教の報せによって誤りだとわかるまでは自分も信奉者だったと告白している。卓越したラビたちによって広められ保証された多くの報告は「大方の意見にしたがうことをわたしに確信させた。みな考えが一致しているし、二、三の喧嘩好きたちや異境のペストに感染した者たち、あまり信仰心をもたず、自分の目で見、自分の手で触れることのできたものしか信じない連中を除けば、それに異を唱えるひとはいないのだから。信じない者はみなこれらのグループのどれかにはいる人間だと思われた[191]」。

運動の反響はバルーフ・スピノザの世の中から隔絶した僧房のような書斎にもはいり込んだ。一六五六年の追放以来スピノザはもはやユダヤ人コミュニティとは接触をもたなかったが、しかし彼と手紙を交わしていたひとりの学者、ブレーメン生れで、ロンドンに住み、王立学士院の書記をしていたヘンリ・オルデンバーグがサバタイ主義運動に大きな関心を示した。オルデンバーグが友人や知人たちにユダヤ人のあいだで起こった運動について問い合わせる手紙がたくさん遺っている。オルデンバーグがとくに関心をもったのはユダヤ人国家再建の政治的側面であった。一六六五年一二月始め、最初のセンセーショナルな手紙が届いた直後に彼はスピノザにこう書き送った。「政治にかんして、当地のいたるところに、ユダヤ人が二〇〇〇年以上に及ぶ離散ののちに自分たちの祖国へ帰るという噂があります。それを信ずる者はここにはわずかしかおりませんが、それを期待する者はたくさんいます。(192) あなたがそれについてお聞きになったこと、お考えになっていることをどうぞひとりの友にお聞かせ願えませんでしょうか。わたしとしましては、このことにいちばん接しているコンスタンチノープル市の信頼すべきひとたちから太鼓判を押されるまでは、この報道を信ずるわけにはいきません。万一ニュースが本当だとわかれば、世の中は完全にひっくり返ることでしょう。(193)」

残念ながら、スピノザの返事は遺失してしまった。しかし別の場所で(194)彼は、ユダヤ人の一時的な支配権の復活は不可能とは考えられないという見解を述べている。割礼の実施は、彼の見解によれば、ユダヤ民族の違えようのないアイデンティティをずっと守ってきた（し、今後も守りつづけるだろう）。だから「わたしは、機会があれば（なにせ人間のことは変わりやすいものですから）彼らは王国を再建し、改めて神によって選ばれるだろう、と信ずる気持ちに傾いています」。スピノザが神によるイスラエル人の新たな選抜にかんする彼の所見を文字どおりに理解してもらいたいと思っているのか、それともそれはたんなる言葉のあやにすぎないのか、それはこのさいわたしたちの目的には重要ではない。いずれにせよ、オルデンバーグはユダヤ人のメシア運動についてはいては肯定的な見解をもっていたようで、今後もそれについて知らせてくれれと言った。(195)

オランダのキリスト教分派の信者、千年至福説の信奉者と幻視的神秘家はもちろん、スピノザやオルデンバーグよりももっと直接的な関心を抱いていた。多くの者がセラリウスのように、ユダヤ人のことを熱烈にほめそやし、アムステルダムのユダヤ人たちの贖罪運動とキリスト教徒の怠慢さとを対比した。一六六六年夏、ちょうどローマの教会と縁を切っていたジャン・ド・ラバディがジュネーヴからオランダに着いた。同年七月、彼は千年至福説サークルにキリストの世界示現について話をした。この情報を伝えてくれた無名の交信者はラバディの話についての叙述をサバタイ・ツヴィにかんする最新のニュースと結びつけている。「片やキリスト教徒たちの分裂の火事と混乱、片やユダヤ人たちの贖罪熱、それ以外に［近々］バビロン［すなわちローマカトリック教会］に下される判決とイスラエルの解放を示すしるしが見当たらなくても、わたしたちを奮い立たせるにはこれで十分です。(196)」イスラエルの再選抜とキリスト教徒の排除というテーマは一六六六年秋にはすでにこのサークルの仲間たちの心を動かしていたようだ。このキリスト教グループの肯定的な姿勢は、一般のキリスト教徒のあいだに回りはじめた数多くのパンフレットのなかでメシア運動と「ユダヤ人の蒙昧さ(197)」について語る大方のキリスト教の著者たちのけなし、そしる口調とは著しいコントラストをなしている。

## Ⅳ　ドイツ

吉報はアムステルダムからあらゆる方面へ広がった。わたしたちはすでにアムステルダムのユダヤ人コミュニティのとくべつな構成とその多数を占めるかつてのマラノ人について見た。マラノ人たちはその後も——おおっぴらに、あるいはこっそりと——スペインやポルトガルの親戚たちと関係をもちつづけた。

わくわくするような救済の報せはすぐさま彼らに伝わったに相違ない。スペインの異端審問の歴史研究者H・C・リーは新キリスト教徒たちのあいだに残るサバタイ主義の酵素の痕跡を審問記録のなかに発見した。一六六六年までは新キリスト教徒の国外移住を制限する法律は厳しく行なわれてはいなかった。しかし、サバタイ・ツヴィの登場に異端審問の最高位者は、マラノ人のなかには東方のメシアに与しようとする者が現われるかもしれないと不安を抱いた。スペインの港という港には、船に乗ろうとする不審な旅行者はすべてなんらかの口実をつけて引っ捕え、財産を押収し、よく吟味のうえ最高位者に報告せよという指令が発せられた[198]。にもかかわらず、コンスタンチノープルの目撃者の報告によれば、「多くのユダヤ人がそれまで隠れ住んでいた（つまりマラノ人として）国々からやってきた」[199]。イエズス会士である『見聞記』の著者はさらに立ち入って、彼らは「スペインから」来たと述べている。

だがイベリア半島のマラノ人に届いた噂は不正確で、混乱していたようだ。それにひきかえ、イギリスに伝わったニュースは盛りだくさんで、詳しかった。一六六五年秋、ペスト大流行がロンドンを襲った。そこの小さなユダヤ人コミュニティは大きな損失をこうむった[200]。一六六四年にロンドンの新しく築かれたセファルディーのコミュニティの首席ラビになっていたサスポルタスは、メシア復興の最初の報せが届くまえにペストを避けて市を離れた。シャーアーレイ・シャーマイーム（「天の門」）と自称するこの小さなコミュニティは、ユダヤ人のイギリス再入国許可をえるためのマナッセ・ベン・イスラエルの努力の結果を受けて組織されはじめた。サスポルタスはこの仕事をするにあたってラファエル・スピーノの支援を受けた。スピーノは彼についてロンドンに来たのだが、のち、彼がリヴォルノに帰ったあとは、当市の指導的な信奉者のひとりとなった。表向きキリスト教徒としてロンドンに暮らしていた若干のマラノ人は新生のコミュニティ――に加わったが、ロンドンのコミュニティはまだあまり重視されず、ロンドンで印刷されたパンフレットや回状には運動のことはほとんど述べられていない。ロンドンのユダヤ人は救済の報せにどのような反応をしたのか、ある思いがけぬ資料がそれを明らかにしてくれる。スペインやポルトガルに帰還した新キリスト教徒のひとりが異端審問にこう報告しているのである。公然と父祖たちの信仰に還り、ユダヤ人コミュニティの一員になったロンドンのスペインやポルトガルの商人たちは、ほかの新キリスト教徒たちもメシア時代の喜びにあずかれるようユダヤ人であることを表明させようと努力している、と。[201] したがって、ロンドンでも吉報は熱く迎えられたと考えてよい。コミュニティ――の書記兼畜殺者のベンヤミン・レーヴィが外国の信奉者からメシアの出来事について知らせる手紙を受け取ったことは異論の余地のない確かな事実である。

他方、ロンドンで印刷された多くのトラクトやパンフレットは、あるキリスト教グループが差し迫る最後の審判にかんする自分たちの考えを実証しているように思えた特異な報せに大きな関心と好奇心を示したことを証している。イギリスは折りしも、ジョージ・フォックスと狂信的なクェーカー教徒の台頭を体験していた。彼らの態度はどの報告によってもサバタイ主義の預言者たちのそれとたいして違わないように見える。この二つの運動の相似性は同時代人の目にも明らかで、ロンドンの、とくに宗派仲間の多くのキリスト教徒たちの関心を呼び、ユダヤ人たちのメシア運動を迫害することにつながったようだ。ほんの数年まえの一六五七年にこれよりは小さいメシア騒ぎがあった。クェーカー教徒のひとり、ジェイムズ・ネイラーがわれこそはメシア、イスラエルの王であると宣言し、ホザンナを叫びながら、ブリストルへはいったのである（一二〇ページ参照）。ユダヤ人のあいだで起こったメシア運動にかんするニュースは、一艘の船がクェーカー運動の中心地であるブリストルから「いっさい商品を積まず、ただこの件にかんする真実を知るために」[202]――ある資料などは「クェーカーと称する人びとを乗せて」とはっきり言っている

——出帆したという噂を呼び起こした。サバタイ・ツヴィにかんするイギリス最初の本、ジョン・イーヴリンの『最近の名だたる三人の詐欺師物語』（一六六九年）のなかにジェイムズ・ネイラーの伝記がユダヤのメシアの伝記と並んで載っている。

ロンドンのポルトガル系ユダヤ人はナータンの預言の開始とそれに続く彼の活動についてコミュニティの書記兼畜殺者ラビ・ベンヤミン・レーヴィ宛の手紙によって報された。[203] マナッセ・ベン・イスラエルとともにロンドンへ来たが、のちにリヴォルノへ帰り、そこからベンヤミン・レーヴィと交信していたラファエル・スピーノは、一六六六年四月にそのような手紙がロンドンに届いたことを知った。サスポルタスがペスト大流行を機に立ち去ったあとは、レーヴィがロンドンのコミュニティでただ一人の学者であった。加えて彼は信奉者だったようだ。サミュエル・ピープスが聞いた「ロンドン市のあるユダヤ人はほかのひとたちを代表して、現在スミルナにいるある人物がこの二年以内に東方のすべての君主、とくにトルコ太守によって世界の王……にして……真のメシアと認められるということに一〇倍の賭け値をつけた。[204] この賭けはハンブルクに始まったようで、[205] ここではセファルディーのユダヤ人たちが一に対して一〇を賭けていた——ロンドンでつけられたのと同じ賭け率——が、やがてパルナーシム（「長老」）によってこの公序良俗に反する風習は禁じられた。

吉報はさらに南北アメリカや、わけても元マラノ人が多く定住していた西インド諸島に達した。それらはオランダから来たもので、その親コミュニティと密接なつながりを保っていた。[206] 実際わたしたちは一〇部族到着の報せがアメリカ大陸に届いていたという付帯情報ももっている。ボストンのよく知られた説教師インクリーズ・マザーは一六六五年末にいくつかの説教をしたが、「その時分は、イスラエル人があちこちから大挙してエルサレムに向かっているとか、彼らは、だれもがそれを聞いて驚いたことに、尋常ならざる摂理の高い力強い手による大いなるしるしと奇跡に導かれて進んでいるとか、彼らはヨーロッパやアメリカにいる同じ民族のほかのひとたちにも手紙を書いて励まし、われらのもとへとく来たれと促しているといった報告が、各地各国から世界中へ流れた。多くの神をうやまう、心正しき［ひとたち］にとって、これはあの預言の始まりであるように思えた［エゼキエル書三七、七］。(207) 面白いことに、ここにはメシアとその預言者の名が出てこない。しかし、ユダヤ人がアメリカ（西インド諸島？）の同胞たちに宛てた、われらに続けという要請が失われた部族の出現のみならず、救済の報せと結びついていたことは確かだといえるだろう。

パリは当時ロンドンと同様ユダヤ人の中心地ではなかった。市中に住むことを許されたユダヤ人は非常に少なく、その彼らですらごく一時的であった。メシア運動への関心の痕跡は主にキリスト教の資料に見出される。アカデミー・フランセーズの常設秘書コンラールはこのテーマにかんする情報を集めたが、それらはオランダやベルギーの資料に見出されたもので、フランスのユダヤ人のもとで見つかったものではなかった。(208) コンスタンチノープルのフランスの外交官や聖職者は手紙でこの運動のことを知らせたようだ。宮廷人士の話の種に出版された『宮廷の詩神』には事件のいろいろな反響が収録されている。(209)

いまなお教皇国の一部で、ユダヤ人が定住を許されていた町アヴィニョンはかなりの興奮に包まれていた。キリスト教の資料によると、一六六六年三月、ユダヤ人はパレスチナ行きの旅支度をした。(210) アヴィニョン地域のカルパントラスで書記のイマニュエル・ベン・ガド・ド・ミヨによって書かれた『聖なるカバリスト、預言者ラビ・アブラハム・ナータンの手になる真夜中の礼拝』の写しがまだ残存している。原文はナータンの『夜の礼拝』である。ガザないしエジプトから直接フランスへ送られてきたものらしい。残されている三つの版のうちひとつは一六六六年二月二六日に書かれ、もうひとつは「最初の月」（ニサン？――一六六六年四月）に書かれた。名の知れた書記ミヨは注文を受けて写しを作ったらしいが、その後この祈禱書のアムステルダム印刷版がアヴィニョンで手にはいるようになった。[211]

メスとロートリンゲンのユダヤ人たちの行動は他所と変わらなかった。彼らはプラハ出身のある「有名なラビ」（名前は資料のどこにも出ていない）を使者としてサバタイ・ツヴィのもとへ派遣する費用を醵金した。メスの富有な商人たちは彼らのラビで、当代きってのタルムード学者のひとりヨナー・フレンケル＝テーオミームに負けず劣らずメシアを信じていた。[212][213]

ドイツのコミュニティでの反応はイタリアとアムステルダムのパターンに倣っていた。メシア運動の中心地であったフランクフルト・アム・マインからひとりのキリスト教徒の目撃者がこう報じている。「ユダヤ人たちはウィーンやプラハ、アムステルダム、ポーランドから来たつまらないニュースや噂をむさぼるように取り上げた。彼らは自分たちの解放を正直に信じて、キリスト教徒の家庭でも、ゲットーやシナゴーグでもその話をし、そのために祈った。」キリスト教徒はユダヤ人たちの図々しさに腹を立てたが、ユダヤ人はキリスト教徒の嘲笑にこう答えた。「早晩これまでとは打って変わるだろう。もう十分苦しんだ。事態はがらりと変わるだろう。」[214]一六六六年二月カサーレにはいった手紙によれば、フランクフルトでは四〇〇世帯が旅に出る用意をし、地区のほかの大勢はすでに出立していた。[215]『日々の礼拝』の二つの版が「そして主の王国があるだろうの年［ヘブライ語の数値四二六、すなわち一六六六年］に」フランクフルトで印刷された。[216]はっきりした証拠はなくてもフランクフルトにおけるメシア運動の勃興はラビに率いられていたと考えてよい。ナータンの礼拝マニュアルはラビの同意がなければまず印刷されなかっただろうから。一六六四年以来フランクフルトでラビ職についていたクラクフのラビ・メナヘム・メンデル・バスはコミュニティ内のみならず外でも高い名声を受けていた。[217]彼は熱烈なカバリストで、一六四七年にナフタリ・ハイーム・バハラハの『エメク・ハ゠メレク』の出版に同意をあたえていた。これはルーリアのカバラーの詳細な記述（すなわちザールーク版）を広く読者層に親しませた最初の印刷本である。彼は認可状で著者であるフランクフルトのカバリストについて非常に昂ぶった口調で語り、刊行をきわめて時宜をえたものと述べた。「わたしたちはいま［一六四七年！］救済の分かれ目にいるからで、たとえ遅れようとも、わたしたちはそれを待とう。」彼はほかにもカバラーの著作の印刷を奨励した。それゆえ、高齢の年に吉報が告げられたとき、救済の念願がかなったと彼が思ったとしても不思議はない。彼は失望の苦さを味わわずにすんだ。サバタイ・ツヴィの棄教の報せが届くまえの、一六六六年九月に亡くなったからである。地域的次元でいえば、一六六六年フランクフルトのゲットーに荒れ狂ったペスト大流行が付加的要因としてはたらいたかどうかはわからない。ペストが勃発したとき、メシア熱はすでに最高潮に達していた。

ドイツ全土で贖罪運動はラビ学者も大衆も巻き込んだ。マインツではヴォルムスのラビ・ヤイール・バハラハを中心とする一三人の男たちのグループが形成され、「吉報を受けて彼の指導のもとで日々勉強をした」。彼らは文書に署名をして、信心会を結成した。(218)

ヴェストファーレンのある興味深い目撃報告には小さなコミュニティや村々を支配する雰囲気がよく出ている。当時アプテローデの小さなコミュニティでカントルを務めていたゼリコフのラビ・ユダ・レイーブ・ベン・モーセスが語るには、一六六五年から一六六六年にかけて、ヘッセンのヴィッツェンハウゼンのラビで、学識と信心深さで知られたラビ・ヴォルフ・ゼーガルが旅の途中アプテローデに来て、しばらくそこに滞在した。コミュニティには大勢の学者がいたからである。そしてこの年「イスラエル全土で大きな贖罪が行なわれた。件の敬虔なラビは自分のもとへ来た者たち全員に当時わたしたちが待ち望んでいた救いにあずかれるよう贖罪を説いた。なぜなら、その年はこの目ではっきり見えたように、恩寵の時であり、……罪人でさえ心の底から悔い改めたからである。……喜びは日増しに大きくなった」。ところがある日、ラビ・ヴォルフが暗い目をして彼に、恩寵の時は終ってしまったと言った。それは（安息日前夜の祈りの）「主は平和の天蓋を広げ給う」と（［一八の祝福からなる］日々のアミーダの）「主なる神はシオンに戻り給う」の祝福に続いて「アーメン」と正しく答えなかったイスラエルの罪のためだ、と。そしてこうつけ加えた。「わたしはわたしたちのコミュニティ――が罪深くもおろそかにしたこの二つのアーメンのために大変心を痛めています。」ラビ・ユダ・レイーブはそのラビにそれ以上尋ねる気になれなかった。「なぜなら、それを聞いたとき、わたしの心は火に炙られた蠟のように溶けてしまったからである。みな、ひとりの例外もなく、これまで聞いたこともないような完全な贖罪に専念していたのに。……主の救いに与ろうとして。この出来事と同じ時代の、いまなお生きているひとたちはみんなそれを知っている。わたしたちはみな、神がその年にわたしたちを奴隷の身から自由へと導いてくださるだろうと確信していたのだ。……わたしは彼の言葉から件の罪のために恩寵の事と時が取り消されるだろうと思い、悲しくなった。実際そのとおりになった。……そしてわたしたちの踊りは悲しみに変わった。きっとこの天命は夢のなかでラビに明かされたのだろう。当時――そしていまも――わたしはこのことをだれにも打ち明けなかった。悔い改めるイスラエルの子らを落胆させるのを恐れて。」[219]

　だが、ロマンチックな伝説的な輝きに包まれた贖罪の刷新は事態の一面にすぎない。この問題には経済的側面もあった。この要因がいかに大きかったかはドイツの記録保管所の文書からはっきりわかる。中部・南部ドイツのいくつもの地域でユダヤ人の百姓や債務者のあいだに、ユダヤ人が一切合切を売り飛ばして「ひとりの預言者についていこう」としている、という噂が流れた。実際に多くのユダヤ人は旅立ちの用意として借金の取り立てを始めていて、そのことが村々や小都市で多くのひとの苛立ちや敵意を惹き起こしていた。当時ブルフザール（北バーデン）の小さなユダヤ人コミュニティのカントルであった改宗者のフリードリヒ・アルベルト・クリスチアーニはユダヤ人の大興奮についてこう語っている。「あっちでもこっちでもユダヤ人は出発の準備をした。家財をことごとく売却し、借金の返済が半分でも大目に見てやろうとした。十分路銀を用意しておきたかったからである。」[220]とくにバーデンとフランケンの詳しい事情が知られている。債務者は返済をこばんだ。どうせ債権者のユダヤ人は早晩国を去るのだから。ニュルンベルク近郊の領主は百姓たちに返済を禁じ、あまつさえ彼らの借金を差し押さえた。元金も利子も支払われず、受け取った商品の代金の支払いさえなされなかった。アンスバッハではユダヤ人の家に石が投げられ、ユダヤ人は侮辱され、襲撃され、貸金の取り立てを力ずくで妨害された。ユダヤ人たちは助けを求めてお上に、とはつまり領土を治める「独立」君主や男爵に訴え、もし債務者が支払ってくれないなら、自分たちだってキリスト教の君主にたいするいろいろな納税の義務を果たすことができない、と主張した。小国の君主のなかにはユダヤ人（と国庫）を「くだらない報せ」の危険な結果から守るべく命令を発した者もいた。一六六六年二月二二日、アンスバッハの辺境伯はある布告を出した。それは印刷されていて、領地のすべての村に貼り出されたらしいが、そのなかで彼はユダヤ人保護を約し、すべての役人に、ユダヤ人の貸金取り立てを助け、騒動が起きたさいにはユダヤ人を守るよう命じた。それと同時に、ユダヤ人には財産を移転したり、とくべつの許可なしに国を出たりすることを厳に禁じた。[221]

　領主たちは領民である多くのユダヤ人がパレスチナへ行こうとしていることに気づいていたようだが、農業人口とは違って、そうしたユダヤ人の脱出を好ましく思わなかった。ほかのバイエルン当局も同様の布告や命令を出し、自由都市ニュルンベルクにさえ合法的に貸金を取り立てるユダヤ人の邪魔をしないよう迫った。これらの地域ではどこも事情は多かれ少なかれ同じであった。ローテンブルク地区のシュナイタッハのユダヤ人はたえず暴力行為にさらされていた。一六六六年三月、彼らはバイエルン当局から保護状をもらった。いろいろなユダヤ人コミュニティの代表者たちの共同歩調とキリスト教当局の好意的な回答を示す証拠はいくらもある。ユダヤ人たちの取った措置はけっして救済の期待を声高にいうことはせず、むしろできるだけそれを隠そうとしたことを十分に示している。経済的動機と民族的宗教的動機とはここでは相反したのである。市政府や支配者たちとの関係においてはユダヤ人はその時代のビラやパンフレットでいわれたような救済の「厚かましさ」は微塵も見せていない。彼らは家や持ち物を売ろうとしたが、住民の反応に驚かされた(222)。

ユダヤ人はニュルンベルクに住むことは許されなかったが、その近くの町フュルトには重要なユダヤ人コミュニティがあり、周辺地域のユダヤ人住民の精神的な中心となっていた。一六六四年、書記のイサアク・ゼッケンドルフがルーリアの著作の写しを作成した。それはいまも遺っている。ゼッケンドルフは二年後に届いたナータンの贖罪マニュアルも写した。その頃彼はコミュニティの一員である金持ちによって少しまえに築かれたベース・ハ゠ミドラーシュの校長もしていた(223)。とても綺麗に書かれた手稿とその華麗な表題「ガザの聖者、光の輝き、ラビ・ナータン・アシュケナージ、真理と正義の……預言者によって厳選され調整された贖罪の祈り」は、この写本がメシア熱たけなわの頃、フュルトのベース・ハ゠ミドラーシュのカバリストたちのあいだで預言者の名が高く買われていた時分に作成されたことを推測させる。

口伝えや印刷されたドイツ語のパンフレットで広まった救済の報せに刺激されて、ニュルンベルク近郊のヘルトブルクの或るルター派の聖職者が小さな本を書いた。そのなかで彼はユダヤ人の期待のむなしさを証明するかたわら、出来事の成り行きを非常に生き生きと描写している。「頭のてっぺんまでメシアの期待にあふれたユダヤ人は村から村へ走り、家から家へ横町を飛び回って、新しいメシアの情報をもっと聞こうとして尖った耳をそばだてている。二、三の［キリスト教徒の］若者が無茶をして、夜、ユダヤ人の居住区で角笛を吹き鳴らす。それを聞いてユダヤ人はメシアが角笛を吹いているという思いを強くする。[224]」

すでに一六六六年の始めに、ドイツ、それもとくに南部の地域に、作者が流布しているニュースをかなり恣意的に扱い、随意につけ加えたり、省いたり、変えたりしたパンフレットが現われる。これらの記述の中心人物は最近出現した預言者であったが、多くの作者は新しい報告を以前の一六四二年のパンフレット（一八〇ページ参照）と結びつけている。このことはサバタイ・ツヴィが何度かキリスト教名で現われることから明らかである。ドイツ語のパンフレットによれば、預言者「ナータン・レヴィ」はエルサレムからそう遠くないところである少年に塗油を施して王位につかせた。少年の名はそれまで「ソベツァ」（すなわちサバタイ）であったが、それを預言者はヨシュア・ヘルカーム（ユスヴァヘルカームとも）に改めた。王はスルタンに使者を送り、その領土のすべてを要求し、彼をあとでメシアの副王にしてやると約束した。メッセージをコンスタンチノープルへ届けた使者は殺された等々。[225] 別のパンフレットは失われた部族の軍隊とメッカの征服にかんする噂と預言者ナータン・レーヴィの自称英雄行為にかんする報告とを結びつける。この絵入りパンフレットは、いまヨシュア・ヘルカームを名のる王が塗油を受けたのち大軍勢をアラビアへ差し向けたことを読者に知らせている。作者のとくべつな関心はメシア軍の三つの陣営の旗に集中した。[226]

この作者は別のパンフレットも公刊している。これは一〇部族の最高位者の非常に誇張され、美しく飾られたポートレートである。サバタイの名は完全に消え、この肖像は「ユダヤ人の新しく生まれた預言者ナータン・レーヴィがいわゆるイスラエル一〇部族の総大将に選んだヨシュア・ヘルカーム[227]のものだという。ヨシュア・ヘルカームの名は一部は一六四二年のパンフレットから出たものだが、そののちさらに「キリスト教化」された。その名はもっぱらイエス（「ヨシュア」）、すなわち死から甦った（「カーム」）、ヘブライ語で「甦った」神（「ヘル」）を指しうるからである。ヨシュアという名はそれ自体イエスのヘブライ語のかたちとして、驚くにあたらぬもので、実際に第二のヨシュア、聖地を征服するいまの世の神の子としてのメシアの役割に一致している。だがなぜ作者たちが――軍勢の統帥というきわめて世俗的、非神学的な役割をおびた――新しい救世主ヨシュアにもそのようなまったくキリスト教的神学的名前を冠したのか、それだけは不思議である。このサバタイ・ツヴィの軍事的肖像はやがてユダヤ人の心をつかむこととなり、ポーランドにおけるメシア大行進で掲げられた。

反対者たちは主として失われた部族の話と以前のナータンにかんする手紙に語られた奇跡を批判した。ドイツのユダヤ人の一般的反応にかんするパンフレットにえがかれた像はわたしたちが他の資料から知っていることと一致する。全財産を投げ打つ傾向は、最初の報告を受けた直後の一六六六年初頭がいちばん強かったようだ。時がたつにつれ、人びとは慎重になり、出来事がどうなるか推移を静観することを好むようになった。前述の絵入りのパンフレットによれば、ドイツの大半のユダヤ人たちは「アムステルダムの裕福なユダヤ人たちの多くが聖地への旅立ちにそなえて土地家屋を二束三文で売り払ったのとまったく同じように」メシアの声がかかる決定的な瞬間にそなえた。

ドイツ帝国の他の地方、たとえばオーストリア、ベーメン、メーレンなどからもふとした偶然でばらばらな情報がはいってきた。とくにウィーンとプラハのユダヤ人は運動に活発にかかわることで知られていた。ウィーンとプラハは商業とラビ学の重要な中心地であり、当地の学者の多くは熱狂的なカバリストであった。ウィーンはトルコの国境に近く、ハンガリーはまだトルコの支配下にあった。中部ヨーロッパの重要な郵便ルートはすべてここで交わっていた。それゆえ当然サバタイ主義運動の報せと宣伝の伝播の中心でもあった。多くの奇想天外な話が手紙でウィーンから広まった。プロテスタントのキエティズムの神秘家J・G・ギヒテルは、一六六六年ウィーン滞在中に市のユダヤ人が彼に救世主サバタイ・ツヴィの啓示を信じさせようとしたことを手紙で語っている。[228] 一六六六年四月に死去したカバリストサークルの指導者ラビ・ヤコブ・テーメルレスはスミルナとコンスタンチノープルからドラマチックな報せがどっと押し寄せたときどのような態度を取ったのかわかっていない。彼の墓石には救済の時間を示唆するものは何もないが、しかしそのような沈黙からの推理から結論を引き出すことはできない。フランクフルト、ウィーン、ハンブルク、プラハの墓地にある一六六六年の数多くの名だたる墓碑は、それ以前の墓石が救済の期待を雄弁に語っているのにたいして、いずれも解放の到来を指し示していないからだ。ヨセフ・カロの法典『シュールハン・アールーク』［食器の並んだテーブル］の一部への基本的な注釈書『シフテイ・コーヘン』を著したメーレンのホレシャウのラビで高名なタルムード学者ラビ・サバタイ・コーヘンは一六六四年に死亡したが、彼の墓石は[229]彼の歿年を「ダビデの子メシアの年」（ヘブライ語の数値四二四）としている。いまだ明らかにされていないなんらかの理由で墓石上の救済にかかわる証言は、成就の年が告げられたときにとだえた。キリスト教の学者ヴァーゲンザイルは[230]一六六一年にウィーンを訪れたとき、数年内にメシアが来ることを誓ってもいいというユダヤ人に会った。一六六六年の熱狂的な支持者になったのはヴァーゲンザイルの会ったユダヤ人たちであったかもしれない。

ウィーンで印刷されたと思われる反ユダヤのパンフレットは大きな期待をもの笑いにし、ユダヤ人は近いうちにウィーンやほかの町々から追放され、預言者ナータンに苦情を呈するだろうなどと称した。[231] 上半分はユダヤ人がウィーン市の城門から出て行く図をえがき、下半分には預言者に苦情をいうユダヤ人の窮状を嘲笑う二篇の詩が載っており、うち一篇（一三節）は偽イディッシュ語で書かれている。

一般にウィーンにはいるニュースはトルコのバルカン半島から来た。ウィーンのユダヤ人が「シナゴーグで日夜がなり、ぺちゃくちゃ」読誦したナータンの礼拝マニュアルはサラエヴォから送られてきた。(232) ウィーンでも商売は停止し、人びとは苦行と贖罪に没頭した。一六六六年三月のある報告は「ウィーンのなにがしかのユダヤ人は旅立ちの許可を宮廷に願い出た、メシアが来たからだという」と言っている。(233) 一六六六年六月ハンブルクに広まった報せによれば、ウィーンのユダヤ人は調査のためにコンスタンチノープルへひとを派遣し、情報を集めさせたという。使者は支持者となって帰還し、ニュースはすべて本当だと太鼓判を押した。七月にサスポルタスは彼一流の技巧を凝らした美文調の長文の手紙をウィーンのラビ・ゲルショーム・オーリーフ・アシュケナージ（一六九三年歿）、高名な学者にして熱狂的なサバタイ信奉者に書き送った。サスポルタスは手紙の受取人にたいしてやさしいかつ慎重な物言いをしている。いつもの論争的な機知や辛辣な皮肉は影を潜め、大きな疑問と深い憂慮が表明されている。彼はウィーンの同僚から確かな情報をもらおうとしたが、その頼みを、事実と称される事柄とその宗教的意味についてはっきり懸念を表わす言葉にこめた。彼はまたスミルナのラビたちの瞬時も迷わぬ反対にたいして称賛を惜しまない。彼が同じ頃にウィーンとスミルナに書き送った二通の手紙を比べてみれば、サスポルタスの外交手腕と自説を曲げずに相手に合わせる能力がはっきりわかる。自分と同じ考えだとわかっているスミルナの反対派のラビたちにたいしては、彼は抑えられぬ怒りと激情をぶつけることを辞さなかった。一方、ウィーンへの手紙は好意のこもった理性と説得力のある忠告にあふれていた。(234) 残念ながら、ラビ・ゲルショームの返事は遺っていない。ラビ的伝統の道を外れるなというサスポルタスの再三の注意も、ラビが所属す

預言者ナータンが十部族の総大将に任命したというヨシュア・ヘルカームの想像上の肖像（1666年始め）.

VIII

るコミュニティの覇権を主張していた中部・東部ヨーロッパのコミュニティではたしかに場違いだっただろう。(235) ハラハー的伝統からの反律法主義的離脱やこれ見よがしの逸脱はなかった。モーセス・ザクートは一六六八年ウィーンのイェシヴァの校長ラビ・メイール・イッセルレスに宛てた手紙のなかで、アシュケナージのコミュニティがハラハー的正義の道を踏み外さなかったことや、律法にのっとった断食を破らなかったことなどを称賛した。(236) そうした違反にいたらなかったことは、この問題を扱っているプラハのラビの手紙から明らかなように、ラビの指導によるところが大きかった。

プラハのユダヤ人コミュニティはハプスブルク帝国最大の、最も重要なものであった。そしてかなりの精神的影響を及ぼした。のちに教えに背くこととなったプラハのさる元ラビ学徒の話によれば（一七九ページ参照）、一六五〇年頃ひとりのメシアが現われ、のちにペテン師の正体がばれるまでかなりの支持者を集めた。このメシアを詐称した者がだれであったかについては何も語られていない。同時代の記録文書にはそれ以外の痕跡は何も残っていないが、一六四八年とそれ以後の大虐殺に続いてメシア騒動がその辺一帯に起きた可能性は多分にある。一六六五年終り頃に吉報が届いたとき、民衆や多くの学者は大喜びし、夢中になってそれを受け容れた。だが、ほぼ三〇年間プラハの上級ラビであったアアロン・シモン・スピラとラビ法廷の職務仲間たちは反対した。上級ラビはヴェネツィアへ手紙を書いたが、ラビ・サロモン・ハイ・サラヴァルのラビ・スピラ宛手紙からわかるように（五三二ページ参照）、返事はあまり芳しいものではなかった。サスポルタスはすでに一六六五年一二月スピラの問合せに答えており、それにたいするスピラの応えに満足していたようだ。サスポルタスは一六六六年四月か五月にもう一度手紙を書いており、それにたいする七月のスピラの返事が遺っている。(237) 彼の姿勢は水嵩を増す熱狂の大水をせき止めようとしない、あるいはせき止めることができない反対者特有のものであった。「わたしや仲間たちがコミュニテ

ウィーンとその他の町町からのユダヤ人追放の想像画．ユダヤ人たちは自分の運命を嘆き，自分たちの預言者ナータンのもとへ行く準備をした．

IX

ィ内の大きな贖罪の動きを喜んでいることは本当です……それでももちろん彼らに注意をし、無知な者には隠れて見えない預言や王国について彼らの誤った考えを正すことをやめませんでした。わたしたちはみな心を一にして、わたしたちの伝統が少しでも損なわれたり、［人びとが］そのような預言者やユダヤ宗教（ダース・ハ＝イェフディーム）と合わないものにしたがったりしないよう、注意しています。」プラハのラビ法廷はベーメンのすべてのコミュニティにもこの趣旨の書簡を送ったが、これらのコミュニティの人びとは、サバタイ・ツヴィを信ずることについては言葉少ない曖昧な、ぬらりくらりした説明で満足し、いずれ最後には本当のことがわかるだろうと思っていた。「ひとりの人間を本当に王の血を引いた者なのかどうかわからないのに〈われらの主なる王〉などといって主に逆らう者たちの目は曇っているのです。……ですが、これほど熱心に信仰している兄弟たちのために……わたしたちは何をしたらいいのでしょうか。わたしたちは彼らを惑わしたくありません。すべてを変えることのできる、故意の罪すら功績に変えることのできる贖罪の力は偉大だからです。」

ユダヤ人が示した誇らしい確信は苛立ちさえ惹き起こした。一六六六年の謝肉祭のあいだに二、三のプラハの貴族たちが一種の喜劇を上演したが、その一環として、暴漢の襲撃を避けるためゲットーに引き籠っていたユダヤ人たちの嬉々とした期待をパロディ化した行進が街を練り歩いた(238)。

けれども、パロディや嘲笑にもメシア熱は冷めなかった。一六六六年早春にナータンの礼拝マニュアルが、おそらくはアムステルダム版の写しをもとにプラハで印刷された(239)。救済の報せにたいする普通のひとたちの反応はある特異な記録文書に熱狂的に表われている。ピンカス学校として知られるプラハのシナゴーグは一五三四年にマントヴァの薪の山で焼かれた殉教者サロモン・モルコの遺物を蔵していた。ミシュナーの標準的な注釈書である『トサフォース・ヨムトヴ』の著者にして一六二五年までプラハのラビであったラビ・ヨムトヴ・リープマン・ヘラーは著書のひとつ（『マ・アダネイ・メレヒ・ヴェ＝レヘム・ハムドース』プラハ、一六二八年）で、殉教者の「アルバ・カンフォース」[240]（四角い布）を見たが、それは「卵の黄身のように黄色かった」と述べている。サバタイにまつわる伝説はやがて殉教者の遺物と結びついた。この殉教者自身メシア心酔者であったし、その黙示録的思弁も印刷されて出ていた。「われらがメシアの治世の初年」再アダルの月〔三年目の閏年に数える月。したがって閏年は一三ヵ月となる〕五日金曜日（一六六六年三月一二日）の日付が入ったウィーンからの手紙で無名の書き手が継父に知らせているところによると、プラハでは年に一度シムハス・トーラーの日〔一年を一サイクルとして、毎安息日にシナゴーグでモーセ五書の一節が朗読される。そのサイクルが終ると同時に新しいサイクルが始まる祭日で、ユダヤ暦の正月にあたるティシュリの月の二三日。その前の一週間は仮庵節である〕にサロモン・モルコの衣服をシナゴーグに展示するのがならわしだという。「アルバ・カンフォースだけは例外で、展示されません。その上に聖なる［すなわち神の］名が絹糸で刺繍されているからです。でも、これらの名前は［衣服］全体に分散されています［したがって意味をなしていない］。あるときシナゴーグの下僕がこの名前を写し取ろうとして、めくらになりました。またあるとき……有名なラビ・リープマン［・ヘラー］が……自分の徳望を信じてこの名を写そうとしました。もっぱら彼の敬虔さのおかげで彼は［ひどい目に遭わずに］助かりました。彼は無傷で出てきましたが、彼の紙とインクは不思議なことに消えてなくなりました。それで彼は……なんぴとも近寄って、絶対にこの名を読んだり書き写したりしてはならない……と定めたのです。」ウィーンからのこの手紙はさらに言葉をついで「聖なる名」――三段に配列した六つのヘブライ語の単語と三つのアルファベット――を挙げている[241]。でもいまは、と書き手は続ける、奇跡を知らせる手紙がプラハからあちこちのコミュニティへ送られています。最初の大きな大衆預言行動が運動の開始時に行なわれたアレッポから、その衣服を取って聖なる名を書き写すようにという要請がプラハのユダヤ人に来ていた。「いまはそれが許される時だからで……［不思議なことに」まえにはばらばらだった名がいまはきちんと並んでいます。」アルファベットと聖なる名が結びついて、サバタイ・ツヴィが四二六年（一六六六年）にメシアになるだろうということを表わすカバラーの公式となった(242)。メシア的解釈がなされたこのようなカバラーの公式、つまり聖なる名は、すでに初期のメシア運動でも知られていた(243)。しかし、普通のひとたちはラビたちの自制の勧めにあまり感化されなかったようだ。そして、サロモン・モルコをサバタイ・ツヴィの預言者、先駆者に変えることによって両世紀の大いなるメシア信仰復興を結びつけた独自のメシア伝説を生み出したのである。これがサバタイ伝説へのプラハ独自の寄与であった。

ユダヤの資料はベーメンとモラヴィアのコミュニティ内の運動について何も語っていない。それでも、出来事の進行中から情報を集めていたキリスト教の年代記作者マルティン・マイヤーはモラヴィアの深刻な騒動について報じている。「それで、ディートリッヒシュタイン公は国主として臣民を鎮めるために公告を貼り出さねばならなかった(244)。」君主の居城のあるニコルスブルクにはモラヴィアでいちばん古いユダヤ人コミュニティがあり、声明はどうやらそこの騒動に関係していたようだ。その写しはこれまで見つかっていないが、騒動はニュルンベルク周辺での騒ぎに似ていたらしい。なぜなら、平和を保つようにという注意は「市民《ビュルガー》」に向けられていたからである。この表現はもっぱらキリスト教住民を指すのであって、ユダヤ教住民ではない。これらの地方における運動の成功を指し示す指標となりうる事実がほかにも二つある。モラヴィアは一八世紀までサバタイ主義の砦のひとつであったし、信徒はもっとあとになってサバタイ信仰に転じたというより、一六六六年の大いなるメシア信仰復興の直接の継承者だったと想定するほうがたしかに妥当であろう。――毎日朝の礼拝の終りに詩篇二一を読誦するというサバタイ派の改革は一八世紀にはまだモラヴィアやハンガリーの多くのコミュニティで実施されていた。「この風習の起源はとうに忘れられ、いつはいってきたのかもうだれも知らなかったけれど[245]。」

ハンガリーの大部分は一八六六年までトルコの支配下にあったけれども、ここのアシュケナージのコミュニティはオーストリア、ポーランド、ドイツの兄弟たちと密接な接触を保っていた。救済の報せがハンガリーやバルカン諸国全体に住むユダヤ人に及ぼした影響はコンスタンチノープルのイギリス領事リコーによってこう書かれている。彼は一六六六年コンスタンチノープルからブーダへ旅し[246]、そこで「ユダヤ人から妙な印象を受けた」。「当時ユダヤ人はと見ればだれもが日頃の商いもそこそこに、家ぐるみエルサレムへの旅支度にかかっていた。彼らの語る話や夢や彼らの仕事ぶりから感じられることは、ほかでもない、彼らが近いうちに約束の国へ導かれると強く思い込んでいるということだ。」言葉はさらに続く。「この近い幸せの確信がいやましにふくらんでいくさま、サバタイの名がユダヤ人の住むすべての町に瞬時に響き渡るほど新しいメシアの談話の大いなる妄想が彼らの心に植えつけたもの、ここではとうていそれを書き尽くすことはできない[247]。」五〇年後にサバタイ派の神学者で冒険家のネヘミア・ハイヨンはこう書いた。サバタイ派の大敵にして迫害者のツヴィ・ヒルシュ（ハハム・ツヴィ）・アシュケナージの父ラビ・ヤコブは、当時ブダペストのラビであったが、サバタイの「大の信奉者」で、シナゴーグでメシアの命のために祈りを捧げることをこばんだ不信仰者を死にいたらしめたほどだった。「彼はこの人物をダビデ王家にたいする反逆者と決めつけ、彼を無法者と断じた。……その証人はここ［アムステルダム］にいる[248]。」ハイヨンの証言はまったくあてにならないとはいえ、彼の記述に不足なところはない。まさかと思われるようなことも、ラビ・ヤコブがあたえたとされる容赦のない罰でさえ、ラビ・ハイーム・ベンヴェニステのラビ回答書に（五四八ページ参照）先例がある。ハンガリーに住むユダヤ人の多くはフミェルニツキ大虐殺後の避難民たちであった。彼らにとってメシアの到来はまさに待ち望んでいたものであった。マルティン・マイヤーが『ヨーロッパ日記』に集めた情報のなかには、ユダヤ人たちが家の屋根を取り壊しはじめたというスロヴァキアからの報告もあった。

## V　ハンブルク

これまでに調べた資料は不完全で、二次的なものが多かったが、ハンブルクにおける運動の記録はこれ以上望めないほど詳細なものである。当時ハンブルクにはおよそ妥協を知らぬ、仮借のない運動の反対者ラビ・ヤコブ・サスポルタスが住んでいた。彼は救済妄想の海のなかに微動だにせぬ巌のごとく屹立し、その激しい不屈の闘いによってのみならず、後世にかくありたいと欲した自分のイメージを見事に創り出したことによっても、ユダヤ史において不滅の名声を獲得した。彼は自分の書簡や運動にかんするその他の記録を一巻にまとめた。『ツィツァース・ノーベル・ツヴィ』（イザヤ書二八、一に基づいた地口で「しぼみゆく花ツヴィ」）と題するこの「文書」は彼の勇気ある闘いの記録であるのみならず、わたしたちの最も重要なサバタイ運動の資料のひとつでもある。

サスポルタスのラビ的生涯は不運につきまとわれた。彼の難しい性格のしからしむるところであったかもしれない。彼は疑いなく、彼の一門がそうであるようなセファルディー系ユダヤ人の最良の伝統のなかで培われた偉大なタルムード学者であった。家系図によれば、彼は偉大なナハマーニデス（一一九四―一二七〇頃）の十四代目であり[249]、「聖書とタルムード、ラビ法典とカバラー、文法規則にのっとった優美な文体［の構成］と論理学」の徹底的な教育を誇っていた。サスポルタスは真に、聖書やタルムードの[250]言い回しを美文調できわめて技巧的に、まわりくどく、暗示的に用いることを特徴とする、メリーツァー〔謎めいた箴言の謂〕として知られる。「優美な文体」の達人であった、ティシュビーは彼が発行した『ツィツァース・ノーベル・ツヴィ』の序文でサスポルタスの性格や人柄を丹念に分析しているが、一六八〇年にアムステルダムでえがかれた油絵は彼の分析の正しさを証明している。この肖像画は、眼光鋭い、近寄りがたい眼をした謹厳な無愛想な顔つきを示している。ユダヤの「大審問官」の顔である[251]。サバタイ主義運動にかんする彼の書簡にも同様の厳格さ、激しやすさ、熱しやすさ、傲慢さといった基本的特性がうかがえる。それらはおそらく一六六六年以前にもすでに認められたのだろう。彼のラビとしての経歴に成功が欠けているのはそのせいだったかもしれない[252]。

　サスポルタスはモロッコでラビに任ぜられ、サレとトレムセンで影響力のある重要なラビ職についた。およそ三七歳のとき（一六四七年？）、モロッコ当局との衝突の結果国外へ逃れねばならなかった。以後彼は二度とふたたび、それまで享けていたような公的な地位や公に認められた権威を獲得することはなかった。アムステルダムにはおよそ一七年間住んだが、ラビ職に任ぜられることはなかった。一六九三年、よわい八三歳にしてようやくハハムに選ばれたときも、コミュニティの指導権を長く保ってはいられなかった[253]。一六六四年に建設されはじめたばかりのロンドンのある小さなコミュニティから招聘をうけたが、一年後、一六六五年秋のペスト大流行のあいだに町から逃げた。一一月七日にハンブルクに着き、六週間の検疫をすませたあと家族とともに町に腰をおろした。ちょうどそのとき最初の救済の報せが届いたのである。何年も彼は私人としてハンブルクに暮らした。重要なセファルディーのコミュニティは敬意をもって彼を遇し、彼や家族の面倒を見てくれたが、職はなかった。サバタイ主義の危機における彼の役どころは傍観者、フリーランサーであった。彼には本当のラビ職の権威がなかったので、このドラマのなかで正式な役にはついていなかった。彼はラビ職の権威と肩書きを渇望したが、彼のくじかれた野望は苦渋と失望をもたらしただけであった。再三洩らされるラビ団への不満には説得力をもたない空疎な響きが感じられる。サスポルタスは学識があり頭脳明晰であったが、傲慢さと人間関係の不安定さが書いた物にありありと見え、それが彼に暗い影を落としている。彼のエゴイズムと過度の自信はサバタイ主義論争の始まるずっとまえから表われていたが、アムステルダムで味わった失望がそれを増幅させたようだ。彼はつっけんどんで、激しやすく、野心家だった。同僚たちは彼に手紙を書くとき、最大の注意を払った。ちょっとでも批判めいたことを書くと猛烈に怒り出すからだった。彼の怒りっぽさと喧嘩好きはサバタイ主義論争に寄せた論文のみならず、彼のすべての手紙にも表われている(254)。

したがって、メシア騒ぎのあいだのサスポルタスの姿勢には個人的動機がかなり影響していた。さらに、コミュニティにたいする権威と責任をになったラビたちと彼とのあいだに見られる反応の違いも「私的な」一市民としての彼の個人的状況によって説明される。だがこうしたことすべてでも、この失望したひねくれ者の狂信者が示した比較的大きな勇気と偉大な先見の明を減ずるものではない。歴史的に見れば彼の功績は疑いようのないものであるが、現代の歴史家は証人としてのサスポルタスの誠実さと信頼性にたいする敬意に制限をつけるかもしれない。彼自身の書簡の原文に――おまけに最も重要な書簡のいくつかにも――サスポルタスが改竄の手を加えた証拠が思いがけないかたちで明るみに出た。ティシュビーが『ツィツァース・ノーベル・ツヴィ』の唯一の原稿の出版を準備したとき、彼はある本文の写真複写も利用することができたのだが、彼はその本文がサスポルタスの手書きの草稿、すなわちサスポルタスが自分自身の手紙と受け取った手紙とを記入した元のメモ帳であることを知った(255)。両テクスト間のくい違いはサスポルタスの驚くべき編集方法をかいま見せ、彼が自分の書簡に「手を加え」、その元のかたちをしばしば改竄に匹敵するまでに変えてしまったことを示す多くの例を提供してくれる。警告を発する、眼光鋭い、勇敢な荒野の叫び手という本来の役割をになった自分を示している事実に飽き足らず、彼は自分をヒロイックな戦闘における恐れを知らぬ孤独な闘士のように見せたいと思ったのだった。オリジナルの手紙のなかではしばしば慎重かつ穏やかな物言いをしているのに、「改訂稿」は、彼が置かれた危険な状況のなかで本当にそれが言われたのなら、さだめし彼を破門とハンブルク市追放にいたらしめたに相違ない、鋭い、攻撃的侮辱的な言葉づかいを示している。サスポルタスの心が揺れた、それどころかナータンの預言を信ずる気にすらなった短い時期があった。東方から来た手紙がかくも冷静な批判的精神の持ち主にすら及ぼした影響の説得力を解き明かすこの短い幕間劇は、サスポルタスの虚栄心を超えていた。彼はそれを示すものをすべて注意深く消し去った。それによって、支持者も反対者も双方ともに記録を改竄したという彼自身の言葉を実行したのである。だが手紙の元稿とその編集された「英雄」版との比較によって歴史家ならびに人間としてのサスポルタスの完全性がどれほど差し引かれようと、それは彼の人柄と論争のなかで彼が実際に果たした役割を理解することに必ず役立つだろう。

サスポルタスの書簡はハンブルクのセファルディー系コミュニティの事情にかんする情報をたくさん含んでおり、運よく遺っている非常に珍しい記録によってもその計り知れぬ価値は証明される。それというのも、もともとわたしたちにはサバタイ主義運動にかんするユダヤ人コミュニティの「公式」記録（議事録、議決文、布告文書など）は伝えられていないからである。運動の恐るべき終焉のあと、一六六五―一六六六年の出来事にかかわる記録は消されてしまったか、当該ページが破り取られてしまった。そのため、コミュニティの責任ある長老たちの考えや公式決議についてはあまりわかっていない。ハンブルクのセファルディー系コミュニティの――ポルトガル語で書かれた――教区簿がどういうわけかその元のかたちで、というのはつまりカットも破損もそれに類した自己検閲のあともなしに受け継がれている(256)。

メシア事件にかんする最初の手紙はエジプトから発して、一六六五年一一月三〇日にハンブルクに到着した。後続便がさらなる報知や事実確認をもたらした。一二月九日に長老たちは次のような祝いの決議を記録にとどめた。

東方、イタリア、そしてその他の国々から届いた報せにたいし、世界の主をほめ奉る。報せによれば、慈悲深き神はわたしたちに聖地の預言者ラビ・ナータン・アシュケナージとメシア王ラビ・サバタイ・ツヴィをお授けになった。主がこのかたを選ばれたのはもろもろの民族のなかから自分の民を寄せ集め、諸民族のもとで穢されている自分の名を高めるためであった。わたしたちは手紙によればこの預言者と王によってなされたという多くのしるしや奇跡によってこの報告を信ずる。そのためわたしたちは今日、律法の喜び(シムハス・トーラー)の祝祭日のように祝いの讃美歌をうたった。イスラエルの神の思し召しにより、この報せの正しさが確かめられますように。わたしたちの土地はわたしたちの相続財産であることが認められますように。神の思し召しによって、この大いなる解放を目にすることができますように[257]。

この書き込み——ほかのコミュニティの多くの教区簿にもこれに類したものがあったに相違ない——は非常に興味深い。ハンブルクのポルトガル系ユダヤ人は大半がもとマラノであるか、マラノの第一第二世代の子孫であった。彼らは学者ではなく、富有な賢い商人であった。宗教問題では彼らのラビ、モーセス・イスラエルと彼らのもとに腰を落ち着けていた数少ない学者を頼りにしていた。彼らは受け取った多くの手紙を読み、その信憑性を吟味し、ラビに相談しただろう。とどのつまり、彼らは文書の内容が本当であ

サバタイ・ツヴィの反対者，ヤコブ・サスポルタスの肖像．油彩画．イサアク・ルッティフイス作（アムステルダム1680/1690年頃）．

X

ることを確信させられた。（彼らにとっても——このことはしっかり把握しておく必要があるが——メシアを信ずることよりも預言者を信ずることのほうが先だった。）彼らはカバラー的思弁とはまるで縁遠くて、救済の報せを通常の、伝統的な政治的・国家的概念で解釈したのである。

他方、サスポルタスはカバリストであった。カバラーは彼の母国モロッコの宗教生活において重要なファクターであり、サスポルタスは同僚の大半がそうであったようにカバラーの研究に努めた。モロッコ当局の怒りを避けて逃れたアムステルダムで、彼はイェシヴァ、オル・ハ゠ハイームで教鞭を取り、一六五三年に生徒たちの学習用に、モロッコの学者ラビ・モーセス・アルバズが一五七五年に著した祈禱書のためのカバラー的注釈書を刊行した。この注釈書『ヘイハル・ハ゠コーデシュ』にはサスポルタスのカバリスト学位論文といったかたちの長いまえがきがついている。ちなみにこの論文は彼が支配的なルーリアの体系よりもはるかにコルドヴェロの思弁的カバラーに近いことを示している。サスポルタスとアブラハム・ヤキーニを並べて見ると、カバラーにたいして同じ姿勢を取りながら、その表現の仕方がそのつど相反する同時代の二人の典型的なラビが見出される。前章で見たように、カバラーはユダヤ教の歴史において二つの機能を果たした。ひとつは伝統形式の解釈による保守的機能であり、もうひとつはまったく新しいイデーの力を解き放つことによる革命的機能である。サスポルタスは保守的な面を見せている。伝統の改新とか伝統からの逸脱などにサスポルタスは用はなかった。伝統を秘教的秘義という意味で義とすることなどもってのほかだった。もしカバラーが何かを義とするとしたら、それは現に教えられ実践されている、いまある伝統であった。この熱烈な正統派ラビの心を危機感が襲うことはなかった。

救済の段階にかんするナータンの手紙に彼の心は重大な疑念にみたされた。手紙の内容の奇想天外な性格にすぐさま反感と批判を呼び起こされ、彼はそれをただちに（一六六五年一二月）アムステルダムの友人たちに伝えた。[258] このカバリストは伝統的なメシアのしるしが直接、文字どおり履行されることを主張し、アレゴリックな解釈や秘教的解釈を認めようとはしなかった。カバラーの秘義は直接の意味のかわりにはならなかった。預言者が出たことを知ると、彼はただちにナータンの信憑性の確証をえようとした。アムステルダムの友人たちが彼の首尾一貫性のなさを責めたとき、彼はこう返事を書いた。「わたしはそれ［サバタイ・ツヴィにかんする預言］自体不可能だとはけっして言っていません。ラビ・サバタイ・ツヴィがわたしたちの王であり救い主である可能性は実際にあるのですから。預言が本当に認証されたのでしたら、合法的に認められた預言者の言うことをわたしは本当だと思いましょう。[259]」サスポルタスにとって、すべてはナータンの預言者的使命の確かさが申し分なく証明されるかどうかにかかっていた。つまりナータンが自分の使命を然るべきしるしと奇跡によって証明したことを示す公認のラビ法廷のお墨付きいかんにかかっていたのである。サスポルタスが初めはためらったものの、結局きっぱり拒否したのはそこから来る。

サバタイ・ツヴィにかんしては、[260] サスポルタスは彼の性格が伝統的なメシア像とは一致しないことをいち早く看て取った。のみならず、このことをすでに早い時期に、すなわち一六六六年七月に、スミルナの反対派のラビに宛てた励ましの手紙のなかで彼の下した決定的な判決として表明した。[261] 彼が取った最初の行動のひとつは、エルサレムにいるすべての知人（たとえばラビ・モーセス・タルディオラ）に手紙を書き、確かな情報を求めたこと、またメシアの天国の場所は「鳥の巣」だといっているゾーハルのある意味不明な箇所の解釈を預言者に聞いてくれと彼らにたのんだことである。しかしエルサレムの友人はだれひとり彼の問い合せに答えなかった。

彼に公的な肩書きが欠けていたことは彼の苦々しい思いと欲求不満感を強めた。コミュニティのラビで、以前モロッコのラビであったモーセス・イスラエルは信奉者の側に転じたが、サスポルタスは元コミュニティのラビで、高齢のため一六六五年三月に職を退いたラビ・ダヴィド・コーヘン・デ・ララ、ならびに長老のひとりアブラハム・ナハルの支持をえて気をよくした。アブラハム・ナハルは初めは心が揺れ、精神的指導を求めてみずからナータンに手紙を書いたらしい。というのも、彼はナータンの――一行そこそこの――メモをもっていたからである。「アブラハム・ナハル［彼の魂］はメシアの踵（三二六―三二七ページ参照）から出た。断食一八〇〇回。彼はユダ族の出である。」この話を語っているサスポルタスによると、ナハルはこのことを茶化した。「わたしはメシアを疑ったことで失われた魂なのだから……［ただ］断食すれば自分自身を救うことができるなどとメシアが言うはずはない[262]」にもかかわらず、ナハルはのちにシャーアーレイ・ツェデクの仲間に加わった。これはハンブルクの信奉者たちによって結成された会派で、モーセス・アブディエンテもここでサバタイ主義の説教を行なった。

早くも一六六六年一月に王と預言者ならびにほかの部族に先立つルベン〔ヤコブとレアの子、創世記二九、三一〕とガド〔ヤコブとジルパの子、創世記三〇、一一〕の子孫にかんするさらなる報せが届いた。サスポルタスによれば、ハンブルクに大歓声があがり、キリスト教徒までがユダヤ人がシナゴーグで音楽を奏し、トーラーの巻物をもって踊り回る様子を見に来た。信じない者は中傷され、「不信仰者呼ばわりされたので、わたしの手は萎え、大きな声で話すことができなかった。というのも、わたしにつきしたがう者は子供でも数えられるくらい少なかったからである。しかもその彼らでさえ、それを大きな声でいう勇気はなく、こっそりとしかいえなかった……人びとは何度も不信仰者を追放しようとした」。ただサスポルタスへの敬意から反対者はそれ以上は侮辱されなかった[263]。サスポルタスは救済のテーマについて説教するよう強要されたが、極度に慎重で曖昧な物言いをしたので、聞き手のなかには彼が救済の報せを疑っていると文句を言う者もいれば、また別の者は、サスポルタスはメシアと預言者を讃えて話をしたとアムステルダムへ書き送った(264)。

ハンブルクの最も裕福なユダヤ人はイサアク・セニョール・デ・テシェイイラであった。彼の父はハンブルクでスウェーデン女王の代理人をしていた。イサアクは自宅でコミュニティの学者たちのためのイェシヴァをひらいた。彼も支持者であった。彼のイェシヴァでラビ・モーセス・イスラエルが雅歌四、四について説教をした。「あなたの家はダビデの櫓のようだ。石を積み重ねて建てられている」[ヘブライ語で *talpijjoth*]――「これは四三〇年[ヘブライ語 *tal*、数値四三〇＝西暦一六七〇年]にナータンの預言[ヘブライ語 *pijjoth*。文字どおりには「口（の複数）」]にしたがって神殿を再建するサバタイ・ツヴィである(265)。

他方、反対者たちは敬虔者ラビ・ユダ（一二〇〇年頃）の『セーフェル・ハッシーディーム』の注意を好んで引用した。それによると、「聖なる名」を口にした者たちは命を危うくし、救済の時期について悪魔の幻惑と偽りの幻想に陥った(266)。この引用はどうやらサバタイとナータンのカバラー研究を指すものらしい。

この数週間のあいだに教区簿に若干の書き込みがなされた。一六六五年一二月に長老たちはキリスト教徒の新聞に載った報告について協議をした。キリスト教の集団暴徒たちが騒ぎを起こす可能性が予測されたので、コミュニティの者たちは週ごとにはいってくるニュースについて非ユダヤ教徒と話をしてはならないと決められた。ラビ・モーセス・イスラエルはこの報せについてユダヤ人でない者と話をしてはならぬとコミュニティのひとたちに注意するようたのまれた。この規則に反した者には五ターラーの罰金刑が科せられた(267)。

興奮はとくに一六六六年二月、スミルナにおけるサバタイの大いなる行為にかんする報せが届いたあと一気に高まった。スミルナからの手紙がシナゴーグの説教壇から読み上げられた。手紙はセファルディーのコミュニティ全体に向けられていたので、アシュケナージムも良い報せを聞きにポルトガルのシナゴーグに参集した。若者たちはとっておきの衣服を着用し、そのうえさらに「緑色の幅の広い絹帯を巻きつけた――これはサバタイ・ツヴィの決まった身なりだった[268]」。サスポルタスはシナゴーグの光景を痛烈な皮肉をこめて描写している。信者たちは入り乱れて踊り狂ったので、ラビ・モーセス・イスラエルは説教壇に上がって自制を呼びかけずにはいられなかった。踊るのは一二人以下の籤で選ばれた者だけにしなさい、と。だが、秩序を呼びかける声も全体の熱狂と歓声にかき消された[269]。コミュニティの年史には、「わたしたちの救済の……報せにたいする喜びを表わすために」長老たちまでとくべつな踊りを舞った、とも記されている。だが、少数の反対者がシナゴーグで騒ぎを起こしたので、踊りは行なわれなかった[270]。喜びの表明とともに贖罪や苦行が行なわれた。信者たちについては、救済の期間じゅう毎日夜明けから日暮れまで断食をし、厳しい苦行に励んだといわれている。彼らのひとり、アシュケナージのコミュニティの学校長は土壇場で幻滅を味わったあと、絶望のあまり離教した[271]。サスポルタスは贖罪行とその破壊的な結果を激しく非難した。友人リヴォルノのラファエル・スピーノ（支持者！）に宛てた一六六六年五月の手紙に彼はこう書いている。「日がな一日断食をして何の意味があるのか。夜には貧乏人から奪ったものを腹いっぱい食べているくせに[272]。」

サバタイの王宣言と当地のコミュニティが彼に忠誠を誓ったことを伝える手紙がスミルナから来ると、熱狂はいやましに高まり、長老会議の議長が二月二五日会議の新旧メンバー全員とさらに一般の教区民若干名を呼び集めた。そしてその場で、ハンブルクから使節団を送り、「われらが王の御前にうやうやしくひれ伏し奉るべし」という決議がなされた。出席者のなかにはバルーフ・ナハミアス・デ・カストロ博士（一五九七―一六八四）、名の知れた人文主義者で元スウェーデン女王クリスティーナの侍医もいた[273]。ラビ・モーセス・イスラエルが正式な使者に、サムエル・アバスがその随員に決まり、数日内に出発することなった。ところが多くの教区民がこのような重要な会合に呼ばれなかったことに反発したため、さらに大きな会議が召集され、すべての家長が招かれた。会議がひらかれるまえに、長老たちがいま一度協議をし、いくつかの重大な懸念が表明された。「わたしたちの使節は途中難儀な目に遭うかもしれない。手紙を携えていくにあたって［イスラエルの王に宛てた手紙が非ユダヤ教徒の手に渡るかもしれず］それがもとで他のドイツの同胞たちのコミュニティに不利益がかかるかもしれない。当地からコンスタンチノープルへの旅はおよそ三ヵ月を要するだろう。だがそのまえにわれらの王はパレスチナに行かれると思われる、それは確かだ。さすれば［使節は］王のあとを追わねばならず、それから王の返書をもって来るとなると、ざっと一年以上はかかるだろう。よってわたしたちはこの旅とそれにかかる費用を余計だと考える。」(274)この冷静な論議を懐疑家のあたりさわりのない皮肉とか言い逃れと誤解してはなるまい。なぜならそれと同時に、裕福なコミュニティが所有しているすべての不動産を売却するか、必要なら公の競売に付して、それによってコミュニティの負債を償却し、「神のお助けにより近々始まると思われる旅にそなえる」ことが決議されたからである。それにしたがい、ハンブルクのユダヤ人も自分たちの財産を清算することを考えたが、のちのコミュニティ年史の記述から察するに、この計画は実行されなかった。

運動の伝播に作用した要因の解明をおおいに助けてくれる興味深いエピソードが二月九日から三月一〇日にかけての数週間に起こった。この間のサスポルタスの疑惑と惑乱は明らかに彼が元のメモ帳に書き込んだ手紙から出ている。まえにも示したように、サスポルタスはのちに、サバタイ主義運動にかんする「書類」を公刊しようと考えたとき、彼の手紙のいくつかを「書き換え」にかかった。猛烈な反対者となる不審の念を抱いたこの懐疑家は実際に自分が書いた手紙に満足せず、自分を始めから運動と闘うヒロイックな殉教者に仕立てようとした。元のかたちではいぶかしく思う疑念と外交的慎重さが表われている手紙を彼は決然と闘う反サバタイの叫びに作り変えたのである。[275] 最初の数ヵ月サスポルタスを動揺させた二つの主要問題はエルサレムのラビ会議の姿勢とナータンの預言者的使命の信憑性であった。当然イスラエルのすべてのコミュニティに支持や否やの立場表明をして然るべきなのに、エルサレムのラビたちが思いのほか沈黙していることが彼を混乱させた。[276] 彼はエルサレムのラビたちがナータンの使命を認めなかったことを（支持者自身の手紙から）知っていただけに、その沈黙を破ろうとしたが果たせなかった。ラビたちが「後悔し」、預言者を認めたという趣旨の手紙がはいったとき、この報せは彼らが始めから信じていないことを示す証拠を暗に含んでいるのであって、あとで彼らの考えが変わったことを証するものではないことをサスポルタスはすぐに察知した。[277] 彼はあちこちの知人に、パレスチナの公認の権威あるラビか法廷による信頼するに足る公正な事実確認がなされたかどうか慎重に問い合わせ、しるしや奇跡によって預言者の正当性が確証されているのでないかぎり、彼の使命を信ずる義務はないと主張した。それでも彼は伝えられた事実がそれ自体ありえないわけではないことを認めるにやぶさかではなかった。

サスポルタスが外からはいってくるニュースに決定的な重要性を認め、疑問を表明するのに慎重な言葉づかいをするのもそこから来ている。彼は本心では救済の報せを疑っていたが、いつか前言を取り消さざるをえなくなったばあいにそなえて慎重に身の安全を図っているのである。万が一吉報が本当だとわかっても、自分はけっしてメシアを否定したわけではなく、いわんやけなしたわけでもないことをいつだって証明できるだろう。自分はただちゃんとした証拠を求めただけであって、さいわいそれはいま示された、というふうに。手紙の元の版とサスポルタスが勇猛果敢な反対者として現われる改訂稿とを比べてみると、わずかなすばやい筆づかいで慎重な躊躇の表現を手厳しい告発に変える編集の器用さにはただ驚くしかない。サスポルタスはさらに、預言者と救済使命とを慎重に区別した。後者のばあいと違って預言者には合法的に認められたしるしと奇跡による身分証明が必要だった。それゆえ、ナータンは偽の預言者であるが、サバタイは主の油を注がれた者であるということも理論的には可能であった[278]。すべては預言者の正しい認知にかかっていたので、到着する郵便はどれも彼の判断にかかわる可能性があった。大半のユダヤ人は新しい手紙の示す証拠を十分だと思った。サスポルタスはなおも待ちつづけたが、彼もしかし心を試す時間をもったのである。

一六六六年二月始め、ハンブルク近郊のアルトナのアシュケナージのラビはエルサレムのいまだ身元不明のラビから一通の手紙を受け取った[279]。本当かどうかについては疑う余地のないこの手紙は、これまでサスポルタスが十分な証明力をもたないとして斥けていたラビ・アブラハム・ゲダリヤと他のガザのラビたちの証言が正しいことを証明した。手紙はさらに目撃者の証言を引用し、報じられたすべての出来事の公的性格を指摘しつつ、テベス十日の断食の廃止が間違いないことを証明していた[280]。サスポルタスは深い感銘を受けた。そしていっとき（のちに彼がそうあろうとした）仮借なき反対者が本当の支持者になった。アムステルダムのイサアク・ナハルに宛てた二月九日の手紙で彼はみずからの変節を告白し、長きにわたる躊躇の弁明をしている。サスポルタスのメモ帳に遺されているこの告白を彼はのちにすっかり書き換え、それをあからさまなメシア告発に変えた[281]。サスポルタスの偽造の破廉恥な徹底ぶりとそのたくみさにはただ驚くほかない。『ツィッァース・ノーベル・ツヴィ』が同時代人のイサアク・ナハルの存命中に出ていたなら、彼はオリジナルの手紙を突きつけてサスポルタスに嘘を認めさせることができただろう。ところがこのちょっとした幕間劇はすぐに忘れられてしまい、二つの原稿が発見され比較されなかったらそのままになっていただろう。

ナハル宛の手紙のなかでサスポルタスは、最新の手紙ですべての疑いが払拭されたことを認めたが、満足すべき証拠によって納得するまでは自分が疑うのは当然だったのだと抗弁した。スミルナや他所の学識ある尊いラビたちだって、まず義務どおり救済の預言の信憑性を確かめてから信仰を受け容れただろう。しかしいま「彼らの信ずるところはわたしの信ずるところでもある」。わたしがすぐに発ってメシアと預言者の前に恭順なしもべとしてぬかずかないのは冬の季節の厳しさのためである。[282] この最後の言葉はコミュニティの記録集の書き込みを説明してもいる。それによると、サスポルタスは籤祭（三月二一日）のあとイタリア経由でエルサレムへ行くつもりであることを長老者評議会に正式に伝えている。[283] サスポルタスに聖地行きを決心させた動機はこのようにメシアのためであった。実際彼は、アルトナ宛の手紙を信用したのが早まった行為であったことに気づくや、その計画を放棄した。[284] 彼の二度の心変わりは続報がスミルナから届いたことにさかのぼる。それらは、（彼が以前受けた印象とは逆に）当地のすべてのラビがサバタイ・ツヴィを認知したわけでもなければ、彼がテベス一〇日の断食を廃止したことを承認したわけでもないことを示唆していた。スミルナでもメシアの信憑性を無条件で認めるつもりなど全然ないラビたちの多いことに気づいたとき、サスポルタスの姿勢は元に戻って、三月半ばには闘争も辞さぬほどかたくなになった。[285] 彼の事情説明によれば、スミルナからの手紙がシナゴーグでおごそかに読み上げられたとき初めて彼はこのドラマチックな話の一部始終を聞いた。そのあと彼は暗澹とした気持で帰宅し、ただちにイタリアへ二通の手紙をしたためた。そのなかで彼は古い疑問をいま一度繰り返した。このニュースについて公認のラビ法廷か、それとも然るべき権威による公式の信頼すべき事実認定がないのはどうしてなのか、と。[286] このとき彼が手紙を書いたのは、火傷をした子が火を怖がるようなものであった。なぜなら、あとで信憑性がないと判明した報告でも彼自身一時は信じたではないか。サスポルタス自身の経過説明と彼の反応の事実を完全に信ずることはできなくとも、彼が三月始めに反対の態度に戻ったことは確かである。この話にはあるモラルがはっきり認められる。サスポルタスのような炯眼な、冷静な、そして傲慢な観察者が、たとえ短いあいだにしても、魅惑され、報告の真実性を確信したくらいだから、ユダヤ民衆に細かい齟齬や矛盾が多々あるとはいえ根本的な点では一致していたこの良い報せを疑うべき理由はなかったとしても怪しむに足りない。救済は近づいていた。サスポルタスはメシアと預言者のもとへの巡礼の計画を棄てたが、スミルナに縁者のいたコミュニティのほかのメンバーたち（たとえばラビ・イサアク・パラへなど[287]）は、コンスタンチノープルにツヴィを訪れるべく、公然と旅に出た。

一六六六年三月、王の威信を讃える荘厳な祈禱がハンブルクのシナゴーグのミサで執り行なわれた。初めは安息日と祝祭日だけであったが、のちには月曜日と木曜日にも行なわれた[288]。この改新はたびたびシナゴーグで紛糾を招いた。

コミュニティの元ラビとして異郷の訪問者サスポルタスよりも自由に振舞うことのできた老齢のラビ・ダヴィド・コーヘン・デ・ララは公然とメシアを罵り、祈禱が行なわれるたびに示威行動をした。あるとき、彼はシナゴーグを出ようとして、扉が閉まっているのに気づいた。最初は律法の朗読のあと祈りがとなえられていたのだが、そのとき「彼らはだれも出て行けないように、聖遺物匣をあけるまえに祈りを言おうと決めた。［というのも、そのまえに出て行けばミサの中心部分である律法の朗読を逸したことになるからである］……そして彼は祈禱が始まるのを聞いたとき、出て行こうとした。ところが彼らは彼をつかまえて、不本意にもむりやり聞かせようとしたのである。彼の弟子たちが、彼らもこの信仰の病にかかっていたのだが、それでも彼の名誉を守ろうとしたので、シナゴーグのなかは大騒ぎになった。その後、彼らは祈りを元の律法朗読のあとに戻した。［ラビ・コーヘン・デ・ララは］ときには出て行くこともあったが、ときにはただ背を向けるだけのこともあった」。ティシュリ〔ユダヤ暦第一番目の月。九月から一〇月〕の八日（一六六六年一〇月七日）に、教区民は全員祈禱のさいには起立せよとの通告がなされた。その翌日、贖罪の日の前夜のミサで事態は頂点に達した。声望高い医師バルーフ・ナハミアス・デ・カストロが老ラビ・コーヘン・デ・ララを侮辱し、あわや暴力沙汰に及ぼうとしたときである。贖罪の日にも「われらが主、聖なるラビ・サバタイ・ツヴィ、彼の威信が高められ、彼の王国が大きくならんことを」のための祈りが何度もとなえられた(289)。

サスポルタスはコーヘン・デ・ララよりも慎重だった。五月末頃、彼はラファエル・スピーノに手紙を書いた。彼の書簡の歯に衣着せぬ痛罵は彼が抱くにいたった完全な最終的確信を反映している。折りしも、サバタイ逮捕の報せが、多くの奇跡の描写や「サバタイは［人びとになりかわって苦悩をになうことによって］救済の陣痛をやわらげるために……進んで幽囚を選んだのだという」確言とともにはいってきた。ハンブルクの熱狂は新たな頂点に達した。サスポルタスは（「検閲を受けていない」手紙の元稿で）「人びとが堅く信じているので、［内容が知れて］群衆から殺されないように手紙の発送を見合わせた」ことを認めざるをえなかった。結局彼は手紙を九月に発送した（すなわちメシア棄教の報がハンブルクにはいるおよそひと月まえである）。それはおそらく彼がサバタイのアブ九日の断食の廃止を聞いたあとであろう(290)。その当時、反対派が各地にふたたび結集していた。ただ、夏のあいだじゅう東方から続々はいってきた事実確認の報せに後悔して支持に回った反対者もいた(291)。スピーノ宛のサスポルタスの手紙は、サバタイと預言者にたいする激しい否認と未来の真のメシアへの誇らしい信仰告白で終っている。記された署名は「〈主の油を注がれた者〉に反対して立ち上がりし男、ヤコブ・サスポルタスはかく申す(292)」。この辛辣な語呂合わせはサバタイの好きな署名（「いと高められし男、ヤコブの神の油を注がれた者はかく申す」、サムエル記下二三、一参照）をまねたものであるが、サスポルタスの手紙の元稿の末尾に置かれればもっと説得力があるだろう。こうして、一六六六年九月手紙が発送されたときに、最終章がつけ加わったと思われる。

ともかく、サスポルタスはスミルナの二人の反対派のラビに宛てた八月の手紙のなかですでにかなり辛辣な言辞を弄していた。スミルナは遠隔の地であったから、そこからならあとあと敵意を含んだ影響が及ぶことはないだろう。そのあいだに、サムエル・プリモがメシアの名においてしたため署名した手紙がたくさん届いた。それらがいっそうサスポルタスを挑発した。手紙そのものはもう遺っていないが、そこには「神の第一子」たるサバタイへの言及が含まれていたようだ。同じ時期に、「エルサレムのラビ・イスラエルの」不思議な品にかんするコンスタンチノープルからの手紙がアムステルダムとハンブルクで大反響を呼んだ。それというのもその手紙には——いまだ——嫌疑をかけられていない多くのひとの署名がはいっていたからである。サスポルタスでさえ感銘を受けたらしい。偽造であることはすぐにわかったという彼ののちの主張[293]は事実からして明らかに嘘である。むしろ彼のほうがイサアク・アボアブ宛の自分の手紙を『ツィッァース・ノーベル・ツヴィ』に掲載するために「編集した」さいに偽造したのである。[294]サスポルタスの筆跡になる元稿はどっちともつかない、それまで関心のなかった期待の雰囲気を表わしている。コンスタンチノープルからの手紙は何ひとつ「証明して」いなかったけれども、それでも可能性を蓋然性のレベルにまで引き上げた。

一六六六年の夏、証となる奇跡がなくても信ずる必要があるか否かという問題がさかんに議論された。ある信者がハンブルクのシナゴーグで、ナータンの使命は贖罪を説くことなのだから、ことさら証明は必要ないと主張した。もし彼がなんらかの改革を、たとえ一時的な変更であれ、宗教のなかへもたらそうというのなら、そうした要求の正当性をしるしや奇跡で証明しなくてはならないだろうが、と。サスポルタスはそのような「初歩的な」神学的無知を憤ったが、彼の孤独な抗議は聞き入れられなかった。[296] 支持者たちの大胆さは彼にラビ的ユダヤ教の将来にたいして不安を抱かせた。「わたしは将来わたしたちの宗教から二つの宗教が生まれるのではないかと心配しています」と、彼は七月二一日ヴェネツィアのラビたちに書き、そしてウィーン宛の手紙ではそれとなくキリスト教の教会分裂を思い起こさせた。[297] 一六六六年九月に彼が説教をしたところ、支持者たちはそれを（「キリストのように新しい宗教を築こうとしている」）サバタイ・ツヴィにたいする直接攻撃と受け取り、またしても彼は嘲りと中傷の的になった。[298]

この議論でサスポルタスは並々ならぬ明晰な頭脳と洞察力の持ち主であることを証明した。預言者がタルムードに定められた前提条件と基準をみたさずとも信憑性を主張し、伝統的慣習を廃する力を要求できるのであれば、いくらでも勝手に律法や伝統からの離反ができるわけである。この危険性にたいする意識は運動の始めの六ヵ月中に書かれた手紙にはまだ認められないが、しかし夏のあいだにそれは増加の一途をたどる。サバタイの棄教がハンブルクに知れる直前（一六六六年一一月末）に書かれた手紙はこの点でまったくはっきりしている。サスポルタスはヨーロッパのラビたちに向けて書くときは依然として穏やかな語り口であったが、つい最近までお互い見ず知らずであったスミルナのラビ、ラパーパとアルガージーに宛てた手紙（一六六六年七月）では、怒りと憤懣を遠慮会釈なくぶちまけている。彼は彼らの毅然とした反対姿勢を喜ぶとともに、支持者たち、わけても人びとを誤り導く彼らの首長たちにはしたがえぬことを詫びている。またユダヤ宗教の将来にたいする憂いも繰り返し表明している。サバタイ主義運動によって生じた意見の対立は異端と教会分裂の芽をはらんでいるうえに、キリスト教徒を利することになるだろう、と。[299]

もちろん、異端、すなわち律法にもとる伝統からの離反という非難はあたらなかった。支持者たちはいくらでもメシアの改革の正当性を証明するに足るカバラー的、説教学的、聖書解釈的論拠を調達することができたのだから。結局、サスポルタス自身も一時は反対を忘れる（つまりお茶を濁す）つもりでいた。信者たちの論拠は反論を呼び起こし、お互いの罪のなすり合いの堂々巡りが始まるだろう。サスポルタスは一再ならずサバタイの「奇矯な振舞い」を指弾したが、同僚たちは動かされなかった。彼らの答え[300]はたんに、東の信者も西の信者も同じ論拠に立っていることを示したにすぎなかった。のちに棄教そのものが正当化されたのと同じ逆説の論理でサバタイの棄教まえに彼の奇矯な振舞いが正当化された。サスポルタスは支持者たちがそうした危惧を抱くずっとまえから教会分裂と異端の芽を看て取った。

ハンブルクとアムステルダムでは大いなる信仰復興が進むあいだに多くのイェシヴァが設立された。これらのイェシヴァは祈禱と贖罪と慈善行為を目的として設立された信心会であった。ハンブルクの「聖イエシヴァ・シャーアーレイ・ツェデク」（「正義の門」）の会員たちはラビ学者ではなく、日頃コミュニティの一般信徒の指導者を務めていた富有な商人であった。[301]「主への熱誠と天の畏怖」にかられて、会員たちは「日に三度祈禱のため……そして苦行と断食をするために」集まった。「彼らは涙を流し、慈悲の行いを果たした。天の恩寵によってあなたがたすべての上に輝くわたしたちの救いを信じて。」彼らは名高い学者でヘブライ語の文法家であるモーセス・ベン・ギデオン・アブディエンテ（一六八八年歿）をリーダーに選んだ。[302]元マラノのアブディエンテは二〇年代にポルトガルを逃れてアムステルダムに来た。そして当地で父祖たちの信仰に戻り、その後長年ハンブルク市内外のセファルディームのもとで教師として活動した。コミュニティの記録帳は彼を一六六五—六六年のタルムード・トーラーの受託者としている。彼は熱心な支持者で、イェシヴァの会員たちに救済のテーマについて多くの説教をした。彼はその説教をヘブライ語で書き、それを小さな本にまとめて、さらに一六六六年夏、サバタイのガリポリ幽囚の報せを受け取ったあとスペイン語に訳し、グリュックシュタット（ハンブルク近郊）で印刷させた。だがそのさい彼は、よくあることだったが、あらかじめ長老たちの許可をえることをしなかったので、長老たちは非ユダヤ人にはメシア運動を秘しておくようにという自分たちの厳粛な命令がこのように不遜な態度で無視されたことにいささか狼狽の色を隠せなかった。

本書『すべての預言者によって預言された日々の終りが告知され、聖書のなかの多くの謎が解き明かされる日々の終り』はアブ一〇日（一六六六年八月一一日）にイェシヴァの会員たちに献呈された。[303]三週間後のエルール三日に長老たちは、この書が「キリスト教徒たちのあいだでわたしたちの立場を危うくするかもしれない」と判断し、全册を没収し、「神がもたらし給う希望の時がすみやかにやってくるまで」コミュニティの金庫室にしまっておき、時いたったら全部著者に返すよう指示した。[304]一部だけ遺った。[305]この時期のサバタイ主義説教集としてはこれがいまも遺っている唯一のものである。この年に似たような書が他の説教師によって書かれたことは疑いない。ときどきこの時期の説教を引き合いに出す著者がいるが、しかしこの文献はもうひとつも遺っていない。アブディエンテの書はスペイン語で出版された。ヘブライ語でではない。だとすると、それは著者の信仰の大胆さを示す証であるかもしれない。

「わたしたちの解放を信ずる気持ちの欠除やすべての疑念を吹き飛ばすため」つまりサスポルタスのような批判者の論に答えるために、アブディエンテは序文でモーセによる最初の解放とサバタイ・ツヴィによる最終的解放とのあいだにある類似性について詳しく語っている。わたしたちの世代はいま、一五九八年の長きにわたって待ち望んできたイスラエル人の解放と自由の始まりを見るだろうと著者は述べる。それは「この世にかつてなかった、そしてこれからもないであろう最大の喜び。エジプト脱出と似ているが、それよりも比較にならぬほど高貴で純粋であるだろう[306]」。聖書の神の命はすべて聖書のなかでは一度しか言われないが、エジプト脱出を忘れるなという命は例外で、何度も出てくる。「それというのも、それはわたしたちの未来の救いのしるしであり、手本であるからだ。」最初の脱出も多くの障害や「こんにちのようにさまざまな不信の理由」によって苦労させられた。「イスラエル人のなかにも不信仰者（*incredulos*）がいなかったわけではないのである。」それを忘れないことが彼らの義務となった。「神がいま告げはじめられ給うた」最終的解放の時には「わたしたちの父祖のように……頑迷な民などにならず、〈主の救いを静かに待ち望むことは、良いことである〉〔哀歌三、二六〕、つまり主の解放にかんすることでは疑ったり話したりするよりも、期待してじっとしているほうがいいのである」。目に見える障害はわたしたちの約束にあふれた喜びの前触れであり、それによってわたしたちの期待はかえって強められる。「わたしたちの救いを（せかす）〔妨げる〕かのように見えるわれらが主サバタイ・ツヴィ——彼に神のご加護がありますように——の幽囚は、〔むしろ〕それを鞏固で確実なものにするのである。詩篇二は、最後に王国シオン、聖なる山を授かる救世主の幽囚を暗示している(307)。」モーセも民をエジプトから連れ出すべく神によって解放されるまで、一〇年間ミディアンに幽閉された(308)。メシアのもうひとつの原型、象徴であるヨセフは、エジプトを支配するために、土牢から引き出された。ミドラーシュ(309)はメシアが王に高められるまえにこうむった幽囚と苦悩について述べている。「イスラエルの二人の救世主〔すなわちモーセとサバタイ〕が囚われびとにならねばならなかった」ことを示すために、さらに多くの証拠が引っぱり出された(310)。「……この尊いお方がわれらの解放者、メシアであることを示す最も確かな証拠は彼の幽囚である。……だから、弱った手をふたたび強くし、よろめく膝をふたたび健やかにするのだ〔イザヤ書三五、三〕、贖罪によって。……この強化は、悪しき性向がそそのかそうとする不信仰を克服するのにどうしても必要である(311)。……なぜなら、強い者とはだれか。おのれの悪しき性向を克服する者である(312)。」

アブディエンテの予型論〔新訳聖書に書かれている出来事は既に旧約聖書に予示されているという、聖書解釈における説〕的聖書解釈は、ポルトガルのマラノ人たちのもとで育った彼のキリスト教的生い立ちをはっきり示している。彼の予型論の具体的な詳細はミドラーシュ文学から取られたものであるけれども、モーセのような旧約聖書の人物をメシアの原型とする考えはむしろキリスト教的感じを抱かせずにはおかない。メシアの使命をまさにその幽囚によって逆説的に証明することは、のちのサバタイ主義神学がとなえた同様の、もっとラジカルな論証をすでに先取りしている。アブディエンテの序文は本書が印刷された一六六六年八月に書かれたようだが、本文の主要部分はもっとまえに書かれた。著者の目的は、一六六四年から一六六五年が預言された日々の終りであることを聖書から証明しようというものだった。追放の時代に「終末を計算する」のは誤りであるけれども、「歓喜の時が近づいている」いまならきっと、「昔の賢者たちによってこんにちまで隠されてきた、この世代まで秘され、神の古文書館に（*en los divinos archivos*）しまわれていた」テーマをおおっぴらに論ずることも許されるだろう。「……なぜなら、あらかじめ定められた時代の終りが来たからだ。……なぜなら、かかる神聖な問題を論ずること（ponderacion）は、これまでは禁じられていたが、日々の終りには許されるだろうから。」預言者たちはこのすばらしい時を目にしても、その意味がわからなかった（ダニエル書八、二七「しかし、わたしはこの幻のことを思って驚いた。またこれをさとることができなかった」）。しかしいま、意味不明な寓意と謎は明らかになった。神は「わたしたちに天の喜びと栄光を分けあたえ給う。神はわたしたちを救うために聖なるメシア王サバタイ・ツヴィを、わたしたちが神のもとへ帰るように預言者ナータンをわたしたちのもとに遣わした。……いまはこの重要なテーマについて論ずることが許されているのだから、わたしのような門外漢が……聖書のきわめて意味不明な預言を解釈しようという気を起こしたとて不思議ではない[313]」。

本書の主部ではサバタイの幽囚は一度さりげなく触れられているだけである。幽囚はもうしばらく、メシアが四五歳になるまで続くかもしれない、と著者はほのめかしている。[314] アブディエンテは解放の最終的完成は一六六八年、すなわち神殿破壊の一六〇〇年後であると期待している。エジプト幽囚は四〇〇年続いた。それゆえ、四つの王国にあたえられたイスラエル支配権もそれぞれ四〇〇年と定められ、一六六八年、サバタイが四五歳、ナータンが二五歳になったとき終了する。[315] 奇妙なことに、一六六五年から一六六六年という年はアブディエンテの数思弁ではまったく何のはたらきもしていない。彼の努力はゲマトリアの助けを借りて、ダニエル書、ゼカリヤの金で作られた燭台の幻（ゼカリヤ書四）、レビ記のヨベルの年にかんする律法、エゼキエルの預言、そして雅歌の最終章のなかに、一六六四—六五年のほのめかしを見つけ出すことに向けられていた。面白いことに、ダニエル書九の七〇週の論究は、[316] 一六六六年三月以前にアムステルダムで書き写されたフランス語版の同じテーマにかんする説教と一致している。[317] おそらく、エジプトかパレスチナから送られてきた「預言者ダニエルの七〇週にかんする談話」がアムステルダムやハンブルクに広まり、それをアブディエンテが自著に採り入れたのであろう。あるいはこの説教もアブディエンテ自身の作だったのかもしれない。その最初のヘブライ語版を彼がアムステルダムに送り、そこでフランス語に訳されたのである。両版の詳しい分析は後者のほうを支持している。[318] 安息の年の律法もサバタイの秘義を含んでいる。宇宙週の六日目の中頃である五四二五年に、レビ記二五、六に書かれていることが成就する。「だが、安息の年の地の産物はあなたがたの食物となるであろう。」食物とはつまり解放という精神的食物である。ヨベルの年の律法にも示されている（レビ記二五、一〇「国中のすべての住民に自由を触れ示す」）このメシア的休息の宇宙的安息日はわれらの聖なる王にして解放者であるサバタイの名に神秘的に啓示されている。[319]

奇妙な偶然の一致によって、ハンブルクのセファルディー系コミュニティはサバタイ主義運動の歴史家に、怒れる反対者サスポルタスの『ツィツァース・ノーベル・ツヴィ』と熱狂的な支持者アブディエンテの『日々の終り』という二つの相異なった記録を遺したのである。

ドイツ北部のアシュケナージ系コミュニティはセファルディー系コミュニティに劣らず、それどころかひょっとするとそれ以上に感動した。なぜなら、いろいろな典拠の示すところによれば、彼らのメシア熱はメシアの棄教後、ハンブルクのセファルディーの生活がとうに旧に復したあともずっと続いたからである。ハーメルンのグリュッケルはその有名な回想録で、彼女の義父が旅の仕度をととのえ、しるしがありしだい最短期間でパレスチナへ移せるように、全家財と食料をハンブルクへ送ったと語っている。三樽の食料が用意された。そして待つこと三年後に（そのうち二年は棄教のあとだった！）ようやくメシアによる即時解放の希望は棄て去られたのだった。[320]

メシア現わるの報せに動かされて、ハンブルクとアルトナのアシュケナージ系コミュニティは、一六六四年にオッテンゼンの共同墓地をめぐって始まった重要な論争にけりをつけることで一致した。一六六六年五月四日にキリスト教市当局の前で署名された合意書は、法律文書のご多分に漏れず素っ気ない、形式的なものであるが、その一〇日後の五月一四日に付帯私文書が調印された。そこに含まれている付帯条項の文言はとても興味深い。その条項は、ハンブルクのコミュニティが一五〇ライヒスターラーをアルトナのコミュニティに三回払いで支払うとしていた。「そして解放がこの期日（すなわち一六六六年一二月に予定日となる第二回目の支払い）以前に起きたばあい、ハンブルクのコミュニティはそれでも支払い予定額五〇ターラーをアルトナのコミュニティに支払い、後者はそれを神殿建築に差し出すものとする。[321]（……）」

両コミュニティの長老たちによって署名されたこの注目すべき文書はとくに、メシアの期待が実生活に、わけても金銭協定にどんなふうにかかわったかを示している。アシュケナージのコミュニティに支配的な雰囲気を示すもうひとつの、前者に劣らず興味深い証拠は、ラビ・サムエル・ベン・モーセス・ハ゠レーヴィのラビ回答書のなかに遺されている。この回答書に論じられている事件は、アムステルダムとアルトナの歩み寄りにサインがなされたのとほぼ同時期に起こったもののようである。ラビ・サムエル・ハ゠レーヴィに提出された問題はこのようなものであった。一六六六年、追放は「遅くとも一、二年内に」終るだろうとだれもが期待していたとき、聖地からいろいろな使者がハンブルクへやってきて、貧者への喜捨を集めてまわった。ある如才のないエルサレムの使者がひとりの貧しいラビを口説き落として、年に二ターラーの献金を約束させた（ラビの法ではそういう口約束は宗教的誓いの拘束力をもっていた）。そんな気前の良さを見せる余裕のなかった貧しい学者はどうやらメシアの国になればそんな喜捨もすぐなくなるだろうと思っていたらしく、「このつらさを一、二年辛抱することにした。それというのも、よく知られているように、当時はイスラエル人全体が……とくにいましばらく（すなわちメシアがその王国に足を踏み入れるまで）それを必要とするであろう聖地の貧しいひとたちのためにたいそう気前良く喜捨をしたからである」。ところが、ラビはとっさに約束してしまったことをすぐに悔やむこととなる。数日後別の、今度はサーフェードから来た使者が来訪したときである。使者は例のエルサレムの使者と争っていたものごとで彼に裁定を求めた。その折り、ラビはエルサレムの使者についていくつかの芳しくない報せを耳にしたのである。サーフェードから来た使者が非の打ちどころのない人士であることはメスのラビ・ヨナー・フレンケル゠テーオミームのようなひとたちが太鼓判を押した。サーフェードの使者はさらにこのエルサレムの同僚の性格を証する「決定的証拠」を持ち出した。「彼の策動がこの期に及んでなお終らないからである。」このとき当市のラビはエルサレムの使者に性急に約束してしまったことを後悔した。そして約束を免除してくれるようサスポルタスにたのんだ。ラビ・サムエル・ハ＝レーヴィ[322]になされた質問は、サスポルタスによって認められた免除は有効か否か、というものだった。エルサレムの使者がサバタイ主義の宣伝にかかわっていたことは、わたしたちがエルサレムのラビ団の姿勢について知っていることに照らして見るとことのほか興味深い。もちろん、これらの使者たちは長いあいだヨーロッパを旅してまわっていたのだから、一六六五年夏パレスチナでメシア事件が出来したとき、まったくその場にいなかった可能性もある。セファルディー系コミュニティの記録帳（イッヤル〔ユダヤ暦第八番目の月。四月から五月〕四日記入）によれば、ハンブルクにはエルサレムのアシュケナージ系コミュニティから派遣された二人の使者がいたことが認められる。ラビ・ナータン・ベン・ラファエルとラビ・モルデカイ・アシュケナージである[323]。このエルサレムの使者はどうやら支持者であったらしく、「事態は終熄に向かっている」と説明していたが、サーフェードから来た使者は「決定的な証拠」をもってこれを否認したのだった。そしてサーフェードの使者がこの係争の裁定を求めた相手がたまたま、エルサレムの使者が約束を取りつけていた例のアルトナないしはハンブルクのラビだったというわけである。このラビは間違った前提のもとに約束させられてしまったと感じて、いかにも彼らしく、ラビの権威たちのあいだで突出した反対者として知られていたサスポルタスに赦免を願い出たのであった。しかし、出来事の経過から見て、ユダヤ人は当地のラビたちの反対で聖地に喜捨を送ることをやめたというサスポルタスの主張が虚偽であることは明らかだ。それどころか、支持者たちは喜捨についてはむしろ太っ腹であった。聖地の貧者たちには「いましばらくそれが必要だった」からである。

ノルウェーのオスロ国立文書館に、当時オスロで投獄されていたハンブルク出身のヤーコプ・ゼーガルという人物にかんする類いのない人間記録がある。なかに四通のイディッシュ語の手紙がある。一六六六年晩夏に、一部は彼の妻シャインドゥル・シェーンヒェン、ラビ・ザーロモン（ハンブルク）の娘によって、一部は彼の友人ナータン・ベン・アアロン・ノイマルク（ハンブルク）によって書かれたものである。両人は囚人にもメシア運動の大波についてたえず最新の情報を伝えていた。妻は彼にヒッドゥシーム・フン・メレク・ハ＝モシアハ（メシアにかんするニュース）を知らせている。預言者ナータンがほどなく一〇人のラビたちとともにコンスタンチノープルに着くでしょう。そのあと「解放が告げられるはずです」（六七一―六七二ページ参照）。次回の便でもっと詳しく書きます、と。友人のほうは、亡命者たちの集合を知らせるたくさんの手紙が届いていることを伝え、彼を慰めるとともに、安らかに眠って詳報を待っていてくれと言っている。「果報は寝て待てです[324]。」このオスロの哀れな男が手紙を毎回受け取ったか、それともイディッシュ語のわからぬ獄吏が当局にそれを差し出してしまったか、しかとはわからない。しかし事の次第から、彼が実際にそうした手紙を受け取ることはできたとみてさしつかえないだろう。

## VI　ポーランド

キリスト教ヨーロッパのユダヤ人の大半は当時ポーランドに住んでいた。ポーランドのユダヤ人は他所の同胞たちと、共通の――ラビ的カバリスト的――終末論的伝統、不安の根本感情、そして近世の発展の結果である或る種の通俗宗教的雰囲気を分かちもっていた。メシア運動勃興の背景をなすこれらの一般的条件を超えて、ポーランドの状況はさらにいくつかの要因によってとくべつなローカルカラーをおびていた。一六四八年の鏖殺と、ポーランドのユダヤ人にたいするその影響のことはつとに述べた。救済の日付と期待された年は救済どころか、ユダヤ史上最も恐るべき大量虐殺をもたらした。主に南ポーランドとウクライナのユダヤ人を襲ったフミェルニツキの暴動に続いてスウェーデンとの戦争が、そして大ポーランドとリトアニアにおける大虐殺（一六五五—一六六年）があった。一六四八年まで栄えたポーランドのユダヤ人は物質的に破綻し、大衆は貧困化していた。一六四八年以後に始まった西側への移動はこうした状況の前兆であった。ポーランドとロシアの抑圧的な条件のもとに残った人びとは困窮と絶望の淵にあってカバラーの影響を受けやすくなっていた。相次ぐ迫害、ポーランドにおいて再三繰り返される儀式殺人の告発、カトリック教会の悪質な反ユダヤ行為、教会や市当局に支払わされる際限のない贈賄や税金などが、虐げられ、追いつめられた感情を強め、メシア運動勃興の土壌をつくり出していた。パレスチナやトルコやその他の地からはいってくる報せはむさぼるように読まれた。「それというのも、わたしたちユダヤ人はこうしたつらい亡命生活のなかにあって、慰めと解放の良い報せが聞きたくてしかたないからだ。ことにポーランドでは悪［ユダヤ人憎悪］と亡命［生活の抑圧］が大きすぎて、日々新たな迫害と苦しみが生ずるものだから(325)。」

ほどなくポーランド全土に、サバタイが一六四八年の大虐殺を解放の時代の幕あけと言明し、スミルナでアブラハム・ザールマンという名のある無名のユダヤ人殉教者がヨセフ族のメシアであったと告げたことが、知れ渡った。まったくひとに隠れて世界を守っているユダヤ伝説の三六人の義人のように、この無名の殉教者・メシアもひと知れずその使命を果たしていたのである。サバタイに初めてメシア幻想の霊感を吹き込んだのはまさにこの大虐殺の報であったかもしれない（一六一—一六二ページ参照）。今度はポーランドのユダヤ人が慰めと希望の報せを聞く番であった。報せは深い悲しみと苦しみのさなかに届いた。

「ドイツ各地を除いては割礼を受けていない者たちに殺戮は起こらないでしょう」というナータンの預言（ラファエル・ヨセフ宛書簡のなか。二九〇—二九二ページ参照）は彼らにまったくとくべつな解放と復讐の約束をあたえた。預言者が一六六六年にみずから「書き換え」ていろいろな国に送ったのちの稿では、「わたしたちの殉教者・同胞たちが流した血の報復のために」ポーランドでだけはキリスト教徒にたいして復讐がなされるだろう、と断言されている。[326] 過去の出来事を解釈するうえで多くのポーランドの説教師たちは一致している。ラビ、ロブセンスのヤコブ・ベン・サロモン[327]は、ポーランドにおける一六四八—五六年の苦難が「サバタイ・ツヴィ出現の準備」になったと説明し、それをゼカリヤ書六、一二についての説教学的語呂合せで証明した。

　ポーランドにおける運動の伝播にかんする周知の証言記録は、サバタイの人柄や実際に彼とかかわりのあった出来事について知る者はごくわずかしかいなかったことを示している。話が勝手気ままに行き交い、大衆のメシア渇仰を癒した。日々新しい奇跡話が生まれた。一六六六年初頭にポーランドで語られ、すぐさまつぶさにドイツへ報じられた話はこうだった。スルタンが王冠をサバタイの頭にかぶせ、彼を右にして駒を並べたというのである。「そして彼が［コンスタンチノープルに］着いた日には大地が鳴動し、彼は一頭の獅子にまたがって王宮に入城した。……云々」[328] こうしたかたちの民間伝説は、ポーランドのメシア運動に特徴的な宣伝がどのような性質のものであったかを非常によく説明している。そこには虐げられた民衆が決着の日を歓び迎える勝利の歓声も響いている。実際には棄教の日に初めてメシアはスルタンに会ったのだが、コンスタンチノープルとポーランドから出た話は人びとの奇跡願望を煽り立てた（ナータンの教えによれば、メシアはけっして奇跡[329]を行なってはならなかったのだが！）。ポーランドの貴族がアムステルダムの文通相手から聞き知った話の多くはユダヤ人の耳にもはいったと考えていいだろう。とにかくユダヤ人たちは情報伝達の手段をいくつかもっており、出回っているニュースや噂をすべて聞いていたことは間違いなく、サバタイ・ツヴィにかんする宣伝パンフレットやビラもすべて読んでいた。この印刷された宣伝文がポーランドにも届いていたことはポーランド国王の指令から明らかである（六三六―六三七ページ参照）。

終末論的説教は贖罪の呼びかけと結びついていた。クラクフでは少なくとも二版の大衆的な贖罪手引書がイディッシュ語で印刷された[330]。手引書のなかで推奨された勤行と礼拝はナータンのティックーンのそれではなく、もっと古い禁欲的なカバラーの著作から選び取られたもので[331]、クラクフのラビ、アルイェー・レイーブ・ベン・ゼカリヤ・メンデルの認可を受けて印刷された。ナータンの書簡の写しを作り、それを広めるよう指示したのもこのひとだった[332]。これらの贖罪冊子はしょっちゅう使用されたことによって文字どおり擦り切れてしまい、初版はもはや一部も残っていない。ロシアとポーランドのユダヤ人の贖罪熱とメシア熱についてはギリシア正教の説教師、ヨハネス・ガラトウスキイ修道院長も次のように述べている[333]。

ユダヤの異端がヴォリューニエンやポドーリエンを初め、小ロシアのすべての地方、リトアニア公国、ポーランド王国と近隣諸国で台頭しだしたのはそれほどまえのことではない。彼らは恥知らずな頑固頭を昂然ともたげ、背教の旗を高くかざし、臆面もなく勝利のラッパを吹き鳴らした。当時サバタイ・ツヴィと名乗るひとりのペテン師がスミルナに現われた。男はみずからユダヤ人のメシアと称し、いんちきな奇跡を行なって人心を惹きつけた。彼はユダヤ人たちを諸民族のもとでの亡命生活から連れ出し、彼らにエルサレムとパレスチナの王国を返してやると約束した。……愚かなユダヤ人たちは小躍りして喜び、メシアが自分たちを雲に乗せてエルサレムに運んでくれると期待した。町の上に雲が現われると、彼らはキリスト教徒たちに自慢して、まもなくメシアが迎えに来てくれる、パレスチナとエルサレムで暮らせるように、と言った。当時、彼らはメシアが来るというので週に何日も断食をした。丸一週間断食をする者もいた。彼らは幼い子供たちにいっさい食べ物をあたえず、冬も凍り水で沐浴をしながら、新しい祈りを唱えた。冬のさなか、極寒のなかで沐浴したせいで大勢のユダヤ人が死んだ。彼らは毎日シナゴーグへ行き、礼拝を行なった。キリスト教の民衆のなかにも彼らと同じ行動、考え方をする馬鹿者がいくらかいた。

ナータンの礼拝手引書（『新しい祈り』）はこのようにロシアとポーランド全土で使用された。空の雲に運ばれるという人びとの期待にかんする記述は本物らしい。このモチーフはあるミドラーシュに出ている。[334]そこにはすべての肉が「新月ごとに、安息日ごとに」（イザヤ書六六、二三）エルサレムの神殿へやってくるさまが語られている。イザヤ書六〇、八の「雲のように飛んでくる者はだれか」に着想をえたミドラーシュの答えがここでイスラエル人の聖地帰還の問題に応用されたのである。この確信はロシアやポーランドのみならず、ドイツやトルコにも広がった。のちにカトリックへ改宗したあるドイツのユダヤ人がこう書いている。「母はよく言ったものだ。身重な自分はどうやっていけばいいのか心配だ、と。すると父と祖父が母に答えた。『心配せずともよい、娘よ。神が雲を遣わしてくださろう。妊婦はみなそれでエルサレムへ運ばれるのだ。[335]』」同様の調子でギリシア正教のアテネの司教マルティオスも彼のメシア運動記述のなかで、ギリシアのユダヤ人はよく空の雲を見上げ、ああいう雲がわたしたちをエルサレムへ運んでくれるのだと予告した、と報じている。[336]それどころか、アルタのあるユダヤ人はある晩本当に雲に飛び乗ろうとして、屋根から落ち、死んだ。不思議な聖地への雲の旅を信じたのはサバタイ熱狂者たちが初めてではない。ある離教ユダヤ人によってアラビア語で書かれた、一二世紀前半のバグダードにおけるメシア運動の記述は、ある夜すべてのユダヤ人がエルセレムへ飛ぶだろうと予告する手紙のことに触れている。「抜け目なさと合理主義を誇るバグダードのユダヤ人がそれを信じた。……彼らは財産の大部分を善行に捧げ、緑色の衣装を用意し、定められた夜に家々の屋根上に集まり、彼らを翼に乗せてエルサレムへ運んでくれる天使が来るのを待った。」それから長いあいだ、この年はバグダードのユダヤ人の「飛行の年」として語られた。(337) 同様のモチーフはもっとまえの、セレヌス(?)なる人物によって吹き込まれたメシア運動にもすでに現われていた。八世紀始めにオリエントで起こったこの運動についての断片的な言及は、ユダヤ人が宙を飛んでエルサレムへ行くことを期待していたことを示している。

救済の年のあいだにリトアニアで起こった贖罪運動の、間接的ではあるが明解な証拠が、リトアニアのタルムード学者、モラリストにしてカバラーの説教師ピンスクのラビ・ユダ・ポホビッツァーの著作のひとつに遺されている。(338) 何人かのひとたちから相談を受けた、と著者は語っている。彼らは内心神への畏れにとらわれたので、むかし犯した若気の過ちにたいして罪の償いを科してほしいと依頼したのだった。初め彼らは「ロケーアハ書とルーリアの著作に定められている」禁欲と断食を行なおうとしたのだが、やがて、もしひとつひとつの違反行為にたいして定められた贖罪を完全にやろうとしたら、すべての厳しい試練に耐えて、犯したすべての罪の償いをすることがまったくできないことに気づいた。贖罪の意志のある罪人を意気沮喪させないために、ポホビッツァーは(ひとつひとつの罪行為にたいして完全な贖罪をするかわりに)おのおのの罪のカテゴリーごとに三度禁欲の贖罪を行なうよう助言した。「すると篤学の士たち、学識ゆたかなラビ法廷の裁判長やリトアニアの聖教区のラビ学院の院長たちもわたしの提案に同意した。」ポホビッツァーはこの一件に触れるにあたって日付を挙げていない。しかし、普通のひとたちが突然、ヴォルムスのラビ・エレアーザールの書『ロケーアハ』とルーリアの著作に定められている贖罪を行なおうと欲するのはなぜか、またそれはどういうときか。すでに見たとおり（六三一―六三三ページ参照）、このことが起こったのはまさに救済の年、クラクフのラビが以前の禁欲的な古典的著作のなかに定められている贖罪行を集録し公刊した一六六六年である。ポホビッツァーは著作の別の箇所で[339]、一六六六年に印刷された贖罪冊子にはっきり言及している。ついでにいうと、贖罪熱はいかにして指導され励行されたのかという問題にポーランドやリトアニアのラビたちが詳細に取り組んだことも知られている。だからこそ彼らは、伝統的な贖罪を緩和しようという同職者の提案に同意したのである。

ポーランドの説教師たちは、贖罪をするよう勧め、解放の間もないことを告げた。よく知られた大きなコミュニティ、ポーゼンの説教師、ラビ・ヨセフ・ベン・サロモンは、一六六五年から一六六六年にかけて行なった間近に迫るメシア時代についての説教を『マッミアハ・イェシュア』（解放を推し進める者）と題する一巻にまとめ、一六七九年にもこの巻に言及している[340]。

ユダヤ人たちのあいだにみなぎるかつてない自信と反抗のムードにたいして、反ユダヤのデモが、ときには暴動までもが、起きないはずはなかった。ユダヤ人たちは隣人のキリスト教徒たちを脅し、復讐の日が近づいたことを告げた[341]。そしてサバタイ・ツヴィとナータンの像を持って回った。キリスト教徒の暴民が各所でユダヤ人を襲ったようだ。たとえばピンスク（三月二一日）、ヴィルナ（三月二八日）、ルブリン（四月二七日）などで[342]。五月五日のヨーハン・カシミール王の勅令はユダヤ人にサバタイの肖像を持ち運ぶことを禁じ、安寧が保たれるよう市当局に責任を負わせた。

何度もわたしたちは耳にしたが、下層民たちは陰謀をたくらみ、みんなで結託してこの町のユダヤ人を滅ぼしてやると言い——略奪の目的で——王国の高等裁判所はユダヤ人を苦しめやっつける許可を出したという噂をばらまいた。その結果として、周知のように、各所で暴動や、抑圧や、略奪や流血事件が起きた。そしていまは彼ら［すなわちユダヤ人］も図々しくなって、メシアにかんする諸外国からの偽りの報道を公然の、疑いなき真実として広めている。そして印刷したパンフレットや絵で信じやすい連中にこのことを証明している。ユダヤ人の住んでいる多くの町で……この愚行の結果がすでに現われている。これまで以上に大きな騒動が近づいている。それはこれらのユダヤ人に悲しみと苦しみをもたらすかもしれない。このでっちあげを口実にしてユダヤ人の財産を強奪する機会があたえられるからである。

国王は印刷したすべての画像、パンフレット、ビラを遺棄するよう命じた。(343) ユダヤ人自身はサバタイ・ツヴィの肖像はおろか、彼について書いた物を印刷することはしなかったので、この布告は必定オランダやドイツの（またひょっとするとポーランドの？）キリスト教徒の報道記者によって刊行され広められた絵入りのビラやパンフレットに向けられることとなった。プシェミシュルのカトリックの司教スタニスワフ・サルニツキイは六月二二日の教書にこう書いている。「ユダヤ人たちのあいだに新しい迷信が生まれた結果」彼らは「衆人環視のなか行列をなして通りを歩くとき、［キリスト教の］宗教に反する印刷物や彼らの見栄の証である絵などを携えている」。(344) こうした怒りの報せが中部ガリシアの彼の教区の多くの町や村から司教のもとに届いていた。国王の指令と司教の書簡は共にこの運動がいかに広まっていたかを如実に示している。その表面的な表現形式のいくつかはポーランドの特殊性であった。ユダヤ人たちはどうやら聖体行列や聖地詣でを催すカトリックの風習を自分たち自身の目的のために借用していたらしい。一方、千年至福説的色彩を色濃くもつ多くのキリスト教の宣伝パンフレット（たとえばペーター・セラリウスの書簡など）は、ややもすれば司教にとってはキリスト教に反するように思われた。当時の名高いポーランドの詩人ヴァツワフ・ポトツキに「ユダヤの新しいメシア」をうたった詩があるが、それはこの出来事の光景をキリスト教徒である観察者の心に映じたままに生き生きと伝えている。[345]

一六六六年初春から夏にかけて起きたこの運動に光をあてるユダヤの文献はいろいろあるが、二人の指導的なラビ学者にしてカバリスト、ザモトの三地区（カイダン、ヴィゾン、ビェシュ）とのちにザブドロフのラビ、ツヴィ・ヒルシュ・ホーロヴィッツと、ヴィルナとのちにポーゼンのラビ、イサアク・ベン・アブラハムとのあいだに交わされた興味深い議論が前者のラビ回答書のなかに遺されている。[346] 北ポーランドのザモトのラビが純然たるハラハー的問題のことでヴィルナの同職者に手紙を宛てたのだが、その折りついでに「改新」について尋ねた。ヴィルナに届いたすべての報せの写しをとってザモトへ送ってもらえるようにしていただければありがたい、写しに要する費用は喜んで支払わせていただきます、と。説教師としても知られていたラビ・イサアクは返書でハラハーにかんする問合せに詳しく答えたのち、結びでこうつけ加えている。「改新についてはイヤッシ［当時モルダヴィア侯国の首都］のラビが手紙で知らせてくれたこと以外に申し上げることはありません。そのことはきっと貴殿もご存じであると思います。どうぞ末長くお健やかに。」手紙の趣旨からしてサバタイの棄教よりまえの日付と推測される。イヤッシは当時トルコの支配権内にあった。そしてサバタイが堂々「堅固な櫓」に「幽閉」された報せとそこで起こった夜の奇跡の報せはトルコの国境の町からすみやかにポーランドへ達した。一八世紀にメシア信仰復興の感情にたいする非妥協的敵対姿勢で評判を取ったヴィルナが——ハシディズム運動に反対したのはタルムード旧套派の中心地であった——一六六六年には無抵抗でメシア熱に屈した。ヴィルナの支持者たちはガリポリめざして巡礼に出た。レイーブ・ベン・オーザーの妻の縁者でタルムード学者のラビ・アブラハム・コーケシュもそのひとりであった。ラビ・アブラハムはのちにアムステルダムの家族を訪ね、後悔の涙とともに「アブ九日にサバタイ・ツヴィと肉やもろもろの珍味を食べ、葡萄酒を飲んだ」話をした。「そのあいだ楽士が音楽を奏し、トルコ人が、愉快になるとそうするように、棒を振り回して彼らの前で踊った。」彼がサバタイに、どうしてアブ九日に食事をしてよいのかと尋ねると、サバタイはこう説明した。サバタイ・ツヴィという名は神秘的に「アブ九日にサバタイ・ツヴィは断食をしてはならない」という意味の沓冠体と読めるのだ、と。[347]ヴィルナのメシア熱狂者のひとりで銀細工職人のヘシェル・ツォーレフは大きな信仰復興運動に終始たずさわり、いずれ次世代の最も重要なサバタイ派預言者になるはずであった。

ザモトのラビがヴィルナの同僚に「信仰復興」について調査を依頼したのとほぼ同時期に、クラクフのひとりの書き手が一年間分のハフタロース（預言書の週間朗読）を含む羊皮紙装幀の本を書いた。この写本はクラクフのラビ・モーセス・イッセルレスのシナゴーグに保管されているが、四二六年シヴァン二五日（一六六六年七月一九日）の日付がはいったその表紙は当時の雰囲気を雄弁に語っている。著者は五行の短いメシアの祈りのなかにサバタイの名を五度沓冠体として挿入することに成功しているのだ。[348]

ガリポリで謁見をする囚人に忠誠を誓うべくガリポリ詣でを企てた参詣者の多くは私人として赴いたが、その他の者は公式なコミュニティの代表者として行った。あるサバタイ派の文献[349]にはもとよりいろいろな名前が挙がっているが、その時その時の使節団について詳細は語られていない。それにひきかえ、ルヴォフ（レンベルク）のコミュニティから派遣された代表団についてはかなり多くのことが知られている。当時の最も高名なタルムーディストのひとりで、ヨセフ・カロの法典『シュールハン・アールーク』の一部にかんする注釈本『トゥーレイ・サーハーブ』でいちばんよく知られるルヴォフのラビ、ダヴィド・ハ＝

レーヴィは八〇歳を超えていたが、彼の近親者の二人が喜んでコミュニティの使節を引き受けた。息子のラビ・イザヤ、ラビ・イザヤ・モキアハ（叱責者）[350]としても知られるコマルノのラビと、彼の継息子ラビ・アルイェー・レイーブ・ベン・サムエル・ツヴィ・ヒルシュ、[351]のちに同世代の最も輝かしいタルムード学者のひとりとして名を馳せた人物、の両名である。いずれも定評ある学者ならびに歴代のすぐれたラビの後継者として、メシアのもとへ遣わされるにふさわしい人物であった。（二人ともヤコブ・ベン・アシェルの法典『アルバ・ア・トゥーリーム』への注釈書『バーイース・ハーダーシュ』の著者である有名なラビ・ヨエル・シルキスの孫たちであった。）[352]三月始めか中頃、彼らは多分、メシアが首都へ行くらしいというスミルナからの報告に基づいて、ルヴォフからコンスタンチノープルへ旅立った。途中で足止めをくい、一六六六年七月にようやく目的地に到着した。ポーランドのラビやサバタイのお供たちのメンタリティを明らかにしてくれる彼らの訪問の詳細については次章で述べる。とにかく、彼らは感きわまって、熱狂的な信奉者としてメシアのもとを去ったのである。

彼らは八月始めにコンスタンチノープルを去り、九月後半にルヴォフへ戻った。彼らはそこで「彼らが見たすばらしいことども、あふれるばかりの金、銀、高価な衣装や装飾品、サバタイが毎日身につける豪華な衣装、彼を表敬訪問する大勢のひとたち、非ユダヤ人が彼に払う三顧の礼」などについて報告した。「非ユダヤ人たちはユダヤ人が彼を訪問するのを妨げなかった。二人は老父のラビ・ダヴィドに宛てたメシアの手紙ももって来た。ポーランド全土が興奮し、どこもその話でもちきりになり、人びとの信仰はおおいに強められた」[353]。使節の話はクラクフのラビ・モーセス・セーガルも語っている。一六六六年一〇月八日（贖罪の日の前日、ポーランドではまだ何も報されていなかったサバタイの棄教の一ヵ月以上もあと）、彼はウィーン在住の義理のきょうだいラビ・メイール・イッセルレスに手紙を宛てたが、彼が述べたことは「大海の一滴にすぎず、彼らが語った驚くべき事柄はとても全部書ききれません」と書き手は強調している(354)。しかしその手紙は、ダヴィド・ハ＝レーヴィもポーランドのほかの主だったラビたちと同様にメシアを固く信じていたことを疑わせるものではない。(ポーランドのラビたちのあいだの「信仰」にかんする意見の相違については何も記録がない。しかし、そもそも個人的な姿勢にかんする証拠は非常に乏しいことを思い出すがよい。)ラビ・イザヤはサバタイにたいして、父は旅をするには年をとりすぎていると説明した。するとサバタイは彼に一着の外套を送った。これを父上に掛けてあげなさい、そしてそのときこう言いなさい、「あなたは若返って、鷲のように新たになる」(詩篇一〇三、五)と。ラビ・ダヴィドに宛てたサバタイの次の短い手書きのメモは、ポーランドで湯水のようにユダヤ人の血が流されたことへのメシア王による復讐の告知とも読める。「信仰のひと〔「信仰」にあたるヘブライ語の単語はツヴィと同じ数値一〇二をもっている〕、レビ家のご老師ラビ・ダヴィド、『トゥーレイ・サーハーブ』の著者へわたしから捧げる贈り物です。お年を召されてなおいっそうの実を結び、ご健勝、ご繁栄あらんことを願います〔詩篇九二、一五参照〕。近々にわたしはあなたの報復をし、母のその子を慰めるようにあなたを慰めます〔イザヤ書六六、一三参照〕。しかしもっとたくさん、いろいろなかたちで報復の日がわたしの心のうちにあり、わたしのあがないの年が来たのです〔イザヤ書六三、四参照。傍点部分の語はサバタイ・ツヴィと同じ数値をもっている〕。イエスの子、世の王たちよりも高く、いかなる祝福と称賛にもまして高められしダビデはかく申されています。ヤコブの神の油を注がれし者、天の獅子、天の鹿、サバタイ・ツヴィ(355)。」レイーブ・ベン・オーザーによれば、かの二人の使者は自分たちの使命についての報告も書いている(356)。レイーブ・ベン・オーザーはどうやらこの報告を見て、自分の報告書にそれを利用したのかもしれない(357)。

ポーランドの当時最も有名な説教師、クラクフのラビ・ベラキヤ・ベラッハもサバタイ・ツヴィを訪ねた（ひょっとすると老後定住するつもりでいた聖地への途中で）。「そしてうれしい気持ちで彼のもとを辞した。」[358] 彼はある手紙のなかで訪問のことを詳しく報告している。その写しはクラクフのみならずドイツにも流れた。[359]

一六六六年末までのヨーロッパにおける動きにかんするわたしたちの知識の批判的検討はこれで終りにしたい。資料状況は思ったほど完璧ではないけれども、それでもメシア信仰復興の深さと広さを示すには十分である。

# 第六章　サバタイの棄教までの東方ならびに中心地ガリポリにおける運動（一六六六年）

## I　一六六六年五月から七月にかけてのサバタイ・ツヴィ（「堅固な櫓」）

サバタイが政治的理由からガリポリへ移されたことにまず疑いはない。ワジールのアハメド・ケプリュリュは国内の騒擾を避けようとした。彼はどうやら、ほとんどすべてのユダヤ人が信じているメシアを殺害しようものなら、なんらかの暴動が避けられないと判断したようだ。しかし彼の自制が支持者たちに期待を抱かせたことは確かだ。ことに贈収賄や、面会者が然るべき「入場料」を払えば囚人と会うことを許すトルコの風習がサバタイの拘禁生活を軽くしたことによって、彼らの楽観主義にいっそう拍車がかかったからである。ガリポリの牢の看守は金脈が自分の思いのままになることをすぐに知ることとなる。一六六六年の始めの数ヵ月に何千というユダヤ人が、メシアと会うために、とくにオスマン帝国の東方地域から首都へ押し寄せた。彼らの殺到でコンスタンチノープルの物価が上がった。サバタイがコンスタンチノープルに捕えられていた最後の数週間、とくにガリポリへ移送されたあとは、面会者の数は絶え間なくふえ、支持者たちは費用をいとわず主の油を注がれた人に忠誠の意を表わした。出来事の目撃者たちは一様にトルコの看守の商売繁盛を伝えている。どう見ても、サバタイは要塞内を自由に動き回ることができたようだ。彼を信ずるラビや学者の選ばれた集団、「聖心会」とその他の、袖の下を渡すことによって要塞内にとどまることを、あるいは毎日通ってくることを許された者たちは、住居に指定されていたテントのなかで彼のお相手をすることができた。すべてそういうことが、メシアはいわゆる「自由の身」になるだろうという民衆の確信を強めた。「首都からダーダネルス海峡へ定期的な巡礼便が組織され……船乗りたちの商売はいつになく繁盛した。昼夜を分かたず、船の長い列が両方向へ伸びていた……要塞司令官は囚人の面会許可証販売で莫大な収入を得た(1)。」トルコ人は入場料をときには五、「ときには一〇［ドル］というふうに、個々人の財力と熱意に応じてふやしたり減らしたりした(2)」。

巡礼たちの虐待が始まった。各種文献が伝えるところによれば、コンスタンチノープルの水上警察の長官があるとき巡礼を満載した七艘か八艘の大船をダーダネルス海峡へ向かう途中で停船させた。船客たちは暴行、略奪された。彼らはカイマカム、市のいちばん身分の高い役人に訴えたが、逆に殴られ、牢にぶち込まれた。そして多くの身分の高い役人や、彼らを虐待した巡査たちに袖の下を払ってようやく釈放されたのである(3)。あるアルメニア人の目撃者が言うには、「ワジールはクレタの戦いに出ていた。ユダヤ人たちはみな、男も女も子供も、一路［ダーダネルス海峡を］めざした。わたしたちの町はポーランドやクリミアや、ペルシア、エルサレム、さらにはトルコ、フランケン諸国からの巡礼であふれていた(4)」。同時代のアルメニア年史も、モルダヴィア、ポーランド、ヤッファ、エルサレム、アナトリアといった遠隔の地から、さらには近隣の首都からも、巡礼が来たと伝えている(5)。フランスのイエズス会の著者によれば、ヨーロッパ全土から信者が来た。ユダヤ人が自分の宗教をおおっぴらに奉ずることができなかった国々からも来た。彼ははっきりフランスとスペインを名指している(6)。ときには同じ報告で細部が矛盾していることともある。たとえば、フランス語の『見聞記』の著者は、いかなる犠牲もいとわず、わんさとやってきて、宝石や金など、きわめて高価な贈り物を携えて来る信者たちの熱狂ぶりをえがきながら、その二ページあとでは、大半の信者は乞食で、「まもなくメシアがもたらす革命のなかで自分たちの貧しさが迅速かつ容易に緩和されることを明らかに期待していた」と主張している(7)。

民衆のあいだに急速に広まった奇跡物語は民間の聖人伝説のパターンに一致している。まずコンスタンチノープルの多くの預言者が、メシアは全然捕えられていないと告げた。彼を捕えに兵士たちが来ると、彼は天に昇った。そして熾天使ガブリエルがいずれ明らかになる秘密の理由からサバタイになり変わった(8)。あとになると日々新しい伝説が生まれた。コンスタンチノープルのある住人が支持者たちから聞いた話によると、サバタイは夜な夜な牢を出て、神の名の力を借りてダーダネルス海峡を渡ってアジアからヨーロッパへ行き、朝になるとみずから同じようにして牢へ戻って来るという。また、彼は天使の群れに囲まれていて、天使から天と彼の未来の王国の秘密を明かされたと報告する者もあった。彼の頻繁な、長きにわたる断食や、彼に忠誠を誓いに来た多くの貧しいひとたちに富を分かつ彼の気前の良さにかんする報告が市中を行き交った(9)。

コンスタンチノープルのユダヤ人の大多数はサバタイを支持していた。折りあるごとに「悪しき賤民」に罪をなすりつけていたサスポルタスでさえ、首都やほかの町々の富有なユダヤ人がサバタイに豪華な衣装や布地を送ったことを認めざるをえなかった。だから「あちこちから来て、この豪勢さ、彼の衣装やひっきりなしに到来する多くの進物を見たユダヤ人はみな、彼こそメシア王であることを容易に信ずることができたのだ……ユダヤ人は［要塞の司令官に］、神の人に会いに来ました、と言った。それを聞くと司令官や部下たちは牢屋の彼を鄭重に扱った。それがまた彼にたいするユダヤ人の誤った信仰を裏づけることともなった。彼らは非ユダヤ人でさえ彼をうやまっていることを見たとき、そのことから主の霊験を察したからである」。サバタイが意外なことに謀叛人として即刻処刑されなかったことが彼のメシア的性格の何よりの証とみなされた[10]。コンスタンチノープルから外国の文通相手に送られたいろいろな手紙は、サバタイにたいするトルコ人の鄭重な態度を扱っている[11]。

この間に、預言の遺産がコンスタンチノープルに引き継がれた。大勢の男女がモーセス・スリエルまたはサラヴァルのひそみにならった。フランス人の目撃者は、七、八〇〇人の女が数ヵ月間コンスタンチノープルのガラタ地区で預言をしたり、もののけに憑かれたような振舞いをしたり、聖霊とまみえたひとの熱狂的な態度をまねしたりする奇妙な光景について軽蔑的に報告している。何人かの女は、彼女らから理性を奪い、彼女らを狂乱状態、大仰かつ異常な態度におとしいれた狂気を取り除くために、身体を固く縛って、打ち据えねばならなかった。こういう目に遭ったのは女ばかりではない。気がふれたように見える子供たちも同じであった[12]。このイエズス会士の著者は運動を笑いものにすることばかりに腐心して触れていないけれども、ほかにもいろいろな点で印象深い預言の事例があった。エジプト宛の手紙は五〇〇人もの男女の預言者が一六六六年夏コンスタンチノープルにいたことを伝えている。「なかでいちばん新しいのは、たまたまコンスタンチノープルにいた非常に有名なアシュケナス（ポーランド？）の老ラビ、敬虔者ラビ・モルデカイである。彼は〈堅固な櫓〉の主に会いに来たのだが、ほとんどその姿を正視することができなかった。その顔が［天上の］光に輝き、目もくらむばかりだったからである[13]。だが、彼は火柱がその頭から空へ立ち昇るのを見た。それを見て彼はひれ伏した。そして通りを走って、力の限り叫んだ。『彼こそわれらの主だ。ほかにはいない。彼こそまさしくわれらの王だ。彼に並ぶ者はいない[14]』と。そのあと彼に聖霊が降りて、彼は有名な預言者になった。この一部始終はれっきとした名のあるひとたちによってコンスタンチノープルからの手紙のなかで報じられた。[15]」別のところでは、このラビ・モルデカイ・アシュケナージについてこういわれている。彼はサバタイ・ツヴィを指す新しいゲマトリアを発見した。[「いと高く上げられた男、ヤコブの神に油を注がれた者」(サムエル記下二三、一)という]言い回し――サバタイとプリモの布告に好んで使われる言い回し――のヘブライ語の文字は「サバタイ・ツヴィ・ヤーヴェー〔Ehjeh〕」の数値と等価であることがわかったというのだ。[16] このゲマトリアの作者はサバタイに神性を付与したようだ。ヘブロンのメイール・ローフェは一六六六年のあるときコンスタンチノープルに行き、そこで大衆に向かって預言するさまを自身の目で見た。[17]

サバタイの心情やガリポリでの始めの数週間における彼の振舞い、彼をめぐるドラマチックな出来事にたいする彼の反応などについては皆目知られていないも同然である。サバタイがしきたりとして禁じられている脂で焼いた仔山羊を過越祭の生け贄として食べた儀式以後、なんらかの「奇矯な振舞い」をしたという記述やそれをほのめかすようなものはない。彼はどうやら「正常な」時期にはいっていたようだ。わたしたちの知るかぎりでは、彼は法悦にあふれた恩寵からの墜落に苦しみ、それを悪魔の勢力の最終攻撃と理解していたのかもしれない。レイーブ・ベン・オーザーによれば、サバタイのガリポリ拘禁後あらゆる国々に、今後も続く贖罪行為を別にすればいまや解放のための用意はすべて整ったという旨を信者に伝える彼の署名入りの手紙が届いた。それゆえ「解放の時が遅れないように、皆みな悔い改めなさい。しかし、いまは最後の時であるけれども、数ヵ月、数年の遅れはあるかもしれない。そこで彼は、神が大いなる恵みをもって神の道を栄えさせ、神の国がすみやかに現われ、不純とケリポースの霊が駆逐されるように、わが身をいとおしまず、行いを改め、メシアのために祈れと強く迫った。なぜならまもなく聖書のとおりになるからだ。〈わたしは地から偶像の名を取り除くだろう〉[ゼカリヤ書一三、一二]。そうこうするうちに、悪魔の勢力が彼を捕縛するよう指示した。彼が行動できないようにするためである。だからといって、だれも贖罪を惜しんではならない」[18]。そのような内容の手紙の存在を裏づける資料はほかにないが、レイーブが書いていることは信が置けそうだ。サバタイのほかの手紙は多く遺失してしまったが、近年になってまったくの偶然で発掘されたものも多少ある。元の手紙は王の書記プリモが書いたのかもしれない。周知のように、メシアのガリポリからの手紙や宣言の大半はプリモが書いたものである。そのあとそれにサバタイが通常みずからの手で一、二行書き加えるのだが、そのなかで彼は象徴的比喩的空想をほしいままにした。サバタイの神性を多少ともぼかして示す修辞的表現法が彼のお気に召したようだが、同時に彼を信じない者たちはそれに怒った。神の第一子とかソロモン王、天の鹿などといった肩書きをつけてサバタイの「不純な手」で署名されたそのような手紙は一〇〇年まえにもアレッポのラビ・アブラハム・ハモイの手もとにあったようだ[19]。この謎めいたほのめかしやメシアの肩書きはサバタイの空想力がもたらしたお気に入りの産物であったに相違なく、彼の気質には王の勅令のいかめしい荘重な美文調よりも合っていた。こちらの作成はプリモに任せられていた。彼の文学的な文体には、この分野で素人ではなかったサスポルタスでさえ羨み感心している[20]。悪魔の勢力の最終攻撃とサバタイのメシア的使命の成功を祈る必要性が、ユダヤ人の離散地に向けられた、そしてメシアの拘置の事情も説明しようとした手紙の最も明白な主旨であったことは確かだ。ひょっとすると、そこからある種のメランコリーも読み取れるかもしれない。サバタイはもともと消極的な気質であることから、おつきの者たちといっしょに最近の出来事の説明を考えながら時を過ごしたようで、次に取るべき処置をじっくり考えたのではないようだ。

実際のところ、サバタイがガリポリでの最初の一ヵ月間鬱の発作にかかっていたことを示す証拠がある。この証拠は、彼によって、あるいは彼の名代で書かれた手紙がユダヤ人の各コミュニティに届いたというレイーブの報告の確かさをも裏づけている。運動に参加し、ヘブライ語も多少解するあるアムステルダムのキリスト教徒（セラリウス？）がスイスの友人のために、一六六六年八月末に届いたサバタイの手紙を翻訳した。手紙は彼が書いている出来事のあった直後、すなわち五月後半、コンスタンチノープルのサバタイの支持者がエルサレムのアブラハムの息子、ラビ・イスラエルの不思議な品物についてヴェネツィアのラビ宛に返事を書いたのとほぼ同時期に書かれたものらしい。曰く、

偉大なる王、われらが主にして聖なる王は、あなたがた、彼を愛する忠実な民に親愛の情をもって、かく申される。わたしはわたしを愛するひとたちに大事なものを継いでもらえるようにするであろう。すなわちわたしは、彼らの宝蔵に物質的精神的喜びをみたすであろう。わたしを愛するひとたちは財貨でみたされる、と主は言われる。わたしを信ずるすべての民、男にも女にも、兄弟姉妹にも、息子娘にも神の恵みがありますように。わたしは言う。彼らは偉大なる神の名において、神に選ばれししもべの口から祝福をあたえられている、と。

安息日に「あなたがたがわたしの定めどおりに行動するならば[21]」、神はわたしのつらい苦しみをみそなわし、わたしを大きな喜びでみたされることをあなたがたは知りなさい。わたしはそれによって、待ち望まれたイスラエルの希望の時が間近いことを知ったのだ。わたしがいま言ったことはあなた方を［いっとき］満足させるに違いない。だから主に、神の油を注がれた者にたいして信頼を寄せるあなたがたはみな、めげずに、勇気をもちなさい。心を強くもちなさい。

わたしたちの兄弟よ、これらの言葉が彼らの耳にはいったときには、彼らを喜びの声をあげて喜ばせなさい。わたしの義を励行する者たちをば喜ばせなさい。それどころか、「そのしもべの幸福を喜

ばれる主は大いなるかな［詩篇三五、二七参照］とつねに言わせなさい。そして主の大いなる御名がいつもほめ讃えられますように」。なぜなら、憂いに閉ざされ、苦しみ喘いだわたしの心はいま大いなる輝きにあふれ、喜びの声をあげるからです。いと高きひとがそのまことその大いなる恵みのために不変を行き渡らせ、その慰めをふやし給いますように。ちょうどわたしが「わたしはあなたがたを顧みるであろう。わたしはあなたがたのうちにわたしの住まいを建て、あなたがたを忌み嫌わないであろう」という一節（レビ記二六、九―一一参照）を読むとき、わたし自身のうちにそれを感ずるように。真にあなたがたによって［聖書は実現する、詩篇一四九、二］「喜べ、イスラエルは、己れを作り給うたかたがたを、シオンの子らは歓喜せよ、おのが王を」。わたしの孤独によって聖書が実現し、その正しさが証明される［箴言一八、一〇］。「主の名は堅固な櫓のようだ。正しい者はそのなかに走り込んで救いをえる。」見なさい、いまは愛の時です［エゼキエル書一六、八参照］。ですから、あなたがたの信仰、祈り、贖罪、断食、そしてたびたび繰り返される沐浴にさいしては、固い信念をもって楽しくやりなさい。なぜなら、イスラエルの解放は神のお力添えにより近いからです。サバタイ・ツヴィ(22)。

この手紙は、行為ではなく、サバタイがモーセ五書の週間章節を読むさいに感じた気持ちを伝えているだけに非常に興味深い。だが、この手紙をあのレイーブ・ベン・オーザーが言及した手紙に連なるものとしてみると、内容が理解しやすくなる。サバタイは以前の手紙では、自分が生涯それと闘わねばならないケリポースの虜囚であるように感じたことを、とにもかくにも認めていた。しかしいま、ガリポリへ移送されたほぼ五週間後、彼の心はふたたび慰めと癒された気持ちでみたされた。彼の心の不安とそのあとに続く大いなる光の示唆は二様の解釈を可能にする。それらは気鬱と新たな照明の精神状態を指しているのかもしれないし、あるいは虜囚という客観的状況と徐々に戻ってくる希望を指しているのかもしれない。サバタイの心的生活をよく知る者はその文言から当然最初の解釈を思いつくだろう。その文言の含みに気づかなかった普通の読者には何か別の意味に思えたに違いない。手紙は単純明快で、当時のサバタイの精神状況を多分に明らかにしている。この手紙を、最もよく知られている聖書の無上の喜びの預言を引き合いに出して支持者たちのモラルを高めるのに使ったたんなる宣伝として片づけることはたしかにできない。サバタイの贖罪の呼びかけには真に敬虔な気持ちが響いており、彼の相反する心性の一方がよく表われている。とにかく、彼がこの手紙を書いたとき、もう一方の傾向、すなわち「奇矯な行動」の衝迫は鎮まっていた。

五月から、とくに六月と七月には、支持者と批判者のあいだで多くの手紙が交わされた。サバタイが先ほど触れた手紙を書く数日まえに、コンスタンチノープルのラビたちはエルサレムの上級ラビ、アミーゴに公式の照会を行なった。疑うべくもない出所確かなこの手紙にはラビ法廷の三人のメンバー(ラビ・ヨムトブ・ベン・ハナニヤ・イブン・ヤカル、ラビ・モーセス・シャンイ、そしてラビ・カレブ・ベン・サムエル)とほかの数名のラビの署名がなされていた。年代的に見れば、手紙が書かれたのは変節した二人のラビがサバタイを尊敬するように注意したスミルナ宛の手紙とおごそかに信仰を誓ったヴェネツィア宛の手紙のあいだである(五三九―五四〇ページ参照)。前者はエルサレムのアミーゴ宛の手紙のおよそ一四日まえであり、少なくとも二名の署名者が両文書で一致している。サスポルタスは、スミルナ宛の手紙の署名とあとのヴェネツィア宛の手紙の署名のいくつかは捏造であると主張しているが、この点は必ずしも確かではない(第四章注一八八を参照)。たしかに文体を初め、ほかにもそのような疑いを抱かせる理由はある。だが他方では、前の手紙は抑制的であることが目立つ。署名者はサバタイについてきわめて評価の高い言葉づかいで語り、あまつさえ忠実な支持者のように彼の「奇矯な振舞い」を弁護している。しかし彼らは彼がメシアだと明言するのを控えている。おそらく彼らはほかの多くのひとたちと同様贖罪運動に深い感銘を受けたのであろうが、同時にまた争いをまき散らすかもしれない発言をいっさい控えようとしたのである。それゆえ、何人かの署名者に疑惑、ないしは精神的留保があるにしても、手紙が本物である可能性は非常に高い。多くの信者たちが署名した手紙の補遺は文体や雰囲気が主要部分と著しく違っており、よりラジカルな姿勢が認められる。(23)

スミルナ宛の手紙の真実性がどうであれ、疑いなく真正なエルサレム宛の手紙はコンスタンチノープルのラビたちの混乱ぶりを如実に示している。彼らはつい最近エルサレムでサバタイが破門されたことを知ったばかりで、そのあとすぐ彼の姿を間近に見る機会をえたわけである。彼らはこの敬虔な禁欲者に異端や反律法主義のかけらも認めず、エルサレム宛の手紙では彼やナータンのことを敬意をこめて語った。それどころか、暗にサバタイを指してバル・ナフレイ（一五六ページ参照）というメシアの肩書きを使った。彼らは「ことに政府官庁所在地すぐ近くの」ユダヤ人コミュニティに迫る危険を十分意識していた。それで長老たちは全員に厳重な箝口令を敷いた。「主とともに待つ者はさいわいなり」と。不幸なことに、熱狂した群衆は、ことに「聖なる光」、ガザの預言者から何ものも恐れるなと忠告されてからというもの、この注意にしたがわなかった。慎重に言葉を選びながら、コンスタンチノープルのラビたちは困惑を告白している。「これまでわたしたちは」メシアやガザの預言者の「しるしや奇跡を何ひとつ見ていない。ただひとづての噂や証言を耳にするばかりである。（……）したがって、わたしたちはこの問題を正しく調査することはできない。この件については意見が一致せず、いろいろな意見がある。……このため各方面でいさかいが生じている。こうした争いから平和は生まれない」。そこで彼らは最もすぐれた、最も学識があり信頼できるラビのなかから四人に依頼して、一種の調査委員会を発足させた。ラビたちはガザへ赴き、この問題をナータンと「話し合う」（つまり彼をよく調べる）よう命ぜられた。「そして、わたしたちの神聖なるトーラーとタルムードの定めにしたがい［必要な］しるしと奇跡を見たと全員の意見が一致したなら……、その旨書いてよこしなさい。しかし、事が疑わしくあやふやに見えたなら、あなたがたの思ったとおりにそれを知らせなさい……少なくとも人びとに注意をあたえることができるように。」筆者たちは調査委員会のメンバーとして手紙の受取人ラビ・アブラハム・アミーゴと、聖地のほかの三つの大コミュニティから各一名の代表者、すなわちサーフェードのラビ・ガブリエル・エスペランサ、エルサレムのラビ・サロモン・アレマン、ヘブロンのラビ・ハイーム・アブーラーフィアを推薦した(24)。コンスタンチノープルのラビたちは、指名された四人のメンバーのうち少なくとも三人は支持者ではなかったこと、そしてサバタイの破門を言い出したのはアミーゴであったことを知っていたに相違ない。彼らの推薦の文言は、筆者たちが彼らの選んだラビたちの姿勢を知っていたことのみならず、否定的な評決を望んでいたことさえうかがわせる。だが、彼らは問い合せを非常にあたりさわりのない言葉でくるんだため、支持者でさえそれに署名することができた。経済的理由で躊躇することのないように、彼らはアミーゴに、コンスタンチノープルで最も裕福なユダヤ人のひとりであるユダ・ベン・モルデカイ・ハ＝コーヘンがガザ派遣の全経費をもつことも伝えた。エルサレムのラビたちはどうやらこの手紙にまったく答えなかったようだ。彼らの沈黙（三八九―三九〇ページ参照）はこのような状況のもとではきわめて重大な結果を惹き起こした。そのためにコンスタンチノープルやその他の場所のラビたちはお手上げ状態だった。支持者たちが自由に振舞えると感じたことは言うまでもない。

## II　新しい祭礼と伝統的な断食の廃止。ポーランド使節の訪問

一六六六年夏、支持者たちは非常な興奮状態にあった。サバタイも鬱を脱して、おなじみの躁の発作を示していた。この時期に彼が定めた儀式のひとつは、キリスト教の影響を受けているのではないかというわたしたちの疑いを裏書きする。スミルナ宛のある手紙で彼は、「わたしの母の墓で祈りをする者には実際に聖地エルサレムを詣でて祈りと供儀を捧げた者と同等の自由と贖宥をあたえよう」と確約した[25]。スミルナのユダヤ人も「イタリア人が罪の赦しをえるために彼らの聖地へ巡礼するのとまったく同じように」巡礼をし、その折りにはまたサバタイと彼の最初の供の者たちが沐浴をした海岸からそう遠くない墓地の近くにある泉から水を飲んだ。それまで［ギリシア正教会の聖人にちなんで］サンタ・ヴェネランダとして知られていたこの泉はこの時から「われらが主の泉」と名づけられた[26]。スミルナのラビたちは犬や猫、その他不純な動物の飼育を禁じた。それらがいる家には預言者エリヤは足を踏み入れないからである。彼らはまた、その家の宗教的性格がわかるように、各家庭にあるヘブライ語の本はひらいたままにしておくようにと命じた[27]。

スミルナやその他のコミュニティとガリポリのあいだにはさかんな行き来があった[28]。サバタイから任命された「諸王」のひとりは、彼のお供をしてコンスタンチノープルへ行き、帰国後（四八三ページ参照）、熱狂的な報告を外国のユダヤ人に送った。サバタイの兄エリヤ・ツヴィもガリポリへ旅した。その帰国後、クーネンがスミルナに彼を訪ねた。このオランダの改革派コミュニティのひとのいい、純朴な聖職者は、スミルナでメシアの二人の兄弟から情報をえたいと思ったのである。彼はこの二人があるオランダの会社

の代理人をしていることを知っていた。訪問は八月某日に行なわれたようである。エリヤ・ツヴィはクーネンの神学的な質問をはぐらかし、自分は布地や繊維の専門家であって、神学者ではないと主張した。それでも彼は手放しで弟のことをほめ、弟は幼少の頃から律法の研究に専念し、将来のメシアたる運命を神から啓示されたのだ、と言った。クーネンが聖書の論拠を持ち出そうとしたとき、エリヤは簡単に、神がメシアの使命を完全に顕わしめ給うたら、すべての疑問は解かれるでしょうと言った。しかし彼はクーネンに奇跡に近い事実を指摘した。サバタイは依然健在で、スルタンの世話になっている、と。それどころか、彼への信仰を明らかにしたトルコ人すら何人かいた[29]。

　支持者たちの戦闘的な姿勢と、疑う者に然るべく対処するベンヴェニステの措置については前章で述べた（五四八ページ参照）。少数の鞏固な反対者はひどくいじめられた。多くはラビの前に進み出て、心境の変化を伝え、メシア信仰を告白することで、怒りをかわそうとした[30]。

「大いなる照明」後[31]のサバタイの行動は、深まっていた支持者と反対者のあいだの亀裂を塞ぐには適当ではなかった。七月に、一年まえのガザでのように、タンムーツ一七日の断食が廃止された[32]。当時トルコのユダヤ人コミュニティにたいしてある興味深い公式発表がなされた。といっても、それはタンムーツ一七日ではなくアブ九日の断食にかかわるものであったようだ[33]。もはや残存していないヘブライ語の原文がスミルナの英国領事リコーのためにイタリア語に翻訳された。領事はそれをサバタイの最初の公式のメシア宣言と勘違いした[34]。近年、同文書のより完全なアルメニア語訳が見つかった[35]。それにより、祭日の名称は改変されたけれども、正確な日付を確定することが可能になる。本文によれば、籖祭［！］が祭日に変わった。それでも、両版が同じヘブライ語の原文をもとにしていることは明らかである。次に引用する文はイタリア語からのリコーの英語訳に基づいたものだが、必要に応じてアルメニア語版とギリシア語版にしたがって補ってある。

神の独り子にして第一子、サバタイ・ツヴィ、ヤコブの神の油を注がれし者、イスラエルの救い主。すべてのイスラエルの子らに平和を。あなたがたは、あなたがたの父祖たちにはあたえられなかったイスラエルの解放と救いの大いなる日に出会い、神の預言者ならびに神の愛し子イスラエル[36]による神の御言葉と約束の実現を見るにふさわしい者となったのだから――あなたがたの深い悲しみを喜びに変え、あなたがたの断食を祝日に変えなさい。なぜなら、わがイスラエルの子らよ、あなたがたはもはや涙を流すことも、これまでのように苦しみに堪えることもしなくてよいからだ。神がこのえもいわれぬ喜びと慰めをおあたえくださったのだから、祈りを捧げるときには太鼓、オルガン、音楽を奏して喜び、あなたがたのすべての時代の父祖たちになされた約束の実現に感謝しなさい。日々、そして新月の日にしていたように、あなたがたのつとめを果たしなさい[37]。そして苦しみと悲しみに捧げられた日をわたしが現われたことを喜ぶ日に変えなさい[38]。あなたがたの居留地の者はだれも仕事をしてはならない。ただ楽しい、喜びになる事だけをやりなさい[39]。何も恐れる必要はない。なぜなら、あなたがたはもろもろの民を――この地上の民ばかりでなく、深海に棲む生き物をも――支配するのだから[40]。すべてはあなたがたの慰め、喜びのため、あなたがたの生きるために行なわれるのだから。

スルタンの主任翻訳官がこのメシアのお告げをトルコ語に翻訳した[41]。このような報せがトルコ政府の役所によって即座にトルコ語に訳されたということは、当局がこの運動を厳しく監視していたことを示している。

タンムーツ一七日とアブ九日の断食日が近づくにつれて、サバタイの多幸症的熱狂が昂まり、それは例によって、典礼暦の変更と新しい祝祭日の配分に表われた。サバタイの時間感覚はその時代のユダヤ人にはたしかに注目に値するものであった。伝統的な典礼年の調和の取れたリズムとしっかりした枠組みは彼にはもう存在しなかった。彼が自分を主の油を注がれし者と認識したときから、時間は新しいリズムと新しい質をもつようになった。時間の新しい意味を探る彼の休みなき模索には象徴的な意味合いがあった。そのなかには、メシア時代の暦は追放時代のそれとは違うものであるという彼の意識が表われている。ユダヤの祝祭がもつ本来の聖書的性格をサバタイが考えたことは一度もなく、いつもそれをカバラーのシェキーナーの追放説に照らして経験していたことはきわめてありうることである。彼の意識のなかでは、たとえば過越祭とか贖罪日のような聖書の祝祭日と、燈明祭、タンムーツ一七日の断食といった「ラビ的権威」によって設置された祝祭日とのあいだに違いはなかった。メシア時代の夜明けとともに時間の特性と配列も変わった。スミルナにおける彼の奇妙な振舞い（四三六ページ参照）と、さらにガリポリでのタンムーツ一七日の断食週におけるそれとは、彼の心のなかの新しい時間感覚をことのほかはっきり示すものにほかならなかった。資料に書かれている祝祭日の連続はただでさえ慌ただしいのに、サバタイはどうやら七月か八月のいつの日か、「決まった主の祝祭日をその定められた日から［ずらし］」、［五四二七年のある安息日（一六六六年一〇月九日土曜日）にあたっていた］贖罪日を同年のある木曜日に［執り行なうこと］をよくよく考えたようだ(42)。もとよりこれが実現していたら、そもそも一六五八年に三回の巡礼祭を一週で祝った（一八七ページ参照）ときから始まった彼の典礼暦いじりの最たるものになっていただろう。

当時すべての参詣者はサバタイの立居振舞いの非常な上品さとその目に見えて象徴的な内実に感銘を受けた。何ヵ月もまえに預言者ナータンはそのトラクトで、メシア時代の始まりには厳しい裁きの力が優勢になるだろうと説いていた。カバラーの象徴表現では赤色が厳しい裁きの色である。この色はサバタイの謁見の場をえがくレイーブ・ベン・オーザーの生き生きとした描写にもしばしば現われる。レイーブがガリポリ(43)へ詣でた多くの目撃者から聞いた話によれば、サバタイは、

要塞のなかに……赤い服を着て座っていた。そして彼が両手にもったトーラーの巻物も同様に赤い布に包まれていた。……いつもはトーラーの巻物は右手にあった。彼が座っている部屋の壁は金の壁掛けで覆われ、床には金銀のマットが敷かれていた。それはさながら王侯の間であった。彼は金に覆われた銀製のテーブルにつき、その上に置かれたインクスタンドは金と宝石で出来ていた。彼は宝石で飾られた金と銀の食器で飲み食いした。右手に笏をもち、笏の先端には金の［つまり金で刺繍した］紐がついていた。そして左手には銀の握りのある扇をもっていた。要塞にはトルコ王の宮殿のようにたくさんの部屋があり、塔や美しい葡萄山もあった。要塞の周りには大勢の番兵が立ってい、彼の召使いは学識のあるユダヤ人だった(44)。一日じゅう彼は神の讃歌をうたっていた……そして部屋のなかへはいった者はすっかり慰められて、喜んで出て行った。サバタイは並ぶ者のないカバリストであった。彼は、シェキーナーがいま現われた、いわば追放から引き上げられたのだと［訪問者たちに］説明した。シェキーナーが引き上げられてから、かれこれ四〇年たちました……だから、あなたがたはもうタンムーツ一七日とアブ九日に断食をする必要はありません。なぜなら、と彼は言った、わたしはいま四〇歳になり、聖書の言葉が果たされたからです。「四〇年間（この）族《やから》をわたしはきらい、そして言った、彼らは心の迷う民で、彼らはわが諸々の道を知らない、と。」［詩篇九五、一〇(45)］

タンムーツ一七日の一定の時間に首都の預言者たちが、メシアはたったいま断食をやめ、食事をされていると告げると、それを聞いてだれもが食べはじめた。(46) コンスタンチノープルの期待ははじけんばかりにふくらんだ。首都でサバタイと親しかったラビ・アブラハム・ヤキーニはいわば彼の代理人のようなものであった。(47) 外国からの使者はまず彼を訪ねた。彼の説教と讃美歌は民衆に「信仰」のメッセージを伝えた。たまたま運よくタンムーツ一七日まえの安息日のための彼の説教が遺っているが、(48) 彼の凝った文体——道が輝き出すまでに自分に適量の肉を食べ、自分の葡萄酒を飲んだ者は平和の主から祝福を受けるだろう——が間近い断食の廃止を知らせようとするものであったことは疑いない。「主により永遠の解放によって救われし民。われらの敵はそれを見て、恥じ入るだろう。何となれば、われらの解放は二、三日先に迫っているからだ」というのはタンムーツの一七日を指している。その日に何か尋常ではない出来事が起こると期待されたようだ。ヤキーニの讃美歌のひとつは明らかに、「祝宴の秘義」と「トーラーの奥義を明らかにしてくれる」メシアの秘義が語られるようになってから祝日に変わった断食日のために書かれている。(49) 別の詩ではヤキーニはメシアの心と神の結びつきを強調している。まえの詩の源は世界創造の神秘的起源にあった。(50) 当時非常にたくさんの詩がメシアを讃えて書かれている。その多くがいまも遺っているが、しかし文学的神学的に興味深いものはほとんどない。(51)

サバタイとお付きの者たちはタンムーツ一七日を「彼の精神と光が戻ってくる日」として執り行なった。その祭日はすでに一年まえにガザで採り入れられていたと思われ、したがって一六六六年にはもはや新しくはなかった。一七世紀末の最古のサバタイ主義典礼暦ははっきり「タンムーツ一七日はアミラーの照明と彼の精神の甦りの初日である」と言っている。(52) この週の出来事についてはニ人のレンベルク・コミュニティの使節の報告からよくわかっている。(53) 使節は七月半ばコンスタンチノープルに到着し、さらにガリポリへ旅を続けた。彼らは二度サバタイに会ったが、サバタイは「彼を襲った苦しみのために」多くを語らなかった。この苦しみとは、カハナ[54]によれば、要塞の司令官がなんらかの不明な理由から、訪問者を囚人のもとへ通してはならぬという厳命を出したことを意味している。このポーランドの使者はほかの巡礼者とともにコンスタンチノープルに戻り、アブラハム・ヤキーニ[55]と「信仰の秘義」について話をし、預言者スリエル（四六三—四六五ページ参照）をも訪ねた。しかしながら、言われたようなサバタイの「苦しみ」の性質の意味が正しいかどうか疑問である。彼は鬱の発作に苦しんでいたのではないか。彼の側近の者たちがこの可哀想な状態をひと前から隠そうとしたのだろう。サバタイが鬱の発作中は引き籠ってひとに会うのをこばんだことは知られている。スミルナでも、ガザでも、そして生涯の最後にドゥルチーニョでも、そのように振舞ったのだ。だが、大半の巡礼者はガリポリの要塞の外にいて、定められた祭日を祝った。サスポルタスによれば、四〇〇〇人以上の男女がつどい、メシアに敬意を表した。「彼らはこの日を[56]」「通常の」神聖な安息日よりも厳重に「守った[57]」。

　ポーランドの使節は預言者に、いくつかの質問をして彼をためしたことの詫びを言った。でも、わたしたちはメシアの報せを調べ、その報告を持ち帰るよう言いつかっているのです。もしあなたがわたしたちの隠れた罪を言い当て、適当なティックーンを授けてくださるなら、わたしたちは納得いたします、と。スリエルは答えて言った。「このずる賢いアシュケナージめ！　そうやってわたしをためそうというのか。明日、もう一度来るがいい。おまえたちの罪を言ってしんぜよう。」翌日、彼は本当に彼らの若いときの罪を語り、彼らにティックーンを授け、さらに彼らが来ることをあらかじめ知っていたことを証するサバタイ・ツヴィの手紙を彼らに見せた。この手紙のなかでサバタイは彼らに「彼の大いなる苦しみのあいだ[58]」何をしたらいいか、助言もあたえていた。そうこうするうちに「照明」がサバタイに戻っていた。人びとが喜びの声をあげながら宴を催してタンムーツ一七日を祝った二日後、新しい布告が発せられ、次の月曜日、タンムーツ二三日（一六六六年七月二六日）が「燈明祭」と定められた。そして各家庭で一七本の獣脂蠟燭と一本の蜜蠟蠟燭をともすこととされた。レイーブ・ベン・オーザーはこの出来事を次のようにえがいている。

「タンムーツ二三日月曜日を彼は祭日と定めた。わたしは当時カスティリョス［すなわちガリポリ］のシナゴーグにいたひとたちと話をした。というのも、何百人、何千人というひと」たちがサバタイ・ツヴィに敬意を表しに来たからである。しかし、皇帝の［原文のまま］命令で彼を訪ねることは許されていなかった。シナゴーグにはえもいわれぬ歓びの声があふれていた。彼らはみなトーラーの巻物を［聖櫃から］取り出し、踊りながら、サバタイ・ツヴィを讃える歌をうたった。アミダーの祈りで彼らはこう言った。(59)〈この燈明祭の日。われらの報せの時宜。〉（……）彼はまた外の通りにいるユダヤ人へも報せを送った。翌日、タンムーツ二五日水曜日（原文のまま）は大いなる安息日である」、これはたとえ石もて脅されようと厳に守らねばならない、と。「彼はのちにカバラーからその根拠を示した。(60)」ここで述べられているのは疑いなく二つの異なった祭日である。サバタイはそれらをひとまとめにして、「わたしの祭日にして大いなる安息日」と言っているのだ。しかしその正確な日付、とくに曜日については不明である。サスポルタスや以前のカバラーの典礼暦(61)によって表わされた伝統はデンメーの伝統には反しており、さらには、まさにこの点についてすぐれた資料を、すなわち目撃者の談話やポーランド使節団の報告文書をもっていたレイーブ・ベン・オーザーの叙述ともくい違っている。(62)いまのところこの問題を決する方途はない。しかし、大いなる安息日が月曜日に行なわれようと次の日（火曜日または水曜日）に行なわれようと、出来事それ自体はだいたいにおいてはっきりしている。(63)

一七本の蠟燭の象徴的な意味は訪問者には明らかにされなかった。レイーブ・ベン・オーザーは、その根拠についてはいっさい聞いていないと断言している。この数はひょっとすると、タンムーツ一七日を祝うことで終る喪の期間と関係があるのではないか。一方、大いなる安息日の神秘的意味については、サバタイは幾人かの学者からそれを聞かれて説明した(64)。

タンムーツ一七日後、ポーランドの使者は数々の栄誉に浴してガリポリへ戻った(65)。サバタイの宮廷国家はレンベルクのコミュニティの重要性と二人の使者の権威を知っていたようだ。サバタイの謁見がすんで宿に戻ったとき、二人は重い病にかかった。ところが、薬も食べ物も全部売り切れて、ひとつも残っていなかった。しかし、安息日(タンムーツ二一日)にサバタイはそばに仕えるラビのひとりを遣わし、「一瓶の葡萄酒と一皿の甘い物、レモン二個、いくつかの砂糖の塊」を彼らに届けた。使いの者は、「われらの主」にはこれしか差し上げる物がありません、食べ物はもうほとんど残っていないものですから。でも明日にはご回復されることをお祈り申し上げております、と口上を述べた。翌日彼らはすっかり元気を回復した。これは大いなる祭日が布告されたあとのことだったと思われる。そのときには市場の食料品がすべて売り切れてしまっていたからである。彼らがサバタイに謁見した正確な日付は不明である。それはタンムーツ二二日日曜日、すなわち燈明祭と大いなる安息日のまえか、それともそのあとの同じ週の水曜日か木曜日に行なわれたのかもしれない(66)。いずれにせよ、父ラビ・ダヴィドに宛てた使者たちの報告に基づいたレイーブ・ベン・オーザーのこの訪問の描写は、サバタイの人柄を伝えるきわめて興味深い記録のひとつである。発作的な法悦をともなった、威風堂々たる彼の立ち居振舞いはすべての訪問者に感動を呼び起こした。ポーランドの使者のばあいはおまけにポーランドのユダヤ人たちの苦しみがあった。サバタイの机の上には、最も古い、そして広く読まれた一六四八年から一六四九年の鏖殺の年代記、ラビ・シェブレシンのモーセス作『スク・ハ＝イッティーム』[67]（不安の時代）がひらかれたまま「一日じゅう」置かれていた。ポーランドの使者はきっとそれに感銘を受けたことだろう。

彼らはなかにはいって、跪き、彼の前にひれ伏した。するとサバタイは彼らに尋ねた。「あなたがたはわたしの祭日、大いなる安息日に当地におられましたか。」彼らは答えて言った。「はい、われらの主よ。」さらに彼が尋ねた。「それであなたがたは［わたしが律法を変えたことで］何か疑いをおもちですか。」彼らは言った。「滅相もございません。」……[68]彼らはポーランドのユダヤ人の窮状や鏖殺について彼に報告しようとしたが、サバタイはこう言った。「何も話すには及びません。ご覧なさい。『スク・ハ＝イッティーム』の本が……ひらかれたまま一日じゅうわたしの座右にあります。[69]」そしてさらに言葉をついで、「わたしが赤い服を着ているのはなぜだと思いますか。わたしのトーラーの巻物はどうして赤い布に包まれているのでしょう。それは報復の日がわたしの心のうちにあり、わたしのあがないの年が来たからです。」［六四一ページ参照］使者たちは言った。「われらが主よ、長年、そしてごく最近にも、わたしたちの罪のために犠牲や大虐殺がありました。ポーランドではイサアクの犠牲が始終繰り返されております。」彼は答えた。「わたしの矢を血に酔わせるでしょう」［申命記三二、四二］。彼は彼らに多くのカバラーの秘義を明かし、アルファベット順に讃美歌や歌をうたいはじめた。文字ザイン〔ヘブライ語のアルファベットの第七番目の字母〕に来たとき、彼は叫んだ。「どうかわが悩みと苦しみを心に留めてください［ヘブライ語 *zachor*］」［哀歌三、一九］。そして激しく泣いた。それから彼らに隣に座るようたのみ、ラビ・イザヤの手を取って尋ねた。「あなたはトゥレイ・ザハブ［の注釈書の著者］の息子ですか。」「はい、われらが主よ」とイザヤは答えた。そのあと彼はラビ・アルイェー・

レイーブに尋ねた。「そしてあなたはこの著者の妻の息子ですか。」「はい、われらが主よ」とアルイェー・レイーブは答えた。それから彼は彼らの父親の健康のことを尋ねた。そこで彼らは答えた。「主よ、わたしたちの父は八〇歳の老人で、手足がとても弱っております。わたしたちはコンスタンチノープルを通ったとき、ひとりの老人に会いました。そのひとはひどく転んで死にそうになった、と言っていました。でも、われらの主が早くよくなるようにと食べ物を少し送ってくださり、翌朝には起きて歩くようにと命じられたところ、本当にそのとおりになったそうです。どうぞ、［父が］よくなるように、わたしたちにも何かいただけないでしょうか。」すると彼は砂糖一個を彼らにあたえて言った。「お父上にこれを食べさせなさい。そうすれば、これからはよくなるでしょう。」そう言って、彼は絹のガウンを取り、さらに着ていた高価な羊毛の衣を脱いで、アルイェー・レイーブに言った。「このガウンを取りなさい。そしてこれをお父上の肩に掛け、」〈あなたは若返って、鷲のように新たになる〉［詩篇一〇三、五］と言いなさい。」それを聞いて、ラビ・イザヤが言った。「われらが主よ、わたしは彼の息子です。ですから［聖なるつとめを果たす］優先権はわたしにあります。」だが、サバタイは彼にイディッシュ語で答えた。「だまりなさい。」そして金の刺繍のはいった肩掛けを取り、ラビ・イザヤに言った。「これを取り、わたしの名を言ってお父上の首に掛けてあげなさい。それはお父上にとって偉大、名誉、神聖の証になるでしょう。」彼はこうも言った。「ラビ・レイーブがお父上に掛けるガウンはとくべつなものではありません。それは身体のためのものにすぎませんが、あなたはお父上の名誉になることをするのです。」彼は自分の横に座るよう彼らに要請したが、彼らは答えた。「主よ、わたしたちはわれらが主の御前を拝するだけで十分なのです。神聖なるおかたに近寄ってはなりません。」彼は言った。「でも、わたしはあなたがたに横に座ってもらいたいのです。」

そこで彼らは座った。そのとき果物を盛った鉢が運ばれて来た。そして彼が彼らに言った。「感謝の祈りを捧げなさい。」だが、彼らは答えた。「どうして食べることができましょう。それでは聖書のとおりになってしまいます。〈彼らは神を見て、飲み食いした〉[出エジプト記二四、一一]。なぜなら、いまわたしたちは天上の楽園にいるような心地がするからです。」サバタイは金貨を二つ取り、めいめいに一つあたえて、言った。「わたしの国が現われたとき、それはあなたがたにとって思い出の品になるでしょう。」それからサバタイは金の刺繍入りの肩掛けを取って、ラビ・イザヤに言った。「頭を下げなさい。」彼がそうすると、サバタイは肩掛けを彼の首に掛けて、言った。「わたしはあなたがたをこの世の王とします。あなたがたはわたしの前で王侯になりなさい。……」それから彼はその場にいるラビのひとり、ラビ・ガマリエルとかいう人物[四七二ページ参照]の首から肩掛けを取り、めいめい肩掛けの端をつかむよう二人に命じた。二人がそうしているあいだ、サバタイは彼らの向かいに立ち、踊りはじめた。そうして美しい声で詩篇第一一八篇二〇節「これは主の門である。正しい者はその内にはいるであろう」までをうたった。(70) 彼は目を空に向けながら、各節の終りに一七節「わたしは死ぬことなく、生きながらえるだろう」を[リフレーンとして]一〇回繰り返した。だが、彼は最後の言葉を *we-ᵓehje*(「わたしは生きながらえるだろう」)といわずに、*wa-ᵓahaje*(「わたしは甦らせるだろう」)といった。つまり死者を生き返らせるだろうという意味である。彼は大きな、力強い声で続けた。「主の右の手は高く上がり、主の右の手は勇ましいはたらきをなす――なぜなら、わたしはすでに勇ましいはたらきをなしたからです。」こうして彼はおよそ半時ほど踊りうたいつづけた。お供の者たちは歓びの声をこらえることができなかった。そのあと、サバタイは一同に部屋を出るように言い、二人の使者だけになると、こう言った。「これからあなたがたに明かすことはだれにも、あなたがたの年老いたお父さんにもぜったい言わないようお願いします。」そう言って彼はカバラーの深い秘密を彼らに明かした。彼らは彼に言った。「われらの主なる王よ、もしよろしければ、あなたの御門に仕えるしもべにしてください。」だが、サバタイは答えて言った。「その必要はありません。つつがなく戻り、あなたがたの兄弟たちにメッセージを伝えなさい。」彼らはポーランドにいる信仰仲間にメッセージを書いてくれるように彼にたのんだ。すると彼は彼らの父ラビ・ダヴィド・ハ＝レーヴィ宛に手紙を書き（六四〇―六四一ページ参照）、「わたしの精神と光が戻った一〇日目……モーセ五書読誦［の週］に、〈そして彼らはリトマを出立して、リモン・ペレツに宿営した〉［民数記三三、一九］」と署名した。主は［週間ペリコーペ〔モーセ五書から朗読される章節〕を表わすのに］どうしてこの章句をお使いになるのですかと彼らが尋ねると、彼は……［カバラー的説明で］答えた「が、そのなかで彼が言ったことはなかんずく、彼はメシアとして、ペレツの子孫であるということだった[71]」。

この描写はサバタイから出る魅力、ひとの感情のなかにはいり込み、その感じやすい心の琴線に触れることのできる素晴らしい能力を、まざまざと見せてくれる。彼は訪問者たちがポーランドのユダヤ人の運命について語るあいだ、その気になると彼らの前で踊ることをためらわなかった。同時にまた、彼の振舞いは、通常一七世紀、一八世紀のハーシードのラビたちの特徴と結びつけられるいくつかの特徴も見せている。彼は訪問者たちに肩掛け、なんらかの食べ物、あるいはほかの、彼が手を触れたことによって一種の聖遺物になっていた物を贈った[72]。サバタイがこの習慣を棄教後も長く続けたことをわたしたちは知っている。たとえば、アドリアノープルの病気の支持者を治すよう求められたときがそうだ[73]。この話は、しばしばポーランドやロシアのユダヤ人固有の特性といわれる「ハーシード風」文体が一世紀まえのまったく別の環境のなかでもまったく同じように可能であったことを示している。訪問者たちにたいするサバタイのしぐさや振舞いはまったく彼本来のものではなかったかもしれない。一見サバタイの振舞いの独自性と見えるものは、ひょっとするとわたしたちの無知の結果にすぎないのかもしれない。これはセファルディー系東洋におけるカバラーの聖人とその支持者たちとの関係を示す証拠文献がまったく欠除していることによる。サバタイ自身の寄与は彼の王侯のような振舞いにあったと思われる。まさにこの聖人の伝統的な態度と「ダビデの子」の威風堂々たる振舞いとの混淆が人心をつかんだことは疑いない。彼の音楽の才能も、彼がまさに囚われの身でひとにあたえた印象におおいに貢献していた。堅固な櫓のなかで「昼夜」演奏しつづけた楽士たちにかんするレイーブの報告——目撃者がそれを裏づけている——は当時のサバタイの晴れやかな気分のみならず、監獄も祝いの大広間とさして違わなかったこともはっきり示している。メシアの幽囚は象徴的な外的現象にすぎないと多くの巡礼者が信じたのも無理はない。牢獄から信者たちを支配した指導者はほかにもいたが、ガリポリの類のない状況がつくり出したとくべつな事情はほとんど非現実的に思える。訪問者たちが目の前にあるのは現実であって、夢ではないんだと気づいたとき、それは彼らの信仰をいっそう強めずにはいなかった。

サバタイはポーランドの使者にラビ・ダヴィド・ハ＝レーヴィ宛の短い書状（「わたしは近いうちにあなたの報復をし、あなたを慰めるでしょう。」）に加えて、「ゾーハルやその他のカバラーの著作から採られた、どれも彼に関係する、すべては起こるべくして起こったことを示すたくさんの秘義の含まれた」カバラーのトラクトを渡した(74)。この証拠文書は、サバタイが自分自身について数の思弁（ゲマトリア）をするのを見たというラビ・イスラエル・ハッサンの主張を裏づけている。ポーランドの使節に渡されたこの冊子はあるひとによって書かれ、サバタイ・ツヴィ自身が署名したものである。サバタイの署名は、彼が著者であることを示す証拠であるかもしれないし、あるいは彼の宮廷のカバリストたちがそのなかで明らかにしたメシアの秘義を王として承認したしるしにすぎないのかもしれない。この冊子はどうやらメシアの生涯のカバラー的弁明として書かれていたようなので、もし残存していれば、疑いなくサバタイの伝記の多くの不明な箇所を明らかにしてくれただろう。(75) メシアの奇矯な振舞いについて説明を求めたほかの訪問者たちにもこのトラクトの写しが渡されたらしい。このトラクトの「公認の」写しがつくられたということは、明確な宣伝意図があったことを推測させる。クラクフのラビ・ベラキヤ・ベラッハも彼のガリポリ訪問を伝える手紙といっしょに、「メシアの年と名前を指し示す聖書のいろいろなカバラー的解釈」を送った。この原文はたくさんの写しがクラクフからドイツへ伝わったが、サバタイがポーランドの使節にあたえたのと同じものかもしれない(76)。

二人の使者が堅固な櫓を去ったのは、八月一日日曜日、サバタイとの最終会見に続く安息日のすぐあとだった。彼らのコンスタンチノープルとガリポリでの滞在はしたがって、サバタイの新たな照明の激動の二週間と重なっていた。彼らの訪問中、大いなる安息日の終りに、サバタイの署名した手紙が、神殿破壊の日であるアブ九日の断食をやめ、その日を盛大な祝いの日にせよという指示とともに、トルコの全コミュニティに送付された。サバタイが実際に一六二六年のこの日に生まれたのか、それとも自分の誕生日を非常に都合の良い日付に「合わせた」のか、いずれにしろこの日はメシアの象徴的意味をになっていた。もちろん、古いラビ伝説は将来アブ九日にメシアが誕生することを預言するつもりなどなかった。それはただ、メシアが生まれたのはちょうど神殿破壊の日だったとしか言わなかった。ラビ的ハッガーダーはこんなふうに大惨事と解放のあいだのギャップを埋めたのである。サバタイが本当にアブ九日に生まれたのなら、この事実は彼の使命の象徴的な裏づけとなったばかりか、彼の典礼改革癖と結びついてユダヤ史の最も暗い日を祭日に変えることのなかに表われている事を実行するさらなるきっかけにもなっただろう。「そしてあなたがたはその日を盛大な宴と多くの歓び、選りすぐりの食べ物と甘き酒、あまたの蠟燭と燈明、あまたの調べと歌の日にしなさい。なぜなら、それはあなたがたの王サバタイ・ツヴィ、地上の王のなかの最高の王が生まれた日だからです。労働［の禁止］については、その日を完全祝日のように守り、いちばんの晴れ着を着て、祝典をひらきなさい。」新しい「贖罪の祝い」のための細かい式次が定められた。通常の祭りのキッドゥーシュに合わせた、アブ九日のための葡萄酒を祝するキッドゥーシュもあった。「そしてあなたは、主なるわれらが神よ、慈愛をこめてわたしたちに歓びと祝いの時、歓喜の季節、この贖罪の祭日、油を注がれしわれらの王サバタイ・ツヴィ、あなたのしもべ、あなたの第一子の誕生の季節、をおあたえになった。[77]」祝日の詩篇のほかに、サバタイの命で、ほかのいろいろな詩篇、たとえば第八九篇と第一二九篇、さらにとりわけサバタイがスミルナの女たちの前でうたった第四五篇「あなたはひとの子らにまさって麗しく、気品がその唇に注がれている……王の娘たちはあなたの向かいに立ち、王妃はあなたの右手に立つ」を朗誦しなくてはならなかった。サバタイ主義の信者にとって、それはシェキーナーとその解放を指す明白な神秘的ほのめかしだったのである。[77a]

アブ九日の断食の廃止を知らせるスミルナとソフィア宛の手紙の本文が遺されている。[78] ソフィアから手紙の写しが伝書使によってほかのオーフェン（ブーダ）までのバルカン半島のコミュニティへ届けられた。メシアの布告はバルカン諸国と小アジアの大半のコミュニティにタイミングよくアブ九日まえに届き、とてつもなく大きな反響を呼んだ。祝祭は大歓声のうちに行なわれたが、「新興宗教」にしたがうことをこばんだ少数の志操堅固なひとたちはひどく悲しんだ。[79] コンスタンチノープルでは支持者と反対者のあいだに深刻な衝突が起きた。ヤキーニはメシアの教令に熱意をかき立てられて詩篇四五の注釈を書いた。それはアブ九日の読誦用で、詩篇四五の隠れたサバタイ主義的意味を解き明かすものだった。[80]一方、少数の反対派は組織的な抵抗のようなものを試みたようだ。アルメニア人コミュニティの数人がユダヤ人の知り合いにサバタイのメシアとしての資質について問い合わせた。彼らが聞いた話はわけても、八〇人のユダヤ人の有力者がサバタイのメシア主張と断食の廃止に公然と抗議しているということだった。サバタイは癲癇もちのペテン師だ、奇跡などひとつもやったことがない。それどころか、とんずらしようとして捕まった。支持者たちは怒って、反対者に石を投げている。このアルメニアの情報源によれば、両派のあいだにしばしば争いが起こったが、「貧者の群れはたいそう彼に愛着を覚え、有力者ですら期待に胸をふくらませ、彼に忠誠を誓っている。そこへ行った多くの者たちは、トルコ人の嘲りと中傷を避けるためにアルメニア人に扮していた[81]」。

当時広まっていたサバタイ伝説はコンスタンチノープルの反応をもっと理想化してえがいている。首都のラビたちは動転して、さかんに祈りながら神のお導きを願うことにし、二枚の紙片に「祝祭」、「断食」と書いて、穢れない子供に籤を引かせた。子供は三度引いたが、どれも「祝祭」だった。別のラビは「夢問答」の方法で神の導きを探した。彼らもアブ九日を重要な祭日にしなさいという回答をえた[82]。サスポルタスも断食廃止の報を受けたとき、導きをえるために、このおなじみのカバラー的手法を使った。予期されたとおり、彼が夢からえた答えは単純明解だった。「彼らは人びとのなかから追い出された」（ヨブ記三〇、五）[83]。首都のラビたちが断食の廃止を承認したわけがないというサスポルタスの主張は納得がいかない。支持者たちの多数が、「コンスタンチノープルで断食が廃止されたのなら、それは当地のラビたちの同意をえてである」と主張するのはたしかに真実に近い[84]。メシアの命にたいして抗議をした八〇人の無名の有力者がだれであったにせよ、彼らの反対が一万を数えるユダヤ人コミュニティのなかでそれほど影響力をもったとは考えにくい。ド・ラ・クロワも、首都での断食の廃止は固く守られたとの報告を受けていた。

パレスチナとエジプトではメシアの勅令の届くのがアブ九日に間に合わなかったかもしれない。それゆえ、そこではガザのナータンと彼のお供たち、たとえばエジプトのマッターティアス・ブロッホなどが、イニシアチヴを取ったと推定せざるをえない。エルサレムのある匿名のラビの回答書は八〇年代遅くに断食の廃止に言及するかたわら、一六六六年のあいだに信者の数がふえたことを指摘している。「アブ九日［の断食］は廃止された。断食をしないで、籤祭のときのように、祝宴と歓びの声でもって祝いなさい。王の命令はそういっていた。しかし、これはどこでもそうされたわけではなく、［主として］トルコの町々においてであった。エルサレムは例外だった。当地のコミュニティ（すなわちコミュニティの指導部）は断食をやめなかったからである。しかし、コミュニティの大半のひとたちは断食を守らなかった。(85)」著者自身は支持者ではなく、報告する事柄について遺憾の意を隠さない。それだけにこの証言には価値がある。どうやら一六六五年には少数派だった信者が一六六六年夏には多数派になっていたようだ。コミュニティの長老たちはガザの預言者の指示にもかかわらず、断食をやめることをこばんだが、コミュニティの大半の者たちは自分の地区の長老たちを無視し、メシアの誕生日を祝ったのである。

アブ九日の断食の廃止はオリエントにおける運動の頂点をなしている。一般にはこの夏にもっと大きい、もっと重要な頂点があって、一連の決定的な救済の出来事を呼び起こすものと期待された。しかし大きな出来事――すなわちメシアと彼の預言者との新たな出会い――は生じなかった。すでに七月始め、アレクサンドリアからの報告はナータンが「主の命にしたがって」首都へ旅立ったと伝えていた。そしておそらく七月に書かれたと思われるコンスタンチノープルからの手紙には、ナータンがイスラエルの一二部族を代表する一二人の供を連れて当市にやってくるだろうといわれていた[86]。実際にはこれらはみな根も葉もない噂だった。ナータンがガザを去ったのはメシアの棄教を知ったあとであった。ひょっとするとガザではサバタイとの出会いが一度ならず検討されたかもしれない。しかし、何がその実現を妨げたのかわからない。コンスタンチノープルでは、ナータンがサバタイに手紙を書き、彼のメシア王国の開始は、元の日程表にあるとおり、一六六六年秋であると預言したことが一般に知られていた[87]。サバタイの妻はアブ九日までにスミルナからやってきた。要塞の司令官は夫のそばにいることを彼女に許した[88]。「パレスチナの王妃」は首都のユダヤ人たちに応分の礼をもって迎えられた。彼女はメシア思想の宣伝や地方のラビたちとの討論で積極的な役割を果たした。わたしはメシアの誕生日と即位式の準備をしに来たのだ、と彼女は言った[89]。思いがけない宣伝者も出現した。ド・ラ・クロワの空想的な描写は往々にしてフィクションの領域に属するけれども、二、三のイスラム教の托鉢僧が、トルコ帝国の滅亡とユダヤ王国の再来を預言したのである。ド・ラ・クロワの空想的な描写は往々にしてフィクションの領域に属するけれども、ラビ・トビーアス・コーヘンは、トルコの権力者にとって穏やかならぬことに、イスラム教徒もサバタイを信じていた、と報じている。

サバタイはヨーロッパへ三人の使者を送り、断食廃止の朗報を伝えさせようとしばらくは考えていたようだ[91]。実際問題として、これはごく自然なことだと思われるが、彼がなぜこの考えを棄てたのか、謎のままである。彼の使者がヨーロッパのラビたちから交互尋問されるのを彼が恐れたとはとうてい考えにくい。結局、何百、何千というひとたちがガリポリへ巡礼し、戻ったあとことん問い質されたが、結果はメシアの名声が高まっただけであった。初志を断念したわけは、衝動的に行動したり突然気おくれしたりするサバタイの複雑な心理に求められるべきであって、慎重に練った計画だとか戦術だとか考えるのは見当違いであろう。

しかしながら、別の可能性も考えに入れねばならない。クーネンが使者は送られなかったとしているのは間違いかもしれない。ひょっとすると、三人の使者がヨーロッパへ送られたが、そのうちのひとりだけが着いたのかもしれない。いくつかの文献にはマルタ人の船に捕まったエルサレムの三人の使者のことが述べられている。二人はマルタ騎士団騎士の手にかかり、一人はリヴォルノへ連行された。あいにく、証拠文書は非常に混乱している。[92] さらなる記録文書が発見されないかぎり、ここから結論を引き出すことはできない。

## Ⅲ　トルコ、エジプト、北アフリカにおける運動の広がり。アブラハム・ミゲル・カルドーゾ

スミルナ、コンスタンチノープル、ガリポリ、ならびにヨーロッパのコミュニティでの展開についてはたっぷり文献資料があるのに比べ、その他のトルコ帝国やイスラム世界全体の記述は非常に乏しい。トルコとアジアの多くの地域についてはちらほら断片的な知識しかないが、それでもそれらは全体像を補い、メシア熱のとてつもない爆発という印象を裏づけるのに役立つ。

情報が乏しいということはとくに、サバタイ運動が、引き続き明らかにされるように、最も深くかつ最も長く根づいたサロニキのケースに現われている。サロニキは当時、世界最大とはいわぬまでも、最も大きなユダヤ人コミュニティのひとつであった。そのユダヤ人人口は六万人を数えた。[93] 贖罪運動とアブ九日の断食という一般的慣習にかんするサロニキのラビ・ヤコブ・ベン・ボートンの証言（五〇五ページ参

照）は、市のラビたちが運動に関与し、ガリポリからの指令にしたがっていたことを、疑いなく示している。

クーネンはサロニキの運動を克明にえがいている。彼はサロニキとスミルナのあいだを行き来する多くの目撃者から情報をえていたらしい。クーネンによれば、メシア信仰と贖罪熱にかけてはサロニキのユダヤ人たちはほかのすべてのユダヤ人にまさっていた。のちにレイーブ・ベン・オーザーが依拠した彼の描写は、サバタイ・ツヴィにかんする非ユダヤ教徒の公刊物に現われたいろいろな説明のきっかけともなった。[94] 人びとは己れの罪を告白し、罪滅ぼしをするために、みずから四人のラビの「裁きの場」に進み出た。多くの贖罪者が首まで地中に埋まり、地面から頭だけ突き出して、三時間ものあいだそうやって祈りつづけた。ラビの法で認められた四種類の死刑、投石刑、焚刑、打ち首、絞首刑をまねする者もいた。クーネンは、ラビ・ヤコブ・ベン・ボートンと同じように、物乞いがいなくなり、すべての罪人が悔いていることを強調している。店々は閉まり、たえず新しいかたちの禁欲が導入された。サロニキでは、すべての霊魂がそれぞれに定められた肉体のなかへはいるとダビデの子が現われるというラビの格言（五〇七ページ参照）を忘れないで、若い娘との結婚が始まった。そうやってメシア出現の最後の障害を取り除こうとしたのである。クーネンによれば、そうした婚姻が七〇〇から八〇〇結ばれたという。[95] それはのちに多くの悲惨と不幸をもたらした。過度のメシア熱が惹き起こした財政危機をコミュニティはどうやって乗り越えたのか、その点についてはいまだ満足な答えは出ていない。富有層はすっかり貧乏になった。フランス語の『見聞記』の著者であるイエズス会士によれば、サバタイ・ツヴィは、サロニキのすべての金持ちのユダヤ人を「乞食にし」てやったと軽蔑するように自慢したという。[96] 一六六六年の冬から夏にかけて四〇〇人以上の貧乏人が公の慈善に頼って暮らした。このセファルディー系ユダヤ人の中心地における信者たちの苦行は、このドイツ系ハーシードたちの禁欲的な勤行がいかに広く行き渡っていたかを認識させる。サバタイ思想の熱狂的な支持者は英雄的な贖罪を欲するあまり、サーフェードのカバリストが一六世紀に導入した苦行では飽き足らず、『ロケーアハ』や『セーフェル・ハッシーディーム』の厳しい規則にしたがった。目撃者であるコンスタンチノープルのイサアク・ロマーンは、平日の六日間断食をし、それを七週間続けたあげくに死んでしまった人びとのことを語っている[97]。スミルナのラビも一六六八年に苦行によるそのような死亡ケースに言及している（七五九ページ参照）。指導的なラビや説教師たちは贖罪運動を奨励した[99]。彼らの説教の一部がいまも遺っている[98]。サロニキはラビ学の中心地であった。ラビ学院のメンバーたちはメッセージに熱心にしたがった。彼らの多くは棄教後も信仰を忠実に守った。他方、サバタイ派の伝承は、アブ九日の断食の廃止を疑問視する声が町に流れていたことも伝えている。しかしこの話は捏造かもしれない。「主が奇跡を行なわないかぎり、祭りを祝うわけにはいかないことを伝えるべく、主のもとにひとりの急使が遣わされた。するとわれらの主は答えられた。『わたしが奇跡を行なわずとも、あなたがたは祭りを祝うでしょう——それこそ本当の奇跡であるでしょう[100]。』」

　ほかのバルカンのコミュニティは、アドリアノープルやソフィアのような大きいコミュニティであれ、ギリシアのアルタのような小さいコミュニティであれ（六三四ページ参照）、サロニキのためしに倣ったようだ。サバタイ家のギリシアの分家の子孫と思われるアブラハム・アザリヤ・ツヴィは、一六六六—六七年にテーバイで活動した[101]。一六六六年についてはあまり正確なことはわからないが、しかし、当地では棄教後も多年メシア運動が続いたことは知られている。スルタン・メフメット四世のお気に入りの居城のあるアドリアノープルでアブ九日が祝われたことは二つの資料により裏づけられている[102]。キリスト教徒の目撃者によれば、全ユダヤ人住民が信仰を固く守っていた。しかしアドリアノープルには、サロニキと違って、「大の不信仰者」ラビ・ヤコブ・ダノン[103]とラビ・アブラハム・マグレッソ[104]に率いられた反対派のラビがいた。当時アドリアノープルに住んでいたアシュケナージの学者プラハのラビ・ヤーコプ・シュトゥリーマー[105]も棄教までは支持者であったが、「敬虔な暮らしをやめず[106]」、サバタイ派の律法違反にも加わらなかった。ソフィアのユダヤ人は、アシュケナージもセファルディームも信仰を受け容れた。ガリポリからヨーロッパに送られた、アブ九日の断食を廃止する手紙の宛先がソフィアで、アドリアノープルではなかったことは興味深い[107]。

ベルグラードのコミュニティは二人の公式の使者をサバタイ・ツヴィに送った[108]。エルサレムのラビ・ヤコブ・ハギスのイェシヴァでナータンの同級生であったラビ・ヨセフ・アルモスニーノはいまや名にし負う支持者で、自分の町に届いた預言者のすべての手紙文を熱心に書き写していた[109]。ハハム〔学者の謂。セファルディー系ラビの称号〕・ツヴィの名でよく知られるラビ・ヒルシュ・ベン・ヤコブは、ハンガリーとバルカンのコミュニティの雰囲気について幼児時代の思い出をもっていて、息子のラビ・ヤコブ・エムデンにそれを話して聞かせた。ハハム・ツヴィは一六五八年[110]ブダペストに生まれ、そこで幼年時代を過ごした。サロニキで学び、数年間サラエボのラビ職についた。彼の記憶によれば、「当時『悪魔退治をさせてください』と言う女たちがいた。彼女らは白装束に身を包み、両手を空中で奇妙に動かした。それから衣服を広げ、おびただしい量の血を集めた。その血は、まるで彼女らが両手で……〔悪魔を〕打ち殺したかのように、空中から流れ出た。『天の匂いが欲しいのはだれ?』と言う女がいた。彼女はそう言って、両手を空のほうへ上げ、空中で何かをつかむと、希望者ひとりひとりに非常に芳しい香をあたえた」。ハハム・ツヴィはまた、サバタイ派の異端者ネヘミア・ハイヨンののちの継父であるサムエル・アルモーリが巻き込まれたサラエボのある事件を回想している。「大罪人」として知られたアルモーリは預言者になっていたある若いろくでなしをためしてやろうと思った。若者は本当に彼の秘密の過ちや罪をことごとく彼に言ってのけた。ところがおまけにもうひとつ、アルモーリ自身が知らなかった罪を彼に帰せた。それで彼はきっぱり言った。「本当の預言者に向かって伸ばされる手は枯れる、だ［列王記上一三、四参照］。さて、どうかな。」そう言って彼は若者の顔を鼻から血が出るまで殴った。「すると彼は預言能力を失った。(111)」

これは回顧である。しかし、ブダペスト（オーフェン）発の同時代人の手紙がある。モーセス・コーヘンが一六六六年初夏にウィーンにいるきょうだい、サロモン・リンツに宛てたものである。彼が語っているのはおなじみの、コンスタンチノープルの出来事にかんする突拍子のない話であるが、しかしパレスチナ行きにかんする新しいニュースもある。「わたしたちの王はだれも現在いる場所から聖地へ行ってはならぬと命ぜられました。なぜなら、すべての奇跡は聖地の外の国々で起こるからです。オーフェンの教区民は［トルコを通らずに］直接エドムの地［キリスト教の国々］を抜けて行かねばならないでしょう［つまり、大虐殺の行なわれた場所を通って行けということ］。一六六六年燈明祭［一二月！］にはきっとすべての国外追放者が集まりますよ。わたしたちは主の祭壇に犠牲を捧げるでしょう。(112)」この興味深い情報が生まれたのはコンスタンチノープルの期待に張りつめた日々であったに相違ない。ハンガリーのユダヤ人の通るルートが正確に挙げられていることから、このような問題がしきりに考えられたことがわかる。予定より早く立つことは薦められなかった、というかむしろ禁じられたというのは、一六六五年のナータンの手紙と一致する。しかしここではそれはサバタイ自身の命令であるように思われる。レンベルクの使者にたいして彼が言ったこととまったく一致しているからである。

アジアのユダヤ人コミュニティはたちまちメシア熱で炎のように燃え上がった。小アジア、スミルナ、パレスチナのコミュニティの反応についてはすでに述べた。バビロニア（イラク）とペルシアのことはあまりわからないが、しかしナータンがバグダードの文通相手と手紙を交わしていたことは知られている。アブラハム・カルドーゾは一六六八年に、バグダードからナータンに届いたヨセフ一族のメシアの居場所にかんする問合せに言及している。

ナータンはこう答えた。「メシアはわたしたちのところにいます」が、しかし多くのひとたちが「メシアの信仰から離れています」。この問題を正しく理解できなかったからです、と。[113] これらの地域から大勢の支持者がメシアに会いにやってきた。レイーブ・ベン・オーザーはたびたび大勢の巡礼者、「ペルシアやメディア、バビロニア、トルコからメシアのもとへ来た男や女たち」[114]について述べている。クルディスタンのユダヤ系山岳住民も信仰を受け容れた。ウルミアとラーワンドゥーズのコミュニティはアレッポの同胞たちと緊密な接触を保ち、彼らからサバタイにかんするニュースや文書を受け取っていた。[115] 当時の指導的なクルド系ユダヤ人はラーワンドゥーズのラビ・イサアク・ハリリと彼の息子フィネアスとモーセスで、彼らのカバラーの著作とヘブライ語とアラム語の讃美歌がいまも遺っている。彼らは朗報を受け取るとすぐに支持者になり、ラビ・イサアクは『聖書の章句の数計算』を公にした。ゲマトリアによるサバタイ・ツヴィのメシア的解釈である。[116] 彼の『ベリース・メヌーハー』では丸々一章がメシアの人柄にあてられている。カッディシュ〔紀元一—二世紀の古いアラム語の祈り。神の聖性と解放の希望を表明するもので、主として日々のミサの終りに唱えられる〕詠唱すらゲマトリアによってサバタイを暗示するようになっている。[117] クルディスタンでも「われらがメシアの指示どおりに」典礼の改変が行なわれた。たとえば、朝の礼拝に詩篇二一を朗誦することがそうである。[118] フィネアス・ハリリはまたほかのサバタイ派の文献には述べられていない典礼の改変についても述べている。サバタイは詩篇一四五のかわりに四五（四三一ページ参照）を読誦せよと定めたというのである。[119] ラビ・フィネアスは断食の廃止とクルディスタンにおける彼の新しい典礼の遵守と関連して、付言ながらきわめて興味深いことを述べている。どんなに遠く離れたコミュニティにでも断食の廃止を知らせた手紙にサバタイ自身の署名がはいっていたらしいのだ。メシアは秘書が作成した告知の写しすべてにみずから署名したようだ。ラビ・フィネアスは、「わたしたちは」祭日を「主おんみずから手紙をいただいた最初の年だけ放棄した」と報告している。これが一六六六年夏のサバタイの告知を指している可能性はほとんどない。ここからわたしたちは、サバタイはテベス一〇日の断食を廃止する手紙を一六六五年終り頃アレッポかスミルナから出したと推測せざるをえないのではなかろうか。クルド系ユダヤ人は棄教後ふたたびすべての断食期間を遵守し、それでもサバタイのことは信じつづけたのだから、この言が一六六七年を指しているとは考えにくい。最近公刊されたペルシアのクルディスタンの典礼文二点はいずれも当地のメシア熱を裏づける証拠である。ひとつはニシュマースの祈りの長い詩的な概説で、主の神殿で犠牲を捧げるサバタイの定めについて述べる。これはまたメシアがダビデ王家の子孫でありアアロン司祭家の子孫ではないにもかかわらず、大司祭を務めるだろうという意味なのかもしれない。もうひとつのテクストは、カッディシュの祈りの詩的な概説で、「慰めの祭り」が祝われることについて述べている。なぜなら、「あなたはわたしたちの悲しみの断食を歓びと愉しみへ変えられたからです」。これはしたがって棄教の一年まえ、断食が守られていなかった時点に書かれたものである[120]。いずれにせよ、クルドのコミュニティは祭日の廃止についても再導入[122]についても意見が一致していたようだ[121]。クルディスタンは一二世紀にメシア騒動の舞台になったことがある。まったくの偶然によってハリリ文書[123]が遺り、そして最近典礼詩が発見された。それによってクルド系ユダヤ人は一七世紀にもメシアニズムに熱狂したことがわかった。アルベル、ウルミア、ラーワンドゥーズ、アマディアのコミュニティは棄教のあとも信仰を守りつづけたのである。

ペルシアからは、一六六六年にそこを旅したフランス人シャルダンの目撃報告がある。ペルシアのユダヤ人たちは家を捨て、野に暮らし、そこで深く悔いて断食をし、メシアの到来を祈った。地方長官が納めるべき税金のことを考え、仕事に戻るよう注意したとき、彼らはこう答えた。「われらが主よ、わたしたちは二度とふたたび税金を納めません。われらの救い主が来られたからです。」彼らは長官の同意をえ、自分たちのやり方で自由に神に仕える許しをえたが、しかしもしメシアが三ヵ月以内に来なければ、大きな罰も科せられた。彼らは三ヵ月後、本当に二〇〇トーマンス（当時は九〇〇〇フランスリーブルの価値があった）の協定額を支払った。[124]メシアの情報をえるために、使者がコンスタンチノープルへ送られた。そのひとり、ラビ・アアロンなる人物[125]が首都の著名な支持者の手紙をもってペルシアへ戻って来た。[126]

サスポルタスの『ツィツァース・ノーベル・ツヴィ』にまとめられている豊富な記録文書はモロッコからエジプトまでの北アフリカの運動に解明の光をあててくれる。この広い地域全体ではカバラーの教義がサバタイ運動勃発に並々ならぬ役割を果たした。チェレビー・ラファエル・ヨセフの館におけるメシア熱とルーリア神学との結びつきがその良い例である。エジプトにおける運動の開始と発展についてはとくによく知られている。メシア宣伝の中心は二つあったようだ。カイロのラファエル・ヨセフの館とガザのナータンのサークルである。両中心のあいだにはとくにラファエル・ヨセフの使者を介してさかんな往来があった。一六六五年のナータンのカバラー的トラクトは、すでに見たように、カイロの中心に向けられた可能性がきわめて高い。そこの指導的なカバリスト、ラビ・サムエル・ガンドゥールとラビ・ユダ・シャーラーフはナータンの親密な仲間で支持者であった。シャーラーフはナータンの側近の面々とも近しかった。サーフェードからのサバタイの手紙（二一二ページ参照）はシャーラーフとラファエル・ヨセフに宛てられていた。シャーラーフはしばらくエルサレムで暮らしたことがあり、サムエル・プリモの先生であった。[127]一六六五年秋にはもうエジプトにいなかったかもしれない。彼は当時スミルナにいたサバタイ・ツヴィ宛の預言者の手紙を携えて、ガザから旅立ったといわれている。彼がスミルナに着いて、そのあとおそらく帰還したのか、それとも途中でマルタ騎士団の船に捕まってしまったのか（六七三ページ参照）わからない。いずれにせよ、コンスタンチノープルのラビたちがスミルナの同僚に注意する件の手紙に本当にシャーラーフの署名がはいっているのかどうか、確かではない[128]。この注意状が送付されたほぼひと月後の一六六六年五月にサスポルタスはシャーラーフがナータンの預言を確証するためにガザから書いたと思われる手紙を引用している。しかしシャーラーフはどうやら預言を信じさせるに足る説得力をもたなかったようだ。というのも、サスポルタスは、「筆者はいまもすべてのひとが疑っているエジプトや近隣諸国で」どうしてその不信を吹き飛ばすことができなかったのだろうかという皮肉っぽい疑問で引用をしめくくっているからである[130]。いずれにせよ、シャーラーフはエジプトへ手紙を書いたように思われる。そうなら、彼は当時別の場所にいたに違いない。ひょっとすると棄教のあとエジプトに戻ったのかもしれない。しかし、ハイーム・ヴィタールの息子サムエルはラファエル・ヨセフのカバリストサークルの一員だった。しかし、彼は一六六五年から一六六六年にかけてあらゆる贖罪行をしているにもかかわらず、彼のサバタイ信仰を明確に証するものは何もない。サムエル・ヴィタールが一六六六年タンムーツ二六日（七月二九日）にカイロで悪霊に取り憑かれた男にたいして行なった悪魔祓いの儀式にかんする記録[131]は、カイロの生活が普段と変わりなかったことを推測させる。メシア信仰の復興を指し示すようなものはどこにもないからである。霊はタンムーツ一七日に患者をひどく苦しめたといわれる。しかしその年のその日が祭日として祝われた、あるいは少なくとも断食が放棄されたことについては語られていない。この沈黙は、ラビ・シャーローム・ベン・ヨセフがアムステルダムへ伝えているサスポルタスの主張[132]、すなわち「大半のエジプトのラビはこの件でいまなお疑いを抱いている」という主張を裏づけるものである。

エジプトでのサバタイ信仰の宣伝活動に反対した者のなかにはこの地に住みついていたパレスチナのラビたちがいた。エルサレム出身のラビ・ゼラヒヤ・グータとサーフェードのラビ・ヨムトヴ・ベン・アキバ・ツァハロンもそのひとりであった。サスポルタスはこれらの懐疑家たち、とくにラビ・ヨムトヴ・ツァハロンの敬虔さと叡知を称賛した。サスポルタスはこの人物が一六六五年にサーフェードのコミュニティの依頼でアムステルダムを訪れた折に彼と会ったのである。[133] 二人はどうやら、ナータンは預言をするなら奇跡によってそれを証明すべきだと主張していたらしい。でもそれ以外は何もせず、ひとまず預言者の預言の結果を見ることにしたようだ。サスポルタスは普通、メシア宣伝に反応を示さなかった連中にたいしてはひどく辛辣な言葉を浴びせたけれども、この二人のラビの賢明さには賛辞を贈った。ナータン・グータの描写によれば（五〇九―五一〇ページ参照）、エジプトの熱狂者たちの雰囲気は、反対者たちのそのような「賢明さ」を得策とするようなものであったらしい。

アレクサンドリアのコミュニティは信仰の中心地としてラファエル・ヨセフを囲むサークルに劣らぬ重要性をもっていた。そこのラビ、ホセア・ナンタワは並外れた過激な熱狂者のひとりであった。一六六六年晩夏の彼の熱狂的な手紙は重要かつ興味深いサバタイ主義の信仰表明であるばかりか、アレクサンドリアにおけるサバタイ主義運動を瞥見させるものでもある。手紙の末尾にナンタワはみずから「この聖なる信仰をもつ人びとのしもべ」と署名している。[134] これは法王の「神のしもべのなかのしもべ」を思い出させる。アレクサンドリアで活動する、エルサレムとガザの最初のサバタイ派グループの数少ない使徒のひとりであった。彼は「神がわたしたちの目をおひらきになった」ことを喜んだ。「少しまえにひとりの預言者が当地に来られた。偉大なラビで、そのかたの口を通して主の霊が語られる。（……）ラビ・マッターティアス・ブロッホ・アシュケナージは以前われらの主とともにおられた。主は自分の権威を少し彼に分けあたえ、彼の上に手を置かれた［民数記二七、二〇と二三参照］。以来、聖霊が彼に宿り、そして日々彼は聖なる信仰に基づいて大いなる預言をなす。さいわいなるかな、待つ者は。かなしいかな、否定する者は。[135]」察するに、ブロッホはナンタワが手紙を書く数ヵ月まえにエジプトに来たと思われる。一六六六年四月よりあとではあるまい。そして熱心に彼の信仰を説いた。エジプトで活動した預言者はほかにはいない。ブロッホは正規のラビで、ラビ的作家であったので、彼の預言はひとつも残っていないけれども、女子供のとつとつとした心情吐露よりはずっと印象深い、説得力のあるものであったに相違ない。サバタイ・ツヴィは彼をおおいに尊重していたらしい。彼の名はメシアがスミルナで任命した王たちのリストに挙がっている。[136]ラファエル・スピーノは一六六六年四月のサスポルタス宛の書状でエジプトの出来事について報告しているが、ブロッホには触れていない。リヴォルノやヴェネツィアにはしょっちゅうアレクサンドリアから手紙がはいっていたけれども。[137]スピーノはアレクサンドリアから来た旅人から、この町だけで二〇〇人のひとたちがナータンの贖罪要請にしたがっていると聞いていた。ナータンはひとりひとりに手紙を書き、彼らに秘密の罪や彼の魂の根を打ち明けたという。アレクサンドリアからの手紙には、人びとは日曜日から金曜日の晩まで断食をし、子供たちはタルムードやゾーハルの知識を霊感で吹き込まれていたと伝えられている。マッターティアス・ブロッホの権威は少なくともアブ九日に断食をやめさせることができるくらいの力はあったに違いない。[138]断食をやめよというサバタイの指示はパレスチナやエジプトにタイミングよく伝わらなかった可能性がある。したがって、ナータンや友人たちは自力でこれを行なったと思われる。メシアとガザの預言者がずっとまえからあらかじめこの事を手紙で決めていたと推測させるものは何もない。ナータンとマッターティアス・ブロッホは、タンムーツ一七日に断食がなされなかった年の前年、ふたりともガザにいた。彼らが一六六六年に同じ慣習に倣わなかったわけはない。[139]カイロでもブロッホの命が守られたことを示す証拠はない。ブロッホは、サスポルタスによれば、老人だった。(140)「老」という形容詞を慣用的な意味で「尊」と誤解されないように、サスポルタスは念入りに、彼は「馬鹿な老人」で「とんま」だと詳述している。

当時エジプトで活動していたモロッコのマラケシュのラビ・ヤコブ・パラへについては少ししか知られていない。カイロのラビたちはのちに彼のことを最悪のサバタイ主義活動家のひとりとみなした。一六六六年末に棄教の報せがカイロに届いたとき、ラビたちは厳粛にサバタイ・ツヴィを彼の三人の「主だった共犯者」ナータン、マッタ―ティアス・ブロッホ、「いきなり喧嘩をおっぱじめた」ヤコブ・パラへらとともに破門した。(141)破門状の五人の署名者のひとりにラビ・ナータン・グータがいた。運動の断固たる反対者で、熱狂した群衆に実際に命を狙われたこともある（五〇九―五一〇ページ参照）。ほかの四人の最初の姿勢についてては何もわかっていない。サバタイ・ツヴィへの信仰を神の統一性と神の律法への信仰と同じくらい高く掲げたアレクサンドリアのラビたちのラジカリズムが反対者を刺激したのかもしれない。それによって信奉者たちの熱狂が煽られたことは確かだ。一六六六年一一月にはすでにリヴォルノのコミュニティに宛てたナータンの手紙がハンブルクのポルトガル系シナゴーグで説教壇からおごそかに読み上げられた。(142)それは、先に見たように（五二二ページ参照）のちのサバタイ主義に見られることのほかセクト的な心性を多分に先取りしている手紙であった。

当時サバタイ主義運動の光彩陸離たる人物のひとりが住み、熱心にメシア信仰復興のために活動したトリポリからの報告には事欠かない。アブラハム・ミゲル・カルドーゾ（一六二七―一七〇七）――または正しいスペイン語の書き方ではカルドーソ――はナータンと並び、そして彼の死後は二五年間、一七世紀におけるサバタイ主義の最も重要な代弁者にして神学者であった。彼の生涯の主たる部分はサバタイが死んだあとの期間に展開されており、ここでは扱わないことにする。それでも彼の生活と活動の初期の段階を思い出してみることは有意義である。彼自身の著作はその伝記的情報がたくさんあるにもかかわらず、まことに一貫性がなく矛盾だらけである。しかし彼の発展の諸段階についてはほとんど疑問の余地はない。彼はカスティリャ地方のリオ・セコのマラノ一家の子孫として生まれ、幼少の頃に自分のユダヤ出自を知った。[143] 彼はマドリードで非常に年の離れた兄イサアク・カルドーソ（一六〇四―一六八〇）の庇護を受けて育った。この兄はマラノユダヤ民族の傑出した代表者のひとりで、ユダヤ教に戻ったあとはマラノユダヤ民族のスペイン語で話す最も重要な擁護者のひとりとなった。[144] 弟も少なくとも二年間サラマンカで医学を学ぶと同時に、彼みずから伝えるように、カトリック神学の勉強をした――その動機は論駁するためだったらしい。[145] 二一の歳にスペインを去り、リヴォルノでユダヤ教に改宗し、[146] ヴェネツィアでアブラハム・ヴァレンシ、サムエル・アボアブ、モーセス・ザクートといった偉大な師の教えのもとにユダヤ教の勉強をした。[147] パドヴァで医学の勉強を終えたらしい。そして生涯医者として働いた。彼はタルムード学者でも正式なラビでもなかったが、それ以外のユダヤ文学のあらゆる部門を熱心に学び、とくにミドラーシュとカバラーに通暁していた。彼がのちに語ったところによると、彼は最初から真の「イスラエルの神」のアイデンティティについて考え、いろいろな書物を渉猟したが、心やすまるものは何も見出せなかった。[148] 彼はまたメシアによる解放の間近いことを夢に見たと主張したが、この主張をどこまで真に受けていいかわからない。彼は並外れた空想力の持ち主で、それは後年の彼の著作や活動にはっきり表われている。彼は一六五八年以後幻視でイサアク・ルーリアを見たと語っている。[149] 一六五九年にしばらくリヴォルノへ戻り、このときからところ定まらぬ有為転変の生活を送った。数年をカイロで過ごし、ここでひょっとすると初めてエジプトを通ってエルサレムへ向かう途中のサバタイ・ツヴィに会ったかもしれない。彼はこの地でカバラーの研究に没頭し[150]、一六六三年か一六六四年にトリポリのベイ〔オスマン帝国で封建君主など高位のひとにつけた称号〕、オスマン・パシャの侍医としてトリポリに居を定めた。ユダヤ教に戻った直後に結婚をしていたが、いまは二度目の妻を娶り、多くの子をもうけたが、子供たちはみな彼よりずっとまえに亡くなった[151]。トリポリでは影響力の強い地位を占め、平信徒もラビたちも彼にあたえられた啓示と幻視により、彼のことをコミュニティの精神的首長とみなした。大多数のひとは彼に忠実であった。彼がのちにユダヤ教の儀礼を厳守しないと責め訴えられたとき、彼らはやっきになって、律法に忠実なユダヤ人という彼の評判を証明した[152]。書簡が示すところによれば、彼はすでに一六六四年にメシアが一六六五年に示顕するだろうという啓示を受けていた[153]。ガザからの朗報が届いたあと新たな幻視が彼の確信を強めたとしても不思議はない。彼は「信仰」の熱心な代弁者となった[154]。カルドーソは感に堪えずナータンをはじめほかの運動推進者たちに手紙を書いたらしい。そしてサバタイの棄教については多くの手紙のなかでスペイン語やヘブライ語で熱心にそれを弁護したが、その後も彼らと緊密な接触を保った[155]。しかしその時分彼はまだ自身の学派を築いていなかった。それをしたのはもっとあとである。「マグレブの」預言者たちの存在にかんする一六六六年のナンタワの言はどうもカルドーソに関係しているようである。

北アフリカのほかの部分についてはつまびらかではない。モスクワのギュンツブルク集（第一九五号）にある「アフリカの宗教儀式にのっとった贖罪祈禱」集にはサバタイ・ツヴィを讃える讃美歌がひとつ含まれているが、その正確な由来はもはや確かめられない。アルジェリアとチュニスについてはだいたいのことはわかっているが、詳しい事情はわからない[156]。しかし、チュニジア海岸先のジェルバ島のコミュニティがラビ・ナータン・グータに宛てたある法律問題はこの地方におけるメシア運動を明らかにしている。「ひとの噂と間違った警報の行き交った年に」ジェルバのある住民が「ほかのイスラエルの子らと同じ過ちに陥って」、聖地へ行く決心をした。旅金が入り用だったので、彼は自分の家を担保にしてコミュニティから四〇ターラー借りた。出立前に彼は、コミュニティの役人に不動産担保貸付の回収ばかりか、家をコミュニティの財産とともに売却することを認める契約書にサインをした。役人たちが救済の近い将来それを売却することは確かだと思われた。しばらくたって理性を取り戻したこのジェルバ島民は財産の返却を求め、（a）家はコミュニティに売ったわけではなく、抵当として預けただけであること、（b）コミュニティがこの家をコミュニティの他の財産といっしょに売却できるというコミュニティとの売買契約はたんなる形式にすぎないと考えていたこと、（c）この経済行為はそもそも解放の報せが正しいものであることを前提にしていたこと、を主張した。[157] この件はパレスチナやエジプトのいろいろなラビたちに提示された。（申請者はその当時カイロにいたらしい。）尋問とラビの判決の文言は、ジェルバの役人が実際にコミュニティの全財産を近々売却するつもりであったことをうかがわせる。「なぜなら、その時が来た、終りは近いからだ。[158]」

モロッコにかんしては、遺憾ながら重要な文献は遺失したものとみなさざるをえない。フランスの占領時まではフェスのマッターティアス・セレロの図書館にサバタイ・ツヴィにかんする記録文書を含む浩瀚な写本が存在し、そのなかにはナータンとサバタイがフェーズのラビたちに送った手書きの書簡もあった。占領の数年後に図書館は略奪され、放火された。[159] したがってわたしたちは手にしうる資料から知識を組み立てねばならない。アルジェとオランとモロッコでは朗報はひどい反対には遭わなかった。それどころか「蛮地」（血腥い迫害が日常茶飯事だった北アフリカのこの部分は当時こう呼ばれていた）の数多くのユダヤ人に大きな希望を呼び覚ましたのだった。とくにモロッコではユダヤ人は、ポーランドの僚友たち同様に、たえず命の危険におびえていた。彼らは支配者の気まぐれの犠牲者としていろいろな地方領主間の争いにひどく苦しむと同時に土着民の暴動にも悩まされていた。サレのユダヤ人は一六六六年、そのような内戦のあいだにひどい痛手をこうむった。モロッコの全ユダヤ人は「この信仰にたいする度外れた熱狂のために、神を畏れぬガイランが蜂起し、彼らにたいして殺戮と破壊を叫んだとき」破局の危うきに瀕した。莫大な額の賄賂を支払うことによって危機は除かれた。(160) タフィレルトの支配者はその年の後半に政敵ガイランを駆逐した。サスポルタスは、モロッコ生まれで、サスポルタスとトレダーノという二つの高貴なユダヤ人家門の一方の子孫として当地のユダヤ人の問題にいつも密接にかかわっていた。頻繁にモロッコの同僚、とくにサレのラビたちと手紙を交わした。もともと彼自身ここのラビだったのだが、当局の不興をこうむり、命からがら逃げ出したのだった。一六六五年夏、一〇部族がアフリカの砂漠からやってくるという最初の報せがサレから広まった(三六〇ページ参照)。ガザからの朗報を受けて、サレのラビたちはメシア信仰をわれもわれもと受け容れ、モロッコの贖罪運動の先頭に立った。それをきっかけにモロッコの当局は厳しい措置に打って出たため、ラビたちは、サスポルタスの言葉を借りていえば、「彼らの贖罪の償いをする羽目になった(161)」。ひとりの貧しいが勤勉な若いモロッコの学生がただちに徒歩でエジプトを通ってガザへ出立した。ここで預言者ナータンが彼の前にひれ伏した。それというのも、ナータンはこの参詣者の心のなかにシモン・バル・ヨハイの心から発する火花を認めたからである。(162)

モロッコのラビたちがこの運動を肯定的に取り上げたことにはほかにも理由があったかもしれない。彼らはみな、預言者の父親で、エルサレムのコミュニティの使節として長年彼らとともに暮らしたラビ・エリシャ・ハイーム・アシュケナージをよく知り、尊敬していたのである。さらにサスポルタスとサレのラビたちとの往復書簡から見るに、サスポルタスも最初は良い報せを聞いていたく感激したようである。サスポルタスは自己矛盾の跡をたくみに覆い隠すすべを心得ていた。そして虚栄心を満足させるためには元の発言や手紙の内容を「つくろう」ことも辞さなかった（六〇五―六〇六ページ参照）。その点彼は自分の回想録を書く他の外交官と変わらなかった。サレのラビたちやサスポルタスの古い友人ラビ・ヤコブ・サアドゥンも忘れてはいなかった。サスポルタスがサバタイの棄教後独善的に、自分だけは始めから終りまで揺らぐことなくこの腐った信仰と闘ってきたことを彼らに思い起こさせたとき、彼らはにこやかに驚いて、彼が一六六五年秋にしたためた、多くのラビたちがこの一件を本当だと思っていることを証言する手紙を、彼に思い出させたのだった。おまけに彼は手紙の末尾で「これは一六七〇年に起こるだろう」と太鼓判を押していた[163]。これはもともとナータンがラファエル・ヨセフ宛の手紙のなかで預言していた日付である。この手紙は残念ながら、といっても理由ははっきりしているが、サスポルタスの『ツィツァース・ノーベル・ツヴィ』「出版用の書類」には採択されなかった。サスポルタスは回答のなかで、自分はただほかのひとたちが表明した意見を引用しただけであって、確かめたわけではないし、自分はあのときも懐疑的であったと言い張った。元の手紙がないから、このばあいどちらが嘘をついているのか確かめようがない。サスポルタスを疑う理由も、サアドゥンを疑う理由もある。もしサスポルタスが、モロッコに手紙を書いたときナータンのチェレビー宛の手紙のことは何も知らなかったし、翌日ガザからの手紙を見たときそくざに預言者と彼のメシアを公に非難した、と主張するならば[164]、これは一六七〇年の指示が示すように、明らかに嘘である。彼の別の手紙をいくつか判断材料にするか、それともむしろ彼の手紙のオリジナルと「公刊された」稿とを比較してみれば、サレ宛の手紙が非常に曖昧で、モロッコのラビたちの信仰を強めさせるに足るものであると同時に、のちの訂正のための抜け穴ともなりうることがわかる。サスポルタスが再度モロッコに手紙を書いたのはサバタイが棄教したあとからだという奇妙な事実によってこの印象は強められる。そのときなら正義顔して難癖つけるのは簡単だからだ。それまで彼はあとの通信を控えていた。最初の手紙があまりにも肯定的な調子だったからだろう(165)。

運動は最初の開始(一六六五―一六六六年)以来モロッコの全地にしっかり根をおろした。信奉者たちが棄教後もしばらく活動を続けたという点にその強さが現われている。アブ九日(一六六六年)の遵守については何もわからない。おそらくメシアの指令は支持者たちに届いていなかったと思われる。カルドーソはモロッコのラビたちと緊密な接触を保っていた。その結びつきは、彼がトリポリからチュニスに移住したあとさらに密接になった。

## Ⅳ イエーメンでの運動

メシアの報せは南アラビアにも達した。ここではイエーメン系ユダヤ人が独特の、類いのない精神世界、ないしは独自の「ゲットー」ともいうべきものを創り出していた。この世界は一見して相容れない二つの要素、マイモーニデスとカバラーの奇妙な混淆物であった。激しいメシア運動が契機となってマイモーニデスが終末論にかんする見解を自著『イエーメンのユダヤ人への回状』(二四ページ参照)で説いた一二世紀以後は、イエーメンから黙示録的運動は知られていない。イエーメンのユダヤ人は孤立していたにもかかわらず、エジプトの同胞とはつねに結びつきを保っていた。一六六五年末ガザからの手紙がエジプトに着いたとき、その写しがイエーメンに転送され、そこで黙示録的物語を生み出した。のちになってメシア運動勃興の事実も伝説も忘れ去られ、イエーメンにおけるサバタイ主義運動は近代の研究によって掘り起こされるのをまたねばならなかった。一九世紀末のイエーメン系ユダヤ人の「啓蒙」のパイオニアのひとりであるハイーム・ハブシューシュが、自国のサバタイ主義運動について書きはじめたとき、彼は不正確な、混乱した口承に頼るしかなかった。最も重要な同時代の記録はなかったのである。記述の細部はここかしこに確かな情報を含んでいる。たとえば、「煮た肉ではなく、焼いた肉だけ食べること、過越祭には酒を飲まぬこと、食事は香辛料や塩を使わずに食べること」をラビは指示していた。だが肝心な部分はすべて虚偽である。イエーメンのユダヤ人は遠く離れすぎていたので、運動に引き込まれなかったとか、サバタイ・ツヴィにかんする報告が届いたのは一六六八年、棄教の二年後であったとハブシューシュは信じていた。ところが実際は、ニュースはおよそ二ヵ月でエジプトからジッダまたはホダイダへ達し、そこからサーナへ伝わったのである。著者自身、朗報は「鷲のように」エジプトからイエーメンへ「飛んだ」という言い伝えに言及している。悲惨な状態に置かれ、虐げられ、むごい迫害を受けていたイエーメンのユダヤ人は慰めと歓びの報せにすぐさま反応した。彼らはすべての商い、取引をやめ、有り金を施しと慈善行為に注ぎ込み、みなして誇らしげ、確信ありげに振舞ったため、まさにポーランドやモロッコでのように、支配者の怒りを買った。ハブシューシュの伝えるところが正しければ、運動は残虐な迫害の大波を惹き起こし、そのさなかサーナの暴徒と化したアラビア人群衆はイエーメンのユダヤ人の首長ラビ・サロモン・アル゠ヤマルをイスラム教徒になることをこばんだため殺害し、遺体を切断した。別の資料はこの言い伝えを裏づけている。それによれば、女たちは最上の服を着、装飾品を身につけて、その熱狂を男たちに感染させた。彼らの急なエルサレム行きの旅支度に怒ったアラブ人はイマーム〔イエーメンの支配者の称号〕の合図で旅立つユダヤ人を殺害し、略奪した。「イマームはまた祭服に身を包んでメシアを待ちかまえる首席ラビのサロモン・アル゠ヤマルの逮捕を命じた。そして彼らは恐ろしい拷問を加えて彼を殺した。[167]」一般に、メシアが来るのは過越祭だと期待された。これは聖書の解放の祭りであり、いくつかの終末論的ハッガードースに未来の解放の時点として現われている。それが一六六六年なのか一六六七年なのか、定かではない。すでに一六七〇年という早い時期に、あるイエーメンの祈禱書の刊記は「朗報の年［ベスラ］五四二七年」について語り、「わたしたちの罪のためにメシアの到着が遅れている」、わたしたちの罪は解放のかわりに「激しい迫害をもたらした」と嘆き悲しんでいる。(168)これは、メシアは今年の終り（一六六七年夏）にイエーメンに来るだろうという預言（下記参照）によって説明できる。しかしハブシューシュによれば、エジプトからの手紙は一六六七年を解放の年として語っていたといわれる。他方、運動は五四二六年（一六六五―一六六六年）に勃発したとする一次的証拠文書もある。残存している二、三の詩は歓びの声でメシアの夜明けを歓迎し、この日付を挙げている。イエーメン系ユダヤ人の最も偉大な詩人シャーローム・シャッバジはこんな調子でさまざまな熱狂的な作品を書いているが、そのうちの少なくとも一篇は、こんにち読んでもなお非常に心を動かされる。(169)そのほかイエーメンでは少なくとも二人の詩人がメシアに忠誠を誓っている。(170)

イエーメンの詩と歴史的口伝がサバタイ信仰とかかわりがあることは、一六六六年晩夏にサーナで書かれたサバタイ主義の黙示録『ゲイ・ヒッサヨン』（死の谷）によって、いまや決定的に確証されている。この重要な原文はいろいろな写本で遺っており、一九四九年に公刊もされたが、(171)(172)この大いなるメシア信仰復興がイエーメンのカバリストの心と意識にあたえた影響を映している。著者にとって、神的セフィロースという天のカバラー的領域と地上の歴史的出来事の領域のあいだははっきり分かれていなかった。二つの領域は一つに融合していたのである。著者はメシアの使命の秘密を天のセフィロースに基づいて解き明かし、続けて世俗の出来事を説明し、未来の出来事を預言する。彼のカバラー体系は「火花」、「形態」等々のルーリア学説とは全然関係がなく、もっぱら古いカバラーのセフィロース説を利用している。メシアとメシアの活動についての客観的な認識がセフィロースの生命の秘教的描写と直接結びつけられ、その結果メシア的出来事が具体的な歴史的現実の舞台から大きくかけ離れた空想像が生まれている。この像は一部はサバタイの話を伝える外国からの手紙に着想をえ、一部は作者の大胆な空想力から生まれたものであるが、作者がサバタイの青年期について確かな情報を握っていたと見られるだけに、この像はいっそう驚きである。実際、メシアの初期の経歴にかんするいくつかの細かい点についてはこのイエーメンの黙示録がわたしたちの唯一の情報源なのである。記述は全体としてきわめて幻想的であるが。しかしひとつの点で作者は純粋に神秘的な伝記から外れている。話によると、メシアは驚いたことに、ローマ軍の隊長として人生のスタートを切った[173]。メシアは「ローマ」に生まれた[174]が、三歳のときに大天使ガブリエルによって母親から引き離され、パラダイスの父の庇護下におかれた。(この記述は、多くの文献で言及されるサバタイから発する「パラダイスの匂い」の説明ともなっている(一六二ページ参照))。ふたたびローマに連れ戻されてから、彼は世に隠れてひっそりと暮らした。自分がだれかも知らず、ひとにも知られずに。大天使ミカエルが彼に食べ物を運んだ。女にも音楽にも、ほかの贅沢や美食にも全然魅力を感じなかった——若いサバタイの禁欲的な生活をえがいたいろいろな描写の反響であることは明らかだ。ただユダヤ人が不当な扱いを受けているのを見たときだけ、彼はもうひとりのモーセのように(出エジプト記二、一一——一二参照)、悪人に仕返しをした。

メシアの匿名性というテーマに作者は妙に惹きつけられたらしい。というのは、ヨセフ一族のメシアも「どこか別の場所で」天使と預言者エリヤに「育てられ」、長じて神から使命と任務を明かされたからである[175]。二人のメシアの示顕は疑いなく、一六六五年にパレスチナから報じられた奇跡話、とくに女子供の大衆預言に触発された数々の伝説の光暈につつまれている。作者は、二人の解放者がメシア意識のようなものをもってはいたが、自分がダビデの子ないしはヨセフの子であるとは知らなかった、と信じていたようだ。首尾一貫性のなさや矛盾が多々あるが、それらの原因はサバタイのメシア的任務の正確な性質について作者があやふやであったことに帰せられる。たとえば、ヨセフ一門のメシアは「ドイツの国々」に示顕し[176]、そこで大きな戦争を行なった[177]という。ところが別の箇所では、サバタイ自身がヨセフ家のメシアで、彼の出自がダビデの子と誤解されたのは大衆預言をうまく混乱させた悪魔の操作によるものだと示唆される[178]。「力を着よ」（イザヤ書五一、九参照）の年、すなわち一六六五年にあまねく知られるのはヨセフ一門のメシアの名である。なぜなら、彼は戦争のヒーローだからであり、一方、同じ時に示顕するダビデ家のメシアは「祈りと精神的努力のなかに引き籠り、［大天使］ミカエルとともに空中を漂うであろう」。だがヨセフの子は勝利によって徐々に名声を獲得していくのにたいして、ダビデの子は好戦的なメシアの死の直後に突如示顕するだろう。「それからヨセフ一族のメシアが復活するだろう。そして彼とともに死んだ者たちが非ユダヤ人、罪人、背教者を除いて全員甦るだろう。[179]」イスラエルには神の現在をもたらす資格のありそうな聖人はいないけれども、「遊びも犠牲にしてトーラーを学ぶ幼い子供たちのけなげさのゆえにメシアは来るだろう[180]」。

だが、二人のメシアの区別は一貫していない。ときに作者はたんに「メシア」ということがある[181]が、それはサバタイ・ツヴィのことである。だがたとえば、元来はサバタイの初期段階の描写に現われた決まり文句が二人のメシアに使用されたりすると話はまたこんがらかってくる[182]。イエーメンの作者によれば、メシア的出来事の結果は一六六四年に始まった。［「力を着よ」の］年（一六六五年）にメシアは「ローマ」へ、すなわちコンスタンチノープルへ行き、そこに一六六六年までとどまることになるが、このローマ行きの年はトルコの支配を破り覆すとされた年であった。だが、女中の子ら、すなわちハガルの息子イシュマエルの子孫に復讐をするためにメシアの力が示顕するまで、メシアの顔は「七ヵ月間隠れている」だろう、そして厳しい試練と艱難辛苦があるだろう。メシアが「顔を隠すこと」、大きな試練と苦しみがカバラーの概念によって説き明かされる。しかし、作者がサバタイのガリポリ幽囚と、ナータンの『竜にかんする論文』に現われる七ヵ月にかんする預言を耳にしていたことは明白である。この期間の終り、一六六七年に、メシアはイエーメンに来るだろう[183]。それゆえ、作者はこれを一六六六年に書いた。メシアの神秘的な任務は一六四八年ガリラヤに始まっていた。そしてのちに一部はドイツを初めその他の地のユダヤ人コミュニティで、一部はセフィロースの天上界で果たされた[184]。亡命者たちはメシアがイエーメンに着いたあとの一六六八年に集められるだろう。一六六九年には、パレスチナの向こうの「不浄な地」に残っているユダヤ人はひとりもいないだろう[185]。逆に、すべての非ユダヤ人は、ガザに立ち現われ、メシア王を告知する預言者によって聖地から追い払われる。一六六七年には二人のメシアがいっしょにパレスチナに現われるだろう。族長たちはヘブロンの墓から甦るだろう。そしてパレスチナの非ユダヤ人の宮殿や聖所はすべて崩壊し、奇跡の火によって焼き尽くされるだろう。一六六七年の出来事がこまごまと幻想的に預言される。気象の異常現象、モーセの子らが鳥のように空を飛んで来る[186]、メシアが聖霊によって「ローマ」から聖都へ移される等々。大きな黒雲がシオンの山を覆い尽くすだろう。そしてそれが分かれると[187]、家々が基礎から崩れ落ちているのが見られ、嘆きの壁もその土台からもっと高く引き伸ばされているだろう。象徴的にマホメットと同等視されるイシュマエルの子らはイスラエルの光を暗くし、長くつらい追放によって恐ろしい苦しみをイスラエルにもたらしたが、その彼らにたいして完全な破滅が預言される。ローマのキリスト教信者のなかには[188]神を畏れる非ユダヤ人がいくらか見られるが[189]、イスラム教徒たちはすべて例外なく神を畏れぬ異教徒である。このテーマにかんする作者の詳述はある特有の視覚的な幻想をリアルにえがいている。彼同様、非ユダヤ人に囲まれて暮らし、その支配下で喘ぎ苦しんでいた多くのユダヤ人作者は、非ユダヤ人を邪悪な人間と考える傾向があったが、一方では、ほかの、あまり知られていない離散地にもしかすると稀少な例外（「敬虔な非ユダヤ人」）があるかもしれない可能性を認めている。この原則がこんにちの議論ではしばしば見逃されている。

この黙示録はサバタイ運動という具体的な事実が何の結果も生まなかったユダヤ人共同体の反応を反映している。人びとはメシアの報せを聞いて、それを単純に自分たち自身のとくべつな希望や空想のなかに織り込んだ。彼らの「神話文学的」空想力はセフィロースの神秘的世界の隠れたプロセスを、メシアの生涯の伝説的叙述や彼ら自身の復讐し報復する日の夢と結びつけた。この結合は、サバタイやナータンが現実の人間というよりはむしろ新しいメシア神話の象徴であったイエーメンのユダヤ人に特徴的なものであった。ポーランドのユダヤ人はメシアが契約を果たしに来てくれるとは期待せず、自分たちがガリポリへ巡礼に出かけた。しかし遠く離れたイエーメンではそう期待するのがあたりまえだった。ヨーロッパでは、失われた一〇部族の軍勢を統帥する大将という突拍子もないサバタイ像を創り出したのはキリスト教のパンフレット作者であって、ポーランドのユダヤ人ではなかった。奇妙なことに、イエーメンの黙示録もメシアの生涯の軍事的時期を強調している。メシアは三六人の隠れた義人のひとりとして、自分の召命に全然気づかずに、まったくの匿名で成人する。彼はスルタン軍の司令官になるが、自分が勝利するダビデの子として仕えているのか、それとも戦いで倒れるヨセフ一族の殉教メシアとして仕えているのか、まだわかっていない。サバタイの任務は二つのメシアのタイプと関連してどのような性質のものであるかという神学的問題が、のちにサバタイ主義の歴史のなかで新たに浮かび上がる。しかし、イエーメンの作者は運動の初年においてかすかにそれを意識していた唯一の信者であったように思われる。

## V　ネヘミヤ・コーヘンと彼のサバタイ・ツヴィ訪問

アブ九日の断食廃止の祝事は一般大衆の熱狂のうちに仰々しく執り行なわれ、運動の頂点をかたちづくった。当時は、このメシアの示威運動のあとにもうひとつクライマックスをなす出来事が起こるだろうと一般に期待された。すなわち、預言者ナータンがメシアの宮廷にやってくることである（六七一―六七二ページ参照）。だがそのかわり、事件は歴史家がいまも驚く劇的転回を見せた。メシアはガザのナータンではなく、別の預言者、ラビ・ネヘミヤなる人物の訪問を受けたのである。サスポルタスによれば、この男が「彼の転落の始まり」となった。

ラビ・ネヘミヤ・コーヘンの役割はサバタイ・ツヴィの歴史のなかで暗い一章をなしている。男の突然の出現とそれが招いた思いもよらぬ大団円は、当然のことながら、以前のこの運動の研究者たちのドラマ好きにおおいにアピールした。小説家や年代記作者はこれさいわいとネヘミヤをデウス　エクス　マキナとして利用した。しかし、この奇妙な事件の詳細を究めようとする歴史家は解きがたい謎に直面する。

サスポルタスも引用しているラビ・ダヴィド・ハ＝レーヴィ宛のサバタイの手紙の本文から察するに、メシアはひとりのサバタイ派預言者を自分の宮廷に招いた。彼はその男のポーランドでの活動を二人のレンベルクからの使者を通じて知っていたのである。手紙の下の署名のあとにサバタイは追記としてこうつけ加えた。「預言者ラビ・ネヘミヤにいますぐ喜び勇んで来るように言ってください。」[190] しかし、使者の原報告の写しに基づいていると思われるレイーブ・ベン・オーザーの版の手紙[191]にはこの追記はない。レイーブの叙述によれば、ラビ・ネヘミヤは自発的に来たか、それともポーランドのグループに刺激されて来たか、どちらかであった。ネヘミヤのことをいろいろ聞いていたばかりか、個人的にも（ネヘミヤの）晩年の日々に彼と知り合ったレイーブは、彼をすぐれたカバリストと書いている。しかしカバラーにかんするレイーブの考え方はかなり曖昧で、どちらかというと通俗的、民族学的である。わたしたちはまもなくカバラー誤解の極端な例を見ることになるだろう。ネヘミヤは、サバタイ運動における彼の役割は別として、知られている資料のいずれにも言及されていない。さりとて、彼がカバリストで預言者の評判を取っていたのは一六六六年以前だったと想定すべき理由はない。

サスポルタスは自分の情報は噂やポーランドからの手紙に基づいていると称しているが、ネヘミヤには二度言及している。「サバタイは［レンベルクにいる］ある男のことを聞いた。彼は預言をし、みなから狂人と思われていた。サバタイはこの男を呼びにやった。自分がメシアだということを預言で彼に言わせて人びとを惑わすためである。[192]」一六六九年に書かれた手紙ではもう少し詳しく、ネヘミヤはポーランドで馬鹿者と思われていて、「ときどき気がふれたことを言った」と語っている。偽の預言者に惑わされた愚か者たち（サバタイ信者のこと）は、彼は才人だと信じていた。サバタイがこのことを耳にしたとき、彼を呼び寄せて、彼に偽りの言葉を吹き込んだ。ガザのナータンのときにしたように。彼［ネヘミヤ］がガリポリに……着いたとき、ある不可解な理由から［サバタイは］彼に信仰を棄てるよう忠告した。［ネヘミヤは］そうしたが、［サバタイの］よこしまな意図に気づいたとき、彼はポーランドのレンベルクに逃げ戻り、そこで重い罪の償いをみずからに課した。彼の棄教は数日しか続かなかった。[193]」別の箇所でサスポルタスはより正確に、ポーランドで世間から狂人とみなされていたネヘミヤはサバタイに招待されたが、サバタイは「どういうわけか」彼をだまし、「彼の悪行の償いとして」信仰を棄てるように説得した、と述べている。それは「ユダヤ人をイスラム教に改宗させたことをスルタンに証明できるようにするためだった[194]」。

これらはすべて疑わしいどころではない。サバタイはあらかじめ棄教を計画していたとか、ネヘミヤをそれに利用したとかいうサスポルタスの主張を証するものは何もない。事実からいっても、わたしたちがサバタイの内面生活について知っていることからいっても、そのような狡猾なだましの計画が彼にあろうとは考えられない。この問題にかんするサスポルタスの記述は明らかに偏見に規定されている。またひょっとすると誤った情報に基づいているかもしれない。

ラビ・ネヘミヤはポーランドのいくつかの地域でそのあたりでは名の知れた人物であったらしい。とにかく、晩年ドイツやオランダを巡回したさいも、名前や外装を変えていたにもかかわらず、以前から彼のことを覚えていたポーランド系ユダヤ人はすぐ彼だとわかった。もちろん、この有名さの特質、彼を有名にした「変人」ぶりについては、何ひとつ知られていないも同然だった。彼はすでに一六六五年以前にも説教をし、間近に迫っているメシアの出現を預言していたのだろうか。彼は巡回説教師だったのか、それとも「実践的カバリスト」として知られていたのか。このことは一六七七年にドイツでネヘミヤと会ったあるユダヤ人の報告から推測できる。それによると、ネヘミヤは彼に、わたしはスウェーデンに行き、そこで「一〇の聖なるセフィロースをある穢れた地にもたらした[195]」と言った。レイーブの記述を信じてよいならば、ネヘミヤの心はサバタイのメシア的思弁の風土に似たカバラー的風土のなかで育ったようだ。ネヘミヤが自分の話をして聞かせた相手のユダヤ人は西ドイツのミュンスター出の「ラビ・アンシェル・ハルテルンという敬虔な男」だった。メシア信仰復興当時、アンシェルはサバタイ運動について多くの手紙を受け取っており、なかにはネヘミヤからのものもあった[196]。ネヘミヤは一六六六年メシアの報せについて意見を述べていた模様だが、彼が何を言ったのか、どうしてサバタイは彼を自分の預言者のひとりとみなしたのか、それを知るすべはない。

レイーブ・ベン・オーザーが耳にしたネヘミヤの話というのは、多くのポーランドのコミュニティが彼のガリポリ行きの旅費を集めたというものだった。レンベルクの使者がサバタイ・ツヴィを訪ねたとき、サバタイはすでに「預言者のラビ・ネヘミヤが［彼のもとへ］向かっている」ことを知っていた[197]。仮に、レイーブが細部を取り違えていて、サバタイはネヘミヤがまもなく着くことを二人のポーランドの使者から聞いた（そしてその逆ではない）と考えられるとしても、ネヘミヤが使者がサバタイと会うまえにポーランドを発ったという事実は変わらない。したがって、彼らがサバタイの招待を伝えたはずはない。むしろネヘミヤは八月末ガリポリに到着した。つまりポーランドの使者たちが出発したおよそ一ヵ月後である。レイーブ・ベン・オーザーはネヘミヤの使命を次のような言葉で述べている。「偉大な学者で、ポーランド最大のカバリスト」であったネヘミヤはサバタイ・ツヴィに会い、問題の「根底と核心に」達するために、トルコへ行った。彼の出費はポーランドのコミュニティがもった。良い報せをこのようにすぐれたカバラーの権威に調べ確かめてもらう特権とひきかえにコミュニティは喜んでそれを払った。「なぜなら、このようにつらい亡命生活を送るわたしたちユダヤ人は、救いと慰めの良き報せを聞きたいと願っているからである。ことに無法と亡命生活［の悲惨］が蔓延し、日々新たな不幸と新たな迫害をもたらすポーランドでは切実である[198]。」サバタイ派のえがくネヘミヤと預言者の出会いは勝手な作り話であるが、しかしそれもサバタイがレンベルクの使者が到着するまえにこのポーランドの預言者のことを聞き知っていたことを推測させる[199]。ネヘミヤは九月三日か四日にガリポリに着き、そこに三日間[200]とどまった。あるいは二日間[201]だけだったかもしれない。ネヘミヤがサバタイと「密談」して過ごした時間はサバタイ運動の歴史にとってとてつもない意味をもっていた。

すでに見たとおり、レイーブ・ベン・オーザー[202]はネヘミヤをゾーハルやその他のカバラーの古典を諳んじている偉大なカバリストとしてえがいている。しかし奇妙なことに、レイーブの記述を見てもほかのを見ても、ネヘミヤのものとされるカバラー論議はひとつもない。レイーブはネヘミヤとサバタイがカバラーの問題を論じたと主張しているが、彼の事実描写から見てその主張が嘘であることは明らかである。なぜなら、レイーブが伝えるネヘミヤの議論は単純きわまりない、素朴な基本的性質のものだからである。ネヘミヤは通俗的な黙示文学の伝統の代弁者として現われている。彼とサスポルタスの違いはもっぱら、後者はその反サバタイ的論議を聖書やマイモーニデスの著作からえているのにたいし、ネヘミヤはラビ的ハッガーダーと通俗的黙示論に基づき、それらを文字どおりに解釈しているという点にある。彼はそのテクストをゾーハルではなく、『オトース・マシアッハ』(メシアのしるし)と『ゼルバベルの書』から取っている[203]。

しかしながら、わたしたちの資料はすべて、ヨセフ家のメシアの問題はそこで議論が頓挫してしまう障害だったという点で一致しているけれども、ひとつの点で見解が分かれる。レイーブ・ベン・オーザーによれば、いろいろな黙示文学の伝統の正しい解釈とその伝統がヨセフ家のメシアについていわんとしていることをめぐる議論は抽象的、理論的な議論である。しかしその出来事のあとすぐに筆を取ったキリスト教の情報提供者たちはこぞって議論を二人のメシア候補者同士の争いとしてえがいている。ネヘミヤはヨセフ家のメシアはまだ現われていないことを論証したのみならず、実際に、自分こそこのメシアなのだと主張した。自分がヨセフの子としてみずからの使命を果たしていないかぎり、ダビデの子は現われることはできない。だからサバタイの主張には一切根拠がない、と。

両者の記述の違いは相当なものである。前者の見解によれば、ネヘミヤは骨の髄まで保守的な、書かれたものを盲信する人間であり、すべての正統派根本主義者の冷徹な合理主義でもって、彼が正典とみなしたテクストのひとつひとつの表現すべてを字義どおりに理解することを強く主張した。彼はそれゆえ、サバタイの発展を細かく吟味し、それらが『メシアのしるし』や同様の著作に預言されていることと一致するかどうか調べた。一致しなければ、サバタイは自動的に不適格となった。サバタイが来るまえにエフライム一族のメシアが現われることもなければ、ヨセフの子が初めは勝利するが、のちにエルサレムの城門の前で倒れるであろうゴグとマゴグの戦いが起こることもなかった。ユダヤ人がわずか数名の完全に義しい残存者を除いて荒野へ追い散らされることになる最後の苦しみはまだイスラエルを襲っていなかった。少数の残存者も追い散らされるだろう。そしてエリヤが現われ解放が告げられるまで、脱出者の誰もが生き残っているのは自分だけだと思うだろう。そのときようやくダビデの子が現われ、離散者を世界の四方から呼び集め、高らかに勝利のラッパを吹奏させるだろう(204)。

そのときまでそのようなことは何も起こらなかった。ラビ・ネヘミヤはサバタイに反論して黙示録風の作り話や物語の大きな、さまざまな伝統を並べ立て、持ち前のこうるさい字義盲信癖でもって彼の主張に疑問を呈した。おおいに見応えのある光景が繰り広げられる。主の油を注がれた者が挑戦者と戦いを始める。彼は自分の主張の合法性と自分の使命の真正さを、メシアの力を示すことによってではなく、聖書に訴えることで証明しようとする。サバタイはこれまで自分自身の幻想の世界のなかで生きてきた。彼は信奉者たちに彼自身の世界を押しつけることに成功した。彼らにとってメシアの一挙一動はとてつもなく大きな、霊感をあたえる神秘であった。ところが突然彼は彼の個人神話から追い出されて、大衆神話に、すなわち完全に文字どおりの民族的メシア伝統に相対さねばならなくなったのである。彼の個人的魅力はこの見事なまでの「単純な語義」の語り手には通じなかった。ネヘミヤにはこの一風変わったカリスマが受け容れられなかった。彼の神話学的字義盲信癖はサバタイのカバラー表象の解釈術にはいっさい耳を貸さなかった。こうした事情のもとでは論争ははなから失敗と決まっていた。対決は召集されたサバタイの側近たちの見守るなかで行なわれたので、「日がな、カバラーの書が次つぎと運び込まれ、激しい口論は蜿蜒と続き、深夜になって彼らは一時中断し、数時間眠った。そのあと改めてまた議論が始まったが、双方とも折れず、ネヘミヤはサバタイが挙げた証拠を、そんなものは存在しない、サバタイはカバラーの書物の意味を理解していないのだと言って、ことごとく斥けた」。サバタイがカバラーのミドラーシム解釈の正しさを証明するためにカバラーの書を引き合いに出したことはもとよりありうることだが、レイーブの記述からするとネヘミヤがカバラー的に論議をしたという主張は認められない。それどころか、ネヘミヤの主張の主要点はまさに、黙示文学のテクストを解釈するのにカバラーのアレゴリーは不十分であるということであったようだ。メシア的出来事は伝統的な黙示録の文字どおりの実現でなくてはならない。そうでなければそれはメシア的出来事でもなんでもないのだ。サバタイ・ツヴィとサスポルタスの論争も同じような経過をたどったのではないか。もちろん、ポピュラーな黙示録のかわりにラビ文書をめぐって。

これとはまったく別の話が、ユダヤ人の目撃者から情報をえたトルコのキリスト教の著者らによって語られている。

この二人の偉大なラビがいっしょにいたとき、激しい言い争いがもちあがった。ネヘミヤはもう一方に、聖書と学者の解釈によればメシアは二人いなくてはならないと主張した。そのひとりはベン゠エフライムといい、もうひとりはベン゠ダビデという。この二人のメシアのうち前者は律法の説教師で、貧しく、さげすまれていて、後者のしもべで先触れにすぎない。それにひきかえ後者は偉大で、裕福で、力をもってユダヤ人をエルサレムに復帰させ、ダビデの玉座に昇り、サバタイに期待されている勝利と征服をことごとくなしとげる。ネヘミヤは貧しい哀れなメシア、ベン・エフライムの役回りに甘んじた。一方、サバタイもそれに不満はなかった。だが、サバタイがダビデの子のメシアとして示顕したのは早すぎる、最初のメシア、ベン゠エフライムが世の人びとに知られるまで待つべきだった、と言ってネヘミヤが彼を非難したとき、サバタイはいささか尊大な気持ちと自分は絶対に誤らないという思い上がりからか、それともほかに理由があったのか、そのことに激しく怒った。あるいはもしかすると、それだったらネヘミヤがベン゠エフライムと思われはすまいか、彼こそベン゠ダビデにほかならぬことをネヘミヤは世間に承知させたくないのではないかと危ぶんだのかもしれない。サバタイ・ツヴィがこの新しい説に耳を貸そうとしなかったのも、ベン゠エフライムをどうしても必要な神のしもべだと認めようとしなかったのも、このためだったかもしれない。このあとすぐまた論争が始まり、意見の対立が収まらなくなって、ユダヤ人たちが審判役を買って出なくてはならなかった。もちろんおのおのが自分の分別と思い込みにしたがって判断したが、しかしサバタイのほうがネヘミヤよりも声望があったので、後者が非難され、異端者、メシアの敵と断言された。それによってその後、サバタイの没落と彼の欺瞞の露呈が早まったのである[205]。

この記述によれば、聖書釈義の点で争われたのではなかった。ネヘミヤの役割は、いまだその任についていない、将来見込まれるヨセフ家の殉教者メシアの役回りだった。当時の彼はまだ貧しい無名のラビだった。しかし、彼がいまだまったくその任を果たしておらず、メシアとしての殉教の道を踏み出しはじめていない以上、サバタイにはダビデ家の解放者を名乗る権利はなかった。妥協のチャンスはネヘミヤのこの教条的な頑固さによってことごとくついえた。キリスト教の資料が示唆するところによれば、サバタイはまえに、一六四八年のフミエルニツキの大虐殺の犠牲となった往年の弟子のひとりをヨセフ家のメシアに指名していたにもかかわらず、妥協し、ネヘミヤの主張を受け容れるつもりでいた。[206] ところが、彼らは二人のメシアの関係について合意することができなかった。ダビデの子はヨセフ家のメシアがその使命を果たしてからでないと示顕できないとネヘミヤが頑強に言い張ったからである。論争のこちらのヴァージョンはカサーレのラビ・サムソン・バッキーによってこう裏づけられている。ラビ・ネヘミヤは自分のことを「血の復讐の執行者[207]」といったが、それは非ユダヤ人にたいしてユダヤ人が流した血の復讐をするヨセフ家のメシアという意味である、と。

歴史的にいっても、心理学的にいっても、あとのヴァージョンのほうが比較的疑問がなさそうである。もちろん最初のヴァージョンの一定の要素がそこに結びついてはいるけれども。[208] 最初のヴァージョンはネヘミヤのメシア的主張にまったく触れていない、と説明することは容易である。ネヘミヤは、一六九〇年、老いて死ぬ直前にレイーブ・ベン・オーザーに話をしたとき、この不名誉な詳細のことは黙っていた。クーネンとリコーの情報提供者が話を捏造したとする根拠はない。この話の信憑性は実際にサスポルタスがネヘミヤの「異常さ」を指摘していることから間接的に裏づけられるばかりか、レイーブ・ベン・オーザー自身によってもはっきり証明される。一六六六年後ポーランドとドイツを遍歴するあいだに「彼は自分は未来のヨセフ家のメシアであると公言したそうだ」。この噂を報告するさいに、根が素朴なレイーブ・ベン・オーザーですら、ネヘミヤ・コーヘン（「預言者」）、すなわちレビ族のアアロン家の子孫がそもそもどうしてエフライム族の一員たりうるのか、いぶかしく思った。彼はどうやら、そのような論理的思考は信仰の問題においては必ずしも決め手にならないことに気づかなかったようだ。サバタイとはまったく逆に、ネヘミヤは独創的な想像力をもたないメシア候補だった。たしかに、彼は自分自身をヨセフ族の未来の殉教者メシアとみなし、それと結びついたすべての伝統的な期待を文字どおりのかたちで自分にあてはめることができたが、しかし黙示録的伝統を独創的に、独自のかたちで変形し、新たに創造する能力はなかった。だが、ネヘミヤによってヨセフ家のメシアの問題がひとたび提起されてから、それはサバタイ運動においてつねにつきまとう、しばしば悩ましい問題となったのである。

激論は「三日三晩続いた。その間彼らはほとんど飲み食いしなかった。［並み居る］ラビたちは途方に暮れたが、どちらかといえばサバタイ寄りだった」[209]。（レイーブにたいする）ネヘミヤの記述によれば、言葉のやりとりは怒りの爆発で頂点に達し、ネヘミヤはサバタイに嘘とまやかしでイスラエル人を死の危機におとしいれた罪を帰せた。それどころかサバタイを「誘惑者、背教者」と呼んだ。それはユダヤの法によれば死の罰に値するものだった。状況が切迫したとき、ネヘミヤは突然その場から走り去り、トルコ人番兵に向かって、回教徒になりたいと叫んだ。それは割礼を受けたユダヤ人にとってほんの少し手続きをすればすむことだった。ユダヤ人の頭巾を取り、トルコ風のターバンを巻けばよかったのである。ネヘミヤはただちにアドリアノープルへ連れていかれ、彼はそこでサバタイを謀叛を企てたかどで告訴した。それからしばらくして彼はポーランドに戻り、「大いなる贖罪」を行なった[210]。

同時代人たちはこの短期間ながらセンセーショナルな棄教について意見が大きく分かれた[211]。ネヘミヤはいくつかの理由で支持者たちの暴力を恐れたので、命懸けで逃げたのだとほのめかした。だがその一方で彼はまた、純粋な、称賛に値する動機から行動したのだということを明らかにする。つまりユダヤ人を不幸から守ろうとしたのだった[212]。この後者の説明が一般に受け容れられ、（スミルナからの報告に基づいて）

リヴォルノのラビ・ヨセフ・ハ＝レーヴィも一六六六年一一月後半の手紙にそれを引用した(213)。この説明はどうやら反対者向けだったようだ。クーネンもスミルナのいろいろなラビたちからそれを聞いた(214)。レンベルク帰還後のネヘミヤの態度に目立つのは「律法の厳守と並外れた信心深さ」であった。彼はサバタイ・ツヴィにかんする質問に答えることをこばみ、こう言うばかりだった。「本当のメシアを待ちなさい。このひとではありません(215)。」

この棄教に続く時代についてはほかにも矛盾する報告が出回ったが、それらはサバタイとの論争におけるる決然とした揺るぎない態度と一致しないように見えるネヘミヤの不安定な揺れる心を示している。いずれにせよ、疑いなくネヘミヤ自身の語った話を再現しているレイーブの報告はさほど信頼の念を起こさせるものではない。ネヘミヤはコンスタンチノープルの大宰相《グランドワジール》の前へ引き出され、その面前でイスラム教に改宗した。ワジールはそれからスルタンに手紙を書き――レイーブはその手紙を転載している――ネヘミヤみずから出来事を説明できるように謁見を許すよう勧めた。ネヘミヤは儀礼上面会を許され、スルタンにサバタイは詐欺師で、謀叛の種をユダヤ人のなかに播こうとした、でもユダヤ人は無実だ、と語った(216)。いうまでもなく、これはすべて作り話である。ワジールは当時コンスタンチノープルにおらず、クレータと戦争をしていた。ネヘミヤはけっしてスルタンに会っておらず、いろいろな宮廷役人に会っただけであった(217)。アドリアノープルからコンスタンチノープルへの彼の旅は証明されていない。彼は九月五日か六日にガリポリのカーディの前で正式にイスラム教に改宗した(218)。ネヘミヤはガリポリから直接アドリアノープルへ行ったのかもしれない。そしてそこでサバタイの「謀叛」を訴え、故郷へ帰って元の信仰に戻った。高齢になって彼はレイーヴ・ベン・オーザーに自分の英雄的な行為のことを得意になって話したらしい。しかし実際には、彼ののちの発展過程もスキャンダルと無縁ではなかった。レイーブはこの話のネヘミヤ版を詳しく伝えたのち、意味深いことにこうつけ加えている。「しかし、わたしが聞いたところによると、[219]彼はポーランドに帰り、サバタイこそイスラエルを救うまことのメシア、ダビデの子である、と言った。彼はポーランドの多くの人たちにサバタイを信ずるように説いた。そしてみずからは未来のヨセフ家のメシアを名乗った。しまいにポーランドのラビたちは彼を破門し、追放した。彼はそこを去り、ドイツを経巡った。彼はそこでヨセフ家のメシアを名乗った、と多くのひとたちは報じている。」ネヘミヤが破門され、ポーランドを追われたのはことによるとサバタイ信仰のためではなく、ヨセフ家のメシアの任務を主張したからかもしれない。レイーブのような頭の混乱した著者ならこのような混乱があってもおかしくはない。「信者たち」はどうやら、メシアにたてついたこの裏切り者に仕返しをするためにネヘミヤにかんするこれらの噂を広めたものと思われる。[220]そうでなければ、ネヘミヤはおよそ何をやらかすかわからない、無定見な人間であったと考えざるをえない。彼がユダ役を演じたために大半のユダヤ人から（根っからの反対者であるラビ・ヨセフ・ハ＝レーヴィだけは別として）本当にきらわれたこと、そして一六六六年以前には見逃されていた「気が狂っている」がいま迫害の口実になったこと、これはありうることである。いずれにせよ、彼はこのときから事実上さすらいの身となり、身元を隠し、名を変え、以前の知人たちに出会いそうな場所をことごとく避けて通ったのである。

## VI　トルコ当局にユダヤ人謀叛の讒訴。サバタイがスルタンの前に出ること、そして一六六六年九月の棄教

トルコの記録保管所の決定的な記録がないので、ネヘミヤの行動がこのあと起こる出来事にどの程度直

接かかわったのかはいえない。ユダヤの民衆がネヘミヤをこのドラマの主犯格とみなしていたことは確かだが、ほかの要素もかかわっていたことを信ずべき十分な理由がある。いずれにせよ、リコーは「主だった大臣や宮廷役人たちは……大君にたいするユダヤ人の不忠［について］は何も聞いていなかった」と主張しているが、この言はまず信じがたい。仮に、中央政府と当時アドリアノープルに居城をかまえていた宮廷は、トルコ人［すなわち司令官と監視兵］がヘレスポント海峡の要塞で囚人から私利をえていたために、ガリポリから直接の情報をえていなかったと想定しても、コンスタンチノープルの当局が首都のすぐ近くで起こっていることに全然気づかなかったとはとても思えない。アルメニア語の資料（六五五ページ参照）からわかるように、断食の廃止と「われらの王メシアの誕生祝い」の慣行にかんするサバタイの「扇動的な」布告は即座にスルタンの主任翻訳官によってトルコ語へ訳された。この翻訳が然るべきところへ伝達されなかったと想定すべき理由はない。むしろアルメニア語の報告（そのうちの少なくともひとつはサバタイの棄教後すぐ——少なくとも一六六七年以後ではない——書かれたものである）は、「ポーランドのラビたちによる届け出」に加えて、当局への告訴にも触れている。リコーの記述によれば、アドリアノープルの当局にたいするネヘミヤの証人供述は当時クレタに滞在していた大宰相の代行を務めていたカイマカム〔オスマン帝国の地方行政区分カザー（郡）の行政官の称号〕ムスタファ・パシャの前へもたらされた。アルメニア語の資料もそれを裏づけている。だが、ネヘミヤが到着する以前に、ダーダネルス海峡に住んでいたシャイフ〔伝統的なイスラム社会における指導的人物——族長、村長、僧院長、説教師など——の名誉称号〕、マームードなる人物が数人のトルコ人有力者といっしょに地方判事（ガリポリの？）のもとに出頭し、要塞での出来事について報告した。彼らの供述は義務どおりに採り上げられた。シャイフはそのあとさらにアドリアノープルへ赴き、そこで文書をカイマカムに手渡した。告発は、参拝者が大量に流れ込んでトルコ住民が食料不足と物価高に苦しんでいるのに、私腹を肥やすためにこの騒ぎ全体を黙認しているシルダグル、地方司令官に向けられているようだった。

二つのアルメニア語の資料もリコーも同様に、告発が道徳的な非難も含んでいたことを認めている。アルメニア語の詩から判断すると、「サバタイの女関係が非難された」[221]。散文による記述は「女や寵愛者とのふしだら」や淫行に言及している[222]。リコーが言うには、ネヘミヤにつきしたがってカイマカムのもとへ行ったラビたちは、サバタイは「大悪党」だ、と証言した[223]。これらの訴えは、意外で奇異に思えようとも、軽々しく斥けることはできない。リコーとアルメニア人著者は作り話をしているわけではなく、実際にサバタイにたいしてなされた非難を報告しているだけなのだ。放埒と不道徳行為のかどで「異端者」呼ばわりするのは宗教史においてざらにあることだ。しかしながら、このとくべつなケースのばあい、非難は夫の道連れになって堅固な櫓のなかにはいっていたサラの必ずしも芳しいとはいえない評判も反映しているかもしれない。サバタイの振舞いは、彼がユダヤ人ラビであったあいだはふしだらとはまったく無関係で、遺されている論駁書から判断するかぎり、彼の反対者も始めの頃まったくそのような罪を彼に着せていない。そのような噂はラファエル・スピーノに宛てたサスポルタスの手紙（一六六六年五月）のなかにほのめかされているようだ。そこに曰く、サバタイの不行跡には「信頼すべき目撃者の報告によると、まったく口ではいえないような事」もあった[224]。だが、サスポルタスの筆跡と比べてみると、この言葉は原文にはなく、のちに手紙の「改訂」版でつけ加えられたものであることがわかる。

しかしながら、告発をいとも簡単に斥けてしまうことがためらわれるような謎めいた証言がいろいろある。スミルナでサバタイに「三人の娘が差し出された[225]」という話がある。「彼は数日間彼女らを側に置いたが、そのあと手をつけずに彼女らを返した。」支持者たちはメシアがはっきりそう求めたからこそ娘を連れてきたのだろう。それなのにサバタイが娘に手をつけなかったことは彼の振舞いを少なからず腹立たしいものにする。同様の出来事は棄教後の時期からも報告されている。サバタイはある婚約者から許婚の娘を取り上げ、しばらくしてから、手をつけていないという触れ込みで彼女を返した（九三四ページ参照）。堅固な櫓のなかのサバタイの居城にかんするアブラハム・クウェンケの理想化した描写はさらに多くの謎を投げかける。この信仰心の篤い支持者はこう語る。メシアの周りにすべてのラビたちが集まり、ラビの律法にかかる彼らの疑問や問題を彼に提示した、サバタイは「七〇人の美しい処女」にかしずかれていた。いずれも「高名なラビたちの娘で、みなきらびやかな衣装をまとっていた。彼女らのなかにサラは女王のように君臨していた[226]」。クウェンケの描写は誇張か、まったくの作り話であるかもしれない。しかし、この種の話がパレスチナの支持者たちのあいだに広まっていたのなら、一定の事実に基づいたものなのかどうか自問せざるをえない。いずれにせよ、この叙述は妙なことに、ヤコブ・フランクの宮廷における似たような――けっして架空でも「観念的」でもない――取り合わせを思い出させる。クウェンケが善良かつ素朴にそう信じて行なった証言を簡単に無視してはなるまい。とくに彼は、トルコ当局への告発が「王［すなわちサバタイ］の宮廷で行なわれた」「我慢ならない……下劣な行為」にも触れていることを認めているのだから。このヘブロンの敬虔な信者はこうしてアルメニアの作家たちの発言を支持している。わたしたちの知るかぎりでは、サバタイには、長いあいだ禁欲的な生活によって抑えられていたものの、いずれ遅かれ早かれ噴き出さずにはいない性癖があったといえるかもしれない。おそらく彼の振舞いには妻の影響やメシアとして妻を夫の軛から解放するという彼自身の考えの影響もあっただろう。

棄教後、放埒にかんする噂はいちだんとふえた。この話題について支持者たち自身が言ったことから判断すると、この噂には根拠がなかったわけではない[227]。おそらくサバタイが当時行なった「下劣な行為」が棄教前の時代に逆投影されたのだろう。しかし実際問題として、ガリポリとアドリアノープルのサバタイの告発者たちがどうしていろいろな女たちとの性的関係を告発すればトルコ当局を格別怒らせることになると考えたのか、わかりにくいところである。さりながら、いろいろ指摘があるのをおいそれと見過ごしてしまうわけにもいかない。最近になってある重要な、意味深い証言が明るみに出た。それによると、サバタイは娘と実際にその処女を奪うことなしに性的交渉をもつことができると自慢したという。[228]同じ資料はこの性的倒錯行為の例に加えて、テフィリンを踏みつけるとか、トーラーの巻物を破り捨て踏みにじるといった反律法主義の事例にも触れている。[229]こうした振舞いは、「汝、禁ぜられしことを許し給う」というサバタイの祝福の言葉に示されているような雰囲気と一致している。すでに示唆したように（二六五ページ参照）、瀆神的な祝福の祈りに続いて禁忌の動物性脂肪を食する儀式は本質的にあらゆる性的タブーと禁制を放棄することの象徴的表われだったのである。アドリアノープルの当局はひとたび正式な告訴の事態に立ちいたるや、すみやかに行動を取ったようだ。ネヘミヤは九月五日か六日にターバンをかぶった。九月一二日か一三日には囚人を連れにアドリアノープルから四人の使者が来た。[230]ガリポリの騒ぎや欣喜雀躍はぴたっと止まった。ユダヤ人は力ずくで追い払われ、サバタイは「期待の極致にあった崇拝者たちにいとまを告げる時間もあたえられ」なかった。[231]彼は荷車に乗せられ、厳しい監視のもとにスルタンが宮廷をかまえていた場所に連れていかれた。[232]その間そこで囚人をどうするか話し合われたに違いない。コンスタンチノープルのハプスブルク帝国大使が報ずるところによれば、ムフティ（察するにトルコ宗教界の最高位者シェイク・アル＝イスラム）に尋ねたところ、彼は、ユダヤ人がサバタイを聖人とか殉教者とみなすことにつながりかねない行動をいっさいやめるよう忠告した。[233]同様に、ミゲル・カルドーソも一六六八年の書簡に、回教の高位聖職者が「新しい宗教を興されるといけないので」サバタイを殺すことに反対した旨記している。[234]初めは即刻サバタイを殺す腹づもりだったのかもしれないが、よくよく考えたすえに、生かしたままアドリアノープルへ運ぶことにしたのだろう（注二三二参照）。

囚人は九月一五日、ガリポリからおよそ一五〇マイル離れたアドリアノープルに到着した。そして翌日スルタンの宮廷に連れて来られた[235]。ユダヤ人の目撃者によれば、三人のラビがサバタイにしたがい、のちには棄教も共にした[236]。アドリアノープルのユダヤ人は大興奮であった。多くの者たちは、いまメシアがスルタンの王冠を取り、自身の頭にかぶる時が来たと信じた。当時ちょうどアドリアノープルに居合わせたコンスタンチノープルのフランス大使館の聖職者ロベール・ド・ドレーが生き生きとした目撃報告を遺している。朝の時間に彼は突然通りのほうから大きな騒音を聞いた。大勢のユダヤ人がかけずり回って、地面に絨毯を敷いているのが窓から見えた。ユダヤ人である宿の主人が言うには、彼らはメシアが通る道の準備をしているのだった、スルタンの家来たちだって主君にたいしてそうする義務があるように。ドレーが軽蔑的なことを言ったとき、宿の主人の長男が彼に言った。「笑い事ではありません。じきにあなたはメシアの力によってわたしたちの奴隷になるでしょう[237]。」レイーブ・ベン・オーザーは、目撃者から次のように聞いた。サバタイは「九月一六日木曜日、大勢のラビをしたがえてスルタンの宮廷に連れて行かれた。ユダヤ人たちは彼のために祈り、祭司の祝福の祈りを唱え［民数記五、二四―二六］、宮殿まで彼について行った。道すがら、彼は彼らにこう語った。『ご覧なさい、わたしがしたことを。わたしは緑色のみすぼらしい帯を巻いて王のところに行きます。わたしはそのことでとても不幸です。』彼らはそれを聞いて恐れ、意気消沈し、こう言った。『最初彼はスルタンの頭から王冠を奪うと言った。そしていまは緑の帯を巻いて王の前に出るのを恐れている[238]』」。

サバタイ派や「不信派」やキリスト教徒のいろいろな報告には、この重大な会見で起こったことの矛盾した描写が多く見られる。トルコ側の資料はいちばん信頼できる描写を提供できそうなものだが、残念ながら取るに足らぬことと見たようで、詳細を省いてごく簡単に触れているだけである。だがそれでもわたしたちにとってきわめて興味深い情報が少しある。それはユダヤ教徒やキリスト教徒の報告が示唆するようなスルタンとの儀礼的な会見ではなく、何か枢密院の会談のようであった。[239] この「闇」議をスルタンはいつもどおり格子付きのアルコーブ（トルコ語でカフェス）から見守っていた。もちろんスルタンは形式的に臨席しているわけではなく、一部始終を見、聞いて、いつでも進行に口を出し、指示をあたえることができた。[240] トルコの資料と棄教後数週間内に書かれたフランス語の『見聞記』は、次の人びとがこの特別会談に臨んでいたといっている。シェイク・アル＝イスマル、スルタンの主任説教師メフメット・ヴァーニ・エッフェンディ[241]、アドリアノープルのカイマカム、クールー・ムスタファ・パシャ、その他政府や宮廷の高官たち。ヴァーニ・エッフェンディは非常にすぐれた、影響力の強い人物で、信仰の篤いスルタンの絶大な信頼をえていた。彼はユダヤ人のイスラム教改宗に非常に関心をもっていた。サバタイを運命を決する選択の前に立たせるにいたった審議において、彼の発言は大きな影響力をもっていた。トルコのものを除いてすべての報告は、さらにもうひとり、この決定的な会議の参加者に言及している。スルタンの侍医、ムスタファ・ファウジ・ハヤティ・ザーデ（「仕立て屋の息子」）である。彼は信仰に背いたユダヤ人で、当時よく知られた人物であった。[242] 本来ユダヤ名である彼の名にかんしてはいろいろ矛盾する情報があって、信頼できない。エムデンの『トーラース・ハ＝カナオース』に載っているような、クーネンの描写の抜粋のへブライ語訳には長い捏造部分があって、そこではこの医者は背教者ではなく、モーセス・ベン・ラファエル・アブラバネルという名の献身的な、敬虔なユダヤ人として現われている。[243] 現存しているサバタイ派の写本の断片では医師の名はイサアク・ザフィリとされ、「偉大な、とくに物理学の学者であった。スルタンはむりやり彼を改宗させたが、これは彼がユダヤの民を救うためで、神の御心であった[244]」。

クーネンの描写では医師の名はギドムとされている。[245] 一六六九年にラリッサを通った英国の旅行者エドワード・ブラウン[246]は日記にこう書き留めている。「この町でわたしはまたいくつかトルコ語の歌を聞いた。とくに世間で大評判になった希代のユダヤ人詐欺師、サバタイ・ツヴィにかんするもので、聞いたところによると彼はクッスム・バシャのはたらきで喜んでトルコ人から大変尊敬されている人物で、物理学のたいそうな技量と実践で知られている。[247]」ジェラー（「医師」）、カシム・パシャは非常に有名な人物だった。[248] スルタンの妹と結婚し、ブラウンのラリッサ訪問当時「アジアのエルゼルムの宰相」であった。一六七一年から一六七二年までイスタンブールのカイマカムと大宰相代理を務め、のちにはほかの高位の職についた。また一六六五年までテメスヴァル（ハンガリー）のパシャとなり、のちにブーダへ配置換えされた。これは当時としては非常に重要な任用であった。彼がいつ新しい任務についたのかはわからないが、一六六六年一〇月二〇日、彼はウィーンへ使節団を送った。これは新任のパシャが皇帝に就任を知らせるときにいつも行なわれていることだった。ひょっとすると新しいポストにつくまえに、政治にかんする審議のためにアドリアノープルへ呼ばれたかもしれない。カシム・パシャが一六六六年一二月にスルタンの妹と結婚したことは証明されている（A・D・オールダーソン『オスマン王朝の構造』参照）。しかし、たとえ彼がサバタイ・ツヴィを尋問した枢密院の会合に出席していたとしても、ほかのユダヤ教やキリスト教の資料に述べられている改宗したユダヤ人の医師と同一人物でなかったことは確かである。[249]

最終的にサバタイの棄教につながった審議の場にユダヤ人改宗者がいたという話はロマンチックな空想力に受けた。一連の出来事を伝える民衆の話も学者の話もこのユダヤ人医師に重要な役割をあたえている。だが、資料を冷静に読んでみると、棄教の勧めは医師から出たものではないと推測される。このよく考えられた政治的宗教的措置を決めたのは政府の高官と宮廷役人であった。たぶんカシム・パシャもそのなかにいただろう。この医師は、サバタイ・ツヴィが連れて来られ、いつものように通訳をたのんだときに呼ばれたのであろう。[250]医師がサバタイに提示した二者択一——拷問されて死ぬか、それとも棄教するか——は彼自身が考案したのではなく、そのまえの審議で考え出されたものであることは間違いない。

サスポルタスは「アドリアノープルのコミュニティの書簡」、すなわちそこのコミュニティのラビや長老たちが送った、決定的な場面を事細かに記す公式の書簡[251]と、サバタイが命乞いのために棄教したとするスミルナのラビたちの同様の書簡[252]を引き合いに出している。もちろんこれら二つの書簡集はもはや遺っていないが、クーネン、リコーやトルコ側の記録はそれらの内容を裏づけている。一連の出来事はまえもって申し合わされた芝居ではなかった。サバタイはあらかじめ決まった一定のステップを踏んだわけではない。評議会は彼を調べ、彼に運命を決する選択を突きつけた。この尋問のさいにサバタイは、以前にも同じような状況のもとでそうであったように、メシアを名乗ったことも、ユダヤ人たちのメシア運動にかかわったこともないと否定した。フランスのイエズス会士の著者は、サバタイが以前にも堅固な櫓に彼を訪ねたキリスト教徒の話し相手にたいし同じことを言ったと証言している。[253]トルコ側の報告によれば、サバタイは長広舌を振るい、そのなかで、彼に帰せられたすべての愚行を否定した。最後に彼は確実な死かイスラム教への改宗か選択を迫られた。「後者のばあいにはご慈悲をお示しくださるよう、パディシャ（スルタンのこと）にお願いする所存である。」

サバタイがユダヤ人の前に出るなりメシアの主張を掲げ、非ユダヤ人にたいしてはそれを激しく否認したことは、独特の問題を提起する。サバタイは彼の主張が天の目に見えるしるしによって証明されないかぎり、非ユダヤ人の前ではこの問題を避けようとするが、おそらく根本的に消極的な彼の性格がそうさせるのだろう。(254) 先の章で推測したように、サバタイは自分自身の個人的なメシア的夢と思弁の世界にかんしてのみイニシアチヴを発揮し行動を起こした。運動の最盛期においてさえ、彼の行動、彼の「奇行」は彼自身の世界を超え出ることはなかった。彼はけっして「外的」歴史的出来事の動きに影響をあたえようとはせず、物事の成り行きをただ見守った。ある意味で彼の否認も筋の通った、一貫性のあるものだったかもしれない。もし神が手ずから油を注いだ者の王国をいまだ啓示されないのなら、その時はまだ来ていないのだろうし、メシアの秘密はまだ非ユダヤ人に明かされてはならないのだろう。サバタイは戦士ではなかった。出来事の成り行きで彼の消極性が彼の命を救ったのだ。彼の生はメシア的運命のために定められていたのであって、目前の殉教のためではなかった。彼はこれまで多くの不安や苦しみに耐えてきた。主はそのつど彼を救われた。彼にとってこの新たな試練はまたひとつくぐり抜けねばならない苦しみ、あるいはまえからむりやりやらされるように感じていた「奇行」の一種の逆説的な極端化ぐらいにしか思われなかったのかもしれない。彼の救済の熱意と終末論的「価値の再評価」の、熱に浮かされたような気まぐれな生涯において、彼はこの最後の頂点をなす試練まで長い道のりを歩んだ。可能と不可能の境界線がひとたび消え、伝統的な、自明ですらある確信と価値がひっくり返ってしまえば、そのあと最後のステップがどうなるかはもはや予測不能であった。

この危機におけるサバタイの振舞い方は心理的考察を禁ずるものではない。むしろそれをそそるものである。結果はいつもただの推測の域を出ないとはいえ。彼が自分のしようとしたことにはっきりしたイメージをもっていたとはけっして確信もっていえない。それでも二、三の事実は証明されている。サバタイは評議会に問われて、すべてのメシア的主張を否定したのち、棄教を代償に命をあがなった。キリスト教徒の記述は出来事の大筋でだいたいにおいて一致している。サバタイは謀叛を企み、不安と混乱を煽ったと非難された。彼はメシアであることを直接奇跡で証明するかイスラム教に改宗するかしないかぎり、死ななくてはならない。記述が異なっている点は二つだけであった。ひとつは脅しに使われた処罰、もうひとつは彼がイスラム教を受け容れたときにした説明である。フランス人イエズス会士の著者によれば、彼は改宗しなければ即刻打ち首とされた。サバタイはしばし考える猶予を求めたが、認められなかった。[255]別の信頼するに足る記述はこう報じている。サバタイに要求された奇跡は「服を脱いで素っ裸になり、宮廷の弓の名手の的代わりになれ」というものだった。「もし彼の肉と血が堅固な防具となって矢をはね返し、彼が無傷のままであるなら、スルタンは彼をメシア、神が大いなる栄光と望みの国々をあたえようとなされた人間と認めよう。……しかし、彼が預言者マホメットの教えを受け容れることをこばむならば、王宮の門前に必ずや杭か槍が彼のために用意されるだろう。[256]」クーネンによれば、[257]サバタイは言葉少なにイスラム教を受け容れる用意があると明言した。スミルナの英国領事のいうことはそれと異なる。彼が聞いたところによると、サバタイは「いとも屈託のない顔でこう答えた。いま薦められたようなすばらしい信仰を受け容れることは長年の願いだった。自分としては改宗するにやぶさかではないので、スルタンの御前でそれができれば何よりで、こんな名誉なことはない、と[258]」。棄教にかんする最も古いユダヤの記述も同じようなことを伝えている。そのなかにはユダヤ教に反対する長広舌もある。ラビ・ヨセフ・ハ゠レーヴィは一六六六年一一月に、サバタイがいっさいのメシア的主張を否定したとするスミルナからの報告を引用している。ガザのナータンが塗油をほどこして彼を首謀者にまつりあげ、ユダヤ人たちは彼の意志に反してメシア役を彼に押しつけた。「何年もまえにスルタンからむりやり宗教を変えさせられた棄教者[259]」の医師がサバタイに、奇跡を起こすことができるかと尋ねたところ、サバタイは否定した。医師はさらに、イスラム教に改宗しないかぎり、彼の運命は封印されると言った。するとサバタイは跪き、改宗を認めてくれとスルタンに懇願した。「彼は［ユダヤの］帽子を地面に投げ捨て、それに唾を吐きかけ[260]、ユダヤ教をおとしめ、あからさまに天の名を瀆した[261]。」フランスのイエズス会士が「大ペテン師」に言わせる悪口をまったくの作り話として斥けてしまおうとも、最も古いこれらのユダヤ教とキリスト教の報告の共通した証言を軽々しく無視してしまうことは許されない。だが、フランス語の『見聞記』とリヴォルノのラビ・ヨセフ・ハ＝レーヴィ（および彼のスミルナのユダヤ人情報提供者）とは、サバタイが自分の信者たちを誹謗し、あからさまに非難したという点で一致しているが、彼らの情報源は共通しているようである[262]。記されたかたちでの事実を疑う理由はたくさんあるけれども、この問題にはさらなる調査が必要である。

最終的な結末にかんしてはすべての資料が一致している。スルタンは改宗を寛大に認め、彼にこれまでどおりの名を併用することを許した。そしてかつてのサバタイ、いまのメフメット・エッフェンディ（もしくはアジズ・メフメット・エッフェンディ）をカピジ・バシ（宮殿の門番）という名誉職に任じた。この名誉職には一日あたり一五〇アスペルスの公的年金が授けられた[263]。同時代のトルコの報告はこういっている。サバタイは「国王陛下の寛大なるお許しをもって宮殿の召使いのために設けられたとくべつの浴場へ連れて行かれ、そこで着替えをさせられた。彼は礼服を着せられ、銀貨のいっぱい詰まった財布をもらった[264]」。フランスのイエズス会士がいうには、彼はまた宮廷の高官から高価な贈り物をもらい、スルタンからは金のはいった財布を二つか三つもらった。そのどれにも五〇〇エクスか銀貨がはいっていた[265]。キリスト教の著者たちの反ユダヤ的偏見（サバタイの非難の談話を伝える彼らの記述はそれに照らして見なければならない）は、サバタイが服の着替えをするさいに三ポンドのビスケットを隠し持っているのが見つかった、彼は断食をしているといいながらひそかにそれを食べていたのだ、というイエズス会士の主張にも明白に表われている。「主人とともに改宗した彼の忠実な家来にしていっしょに詐欺をはたらいた仲間」

が、誰も見ていないすきにそこへ運んだのだ。この話は明らかに偽りである[266]。
この件の全貌を語るド・ラ・クロワの記述はまったく違っている。彼は出来事の数年後にこう書いた。スルタンの評議会がサバタイを尋問したのではなく、カイマカムはある改宗した医師に彼を引き渡した。医師はサバタイに彼が堪えねばならないすべての苦しみを恐ろしいほど細かく話して聞かせた。彼は燃える松明を身体にくくりつけてコンスタンチノープルの市中を引き回され、徐々に焼き殺されるのだ、と。あたえると脅された苦しみを考えるだけでサバタイは不安にみたされ、医師の提案に同意した。そしてスルタンの前に引き出されると、すぐさまユダヤのかぶり物を投げ捨て、それを踏みにじった。そのあいだに召使いが彼の頭に白いターバンを巻きつけた[267]。ド・ラ・クロワの稿には別の資料による裏づけがなく、医師の話の細部は勝手な作り話であることがわかる。著者はどうやら、とくにキリスト教徒の情報提供者から、この件における教えに背いた医師の役割について聞き、そのあと持ち前の文学的なドラマ化の才能とトゥキュディデス風の長い作り話癖でもって報告を書いたと思われる。サバタイ派の歴史にかんする入手可能な資料を何度も誤って評価したグレーツはすっかりド・ラ・クロワにだまされて、スルタンの前での棄教行為を誤ってあらかじめ仕組まれた見せかけの演技として書いてしまったのである。

しかし、ド・ラ・クロワの叙述がこの事件のサバタイ派の説明と一致する点がひとつある。というのは、サバタイ派も枢密院での決定的な会談でなんらかの尋問が行なわれたことに異論を唱えたからである。大半の資料にえがかれているようなサバタイの返事は本当に支持者たちをひどく困惑させた。そのため彼らは、メシアは「けっして口をひらいた[268]」のではなく、ただ当局が彼にたいして好き勝手に振舞うのを容認しただけなのだと言い張った。ラビ・アブラハム・クウェンケによると、サバタイが直接関与したのは、友達として宮殿にとどまっていたいかというスルタンの問いに、はいと答えたことだけだった。そしてまず第一にメシアの棄教によるショックをやわらげようとするサバタイ派の説明にはサバタイの気質と一致していうというメリットがあった。ド・ラ・クロワの話はコンスタチノープルに広まったサバタイ派の説明と、医師とサバタイのあいだであらかじめ取り決めていた演技だというキリスト教側の報告とをつなぎ合わせたもののようだ。この著者に特徴的なロマンチックなドラマ好きが構成全体を支えている。

アレッツォのバルーフは決定的な出来事をえがくサバタイ派の手法をとてもうまく説明している。彼はこう報じている。

彼［サバタイ］はアドリアノープルへ向かう途中ユダヤ人の住んでいる町を通るたびに、隊長［護送の指揮者］に「ここのシナゴーグで祈りたいから待っていてくれ」とたのんだ。……アドリアノープルのトルコ人［すなわち回教徒］と非割礼者たち［すなわちキリスト教徒］は、スルタンがわれらの主を連れてこいと命じたことを知って、すぐに彼の首をはね、ユダヤ人を皆殺しにするのだと思った。スルタンが町のユダヤ人をすべて殺せと命じていたことが知れ渡っていたからである。コンスタンチノープルでも同様の措置を取るように［指令を携えた］急使が派遣された。人びとは刀を研いで、ユダヤ人を思いどおりに料理できる日を待った。しかしわれらの主は予定よりも二日遅れて到着したが、晩だったので、彼［スルタン］のところへ出向くには時間が遅すぎた。翌朝スルタンの前へ伺候すると、スルタンは彼に「ご無事で」と言った。そこで彼［サバタイ］はトルコ語で「あなたもご無事で」と答えた。そのあと王の召使いがスルタンが着ていた衣裳をもってきた。もうひとりの召使いはスルタンのターバンをもってきた。そしてそれらを彼に着せ、彼をスルタンの名でメフメットと呼んだ。スルタンはまた、毎日高額の金を彼に払ってやるようにとも命じた。それで彼は棄教したのだという噂が生まれた。ユダヤ人たちはおおいに安堵した。われらの主はスルタンの前でユダヤ人のために、コンスタンチノープルのユダヤ人を撲滅せよという怒りの書状を撤回してくれるようたのんだ。……こうしてユダヤ人は損なわれずにすんだのである。[269]

この報告は歴史的事実の裏づけのない、純然たるフィクションであるが、支持者たちの精神状態を物語る貴重な証言である。おまけに出来事の文学的描写は、そのあとサバタイがゾーハルを膝に置き、テフィリンで身を飾って腰をおろし、「そのときから今日までイスラエルのために尽力している」ようすをえがいている。[270] 支持者たちは明らかにイスラエルの危機を防いだサバタイの成功をきわだたせようとしている。アブラハム・クウェンケによれば、[271] 医師はサバタイにこう言っていた。「ターバンを取ってごらんなさい。それをしないでいてごらんなさい。そうすれば、ユダヤ人はトルコの国から出ることもそのなかにとどまることもないでしょう。そしてほかの国々もそれを見て、同じようにするでしょう。」

トルコのユダヤ人が本当に滅亡の危機に立たされたのか、サバタイが自分とユダヤ民衆の破局を共に防ぐことができたのか、それは別の章で扱うことにする（七四一―七四三ページ参照）。そのような展開はあとから生まれたのではないかという可能性を頭から排除することはできない。サバタイ派の信仰と熱意がまったく違う二つの出来事を結びつけて一つのドラマチックなストーリーをこしらえたのかもしれない。他方、どんな架空の話でもメシアのスキャンダラスな裏切りの「説明」をしたいという支持者たちの欲求にかなったことは明々白々である。しかしいずれにせよ、サバタイの棄教で終った評議会の席上ではそんなことは何も、ひとことすら話されなかったことは疑いを容れない。トルコのユダヤ人の運命などまったく話されなかった。スルタンはサバタイの改宗を見届けたあと、自室に退いた。

サバタイの妻は決定的な尋問の場にいなかったが、[272] 彼はあとで彼女を呼び寄せることを許された。彼女はガリポリからやってきたのち、スルタンの母親に導かれて改宗した。キリスト教徒のあいだでささやかれた彼女の幼少時にかんする噂がロマンチックな作り話ばかりでないとしたら、彼女にはすでに外部に向かって別の宗教を信ずることを表明した経験があった。彼女はたしかに棄教することでもって夫の願いにしたがったのだ。おそらく彼と彼の使命を心底信じて。アドリアノープルで合流したサバタイの秀でた支持者たち数人が、おそらく彼の求めに応じて、あとに続いた。サラはこのときからファティマ・カディン（ファティマ夫人）と呼ばれた。[273] サバタイは第二夫人を娶ることにも同意し、スルタンの侍女（または奴隷女）のひとりと結婚した——新しい宗教にたいする忠誠心を示し、いっさい疑惑をもたれないようにするためかもしれない。[274] サバタイ主義の反対者たちはこの結婚をおおいに非難した。[275] サバタイ派の描写は結婚のことを無視し、サバタイは何かそのようなことを言われたが断った、とだけほのめかしている。

　出来事の経過を伝える別の物語が或るサバタイ派の写本に断片的に遺されている。[276] それによると、医師の「イサアク・ザフィリ」は、ユダヤの民の滅亡を招来しないように、スルタンのいうことを聞いてイスラム教に改宗するようサバタイに迫った。「われらの主はこれを聞いたとき、答えなかった。スルタンが医師に『おまえたちはそこでおまえたちの（つまりユダヤ人の）言葉で何を話しているのか』と尋ねると、医師は答えた。『陛下が望んでおられることを誠心誠意するように（彼を説得しているのです）。』すると、スルタンはすばやくわれらの主の頭に手ずから白いターバンをかぶせ、彼にとくべつ立派な衣装を着せた。そしてサバタイに大きな宮殿を住まいとしてあたえ、一日に（金額欠）アスペルス（ピアスター）の年金を支給した。」のちにスルタンは、この新「改宗者が葡萄パンと扁桃しか食べず、毎日、ときには三日三晩続けて断食をしているという報告を受けた。スルタンは彼を呼びつけて、尋ねた。『おまえはなぜ食べないのか。』彼は答えた。『これは子供の頃からのわたしの習慣なのです。』するとスルタンは言った。『彼がそれに慣れているのなら、食べることを無理強いしてはならない。彼の身体を損なうかもしれない。そうしたらわたしやわたしの命のために祈ることができなくなってしまうからな。』そのあとスルタンはサバタイに言った。『わたしのおば（！）をおまえの妻にやりたい。』だが、われらの主は答えた。『わたしにはすでに妻がおります。彼女はガリポリにおります。』スルタンはただちに護衛を遣わした。彼らは彼の妻を女王（つまり太守の妃）のところへ連れていった。そこで彼女は立派な衣装を着せられ」（ここで断片は終っている）。

当時のサバタイの心の状態を示すものは何もない。あの時期の最も古い記録文書は彼の高邁な気分、熱に浮かされたような活発さにかんする証言と相反する。サバタイはスミルナにいる兄エリヤ・ツヴィ宛の短い報告にこう書いている。「いまは独りにしておいてください。なぜかというと、神がわたしをトルコ人にされたからです。あなたの弟メフメット *kapici baschi oturak*[277]。そのようになり、命じられると、堅く立ったからです（詩篇三三、九）[278]。」九月二四日に書かれた「神の思し召しによるわたしの生まれ変わりの九日目に」というメモは深いメランコリーにあることを推測させる[279]。サバタイの沈んだ気持ちは混乱と心もとなさという一般的感情によるものであり、必ずしも鬱期のものとは限らないだろう。サバタイは棄教の当時鬱の発作に見舞われていたのではないかという[280]疑問がしきりと浮かんでくるが、残存している記録は、サバタイ派の資料を除いて、この推測を支持しない。ラジカルなサバタイ派の神学者のひとり、ラビ・エリヤ・モヤヨンは、サバタイが「あの（すなわちイスラム教徒の）衣装を着用するにあたっては天啓があったわけではなく、自分のしていることを（精神的に）承知していたわけでもない」とはっきり言っている[281]。おそらく、メシアは棄教したとき光を奪われていた、つまり鬱期にあったという噂が支持者のあいだに流れていたのだろう。しかし、現存している典拠はそれについて決定的な推論を許さないし、サバタイがいつ自分の行動の神秘的な説明と弁明を求めはじめたのかということについても憶測を許さない。

「自称ユダヤのメシアの暴かれた嘘と背信」(282)

XI

# 第七章　棄教のあと（一六六七－一六六八年）

## I　支持者と反対者にたいする棄教の影響。信仰の危機

サバタイの棄教後の事件の経過を理解するために、この決定的な転機に先立つところの、思いがけぬ報せに接した当時のユダヤ民衆の精神状況を髣髴させる発展を、まず手短にまとめておかねばならない。この類いまれなメシアニズム復興があとかたもなく消えてしまうことがなかったのは、明らかに新しい種類の「生活感情」が芽生えたからにほかならなかった。普通の状態だったら、メシア棄教のショックは、ガザの預言者が告げた報せの基礎の上に建てられた信仰と希望の構築物を全壊させるに十分だっただろう。サバタイのエピソードはいっときの悪夢のように過ぎ去ってしまっただろう。人びとの生活や意識のなかに何の痕跡も残さずに。過去にメシア運動が持続的な結果を残さずに終熄した例はほかにもある。熱狂はどうやら人びととの心の奥にまで達しなかったようだ。挫折は、それが明らかになった瞬間、人びとを心の底から動揺させはしなかった。失望のショックから立ち直ったあと、彼らは「この世代はふさわしいとみなされなかったのだ」といった昔ながらのおきまりの慰め文句で日々の仕事に戻っていき、事件の思い出は妙に壊れやすい現象かおぼろげな恐怖として、民衆の意識のなかに生きつづけたのである。

しかし今回は違った。運動は全離散地に波及し、大衆の胸中深くに根をおろした。運動の量的大きさだけですでにひとつの質的要因となった。支持者の心のなかに何かが起こったのだ。この新しい内的「事実」は外的歴史的出来事に負けず劣らず決定的な意味をもった。詳しく経過を述べたこのメシア運動は表面的にはこれまでどおりの性格をもっていた。その強さは予想だにしない贖罪熱にあった。それはこの運動がだれしも認める伝統的な終末論的表現形式と合致していることを保証しているように思われる。広範囲の人びとにはメシアの個人的秘密はほとんど知られていなかった。わずかながら人びとの心に浸透し、オーソドックスな考えに逆らったものは、革命的なメシアの律法を予告する新しい秩序というよりは、ともすると彼の使命の尋常ならざる性質に関係するものとして解釈された。大衆の意識は現実になった終末論の具体的な表われとしてメシアによる「あらゆる価値の再評価」を期待した。しかし識閾下では広範囲に及ぶ変化が起こった。メシア宣伝の強さと射程距離は結局その主唱者たちが本来意図したところをはるかに越える結果をもたらしたのである。

ここですでに先の章で述べたある重要な事情をいま一度思い出す必要がある。支持者たちの心情のなかでは間近に迫る解放とすでに実現した解放とがいっしょくたになっていた。解放は間近にあったばかりでなく、すでに根をおろしはじめていて、古い秩序のなかにはいり込んでいたのである。これまでまだ何も起こっていないではないかという懐疑家たちの異議は相手にされなかった。彼らは感情の新しい状況を顧慮しなかったからである。伝統的なメシアニズムの政治的側面やイスラエルが異教徒の軛から、屈辱的な追放から解放されることへの期待は当然のことと思われていたようだが、新しい感情は政治的解放を望むことで満足しはしなかった。強力なメシア的酵素は心理的副作用を生み出した。するとそれはすぐに独自の生き方を始めた。多くの支持者たちは熱狂しながら、新しい時代がすでに始まっていることを確信していた。実際、彼らは新しい世界への敷居をまたいでいたのである。シェキーナーが「塵のなかから立ち上がった」とするサバタイ派のカバラー教義がこの新しい生活感情を理論的に下支えしていた。いわゆる奇跡があまたあることといかなる外的しるしにも基づかない純粋な信仰とのあいだの矛盾は「ある」というよりはむしろ「見かけ」であった。いずれにせよ、それはすでに新しい生命の泉を飲んでいた信者たちにとって重要ではなかった。メシアを最高の宗教的価値として純粋に信じたことは、もろもろの誘惑や試練にもかかわらず、新しいメシア的「現実」との感情的一致を生んだ。この感情的な一致のおかげで多くの支持者たちは過酷な事実に直面しても毅然たる姿勢を失わなかった。メシアの王国へはいる準備は新しい国へはいることに変わった。すでにサバタイの棄教まえにカバラーの「ティックーンの世界」は、「外的」出来事の領域の何事によっても揺るがされぬ感情的現実になっていた。サバタイがスルタンの頭から王冠を取り上げるべく奇跡の旅に踏み出せば、政治的歴史的現実の世界がたちどころに消え去ることは支持者たちにはわかっていた。しかし両世界の不一致がつらいことに明らかとなり、サバタイの棄教によってメシア信仰の素朴な自己理解が揺らいだときにはもうすでに新しい歴史意識が生まれていて、外的現実のショックをやわらげることができた。支持者たちはこの慰めと歓びの報せによって自分たちが解放されたことを知っていた。彼らは外的世界の「幻影」によってもはや惑わされることはなかった。彼らだってたしかにメシアの約束が外的、政治的領域でも果たされることを期待していた。しかしすでに彼らのなかに築かれていた王国はもはや、あるいは激しい戦いをもってしてでなければ消え去ることはなかった。簡単には抑えつけられない新しい力が生まれていた。間近な解放への期待が裏切られたあとの最初のキリストの使徒にかんするルナンのコメントは、あらゆる点でサバタイ支持者たちにもあてはまる。「熱狂と愛は絶望的状況を知らない。それらは不可能事をもてあそび、絶望するまえに現実をねじ曲げてしまう。」(1)

党派的、そして——程度の違いはあるが——異端的な運動としてのサバタイ主義は、新しい生活感情とそもそもサバタイ主義を発生させるもととなった期待が外れたこととのあいだの戦いから生まれた。サバタイの棄教は解放の二つのレベル間の危険な矛盾を暴露した。これほど先鋭なかたちで現われようとはだれひとり予想しなかった矛盾であったが、それがいま予期せぬ発展の礎になったのだ。正統的カバリストならメシアニズムの政治的要素を捨てることなど夢にも思わなかっただろう。彼らが伝統的終末論に新しい神秘主義的次元をつけ加え、それを全宇宙の本質の変形と考えたとき、それによって彼らが言おうとしたことは、メシアによる解放は異国人の軛からの解放以上のものであって、それ以下のものではないということであった。けっして廃棄されることのなかった歴史的現実は隠れた神秘的プロセスの象徴とみなされた。「〈追放された者たちの集合〉は追放された［聖なる］火花の集合である。」(2) 彼らの思考の構造は象徴と象徴化された現実の対立を認めないだろう。そのような対立の可能性などカバリストたちは思いつきもしなかった。彼らがメシア思想のアクセントを宇宙の隠れた内的領域に移したことのなかにはそのような対立が内包されていたけれども。メシアの福音が不意にこの重大きわまる危機に陥ったのを見たとき、潜在的な矛盾が一気に噴き出した。象徴と象徴化された現実のあいだの、つまり解放の内的現実と外的現実のあいだのコントラストは、深刻な、苦悩にみちたジレンマを生み出し、このジレンマがユダヤ人の意識を新しい状況に適応させようという試みの結果として「サバタイ主義」を発生させたのである。

一六六六年の大いなるメシア信仰復興運動は支持者たちに新しい生活への心がまえをさせたが、しかしその宗教的次元はそのまえにあったものとの縁切りというよりはむしろその継続を意味した。棄教は終末論的パースペクティヴの連続性もサバタイ信仰の単純な素朴さも揺るがした。すべての支持者は、重大な結果を惹き起こす問いの前に立たされた。どこに神の声が聞かれるのか。ごく控えめに言って、メシアの実験がたんなる幻想にすぎないことをあばいた歴史の残酷な評決のなかにか。それとも支持者の胸中深くに形成された信仰の現実のなかにか。党派的なサバタイ主義は民衆の多くのグループが、歴史の評決を受け容れ、自分たちの信仰が無意味な、根も葉もない幻想であったことを認めるのをこばんだときに生まれた。変節したメシアを信ずるという別の可能性もあったが、しかしそうすれば本来の信仰の素朴な純真さが失われる。変節したメシアを信ずることは背理と不条理の上にみずからの希望を築くことを意味し、そんなことをすればなおさら背理につながるだけだった。ラビ的ユダヤ教の統一性、無矛盾性はそれに内在する背理、そして根本的にはどんな宗教にも、人間の経験そのもののなかにもある背理、すなわち神義論と義人の苦悩という背理によって損なわれはしなかった。彼らを苦しめたこの背理の普遍的性格はそれの重大さをけっして減じはしなかったが、それを破壊的とは思えないようにした。ここにあるのは秘義に違いなかったが、しかしそれは純粋かつ素朴な信仰が希望を抱いて帰服することのできるものであった。それにひきかえ、サバタイの逆説は苦悩する、そしてその苦悩が神の御許に隠された秘義である聖者のそれではなく、過ちを犯す聖者のそれであった。この破壊的な背理の上に築かれる信仰はその純潔さを失った。その必然性の弁証法的前提は同様に逆説的弁証法の特徴ももつ結論を生み出す。

サバタイ派のいろいろな教義は、内的経験とそれを象徴しているという歴史的現実とのあいだのこの裂け目を埋めようとした。それらは信者たちに深刻な危機のなかで生まれた、逆説的性質の神学体系を提供することによって、信者たちが外的真実と内的真実とのあいだのいやます緊張のなかで生きつづけることを可能にした。この信仰が何世代も続いたということは、そのなかにユダヤ史の弁証法的プロセスが表われていることを示している。

サバタイ思想の信者たちは彼らが体現しているこの新しい生活感情の性質を必ずしも意識している必要

はなかったが、しかし少なくとも彼らの論敵のなかには、支持者たちと反対者たちのあいだのますます先鋭化する論争のなかに忍び込むこの革命的要素をうすうす感じた者がいたことを示す証拠がある。反対者たちは反乱が実際に起きるずっとまえからそれを感じ取っていたようである。そして敵意に研ぎ澄まされた彼らのまなざしはのちの展開を多々予見していた。彼らの論拠はもちろんたいていはラビの法規を犯すさいの支持者たちの不安と心配の表明に限られていた。なかにはこの信仰に内在する危険な結論を先取りしている著者もいたようだが。サスポルタスとハ＝レーヴィは支持者たちにタルムードの権威に逆らい、ラビの古老たちを侮辱した罪を帰せ、彼らは聖四文字を口にしてはならぬという禁止の意味をまったく理解していないなどとありもしないことを言った。(3) 支持者たちは異教の神々にしたがい、伝統的なラビの権威にかわる新しい権威を奉ずるだろう、と。ヨセフ・ハ＝レーヴィはハラハー文学のかわりにゾーハルとミドラーシュを学べというナータンの支持者たちへの助言に激しい非難を浴びせる。(4) ナータンが伝統的なハラハーの（ひょっとするとさらにルーリアのカバラーの）テクストにかえてハッガーダーとカバラーの古典作品を採り入れたことには、ラビ的ユダヤ教の硬直した構造をやわらげたいという彼の願望が表われているのかもしれない。そのような願望は、書簡や『竜にかんする論文』も含めた一六六五年から一六六六年の彼の著作のなかに認められる傾向にまさにぴったりなのだろう。のちのサバタイ主義の特徴にもなっているハラハーからハッガーダーへのアクセントの移動は容易にラビ的権威と伝統の完全な撤廃の序曲にもなりえた。これが本来の意図ではなかったにせよ。イスラエルの宗教から「二つの宗教」が生まれ、分裂（シスマ）運動につながることをサスポルタスは早くから恐れていた。断食日の廃止は来るべき事態の前兆にすぎなかった。彼の正統的な本能は、当時はまだかたちをなしはじめてすらいなかった将来の発展をうすうす感じていたのである。

新しいメシア的生活感情は棄教によって重大な打撃をこうむった。だれもこの出来事を、いわんやその結果を予測していなかった。自分は警鐘を鳴らしていた、「棄教を、そうなるずっとまえから、預言していた」というサスポルタスの得意げな主張は、彼の書簡をつぶさに調べてみれば根も葉もないことがわかる。[5] 二、三の支持者も、まったく別の理由からだが、同じようなことを述べた。そのなかにはガザのナータンもいた。[6] サバタイ派にはもちろん、棄教はずっとまえから預言されていたと称すべき十分な理由があった。このいわゆる預言が彼らに運動の両段階の継続性という幻想をあたえ、予期せぬスキャンダルの痛みを思いもしなかった嘘でまぎらしたのである。

遺憾な展開には滑稽な不条理さが感じられるにもかかわらず、どこか真に悲劇的なところもあった。多くの世代の伝統と歴史的経験にはぐくまれた国民的革命は第二神殿の破壊以来初めて全ユダヤ民族をとらえた。根本的革新のまたとないチャンスが到来したように思われた。それにたいする一斉の反応は、苗植えが無駄ではなかったことを示した。苦悩と殉教の長い、苦難にみちた歴史の頂点にようやく「解放の角が頭を出した」のである。だれかが決定的な言葉を口にすれば、ユダヤの大衆は必ずや行動に出ただろう。ところが、彼らのふたたび見出された誇りと新しい自己意識は空身振りの域を出なかった。運動の指揮者たちは行動することを考えなかった。彼らは敬虔な心で無為のメシアを見守っていた。だが、メシア自身心理的な浮き沈みのリズムにとらわれ、自分の病を越えた、より正確にいえば、自分の病から生まれた個人的な幻視を超えた何かを考えることができなかった。もちろん、サバタイも彼の支持者たちも、こんにちの政治行動の尺度で判断したり非難したりすることはできない。彼らの態度は革命指導というものにたいするわたしたちの考えとは合わないのだ。しかし彼自身の時代の物差しに合わせてみてもサバタイの消極性には何か抑鬱的なところがある。照明の発作中の彼の熱狂は空想的な、純粋に個人的な奇矯な振舞いに終始した。サバタイは自分の苦悶をイスラエルの苦悩の象徴とみなしていたというナータンの証言ですら、サバタイの内面生活が自閉症的に自分自身の周りをめぐっていたという事実、彼の異常心理のなかにパラノイアの気味があった事実を変えるものではない。サバタイは彼自身の世界という狭い輪から解放されることはなかった。彼がみずからの個人的経験を象徴的に解釈するときも、けっしてそれから逃れられなかった。心の病が彼に取らせた極端な行動においても彼は根本的には独りぼっちであった。彼の名を冠するメシア信仰復興運動は大衆運動にはなったものの、創始者の人格の痕跡はそこにはほとんど認められなかった。あのとき運動は頂点に達したかと思うと、突如奈落の淵に立たされた。多くの支持者が跳躍を敢行したことは怪しむに足りない。サバタイの棄教によって早まった危機は、イスラエルの歴史における悲劇的瞬間である。しかし悲劇はまた新しいユダヤ人意識が育つ芽も含んでいた。

## Ⅱ　公衆を落ち着かせようとするコンスタンチノープルのラビたち

棄教の報せを最初に知ったのはトルコ人であった。その数日後にアドリアノープルのユダヤ人の情報源がそれを確認した。当然のことながら、ユダヤ人たちは最初報告を信ずることをこばんだ。メシアは勝利するか、殉教死をとげるかどちらかであった。どっちになっても、それは心理的に納得のいくことで、それにたいする反応も多かれ少なかれ予測できた。しかし、よもや彼が教えに背こうなどとは想像もつかなかった。この報せは青天の霹靂であった(7)。「ユダヤ人の行くところキリスト教徒やトルコ人の嘲笑がついてまわり、とうとう大半のユダヤ人は一日じゅう家に引っ隠れてしまった。」コンスタンチノープルのコミュニティは報せのショックにうちひしがれてしまい、イエズス会士の観察者は「彼らはいつ打撃から立ち直るのだろうか」と自問した。[8] どこもかしこも混乱をきわめた。反対者たちは、サバタイがいまだに生きていて、謀叛人として処刑されていないことをいぶかしく思った。支持者たちはメシアがスルタンの王冠も殉教の王冠もどちらも選ばなかったのでびっくりした。サバタイが自分をメシアだと思っていたのなら、殉教によって「神の名を浄める」のが彼の義務だった。スミルナのラビたちが実際にそう考えていたことはカルドーゾの手紙のひとつからわかっている。[9] ユダヤ人コミュニティはどこでも、希望が打ち砕かれたという強い思いと火の出るような恥ずかしさに襲われた。「彼はみずからの信仰を否定し、教えに背いたことにより、ユダヤ民族全体に罵りと恥辱をもたらしたのだ。だれも彼がそんなことをするなんて思いもしなかった。……彼のような聖人で、学者で、カバリストであるひとが突然イスラエルの神に背くなんて。[10]」

信じられないような報せが本当だとわかったとき、最初になされたことは、説明のつかぬ事を釈明しようという周到な試みであった。これらの初期の正当化の試みとサバタイ神学の根本主題とのあいだには驚くべき類似性がある。「支持者の多くは、この新しいイスラム教徒はそれでもなお彼らの真のメシアであり、ただ彼の偉大な計画を成功裏に導くことができるように一時身をやっしなければならないのだ、と称した。[11]」コンスタンチノープルのイエズス会士の観察者にはこの説明が馬鹿ばかしく思われ、こんなたわいない説得に何の意味も認めなかった。サスポルタスによれば、「大多数のひとはいまだに己れの信仰にしがみついている」。この発言がハンブルクのみならず、ほかの大半のコミュニティにもあてはまることをもろもろの典拠は推測させる。サバタイは教えに背いたのではなく、天に昇ったのだ、ただ彼の「姿が背教者のように見える」だけなのだという信仰が、トルコのみならず、ハンブルクのアシュケナージのあいだにも広がっていた。この見解は、キリスト仮現説のように、メシアについて不利なことや恥じになること（たとえばキリストの苦難と十字架の死とかサバタイの棄教）は何も言えないだろうという憶測に基づいていた。いずれにせよ、ハンブルクのアシュケナージはサバタイ・ツヴィが悪く言われることに耐えられなかった。[12]起こったことに理由づけをしようとするこれらの暗中模索の試みはやがてもっと体系的な、学問的な努力になっていった。

しかし多くのサークルには、またアシュケナージのなかにも、メシアの裏切りにたいしもっと普通の、いわば標準的な反応が認められた。すなわち、メシアの棄教は彼らみなが思い違いをしていたことをはっきり、決定的に証するものだったのである。メシアの挫折の本質はいろいろなふうに言われたけれども、すべては思い違い、錯覚だったのだ。「ある者はこう言った。当時は悪の力が優勢になった。それで彼［サバタイ］は多くの事［すなわち奇跡］をなすことができたのだ、と。別の者たちはこう言った。最初は聖性の力が彼のなかにあったが、その後悪の諸力が彼にくっつき、悪魔の所業がうまく行ったのだ、と。[13]」この説明はかなり広まっていたらしく、いろいろな文献に現われる。出来事を説明するのに悪魔学的表象を導入することはサバタイという人間の別の評価を可能にした。ナータンがそれを引き継いで、新しいプラスの方向へ変えたとき、彼はこうまで言うことができた。サバタイはケリポースを聖の世界へ取り戻すためにケリポースの世界へはいったのだから、「悪魔たちの王」だと言うこともできよう、と。メシアの呼び名としてはじつに驚くべきものである。[14]この神話学的説明はカバラー的歴史観に連なるものであった。というのも、メシアの魂のなかにケリパーの諸力が侵入するという表象はもっぱら、遍く受け容れられたルーリア学説の特殊な応用だからである。しかしこの見解のほかに、むしろ合理的道徳的な説明もなされたが、それは煎じ詰めれば、メシア運動全体は嘘偽りの上に築かれたものであるという理論に行きつくものだった。

裏切られた多くの支持者たちは、教えに背いたメシアを罵ることで鬱憤を晴らした。[15] サスポルタスによれば、「間違って彼を愛した多くのひとたちはいまや彼の敵」になった。反対者たちはただ恥じ入ってうなずくしかなかった。運動最盛期のあいだ諷刺的な詩をやりとりしたフランセス兄弟は（五四九―五五三ページ参照）彼らの諷刺詩をいまやイタリア全土に広めた。彼らは始めの頃の創作に飽き足らず、いままたペサッハ＝ハッガーダーのパロディを二とおり書いて、そのなかでほしいままに痛烈な嘲罵を浴びせた。この諷刺のタイトルはこうである。「災いが起きるとされた運命の夜、すなわちあの忌むべき不浄な回教徒カピジ・バシ、元の名サバタイ・ツヴィが生まれた夜であったためにすべての世代が涙する定めとなったアブ九日の夜のための規律。[16]」ハッガーダーの著者たちはサバタイが棄教したことを神に感謝する。「なぜかというと、もし彼が殺されていたら、メシアの信奉者たちは、彼は彼の時代の人びとになりかわって［償いのために］死んだのだ、と言っただろうからである。[17]」サバタイの名は何度も何度もおとしめられる。ペサッハ＝ハッガーダーの模倣作には彼がイスラエルにもたらした一〇の苦しみの表が掲げられている。[18] シナゴーグでメシア王のために捧げられた祈りはいまやパロディ化され、呪いの言葉となる。ある改作はこのような叫びで終っている。「あなたを知らず、サバタイ・ツヴィの名を呼んだメシアの信者たちにあなたの怒りをお下しください。なぜなら彼らはヤコブを呑み込み、ヤコブの家を荒らしたからです。[19]」救済の報せはサバタイとナータンのたくらんだ謀叛であると明言したのはラビ・ヨセフ・ハ＝レーヴィが最初だったらしい。[20] 彼の中傷の手紙は一六六六年九月のラビ・ホセア・ナンタワの熱狂的な信仰告白（五二二―五二三ページ参照）にたいする返書のつもりであったが、衆目の見るところ、一一月以前に書かれたものではない。しかし、フランス語の『見聞記』はこの見解が一〇月には、つまり棄教後まもない頃にはもうコンスタンチノープルに広まっていたことを示唆している。その説明は明解さと舌鋒の鋭さで人びとを魅了し、そのために広く知れ渡った。アブラハム・カルドーゾ[21]は一六六八年になってもまだそれに抗議している。「事はすべてサバタイと預言者がたくらんだ謀叛であるという彼らの主張についていえば、厚かましくも正しい者をそしる偽りの口はつぐむがいい。」(詩篇三一、一九参照)

勝ち誇る反対者の陣営ではいまや信用を失墜したメシア信仰復興にたいして二とおりの姿勢が取られた。かねて支持者たちからこうむったすべての侮辱と暴力行為への復讐を楽しみにしている喧嘩好きな連中がいた。「わたしたちが(サバタイの敗北について)話せば話すほど、それは立派なことだとみなされるだろう[22]」というエマニュエル・フランセスの説明はペサッハ゠ハッガーダーのたくみな翻案であるばかりか、運動の主だった反対者の気持ちを反映してもいる。棄教のわずか二週間まえに書かれたナンタワの大々的なサバタイ主義信仰告白の過激さと突飛さはサスポルタスとハ゠レーヴィに恰好の材料を提供し、彼らはおおいにそれを利用した。彼らのナンタワ宛書簡は先鋭化した争いのクライマックスである[23]。このアレクサンドリアのラビはナータンの黙示録に刺激されて、熱狂のあまり、サバタイと彼の使命を拒否する者たちは真のイスラエル人ではなく、雑種であるとまで主張した。正統派のラビたちはこんなふうに霊的な判断基準を用いることに深く感情を傷つけられ[24]、すすんで機会をとらえてはラビ・ナンタワに反論した。

しかし、多くの一般信徒の指導者やラビたちは、嘲笑や勝ち誇った嘲りはこれほど深く大きな心の動揺が残した苦しみを癒すのに最も有効な、得策な手立てではないことをさとった。彼らは「この話を語るのがわたしたちの義務であった[25]」というエマニュエル・フランセスの主義にのっとって行動せず、一件を黙過するか、あるいは少なくともそれをきわめて慎重に扱い、落ち着いて普段の生活に戻ることが自分たちの義務だと考えた。これによりコンスタンチノープルやスミルナのラビたちはひょっとすると不可能事を試みたのかもしれないが、少なくとも彼らは最も理性的で責任ある行為だと思ったことをしたのである。彼らがこの行動方式を取ることになった動機には二つの非常に異なった考えがあったようだ。第一に、サバタイはいまやスルタンのお気に入りであったから、イスラム教の改宗者にたいして公然と攻撃を仕掛ける気にはなれなかった。とはいえ、彼らはユダヤのコミュニティに支配的な雰囲気も考慮しないわけにはいかなかった。ラビの大半はなるほど、希望がついえたことをさとったあと、かなり楽に元の生活に戻れた。彼らはラビ的伝統に深く根ざしていた。規律を守る知的訓練が十分なされていた。したがって、明らかに伝統的な考え方に反する背理の神学にたいしてある程度防備ができていた。教えに背いたメシアは彼らにたいして何の魅力も及ぼさなかった。だが、大勢の支持者集団では事情が違った。ラビたちからも長老たちからも阻止されなかったメシア宣伝は、理性的な批判に訴えても、伝統的な模範を引き合いに出してみてもまず役立ちそうもないほど、彼らの感情と彼らの信仰を煽り立てた。事柄全体をできるだけ無視して、時の流れと忘却が傷口を癒してくれるのを待つほうが確かで賢明なように思われた。呪ってみても、釈明してみても、混乱したコミュニティは通常の状態へ戻る道を見出せないだろう。ただ沈黙するしかあるまい。ときおりバラムへのバラクの忠告（民数記二三、二五参照）が一七世紀、一八世紀の資料に引用されているのが見受けられる。たとえばスミルナのラビ・ハイーム・パラへ（一七八八―一八六三）はこう書いている。「わたしたちはサバタイ・ツヴィの件については、良くも悪くも言わない、それを呪うことも祝福することもしない習慣をわたしたちの尊師や父祖たちから受け継いでいる。[26]」時がたつとともにこの賢明な忠告は弁解というよりはむしろ積極的に、あるいは少なくともサバタイ・ツヴィの美化と解釈されるようになった。一八世紀末葉、ラビ・エレアーザール・フレーケレスがプラハの高名なラビ、エゼキエル・ランダウから聞いたところによると、民数記二三、二五のこの言い回しを使う者はだれでもそれによって自分の正体を暴露し、サバタイ主義者とみなされた[27]。しかし本来の意図は、おおっぴらに反対するのがはばかれるほど依然として強力で危険だったメシア信仰復興運動をもみ消すことであったのは間違いない。残存している資料は反対者陣営の両派閥間の戦いの詳細を記している。

どっちの側も自分に都合のいいように取った重要な要因はトルコ当局の極端な慎重姿勢であった。ユダヤ人が謀叛の罪、大逆罪を犯したにもかかわらずおかまいなしだったというほとんど信じられないような事態は、多くの観察者、とくにユダヤ人自身に深い感銘をあたえた。実際にあったことについての証言はくい違っている。しかしなんとか防げはしたものの、ほんとうに危ない場面はあったようだ。トルコの全ユダヤ人、支持者や運動の指揮者が当局の怒りに戦々兢々としていたかどうかは定かではない。ある宣言、すなわちレイーブの回想記に引用されているコンスタンチノープルのラビたちの書簡のことはおおいに論ぜられた。レイーブによって紹介された記録文書は真筆ではなく、「かき集められたもの」、ひとつないしはいくつかの資料から作成されたものであることは確かだ[28]。レイーブの資料の扱い方はよく知られている。このケースはとくべつで、わたしたちはさいわい彼が用いた手紙の原文を所持している。一六六六年一二月にコンスタンチノープルのラビたちがスミルナの最も裕福にして学殖の深いユダヤ人、ラビ・イサアク・イェッスルン[29]に宛てて書いた手紙には次のような文が含まれている。「サバタイ・ツヴィについてはあなたがたはすでに詳しい報告を受けておられます。ですから、ここで事件の詳細をくどくど申し上げることはいたしません。ただわたしたちやわたしたちの子らは、もしわたしたちのためにとりなしてくださらなかったら、わたしたちの命を裁いていたであろう剣からわたしたちをお救いくださった神に限りない感謝と賛辞を表しなければならない、と申し上げるだけで十分でしょう[30]。」この手紙の真筆性を疑う理由は何もない[31]。ユダヤ人コミュニティは重大な危機に瀕していたが、「仲裁者」の介入によってそれをまぬがれたことがその内容からわかる。サバタイがその匿名の調停者であったことを示すものは何もない。

別のところでクーネンが報じているところによると、スルタンはサバタイの棄教後、いろいろなコミュニティの主だった支持者たちを逮捕し、アドリアノープルへ送って、そこで（察するに死）刑に処すべしと命じた。逮捕されるべき人物の名表をもった急使が派遣された。当局はユダヤ人コミュニティ内で起ることについて正確な情報を握っていたようだ。コンスタンチノープルでは一二人、スミルナではそれ以上が逮捕されることとなった。(32) 当局の捕縛が開始されてまもなく、逆の命令を携えた新しい使者が到着した。ラビたちは戒告にとどまり、ユダヤ人は恩赦された。(33) クーネンがこの報告を書いたのは、コンスタンチノープルからイサアク・イェッスルンに宛てられた手紙のことを知るまえだったようだ。彼がそれを引用しているのはずっとあとの章である。クーネンの本の章は個別の書簡としてハーグのレヴァント貿易会社の事務所に送られたものであることを思い出してみるとよい。二つの報告が二つの異なった章に現われる。前のほうは仲裁者、ユダヤ人たちの調停者の身元にかんする二つの噂を述べている。一方の報告によれば、スルタンの母がユダヤ人たちへの慈悲を乞うた。これを証する別の資料もある。しかし「ここ［スミルナ］では、偽メシアみずからスルタンにはたらきかけ、彼の考えを変えさせたとも言われている」。彼は起きたことの全責任を引き受け、自分のメシア宣伝に惑わされたことで罪なきひとたちを罰することはしないでほしいとたのんだ。(34) 枢密院での審理中のサバタイの態度について知られているすべてのことがこの叙述に反する。したがって、この噂はサバタイをイスラエルの救い主としてえがこうとする支持者たちによって作られたものだとほぼ確信もっていうことができる。ほかはすべて彼が裏切り者で密告者であることを示唆している。

反対者たちが外国のユダヤ人コミュニティに送った最も古い報告は実際に、スルタンがサバタイの情報に基づいてユダヤ人にたいする厳しい報復措置を決断したことを示唆している。支持者たちの説明は一〇月にはもう広まっていたようだ。すなわち不吉な命令とコンスタンチノープルのラビ逮捕直後の命令の撤回とそれに続く釈放のニュースが知られてすぐのことである。

リヴォルノのラビ・ヨセフ・ハ＝レーヴィは当局の異なった二つの、相続く措置について述べている。棄教の報せを受け取ったあとに書かれた彼の最初の手紙によれば、サバタイはスルタンにユダヤ人コミュニティの忠誠の誓約状を示した。それにたいしスルタンは怒りもあらわに、七歳以上のすべてのユダヤ人を殺害し、七歳以下の子供たちはすべてイスラエルへ強制送還せよと命じた。「そして怒りと憤りの書がしたためられ、封印された。だが帝国の重臣の二人がスルタンのもとへ来て、怒りをやわらげ、ひとりの犯罪人のために全民族を滅ぼすようなことはしないでほしいと懇願した。先君のどなたもそんなことはなされませんでした、と。スルタンの母御も憐憫の情を催し……彼に懇願した。スルタンは彼らの願いを聴き入れ……恩赦状を書いた。ところが背教者の怒りは収まらなかった。彼はいま一度、ラビたちを讒訴し、自分は彼らに煽られたのだ（と言った）。スルタンは彼らを召し捕らせ、殺させようとしたが、再度考え直すように乞われて、彼らを赦した(35)。」そんなわけで、コンスタンチノープルのラビたちは（彼らはハ＝レーヴィの情報源だったから）公式の大赦（「恩赦状」）のことやスルタンの母親と彼の二人の重要な助言者によるとりなしのことを知っていた。サバタイの卑劣な裏切り行為についての告発は慎重に受け取るとしても、報告の核心は信頼に値すると思われる。トルコ当局がもうまえから逮捕と処罰を決めていたことはありえないことではない。彼らは運動の指揮者がだれなのかを知るのにサバタイの情報を必要としなかった。政府は何が起こっているのか知っていた。それは断食を廃止するサバタイの宣言がトルコ語に訳されたことからも明らかだ。

証言をまとめてみると、トルコのユダヤ人は一時本当に危ないときがあったかのように見える。もしサバタイが運命を左右する枢密院の会合で殉教を選んでいたら、彼の英雄的な勇気はユダヤ人コミュニティにとって、あるいは少なくとも長老たちにとって、壊滅的な結果をもたらしただろうということは、十二分にありえそうに思われる。スルタンの助言者たちが無用の復讐をやめて、そのかわりサバタイに棄教で自由をあがなうチャンスをあたえたのは、正しい振舞いだった。全員大赦の決定を左右したもののひとつに、支持者たちをサバタイのひそみに倣わせたいという願いがあったかもしれない。ド・ラ・クロワによれば、カイマカムはスルタンに、サバタイの支持者たちをどうしたらいいか問い合わせた。「すると国王陛下は、彼らの指導者がどういう道を行けばいいのか彼らに示したのだから、わたしはそれで彼らを赦そうと思う、と答えた(36)。」ド・ラ・クロワが書いたのは事件後数年たってからだが、なんらかの報復措置の脅しやそれに続く大赦のことはいっさい語らず、いろいろな段階を圧縮してひとつのドラマチックな筋書きをこしらえている。それゆえ、彼の描写は信用ならない。いわゆる「全面大赦」があたえられたことはそれも認めているが。

のちには別の説明もなされた。それらは多くの事実を無視し、不吉を知らせる命令の破棄を説明するのに純粋な宗教的因果関係に訴えた。レイーブ・ベン・オーザーはこの問題を多くのラビたちと話し合ったと報告している。「ラビたちは、だれかがメシアを名乗るとつねにこの迫害がイスラエルにもたらされたといろいろな本に書いてある、と言った。だが今回は全離散地のユダヤ人は何も災いをこうむらなかったし……金も失わなかった。それもあの日々の大いなる贖罪のおかげだ、あのようなことは地球創造以来一度もなかったことだ、とラビたちは言った。この贖罪の功績により災いを告げる命令は破棄されたのだ(37)。」この種の論議は、運動によって惹き起こされた実際の損害が忘れられ、人間の空想力が過ぎ去った出来事を強く理想化して眺めることができるようになって初めて可能になる。だが、可能なかぎりの解釈をしないではいられなかった注目すべき事実、すなわちイスラエルがトルコの報復から救われたこと、それを否定する者はいなかった。

数字上の事情についてははっきりした証明はないけれども、メシア信仰は棄教後もしばらくのあいだ広がっていたという点でわたしたちの資料は一致している。とくにスミルナとコンスタンチノープルでは大多数の支持者が信仰を堅く守っていた、とクーネンとリコーは報告している。リコーによれば、大半が仮現論的説明を信じていた。「彼らはサバタイがトルコ人になったことを信じようとはせず、この地上にとどまって、頭に白いターバンを巻きトルコの衣装を着けているのはサバタイの影にすぎないと思いこんでいた。彼の肉体と魂は天に召され、大いなる奇跡が成就すると定められた時が近づくまでそこにとどまるだろう、と。こんな愚かな考えがえらくはびこって、まるで民衆は誤りにすっかり夢中になってしまい、絶対にそれを手放すまいと思っている様子だった。[38]」他方、著作『見聞記』を一六六六年一一月にコンスタンチノープルで完成させたフランス人イエズス会士は、大半の支持者は自分の誤りを認めて、嘘つきを信じた日をいまいましがったと示唆している。この両派の争いの残響が目撃者から情報をえていたと思われるレイーブ・ベン・オーザーの報告になお尾を引いている。レイーブによれば、スルタンの大赦は両派間の対立を深めた。支持者たちがこのとき「彼ら［すなわち反対者たち］にむりやり彼［すなわちこうしてイスラエルを救ったサバタイ］を信じさせようとしたからである。両者間に多くの争いや激しい憎悪が生まれ、だれもが隣人を殺そうとした。しかし、どこでもラビや長老たちは仲裁の努力をやめなかった。そして隣人に向かって手をあげたり、隣人を罵ったりする者は破門するぞと言って脅し、シナゴーグにふたたび平和を取り戻した。彼らはたいそう骨折って、これを静かに秘密裏に行なった[39]」。この解釈によれば、ユダヤ当局はコミュニティ内でこれ以上対立が激化するのを防ごうとした。支持者たちを落ち着かせねばならい。時がたてば彼らも本当のことをさとるだろう、と人びとは期待した。

そのあいだじゅうトルコのコミュニティは噂でもちきりだった。何人かの支持者たちが棄教のショックをやわらげようとして世間に流したのである。仮現論的説明についてはすでに述べた。別の噂は、背教者の新しい生活を説明しようとした。そして、彼はスルタンの宮殿でも禁制の食餌は摂らないだろうと強調した。ある話によれば、彼はパンと果物しか食べなかった。別の話によれば、天の使いがスルタンの厨房から出された料理を天の食べ物と取り替えた。(40) 反対者たちによって広められた噂のなかに奇妙なことにのちにヤコブ・フランクが申し立てたような領地要求の噂があった。サスポルタスはこう書いている。「コンスタンチノープルから報せがあった。このならず者はスルタンに領地の［小さな］一部の支配権を譲ってほしいとたのんだそうだ。ユダヤ人たちはそこへ彼についてくるだろう、そうすれば彼らをイスラム教に改宗させることができる、と彼はスルタンに約束した。これを聞いたラビたちは破門の罰を科してすべてのユダヤ人にサバタイを訪ねて彼と話をすることを禁じた。かつてダビデがガトの王アキシュとともにしたように〔サウルの寵愛を受けていたダビデは敵方ペリシテ人との戦いで巨漢ゴリアトを倒したことからサウルの妬みを買い、命を狙われたために一時ペリシテ人のガトの王アキシュのもとへ逃れ匿われたが、そのさい狂人をよそおった〕自分はある神秘な理由でしばらくのあいだケリパーの領域へ逃れねばならないのだ、というメシアの説明を棄教後も信ずる者がいたからである。(41)」ペリシテ人の王「アビメレクの前で狂ったさまをよそおった」（詩篇三四、一）ダビデとの類比はよい選択で、本当らしく聞こえる。(42) サスポルタスの報告は棄教後数ヵ月のあいだになされたサバタイと支持者たちの談話のなかで用いられた論拠をそのまま繰り返しているのかもしれない。(43) サバタイが領国を請願したことと、支持者たちが自分についてきてイスラム教に改宗するだろうと約束したことは、心理的に頷けるものがある。両者は支持者との関係を維持したいという彼の願望と、まさにトルコ人に見守られながら二重生活を営もうとする彼の傾向にぴったり合っているのだろう。しかし、心理的可能性だけでは歴史的確実性にはならない。さしあたってサスポルタスの主張する「国盗り」を裏づけるものは何もない。

レイーブの回想も、サバタイを訪ねることも彼の棄教のメシア的秘密を支持者たちと論議することもいけないという禁止について語っている。とにかく支持者たちの論議は理解できるものだったようで、そのためにコンスタンチノープルのラビたちは、「老若男女を問わず、すべてのユダヤ人はこの男の名を口にしてはならない……いわんや……彼の一派を訪ねたり、事の善し悪しを問わず彼らと話をしてはならない」旨を定めた指令を、破門の脅しとともに出したのである。この指示に反した者は生きる権利を失い、ラビの意のままにあらゆる手立てを使って責められるだろう。(44)だが、この指示の信憑性は相当に疑わしい。レイーブの報告が事実に立脚しているとしても、ここに写されたテクストの文言はまず本物ではありえない。文体が当時コンスタンチノープルのラビ会議が送った真正な書簡のそれとは著しく違っている。サバタイ・ツヴィの「一派」に言及していることも当時としてはきわめてありえないことである。この表現が使用されるのはずっとあとになってからだからだ。一六六七年または一六六八年当時の真正な記録は支持者たちを殺すと脅してはいない。それどころか、彼らをコミュニティへ戻そうとあらゆる努力がなされた(七五八—七六〇ページ参照)。他方、サバタイを訪ねることも彼の棄教を論ずることもまかりならん(「彼の名すら口に出してはならぬ」)(45)という禁止は本当に出されたのかもしれない、そしてレイーブのでっちあげた布告の歴史的核をなしているかもしれない。

## Ⅲ　ナータンのパレスチナ出立。ナータンとサバタイの支持者にたいするコンスタンチノープルのラビたちの措置

ラビたちは興奮した人心を鎮めることができなかった。少なくとも思ったほどに早くはできなかった。彼らはむしろ騒ぎが大きくなるのを防ごうとした。サバタイはアドリアノープルの家に軟禁されていたけれども、主だった支持者たちとコンタクトを取っていたことがやがて判明した。彼の新しい生活様式は数々の理論や説明を生んだ。ユダヤ人の巷にはいろんな噂が飛び交った。棄教のまえからそうだったが、支持者たちは「手紙を……メシアの奇跡や奇跡的行為ばかりで埋め尽くし」(46)、空想で考え出したことをそこらじゅうへ広めた(47)。コンスタンチノープルとスミルナのラビたちは、そのなかにはメシアから故郷の町の上級ラビに任命されたラビ・ハイーム・ベンヴェニステもいたが、信仰から離れ、みずからの犯した恐ろしい過ちを深く悔いたという。サスポルタスは自分がなしたことを遺憾に思うベンヴェニステの手紙を見たようだ。スミルナのユダヤ人たち、「とくにラビたちはいま、［破局をもたらした］以前の贖罪よりももっと厳しい懺悔をして悔いた(48)」。ラビたちの少数は、ラビ・アブラハム・ヤキーニを筆頭に、以後も信じつづけた。素朴なひとたちは出来事に動ずることもなく、ラビの厳重な注意にも惑わされなかった。一回くらいの出来事では、まして棄教のような忌むべき行為によっては、メシアとその力にたいする彼らの「純粋な信仰」は一気に砕かれはしなかった。彼らにとって、どうせ長くは続かない当面のメシアの状況のなかには、彼らの限られた理解をはるかに超える大きな神秘があった。いろいろなコミュニティ内での両派の力関係はたえず変動していたようだ。信仰を失った人たちのある者は新たな宣伝の結果ふたたび信

仰に戻ったが、その逆もあった。サバタイを一度も「聖なる罪びと」と考えたことのなかった者たちですら、彼らに変節したメシアを提供した事情によって、いまやそう考えることを余儀なくされた。何人かのラビたちはすぐさま聖書のなかにメシアの棄教をほのめかす表現を見つけた。しかし、その不可解な意味について体系的な理論がつくり出されるのはもっとあとになってからである。(スミルナないしはコンスタンチノープルの)ラビ・ナフタリ・アシュケナージは創世記四一、一―二から、聖なる王サバタイ・ツヴィはしばらくのあいだトルコのイシュマエル・メフメットと呼ばれるだろうという預言等々を読み取った。(49)

預言者ナータンについても噂された。メシアの棄教が知れると大衆預言はぱたりとやんだ。このニュースが惹き起こした心理的効果をこれほどよく証するものは思いあたらない。こうした事情のもとでみんなの目がガザの預言者に向いたのも不思議ではない。コミュニティの長老たちも、ナータンが次に取る言動は何だろうかと自問した。一六六六年夏のあいだ、まもなくナータンが首都にやってくるだろうという期待が全般にあった。このことについては彼とサバタイとのあいだで書簡も交わされたようだ(六七二ページ参照)。棄教後も、預言者がすぐ来るだろうという噂があった。コンスタンチノープルのユダヤ人たちはキスレヴ二五日、五四二七年、すなわち燈明祭の始まりに、「一年と数ヵ月後に」(二九二ページ参照)解放が行なわれるだろうという一六六五年夏のナータンの預言の実現のために偉大な事が起こるのを期待した。この日付のまえにナータンが来て、大きな奇跡を行なうのではないかと期待されたのである。「幾人かのラビたちはそれをまるで信条のひとつであるかのように堅く信じた。」(50)一六六六年一二月に何も起こらなかったとき、その日付は過越祭(一六六七年四月)に、そしてさらに九月に先延ばしされた。

ナータンがメシアのたっての招請にもかかわらずどうして夏じゅうずっとガザにとどまっていたのかわ

からない。サバタイ自身と彼の廷臣の何人かのメンバーによって書かれたナータン宛の手紙はもはや遺っていない。ナータンがサバタイに乞われて実際に出立し、アレッポで棄教の報に接したという噂が当時あった。しかしこれらの主張[51]はすべて正しくない。ナータンがガザを去ったのは、サバタイが「清い帽子を頭にかぶった[52]」ことを知ったあとであり、「われらが主のお顔を拝すべく、二〇人以上のラビにともなわれてパレスチナから」旅立った。[53]反対者たちはこの旅立ちを、噂によると彼を騒乱の首謀者として逮捕しようとしたトルコ当局から逃れるためであると解釈した。ナータンはきっぱりと一般大赦から外され、彼をアドリアノープルへ連行する使者が送られたという噂もあった。[54]反対者たちは、トルコ人がアドリアノープルで棄教することをナータンにも要求するのではないかと心配したようだ。いずれにせよ、コンスタンチノープルとアドリアノープルのラビたちが取った措置はそれにたいする恐れを説明しているかもしれない。

実際、ナータンはトルコ当局から隠れたりせず、かなりの数のお供を連れて、衆目のなか堂々と旅をした。のちに彼みずから当時彼に迫っていた危険をほのめかしているけれども、当局がなんらかの面倒を彼に用意していたことを示す証拠はない。なぜ彼がほかならぬその時点で出立したのかはわからない。棄教の報せがそれまで招請を受けながらなおざりにしていたメシアのもとへ急ぐきっかけになったのかもしれない。おそらくサバタイは棄教後、緊急の報せを彼に送っただろう。アブラハム・クウェンケの報告はそのような二度目の招請があったことを示唆しているが、ナータンの手紙――もしかすると棄教後に書かれた最初の手紙――の文面は曖昧である。この手紙は一六六六年一一月にダマスカスで書かれた。棄教後九週間以上たってからである。ことによると、ナータンがガザを去ったのはアドリアノープルから報せを受け取ったあとの一一月初頭だったかもしれない。

このダマスカスから送った手紙でナータンはただちに棄教をけむに巻いた、正確に言うと、カバラーの秘義の光輪で包んだ。彼持ち前の書簡体の美辞麗句（撒かれしものを拾い集め給うわれらの主たる王……高く上げられしひと等々）でサバタイに呼びかけたあと、ナータンはこう告げている。王の勅命を受けたからには、急ぎ参じて指示にお仕えするのが自分の義務である、と。「そしてわたしたちは妙な報せを聞きましたが、わたしたちの心はけっして己れの道を疑わぬ獅子のそれのように鞏固です。彼の御業はすばらしいもので、わたしたちは迷うことなく堅く信仰を守ります。わたしたちは彼の名の尊さのために命を投げ出す所存です。ここダマスカスに着いたのち、わたしたちはただちにイスケンデルン［すなわちアレクサンドレッテ］を経てさらに先へ旅するでしょう。御前にまかり出て、お元気な王のお顔の光を拝するようにとお命じになられたからです。わたしたち、お御足の埃を舐めるしもべのなかのしもべは、輝かしきやんごとなき国王陛下にたいし……大きなお手の力強さでわたしたちをお守りくださるよう祈り奉ります。さすれば、神を畏れぬ者たちの子らはもはやわたしたちを苦しめないでしょう……御前にまかり出る［者たちとともに］お御足で踏みつけられて然るべきしもべのなかのしもべはかく述べて、ここダマスカスにて署名す……ナータン・ベンヤミン[55]」

ダマスカスからナータンはアレッポのラビたちに元気づけの書状も送った。「ダマスカスに無事着きましたことをご尊師にご報告致します。わたしは主がわたしたちと選ばれた一二部族［すなわちサバタイがガザでその代表者として選んだ一二人の学者］にお命じになられたとおり……主にお会いするつもりです。またこのことについてもお知らせいたしたく思いますが、わたしたちの主についてたとえ妙なことをお耳になさっても、お心を弱くなさいませぬよう。ご心配なさらず、信仰を強くおもちください。主の行いはすべて人間の理解力ではとらえられない不可思議な試練なのですから……でもじきに何もかもはっきりするでしょう。静かに待ち、まことのメシアの解放にあずかれる者はさいわいです。御国が早く現われますように。[56]」

ナータンやほかのひとたちが聞いた「わたしたちの主についての妙なこと」とは何か疑うべくもない。サバタイはナータンへの執拗な招請のなかで棄教のことには触れていなかったので、[57]報せは別のルートでガザに届いたのに相違ない。いずれにせよ、ナータンは旅に出た時点でその報せを聞いていたに違いない。なぜなら、彼はガザからダマスカスへ向かう途中サーフェードで会った老カバリスト、ラビ・ベンヤミン・ハ＝レーヴィ（三九六ページ参照）にたいして棄教を神秘主義的な論拠でもって釈明しているからである。ラビ・ベンヤミンはナータンの説明を信じてマントヴァの友人たちに熱狂的な手紙を送り、「そこに書いてはならぬ大きな秘義がある」こと、問題は「白日のごとく明白であり、理解しようとする者にとって言葉はさほど役に立たぬ」ことを彼らに語った。[58]ナータンはどうやら棄教を、メシアのひとと任務にかんする教義を作り上げるうえで中心的な役割を果たした以前の「奇矯な行動」の、予期せざるとはいえ論理的結果だと考えていたようだ。サバタイ神学ののちの発展にとってナータンの教義は重要であるが、棄教の神秘主義的説明の直接的広がりは彼のみによるものではない。メシアが「しばらくケリポースの領土へ行か」ねばならないという考え方は、それにかんするナータンの著作が知られる以前からいろいろな場所で、たとえばサバタイのすぐ身辺でもイタリアでも、同時発生的に聞かれる。[59]棄教の釈明が自然発生的に同時に起こったということも、神秘主義的背理がメシアの振舞いや人間性を説明しようとする以前の試みのなかで主たる役割を果たしていたことを思えば、驚くにあたらない。

ナータンのダマスカス通行にかんする証言は預言者のハイーム・ヴィタールの墓参りについて語るサバタイ派の写本に遺されている。[60]ナータンはとくべつな瞑想によって精神をこの偉大なカバリストの精神と

「一致させ」た結果、メシアが奈落の底へ墜ちていくことを啓示された。「それは原初のアダムがアジールースの世界からより低い世界へ降りていかねばならなかった（五〇―五四ページ参照）のとまったく同じ……神を穢すに近い行為のように思われた。」この啓示はナータンの思考方法、彼のサバタイ主義的背理をルーリアカバラーの比較的罪のない背理との類型学的な類比によって展開する彼の習慣を、きわめてよく表わしている。墓のなかからひとつの声が聞こえて、謎めいた言葉を発した。「ユダ［サバタイ？］は下り、ベンヤミン［ナータン？］は上るだろう。」

ナータンの行動について、あることないことがユダヤ人のコミュニティ内に流れた。預言者が今後どんな動きをするか、人びとの関心は明らかにとても大きかった。棄教の数週間後、預言者が大勢のラビをしたがえてガザを発ったことがスミルナに知れ渡った（あるいは噂でそう推測され、あとで確認されたのかもしれない）。ところが、彼の間近な到着の日時の予告が何度も間違いだとわかり、[61] 支持者の陣営は大混乱をきたした。スミルナにはメシア王国の王侯その他の高官がいっぱいいた。彼らは高位の職を保証する辞令を授かっていた。彼らの多くは（そのなかには、クーネンによれば、サンヘドリンの議長もいた）希望を捨てることをあくまでやめなかった。しかし、気を落とす者もいた。ユダの王、サバタイの弟ヨセフ・ツヴィから任命されていた「ユダの副王」は一六六六年一〇月末、副王の肩書きを一ドル銀貨で売ってしまった。[62]

スミルナとコンスタンチノープルの興奮は、これらのコミュニティのラビたちが取らざるをえなかった措置に反映している。一六六六年一一月二九日、ナータンの父ラビ・エリシャ・アシュケナージはエルサレムからバルカンを経てブダペスト、ウィーンへ向かう途次コンスタンチノープルに着いた。[63] エルサレムのアシュケナージ系コミュニティがエリシャを、サバタイ思想の絶対的な信奉者であるにもかかわらず、公式の使者としてヨーロッパへ派遣したということは、いくつか興味深い問いを投げかける。なぜなら、彼の旅が純粋にプライベートな性質であったとは考えられないからだ。エリシャは息子の預言者的使命の断固たる支持者で、棄教後も積極的にサバタイ思想を擁護した。[64] 父と子は緊密に交信していたし、ナータンもサバタイの重要な計画について父親に知らせていた。[65] エリシャを不信仰者と書いたサスポルタスは明らかに交信相手に惑わされたのである。[66] エリシャの到着は支持者たちを喜ばせ、元気づけた。彼らはただちにスミルナの兄弟たちにこの出来事について知らせた。「噂がスミルナに広がった。ナータン自身がお供のラビたちとともに到着し、そしてこのひとに会うために、ただちに先へ進むだろう。彼はそこでこの高名なひとの偉大さとこのひとについての彼［自身の］預言の真実さを公に知らしめるだろう、と。[67]」ここで初めて言い換えが現われ、のちにますます広がることとなる。時とともに支持者たちですらお互い交信するときにサバタイやアミラーというかわりに「高名なひと」という言い方をするようになったのである。エリシャは首都に数週間滞在したらしい。そこに彼がいるという報せに興奮が高まり、支持者たちは一六六七年一月一三日の夜シナゴーグのひとつで祝賀会をひらき、感謝の意を表した。その間にナータン自身のニュースもはいった。およそ三週間後の一二月始め、ナータンがダマスカスで書いた書状の写しがコンスタンチノープルとスミルナに届いた。手紙は支持者たちのモラルを強めたが、ラビたちが厳しい措置を取るきっかけにもなった。危険を芽のうちに摘み取るために、トルコの重要なコミュニティ（アレッポ、ブルーサー、スミルナ、そして言及されてはいないが、きわめてありそうな場所としてサロニキ）に回状が送られた。スミルナのラビ・イサアク・イェッスルン宛の添え状（一六六六年一二月九日付）のなかでコンスタンチノープルのラビたちは「馬鹿げたことに固執している」支持者たちの相も変わらぬ熱中ぶりに抗議をし、コンスタンチノープルですべてのサバタイ信徒にたいして告げられた破門の罰のことを同僚たちに知らせた。（これがすべての支持者にたいする罰の最初のケースである。）「罰などものともせず、とくにガザのナータン・アシュケナージがこちらへ向かっているという噂が広まって以来、信仰を強めた連中がたくさんいる」ことをラビたちも認めている。「これらの噂を打ち消し、彼［ナータン］のたくらみを失敗させるために、ラビたちは処々方々へ手紙を送った。[68]」

コンスタンチノープルの主だったラビ九人[69]が署名した手紙は次のように述べている。

ここに手紙をしたためるのは、ガザに滞在するナータン・ベンヤミンと名のる学者があなたがたの聖なる都に埒もない教えを広め、その話と新しい教義によって人びとを惑わし恐怖させているのをわたしたちが知ったことをあなたがたに知らせたいためです。またいましがたわたしたちは、この者が数日まえにガザを発ち、スカンデローネへ向かったことを知りました。彼はそこから水路でスミルナへ行き、引き続きコンスタンチノープルかアドリアノープルへ向かうつもりだということです。人間が自分から地獄の火焔のなかへ墜ちていこうとするなんていささか奇妙なことです。けれども、わたしたちとしてはこんなことが起こるのを恐れないわけにはいきません。それゆえ、この書状に署名をしたわたしたちは、まもなく彼があなたがたのところに着くでしょうから、それ以上先へ行かせず、彼を引き止め、帰らせるよう、あなたがたに命じます。わたしたちはあなたがたに知ってもらいたいのです。もし彼があなたがたのところに来たら……必ずやまたこの騒ぎを起こすでしょう……奇跡は毎日起こるものではないことを思い出しなさい。この人間が来ることによって神の民がいたるところで滅ぼされるのを神はお赦しになりません。真っ先に滅ぼされるのは彼自身でしょう。彼の血は彼の頭の上に流されればいいのです。わたしたちが生きているこの時代はちょっとした違反でも死罪に値するとみなされます。

最初の騒ぎのときにわたしたちがどんな危険に陥ったかを思い出してごらんなさい。そうすれば、二度目はわたしたちにとってもっと惨めなことになるだろうということは容易に察しがつくでしょう。ですから、あなたがたやわたしたちの名声と力を利用して、彼がこれ以上旅を続けないよう、阻止しなさい。このような事件でわたしたちの法が許すかぎりの刑罰を使って、彼が供の者らと引き返さざるをえなくなるよう仕向けなさい。たとえ彼が抵抗して、いうことを聞こうとしなくても、あなたがたの法は力が強いのですから、彼だってしたがわざるをえないでしょう。そのほうが彼のためにもイスラエル全体のためにもなるでしょう。(70)


この手紙はナータンのことを非常に敬意をもって話している点で注目に値する。周知のようにサバタイ・ツヴィを信じた者すべてに破門を言い渡したあのラビたちが、「ガザに滞在するナータン・ベンヤミンと名のる学者」を、サバタイ信仰を擁護した人物であることを十二分に知りながら、破門の罰に含めないよう、よくよく注意を払っているように見える。彼らはユダヤ人コミュニティに彼がどこに現われようと追い返すよう要求し、さらにはとりわけ彼と支持者たちとの接触を許さぬよう命じた。このようにして彼らは、差し迫るメシア主義の反乱勃発とそれに続く破局を阻止せんとしたのである。二度は「大赦」をあてにできぬことを彼らは知っていた。手紙は大きな不安と、ナータンの名誉を傷つけまいとする並々ならぬ慎重さをうち洩らしている。こうした事情のもとでラビたちの振舞いはすこぶる賢明で、常識をわきまえていた。

イサアク・イェッスルンに宛てた添え状でコンスタンチノープルのラビたちは、ユダヤ人コミュニティが、支持者反対者を問わず、スミルナから来る救済の噂の果てしなき流れによってこうむった物質的損害について語っている。彼らはまた折りあるごとに少々困った点も明らかにしている。コンスタンチノープルの支持者たちはサバタイ信仰に力瘤を入れたラビや俗信徒の指導者たちの署名のはいった書状をもっていた。「ヴェネツィア宛に送った手紙についても同様でした。そこの仲間［ヴェネツィアのラビたち］はわたしたちの署名を見たとき気に入らなかったのです。そのことについて彼らに知らせていなかったものですから［つまり署名が偽造であることを］。わたしたちがこの手紙に署名をしたというのは嘘です。」事後六ヵ月を経てからの、この遅まきの抗議は疑いなく、アブラハム・ヤキーニと彼の同僚たちが送った、ラビ・イスラエルの謎の品にかんする奇妙な手紙（五三九ページ参照）にかかわるものである。それが偽造であったとしても、棄教のあとになって公式に抗議をしたことは、しかもラビ・イサアク・イェッスルン宛の手紙のなかでしただけなので、コンスタンチノープルのラビたちの信頼性を少なからず失わしめた。スミルナと多分他所のコミュニティにも送られたと思われる同じ筆者たちのもう一通の書状は、棄教後一ヵ月間のトルコのコミュニティ内の騒然とした空気を明らかにしている。一六六七年一月三〇日付のこの手紙がラビや有力者たちだけでなく「すべての人間」に宛てられ、どうやらすべてのシナゴーグの説教壇から読み上げられるのを意図していたらしいことは、状況の深刻さを物語っている。

わたしたちがこの書状をしたため、あなたがたに送るのは、あなたがたの聖なる都についていくつかの噂や騒ぎを耳にしたからです。あなたがたのなかのある種の人びとはかたくなに考え違いをして、われらの国王万歳、などと言っている。その者たちはいつも安息日にシナゴーグで彼を崇めている。そしてこの者が日ごとに定めた詩篇や讃美歌を利用し、また彼の定めた規則や祈禱法を使用している。

そういうことをしてはならないのだが、彼らは頑固に行いを変えようとしない。彼のためにわたしたちの魂がどんな危険に陥っているか、よく理解しなさい。神の限りないご慈悲とわたしたちを助けてくれた父祖たちの功績がなかったら、イスラエルの足は敵どもによって切り取られていたでしょう。それなのにあなたがたは、あなたがたにとって益にも救いにもならぬどころか、(わたしたちが防ぎ給えと神にお願いしている) 禍いしかもたらさぬ事柄をかたくなに守り通している。元の道に戻りなさい。あなたがたの歩んでいる道は正しい道ではありません。古いしきたりに、あなたがたの父祖たちの古い慣習に、律法に王冠を戻しなさい。これ以上それに背くことをやめなさい。

そこで、あなたがたに命じます。あなたがたの権威によって、いやそれどころか追放やその他の刑罰を科してでも、この者がみずから主張して、あるいはほかの者たちを通して採り入れたすべての規則や祈禱を廃止し、それらが完全になくなって、二度とふたたびあなたがたの心のなかに見出されることのないようにしなさい。あなたがたの父祖たちの古い掟に倣いなさい。いつも安息日には、日頃行なわれていた祈りを繰り返し、普段どおりの読誦をやりなさい。王や支配者たち、主の油を注がれた者たちのためにも祈願しなさい。そしてスルタン・マホメットも讃えなさい。なぜなら、彼の時代に大いなる救いがイスラエルに降り注いだからです。彼に逆らわぬようにしなさい……ですから、この者から離れなさい。そして二度とふたたび彼の名を口にしないようにしなさい。最後に、もしあなたがたがわたしたちのいうことにしたがわないなら、わたしたちはその者たちを役務上訴追するつもりであることを、心得ていなさい(71)。

ユダヤ当局の厳しい措置は、あくまで限定的ながら、効を奏した。支持者にとって典礼その他の共同作業やなんらかのかたちで公に信仰を表明することはもはや許されなかった。支持者たちは地下に追いやられた。そして「トルコ全土で支持者はもはや公の場に姿を現わそうとしなかった」(72)。サバタイ信仰の外部表明——感謝の祈りやとくべつな礼拝、新しい儀礼——は姿を消し、古い秩序がトルコのコミュニティに回復した。熱狂的な支持者たちがひそかに、あるいは半ば隠れてサバタイ思想の宣伝に努めていたことをラビたちが知っていたことは確かだが、実際に追放が行なわれたことは初年度から報告されていない。ラビたちの主たる関心はどうやら伝統的秩序の復活、ユダヤ民衆の無事、そして熱狂の発作を防止することのようであった。彼らの措置の狙いはサバタイ主義者の振舞いや典礼にあり、彼らの信仰にはなかった。信仰はそのうち廃れると思っていたらしい。それなら第二線で戦いをすることによって危機的状況をさらに悪くする必要があろうか。一六六七年夏、コンスタンチノープルとスミルナのラビたちはアブ九日の厳守をおごそかに命じ、違反すれば追放するといって脅し、改悛の情をもって、昨年自分たちが「折れた足の杖、ガザのナータンにすがって誤った道を歩んだ」ことを思い出させた。「……わたしたちは彼を真の預言者だと思っていた……がしかし、わたしたちはいま、すべてが偽り、錯覚であったことを知っている」(73)。

警告し、破門の罰で脅す必要があったことは、隣のティレのコミュニティに宛てたスミルナのラビたちの手紙からわかる。ここでは何人かの支持者たちがアブ九日を（周囲から遮断された自分の家のなかでとはいえ）祭日として祝っていたらしい。一六六八年、ラビたちは繰り返し厳重に注意せざるをえなかった。ただし今回はトルコのコミュニティのみならず、全離散地に手紙が送られた。ヴェネツィアのコミュニティに宛てた彼らの長文の手紙(74)から多くのことがわかる。ちなみにそれは、スミルナのラビたちがいまだに以前のやり方を踏襲していることも示している。言葉はきついが、実行には気乗りうす。支持者たちがラビの行動基準に沿いさえすればそれで万事オーケーだった。信仰については、どうせ馬鹿はつきものなのだから、口外しさえしなければ、何でも好きなものを信ずればよかった。「われらが主の律法を守らせなさい、賢者が教えられたとおりに。……何かをつけ加えたり、除いたりしないで。書物に述べられていない断食や苦行をつけ加える者は誤っているのであって、非難されねばならない。なぜなら、わたしたちが［倣いと］すべきものはタルムードの賢者たちとハラハーの権威の言葉にほかならないからである……大勢の者たちがこの［新しい］苦行のために身を滅ぼしたことは見てのとおりだ。(75) それゆえ、あなたがたは固い誓いと呪いのもとに全イスラエルの人びとにたいして、なんぴとも今後この事を口にしてはならぬと伝えなくてはならない。いまなお愚行に心を寄せ、このむなしい……虚妄を信じている愚か者全員を黙らせなさい。」厳しい措置は、沈黙の禁に反し、「この虚妄を口にする」者にたいしてのみ薦められる。

指導的な支持者にたいしては何も措置が取られない。ナータンだけは例外で、ラビたちは彼の影響力を恐れていたようだ。その後もコンスタンチノープルの支持者側の旗頭であったアブラハム・ヤキーニですらさしあたって罰を科されたり、何か迷惑をこうむったりしたことはなかったようだ。実際、責任のある指導者たちが一触即発の状況を扱う手法と慎重さは弱気と接していた。コンスタンチノープルでは少なくともいくらか支持者を訴追する試みがなされたが、スミルナには「この日（一六六七年四月）まで、コミュニティの機嫌を取るために愚か者たちの言うことを我慢するか、少なくとも素知らぬ顔をしている」ラビがいた。「信頼すべき情報提供者がわたしに語ったところによると、スミルナやほかの町々のラビたちは、争いや喧嘩をやめ、望むならだれでも（サバタイ）を信ずることを許可する旨の布告を出しました。(76)」ラビ・ヨセフ・ハ＝レーヴィの情報提供者の言が正しいことは、いましがた引用した翌年の手紙が証明している。したがって、当局がごく限られた成功しか収められなかったのも怪しむに足りない。

支持者たちは破門に動じなかった。彼らはそれを主にトルコ政府を宥める試みと見た。おまけにそれを口にしていたのは反対者たちで、彼らはどのみちナータンが到着し、メシアが顕現したら重い罰を下されるだろう(77)。棄教後には支持者と反対者の関係に新しい、重要な社会的要因もつけ加わったようだ。レイーブ・ベン・オーザーが耳にしたところによると、支配的グループ、すなわちラビと裕福な在俗の指導者たちは、支持者たちに地位を危うくされたことで怒り狂ったという(78)。レイーブがここで語っているのはいっこうに衰える気配のないメシアニズム伝播にたいする当局の報復措置のことであろうと思われるが、支配階級のヘゲモニーを脅かすのはじつは別の脅威であった。それは意識的に知覚されてはいなかったが、少なからず現実的なものであった。支持者の陣営は主に「熱狂的信者」から成り立っていた。霊的、すなわち精神的カバリストのラビと、救済の報せに「目を覚まされた」説教師たち、そして彼らにしたがう熱狂した大衆である。たとえトルコのラビたちにその意識がなくとも、それは潜在的に火種を抱えた社会的結びつきであった。ヨセフ・ハ゠レーヴィとサスポルタスはおそらく「台頭する異端……あの男［すなわちキリスト］のときのような新しい律法と異なる宗教の創始」を感じ取った唯一の人間であろう(79)。トルコのラビたちは離教とか偏向者のセクトや秘密結社の発生のことなど考えもしなかった。彼らが意識していた唯一の危険はサバタイ・ツヴィに倣った集団棄教の恐れであった。実際に、もはや合法的におおっぴらに集会をひらくことができなくなった支持者たちはひそかに集まったり、隠れた連絡網をこしらえたりしはじめた。隠れた秘密集会はやがてセクトの性格を取るようになった。ラビたちは彼らの権威にたいする公然の反抗とならないかぎり眼をつぶった。そのあいだに、サバタイグループの者たちは手紙や空想的な噂を交わし、互いに励まし合い、以前の勝利の歌や讃歌とひと味違う、ある種の憂愁をおびた讃歌をうたった。

ああ、愛するひとがわたしから去った
神に選ばれしひと、サバタイ・ツヴィが。
深みに墜ち、苦しみに耐えておられるが
彼はつねにわたしの心の近くにいる。
……
いつまでも忠実なしもべでいよう
彼を探し、彼に祈ることをやめはすまい
わたしは彼を信ずる。わたしの生あるかぎり
サバタイはわたしの罪を赦してくださる。
期待のまなざしで彼を仰ぎ見る
彼の救いをほめ讃えんと。(80)

## Ⅳ ナータンの小アジアの旅と、アドリアノープルでサバタイに会おうとすること。一六六七年のサバタイ・ツヴィ。ナータンのギリシアの旅

一六六七年と一六六八年のナータンの旅はユダヤ指導部が取った措置の成功と失敗を証している。ナータンはメシアの棄教後ガザを去り、その後二度とパレスチナへは戻らず、逃亡生活を送り、一六八〇年に亡くなるまであちこちさまよい歩いた。数年間、彼はあるマケドニアのコミュニティで比較的落ち着いた

時を過ごした。サバタイ主義に共鳴するそこの長老たちが避難所を提供してくれたのである。彼がしたことは多少知られている。最初の数ヵ月間彼の放浪は一般の関心と好奇心をかきたてた。ラビ当局は力の限りを尽くして彼の足取りを追い、彼の影響力を狭めようとした。一六六八年以後は彼をまったく無視した。おそらくこの男はもはや危険ではないという結論に達したのだろう。ナータンが一六六八年以後、徐々に発展をとげるサバタイ思想の異端神学のとくに活発な唱導者であったという事実に照らしてみれば、ラビたちのナータン評価は意外である。彼の著作はかなりの影響力を行使し、彼の死後それはいちだんと強まった。だが、その後のナータン無視はいまだ解けぬ謎であるが、彼が一六六七年と一六六八年にその標的となった情け容赦のない迫害は首尾一貫し、筋が通っていた。

ナータンは最初アレクサンドレッタで乗船してサロニキへ行き、そこからアドリアノープルへ旅するつもりでいたようだ。ところが、自分にたいする強い反対を聞いたからか、それとも別の理由から、計画を変えた。そして三六人の供をしたがえて、陸路で小アジアを抜けていった。同伴者のなかには彼の義父や彼の家族のほかのメンバーがいた。スミルナでの噂話によれば、ナータンは騎乗し、腰に剣を、パシャのいかめしい刻印のはいった剣を帯びていた。旅は全部で二ヵ月以上続いた。ナータンは比較的大きなユダヤ人コミュニティはよけて行った。旅の正確なルートはわかっていないが、一六六七年終り頃、ブルッサ（こんにちのブルサ）に到着し、そこで大歓声で迎えられた。ブルッサのコミュニティは棄教によって信仰が揺らぐことはなかったようで、彼を熱烈に歓迎し、そのようすがすぐさまスミルナに伝わって、支持者たちはにわかに元気づいた。叫び声が高まる。「ラビ・サバタイ・ツヴィ、われらが王、メシア万歳。」サバタイを讃えて祝宴がひらかれ、聖歌がうたわれた(81)。ブルッサからの旅の一団が近づくごとに、スミルナで期待が高まる。ところが、不意に支持者たちは反動をくらった。ブルッサの何人かのユダヤ人が、当然のことだが、これはナータンが何処に現われようと追い払えという命令に背くとんでもない違反であると理解して、コンスタンチノープルのラビ当局に苦情を申し入れたのである。それにたいしてコンスタンチノープルのラビたちは彼らの命令を繰り返し、実際に、ナータンを破門するようブルッサのラビたちに発破をかけた。ブルッサのユダヤ人は彼について行くことを禁じられた。水やパンを提供することすら許されなかった。彼に話がある者は（通常の破門者のばあいと同様に）三エレ離れていなければならなかった。ナータンは、「おとなしく」町を出よ、さもないとトルコ当局に引き渡す、といわれた。彼は恐れてブルッサを出た、より正確に言えば、逃れた(82)。最初彼を囲んでいたグループのメンバーのうち六名だけが（そのなかには彼の義父とラビ・サムエル・ガンドゥールがいた）彼のもとに残り、スミルナへ随行した。何人かはコンスタンチノープルへ行った。あとの者はブルッサにとどまった。彼に随行していた「イスラエルの一二部族」のいろいろな代表者たちはアドリアノープルへ行った。

この数ヵ月に及ぶ旅のあいだにナータンは棄教の謎について瞑想し、同伴者たちとそれを話し合う時間をもった。このテーマについての彼の考えは固まった。そして一六六六年一一月の書簡では一般的な概念でしか示されていなかったメシアの棄教の隠れた意味がいまや明確な輪郭を取った。カバラーの聖書解釈のエキスパートに期待できるように、古文書をよく調べるとそくざにメシアが棄教せざるをえない事情をほのめかす暗示がたくさん見つかる。その後の神学的発展は初期キリスト教思想との著しい類似性を示している。イエスの弟子たちは磔刑に衝撃を受けた。彼らの終末論的伝承はメシアの死を予見していなかったからである。時がたつとともに、旧約聖書はこれまで含んでいなかったものを提供せざるをえなくなった。それはすなわち、救い主の贖罪の死という背理の根拠を説く深遠な教義である。サバタイ主義の支持者たちはそれどころかもっと大きなプレッシャーを受けていた。小人数の弟子ばかりでなく、大勢の群衆がメシアにしたがっていたからである。おまけに彼らが立ち向かわねばならなかった危機はもっと深刻だった。教えに背いたメシアは己れの使命のために殉教者となる者よりもはるかに問題であったからである。

ナータンは棄教のテーマにかんする最初の教書をどうやらブルッサを発つまえに書いたようだ[83]。その書状はスミルナにいるサバタイの二人の兄弟に宛てたものだった。ナータンは彼らからこの問題で指導をたのまれていたのである。サバタイはアドリアノープルで暮らし、そこで訪問者を迎え、彼が行なった行為の謎の目的について曖昧なことをほのめかしていた。棄教は純然たる幻想であったという仮現論はもはや通らなかった。支持者たちはメシアが昇天しなかったという事実と向き合わなければならなかった。ナータンは彼の預言の信憑性を証明するよう乞われたが、こう認めざるをえなかった。「いまのところ、何かを啓示する言葉をわたしはもたない……しもべは主と同じようであれば［つまり預言者的ひらめきがなくても］十分だ。」サバタイと同様、彼も——少なくともカリスマ的才能にかんするかぎり——消極的な気持ちで、事実を甘んじて受け容れた。しかし（サバタイとは違って）彼の決断力ともともと活発な性格はこの諦観の下で黙っておられず、彼はためらわず自分の信念を述べた。「わたしは主のほうへ手を差し上げる……わたしはわたしの口が言ったことを変えはしない。これは間違いなくわたしたちの解放の年であり、わたしたちの救済は近いのだ。」一六六五年夏の天命を彼は一六六七年早春にかかわるものと解釈した。「わたしはこれがそうであると神を信頼している。」日付は変わりうるもので、天啓でさえ不確かでないとは言えない。だが、サバタイのメシア性はいっさいの疑惑を超えていた。手紙[84]のなかでナータンは第二イザヤのしもべの章〔イザヤ書は時代、思想、文体の異なる三つの部分に分かれ、第二イザヤは四〇章から五五章まで。ユダの民のバビロン捕囚からの解放を予見し、これを神ヤハウェの救済のわざとして預言詩のかたちでうたう。そのなかにしもべの章といわれるものが四つある（四二・一—九、四九・一—一三、五〇・四—一一、五二・一三—五三・一二）〕からルーリアのカバラーの教義まで、自分の目的にかなういろいろな考えやテクストを結びつけた。秘義がいかに計り知れないものであろうと、棄教がメシアの生涯における、メシアが「奇矯な行いをし、その奇矯な行為を完遂せ」ねばならなかった（イザヤ書二八、二一参照）あの時期の頂点をなす出来事であったことは確かである。時を経るあいだにナータンはこの教義を体系づけていき、彼の手紙はしだいに神学的トラクトの性格を取るようになった。書くことは彼の天賦の才の最も適切な表現であったようだ――ガザでの預言者的発言の短い時期はひとまずおくとして。彼が説教師として傑出していたことを推測させるものは何もない。おそらくあの数年間の彼の居所定まらぬ、落ち着きのない生活も説教の成功に災いしたであろう。彼は彼を非難攻撃するラビたちにあからさまに敵意を示すことはしなかった。かねがね彼は、しもべは主と同じようであると言っていた。そして自分の考えを個々の小さな集会に文字やときにはまた口頭で説明することだけに活動を限っていた。彼のバルカンのユダヤ人コミュニティ遍路と彼の教書は、奇妙なことにタルソスのパウロの伝道活動を思わせる。

ナータンはブルッサを出てスミルナのほうへ向かった。コンスタンチノープルのラビたちから帰れと言われ、首都やアドリアノープルへ旅を続けることを禁じられたためであることは疑いない。彼らの指示にしたがうつもりがナータンになかったことも同様に確かである。彼はただ時間稼ぎをし、彼らの監視の目を逃れようとしただけであった。彼は三月三日金曜日の夕方、[85]スミルナの近くのとある村、[86]ボネルバチに到着した。日曜日にナータンはスミルナのいろいろな支持者たちの訪問を受けたが、コンスタンチノープルから指令を受けていたラビたちはナータンが町へ来たら騒ぎになるのを恐れて、彼にメッセージを送り、公の場に出ないようたのんだ。（使者は一六六五年一二月にサバタイによって任ぜられた「王たち」のひとり、アブラハム・レオンであった。）クーネンによれば、ラビたちはこれ以上集団熱狂が起こって、惨憺たる結果を招くことを恐れたが、ほかの多くの者たちは神の人と預言者によって災いが惹き起こされるわけがないと確信していた。

当時スミルナの異邦人はナータンひとりではなかった。夏の終りにヴェネツィアやリヴォルノで乗船したイタリアからの訪問者や使者はほぼ棄教の頃スミルナに到着した。新来者のひとりにラビ・モーセス・ピンヘイロがいた。スミルナの学生時代からサバタイの友人で、のちに、少なくとも一六六五年以降、彼の腹心となった。ピンヘイロは到着後まもなく棄教のことを聞き、ただちにサバタイに手紙を書いた。リヴォルノの友人たちに宛てたある手紙でピンヘイロはサバタイから返事をもらったと報じている。サバタイは「病気のようでしたが……それほど深刻ではなく、棄教によって治るかもしれません。そうすればふたたび光が輝くでしょう」。この引用の出所であるラビ・ヨセフ・ハ゠レーヴィはサスポルタス宛の手紙のなかで、サバタイはこの考えを「彼の侍医ガザのザータン」から教えられたと付言している。[87]（ザータン／ナータンという語呂合せが当時広まっていたことはラビ・トビーアス・ローフェ・アシュケナージからもわかっている。）いずれにせよ、サバタイはピンヘイロに状況を説明したとき、ナータンの手紙から言い回しを引用したかのように見える。この考えにはナータンの逆説的な思考の特徴が表われている。彼は初めにサバタイの心の病を形而上学的概念で説明したから、今度は彼の棄教と現在の情況を比喩的に「病気」と書いたのである。ピンヘイロ宛のサバタイの手紙はまたしても「侍医」ナータンへの依存性をよく示している。

ピンヘイロはアドリアノープルへの旅を続けなかった。彼がリヴォルノのユダヤ人から預かってきた忠誠の誓い状と讃歌は届けられなかった。それでも彼はあくまで信仰を守り通し、サバタイとナータンの手紙で託された指導を喜んで引き受けた。カサーレの使者も当時スミルナにいた（五二七ページ参照）。彼らは下船したとき、税関でユダヤ人からメシアが棄教したことを聞いた。彼らはそれでもしばらくスミルナにとどまることにした。ひとつにはメシア運動についてもっとよく知るためと、いまひとつはその報告がにわかには信じられなかったためであった。彼らが到着した時分ではそのニュースはまだ真新しくて、サバタイの兄エリヤ・ツヴィはまだ、棄教は錯覚で、メシアは天に昇ったのだという仮現論的見解をとなえていた。このエリヤ・ツヴィの説明と彼の、もうすぐナータンが来るという予告に、ナータン宛の書状を託されていた使者たちは強い感銘を受けた。それで彼らはスミルナにとどまり、今後の展開を見守った。彼らは滞在中にオランダの聖職者クーネンの訪問を受けた。クーネンは彼らとの長い会談の詳しい報告を残している。(88) 彼らからクーネンは支持者たちのあいだに広まっていたいろんな噂や話を聞いたが、彼は密使たちがそのときすでに自分たちの期待のむなしさをさとっていたという印象を受けた。

ナータンの到着後、カサーレの使者たちは彼を訪問したが、会談は期待外れに終った。ナータンは初め訪問者たちを避けようとしたが、彼らは結局リヴォルノのコミュニティから預かった書状を彼に渡すことに成功した。ナータンは彼らに別の機会に返事をすると約束し、突然席を立った。約束は結局守られずじまいだった。それでも使者たちはスミルナで二、三のナータンの弟子たちや彼の忠実な仲間であるサムエル・ガンドゥールと話をする機会をえた。(89) ラビ・サムソン・バッキーは、ナータンは有能なカバリストであるが、「神よわれらを救い給え……そして別の場所からわれらに助けと救いを授け給え」などという危険な教えを広める偽りの預言者であるという結論に達した。(90) 使者たちに好意をもち、彼らのナータン訪問の話を彼ら自身の口から聞いたクーネンは、その出来事を少し別なふうにえがいている。預言者はひどく弱気で、初めは訪問者に会おうとしなかった。でも最後に面会を許可したとき、彼はトルコ人に命を脅かされ、話ができないのだと彼らに語った。彼はまたリヴォルノのコミュニティからの手紙をみずから受け取ることをこばみ、ラビ・ハイーム・アブーラーフィアにかわりに受け取ってくれとたのんだ。(91) ナータンは支障なく町にはいり、しばらくそこで平穏に暮らしたけれども、使者たちに約束どおり答えなかった。

イタリアのラビたちはそのことにたいそう腹を立て、自分たちの徒労の旅がせめてほかのひとたちを偽りの期待から引き離し、父祖たちの信仰に引き戻してくれることを願うとクーネンに打ち明けた(92)。クーネンによれば、彼らは一六六七年三月末スミルナから一路イタリアへ旅立った。サムソン・バッキーの報告に基づくヘブライ語の記述にしたがうなら、彼らは三月中頃旅立ち、「ラビ・モーセス・ピンヘイロとともにリヴォルノに到着した(93)」。

ナータンがイタリアのラビたちにたいして無礼な振舞いに及んだのは、ブルッサのラビたちから破門を宣告されたあとに襲った憂鬱な気分のせいであったことは疑いない。彼はもはや反対者たちと論争をする気にならず、支持者たちとだけ腹蔵なく話をした。彼は自分の預言が九月に(94)実現することを彼らに約束し、そのうえ、もし預言が本当にならずに年が過ぎたら、「わが身をユダヤ人に委ね、偽りの預言者として死刑もいとわぬ」とまで明言した。スミルナに滞在中、ナータンはある医者の家に身を隠した。この人物は元ポルトガル系マラノで、ツヴィ家の友人である。そしてサバタイから「ポルトガルの王」に任ぜられていた(95)。分別を取り戻した支持者たちはナータンをトルコ当局に引き渡そうとしたが、この医者が彼を助けて裏口の狭いドアから逃がし、ナータンはキオスへ逃げのびた、とサスポルタスは言っている。しかし、この話は非常に信じがたい。ナータンがキオスからスミルナへ戻ったあと、クーネンは彼をエリヤ・ツヴィの家に訪ね、家が訪問者でいっぱいなのを見た。どうやらナータンがいることを秘密にしておこうとはだれも考えなかったようだ。ナータンはこの最初の訪問のさい、公の場に出るのは控えるようにという忠告にしたがったらしい。当局に密告すると脅されはしなかったけれど(96)。

ラビ・サムソン・バッキー級のカバリスト仲間とはほとんど話したがらなかった預言者は、察するところ訪ねてきたプロテスタントの聖職者にたいしあまり好意的でなかったようだ。しかし、クーネンはほかの大勢の訪問者にはおかまいなく、いつも神学や宗教について話をするのが好きだったので、ナータンに彼の預言について質問をぶつけた(97)。それでもナータンは訪問者との直接の対話には応じなかった。預言者はクーネンの質問をスミルナの指導的な支持者のひとりであるニッシム・アマートから聞いた(98)ものの、大部分答えなかった。回答のなかで彼はただ一六六七年九月に実現されるという一六六五年夏の天の告知をクーネンに思い出させただけだった。今後もさらに個人的な面談の手筈を整えるというエリヤ・ツヴィのクーネンにたいする約束も、招かれざる客を追い払うただの儀礼的文句にすぎなかった。どうやらナータンには、信じないユダヤ人なんかと、いわんや非ユダヤ人なんかとは信仰を論ずる気がなかったらしい。

ナータンは五月始め（イッヤル六日）にスミルナを去り、北へ向かった。行く先はアドリアノープルだった。スミルナでの運動はなお数ヵ月続いたが、九月に向けられた期待が打ち砕かれたとき、支持者の数はさらに減り、エピソード全体を隠蔽しようとするラビたちが優勢になった。クーネンの報告はナータンのスミルナ出立とともに終り、それと同時にサバタイの故郷の町における運動にかんする信頼すべき、信憑性のある情報の最も重要なわたしたちの情報源も終りを告げる。その後の発展史はきわめて雑多な資料から寄せ集めなければならない。スミルナについていえることは運動全体にあてはまる。信憑性のある完全な情報の欠除はとくにサスポルタスの『ツィツァース・ノーベル・ツヴィ』で扱われていない時期に目立っている。

ナータンは自分の旅がラビたちの厳命に反することを知っていた。それでたとえばサロニキのような比較的大きな町は、騒ぎを惹き起こしそうなので、避けた。彼はアドリアノープルへ行く途中にある小さな町イプソラにしばらく滞在した。そこから先の旅をユダヤ当局から止められたためか、それともそこでサバタイの指示を待つことにしたためか、どちらかである。この地方にはいまだにたくさんの支持者がいた。

彼らは多数派であることによって守られているようだった。いずれにせよ、コンスタンチノープルのラビたちは大衆が「いまだに誤った信仰にしがみついている」ことをよく知っていた[99]。メシアがすぐ近くにいるということが空想力をかきたてたのに違いない。違っているにせよ、合っているにせよ、ありとあらゆる種類の噂が飛び交った。巷説によればサバタイは「トルコ人に軽蔑されたので、彼らとうまくやっていこうとしてほとんど一日中モスクで過ごしたが、［忠実な支持者がいうには］そこでトーラーとカバラーの瞑想に没頭した[100]。」同資料によれば、ユダヤ人は彼を訪ねたり、彼に近づくことすら厳に禁じられていた。

トルコ当局が本当に、コンスタンチノープルのラビたちのように、ユダヤ人とメフメット・カピジ・バシとのあいだの接触をいっさい禁じたのかどうかはおおいに疑問である。サバタイは「スルタンの宮廷礼拝堂付聖職者」ヴァーニ・エッフェンディの保護と好意を享けた[101]。それだけでなく、すべての資料は、サバタイがスルタンから好感をもたれていたという点で一致している。のちのサバタイ伝承はヴァーニ・エッフェンディとの友好関係について、彼が「信仰」へ宗旨替えしたことも含めて、詳しく語っている[102]。サバタイは「オスマンの宮廷で、トルコの律法学者ガマリエルのもとで教えを受けながら、敬虔に時を過ごした……ヴァーニ・エッフェンディ……この師にとってサバタイはきわめて呑み込みの早い弟子であり、彼がトルコの教義に並々ならぬ進歩をとげたことは想像に難くない」。一方ヴァーニもこの新弟子から「ユダヤ教の典礼をいくらか」学んだ[103]。だがその一方で、サバタイは支持者たちとの関係も維持しつづけた。彼は通常支持者たちに自分の行動の説明をすることで満足していたようで、彼らに自分と同じ振舞いを要求したりはしなかったにもかかわらず、支持者たちのなかには彼に倣って離教する者がいた。ラビ・イスラエル・ハッサンによれば、彼は躁期の精神的昂揚に見舞われたときだけ、ターバンを取るよう支持者に命じたという[104]。おまけに、離教したのはメシアから個人的にそれを勧められた支持者だけであったと明言されている。しかし、自分から進んでイスラム教を受け容れてはならなかった[105]。大半のサバタイ訪問者がユダヤ人にとどまったのはそのせいかもしれない。イスラエル・ハッサンの主張はひょっとすると一六六九年以後の状況を反映しているのかもしれず、それが棄教直後の最初の時期にもあてはまるという決定的な証拠はないけれども。サバタイがトルコ人にユダヤ人の集団改宗を約束したことも考えられるかもしれない。彼はたしかに心が分裂し、混乱していた。そして真実と虚偽、現実とドラマのあいだの区別がしだいにつかなくなった。ユダヤ人にして回教徒という彼の分裂した態度はいろいろな独立した資料によく証明されており、たんなるサバタイ物語のでっちあげではない。少なくとも彼には「照明」の時期が繰り返されるうちに軽蔑すべき裏切りが神秘的な光によって美しく変容したように思われたのである。そしてナータンの手紙に力づけられて自分の運命をこれまで自分ではできなかったくらいよく解釈することができた。このことは確かだと言っていい。

いろいろな資料はアドリアノープルにおけるサバタイの支持者との会合について述べている。ド・ラ・クロワが引用しているような会話は、聖書の比喩的解釈の象徴形式にいくらかの違いがあるけれども、根本的にはサスポルタスの情報提供者が述べている会話に似ている。モーセは最初の解放者としてメシアの予告なのである。モーセがファラオの宮廷でエジプト人として暮らしたように、サバタイもユダヤ人を救うために、離教してトルコ人として生きねばならなかった。太陽は新たな輝きを放ってふたたび昇るまえに、闇に沈まねばならない[106]。ド・ラ・クロワによれば、サバタイは自分のいかさまをトルコ人に隠していたが、反対者たちがそれを彼らに教えた。スルタンとヴァーニ・エッフェンディは猛烈に怒った[107]。しかしながら、トルコ人たちはサバタイの行動を十分承知していたというほうが本当らしい。彼らはサバタイとユダヤ人の接触はイスラム教への改宗者をふやすのに役立つと思ったのだ。いずれにせよ支持者たちは、その後もサバタイをメシアと考えていたこと、目下の状況は彼らにとってトルコ帝国の決定的没落のまえの幕間劇にすぎなかったことを、用心深く秘密にしていた。アドリアノープルの支持者たちの期待と戦術はナータンのそれと似ていた。なぜなら、彼らはポーランドの同胞たちに、救済の日付は過越祭（一六六七年四月）に延期されるだろうと知らせているからである。(108) その時には「神のすばらしい道がひらかれ、彼［「サバタイ」］が示現し、隠れた状態から現われ出るだろう」。

いろいろな、とくにオリエントのユダヤ人コミュニティから送られた多くの使者がコンスタンチノープルに到着したのは棄教後であったが、彼らはさらにアドリアノープルへ旅を続け、そのうちの多くがそこで離教した。リコーによれば、「エルサレム、バビロン、その他の遠隔地から大挙してやってきたユダヤ人たちは被り物をかなぐりすて、スルタンのいる前で堂々とトルコ人の信仰に帰依することを告白した」。(109) あるサバタイ派の資料も意図的にぼかしているが、同じ出来事を語っているように見える。「クシの地から四人の使者が来た……そしてわれらの主がこの［すなわちトルコ人の］衣装を着けていることを知ったとき、彼らもこの衣装を身に着け［つまり棄教し］、モスクへ行き、われらの主の御手に接吻した。しかし主はそれを黙許なさろうとはされなかった。彼らは、国では男や女の預言者が立ち上がっているとも言った。この使者はバグダードからの手紙を携えていたが、われらの主はそれに答えようとはされなかった。心の闇におられたからである。それでも使者たちが満足するように、彼らの預言者が預言していた人物に出会ったことを証する手紙を彼らにあたえた。(110)」後述するように、一時的な棄教の事例はたくさんあった。いわゆる「改宗者」たちはのちにふたたびユダヤ人として帰郷したり、トルコからイタリアへ逃げ、そこでふたたび父祖たちの宗教に戻った。どうやら初期のサバタイ派の棄教説はだんだんと発展していったようだ。その速度はかなり速かったけれども。[111]

棄教のケースがたくさんあるということは、ナータンの到着間近しの報せが大興奮を惹き起こしたわけを説明しているかもしれない。ラビたちは、できるだけ町から離れていることと、そのうえさらに彼の誤りと作り話を取り消すことを命ずるメッセージをナータンに送ることにした。[112] その頃アドリアノープルに「コンスタンチノープルのお歴々」（すなわち首都のユダヤ人コミュニティのラビや一般信徒の指導者たち）が幾人かいた。彼らは相計ってイプソラへ数人のラビを派遣し、そこで然るべきラビ法廷をひらかせ、ナータンを取り調べさせた。[113] 五四二七年シヴァン（一六六七年六月）八日に署名された彼らの報告は、ナータンの論拠は「希薄でつぎはぎだらけ」であると断言している。実際にナータンは預言者であることを否定した。自分は奇跡を行なう義務もなければ、そんな能力もない、と。彼の唯一の預言は、一年と数ヵ月後にサバタイがメシアとして現われるだろうという予告だった。エルール二五日が過ぎても何もメシア的出来事が起こらなかったら、そのときにこそわたしの預言は誤りであったことがわかるだろう。彼のその他の発言はすべて天からの霊感とマッギーディームに基づくもので、厳密な意味での預言に基づくものではなかった。それでも、アドリアノープルの使節はさらに、少なくとも彼の預言のひとつくらい本当であることを証するしるしを見せろと迫った。結局、ナータンは彼らに「収穫祭まで待つように」と伝えた。「なぜなら、［この日に］アドリアノープルの男［サバタイ・ツヴィ］が大いなる照明を授かるからだ。このひとの力で、自分は奇跡を行なうことができるだろう。彼らは待った……ところが何も起こらなかった。大いなる照明のかわりに、彼を見舞ったのは大いなる闇であった。」そこで使節はナータンに強い圧力をかけ、厳粛なる誓約書にサインをしろと要求した。(a) アドリアノープルへ一二日間の行程以上近づかぬこと、(b) 直接であれ間接的にであれ、けっして「アドリアノープルのこの男」と連絡を取らぬこと、(c)

公の場に出ぬこと、そして自分のしもべ（サムエル・ガンドゥールのこと？）と舅以外だれにも会わぬこと、(d) エルール二五日までにメシアが現われなかったら、自分の言ったことはすべて嘘で間違いだったことを認めること。誓約書はナータンが署名できるように一人称単数で書かれていた[114]。彼が自分の署名の信憑性に異をとなえることのないように、証人としてR・S・ガンドゥールも署名した。この文書は大評判になったが、彼らがその方策から何を期待していたのか、実際のところはっきりしない。彼らはナータンが約束を正直に守ることはまずあるまいと認めていたに違いない。強制されたと言えばすむのだから。最近明るみに出た興奮した調子の手紙[115]のなかでナータンは署名を強制されたこの文書を否認している。手紙の上書きからこの手紙がイプソラからコンスタンチノープルの使者に宛てて書かれたものであることがわかるが、使者たちはヘブライ語の語呂合せでコンスタンチノープルの「敵」と呼ばれている[116]。しかし、この取り消しは一六六八年に本章注一一三に引用されたパンフレットへの回答の一部として書かれたというほうが本当らしい。後述する（八一二ページ）ヴェネツィアのラビへの回答に使われたのと同じ戦術が用いられている。文書は歪められて、まったく別の意味になってしまっている、と彼は主張する[117]。そして三人の署名者を罵り、彼らを三匹の不浄な生き物――野兎、飼い兎、バッタ――の名で呼んでいる。とにかく、彼は自分は署名によって拘束されるものではないと考え、最初のチャンスが訪れると、アドリアノープルへの旅を続け、メシアに会ったのである[118]。

ナータンはすぐには出発しなかった。彼は数週間トラキアに滞在し、そこで「神を畏れぬ所業を重ね、他の連中をそそのかして、自分を信じさせようとした」――おそらく公の説教によってではなく、スミルナでのように個人的接触と文学活動によってそうしたものと思われる。しかしある機会に彼は、公然と、しかも自分の預言者的使命にたいする揺るぎない信念に疑いを抱かせぬ挑発的なやり方で行動した。トラキアのコミュニティ（あるいはその支持者グループ）にたいしてタンムーツ一七日の断食をやめよという指示を改めて出し、この日を祭日と定めたのである。[119]支持者にたいするナータンの衰えぬ影響力ととくに彼の最近の挑発行為はアドリアノープルのラビたちを困惑させた。彼らは破門の罰が効を奏さぬと見て、にっくき棄教者自身と交渉するという奇妙な手段に打って出た。みずから書いた事件の顚末記でコンスタンチノープルのラビたちは、仲介者を通してサバタイ・ツヴィに相談し、彼の支持者たちにとりなしをしてくれとたのんだ事実を押し隠している。この仲介者というのがスミルナでサバタイによって任命された「王たち」のひとり、ブルッサのヨセフ・カリリョであった。彼はメシアについてアドリアノープルへ来ており、当時はまだユダヤ人であった。[120]（彼は一六七一年に棄教した。九〇〇ページ参照[121]）ラビたちの公式の報告[122]によれば、サバタイ派の信者たちがイニシアチヴを取った。彼らはナータンの指示にしたがえば、破門を招くことを知っていたので、メシアの導きを求めた。メシアはカリリョを通じて、断食を守るように指示した。それによって律法が守られ、棄教したメシアが彼の預言者の指示を反古にするという見ものは、サスポルタスを憤慨させてあまりあるものだった。ユダヤ宗教がかくも低下したことはいまだかつてないことだと彼は思ったのである。カリリョは支持者たちにサバタイの手紙を見せたが、ラビたちにはそれを見ることを許さなかった――ひょっとすると、彼らの目に触れさせないほうがいい中傷が含まれていたのかもしれない。いずれにせよ、トルコ当局はラビたちの要請に応えてカリリョを逮捕し、彼を――どういう理由や口実のもとにかわからないが――四〇〇グロッソの罰金刑に処した。「いま、彼は牢屋にいる。わたしたちはこの男につきしたがう罪びと一派に解散するよう警告した。」ラビたちは当時はまだ、信奉者たちを家に呼び集めていたラビ・モーセス・コーヘンのような通常の支持者たちと、「罪びと一派」、すなわちサバタイといっしょに離教していたひと握りの支持者たちとを区別していなかったようだ。

かてて加えて、コンスタンチノープルのラビたちは明らかに反サバタイの宣伝効果を高めるためであろう、さらに奇妙な話を語ることができた。彼らが手紙で報ずるには、サバタイは彼らの前に出て、自分がしたことをすべて後悔した。ヨセフ・カリリョの逮捕を聞いた翌日、彼は不安そうな面持ちでコミュニティの長老たちの集会室に姿を現わし（つまりラビ法廷にではない）、「釈明を始めた」。一件の黒幕は罰当たりな嘘つき者ナータンで、『ラビ・アブラハムの幻視』から本当の解放者の名を消してサバタイ・ツヴィの名と取り替えたのだった。「そうやって彼はわたしを誘惑し、嘘と欺瞞でわたしを惑わせ、主の道から遠ざけたものですから、しまいにわたし自身も人びとを惑わせはじめました。彼らはいまもわたしのことを信じています。」彼はアブラハム・ヤキーニのこともだましに加担したといって罵った。ラビたちはここでいわば「神聖な策略」を使っているのではないかと推測したのはグレーツが最初である。そもそもこの懺悔はわたしたちが知っているサバタイの性格とは合わないからである。ひょっとすると彼らは、サバタイにナータンの断食廃止をサボらせることができたのなら、彼が懺悔をしたと偽って、サバタイは運動全体、とくに当時騒ぎの火種だったナータンとすっぱり手を切った、ということができるだろうと考えたのかもしれない。一人称で書かれ、署名された懺悔「計り知れぬ苦しみに合いしひと、若き友サバタイ・ツヴィはかく語れり[123]」は日付が「モーセ五書朗読〈彼の心は動かされなかった。信じていなかったからである〉の週[124]」となっており、宛先は、

> われらがイスラエルの家のはらからたちよ。この手紙の持参人――彼とともに神のご慈悲があらんことを――がいまわたしのもとにいることをあなたがたにありのままお伝えしよう。そしてわたしはあなたがたに予告する。このことをよくよく考えてみたら、わたしに責任はないことがはっきりわかっ

た。この問題で、わたし自身を通してであれ、わたしのことを預言した者たちを通してであれ、わたしの身に降りかかったものはすべて暗愚の霊、あるいは何か別の霊にほかならなかった。真の解放者が現われるまで、このさき世はいつもどおり続くだろう。それゆえ、だれもみなおとなしく家にとどまり、日々の仕事にいそしみなさい。むなしい言葉には耳を貸さず、天がわたしたちを憐れみ給うまで来ることのない真の解放を待ちなさい。全能なる神があなたがたを憐れみ、あなたがたとあなたがたの家族を守り、平和の幕をあなたがたの上に広げ、あなたがたに解放をお見せくださいますように。あなたがたの目にまことの王の偉容が見えますように、アーメン(125)。

「手紙の持参人」とはラビ・アアロン・ベン・ハナニヤのことである。彼はペルシアないしはクルディスタンの使者のひとりで、コンスタンチノープルのサバタイに会いにきたのだが、到着したさいにメシアの棄教を知った。この名指しでイスラエル全一族に向けられた懺悔なるものの著者がそれをトルコや西欧に広めることを用心深く避け、かわりに素朴な、疑いを知らぬペルシアとクルディスタンの使者たちに知らせたことは意味深長である。棄教後の日々のサバタイの態度やスタイルをよく知る者にはそれが捏造であることははっきりしている。サバタイはその後も「高められし者はかく語れり」と署名しつづけた。彼は一六六七年のあいだずっと訪問者と会い、彼らの忠誠の誓いを受け容れた。しかし、通常彼らに棄教を要求することはなかった。マケドニアのカストリアのラビ・イスラエル・ハッサンが語るところによると、彼と友人たちがサバタイを訪ねたさいに「彼を畏敬する者たちに厚情を示してくれた」ユダヤの王にふさわしい祝福を述べた。するとサバタイは手ずから書き留めておいた聖書の自分を指している部分をゲマトリアによって彼らに示したという(126)。彼がメランコリーや絶望の発作のなかでも支持者を罵ったり侮辱したりすることがあったことを示す確たる証拠はない（だが八九二ページ参照）。ド・ラ・クロワは彼がある発作のときに支持者にたいして喧嘩腰に振舞ったことを伝えている（九一〇ページ参照）。これがあったのは、サバタイが訪問者たちに度重ねて棄教を促し、彼らがそれをきっぱり断ったときだった。

アドリアノープルのラビたちはコンスタンチノープル宛の書簡のなかで、サバタイの懺悔を受けてナータンを多くの虚言と、アドリアノープルから一二日間の旅程以内に近づかないという約束を破ったことなどを理由に破門したとも伝えている。事実、ナータンはコメリーナに居をかまえ、どこであれユダヤ人とは接触をもたないと誓ったにもかかわらず、「くだらない、軽薄な連中」を身辺に集めていた。「それゆえ、わたしたちは彼を法の定めにしたがって破門した。」[127]そのうえ、彼らは首都の同僚たちに「悪事をはたらくこのやからにたいして仕返しをする」よう要求した。だが、どういう仕返しを望んでいるのかは言っていない。コンスタンチノープルのラビたちは支持者らをトルコ当局に告発すべきだと暗に言おうとしたのだろうか。この悪事をはたらくやからというのはナータンのもとで学んでいた弟子たちのことなのか（物議をかもしそうな言い回しの「くだらない、軽薄な連中」）、それともサバタイ派の棄教者たちなのか、まったく不明である。

いずれにせよ、アドリアノープルのラビたちはナータンの評判をどんな手段を使ってでも潰そうと決めた。コンスタンチノープルのラビたちがその牧会書簡ですべてのコミュニティに「ラビ・ナータン」がメシアと会うのを阻止せよと命じてから数ヵ月もすると、ナータンにたいする彼らの態度はそれまでよりもはるかに厳しくなった。この態度の変化はたんにナータンがイプソラでの約束を公然と無視したことにたいする失望によるものなのか、それともラビたちは、運動が思っていた以上に強くなったこと、ナータンをたとえ棄教に追いやる結果になろうとも排除せねばならぬことをさとりはじめたのだろうか。同じような戦術をラビたちは一〇〇年後のヤコブ・フランク〔一七二六―一七九一。一七五五年ポーランドに偽メシアとして登場。サバタイ・ツヴィの後継者として反タルムード的神秘主義的メシア的ニヒリズムを説き、フランキスト派を創始。ラビから破門され、一七五九年に多くの支持者たちとともにカトリックに改宗するも、一七六〇年から一七八二年まで異端者として投獄された〕のケースでも用いたが、しかし一六六七年の状況はフランキスト派によって生み出された状況とはまったく異なっていた。初期のサバタイ主義はときに反律法主義を示すことはあったけれども、いまだラジカルな反律法主義的運動にまで発展していなかった。支持者たちは本質的に敬虔な正統的ユダヤ人で、解放はすでに始まっている、あるいは始まらんとしていると信じている点で他の者たちと違っていた。ラビたちはナータンを棄教に追いやることによって危機を強めようと思っていたなどということはまったくありえない。預言者の手本を見て支持者たちが見習う気を起こすかもしれないことを知っていたに違いないのだから。

ナータンの企てやつながり、とくにサバタイ・ツヴィとのつながりについてはいまだに何もわかっていないが、確かなのは彼が厳粛な約束をまったく無視し、サバタイを実際にアドリアノープルに訪ねたことである。サバタイはこの折りにローマへのカバラーの布教活動を彼に任命し、さらに必要な資金もあたえた（本章注137参照）。トラキアに向かって旅立ったあとナータンが最初に逗留したのは、多くの支持者が見つかると確信していたサロニキであった。彼らのなかの何人かと彼は緊密な関係をつくり、彼らにあとで彼の小冊子や書簡を送った。それでも大半のラビたちはサバタイ主義的説教に断固として反対し、ナータンの舅サムエル・リッサボーナが病気になって死ぬと、彼をむりやり町から追い出そうとした。(128) たいてい彼は忠実なガンドゥールのみを連れて、サロニキとアドリア海沿岸のあいだの小さなコミュニティを巡り歩いていた。比較的大きなコミュニティでは大半のラビたちが運動を抑えようとしていたが、小さなコミュニティではラビの影響力が少なく、数人の真剣な支持者たちの力でそこを左右することが比較的容易にできたのである。ときとして、たとえばコルフやカストリアなどのように、コミュニティの長老が恭しく預言者の教えを受け容れることがあった。ナータン自身は、自分の旅の経路はいつも自分につきしたがっている天の声（マッギード）によってあらかじめ決められているのだと主張した。「それが命ずるままに彼は旅し、それが命ずるままに彼は休んでいるのだ[129]。」このナータンの行脚の描写はのちに支持者たちのあいだで正式な教義となった。これらのマッギーディーム、すなわち物故した聖人や預言者の魂はのちに、高いところから来た最初の本当の預言者的経験を除いて、ナータンの霊感の源であったと考えられた。

　そうこうするうちに、一六六七年エルールの月（九月）が過ぎ去った。一六六五年の「天のお告げ」は、ナータンの度重なる強調にもかかわらず、実現しなかった。だが、ナータンは撤回するどころか、霊感の言葉の両形式はこれまであやまって同一視されてきたけれども違うんだということをますます強く力説した。一六六五年早春に彼が神の玉座の幻を見、そのさい主の声が救世主サバタイ・ツヴィの口を通してイスラエルの解放を告げたというのは、言葉の真の意味で類のない預言者的経験であり、その真実性が揺らぐことはない。しかしながら、天の声、天使、使徒が彼に告げた（彼が大いなる幻視のあいだに聞いたという「天のお告げ」もそのひとつ）いろいろな日付はすべてまったく別種のものであり、変化をまぬがれなかった。一六六七年以後彼は、断固たる確信の調子は薄れていたけれども、別の日付を口にしはじめた。そしてナータンの神学的努力は主として、メシアの棄教の神秘的意味と使命実現のためのその悲劇的必然性とを解き明かすことに向けられた。

　当時天から霊感を受けた支持者はナータンひとりではなかった。一六六七―六八年に、ほかの点では不明のラビ・ヤコブ・ベン・イサアク・ツィロヨンがあるマッギードから啓示を受けた。これは（おそらく彼自身の筆跡で）デンメー記録保管所の手稿本のひとつに遺されている[130]。この啓示はすべてサバタイの棄教の正当化と著者を（ひょっとすると彼自身の謎の棄教も含めて？）待ち受けている個人的運命にかかわっており、偽ゾーハルのアラム語で書かれている。[131] そのなかにはナータンが示した解放の決定的日付、運命を決する一六六七年エルール二五日の前日に受けた啓示もあるが、差し迫った出来事にはなんとひとことも言及していない。[132] 著者は早くも経済的問題を扱っている。彼によれば、サバタイ（ここではマラン、われらが主と呼ばれている）は、彼を信じない者たちは世俗の財をもっている、それは彼らが下等な世界の出だからである、と言明した。一方、支持者たちについては、「彼らは一銭もあたえられていなかった」と言っている。[133] これはその当時のサバタイ追随者の大部分の社会的構成を示しているのかもしれず、興味深い。

ナータンがますます極端になる傾向を示しつつ急激に成長する彼の教義を展開した小冊子や書簡に加えて、新しい偽典的著作が現われる。それを著したのはナータンか、それとも、こちらのほうが可能性が高いが、別の人間である。預言者の父ラビ・エリシャが一六六七年に証言しているところによると、息子は『ラビ・アブラハムの幻視』のみならず、さらに二冊の書も啓示された（二五三ページ参照）。しかし、残存している偽ヘハロース的テクストがナータンの作品である可能性は低いように思われる。問題の黙示録は明らかにヘハロースの書をまねて書かれているが、『ゼルバベルの書』の増補版である。[134] この作品のオリジナルテクストは当時広く流布していて、サバタイ主義者がそのなかにメシアのガリポリ幽囚の示唆を見つけ出すことは造作なかった。棄教後に、「現在の天使」メータトローンがすでにシェアルティールの息子ゼルバベルに教えていた救済の秘義をヘハロース・ラッバティの主人公ラビ・イシュマエルに明かす数章がそこに挿入された。サバタイ主義者の著者はこの一貫してサバタイ主義的な黙示録をヘハロース・ラッバティに挿入したのだった。それが後世に遺っているのはこの幸運な事情による。おまけにエルサレムのあるラビがサバタイ主義的な挿入文をそなえたこのヘハロース本文を出版した。この驚くべき黙示録が書かれたのは一六六九年以前、おそらく一六六七年エルール二五日の失望直後であることは疑いない。ナータンか彼の弟子のひとりがそれを書いたのなら、早くて一六六七年秋である。[135] いずれにせよ、ナータンは晩年の著作でたびたび『ゼルバベルの書』のなかのメータトローンの啓示を引き合いに出し、それを彼の使命の証として引用している。「見よ、これらはすべてアミラーを通してきたものだ。実現しなかったものはひとつもない。」

『ゼルバベルの書』のオリジナル版でもすでにラビたちはメシアを軽蔑し中傷するようにえがかれていたが、サバタイ主義の補遺はもっと具体的で、明瞭である。ラビたちはメシアを侮辱し、ならず者、棄教者と呼ぶ。「すると神は怒ってメシアを割礼の八日間に合わせてきっかり八年間投獄された。子供は割礼を受ける生後八日目まではコミュニティの一員とは認められない。そのように神も幽囚のあいだはメシアにたいし顔を隠される。神はまたイスラエルをそそのかし、メシアを非難させ、こう言わせる。『この男は過ちを犯し、イスラエルを惑わした。モーセはファラオによって、この使者のように捕えられたりはしなかった。』」このことは支持者たちの期待がいまや一六七四年、棄教の八年後に向けられていることを推測させる。

この黙示録は一六六六年の出来事――メシアの天啓、彼の人間性についての論争、贖罪運動、非ユダヤ人の不安、棄教の危機とその後の苦しみ――を生き生きとえがいている。

メータトローンはわたしにこう言った。「メシアが天啓を授かる」一年まえ……神はイスラエルにひとりの使者を送られるだろう「……」。なぜなら、メシアは何世代ものあいだ隠れていたからだ。そして大きな眠りが人びとを覆っていた……「しかしいま神は」世界の四隅を震えさせ、イスラエルに告げ給う。『解放の時が来た』と。すると男や女子供が集まり、神のお慈悲を乞うだろう……そして全イスラエルがその罪を悔いるだろう。イスラエルがシナゴーグで祈るのを見て、非ユダヤ人もつどう……そして恐れ、恥じて、言うだろう。「イスラエルの解放は本当だ、わたしたちは彼らを見くびっていた」と。そして非ユダヤ人も悔いるだろう。そのときメシアは神に願うだろう。「世界の主よ、この最悪の戦いでわたしを苦しませてください。でも、非ユダヤ人を祝福に会わせないでください。イスラエルのためにある祝福を彼らに分けあたえないでください」と。すると神は二つの鉄の鎖をとり、それをメシアの肩にかけ、こう言われる。「ひとつはこの世代の人びとの罪のためのもの、もうひとつは非ユダヤ人が救済にあずからないためのものである」と。だが、［鎖を巻かれたメシアを見たとき］イスラエルは態度を変え、メシアを軽蔑して、言う。「この狂人の言うことを聞いていたのはまずかった。」すると神はこう言われるだろう。「あなたがたは彼を狂人というが、あなたがたは彼の光を見るだろう。」……彼の幽囚の最初の年にはすべてのユダヤ人の町に彼に反対する指示が出され、ラビや一般信徒の指導者たちは彼に背くだろう。……彼が捕えられているあいだに学者たち[136]は連れ去られ、信者は消えるだろう……そしてその世代は七年間［信仰も知恵も］……もたないだろう。

非ユダヤ人の未来について黙示録に予知されていることはナータンを著者とすることに不都合をきたす。ナータンはサバタイの兄に宛てた手紙のなかで、非ユダヤ人はメシアの子の功績によって救われようと言明していた。しかしこの黙示録によれば、サバタイは非ユダヤ人の滅亡を確実にするために、更なる苦しみをすすんで引き受けようとした。たしかにナータンはサバタイの厳命により（八二一―八二二ページ参照）、謎の魔術的儀式を執り行なって、市の崩壊をもたらすべくローマへ赴いた。しかし、悪の中心を破壊することは必ずしもすべての非ユダヤ人を殲滅することと同じではない。ナータンがこの黙示録を書いたにせよ、そうでないにせよ、支持者たちの心が一六六七年に深く揺り動かされたことは確かで、世の終りの出来事の秘義を探ろうとしたのはたしかにナータンひとりではなかったろう。

一六六八年初頭、ナータンはヤニナからコルフへ行った。コルフに滞在しているあいだ彼は居残っていたイタリア人支持者たちと交信を始めて、ミステリアスなイタリアの旅の準備を着々と進めていた。それは疑いないが、(137) この旅は多くの点がいまだに謎に包まれている。しかし、サバタイみずから旅費を用立てたといわれるこのカバラー的使命がいかなる性質のものであるにせよ、ヴェネツィアのラビの大半が彼に反対していたことをナータンは間違いなく知っていた。それなのになぜ彼はみずから虎穴に飛び込むようなことをし、しかもまえもってそれを予告したのか。いくらか支援をあてにできるリヴォルノやアンコーナのような町に行かなかったのはなぜなのか。とにかく、コルフで過ごした数週間(一六六八年二月から三月にかけて)は、スミルナでの滞在を思わせるような熱心な活動で明け暮れた。ナータンは相手が支持者か反対者かで分裂した行動を取りはじめた。サバタイも同様の二重演技を示していた。ユダヤ人の同胞たちのもとでは自分のメシア的使命を強調し、非ユダヤ人の前ではそれを否定していたのである。しかし、ユダヤ人コミュニティ内でこの二重演技をしたのはナータンが初めてである。時のたつうちに、この二重演技はサバタイ主義運動の特徴的なしるしとなった。反対者にたいしてはナータンは幻滅した熱狂者のように語り、支持者たちの親密なサークルのなかでは本当の考えを表明した。当時彼はいろいろな手紙を書き、そのなかで棄教の秘義を説明した。ナータンはコルフで「多くの馬鹿者」に出会い、彼らに自説を伝え、彼らの信仰を強めた、とサスポルタスは報じている。自派に属さない者たちのもとではヴェネツィアで正式に自分の過ちを償いたいと言い、それにたいして支持者たちには非ユダヤ人の絶滅が始まっているローマへ行くと打ち明けた[138]。

しかし、二重演技をしたのはサバタイ派だけではなかった。ある反対者は支持者の振りをして、ナータンから公刊しないと決まった手紙の本文を手に入れることに成功した。それはメシアの棄教の必然性を説くサバタイ派の教義をはっきり表現した最初の文書である。書かれたのは一六六八年一月、宛先はコルフに近いツァンテ島に住む一支持者である。この支持者は「わたしたちが探し求め、日々刻一刻待ちわびている主、……聖なる安息日《サバト》である大いなる安息日《サバト》［すなわちサバタイ］……」のことを聞いてきたのだった。この手紙[139]は、支持者たちが棄教を正当化し、宣伝を行なった手段を理解するうえで非常に重要であり、少なくとも一部だけでも引用する価値がある。

> ですから、余人ならぬ彼が［そうなのだ］ということを……知りなさい。彼のほかにイスラエルの救い手はいないのです[140]。彼は汚れのない被り物［ターバン］を頭に載せましたが、彼の聖性は穢されていません。なぜなら、神が右手を上げて誓われたからです。神は裏切らないでしょう。これは神の秘義のひとつなのです。トーラーの秘義についてなんらかの知識をもっているひとはそれを変だとは思わないでしょう。なぜなら、聖書はそういうことを平明な言葉で語ってはいませんが、わたしたちはこれらの［終末論的］問題について述べた昔のラビたちの言葉が曖昧で、きわめてわかりにくいことを知りました。ラビの言葉は事後になって初めてわかるだろうと［言った］啓蒙思想家マイモーニデスの証言もあります[141]。しかし、見る目のあるひとは……これらのことを［十分］証明済みのことだと思うし、安息日《サバト》［すなわちサバタイ］の聖性に反対するような過ちは犯しません。なぜなら、彼のことを罵るひとの魂は、真の解放者についても語っている『ラーヤ・メヘムナー』の書からわかるよう

に、疑いなく「雑多な群衆」のものなのです。そこにはこう言われています。[142]「あなたは人びとの咎のために傷つけられ［イザヤ書五三、五参照］、そして〈その墓は悪しき者のそばに設けられる〉［イザヤ書五三、九］といわれているように、わたしは大きな苦しみを味わう。だれもわたしのことがわからず、彼らの目にはわたしは悪臭を放つ犬の死骸のように見える。」これはのちに起こることと関係しています。……これらの言葉はきっと、［メシアが軽蔑されるのは］彼の苦しみのためだといっているのではありません。［そうではなく、彼の見かけ上の咎のためだといっているのです。[143]」そして「雑多な群衆」のひとたちは……［ひょっとすると本当の罪びとではないかもしれないが］罰当たりといわれます……それは彼らの改まらぬ心のなかに［蛇の］毒があって、彼らに、［少なくとも］事の終りが見えるまで落ち着いて待つべきところを、そうさせずに、メシアの悪口を言わせるからです。[144]けちな金持ちもそのうちのひとりです。……『ラーヤ・メヘムナー』はたしかに、［メシアが］奇妙な行動をし、そのために死んだ犬のようにみなされるだろうということを明らかにしましたが、本当にここ数日間、主を信頼しなくなったひとたちのなかにそういうことをする者がちらほら見られました。さらに決定的な証拠が『ティックーニーム』［*Tikkun* 60］に見られます。そこではこういわれています。「内側はいいが、その衣装（すなわち外面）は悪い——これは驢馬に乗る謙虚なひとのことである」［ゼカリヤ書九、九参照］。ここはただ単純に、直接の意味で理解すればいいのです。「悪い衣装」とは彼がかぶっているターバンのことです。……同じテクスト（*Tikkune Sohar* 60）がのちには「内側は悪いが、良い衣装を着けている」という表現を使用しています。これは多くのひとに見られます。彼らは良いユダヤの衣装を着ています（すなわち律法に忠実で、[145]棄教をしなかったユダヤ人です）が、汚れにみちています。……『ティックーニーム』の別の箇所では「彼はわれわれの悪行のために傷つけられた」という句が「彼は潰れた[146]」という意味に解釈されていますが、わかるひとなら、本当に潰れているのはイスラエルのコミュニティから離反した者にほかならぬことを知っています。……最後の追放で「メシアの」名は嘲笑と軽蔑の的になるだろうという［ゾーハルのなかの］文が彼はターバンを着けるだろうという事実を指していることは疑いありません。……しかしわたしたち［まことの信者］は、彼がターバンを着けたからといって、安息日が潰されたわけではなく、……彼はイスラエルの罪のためにそう振舞わざるをえなかったのであり、彼の運命は「アハシュエロスの宮殿で」禁ぜられた食べ物を食べねばならなかったエステルの運命と似ていることを学びました。敬虔なモルデカイ［エステルの養父］は「エステルが［不浄な場所に］連れて行かれた[147]」ことをさとりました。それと同じことがこのひとと共に起こるでしょう。わたしたちの敵はそういう目に遭い、面目を失うでしょう。……しかし、彼を待つ者たちは無上の歓びを味わうでしょう。彼らの魂はおおいに高まるでしょう。……そういうことすべての理由を明かすことはできません。いわんや筆に託すこともできません。老練なカバリストにたいしては別ですが。しかし、近いうちにすべてが明らかになるでしょう……待つ者はさいわいです……だから、この言葉を聞いて震えながら立って待っているわが兄弟たち、ならびにイスラエルのすべての忠実な信者たちよ、気を強くもちなさい、恐れたり驚いたりしてはいけません。全身全霊をもって主、あなたがたの神に向かい、主の偉大な名に感謝しなさい。なぜなら、わたしたちは先祖たちが見なかったものを本当に見ることになるからです。わたしがいま奇跡を行なうことができないものだから、こんな慰めの言葉などただむなしいだけだと言うひとがあっても、わたしは、これらの言葉を聞いて震え、わたしに正しい指示を求め、神のおそば近くに行きたいと願っているうちひしがれたひとたち、神の名の神聖なるがゆえに憂い悲しんでいる貧しいひとたちを慰めることをやめるつもりはありません。[148]

この教えと慰めの手紙はだれ宛に書かれたものか。上書きはラビ・ヨセフ・ツヴィ宛に送られたといっているが、それは間違いに相違ない。サバタイの弟ヨセフはザンテ〔ギリシアの市名ザキントスのイタリア名〕に住んだことはない。手紙の受取人はカバリストだったようだ。モロッコのサレのラビ・ヤコブ・サアドゥンはナータンがコルフから「ラビ・J・ハミツ」[149]宛に送った手紙からたびたび引用している。彼が引用している箇所はどうやらここで問題になっている手紙から採られているらしい。サアドゥンははっきりカバリストで医師のヨセフ・ハミツを指している。[150]この人物は少なくとも一六五八年まではヴェネツィアに住んでいた。[151]彼はその年聖地へ行く決心をしたが、ほぼ一〇年間の彼の実際の行動や生活状況についてはこれまで何も知られていない。一六六七年から死ぬ（一六七五年か一六七六年頃）まで[152]彼はザンテに住み、そこから預言者ナータンと緊密な連絡を取っていた。[153]彼の師で友人の、反カバリスト的作家、ラビであるレオーネ・モデナと違って、ヨセフ・ハミツはカバラーを熱狂的に信奉していた。彼がカバラーに到達したのはイスラエル・ザールークの弟子であるラビ・アアロン・ベラキア・モデナの影響を通してであった。ハミツは著作を出版する準備をしていたカバリストのモーセス・ザクートと親しくしていた。彼のゾーハルについての注釈『ヨデエイ・ビーナ』の始めの部分は実際にハミツが書いたものである。[154]

　ハミツはサバタイ主義の熱心な信奉者になった。そして高齢でサバタイ主義的説教を一巻著した。彼のメシア思想の中心テーマはイスラエルの罪と償いであった。それに比べれば、「棄教は小さな突発事件、メシアの一時的な堕落、イスラエルにとってのひとつの試練にすぎなかった（……）。解放はすぐ間近にあると彼は堅く信じていたので、彼の主たる問題は、メシアを捨てたイスラエルがそれでもなお救いに値するかということであった[155]」。彼は同時代の出来事をメシア的観点から見た。とくにヴェネツィアとトルコの戦争は彼の思弁のなかで重要な役割を果たしていた。ハミツがメシア時代の陣痛ならびにゴグとマゴグの戦いと同一視していたこの戦争は一六六八年にクライマックスに達し、一六六九年九月の講和条約は彼の終末論的期待をひどく裏切った。

ラビ・ヤコブ・サアドゥンによれば、ハミツ宛のナータンの手紙はかなり知られていて、いたるところにコピーが出回っていた[156]。サスポルタス版に出てくる受取人の名前はコピーを作ったひとの取り違えによるものだろう。ナータンはヨセフ・ツヴィにも手紙を送っており——ナータンの秘密のローマ行きの使命を扱ったそのような一通の手紙がハミツの書類のなかにも残されていた——イタリアや他所のユダヤ人コミュニティに宛てた預言者の手紙の写しを作成する筆記者がナータンの二人の交信相手の名前を取り違えた可能性は十分あるだろう。モロッコに達した手紙の写しはコルフ島におけるナータンの活動にかんする重要なディテールも含んでいる。この部分はしかしナータンが島から旅立ったあとにつけ加えられたものであり、ハミツ宛の元の手紙にはない[157]。

ナータンの書簡はいまや新しい、明らかに社会的な調子をおびる。彼の『ラーヤ・メヘムナー』解説のなかでナータンは元のゾーハルの本文ではけっして結びつけられていない二つの異なったモチーフを結びつけている。ひとつは終末論とメシアの秘義、もうひとつは「混じり物〔ユダヤ人のなかの不純分子、つまり不信仰者たちの謂〕」、両者は二つの異なった主題として『ラーヤ・メヘムナー』に表われている。激しい、痛烈な論難の書は後者を明確なひとつの社会階層としてえがいている。つまりスペインのユダヤ人コミュニティを支配する富める世俗の君主らで、「貧者たち」、すなわちラビ学者たちはもっぱら彼らに依存していた。精神的貧者たち

（『ラーヤ・メヘムナー』の著者から見ればカバリストたち）と世俗の富者の対比が一三世紀末のスペインの社会的現実の概念でもってえがかれる[158]。メシアの棄教によってつくり出された状況がほかならぬそのような類型学の使用を求めたのである。実際にナータンはすでに一六六五年に、ガザから送った最初の手紙のなかでそれを用いていたが——サバタイ・ツヴィの反対者は「混じり物」に属する者たちであった——しかし当時、類型学は純粋に神学的意味をもっていたのであって、個々の社会階級を指すものではなかった。結局、始動する運動を主として支えた者はほかならぬエジプトの最も富裕なユダヤ人、チェレビー・ラファエル・ヨセフであった。だが、棄教後金持ちの支配階級にたいするナータンの態度は否定的になった。メシアを「異臭を放つ犬の死骸」のように思ったのは「吝嗇な金持ち」なのだ。本当は彼らがその不信仰によっていまの停滞をもたらしたのだ。一六六八年一月の書簡は疑いなく前年のナータンの経験を反映しており、大きなトルコのユダヤ人コミュニティのラビや富有な長老たちの態度にたいするナータンの反応を端的に表わしている。コルフからの手紙の受取人は、社会的観点からいえば、ラビや富有な長老たちがメシアを誹謗することで叱責されるサバタイ主義的偽へハロース・テクスト（七八一ページ参照）の受取人と同じひとたちであった。ナータンは伝統的な資料から比喩を借用したが、それを時代のメシア的出来事に適用したことによって、それに高度な現実味をあたえた。サバタイ派は自分たちを、トーラーの秘義をまったく理解しない富者やラビたちに迫害され抑圧される、真に精神的な選ばれたカバリスト集団とみなしはじめた。彼らは自分たちの戦いを『ラーヤ・メヘムナー』が呈示する類型学で解釈する。ラビたちが肉のみによって判断する非精神的世俗的人間などといわれて憤慨したことはいうまでもない。しかし、迫害が増すにつれて、支持者たちはますます自分を信仰ゆえに「混じり物」によって迫害される真のイスラエル人と思うようになった。「わたしたちが守られているのが信仰のためでなかったとしたら、わたしたちは生きたまま彼らに呑み込まれていただろう[159]。」

コルフ島でナータンは大きな業をなしとげたといわれるが、どこまでが事実でどこまでがフィクションかわからない。預言者の信奉者は、「諸侯」（コルフ島のヴェネツィア当局かユダヤの長老たち？）が彼を亡き者にしようとしたところ、みんな口もきけなくなって、結局彼を手厚く礼遇した、と報じている。ほかの、いろいろな目撃者の署名がはいったコルフ島からの報告ではこういわれている。アダル二〇日金曜の夕[160]、ナータンは沐浴後シナゴーグへ行き、トーラーの巻物に首を垂れて、祈りの言葉をつぶやいた。彼は週間章節を読み終えたあと、なおも一五分間ほど、右耳をトーラーの聖櫃にあて、喜びに顔を輝かせて立ちつくしていた。翌朝（安息日）彼は集まったコミュニティの人びとに長い説教をし、おごそかな誓いのもとに、「神みずからわたしに現われ、ラビ・サバタイ・ツヴィが解放者になるだろうと言われた。もしそうならなかったら、わたしはイスラエルの神の恵にあずかることはない[161]」と彼らに説明した。ナータンが言ったのはおそらく一六六五年早春の最初の大きな幻視のことであり、新しい啓示があったということではないだろう。一六六八年ニサンの月始め（三月終り）、ナータンはサムエル・ガンドゥールとともにコルフを去ってヴェネツィアへ向かい、過越祭まえにそこに到着した。

しかし、ナータンがイタリアへ行ったのは、サバタイのメッセージを広め、弱気になった人心を奮い立たせるためではなかった。彼はサバタイから秘密の使命を受けてそこへ送られたのである。彼の運気のタイミングは直接天の導き（マッギード）によって決まるのだが。ナータンがローマで実施するように言われたカバラーのティックーンの儀式がどのような性質のものであったにせよ、ナータンはそれをメシアのケリパー界への下降になぞらえて見ていたことは疑いない。メシアの任務はイシュマエルの領域で果たされた。信者——とおそらくナータン自身——は、同じような任務がメシアの使徒によってエドムの国、すなわちローマで果たされねばならないと信じたのだ。ナータン（あるいは彼の師）はおそらくローマの破壊をもたらすべき魔術的カバラー的行為を考えたのだろう。キリスト教に鞍替えしようと考えたのでないことは確かである。

アルメニアの写本コレクションのなかに遺されている一通のコンスタンチノープル発の手紙は――わたしの文書の年代決定が正しければ――当時支持者のあいだに支配的だった雰囲気を明らかにしてくれる。サバタイの偽の信仰告白とその撤回をトルコからペルシアへもたらした使者（七七七ページ参照）はサバタイサークルの手紙や文書も所持していたようだ。ナータンが定めた救済の日付が抹消された頃のものと思われるそのような一通の手紙は、辛抱強く黙って待つようにと支持者に注意している。

なぜなら、主の言葉がむなしく戻ってくることはないからです。たとえ返事が来なくとも、待ちなさい。賢いひとはこの言葉が的中するまで沈黙を守るでしょう。明かされない秘義や隠れた秘密の事柄はたくさんあるからです。そして明かされたことを……心は口に打ち明けてはならないのです。でも、ほんの一部だけでも自分の目で見、自分の耳で聞いたひとは、これらがなんと深遠な事柄であるかをさとり、神の道をつゆ疑わないでしょう……神の思し召しにより、この時代の人びとの罪が［救済の実現の］妨げとなりませんように。［救済の］年月日［の計算］に、また声や噂や霊に気を取られてはいけません。変更や矛盾に惑わされてはいけません。なぜなら、神のお考えはわたしたちの考えではないし、主は心を見るからです（サムエル記上一六、七参照）。聖書にも書かれています（申命記三二、四七）。「これはむなしい言葉ではない」と――むなしいように見えても、それは理解力が乏しいために、わたしたちの目にそう見えるだけなのです[162]。これらは隠れた深遠な事柄なのです。そのことはソロモン王が雅歌でたびたび指摘しています（二、七。三、五。八、四）。「……あなたがたに私はお願いします、エルサレムの娘たちよ。愛を覚ましたり、邪魔したりしないように、十分に楽しむまで。」聖書はまたこうも言っています（出エジプト記一二、二二）。「あなたたち自身はだれも朝まで自分の家の出入り口から出てはならない。」つまり、［解放の］暁まで、ということです。なぜなら、わたしたちはケリポースと物質の世界に住んでいて、それらを「十分に楽しむまで」は超克することができないからです。とくに、何の功績もないこの世代においては、わたしたちは神の恩寵やわたしたちの偉大な聖人たちの功績や、すすんでわが身を犠牲にする……そして「彼はわたしたちの病をになったのだ……」と書かれている［イザヤ書五三、四］わたしたちの主の謙虚さに依らなかったら、まず生き延びられないでしょう。主がいなかったら、邪意がきっとイスラエルを制圧してしまったでしょう。……これらのことはすべて本当ですが、詳しい説明が必要です。しかし、わたしたちにできることはただ悔い改め、断食をし、祈りを捧げ、真実を証言し、……そしてシェキーナーを助け……もしそれが本当で、メシアが来るのなら、［彼を信ずるために］引き返すが、そうでないならいやだ、などと言う連中のまねをしないことだけです。彼らは何も知らず、何もわかっていないのです。彼らは闇のなかをさまよい、彼らの罪によって解放を遅らすのです。なぜなら、イスラエル人全体が相互責任を負っているからです[163]。

この励ましと慰めの手紙を書いたのはヤキーニかもしれない。それはよくわからない。いずれにせよ、手紙を見るかぎり、救済の出来事の日時にかんする預言や天啓はすべて誤りであることがわかっていた。「主はすすんでわが身を犠牲にする」――そして支持者たちは信仰と悔い改めを続けよという。棄教は単純に時代の人びととの罪深さによって説明され、神秘的カバラー的使命というカテゴリーでは説明されない。著者はたしかにトルコのユダヤ人のあいだに広がっていた懐手で待つという姿勢に怒りを向け、イスラエルはメシアによって破局から救われたのだと反証する。(164) イスラエルの信仰不足と多くの罪業が追放を長引かせ、完全な解放の到来を遅らせているのだ、と。したがって、この手紙は以前のサバタイ主義的論拠の完全な裏返しである。しかし、論証の仕方が出来事のプレッシャーで変わるあいだも、信仰の継続性は維持されていた。

## V　ヨーロッパ、とくにイタリアとオランダにおける棄教後の「信者」と「不信仰者」

期待を裏切るメシア棄教の報せがあたえた直接の影響はヨーロッパのコミュニティのどこでも多かれ少なかれ同じであった。ただポーランドにかんする情報は、イタリア、オランダ、ドイツなどの詳細かつ正確な報告に比べて乏しいけれども。北アフリカ——モロッコからエジプトまで——とクルディスタンについてわかっていることから判断すると、イスラム教国のユダヤ人の反応はキリスト教ヨーロッパの同胞らと違わなかった。このテーマについて発言しなかった多くのラビがひそかに何を考えていたか知るよしもない。ラビが棄教後も職にとどまり、非の打ちどころのない正統的な信仰生活を送ったことはまったくなんの証明にもならない。それゆえ、堅く信仰を守った、あるいは熱狂的なサバタイ主義者の口や文字による宣伝にすすんで耳を傾けた学者や長老たちの数をただ外的基準だけで算定することは困難である。(165) 責任ある指導部は伝統的なユダヤ人の生活スタイルを守ることを好んだようで、これ以上火に油を注ぐようなことは望まなかった。この点で、メシア的革新を完全な失敗として斥けたラビたちと、依然として弱いながらもなにがしかの希望を抱きつづけたラビたちとのあいだに相違はなかった。みなが普通の生活に戻ることに当面の課題を見出した。このことはとくに、信仰には固執したが、実践的な問題や目標ではつねに我慢強く待つ姿勢を要求したラビが非常に多かったイスラム諸国で顕著になる。支持者が正式に破門されたケースはわずかに、たとえばエジプトなどで、知られるのみである。

エジプトのラビが一六六六年一二月末に主要なユダヤ人コミュニティ宛に送った手紙は、それゆえ、ほかの地における行動パターンを代表するものではない。エジプトのラビは、スミルナとコンスタンチノープルのラビたちが――アドリアノープルのラビたちのことはいわぬまでも――やれなかったことを自分たちはやったと、外国の同僚に急いで知らせた。つまり彼らは棄教によってみずからの正体を暴露したこの裏切り者を正式に破門したのである。彼らはまた三人の最も活動的で最も危険な信仰の徒、ガザのナータン、マッターティアス・ブロッホ・アシュケナージ、そしてヤコブ・パラへにも追放を言い渡した。最初の二人はエジプトにおけるアブ九日の断食の放棄にたいして責任を取らされた。あとの一人は「不和反目」の元凶ということだったが、仔細はつまびらかではない[166]。破門の罰は「悪をそそのかしたり、たくらんだり、手助けしたりした」すべての者に及んだ。「……それでわたしたちは彼らの［典礼その他の］規則や祈禱書やその他の著作を探し出し……それらをこの地上から抹殺し……それらを学習したり遵守したりする者をすべて破門することにしたのである。」これは本当に歯に衣着せぬ物言いであるが、この早い時期においてサバタイ主義文献の一掃を図った唯一のケースである。サバタイ主義のトラクトがエジプトで出回ったのには疑いなくラファエル・ヨセフの取巻きの活動とガザに近かったことがさいわいした。ところがナータンの礼拝の手引きが何千部も印刷されたアムステルダムでは、エジプトのラビたちがアムステルダムの同僚たちに、強気で臨み、サバタイ主義の文献をどんな小さなものでも入念に探し出して「ひとつ残らず廃棄」せよと要求したにもかかわらず、同様の措置は取られなかった[167]。しだいに教本を隠すようになったのは事実だが、正式な追放というような思い切った措置は取られなかったようだ。しかしカイロとアレクサンドリアでは、追放の脅しでもって支持者たちは黙らされた。最初は彼らも棄教の報を信ずることをこばんだ。全員破門の声明が出される直前に、ラファエル・ヨセフはリヴォルノへ、サバタイが、「真のメシアが棄教した、などと言う者は嘘八百を言っているのです」と書き送っていた[168]。このように、エジプトの支持者の最初の反応はどこの支持者とも同じであった。だが、エジプトのラビたちは失望の苦汁を舐めてどこよりも強硬で激しかった。

しかし、すべての信者をうまく黙らせることができたわけではなかった。「偽の預言者」マッターティアス・ブロッホ・アシュケナージは高齢であったにもかかわらずエジプトから東方へ行き、一年後にはモーズルでラビ法廷の一員になっていた。彼はサバタイ信仰を隠すどころか、預言者、神の人という評判によってその職を任ぜられていたのである。ひょっとすると、アレッポのラビたちもモーズルにおけるブロッホの栄達に貢献したのかもしれない。一六六九年になってもラビ・ソロモン・ラニアードと、ちょうど東方への旅路についたばかりのエルサレムの使者は[169]、サバタイはイスラエルを滅亡から救ったのだという棄教のサバタイ主義的説明の有効性を信じていた[170]。アレッポのような大きなコミュニティでもこうした棄教の解釈を受け容れ、サバタイ信仰がそれほど長くそこに生きつづけることができたのであれば[171]、アレッポから遠く離れたコミュニティが信仰を守りつづけ、あまつさえ名だたるサバタイ派の説教師をラビ職に任じたとて怪しむに足りない。棄教の数年後になってもクルディスタンでは依然として、「こんにちまで……コンスタンチノープルやアレッポ地方は」四日間の断食日を祭日として祝っている、「彼らの信仰が揺るぎないからだ」と信じられていた。クルド系ユダヤ人コミュニティ自身は断食を守っていたけれども。[172] モーズルとアマディヤのコミュニティ間の争いにかんする記録は運動がまだ死滅していなかったことを示している。人びとは依然としてすぐ間近にある解放と来たる救いの年について語り、マッターティアス・ブロッホについては仲間内で「神聖なカバリスト……わたしたちの頭上にある光り（シェキーナーの光）輝く王冠」と評した。[173] この強調したメタファーはエジプトのラビたちによって破門の罰を科せられたあの偽預言者の驚くべき出世を明らかにしている。ブロッホはナータンのトラクトや書簡の写しを携えていて、その地方の有力なカバリスト、ラビ・フィネアス・ハリリに宛てた手紙のなかでそこから詳しく引用している。[174] ほぼ同じ頃（一六六八年）、ひょっとするとマッターティアス・ブロッホの到着に触発されたのかもしれないが、クルディスタンとペルシアで預言運動が起こった。[175]

ある幸運な偶然によって、ブロッホの晩年のサバタイ主義活動の詳細が知られている。[176] ある回状で彼は、「[聖]書にはないダニエル書の一章が彼に啓示された」ことを公表している。彼はモーズルからペルシアへ行き、ユダヤ人のコミュニティでサバタイのメシア性を擁護した。二つの証言によれば、彼はエスファハーンかその近辺で殺害されたらしい。彼の活動がそこで大きな騒乱を惹き起こしていたのだった。[177] 一六七四年にはアアロンと称する学識ある医師がペルシアのコミュニティ宛に別の回状を書き、そのなかでサバタイのメシア説にながながと反論し、サバタイを弁護し彼の福音を広める者たちに気をつけるよう注意した。彼は現在この地域（ペルシア）にいるサバタイの弟子を非難し、（ちょうど行なわれる予定の、あるいはもう行なわれてしまった）彼の処刑は「われわれの罪の償いになるだろう」という希望を表明している。なにしろこれだけ多くのひとたちがメシアのニュースを信じてしまったのだから。[178] ひょっとするとラビ・マッターティアスは「平和の預言者がマッギードの口から語る」箴言三〇、一八―二〇のサバタイ主義的解説の著者でもあるかもしれない[179]。

　棄教がヨーロッパの諸コミュニティに及ぼした影響についてはもっとずっと多くのことがわかっている。この新事態によってヨーロッパのユダヤ人が陥った紛糾は数年続いた。そしてそれはナータンのイタリア入りによってさらに増幅された。棄教の報せはユダヤ教やキリスト教のいろいろな経路を経て、一六六六年一一月始めヨーロッパに届いた。最初その報せはキリスト教徒のあいだですら信じられなかった。ヘンリ・オルデンバーグ[180]は一六六六年一一月一〇日に、アムステルダムからの報せは「ユダヤの王がトルコ人になった」といっていると報じた。アムステルダムの彼の通信相手は、マルセイユ経由でスミルナからはいった最近の手紙はここ（アムステルダム）のキリスト教徒に届いているが、ユダヤ人には届いていないことを彼に知らせた。「当地のユダヤ人は」その報せをまだ信じていません。彼らは救済の出来事の進行が今後も続くだろうと期待しています。サバタイがスルタンのもとへ行けば、命はないだろうと一般のひとたちは思った。でも、彼が何事もなく鄭重に迎えられたとき、彼ら（キリスト教徒か、それとも彼らがになったと推測しています。一一月二三日付の手紙は妙に矛盾する二つの報告を引用している。ひとつはコミュニティを励まし、力づけるナータンの手紙を受け取ったということ。コミュニティはそのあとすぐにとくべつの祈禱の日を設けた。もうひとつはメシアの棄教の報せがはいったということ。ほぼ同じ頃に東方からも報せがあって、それによれば、サバタイはすでに[181]一六六六年夏に、イスラエルは彼のために一四日か四〇日間苦しむだろうと預言していたという。この典拠はメシア自身が苦しまねばならないのか、それについては何も語っていない。

　一六六六年一二月始めになって棄教の報せは最終的に確認され、アムステルダムにおいて争う余地のない事実として受け容れられた――この事実を支持者は自分たちの信仰に照らしてこう解釈した。サバタイはそれでもなおイスラエルの王であり、彼の功績と彼の表向きの棄教はイスラエルを破局から救ったのである。アムステルダムのキリスト教徒の文通者（セラリウス？）ですらこの解釈の正しいことを認めたらしい(182)。事実の確認とそれを受け容れられるように見せた解釈の出所は、当時まだリヴォルノにいたイサアク・ナハル博士（五六五ページ参照）にほかならなかった。アムステルダムのイェシヴァの一員ラビ・イサアク・ザールークは彼の師であるロッテルダムのラビ・ヨシア・パルドにナハルの手紙の内容と、さらにサスポルタスが弟子のアムステルダムのマイムン・ヒヤに書き送った手紙について知らせた。サスポルタスはこの手紙で元の弟子にサバタイ・ツヴィを公の場で厳粛に破門したことを伝えている。ハンブルクのコミュニティは否応なしに破門を承認せざるをえなかった。サスポルタスは以前にメシア王への祈りに同調することをこばんだ者たちを力で脅したシナゴーグにたいして復讐をしたのである。イサアク・ザールークはなおしばらく信じつづけたようだ。なぜなら、悪い報せに勇をえて、主の油を注がれた者にたてつき、天の軛を振りほどいたアムステルダムの「驕慢な、軽はずみな連中」についてパルドに苦情を言っているからである。礼拝勤行を欠かさず、月曜日と木曜日に悔い改めの断食を続けた忠実な心の持ち主はごくわずかしかいなかった(183)。ザールークは心底から動揺したが、反対者たちの中傷誹謗に同調しようとはしなかった。いわんやそれを肯んずることはしなかった。ラビ・パルドは返事のなかで、自分は信仰を捨てるつもりであることを示唆し、かつての弟子にもそうするよう、そしてマイモーニデスの真摯な注意をよく考えるよう、熱心に勧めた。それは「真実と虚偽」を見分ける手助けをしてくれるだろうから、と(184)。

アムステルダムのセファルディー系コミュニティには支持者の小グループが存在しつづけ、ハッサン〔シナゴーグの祈禱文の先唱者〕エマニュエル・ベナッタール（アビアタール）の指導と金満家アブラハム・ペレイラの後援のもとに寄りつどった。アブラハム・カルドーゾは北アフリカのトリポリから文宣活動を行なった。それは彼の義理の兄弟アブラハム・バルーフ・エンリケス——多分同様に支持者——がいたアムステルダムでも少なからぬ影響力をもちつづけた。しかし、メシアの棄教の神秘的意味にかんするカルドーゾの教義を喜んで受け容れたのはユダヤ人ばかりではなかった。一六六六年キリスト教徒のあいだにサバタイ主義を広める活動に積極的にかかわったセラリウスは、一六六九年九月に亡くなるまで支持者の問題を支援しつづけた。この熱心な千年至福説信奉者は、イザヤ書五三と詩篇二二ならびに八九にかんするカルドーゾのサバタイ主義的解釈を間違ってはいないと思い[185]、ユダヤ人のあいだのメシア信仰復興は彼らの改宗の前触れであると確信した。彼の死んだ年一六六九年でもなおセラリウスはカルドーゾの著作を詳しく採り上げた手紙を友人たちに書いている。

サバタイ信仰がオランダと北ドイツのアシュケナージのコミュニティにどのような影響をあたえたのか、このあと本章で、あるとくべつな出来事の詳細な分析を明らかにするつもりである。このとくべつな事例ではもっぱらセファルディーの指導者たちの断固たる介入が不穏分子たるあるサバタイ派の預言者の追放をもたらした。そのために彼らはキリスト教当局の助けを借りた。アシュケナージのコミュニティだったら、彼に布教活動を好きなようにやらせて、おおいにサスポルタスの憤慨を買っただろう。運動と密接にかかわりながら、一六六九年にキリスト教徒になったJ・ラグシュタット・デ・ヴァイレはこの一般的見方の正しさを裏づけている。一六七二年に出版された本のなかでヴァイレは、故郷の、つまりオランダと北ドイツのユダヤ人たちはいまだにサバタイを真のメシアだと信じていると言っている。支持者たちはおそらくナータンの（そしてさらにカルドーゾの）手紙から論拠を取り出して棄教を正当化するだろう、と。またサバタイの一弟子が「二、三年まえに」棄教の秘義についてトラクトを著したという[186]。当時資産家で有力者のユダヤ人長老クレーヴのグンペル・ヴァイゼル家に教師として住んでいたポドーリエンのティスメニッツのラビ・アブラハム・ベン・モーセスは、一六六九年にヘブライの年代記『ツェーマッハ・ダヴィド』の続編をイディッシュ語で書いたが、それは始めから終りまで「完全にサバタイ主義精神につらぬかれていた(187)」。サバタイが言うように、信仰を堅く守ったのは「貧しい賤民」ばかりではなかったのである。ハーメルンのグリュッケルの義父は敬虔なユダヤ人で、明敏な実業家であったが、彼がハンブルクへ送っていた「衣類や日持ちのする、ありとあらゆる食品の詰まった函」を開けるのに三年間待たせた。「三年間、函は待機していた。そのあいだずっとわたしの義父は旅立ちの合図を待っていた(188)。」

どうやらたんなる棄教の事実だけでは、信仰の火を消し、希望を失わせるにはいたらなかったのだろう。運動の残響は一六六六年以後に生まれた非ユダヤの文学にも残っている。当時の最も有名な作家は彼の物語のひとつ、『不思議な鳥の巣』で、同時代のメシア復活をあるキリスト教の伝説と結びつけている。中世のある物語で、ひとりのキリスト教徒の少年が美しいユダヤ娘に恋し、ぼくと結婚してくれれば、メシアが生まれるだろう、と言って彼女を誘惑する。グリンメルスハウゼンの版では、このキリスト教徒の恋人はいろいろ変身して人びとのなかに現われる預言者エリヤだと称し、エリヤの子はメシアになるに違いないと娘を説得する。噂はやがてユダヤ人のあいだに大きな大衆運動を惹き起こし、それは若い妻が女の子を産んだあともなお続く。非ユダヤ教徒に追われるのを防ぐためにメシアである子は女の子のように見えなくてはならないのだ、と支持者たちは主張する。中世の主題と現代の主題の結びつき、この主題の最初の文学表現は、サバタイ運動が生み出したとくべつな雰囲気を示している。一六七三年のグリンメルスハウゼンの物語(189)はサバタイ運動にかんする最初のヘブライ語の小説よりも一四〇年も昔のものである。啓蒙主義時代のある匿名のガリシアの著者の『夢物語。奇跡の結末』(『メオラオース・ツヴィ』とも(190))は歴史年代記のかたちを取っていたため、のちの多くの著者たちはそれに惑わされ、それを信頼できる資料だと誤解してしまった。

失望した支持者たちがキリスト教に改宗したのは例外的ケースばかりではなかったことをわたしたちの資料は示している。一六六六年一二月一二日のフランスの新聞「ミューズ・ド・ラ・クール」に印刷された話によると、サバタイ棄教のニュースが知られるとすぐイエズス会の宣教師が一〇〇〇人以上のユダヤ人に洗礼をほどこしたそうだが、これはどうやら誤報らしい。しかし、ほかにももっと重要な証言がある。何人かの棄教者が彼らの改宗の事情を述べたものを公刊しており、そのなかで一六六六年の運動に関与したことを率直に認めている。前述のラグシュタット・デ・ヴァイレのほかに、わかりやすいようにさらに三つの事例を挙げてみよう。

ポドーリエンのコルニッツ［?］出のヤコブ・メラメドはハンブルクのアシュケナージのコミュニティの教師であった。彼は運動の最盛期には毎日断食をしたが、一六七六年、家族とともにキリスト教に改宗した。「ユダヤ人たちが一年間断食や苦行をして待っていたサバタイ・ツヴィのためにした騒ぎがまったくの誤りだったからである。(191)」フランクフルト・アム・マインのサロモン・ベン・メイールは一六七三年八月にノルトハウゼンで洗礼を受けた。自著『讃歌』のまえがきで彼はサバタイ主義の問題が初めてユダヤ宗教への疑問を彼に生じさせたと述べている。しかしながら、みずから「元ラビ」とまで称するこの離教者がサバタイの棄教には言及せぬばかりか、コンスタンチノープルからの報告によれば、サバタイは焚刑に処せられたと主張していることをつけ加えておくべきだろう。(192)メーレン地方のプロスニッツのバルーフ・ベン・モーセスは一六六六年、バーデンのブルフザールの小さなユダヤ人コミュニティのカントルをしていた。彼は朗報とともにユダヤ人コミュニティを襲った興奮について語ると同時に、失望後メシアの教えをもう一度考え直し、一六七四年キリスト教に改宗するにいたった経緯について語っている。[193]

運動の後の苦しみはリトアニアのコミュニティの会議記録（§612）にもその一端がうかがえる。会議は一六六七年ホムスクでひらかれ、最近導入されたすべての典礼刷新を厳重に禁止する規約を議決した。「わたしたちは何ひとつ、旋律さえ変えないことを命ずる。」この規約はサバタイ主義者たちがメシアを讃えるために新しい歌や旋律まで典礼に採り入れていたことをうかがわせる。

棄教の報せは一〇月末イタリアに届いたようだ。というのも、一一月第一週にリヴォルノのラビ・ヨセフ・ハ゠レーヴィがアレクサンドリアのラビ・ホセア・ナンタワ宛に返書をしたためているからだ。ラビ・ヨセフの手紙は唯一の勝利の叫びである。彼は運動がすぐに完全についえさるであろうことを確信していた。勝利に酔って彼は積年の憎しみと長いあいだ抑えてきたつらさの感情を一気に爆発させた。[194] 過ぎし歳月ついぞ口にされなかった嫌悪の言葉がいまや公憤、非難、痛罵となってほとばしり出た。彼の爆発は、支持者たちがまだ自由にものを言っていた時代に熱狂的な信仰告白がある一方で党派間に緊張も鬱積していたことを示すものとして興味深い。ラビ・ヨセフ・ハ゠レーヴィがヴェネツィアへ来たのはどうやら、彼同様憤っていたそこのラビ団の面々から、話すときに彼らの名も出してよいというお墨付きをもらうためだったらしい。彼の手紙は過ぐる一二ヵ月のあいだに起こったことすべてを伝統的なユダヤ精神の名のもとに権威をもって否定しようとするものだった。ラビ・ヨセフはサバタイ主義が冒したすべての伝統や常識の規範からの逸脱をひとつひとつリストアップした。それどころか熱くなって見境なしに、過激な苦行とか魂のティックーンといった完全に伝統的なルーリアの慣習までもナータンが行なったという不敬な変革に数え入れた。嘲笑や中傷のほかにも、ラビ・ヨセフはサバタイ主義者にたいし異端の非難の声をあげた。「なぜなら、タルムードの賢者の言葉を軽んずる者は異端者だからです。」さしあたりラビたちは宥和政策を好んだけれども、ここで初めてあがった非難の声は反サバタイ主義闘争のあとの段階に決定的なはたらきをする。ラビ・ヨセフによれば、サバタイ主義支持者はみな事実上真のメシア信仰を否定する者たちだという。[195]ラビ・ヨセフは三週間後、この怒りの花火でガス抜きをしてからようやく筆を取って、詳細かつかなり正確な棄教の説明を友人のサスポルタスに書き送った。

運動は早急に衰えるというラビ・ヨセフの期待はじきに誤った推論であることがわかった。最初の報せが届いた直後、クレタ領有をめぐるトルコとヴェネツィアの戦いによってその後のトルコとの連絡がすべて途絶えた。ラビ・ヨセフによれば、何ヵ月もスミルナやエジプトからの船はイタリアに入港しなかった。東方における出来事の詳細な記述がはいったのは一六六七年二月になってからである。[196]多くの者たちにとって棄教はたんなる未確認の噂にすぎなかったが、支持者たちは万一報告の真実性が確かめられたばあいにそなえてできるかぎりの説明を用意した。

ラビ・ヨセフ・ハ゠レーヴィはリヴォルノやヴェネツィアで聞かれたいろいろな見解を記している。「信ずる馬鹿者たち」はいろいろなグループ(「宗派」)を形成していたが、そのうちのひとつは、サバタイはけっして教えに背いていないと主張した。誤った噂は、スルタンがサバタイを抱き、接吻して、緑のスカーフに包まれた王冠を彼の頭に載せたという事実に依っていた。アムステルダムの富豪ペレイラもヴェネツィアからリヴォルノへ宛てた手紙でこの見解を広めた。同様の手紙がヴェロナその他の町からリヴォルノに届いた。別の者たちは、サバタイはひょっとしたらスルタンの政府の秘密をつかみ、将来の自分の務めにそなえるために教えを棄てたのかもしれない、と言った。第三の「宗派」は、メシアはケリパーの世界を破壊するためにそこへ行かねばならないのだ、というカバラーの論拠を持ち出した。この説の最も熱心な代表者はラファエル・スピーノで、イサアク・ナハルは第一のグループの見解を取った。第四のグループは棄教したように見えるのはサバタイの影にすぎないと信じ、第五のグループは棄教そのものを否定し、サバタイはただスルタンにナータンの行為を詫びただけだと主張した。「そしていま、この大嘘つきたちはまたぞろ動き出し、こう書いている。スルタンはサバタイを彼の軍隊の司令官に任命して、二〇万の軍勢とともに戦へ送り出した。ポーランドで戦い、それによって、彼［メシア］はポーランドの殉教者たちの復讐をするだろうと言ったガザのサタン［原文のまま］・アシュケナージの預言を実現するためである、と。(197)」変化が定着する過程で、言い伝えはサバタイを一〇部族の軍隊の統帥者からトルコ軍の司令官にしたのである。

ラビ・ヨセフの「宗派」のカタログは棄教とその意味のさまざまな説明が一六六七年始め、すなわちこの主題にかんするナータンの最初の手紙が届く以前に、すでに流布していたことを示している。これらの説明が共通の源から出たものではなく、いろいろな場所で同時発生的に生まれたものであることは確かだ。初期のメシア像の二つの重要な特徴(198)——イスラエルの敵に復讐をするために軍隊の先頭に立って進む勇士の姿と、ケリパーの世界へ降りていって秘密の任務を果たすカバラーの神秘家の姿——が少し変えられただけでふたたび現われ、新しい事情にあてはめられる。アブラハム・ペレイラやイサアク・ナハルのような主だった支持者は教えに背いたメシアという背理に驚かされはしなかった。ラファエル・スピーノはリヴォルノの支持者たちへの説教のなかですでに典型的な「マラノ」像を使用していた。聖なる王妃エステルもイスラエルを救うためにアハシュエロスの宮殿でみずからの信ずる宗教を変えた。このモチーフはスペインのマラノ人たちに好まれた。「マラノ人」——メシアを信ずる者たちがそれをふたたび採り上げたとて怪しむに足りない。ヨセフ・ハ゠レーヴィの勝ち誇ったような攻撃的な侮蔑に不快の念を抱いたのは「無知な馬鹿者」ばかりではなく、たくさんいた。ハ゠レーヴィは、「ここでは信じた者はみな、信じなかった者とは違って人びとに愛され、尊敬されている」ことを認めざるをえなかった。[199] ラビ・ヨセフの不満はこの運動を解明するうえで興味深い。人びとの本能的な共感は、炯眼な批判者よりもむしろ間違っていた支持者たちに寄せられた。これは大衆の運動であった。その成否にかかわらず、民衆は支持者たちに反対していた、そしていま「それ見ろ、言ったとおりだろ」と言う連中を好かなかったのである。

リヴォルノの支持者たちはコミュニティの二、三の主だったメンバーの家に定期的に集まり、[200] トルコの同胞たちと連絡を取った。グループの最も重要かつ活発な人物のひとりが一六六七年の過越祭のあとスミルナからリヴォルノへ戻ってきていたラビ・モーセス・ピンヘイロであった。ピンヘイロは、イサアク・ナハルが一六六八年にアムステルダムへ戻り、ラファエル・スピーノが信仰に失望を示したあともなお、運動に人びとの関心を喚起しつづけた。運動に参加した大半のラビは手紙その他の文書を遺しておらず、そのため個々の支持者について、信仰を棄てたのかとか、いつ棄てたのかを決定することはほとんど不可能である。推測するだけなら事情によってはできるが、しかしそれだって新しい記録が発見されればくつがえされるかもしれない。たとえばわたしたちは数年後ラファエル・スピーノがサスポルタスと密接な親しい関係にあるのを見出す。このことはスピーノが信仰を棄てたことを推測させるが、証明するものではない。なぜなら、知ってのとおり、サスポルタスはほかのラビたちと親しい関係をもっていても、その者たちがサバタイ主義に（ひそかに）忠誠をもちつづけていることをまったく知らずにいるからである。

一六六七年三月一六日にはすでにラグーサとアドリアノープルからの書簡がヴェネツィアに届いたが、それらは当地のコミュニティの少なからぬひとたちが棄教をストレートな意味で理解することをこばみ、サバタイを依然として完全なユダヤ人とみなしていたことをはっきり示している。[201] 実際、エマニュエル・フランセスが自分や兄の書いた諷刺詩を収集することになったのも、イタリアの多くのユダヤ人がサバタイ・ツヴィへの信仰を棄てるのをこばんだからだった。もともとこれらの詩は刊行目的で書かれたものではなかった。棄教後著者たちはこの事はすべて忘れてしまうのがいちばんいいとすら考えた。ところが支持者たちが「依然として見張りの務めにつき〔ハバクク書二、一〕、穢れたままでいる」ことがわかったとき、フランセスは彼の諷刺の矢をサバタイ支持者に向ける決心をしたのである。(202) ラビ・ヨセフ・ハ＝レーヴィはサバタイ・ツヴィと彼の預言者ナータンの物語も書いたが、この彼の報告はほかの著作同様遺失してしまった。それにひきかえ、フランセス兄弟の『ツヴィ・ムッダハ』はイタリアで広く流布した。だが、サバタイ信仰は多くのサークル内で生きつづけたが、贖罪運動は停止した。エマニュエル・フランセスによれば、この大きなメシア信仰復興の贖罪者のうち「ごく少数の者」だけが贖罪をつづけ、行ないを改めた。(203) 棄教を正当化するナータンの書簡は一六六七年夏に広く行き渡った。すぐそのあとに出所の違う同じようなトラクトが続いた。そのなかにはとくにトリポリのアブラハム・カルドーゾの著作があった。

　贖罪勤行と極端な苦行がこの運動の顕著な特徴であったので、ヴェネツィアのラビはそれらの中止を要求した。ところが支持者たちはそれを続けようとした。(204) ヴェネツィアのラビたちはまたすべてのコミュニティに手紙を書き、一六六六年の運動にかかわりのあるすべての記録を破棄し、この恥ずべきエピソードの証拠をいっさい隠滅せよと命じた。ラビ・サムエル・アボアブは事件からおよそ八年後に書いたラビ回答書のなかでこの検閲行為に言及している。彼は言う。聖地、トルコ、ドイツ、オランダ、ポーランド、ロシアのすべてのコミュニティは、運動の反対者たちが正しかったことを認めるだろう。彼らはみずからの過ちを認めて「彼の名が出ているすべての記録や著作物を二度と思い出されることのないように燃やしてしまった……そしてわたしたちは遠く離れた町々から聞いたことをイタリアの町々において自分の目で見た……彼らは［サバタイを信じたことを］後悔し……『ああ、わたしたちは罪を犯してしまった』と認めた。コンスタンチノープルのラビたちも……おちこちのコミュニティに指令を送り……この瞞着が忘れられ、二度とふたたび口にされないように……この事が書かれたものを残らず「処分させた」(205)。

運動とかかわりのある記録や文書の広範囲にわたるこの抑圧は、歴史研究には非常な痛手となったが、成功を収めた。イタリアのラビたちの苦労はエジプトの同僚たちの例に励まされたことだろう。彼らが差し押さえねばならなかったものはたくさんあった。一六六六年秋、すなわち棄教の報せが確かなものだと確認されるまえに、マントヴァのラビ・モーセス・ボルギが「イスラエルの遺風にのっとった」真夜中の礼拝と正午の礼拝のマニュアルを刊行した。一六六六年一二月一一日に印刷所を出たこの小さな本はすでに旧版がマントヴァで印刷されていたナータンの真夜中の礼拝の新たな版にすぎなかった。タイトルページにもボルギの『ティックーン・ハ゠ミッドース』ははっきり「第二版」と書かれている。ことによるとこのタイトルは本当の出自を隠すためにあるのかもしれない。実際のちの書誌学者たちもこれがサバタイ主義に由来するものであることを見抜けず、それを通常のカバラーの真夜中の礼拝の手引きと見誤った。どうやら棄教の最初の噂をすでに聞いていたらしい編纂者は、ナータンの名を出すことを慎重に避け、彼の序文をなるべく曖昧なままにしておいた。末尾（第五三―五九葉）に解放を願う追加の祈り「エルサレムから遣われし」があるが、これは一六六六年夏聖都に活発な支持者のサークルがあったことをうかがわせる――もし「エルサレム」が意図的にガザに代置されたのでないならば。この祈りにはサバタイ主義に固有の特徴がいっさい欠けている。「おお主よ、解放にわれらを含め給え、産みの苦しみをやわらげ給え……あなたに呼びかけるわれらの声を聞き給え」等々。この刊行は少なくとも、一六六六年末にもまだそのような礼拝文献の買い手がいたことを証している。

## VI　一六六八年ナータン、イタリアへ行く。ヴェネツィアのラビ法廷による彼の取調べとローマにおける彼の謎の使命。彼のバルカン帰還とカストリア滞在

ナータンが一六六八年三月の過越祭直前にヴェネツィアに着いたとき、彼は相争う両陣営間の不穏と緊張の渦中に巻き込まれた。両陣営は彼の訪問を利用しようとし、のちにはそれをそのつど違うように叙述した。サバタイ派の叙述によれば、ラビたちはナータンを恐れ、彼を市中に入れまいとした。しかし、ゲットーには多くの支持者がいて、そのなかには市当局になにがしかの影響力をもつ者もいた。彼らはヴェネツィアの貴顕のひとりに不当なナータン迫害を訴えた。その結果、彼の指示でナータンはゲットーにはいることができた(206)。他方、アレッツォのバルーフはこう言っている。ラビたちはナータンを家に迎え入れた者にはすべて、ただ彼と話をしただけでも、破門の罰を申し渡した。学院長のラビ・サムエル・アボアブだけはナータンを訪ねていき、「彼がいると敵意を惹き起こしかねないから」ゲットーにはいらぬようにと彼を諭した。するとナータンは、これは神命であって、自分は「全イスラエル共同体を代表してある場所へ」向かう途中なのだ、と答えた。このことは彼がローマへ足を伸ばすつもりであることをはっきり示している。しかし、なぜヴェネツィアへ来たのか、なぜ彼のマッギードは彼をアンコーナの港経由で直接ローマへ向かわせなかったのか、不明である。この港は教皇国領内にあり、その港町で彼は多少なりとも支援をあてにすることができたはずである。アレッツォーのバルーフ（彼自身支持者で、どうやら目撃者でもあったようだ）によれば(207)、ナータンは望まれぬのなら町にははいらぬと申し出たらしい。過越祭の

前日、ラビ・モーセス・ザクートはナータンを訪ね、長時間彼と話し合ったすえ——サバタイ派の表現ではそういわれている——自分はゾーハルを三八年間学んできたけれども、自分のカバラー理解はとてもナータンに及ばぬと認めた。たまたまナータンに会った二人のヴェネツィアの役人は彼を館へ招いた。彼は二日一晩——バルーフの年代記によれば、過越祭の最初の二日間！——そこに滞在した。そののち役人たちはユダヤ人コミュニティに彼をゲットーへ入れるよう命じた。話の文飾は別として、これらの報告は本質的には一致している。

どうやらナータンは彼の訪問をまえもって計画し、支持者たちにしかるべく知らせていたようだ。いずれにせよ支持者たちはヴェネツィアに彼宛の手紙を送ることができることを知っていた。ナータンに企ての首尾を祈るそういう手紙が二通遺っている。(208) 一つ目の手紙の筆者はモーセス・アブラハムという人物で、ナータンとお供のサムエル・ガンドゥールの使命の成功を祈るとともに、二人が無事メシアのもとへ戻ることを願っている。彼はまたナータンに遣わされるならどこへなりと喜んでいくつもりだと明言している。この手紙が一六六八年に書かれたものであることは間違いない。もう一通の手紙はサムエル・トゥーニア(?)なる人物によって書かれたものであるが、内容、調子ともに似ている。

ナータンはおよそ二週間ゲットーにとどまったが、このときラビたちから交互尋問を受けた。彼らはしかし支持者たちが彼に近づくのをとめることはできなかった。ラビたちがヴェネツィアで刊行したパンフレット『イスラエルの子らのための覚書』に抜粋だが、尋問手続の報告が載っている。(209) そこには彼ら自身の審理の記録のほかに、以前のイプソラとアドリアノープルのラビたちの声明も含まれている。他方、わたしたちはナータンの審理描写ももっている。ソフィアないしはコルフの指導的な支持者のひとり、カレブ・コーヘンに宛てた書簡のなかで彼は自分の署名は「強要」されたものであるから無効だと言明している。サスポルタスは、ラビたちがナータンを取り調べたりパンフレットを刊行したりしたのは「誤りを払拭」するためで、それによって、誘惑に乗らなかった反対者たちの心を喜ばすとともに、支持者たちに自分の愚かさを悔い悲しむきっかけをあたえようとしたのだと認めている。換言すれば、ヴェネツィアのラビたちも鐘、聖書、蠟燭といったラジカルな手段よりも、穏便な説得策を好んだのである。

ヴェネツィアのラビたちの長文の手紙（一六六八年四月一二日）は、ユダヤの伝統の完全性が支持者たちによって脅かされていることにたいする彼らの深刻な憂慮を雄弁に物語っている。ラビたちは、自分たちの名声や権威が支持者たちによってひどく損なわれたことは認めざるをえなかったけれども、自分たちが先人の伝統に背いて、気違いじみた事柄（断食日の廃止のことであろう）に同調するようなことをしなかったのをさいわいと思った。実際には、ラビの権威者たちは大衆の服従を確保するためには、大衆におもねざるをえなかった。トレヴェス、アボアブ、サラヴァルはさだめし運動の最盛期に自分たちがこうむった屈辱をすぐには忘れられなかったのだろう。彼らはいま、イスラエルが「聖書、伝統、そして理性」に明らかに反する空疎な言葉を嬉々として信じたことによって非ユダヤ人たちに恥をさらしてしまったことを悔やむ。そのような動揺を惹き起こしたこの若い男、ガザのナータンにかんしては、彼らはそっと、人目に立たぬようにお引き取り願おうとしたのだが、それができぬとわかったとき、異端を有効に破壊できるような何か手立てを考えなくてはならなかった。そこで「わたしたち、イエシヴァのラビとコミュニティの長老は、彼が旅立つ前日、オメル〔過越祭と五旬節のあいだの五〇日間を指す呼称。この期間は服喪期間とみなされ、結婚式や髪を切ることなどが控えられる〕一二日月曜日［一六六八年四月九日］に集まった。わたしたちは彼を呼ばせた。彼はわたしたちの前に現われた。彼を取り調べたとき、彼はどの質問にも満足に答えられず、顔を赤らめて、ほとんどしゃべれなかった」。彼は――と、彼らは書いている――どうやら空想力を病んでいたようだ。自分でも、悪霊に取り憑かれ、暗愚の精神に惑わされて、まったくありもしないことを言い、闇を光と言ったり、不浄を清浄と言ったりしたことを認めた。彼の誤った行動は病んだ空想力によって惹き起こされたもので、邪心があってのことではないのだから、彼を厳しく罰することはしない。「非ユダヤ人に恥をさらすまえに」、始めから彼に反対の声をあげようと思えばできたはずの者たち——パレスチナのラビたちを指していることは明らかで、彼らの沈黙はナータンのメシア活動にさいわいした——にお赦しあれ。だが、ほかの者たちが行動を起こさなかったので、ヴェネツィアのラビたちはどうしていいか途方に暮れた。一件は「闇に包まれたまま封印され」た。神意の隠された目的はだれにも推し量ることはできなかった。そして彼らはナータンを破門することは思いとどまったけれども、預言者の評判を悪くするために、彼らの『イスラエルの子らのための覚書』をすべてのコミュニティに送った。その点ではたしかに成功を収めた。

だが、ナータンが署名を強いられた撤回文はおよそ歯切れのいい、納得のいくものとはいえなかった。「わたしはエゼキエルが見たように［神の］車を見たと言いましたが、そしてサバタイ・ツヴィはメシアであるという預言を［聞きました］が、ヴェネツィアのラビたちは、それでもわたしは間違っている、幻視にはなんら根拠がないと定めました。ですから、わたしは彼らの言葉に同意し、サバタイ・ツヴィにかんするわたしの預言にはなんら根拠がないと言いました。本人、ナータン・ベンヤミン。」ここに見出されるのは後悔の表現と信仰を棄てるようにという支持者への訴えではなく、ラビたちが預言を否定するのなら、それで結構、好きにするがいい、という露骨な供述である。この記録の弱点はもちろん交互尋問を完全に再現していない点にあった。それゆえ、不当な圧力がかけられたという非難を招くことは避けられなかった。現にナータンとほかのサバタイ派のひとたちはそのあとすぐ審理の合法性に異議をとなえた。ナータンの記述には聞き逃しようのない苦々しげな調子が響いている。おそらくそれはある程度本当なのだろう（アズライにかんする本章注二一二を参照）。
ナータンは支持者たちに、公式の文書や布告は「意味のないものだから」、それらに影響されないようにと書き送った。ヴェネツィアのラビたちは取るに足らぬ人間で、自分たちに並ぶ者はイスラエルにいないと思い、そして「まるで調査の達人であるかのように、この件は調べに調べてみたが、くだらないことだと思う」などと言っている。ナータンの記述によれば、ラビたちは彼に奇跡を起こしてみてくれとたのんだ。彼は――いつものように――自分にそんな力はないが、自分はイスラエルのために神秘的なティックーンを行なう目的で或る場所（ローマ）へ行こうとしているのだ、と答えた。それにたいして彼らは彼の預言はまったくくだらないと言った。「まさにこれが彼らの調査の結果であった。」ラビたちはむりやり自白に署名をさせたとき、凱歌を叫んだかもしれないが、しかし勝ったのは彼のほうだった。「聖書の言葉［詩篇一八、二七］〈清いものにたいしてはあなたは清く振舞い、曲がった者にたいしてはねじけて振舞う〉を遂行するために、わたしが彼らを欺いた」のはだれの目にも明らかだろうから。「わたしはただ、定める必要もない事柄なのに彼らが定めたこと……に同意すると言っただけなのだから。彼らはわたしを迫害しようとしたが……彼らの忠告を打ち砕かれた……神のご慈悲により……彼らはわたしにたいして強いことを言うことはできなかった[210]。」

ナータンは脅されも署名を強いられもしなかったと認めているが、アレッツォのバルーフは[211]ナータンのだましの手口をより詳しく述べている。「わたしこと、ナータン・ベンヤミン」という署名でヘブライ語の *ʾani*（「わたし」）は、*ʾag*、すなわち *ʾanus gamur*（「完全に脅迫されて」）の頭文字と解釈できるものと区別がつかないように書かれていた、と。サバタイ派年代記作者の空想の産物のように思えることが、驚くことに、ラビ・モーセス・ザクートにまさるとも劣らぬ目撃者によって真実と証明されているのである。[212]

ヴェネツィアその他の町でナータンは、(一六六八年四月に公刊された)公式の『覚書』をあからさまな敵意と強い抗議の声をもって受けとめた多くの支持者や信奉者をもった。反サバタイ主義の説教をしたヴェネツィアのラビのひとりはたちまちお返しとして罵りの回状をもらった。[213] 書き手のヴェネツィア住人メストレのメイール[214]はラビ法廷によるナータンの「取調べ」を嘲り、支持者たちに贖罪を続けるよう注意していた。ヴェネツィアのラビたちはその公式の『覚書』のなかで支持者たちが「終末の日の算定をしている」と非難したが、それにたいしラビ・メストレのメイールはこう切り返す。反対者たちこそ——否定的なかたちでではあるが——現時点はとうていメシア到来の時ではありえないと主張することによって、終末の日の計算をしている、と。それにひきかえ、支持者たちはいつなんどき解放があってもちゃんと心がまえができている。「彼の声が聞こえりゃ、今日」でもいい。悔い改めが何かの障りになることはけっしてない。人びとの悔い改めの熱意に水を差すラビたちに災いあれ。この文書の趣意、内容は、書き手がヴェネツィアのかなり強力なグループの代弁者として語っていることをうかがわせる。

文書の著者に罵られたラビの権威のなかにはラビ・モーセス・ザクートの名も見える。彼が棄教後「信仰」と完全に手を切ったからであることは疑いない。ザクートはいろいろな側から攻撃を受けたようだが、一六六八年五月付(すなわちヴェネツィアのラビ法廷にナータンが出頭した一ヵ月後)、ウィーンのイェシヴァのラビ・メイール・イッセルルレス宛の手紙のなかで自分の立場を説明している。ラビ・メイールはヴェネツィアの学院によって広められた『覚書』の写しを受け取ったが、さらに審理にかんするより詳しい情報を欲しいと思った。そこで彼はカバリストとしてすでに高い名声をえていたザクートに手紙を書いたのである。返書のなかで[215]ザクートは自分の見解を明確にはっきり述べている。それは棄教後に最終的に固まったものである。支持者たちはきわめつけの愚か者で、そのいんちきな空想で人びとを惑わし、「主の会衆のど真ん中に……不審火をつけた」。あいつらはラビたちに敬意を払わず、彼自身もあいつらのおかげでロヴィゴでひどい目に遭った。ザクートは『覚書』に含まれていたヴェネツィアのラビたちの手紙とまったく軌を一にする。運動はイタリアのユダヤ人に三重の損害をもたらした。まずコミュニティに物質的損害をあたえた。次に愚かな失望した支持者たちのあいだに棄教の危機をもたらした。そしてユダヤ人をキリスト教の隣人たちの反感にさらした。ザクートは手紙の相手に、ヴェネツィアのラビたちの公式の手紙には異教徒に知られるのを恐れて詳しいことは書かれていないが、「ラビ・ナータン」は適切かつ徹底的に交互尋問に付された、と請け合った。ザクートの言うことは間違いないと思うが、この箇所はナータンの叙述と矛盾する。ザクートはドイツのコミュニティが一六六六年にも断食の日を守っていたことを称賛する――それから推し量れようが、イタリアのユダヤ人は多くが一六六七年になってもまだタンムーツ一六日とアブ九日を断食日としていた。サバタイ派を強く批判するにもかかわらず、ザクートはサスポルタスやヨセフ・ハ＝レーヴィに比べると穏健である。彼が、迫害したり公然と対決したりするよりも黙っているほうが良策であるというトルコのラビたちと見解を同じくしていることは明々白々であった。

　神学者としてのザクートはサバタイ派のカバラー的異端思想には影響を受けなかった。彼が本当に（アレッツォのバルーフが主張するように）ナータンのゾーハル知識にたいして賛辞を呈したのかどうかは重要なことではない。ナータンの休みなき革命精神はザクートの本質的に保守的な気質にはまったく合わなかった。ザクートの愛弟子の多くは終始サバタイ主義運動の忠実な支持者であったけれども。

　資料にはちょっとしたくい違いはあるけれども、どうやらナータンは旅の目的を驚くほど一途な気持ちで追求したようだ。ある記述によると[216]、ヴェネツィアのラビたちは彼をリヴォルノへ送った。彼らには彼を破門する勇気がなかった。彼がヴェネツィアに強力なキリスト教徒の後援者をもっていることを知っていたからである。リヴォルノではユダヤ人コミュニティはかなりの自由を享受していた。そこでならラビたちも彼に厳しくあたれるかもしれなかった。だが、ナータンは彼らを避け、直接ローマへ向かった。あるサバタイ派の（そしておそらくより正確と思われる）記述では、ヴェネツィア当局はかなり好意的な気持ちであったとされている。彼らはキリスト教徒がナータンに関心をもちそうな気配——新聞がナータンの到着を報じていた——に不安を抱き、そのことが宗教裁判による彼の身柄拘束につながるのではないかと恐れた。そこでラビたちは、気づかれぬようにフィレンツェへ旅立つよう彼に忠告した(217)。

ナータンの旅にかんする詳細は完全には明らかではないが、旅のルートは知られている。彼はサムエル・ガンドゥールとともにヴェネツィアからフィナーレ・ディ・モードナ〔不詳。英語版、ドイツ語版共にFinale di Modona. しかし注二一七では両版共にModena（不詳）〕へ船で行き、そこから陸路でボローニャ、フィレンツェ、リヴォルノへと旅した。リヴォルノにはおよそ二ヵ月間滞在し(218)、モーセス・ピンへイロを囲む信心深い熱狂的な支持者たちにサバタイの教義を教えた。しかし、彼は公の場には出ず、おおっぴらな宣教は控えた。サバタイ思想の説教は潜行し、信仰は支持者の私宅で説かれた。

ナータンは、富有な商人で、長年イタリアの活発なサバタイ主義者であったモーセス・カプスート(219)にともなわれてローマへと旅を続けた。「彼はつつがなくそこへ行き、つつがなくそこから戻った。しかし、彼がそこで何をし、何を言ったのか、わたしは知らない。たとえ知っていても、わたしはそのことをひとことも言わないだろう。」この発言の最後の部分は本当のようだ。バルーフはナータンの密命の目的をたしかに知っていたはずだから。サスポルタスによれば、ナータンはお忍びでローマへ行ったのだが、滞在が知られてしまった。ユダヤ当局は彼にたいして厳しい態度を取ろうとしたが、ナータンは変装し、ひげを剃り落としてリヴォルノへ逃れた。彼はリヴォルノの支持者たちに「メシアの使命をおびてローマへ行った」と語った。「彼は無事使命を果たし、銘を入れた巻物を川へ投げ捨てたから――あと一年もすれば、ローマは征服されるだろう。」[220] アンコーナのラビ・サムエル・カタラーニがコルフ島にいる息子のラファエル・カタラーニへ書き送った記述はほんの少し違っている。サムエルは一六六八年七月始めに手紙[221]を書いた。それはすでに、事件が伝説風に作り変えられるさまを見せている。サムエル・カタラーニによれば、ローマのユダヤ人はみな、ナータンの異様な行動から彼が神命を受けて行動していることを確信させられた。彼は頭を丸め、とても良い身なりをしていた。ローマには一晩しかいなかったが、この夜を彼は従者(モーセス・カプスート?)といっしょに金のない旅人用の慈善宿で過ごした。彼の従者が金持ちの商人であることを知らぬ者はなかったので、だれもが大変驚いた。人びとはこの他国人はガザのナータンではないのじゃないかといぶかりはじめた。従者は彼らに、この訪問者はアシュケナージで、「あなたがたの言葉が」話せないのですと言った。二人は明け方まえに発ち、教皇(聖アンジェロ)の宮殿におもむいた。彼らは一日中その辺を歩きまわり、その間ずっとナータンは神秘的な瞑想に耽っていた。彼らは夜中の一時にそこを立ち去り、「一週間の旅程を二日間で踏破し、ここアンコーナに着いた。彼は当市に八日間滞在したのち、うきうき弾む心で旅立った。彼がどこへ行こうと、ユダヤ人たちの不利益にはならなかった。町々には密告者や背教者がうようよいたけれども、当局は何も知らなかったのである」。

両者の記述は細かい点で異なっているけれども、かなりはっきりナータンのローマ訪問をえがき出している。ナータンが逃れたかったのはどうやら教皇当局の注意からだったようで、(サスポルタスが考えたように)ユダヤ人コミュニティの注意からではなかった。彼が「いつも宮殿の周り」を歩くのはローマの破壊をもたらすための魔法の儀式であって、そこにはおそらく二重の象徴的意味合いがあったのだろう。

第一に、ナータンの行動はメシアに倣っていた。サバタイ同様、ナータンも悪の力の領域（すなわち教皇の宮殿）へ侵入し、その破壊をもたらすために、不可解な行動をした。だがメシアと違って、ナータンはケリパーに抱かれたままではいなかった。急いで、できるだけ早く――サバタイ伝説によれば一週間の旅程を二日間で――そこを去った。第二に、ナータンの不可解な行動は明らかに、メシアが浮浪者のように癩病者や乞食にまじってローマの市門の前に座しているというラビ伝説に想をえたものである（B. Sanhedrin 98a）。一五三〇年にメシア思想に心酔した幻視者、殉教者のサロモン・モルコが同様の象徴的一体化の行為をなし、それを自伝風書簡につづっている。(222)

わたしは町へ来た。そして馬とわたしの美しい衣装を宿の主人に預け、彼に話をした。わたしにはこのあたりにもう長年来愛しつづけている恋人がいる。わたしの心は彼女と結びついているのだが、両親が彼女を［ある場所に］隠そうとしている。そこでは乞食の襤褸をまとっていなければ彼女と話をすることができないのだ。わたしは彼にこの服装を調達してくれるよう頼んだ…そして顔を黒く塗り、汚らしい襤褸を着て……人びとにさげすまれ、小馬鹿にされ、うしろ指を差されながら、苦悩するひとのように歩きまわった……町の通りを抜けて教皇の居城近くの、乞食や病人たちのいるテヴェレ川の橋まで来ると、わたしは彼らのなかに三〇日間いた。さながら神に打たれ苦しめられるひとのように。

ナータンがモルコのドラマチックな描写を知っていたことは疑いない。彼の――貧者たちとの夜に始まって、聖アンジェロの居城の前の有名な橋の上で終る――象徴的な行動がそれにヒントをえたものであることは確かだ。ナータンの行動が(彼やサスポルタスが述べるように)サバタイの指示によるものであれ、自発的なものであれ、彼はメシアにかわって行なう神秘的なティックーンにたしかに大きな意義を認めていた。彼は親しい友人や仲間に短い手紙で使命の成功について知らせた[223]。当時ウィーンにいたらしい父親エリシャ・ハイームに彼はこう書いている。「忝いことに幸運を授け給い、おつとめを全うし、大いなる御名を統一し、わが目的を果たす強さとお力添えを賜った神に感謝せずにはいられません。」サバタイの弟ヨセフ・ツヴィにはこう書いている。「わたしは名高い大きな町に行きました。それがわたしのイタリア旅行の目的だからです。」リヴォルノへ戻ると、ナータンは『ラビの使命遂行にかんする報告』をしためた。彼はその写しをいろいろな町の支持者に送った。この奇妙きてれつな、不可解な手紙は著しく作為的な、暗示に富む、韻を踏んだアルメニア語で書かれていて、その象徴的な言葉づかいはタルムードのいくつかの節に依っているようだが、部分的におよそ理解を超えたところがある[224]。けれども、この不可解な手紙から判明するかぎりでは、ナータンは魂を神に委ね、精神的高みから暗黒の奈落とローマのケリパーのなかへ墜ち、そこで——「レヴァントに光り輝く」メシア・サバタイ・ツヴィの力と光に包まれて——悪の諸力と戦って勝利した。

ナータンは彼の謎の外征についてのこの報告書をなぜ出したのか、ひとことも語っていない。おそらく支持者たちを励まそうとしたのだろう。ケリパーの力はまだ完全には破壊されていなかったのだ。戦いの過程には多くの不可解な事柄が起こるだろうが、ナータンとサバタイが二人して、それぞれの使命にしたがって、この戦いを戦った。サバタイはスルタンの王宮とイシュマエルの国にはいった。その間、ナータンはローマとの戦いに臨んだ。何ぴとも絶望するにはあたらない。なぜなら、メシアと彼の預言者が最後のティックーンを成就すべく鋭意働いているからだ。ラビ・ヨセフ・ハミツは熱狂的な説教のなかで「比類のない危険」を冒すナータンの勇気を讃えた。「きっと彼は天使に守られていたのだ。そうでなければ、尋常なやり方では獅子の口から逃れることはできなかっただろうから……なぜなら、〈あなたはライオンやコブラを踏み、若獅子や竜を踏みつける〉〔詩篇九一、一三〕、これを果たすには、彼はケリポースの深みへ降りていって、そこへ身を投じねばならなかったからだ――この時に彼がそれをしたことは疑いない。[225]」彼自身によって書かれたと思われる同じ晦渋な文体の別の説明がヴェネツィアの支持者たちに送られた。それは「暗黒の地」(すなわちローマ、エレミヤ書二、三一参照)の没落を預言している。[226]

リヴォルノへ戻ったあとも、ナータンは支持者たちの心を励ましつづけた。支持者たちは彼の預言者としての資格を保証する一種の形式的な逆審理を行なった。これはヴェネツィアのラビたちの取調べにたいする対抗措置と考えられた。「審理」の模様はイタリアの支持者たちのあいだに流された。ナータンとの対話にかんするラビ・モーセス・ピンヘイロの証言(二二八ページ参照)は迫害者にたいして預言者が感じたつらい気持ちを明かしている。というのも、「彼が恐れたのはけっして非ユダヤ人ではなく、ユダヤ人のなかにいる不信仰者たちにほかならなかったからである[227]」。目下の救済の期待の頓挫と解放の遅れは非ユダヤ人のせいというよりは、この「混じり物」とイスラエルの罪びと(とはつまり、彼に異をとなえるラビたちのことであろう)の責任であった。ここにナータンの立場の重要な変化がある。彼のごく初期の頃の書簡は、反対者は厳然と進む救済の完成を妨げることも止めることもできない、とはっきりうたっていた。宇宙のティックーンは完成されずにはいないのであり、信じない者は損をするだけだ、と(二九二ページ参照)。ところがいま、ナータンは事件の圧力で以前の解釈を改めて、元の考えはどこで解釈を誤ったのか、よく考えなくてはならなくなった。彼は危機と試練のこの時に、罪びと、つまり反対者たちは救済の実現のプロセスを積極的に妨げることができるとさとったのである。

ナータンにはおそらくラビたちの反感を恐れる理由が十分あったのだろう。とにかく、彼と彼の支持者たちはイタリアからトルコへ戻ったあと、しばらくのあいだ居場所をうまく隠しておけたので、多くのひとたちは彼は死んだか、海賊の手に落ちたものと思っていた。[228] ヴェネツィアでも、ナータンはトルコから逃げて、流浪の生活を送っているという噂が流れた。[229] 実際には、ナータンとガンドゥールはローマで謎の使命を果たしたのち、アンコーナへ向かい、一六六八年六月二一日木曜日当地に到着、[230] 六月二九日までそこにとどまった。[231] 彼らは身元を隠していたが、ヤコブ・ベン・サバタイ・コーヘンなる人物に知られてしまった。彼はその年の早い時期にコルフ島で二人に会ったことがあり、アンコーナへ戻る際に、ナータンの『慰めのメッセージ』のひとつを持ち帰っていたのである。[232] その結果、シナゴーグで、コミュニティの年老いた盲目のラビ・マハラレル――みずからもカバリスト、詩人で、熱狂的なサバタイ・ツヴィの信奉者であった――が彼らのところへ来て、歓迎の挨拶をした。このアンコーナのラビが記しているナータンとの長い対話[233]は重要な資料であるばかりか、心理学的にかなり興味深い人間記録でもある。二人のカバリストはお互いオリエント風にかしこまって、べつに猜疑心があってではないが、きわめて用心深く、慎重に近づいた。始めは慎重に探りを入れ合っていたが、しだいに打ち解けてきた。ラビ・マハラレルは「信仰」についてナータンをためしはじめた。合理主義的論証と説教学的論証の奇妙な混淆を示す彼の質問にたいして、ナータンは落ち着いて整然と答え、ハラハー的な点にたいしては律法主義的考察で、理論的な点にたいしてはカバラー的論証とゲマトリアで応じた。ついでにサバタイがカレー派（そのなかには彼のメシア性を信ずる者もいた）〔八世紀小アジアに生まれたユダヤ教の一派で、聖書のみを認め、タルムードを拒否、それよりも厳格な宗法を発展させた。中心地をビザンチンにおき、そこからクリミア半島、ポーランド、リトアニア方面に広がった〕にたいして肯定的な姿勢をもっていることがわかる。また、サバタイみずからがナータンにこの不可解なローマ行きの使命を課し、その費用いっさいを引き受けたことも知らされる。[234] ナータンはラビ・マハラレルに彼の任務の性質を明かし[235]、聖書のなかにあるサバタイの名と務めを指す神秘的なほのめかしを説明した。ナータンが旅立つときには、二人は抱き合い接吻して、相手の肩に顔をうずめて泣いた。不思議な一陣の風が吹き起こって、ナータンはアンコーナから疾くバルカンの海岸へ運ばれた[236]。

ある資料によれば、彼らはラグーサ（ダルマチア）で下船したというが[237]、しかしわたしたちはナータンがドゥラッツォ（アルバニア）から当時アドリアノープルのサバタイのもとにいた友人ダヴィド・イッハーキ宛に書いた自伝風の手紙を所持している。彼はエルール一〇日に（一六六八年四月一七日）、わたしはローマ行きの使命を終えました、「わたしはそこで大きな奈落の底に墜ちたのです」と知らせている[238]。アンコーナからドゥラッツォへの渡航は六週間もかからなかったのだから、ナータンとガンドゥールはしばらくラグーサに滞在し、それからアドリア海沿いに旅したと思われる。ドゥラッツォから、彼らは天のマッギードに導かれてギリシアを「縦横」に通ってサロニキまで来た[239]。ナータンはそこに（あるサバタイ派の文献によれば）六ヵ月間とどまり、サバタイの福音を説いた[240]。

一六六八年にサロニキで書かれたサバタイ主義のメモ集がエルサレムのムサヨフ・コレクションのなかに遺されている。匿名の著者は、「五四二八年［一六六八年］のこんにち、すでにシェキーナーは埃のなかから立ち上がっているのに」わたしたちはなぜいまだに追放の身であるのかと自問している。そして彼はそのわけを述べている――ケリポースの世界に火花がいくつか残っているからだ。手書き原稿にはまたサバタイ思想の類型学に最もかなっている聖書本文、エステル記へのサバタイ主義的注釈の最初の数ページが含まれている[241]。

別のサバタイ派の文献には、当時ナータンの弟子になって、彼から新しい（すなわち棄教後の）教義を伝授されたサロニキのラビの名が挙がっている。この表に挙がっているラビの幾人かはほかの文献[242]からもサバタイ主義の支持者であることがわかっており、それがこの表の信憑性を高めている。それらの名[243]はもちろんサロニキの最高位のラビたちではない。後者は棄教後運動を見限ってしまったようだ。それでもナータンの支持者たちはけっして無名であったわけではない。彼らの多くは別の文献では有名な学者や説教師とされている。当時サロニキで最も名高かった説教師ラビ・サロモン・アマリリョが一七世紀末に亡くなったひとたちの何人かを讃えたほめ言葉は彼らの名声を十分裏づけている[244]。サロモン・フロレンティンとヨセフ・フィロソフ（高名なラビ・バルーフ・アンゲルの娘婿）はこのグループの最高齢であったらしい。彼らはのちに集団棄教を先導し、そこからデンメー派が生まれた。ラビ・イサアク・ハナンはサロニキの卓越したラビのひとりであった。彼の聖書訓話[245]には全体的にカバラーが浸透していたが、それはばかりでなく当時ナータンが説いたようなサバタイ主義固有の考えも行き渡っていた。著者が「聖なる灯ラビ・Nの口から」聞いた教えと、棄教後のナータンの著作に見出される教えが、何度も引用される。ラビ・Nがだれであるかは疑いの余地がない。この一連の聖書訓話はナータンの死後書かれたものであるから、イサアク・ハナンは死ぬまで信仰を守り通したという推測がおのずと成り立つ[246]。彼の書は刊行されたサバタイ文学のまれなケースのひとつである。

サロニキからナータンは最後に——ラビたちが彼に課していた禁止を明らかに無視して——アドリアノープルへ向かい、一六六九年早春または夏そこに着いた。そのときからサバタイが亡くなるまでしばしば二人の会談が行なわれた。ナータンがアドリアノープルを去り、カストリアに定住したあとでもそうだった。もしかすると二人はナータンがローマから戻ったあともすでに一六六八年晩夏にサロニキで会っていたかもしれない。トビーアス・ローフェ・アシュケナージ——彼の年代表記は混乱しているけれども、棄教後の時代にかんする彼の数少ない情報はどれも信頼すべきものである——は、サバタイは三大コミュニティ、すなわちアドリアノープル、コンスタンチノープル、そしてときおりサロニキを訪れたと言っている[247]。モーセス・ベン・イサアク・ベン・ハビブの『証言』は、サバタイとナータンがいっしょに企てたサロニキ訪問について述べているが[248]、日付の四二五年［一六六五年］はまったくありえない。それはおそらく四二八年かそれ以降でなくてはならないだろう。デンメーの伝承はサバタイのサロニキ滞在、当地での支持者への説教、そして彼がのちにその娘と結婚する友人ラビ・ヨセフ・フィロソフとの友好関係についても語っている[249]。

ナータンがアドリアノープルにどのくらい長く滞在したのかわからないが、彼はそこからカストリアへ行った。カストリアにはかなりの数のユダヤ人コミュニティがあり、それらは主として豊かな毛皮商人から構成されていた。ナータンは商人たちのなかにもラビたちのなかにも多くの支持者をもった。コミュニティの卓越した一員であったヤコブ・コーヘンはメシアに倣って棄教までしたが、あとで後悔し、自分の過ちが知られていないずっと遠方のコミュニティに引き移った[250]。しかし、これは例外的なケースだったようである。カストリアの大半の支持者たちはあくまで忠実なユダヤ人だった。彼らはナータンが一六六九年シヴァンにアドリアノープルへの途中あるいはそこからの帰途初めてカストリアへ来たとき、彼に宿を提供した[251]。彼のアドリアノープル滞在中、そして彼がのちにカストリアに住んだとき、サバタイはしばしばトラキア、マケドニア、ブルガリアのユダヤ人コミュニティを旅して回った。ナータンはどこへ行っても熱狂的な支持者を見出した。「不信仰者」が彼にたいして何らかの反対行動をしたという証拠はない。「聖なる灯」（ナータンはいまやそう呼ばれた）の権威はその地方では広く認められていて、カストリアではもめごとの仲裁すらたのまれた[252]。バルカン諸コミュニティに宛てた多くの書簡のなかで彼はサバタイ信仰の秘義を説き、メシアがふたたび栄光に包まれて顕現するのを迷わず待つようにと支持者に注意した。

「サロニキには第二次世界大戦前夜まで膨大なこれらの書簡集が保存されていた。」[253] カストリアではラビ・イスラエル・ハッサンがナータンの弟子になり、三年間彼の秘書として働いた。[254] サロニキ書簡集（本章注二五三参照）から唯一これまでに公刊された二通の書簡は一六七五年と一六七七年にカストリアへ書き送られたものだが、これによりこのコミュニティとナータンの緊密な関係が裏づけられる。一六七〇年、ナータンは主著『セーフェル・ハ゠ベリーアー』（創造の書）を著した。そのなかで彼は宇宙の構造、神の流出、宇宙のプロセスにおけるメシア、サバタイ・ツヴィの役割等についての自説を説明した。『創造の書』の考え方はとてもスケールが大きく、細かいところまでしっかり練り上げられている。ナータンは見たところこの書をひとつの——ことによるとカストリアの——場所に長期滞在した時期に書いたらしい。『創造の書』は次世代にとってサバタイ主義的カバラーの基本図書となり、その教えならびにナータンの他の著作の教えは、サバタイ主義ののちの発展、とくにその異端的形式の発展において決定的な役割を果たした。[255]

## Ⅶ　預言者サバタイ・ラファエルと彼のヨーロッパの旅

サバタイ主義運動の歴史および運動の宣伝の広がりにおいて「預言者」が果たした役割については何度も指摘した。すべての預言者が非凡な人間だったわけではない。実際、彼らのなかには怪しげな者もいた。[256] サバタイ・ラファエルの経歴はいろいろと興味深い例になるかもしれない。サバタイ・ラファエルはメシアの棄教直後に歴史の舞台に登場する。サスポルタスは、歴史家にとってさいわいなことに、彼の短いが多彩な生涯について微に入り細にわたって報告している。ナータンの精神的大きさに比べるとサバタイ・ラファエルは矮小に見える。彼は「使命」をおびてパレスチナの支持者によって派遣されたのか、それとも自称使者として行動したのかつまびらかではない。また彼はすべてのひとたちのために預言者の役割を果たしたのか、それとももっぱら素朴な無教養な者たちのためにしたのか、それもわかっていない。

サバタイ・ラファエルはサバタイ・ツヴィと同様、裕福なギリシア系ユダヤ人家庭の出である。幼年時代をペロポネソス半島のミシトラ（ミストラともいう）で過ごした[257]。これは古代スパルタの近くに建設された中世都市で、しばらくモレア地方の首都だったこともあり、一五世紀にはプラトン主義哲学の大きな学派があった。一六六二年、一九か二三の歳[258]で彼はラビ・モーセス・ベンヴェニステとラビ・ヨシュア・ベンヴェニステに励まされて、ラビの勉強を続けるべくコンスタンチノープルへ行った。彼はのちに、いくつかの大きなコミュニティのダヤン（ラビ判事）であったと主張している[259]。実際にはごく短期間の勉学のあと実業生活にはいったらしい。そして全財産を失った[260]。コンスタンチノープルのラビたちは彼に推薦状を書いてやった。そこには彼はエルサレムで勉強を続けるつもりだと書いてあった。彼は物乞いをしながら聖地をめざして旅し、一六六三年に着いたようである。そしてサバタイ・ツヴィを取り巻くグループにはいった。「サバタイは二、三の弟子たちといっしょに学んでいたが、まだメシアを名乗ってはいなかった[261]。」とにかく彼がサスポルタスに語った話では、ほかの資料からはわからないが、サバタイはその頃エルサレムで何人かの弟子たちを指導していたという。サスポルタスはサバタイ・ラファエルを「教養も信心深さもまったくない」男といっている[262]。サバタイ派の信者にかんする彼の評定は通常客観性と抑制に欠けるけれども、このばあいは残存しているサバタイ・ラファエルのわずかな著作によって本当であることが確かめられる。それらの大袈裟な、饒舌な、わざとらしい擬似アルメニア語からして彼が堅実なラビ修業を積んでいるようには思えないからである。

サバタイ・ラファエルは、一六六五年五旬節のガザでのナータンの預言者的忘我を目撃したばかりか、それに続く預言者とメシアの聖地での行為も目撃したと主張する。彼はその後サバタイの福音を説くために、「ひとりの同伴者を連れて」——多くの著者はそれを誤ってサバタイ・ラファエルの倍も年をとっているマッターティアス・ブロッホ・アシュケナージと同一視している——パレスチナを去った。サスポルタスによれば、彼は説教師のみならず、預言者をもって任じていた[263]。彼が当時マッターティアス・ブロッホの活動していたエジプトを通ったという証拠はない。ひょっとすると彼は、多分一六六六年夏、直接イタリアへ向かったのかもしれない。ローマでは成果がなかったが、その失敗の埋め合わせとしてのちにアムステルダムで、教皇アレクサンドル七世と面会し、「数日内に」彼が死ぬことを預言したと吹聴した[264]。ローマから彼はヴェネツィアへ行き、期間は不明だがしばらくそこに滞在した。人びとを落胆させたサバタイ棄教の報せがはいったのはそんなときだった。

ヴェネツィアで彼は魔術的カバラーのテクストや呪文を集めた古いアンソロジーを『知恵の神秘と源』と題して出版した[265]。この小品のまえがきでサバタイ・ラファエルは自分が著者だとは主張していない。彼の主張はそれとはまったく異なった性質のものである。彼が出版物に含まれているカバラーの呪文をためしてみたところ、預言者エリヤが彼に現われたというのである。「こうして彼は現われたが、右に大きな目がひとつ、左側に小さな目が二つついていた。」彼は行く先々でこの預言者エリヤ出現の描写を繰り返したらしい。アムステルダムでいま一度この供述に相違ないことを証明し、エリヤは彼が目を覚まして(すなわち夢のなかでではなく)エルサレムの或るシナゴーグにいるときに現われた、とつけ加えた。どうしてエリヤだとわかったのかと尋ねられて、彼は、エリヤが自分で名乗ったのだと説明した[266]。この小さな本はサバタイ・ラファエルを典型的なバアル・シェーム、すなわち神の名の助けを借りて病人を治すことができる、巡回する「[神秘的魔術的な]神の名の使い手」だとしている。まえがきははっきりこう述べている。「わたしは治療を求めているひとたちを目の前にしてわたしの助けになってくれるように」、つまり巡回する奇跡の療法者の手引きとして「これを印刷することに決めた」。サバタイ・ラファエルは、ヨーロッパ各地をめぐり歩いて「実践的カバラー」をサバタイ主義宣伝と結びつけたあまたのサバタイ主義的バアル・シェーム〔奇跡を行なう人の呼名〕のはしりだったと思われる。

サバタイ・ラファエルがヴェネツィアから発った日付は不明である。(267)彼は多分、棄教の報せによって支持者たちの立場がひどく弱まってからしばらくしてそこを去ったのだろう。サスポルタスはサバタイ・ラファエルと、一六六六年にサバタイ主義の預言者として多少知られていたエルバ島のポルトフェライオ出身のある仕立て屋（五二三―五二四ページ参照）とのあいだに起こった争いについて、いささか混乱した話を語っている。サスポルタスによれば、このエルバの預言者は声を大にしてこう叫んでいた。「ナータンをしのぐ預言者などと称しているサバタイ・ラファエルには天罰が下るがいい。ナータンこそ真の預言者なのだから。」仕立て屋の支持者が自分のより多いことに気づくや、サバタイ・ラファエルはライバルの預言者に力で対抗することをやめ、イタリアを去って北ヨーロッパへ行く決心をした。残念ながらサスポルタスの記述には(268)両預言者間の争いのきっかけを示すものはない。メシアの棄教が十分反目の理由になりうる以前に、そもそもどんな問題が支持者たちのあいだに対立をもたらしたというのか。おそらく、この争いを惹き起こしたのも棄教の報せだったのだろう。サバタイ・ラファエルがアムステルダムで言ったことから、サバタイ・ツヴィはエフライム（ヨセフ）一門のメシアで、苦しんだすえに、おそらくダビデの子が現われるまえに死なねばならない、という理論が彼の説の最も重要な革新点だったと推測される。サバタイ・ツヴィにかんするナータンの言に反するこの説がもっぱら両預言者の衝突の理由になったのだと思われる。ポルトフェライオの預言者が元の「正統な」教義を奉じていたのであれば、サバタイ・ラファエルの革新はナータンにまさる預言者的権威の要求をともなわずにはいない。サバタイ・ラファエルはじきに支持者の大半がナータンとエルバの預言者にしたがったことをさとり、イタリアを去ったほうが得策と決心した。これは一六六七年夏か晩夏のことだったに相違ない。彼がヴェネツィアで出版したカバラ本のまえがきにサバタイ・ツヴィへの言及が（非常に曖昧な、カムフラージュした言及とおぼしきものを除いて）見られぬことは、もっぱら棄教によって世論が変わったことに原因があるのかもしれない。総じて、ヴェネツィアのラビたちはサバタイ派の預言者たちにあまり活動の場をあたえなかったように見える。

サバタイ・ラファエルがアムステルダムへ行く途中で通ったフランクフルトでの彼の「悪事」についてはつまびらかではない。当時フランクフルトに住んでいた学識のあるセファルディー系の商人ダヴィド・デ・メルカードはアムステルダムの友人たちに手紙を書き、この訪問者には用心してくれとたのんだ。その注意を強調するために、デ・メルカードは、サバタイ・ラファエルが言ったとされる、必ずやアムステルダムのセファルディーを怒らせるであろう言葉、すなわち彼らはみな「月経中の女たちの子」であると言った彼の言葉を引用している(269)。これはすべてのマラノの子孫たちにとって痛いところであった。というのも、スペインやポルトガルのマラノの女たちは法に定められた月々の浄めの沐浴をすることができなかったからである。それゆえ彼女らの子はみな大罪の身でみごもられたのであるから、彼女らの子の祭式に基づいた清浄さに難癖をつけることはたやすかったのである。

サバタイ・ラファエルが贖罪の日（一六六七年九月二七日）のまえの晩にアムステルダムに着くと、にわかに人びとは騒がしくなった。大半のアシュケナージムと若干のセファルディーはまだ信じていたので、聖地から「使者」が来たことは彼らの期待をふくらませずにはいなかった。サバタイ・ラファエルは二役を演じた。支持者たちのもとでは預言者と使徒の役を演じ、一方「不信仰者たち」のもとでは、愚かな民衆が彼をカバラーと手相術の知識があるために預言者だと誤解していると苦情を言った[270]。セファルディーたちは三人の学者を送り、訪問者を調べさせた。そして「彼は「聖人どころか」肥溜めである」ことを確認した。彼はシナゴーグで説教をし、信じやすい聴衆は彼の混乱した似而非学問[271]を深遠なカバラーの秘義だと思った。しかし彼は自分は預言者であって、エリヤと話をしたと明言した。彼に質問した支持者たち（と多くの反対者たち）に彼は「ヘブライ語、アルメニア語、ギリシア語とスペイン語で」答え、サバタイはヨセフ家のメシアであること、ダビデ王家のメシアが必ずまもなく現われることを説明した。そのなかには彼自身がその役を果たす定めをもった人間であるという意味のことがこめられていた[272]。彼がセファルディーのコミュニティの参事会マハマード〔スペイン・ポルトガル系ユダヤ人のシナゴーグの参事会。四名の参事と一名の出納役からなる。シナゴーグの有権者たちによって選出、ないしは互選される〕を代表して質問されたとき、彼は預言と予知の才能にかんする自分の主張を繰り返した[273]。

サバタイ・ツヴィがヨセフ一門のメシアであるという断言はサバタイ主義「イデオロギー」の新しい変化であるが、センセーションにひとしかったことはいうまでもない。二、三のセファルディーは力ずくで彼に反対しようとしたが、アシュケナージムの大衆は彼の側についた。彼が実践的カバリストとして活動し、護符を授けたことが、ひとえに彼の評判を高めた。彼はどんな奇跡でも行なう能力があると噂された。セファルディーに強い圧力をかけられたとき、彼はカバラーの呪文で彼らのシナゴーグを焼き払うぞと脅した。贖罪の日（九月二八日）と仮庵祭（一〇月三日）のあいだの短期間に興奮はさらに高まった。アシュケナージの支持者たちは限りなく熱狂して、彼らのラビ、イサアク・デッキンゲンにこの預言者を自宅に泊めてやれと無理強いし、もしセファルディーの同僚たちの反対運動に加わろうものなら、追放するぞと彼を脅した。この同僚たち（アボアブ、ムッサフィア、モーセス・ラファエル・ダギラル）は一六六六年の大いなるメシア信仰復興のさいに痛い目に遭い、それからというものサバタイ主義活動を奨励しようとはしなかったのである。セファルディーとアシュケナージたちのあいだの内的緊張は、前者が追放しようとした訪問者をアシュケナージたちがかくまったときに再燃した。サバタイ・ラファエルは家に籠っていた。一六六七年一〇月二日、セファルディーのラビたちは彼が悔い改めないのなら、つまりサバタイ信仰と手を切らないのなら、一〇月五日、すなわち仮庵祭の始まった直後に町を出ろと彼に命じた。サバタイ・ラファエルはそれを拒否するとともに、アシュケナージの支持者たちにけしかけられて、正式に市の参事会員に、セファルディーのコミュニティが越権行為に及んで、声望ある訪問者を、ただその深い学識を羨むばかりに、勝手に追放しようとしていると苦情を申し入れた[274]。

セファルディーは市当局へのこの訴えを卑劣な裏切りとみなし、逆襲に出て、彼らのほうからも苦情を訴えた。市政の長老たちによるサバタイ・ラファエルの取調べにかんする記録がアムステルダムの市立記録保管所に保存されている。ラビたちの反感はアラビアの書物をすべて学びつくした彼の深い学殖にたいする嫉妬から出たものだ、とサバタイ・ラファエルは市参事会員たちに説明した。彼はそのほかの非難をことごとく否定した。自分は預言者だとか、実践的カバリストだとか、奇跡の療法者だとか主張した覚えはまったくないし、ローマで教皇庁警察が彼を逮捕しようとしたとき見えないように姿を消した、などと言ったことは一度もない、と。しかし、彼は預言者エリヤを見たと言い張った。一六六七年一〇月七日、参事会はサバタイ・ラファエルをアムステルダムから追放するという指令にサインをしたが、会合をもったり、ひと前で説教をしたりしないことを前提に、身辺整理のために一週間の猶予をあたえた[275]。

サバタイ・ラファエルはアムステルダムからハンブルクへ向かい、一〇月中頃に船でそこに到着した。彼の到着は宿敵サスポルタスに、人間の姿をしたサバタイ主義の預言者にして使徒を初めて目にする機会をあたえた。彼もすぐにこの嫌悪の対象に怒りをぶつけ、アムステルダムのラビたちがこの詐欺師を殺さないまでも、少なくとも逮捕しなかったことを激しく非難した。アムステルダムのラビたちはこのいけ好かない同僚の非協調的な性質を知っていたので、鄭重ながらもきっぱりと、「ひとを批判するのはそのひとの立場になってからにせよ」というタルムードの忠告を引いて答えた[276]。ラビや長老たちは——なぜか——ハンブルクの同僚たちに公式報告を送るのをやめてしまったけれども、起こった出来事を逐一ハンブルクのコミュニティに知らせるアムステルダムからの手紙がサバタイ・ラファエルに先立って届いていた[277]。ハンブルクでも預言者の到着はコミュニティ内にひと騒動を惹き起こした。アシュケナージたちは彼を熱狂的に歓迎し、シナゴーグでは彼に来賓席を用意し、結婚式に彼を招待し、彼を大預言者、奇跡を行なう人として讃えた。彼はカバラー魔術の本をいつも持ち歩いていた。そしてアシュケナージのコミュニティの長老たちのひとりは預言者が数年来身体が麻痺して寝たきりだった子供を奇跡的に治したのを見たと断言した[278]。サバタイ・ラファエルは用心してセファルディーには近づかず、彼らにたいする敵意を隠さなかった。

実際に、セファルディー系コミュニティのマハマードは預言者をハンブルク近郊のアルトナに到着すると同時に追放処分にした[279]。この難しい状況でサバタイ・ラファエルが取った行動はきわめて意外なものだった。それは彼の本質を明らかにしてくれるかもしれない。彼は持ち前の大袈裟な、饒舌な、わざとらしい文体で、宿敵サスポルタスに一通の手紙を書いたのである。サバタイ・ラファエルが本当にサスポルタスが言うような憎むべき卑劣な悪人だったのなら、どうしてみずから虎穴にはいろうとしたのだろうか。サスポルタスは結局彼を適切にえがいていなかったのだろう。「血迷った奴[280]」という彼の寸評も意図してというよりは何気なく言われたというほうが真実に近いかもしれない。サスポルタスは辛辣な嘲りをこめた手紙で答え、ひと前に姿を出さず、できるだけ早く町を立ち退くようにと助言した。返事でサバタイ・ラファエルは、預言者を名乗ったことは一度もないと否定し、自分が旅しているのは「世界を見るためであって、メシアのためではない」と言った。サスポルタスは高飛車な手紙で、自分には無邪気な観光客を歓迎する気はない、と言って、この弁明を斥けた。それでもサバタイ・ラファエルが二日後扉を叩いたとき、サスポルタスはマハマードに追放に処せられたこの男と話をしてよいかと赦しを乞うた。そいつは会えばすぐ「盗人……恥知らず……愚か者」だとわかるでしょう。サバタイ・ラファエルはハンブルクにとどまる許しを乞うたようだ。サスポルタスはサバタイ信仰と手を切ることを前提として、彼の願いを支持するつもりでいた。サスポルタスによれば、サバタイ・ラファエルはいま一度自分の過ちを認め、シナゴーグで公に前言を取り消したいと胸を明かした。ところが、時を同じくしてスミルナから、ナータンの当地訪問や、（ラビ職を辞したともっぱら噂される）ラビ・ベンヴェニステが自分の重大な過ちを悔い改める断食や苦行について知らせる手紙がはいった。サスポルタスは早速ベンヴェニステを模範として採り上げ、サバタイ・ラファエルも熱心に彼を見習うようにと言った[281]。

　サスポルタスは迷った羊を純粋な善意と父のような愛情でもって引き戻す羊飼いの類いではなかった。彼はむしろサバタイ・ラファエルをコミュニティに引き戻そうとした。この預言者が、現に失望し気落ちしたドイツの支持者たちがしたように（八〇二ページ参照）キリスト教に改宗するのを恐れたからである[282]。一方、アシュケナージたちは相変わらずサバタイ・ラファエルに熱狂し、乞食や（サスポルタスが言うような）賤民ばかりでなく、コミュニティの指導者たちのなかにも支持者が出た[283]。棄教から丸一年後の彼の登場は、これまで預言者やメシアにかんしては遠方のニュースや人づての報せに頼っていたハンブルクのユダヤ人たちに深い感銘をあたえた。いまようやく彼らはみずからかかわった出来事を信頼性をもって語ることのできる目撃証人に会えたのである。サスポルタスはサバタイ・ラファエルが今後もサバタイ主義の毒をアシュケナージたちのなかにまき散らしつづけるつもりであることを知って、彼に使者を送った。使者は一六六七年夏のサバタイとナータンの行為にかんするスミルナとコンスタンチノープルとアドリアノープルのラビたちの報告を彼に見せた。サバタイ・ラファエルはそれらの書簡を「ナンセンス」と切り捨て、シナゴーグの堂守や何も知らない連中が書いたものだと主張した。コンスタンチノープルのラビたちはいまでも深く信じている、と彼は説明した。手紙や又聞きや誤報に頼っている連中とは違って、内情に通じているのは結局自分なんだ、と。(284)

そうこうするうちに、バアル・シェームとしてのサバタイ・ラファエルの声望はますます高まった。セファルディーのコミュニティの記録は憤激して、多くの教区民たちが彼に治療をしてもらう許可を願い出た、と書き留めている。許可が拒否されたことはいうまでもない。ところが、まったく思いがけない方面から助け舟が来た。ハンブルクの市長ペーター・リュトケンスはながらく中風を患い、両手足が麻痺していた。サバタイ・ラファエルは彼に治療を約束し、そのかわり町にとどまる許可をえたのである。セファルディーのコミュニティは苦々しい思いで、追放した男が馬または市長の馬車に乗って出かけるさまを、あるいはまた異国風の衣装をまとって、二人の従者をしたがえて意気揚々と町を闊歩するさまを、横目に見ていなくてはならなかった。(285)この間に、セファルディー系コミュニティの長老たちはアシュケナージの同胞たちを説得して、同じようにサバタイ・ラファエルを追放するようはたらきかけた。アシュケナージの長老たちの熱は少しずつ醒めていった。彼らは初め訪問者を預言者と思い、次に偉大な律法学者、それからただの医者、そして馬鹿者、最後にはならず者だとみなした。(286)一度ならず彼は法律違反で捕えられた。サスポルタスは彼に不倫と姦淫の容疑すらかけた。(287)片やハンブルクの、片やアムステルダムの長老とラビたちのあいだに激しい書簡のやりとりがあった。前者はアムステルダムから正式な追放命令の文書をもらおうとしたが、数週間たっても返事がなく、ついにはハンブルクのマハマードが正式にアムステルダムのマハマードに問い合せをした。アムステルダム宛の書簡のなかでハンブルクの長老たちは「スミルナの男のペテンと、全離散民をその網に捕えたガザの男の嘘」について語り、いまでは「当時信じた者たちはみなただもう不幸だと思っている」と告白した。なんとしても、こういうつまらぬことは二度とないようにしなくてはなりません、サバタイ・ラファエルのような悪党に二度とチャンスをあたえてはなりません。[288] 手紙の筆者たち自身「当時信じた」者たちのひとりなのだから、彼らの証言は非常に興味深い。

ハンブルクのコミュニティの長老たちは念願の文書をアムステルダムから受け取ると（一六六八年二月六日）[289] すぐにそれを市長に見せた。彼の中風はサバタイ・ラファエルの治療にもかかわらず良くなっていなかった。それでも、サバタイ・ラファエルはうまく過越祭（一六六八年四月）あとまでアルトナに滞在していた。[290] だが、自分の持物がなくなっているのに気づき、ポーランドのポーゼンに逃げた。サスポルタスはただちにポーランドのラビたち、とくに名高いポーゼンのラビ、イサアク・ベン・アブラハムに注意を呼びかけた。旅の途中、サバタイ・ラファエルは多くの村々や小さなコミュニティを通った。人びとは彼を預言者として迎え、そこで彼はメシアの解放について説教をした。ポーランドのユダヤ人で、のちに、一七〇六年、アイルランドへ行き、キリスト教に改宗したアブラハム・ヤコブスは自著『ユダヤ人に告ぐ』（ダブリン、一七一六年）で、若いときにサバタイ・ラファエルの説教を聞いたことを回想している。[291] 預言者は（サスポルタスの言うように）名を伏せて歩きまわっていたのではなく、おおっぴらに活動を続けていたようだ。ポーゼンからの書簡でサスポルタスは、サバタイ・ラファエルがポーランドのあるコミュニティで結婚をし、預言者とみなされていることを知った。ポーゼンのラビ・イサアクが三人の学者を送って、彼を調べ、ポーゼンへ連れて来させようとしたとき、サバタイ・ラファエルは夜のあいだに姿を消し、逃亡した。ポーランドからの報告[292]によれば、サバタイ・ラファエルは――一〇〇年後のヤコブ・フランクのように――「トルコ人の服」を着ていたが、しかしこれには、彼がほかの多くのオリエントのラビたち同様、ヨーロッパを旅するのに東方の服装をしていたということ以上の意味はあるまい。

リコー[293]は次のように報告している。

……だが、一六七二年[294]一月スミルナにもうひとりの詐欺師が現われた。男はモレア生れということ以外はそもそも素性がわかっていないということだ。ところが、サバタイがまだ人心をつかんでいて、ユダヤ人の判事も大反対した[295]ので、この新しいメシアは多くの弟子をえることができなかった。おまけに、もしその気になれば、彼が詐欺師として罰せられるように仕向けることも簡単だろう。それにもかかわらず、ユダヤ人たちはまたしても別のユダヤ人が表舞台に現われたことを少なからず恥じて、むしろ彼を別件で裁こうとした。それで彼らは実際に彼を不倫の罪で告発し、彼がガレー船送りになるようにカーディを買収した。

その後彼は表向きしばらく監禁されたが、それによって彼は、申し開きをし、自分にたいしてなされた非難攻撃は明白な嘘であることを証明する機会をえた。どう見ても、もしシナゴーグの金と力が詐欺師の仲間や弟子よりもはるかに強くなかったら、彼は争いを逃れて、おそらく釈放されていただろうが、結果的に彼は牢屋に留置される羽目になった。

グレーツ[296]はリコーがえがく無名の詐欺師とはサバタイ・ラファエルのことであろうと推測しているが、この同一性を示す証拠はない。このメシアがモレア地方の出であるということは両者の同一性を示すものではない。(サスポルタスの論難を除いて) それを示すものは何もない。おまけに、当時はほかにもたくさんメシアを詐称する者がいた。[297] 更なる証拠がなければ、サバタイ・ラファエルがポーランドにとどまったのか、それともトルコへ戻ったのかは、不明のままである。

## Ⅷ 棄教後のサバタイ信奉者たちの神学

これまで棄教後の最初の年の出来事や展開、この予期せぬ大打撃にたいする一般大衆の反応、支持者と反対者とのあいだに深まる亀裂、諸勢力の動きの変化を述べてきた。ここでいま一度問題の神学的側面に立ち戻らねばならない。サバタイの棄教は、つとに述べたように、ユダヤ史における最も悲劇的な瞬間のひとつであった。丸一年間、あるいはもっと長く、解放の報せはユダヤ民衆の心を深く感動させた。かつてためしのない感情が万人の心をとらえ、目は新しい明るい世界を見た。解放は「近くに」どころか、すぐそこにあった。信者たちは新しい時代の敷居ぎわに立っているように感じた。

この熱狂と期待のピンと張りつめた雰囲気のなかへサバタイの棄教が爆弾のように炸裂し、メシアのごく親しい仲間のみならず、最も激しい反対者すらも驚かせた。文字伝承も普通のユダヤ人の心理も教えに背くメシアなどというものがありえようなどとは思っていなかった。そこから生じた惑乱と狼狽は長年にわたって紛糾と不透明さをもたらさずにはいなかった。この危機の根本的な要素はつとに本章の始めで詳述した。運動の頂点における歓喜と贖罪の発作はゲットーの世界が消失したまったく新しい生活感情と自由の感覚を生み出した。支持者たちの将来の展望のなかでは宇宙(ティックーン)の精神的復活と追放の惨状からの解放とがひとつに融け合わさっていた。激しい感情の大波によって解き放たれた精神力はもはや抑えきれなかった。人びとのメシア信仰をはぐくんだものは外的出来事ではなく、彼らの心眼であった。したがって、外的出来事という判断が彼らのメシア経験の確認を取り消さなくてはならないわけがあろうか。解放のしるしはだれの目にも明らかであった。目は何かを看て取った。それを悪夢のような幻想と決めつけてよいものだろうか。だが、メシアが失敗したのでないなら、どうして棄教したのか。どうして解放の実現が先延ばしされたのか。

このような疑問を前にして、解放という観念における二つの観点間の亀裂は不可避的に広がった。政局は何も変わらなかった。メシアにもその支持者たちにも国と統治権はあたえられなかった。しかし、カバラー神学では解放の神秘的要素――殻の中に捕えられている「聖なる火花」を取り上げることと宇宙の精神的本質を回復すること――が重要かつ第一とみなされていた。これまで同じ現実の局面とみなされてきたこの二つの観念がいまや分裂し、それぞれが独自の生を営みはじめた。解放のドラマはもはや一つの舞台で演じられることはなくなった。あるいは言い方を換えれば、二つの舞台はもはや同じではなくなった。二つの領域間の深淵が広がったとき、支持者はどちらか一方を選ばざるをえなかった。選択は避けられず、それによって本来のメシア信仰の素朴かつ単純な統一性は破壊された。

つとに見たように、大部分のユダヤ人は実際に、魅力を失った外的現実よりも彼らの心が見た幻の現実性を選んだ。このときからサバタイ運動は、メシアの棄教は秘義であり――見かけとは裏腹に――本質的には肯定的な出来事なのであるという逆説的仮定に依拠することとなった。生き残るために、運動は支持者たちが内的現実と外的現実の緊張のただなかで生きられるようにするイデオロギーを発展させねばならなかった。あふれる背理を表出できるような概念が用意されねばならなかった。それどころか運動はこの二つの領域間に深淵の存在する理由とならねばならなかったばかりか、眼に見える具体的な「外的」現実の価値をおとしめるものでもあらねばならなかった。アクセントはむしろ隠れた内的信仰生活のほうへ移った。このアクセントの移動はときとして伝統的諸価値のラジカルな「再評価」につながった。歴史的現実が純粋な幻影となり、疑いもない内的現実が真の現実となった。

この発展は歴史的、すなわちラビ的ユダヤ教にとって広範囲に及ぶ結果を生み出さずにはいなかった。理論的にはサバタイ信仰の核心にある背理をメシアの人柄に帰することは無論可能だった。実際に運動の神学者の多く（たとえばアブラハム・ミゲル・カルドーゾなど）はそれを試みた。だが、宗教運動にはそれ独自の内的論理と力学があり、メシアの使命の背理はほとんど不可避的にラビ的伝統の再評価をもたらした。支持者たちはゲットーの伝統的現実を測る新しい基準をえた。そこはさしあたりまだトーラーを「肉によって」解釈する反対者たちに支配されているが、早晩支持者たち、すなわち真に「精神的な」ユダヤ人たちは、ラビ的ユダヤ教それ自体の——ある者は穏健な、ある者は過激な——批判者になるだろう。外からはいってきたイデーや事情に影響を受けた（フランス革命時代とか政治的解放をえるための闘争のあいだにおける）啓蒙主義の批判と違って、ラビ的ユダヤ教にたいするサバタイ主義的批判は内的現象であった。それは、もはや伝統的な形式に適合しない逆説的な価値をもち、自分が理想とするユダヤ教の新しい表現方法を探し求める「精神的な者たち」の批判であった。彼らは伝統的なユダヤ人社会とあからさまに衝突したけれども、自分のユダヤ人としての歴史的アイデンティティを否定することなど考えもしなかった。

もちろん、ラビ的ユダヤ教を否定し、それに反対することがすべてではなかった。サバタイ主義者たちはまた、彼らの新しいユダヤ教、すなわち「現実になった終末論」に根ざすユダヤ教のポジティヴな内容を決めようとした。彼らはその点では失敗した。彼らの神学の異端的発展のなかではある種の答えを示唆し、運動を維持できるようにする一定の結論を引き出すことに成功したけれども。メシア後のユダヤ教を的確に言い表わすことに失敗したのは避けられぬことだった。なぜなら、自由をポジティヴに定義することは、意図された自由がまったく実現されず、抽象的であるかぎりは、不可能だったからである。自由のなかで生活をしているひとしか、自由がどんな内容をしているかを言うことはできない。サバタイ信奉者はフィクションを心的現実に変えて生きていた。だから、教義として定義しようとする彼らの努力は始めから失敗すると決まっていた。彼らは新しいポジティヴな言説に身を包んで現われたけれども、彼らの教義上の努力は本質的には古い価値を否定することだった。この点でもサバタイ主義の運命はキリスト教や社会主義運動の運命に似ている。

独特のサバタイ主義教義が棄教後の数年間に異常な速さで発展、結晶した。宗教史における多くの類似の発展と同様これにも二つの要因がある。ひとつは、合理的な省察とはかかわりのない真実性を有する深遠な直接的経験に養われた、心の深くに根づいた信仰、そしてもうひとつは、歴史的現実と信仰のあいだのつらい矛盾を説明し合理化するイデオロギー上の必要性である。これら二つの要因の相互作用がサバタイ主義神学を生み出し、そのメシア教義は預言者ナータンによって棄教後の数年間に定義された。サバタイ主義をもっぱら合理化と失敗を成功に置き換えるイデオロギーをつくり出そうとする滑稽な試みと見ることはもちろん容易である。この問題のそうした見方はたしかに正確であるが、全体像の半分しか言い表わしていないこともまた確かである。

ひどい幻滅を積極的な信仰肯定に変えたサバタイ主義のパラドックスを論ずるとき、初期キリスト教との類似が自ずと心に浮かんでくる。この二つのメシア運動は、すぐ目につく違いと同時に興味深い多くの類似性も示している。両運動は信仰と合理化の対要因が共にはたらいた結果であった。両者は始めに失望があるわけを述べるイデオロギーを用意しなくてはならなかった。主の死は大きな痛手であり、キリストの弟子たちはもっぱら主の復活の像と主ならびに裁き手としての再臨への希望とを培うことによってしかそれを克服することはできなかった。たしかに歴史家たちは神学をイデオロギーと合理化の産物にほかならぬと考えることにたいして警戒するが、しかし再臨が遅れている理由も説明せねばならないという余分なプレッシャーがなかったら、カトリック神学という印象深い構築物は生まれなかっただろうということは疑いようがない。キリスト教もサバタイ主義運動もその出発点に古代ユダヤの悩めるしもべというパラドックスをもっていた。しかし彼らはそれをラジカルに強調するあまり事実上ねじ曲げてしまったのである。両者ともに、中心に一定の歴史的出来事をもち、そしてこの出来事の逆説的性格からその強さを引き出している神秘主義的な信仰を生み出した。

犯罪者のように死ぬ救世主と布教のすえに離教する解放者は、素朴な宗教意識にはにわかに受け容れがたいものであった。だが、一見躓きの石と見えるものがじつはそこから両運動がその宗教的義認を汲み取った強さの源であることがわかった。なぜなら両者とも、自分たちが見たひとは落ちぶれた姿をしていたけれども、この次は栄光に包まれて現われるであろうと信じていたからである。初期のキリスト教徒は十字架にかけられたイエスが昇天後再臨すると信じていた。サバタイ主義者たちも解放者の不在（彼の棄教後の道徳的不在、彼の死後の肉体的不在）は一時的にすぎず、じきに彼は戻ってきて、メシアの任務を果たすだろうと信じていた。時がたち、失望が深まると、教理の表現はますます過激になった。最初、教義の発展は主としてメシアの性質と人間、メシアの苦難の隠れた秘義に関係した。だが、そのあとすぐキリスト教はユダヤ教の伝統的信仰と実践から離れてしまった。同じことがサバタイ主義運動でも同じ速さで起こった。

両ケースとも、新しい宗教的価値が現われた。とくべつな行いをともなわず、しるしも奇跡も必要としない純粋な信仰というサバタイ主義の観念はパウロの信条に端を発するものである。サバタイ主義前の伝統的ユダヤ教には、とくべつな行いとは無関係だが解放力をそなえている、高い宗教的価値としての純粋な信仰、という考えはまったくなかった。しかしいま、メシア信仰はその性格を変えた。間近にある解放を信ずることではなく、メシアの任務のパラドックスを信ずることが決定的な問題だと宣言される。この新しい信仰の根本的パラドックスは不可避的に更なる、少なからず大胆なパラドックスをもたらすこととなった。

新しい教義の発展はメシアの使命とメシア時代において「律法」の占める場所の問題を超えて、いまや――少なくともラビ的ユダヤ教の視点から見て――決定的に異端へ方向を変えた神性の教義へと広がった。この点でキリスト教とユダヤ教を分ける二つの要点は、三位一体説とメシアは神性の化身であるという説である。ユダヤ教は、カバラー的ユダヤ教ですら、これらの考えをまったく認めてこなかったが、しかしいま、それらは、ことによると類似のキリスト教の教義の（間接的、直接的）影響を受けて、多くのサバタイ主義サークルのなかに根づきはじめる。そのさい、当時ユダヤ教に返った多くのマラノたちがキリスト教の理念や教義をサバタイ神学に伝える運河のはたらきをしたことは疑いない。主だった支持者の何人かは実際元はマラノであった。しかし、彼らがサバタイ主義に導入したイデーはキリスト教の正統的伝承というよりむしろ異端的伝承に属していた。大方のサバタイ主義体系がグノーシス的性格をしていることは実際驚きである。アブラハム・カルドーゾは神学の研究を通して初期のグノーシス的異端を知ったのかもしれない。そして彼同様、ほかのサバタイ派の著者たちももともと教父神学の書に起源をもつグノーシス的イデーをユダヤ固有の文脈で発展させたのかもしれない。それでもやはり、外部の、キリスト教の影響を過大評価してはならないだろう。宗教的現象の性質と構造にはある種の発展が内在している。サバタイ主義神学はひょっとするとキリスト教的グノーシス主義や多くのマラノたちの父祖の宗教への回帰がなくても同じように発展したかもしれない。サバタイ派の本来の座標系であるルーリアのカバラーは、結局本質的にグノーシス的な一連のイデーに基づいていた。終末時の、そしてそれ以上に終末まえのイスラエルの存在にかかる問題がはらむ危機はもとより、解放の経験を教義に表わすさいのすべての危機が宗教的思弁において類似の発展をもたらさずにはいなかったのである。

両ケースにおいてひどい失望と熱心な信仰復興にともなう伝統的諸価値の崩壊は律法にたいする反抗を噴出させることとなった。神の子の自由を経験したことは反律法主義的教義とパウロの教義を生んだが、それらはグノーシスの急進派のいくつかに見られるようなさらに過激な発展をとげる芽をはらんでいた。サバタイ主義運動のばあい、反律法主義的要素はサバタイ・ツヴィの人間性と彼の「奇矯な行動」によって強められた。サバタイがのちの、ナータンによってつくり出されたサバタイ主義教義に残した遺産のなかには潜在的な反律法主義の核があった。サバタイ主義運動の歴史においてナータンの著作はキリスト教義の発展においてパウロの書簡が果たしたのと同じ役割を果たした。ナータンは明確なラジカルなイデーを述べるにあたっては非常に慎重であったけれども、多くのサバタイ主義サークルの激しい反律法主義的傾向はそれによって力づけられたのである。キリスト教とサバタイ主義の歴史的状況における類似性とそれぞれの教義の考え方の内的論理は同じ結果をもたらした。どちらもそれぞれのメシアの出現を新しい時代の始まり、新しい現実の創始と考えた。それゆえ、彼らはそれまで支配的であった諸価値、すなわちモーセの律法ないしはラビ的ユダヤ教のハラハー的伝統にたいして、根本的に異なる姿勢を取らざるをえなかった。

構造が似ているからといって初期キリスト教とサバタイ主義のあいだにある大きな相違を見落としてはなるまい。この両運動はどちらもそれ自身の歴史的、宗教的、心理的地平をもっている。サバタイ主義ではゲットーの何かがゲットーに抗して立ち上がるのだが、サバタイ主義がすべてを一新することを約束しても、そこにはつねに何かゲットー的なものがつきまとっている。サバタイ主義はキリスト教を生んだユダヤ教生来の広さをもたず、すでにゲットーの壁のなかから飛び出していた精神的世界をゲットー内で守ろうとする試みをなしたのである。ある意味でこの運動は、適切な概念化はもとより、いまだ理解の方法に欠けているが、新しい世界を思いえがくうえでは画期的な役割を果たしたといえるかもしれない。この「新しい世界」がユダヤ人にとって非常に具体的になって、それを適切に規定できるようになるまでには一二〇〇年を経なければならなかった。片や新しい世界の宗教的視点と片やゲットーを出たくない気持ちとのあいだの緊張から生まれるこみいった事情が運動ののちの発展にはっきり現われた。

しかしながら、この二つの宗教運動間の大きな相違を生み出したのは必ずしも歴史的背景と社会的現実の相違ばかりではない。さらに決定的なもうひとつの要因はそれぞれの中心人物が果たした重要な役割である。サバタイ・ツヴィがひとにあたえた魅力はだれもが認めるところであるが、彼には人物と表現の大きさが欠けていた。メシア運動をつくったのは彼ではなく、何代にもわたって鬱積していたメシア的エネルギーの爆発のなかで彼をメシアに押し上げた大衆の信仰なのである。彼をイスラエル民族の希望に仕立てた大衆の熱意と熱狂も、ほかの点では豊かである彼の人間性の根本的な弱さを覆い隠すことはできない。この弱さはユダヤの民衆が彼にメシアとして喝采を浴びせる妨げにはならなかった。ラビ的ユダヤ教には安定した、明白なかたちをした解放者像がないからである（六六―六九ページ参照）。たしかに伝統的なユダヤ教は壮大な、生気にあふれた解放のイメージをもっていたが、解放者という人間はその使命の偉大さの陰に隠れたままでいざるをえなかった——ひとりの偉大な人物が中心にいたキリスト教とは違って。

さらに、キリスト教とサバタイ主義の発展を早めた危機的出来事もおよそ比較にならない。サバタイ主義のメシアと違って、キリスト教の解放者はおよそ人間が払いうる最大の犠牲を払った。たしかに、教えに背いたメシアは十字架に掛けられたメシアよりもずっと大きな背理であるが、この背理は建設的価値をもたない。解放者がみずからの説く宗教への裏切りによってその使命を全うするという説は根本的には虚無主義的である。この曲がった道をひとたび歩みはじめたら、すべてが可能になった。ユダヤ精神が最もきらう最も軽蔑すべき行為がサバタイ主義教義の理論的基礎になりえたとき、すべての境界が取り払われ、もはや思考が恐れはばからねばならないものは何もなくなった。イエスの苦しみと死とは違い、サバタイの棄教は、サバタイ主義文学がいかにそれを悲劇的に見せかけようと、根本的にはいっさいの価値を破壊するものである。不浄の力に無抵抗に身をまかせ、ケリパーの奈落に沈むことをいとわぬ一方で、メシア的使命実現の夢をはぐくみつづけたサバタイ主義の解放者は宗教的価値の虚無主義的再評価に門戸をひらいた。後期サバタイ主義の最も重要な形式であるフランキズムが創始者の「本質をなす行為」に内在する結論を引き出したのはごく当然であった。本質的に否定的破壊的な行為であったものに肯定的建設的意味を見出そうとする支持者たちの努力は、全体としては宗教史にたいして、個別にはユダヤ教ののちの歴史にたいして彼らがなした貢献である。彼らの信仰は彼らから多大の緊張と背理との戦いを要求した。それはキリスト教の信者にたいしてなされた要求のすべてを超えるものだった。

創始者の個人的背理、すなわち「奇矯な行為」はその支持者たちのコミュニティにとって秘跡の見本にまで普遍化された。サバタイが運動に遺産として残した「照明」は彼の個人的特徴をそなえていた。信者はある種の「奇矯な行動」を讃美し、あまつさえそれを儀式として行なうことを己れのとくべつな宗教意識の表われとして要求したのである。しかしこの矛盾した振舞いの手本を除くと、彼の名を冠したこの運動にはサバタイの人間性はほとんど生き残っていなかった。彼の姿はほとんど匿名の存在となるまでに輪郭を失い、残ったものはすべて、現実の歴史的個人とたまたま似ていたにすぎないひとりの神話的英雄の物語であった。メシア信仰を維持するには彼の棄教を正当化するだけでは十分ではなかった。棄教の正当性は伝統的なユダヤの概念で証明されねばならなかった。にもかかわらず、それから生まれた教義は伝統的ユダヤ教のカテゴリーからすれば必然的に目新しく、異端的ですらあった。ガザのナータンと彼の弟子たちが棄教後の一〇年間に発展させたメシアの教義は、三つの新奇な点を強調している。[298]

まず第一に、解放はまだ完成していないということがはっきり主張された。ケリポースの世界は完全に打ち負かされたというもともとの素朴な、度を越した熱狂的な主張は、いまや誤りだとされた。解放は始まっていたが、悩み苦しみながら、メシアの棄教という堪えがたい恥をすらしのんでなお完全に実現され、完成されねばならなかった。シェキーナーは「埃のなかから立ち上がって」いたが、まだ完全には修復されていなかった。サバタイ主義運動の精神的感情的地平はまさにこのメシアの復活とその完全な修復とのあいだの中間段階に広がっているのである。

教義の第二点は第一の点の直接的結果である。中間段階という考えはメシアの使命について別の理解をもたらした。サバタイ主義神学のかたちの違いによってこの使命は積極的な性格を取ることも消極的な性格を取ることもできた。棄教は純粋に消極的な概念ではメシアのミステリアスな苦悩と解釈することができた。「主がこれを負わせられるとき、ひとり座って黙しているがよい。」(哀歌三、二八)あるいはケリポースの深淵のなかへの積極的な下降とも解釈できた。どちらのばあいにもメシアはもはや(ルーリアのカバラーにおけるような）遂行された解放のシンボルではなく、決定的な比類のない使命の担い手となった。他の聖人たちはみな聖なる火花をケリパーの深みから「取り上げ」たが、彼ら自身は危険地帯に近づかなかった。メシアだけが恐ろしい地獄への降下を行なった。「主は……その御業をなす。その御業は異なっている。また、そのはたらきをされる。そのはたらきは特異である。」（イザヤ書二八、二一）

　第三に、善と悪の宇宙的戦いはその最終段階においてかなり複雑な逆説的なかたちを取る。ルーリアのカバラーは、聖なる火花が捕えられていた悪の爪から引き離される、つまり取り上げられ、引き出される道を説いていた。実際、悪はそれに捕えられつかまれている善の火花から引き出した生命力によって存在していた。この火花がひとたび解放され「取り上げられ」てしまうと、それ自体力も生命力ももたない悪はひとりでに崩壊してしまうだろう。この点においてサバタイ主義の教義はルーリアのイデーに弁証法的な転換を導入する。サバタイ主義の新しい解釈によれば、聖性の火花を不浄の世界から引き出すだけでは十分ではない。使命を全うするには——メシアが体現する——聖性の力が不浄のもとへ降りて行き、善が悪の姿を取らなければならないのである。この使命は悪が最後に敗北するまえにその力を強めるように見えるので、危険が一杯である。サバタイが存命中の教説は、善はケリパーの世界にはいることによって見かけだけ悪になるとうたっていた。だが、探ればもっとラジカルな可能性があった。善が完全に悪に転換してこそ悪の潜在能力を枯渇させ、それを内側から打ち破ることができるだろう。この弁証法的な悪の殲滅には善が悪の姿に扮するだけでなく、それと完全に一致する必要がある。過激なサバタイ派ののちの神学はこのような線に沿って展開したのである。

　支持大衆にとってはメシアの棄教に肯定的価値のあることが最も大事であった。この宗教的価値の正確な性質と内容は二次的な「イデオロギーの」問題であった。それゆえ、サバタイの行動には正確にいってどのような意味があったのかという問いにたいして二つの一見矛盾する答えを存在させることが可能となった。ひとつの答えによれば、メシアが非ユダヤ人のひとりになったのは非ユダヤ人を完全な滅亡から救うためだった。通俗的なユダヤの終末論の極端な伝統主義は、もうまえに述べたように、非ユダヤ人の敗北と屈服だけでは満足せず、彼らの撲滅という考えに喝采を送った。ルーリアのカバラーの終末論は全面的にではなくとも大幅にこの姿勢を分かちもっていた。サバタイ主義の教義はまったく意外なことだが、メシアが非ユダヤ人の世界に屈服しなければならないのは救えるはずの魂を救い、自分のもとへ引き上げるためである、といっていた。

もうひとつの答えは正反対の見解を表わしている。メシアはケリパーの世界を内側から破壊するためにそこへ降りていった。ケリパーに屈服したと見せかけることによってのみ、彼はそれを完全に破壊する己れの仕事を達成できるのであった。この戦略ないしは「神聖なる策略」は木に巣くう虫の行為にたとえられる。木は外から見ると健康そうに見えるが、ひらいてみると虫に喰われている。「それゆえ、どんな生き物でもその行為から何かを理解するのはまったく不可能である。だれであれ、自分にはメシア王の道が理解できるというのはまったくの誤りである。[299]」同文はさらにもうひとつの、非常に興味深い比喩を王(すなわち神)のたとえ話のかたちで含んでいる。王の花嫁(すなわちシェキーナー)と家族(すなわち聖なる火花)が捕えられ、王は捕虜たちの情報を集めるために、腹心の家来(すなわちメシア)をスパイとして敵国に送る。この家来は非常に狡猾に行動しなくてはならない。「そしてスパイだと気づかれないように、自分が動きまわる国のひとたちの服を身に着け、みなと同じように振舞わなければならない……このたとえ話を心に留めておきなさい。なぜなら、それはこの問題におけるあなたがたのいろいろな疑問を吹き飛ばしてくれる根拠だからだ。[300]」これら二つの答えがナータンと彼の弟子たちの著作に同時に現われる。

## Ⅸ　ガザのナータンの著作に見る棄教者メシアの教義と律法の意味

サバタイの支持者や信者たちは善良なユダヤ人だった。彼らは聖書を信じた。それゆえ、彼らの最初の反応——彼らの反射作用といいたいくらいだが——は、聖書や言い伝えのなかに異常な、ショッキングな出来事の暗示、示唆、兆候を探すことだった。そしてなんと——聖書、ラビ的ハッガーダー、そしてカバラーの書物は全般的にはサバタイ・ツヴィの、個別的には彼の棄教の秘義のほのめかしにあふれていることがわかった。サバタイ信奉者たちはつねづねユダヤ人たちに絶大な評判をもたらしていた、解釈したり、瑣事に拘泥したり、原文をねじ曲げたりする技にかけては無類であった。彼らの比喩解釈学的カバラー的聖書釈義は原文の直接的意味から大きくかけ離れていたけれども、彼らの心を動かしたものの直接的意味を反映していたことは確かである。「聖書の節、節の断片、その内的可能性にこれまでだれも気づかなかったラビの箴言、カバラー文学の背理的な表現、そしてユダヤ文学の異聞奇譚等々から、ユダヤ神学においてこれまで見られなかったような素材を引き出した。」(301) この「ナンセンス」な聖書釈義にたいする多くの歴史家たちの嘲笑は実際の現象、すなわち解放者の生と職務のなかの矛盾と格闘する独特なユダヤの術語にたいする理解が乏しいことを示している。サバタイ主義的解釈は内容がたしかに大胆で斬新であるが、その聖書解釈の方法は伝統的にラビ文学のなかで用いられているのとさほど違わない。それゆえ、隠れた宗教感情に語りかけるだけでなく、伝統的な形象や文彩に新しい内容を盛り込む手法で聴衆を魅了もするサバタイ主義の説教の成功と説得力もそこから来る。その説教は伝統的な言語使用、概念使用内の弁証法的爆発を表わしている。

サバタイの幽囚後、わずかながら、逆説的な説明がなされていた。いまやそれと同じ手法が棄教というもっと深刻な問題に適用された。聖書解釈の独創力と燃えるような信仰が要求するものが古いテクストにないばあい、テクストは時として間違った引用をされたり、歪曲されたりすることもあった。パウロの書簡の読者は、同じような心理状態で書かれたこの後期のユダヤの著作から多くのことを学ぶことができる。パウロの思考の非常に目立った特徴である新旧の衝突が、残存するナータンの書簡に、少なからずラジカルだが伝統的なユダヤ的かたちで表われている。

サバタイ主義の文学を評価するためにはもちろんアレゴリックな類型学的方法がもつ伝統的な役割を考慮しなくてはならない。現代の読者にはまったく無意味に思える論証がヨーロッパ・バロック時代のサバタイの同時代人にはおおいに意味をもっていた。伝統は生きたアレゴリーの宝の山であり、サバタイ信奉者たちはそれを徹底的に利用した。アブラハム、モーセ、ファラオ、ヨブ、ダビデ、エステルその他の生はガザのナータンにとってメシアの象徴であり、原型であった。さらに聖書のヒーローたちはメシアの魂の火花であった。聖書本文と並んで、ラビ文学やカバラー文学は支持者たちの説教欲に豊富なシンボルを供与した。信仰の魔法の杖はひからびた岩石のような原文から喉をからした想像力のために水を噴き出させた。古老のラビたちは言う。「聖書には七〇の異なった意味がある。」そしてラビ・アブラハム・ヤキーニはこうつけ加える。「これら七〇の意味のひとつはつねに〈救世主アミラー〉に関係していた。メシアが現われたら、わたしたちは聖書をこの意味で理解することができるだろう。」(302) この引用文が採られた著書のなかでヤキーニは出エジプト記の一節に一二〇〇とおり以上のサバタイ主義的解釈をほどこしている。

サバタイの人間性と彼の「奇矯な行動」を明らかにするナータンの説明が拡大され、奇矯な行動そのものにあてはめられる。メシアの魂は、最終的ティックーンに先立つ数ヵ月間、メシアが最終的に自己顕示するまえに監禁されていたケリポースのひとやから解放されねばならない、とナータンは主張していた。この教説がいま、少し現実的な変更を加えて棄教によって生じた状況に適用される。自己顕示したあともメシアはもう一度悪魔の力によって囚われの身とならなければならない。

聖書のヒーローたちもメシアの棄教を予告していた。そして追放、さげすみ、辱めや嘘を言うことなどの例（たとえばガトの王アキシュの宮廷におけるダビデ、エジプトへ行くアブラハム、アハシュエロスの宮廷で「彼女の民のことも、親族のことも知らせなかった」エステル）はどれも支持者たちの類型学の水車を動かす水の役割を果たした。ナータンはすでに棄教まえからヨブをメシアのプロトタイプ（三三三―三三四ページ参照）と解釈していた。イザヤという苦悩するしもべはだれの目にも明らかなサバタイ・ツヴィの姿であった。メシアは「われわれの不義のゆえに刺しつらぬかれたのだ」（イザヤ書五三、五）が、ヘブライ語のメホラル *mecholal*（「傷ついた」）は「瀆された」とも言い表わすことができる。棄教後、メシアの「冒瀆」はいろいろなふうに解釈できた。ナータンは、メシアは「世人の罪」[303]（ここでは原罪とは関係のない同時代人の罪のこと）のためにラビたちによって瀆されたのだと説明する。しかし彼とカルドーゾは、預言者イザヤはメシアが聖性の領域（すなわちイスラエル）から脱出し、非ユダヤ人の俗界へはいることと関係しているとも説明していた[304]。しもべの章に見られるほかの多くの表現はメシアがケリパーの力に屈することを暗に指していると解釈することができた。この苦悩するしもべの類型学的解釈はそのユダヤ的背景とサバタイ主義の説教学の内的論理に照らすことによって完全に説明が可能になる。とくにキリスト教の影響を求める理由はない。教えに背いたメシアの運命と彼の未来の栄光をほのめかす暗示は詩篇にも見出された（九一五―九一九ページ参照）。

これらすべての著作にあふれる新奇な前代未聞の解釈がかくもたくさんあることにいささか疑問が起きたかもしれないが、サバタイ信奉者が用意している答えはひとつ、棄教を経験したからこそ聖書やラビやカバラーの本文の真の意味に目がひらかれたのだ、というものだった。ナータンはこう書いている。メシアの任務の詳細は「タルムードにははっきりとは示されていない。人びとが誤解するといけないからだ。ゾーハル書には……気づかれないやり方で言われている。……そこにはこうも言われている。これらのことが明かされているいくつかのハッガーダーの書がメシア到来のときに発見されるだろう、と」[305]。ある種のタルムードの箴言、たとえば「ダビデは像を崇拝しようとした」(B. Sanhedrin 107a) とか「良き意図でなされた違反は悪しき意図で執行された規則よりもましである」(B. Nazir 23b) などがとくに好まれた。解放のために違反を望んだのはメシアだけではなかったからである。おそらく支持者たちもそれを望んだだろう。メシアは気づかれずに (逐語的には「ぼんやりしている」うちに) 来るというラビの言葉をナータンは「なぜなら彼の振舞いが伝統的な宗教にもとるように見えるので、精神がそれを受け容れられないからだ」と解説している。[306]別のタルムードの箴言 (B. Sanhedrin 97a) によれば「王国 [すなわちローマ帝国」は異教に改宗するだろう」。ナータンは一六世紀前半のサロニキの有力な学者でカバリストのラビ・ヨセフ・タイタツァクを引用しているが、それによれば、このラビの箴言は天の王国を指しているのであり、ローマではないだろう、どのみちローマは異教なのだから、という[307]。換言すれば、メシアがその使命を果たすには、そのまえにまずメシアが代表する天の王国が異教に改宗し、穢されねばならないのだろう。

カバリスト、サーフェードのラビ・アブラハム・ガランテは一七世紀に自著のゾーハル注釈書に、まず最初に悪の国へ降り、そしてそこから立ち上がるのでなければ、完全性の高みに達することはかなわぬ、と書いている。これがアブラハムがエジプトへ下った (創世記一二、一〇) 神秘的意味だった[308]。ナータンの教義では義人がケリパーの国へ下ることが重要な原理となった。これはゾーハルに拠るものだというが、ゾーハルにはもちろん、ナータンの過激さにほんの少しでも似ている点はまったく見出せない。ゾーハルはただ、族長たちはエジプトとハラン（すなわちケリポースの国）〔ハランHarranはトルコ南東、シリアとの国境近くの町。創世記一一、三一によればアブラハム一族の居住地であったが、紀元前七世紀にはアッシリア最後の王アッシュルバリト二世がここに城を置き統治した。古代名カレまたはカライ〕を旅し、穢されも損なわれもせずに出てきた、と述べているだけである。しかしながらナータンの釈義では、「不浄のなかへはいって、清浄な身で出て来るのでなければ、だれも完全な義人［ツァッディーク］とはいえない」という結論になる[309]。

ナータンは義人のケリパーへの降下にかんするこの教義が驚いたことに「ひれ伏す」として知られる嘆願の祈りについてのカバリストの言説のなかに具体的に示されているのを見た。この祈り（セファルディーの典礼では詩篇二五、アシュケナージのでは詩篇二六）は平日の朝夕の礼拝時に主祈禱アミダーのあとに唱えられる。祈るということはつまるところ宇宙的精神階梯の最高位に魂が昇っていくことであるから、崇拝はアミダーの終りに頂点に達したと推測できよう。この瞬間に真の義人はアツィールースの世界の先端からケリポースの深淵に身を投げ、そこに捕えられている聖性の火花をつかむ[310]。祈りのあいだの精神的上昇が高ければ高いほど、「ひれ伏す」あいだのケリパーへの飛び込みは深くなる。ルーリアの実践ではこの勤行はもちろん、危険と冒険の要素を含んではいるが、たんに神秘的瞑想の問題にすぎない。瞑想的墜落のなかで祈禱者はケリパーから迫り来る危難にさらされる。サバタイ主義の解釈ではこの精神的冒険はメシアの棄教のアレゴリーとみなされる[311]。

サバタイ主義の信者にとって大きな魅力をもった同じような背理はゾーハルがイスラエルのエジプトからの解放にあてはめているような雌鹿の比喩である。タルムードの一節（B. Baba Bathra 16b）にこういわれている。雌鹿が子宮が狭すぎて自然分娩ができない。それで雌鹿が陣痛に身をよじっていると、神様が一匹の蛇を遣わす。蛇は子宮の開口部に咬みつく。それで雌鹿は子を分娩することできた。ゾーハルはこの部分をアレゴリックに解釈している。雌鹿は四方を囲まれているために分娩できない神的シェキーナーである。シェキーナーは膝のあいだに頭をうずめて大声でうめく。すると神が一匹の蛇を送る。蛇は彼女に咬みつき、子宮を広げる。ラビ・シモン・バル・ヨハイはそのゾーハル記述を重大注意で結んでいる。「この問題について神に尋ね、神をためしてはならない」と。[312] ナータンの弟子たちによれば、メシアの棄教がまさにこの蛇の咬みつきにほかならず、それがなければ解放の誕生はありえない。メシアの律法違反はイスラエルにとって蛇に咬まれたのと同じくらい痛い。[313] メシアの行動の奇矯さは彼の使命の真正さを証するものにほかならない。[314] メシアが律法を侵し、ほかのひとたちを罪におとしいれるという事実は彼を否定する論拠にはならない。彼には（「非常時の決断」にかんするラビの法律によれば）特免の資格があるだけではない。彼は実際にユダヤ人の聖性を減らし、逆にイスラエルの聖性をほかの民族へ移す力もある。「それゆえホセアはこう言った（ホセア書二、一）。彼らは〈あなたがたは、わが民にあらず〉と言われるかわりに、〈（あなたがたは）活ける神の子ら（である）〉と言われるだろう、と。これはつまり、たとえ神が彼らを別の民族（つまり宗教）に渡してしまって、彼らがもはや〈わが民〉とはいえなくなったように見えても、それでもまさにこの行為によって〈彼らは（あなたがたは）活ける神の子ら（である）〉と言われるだろうという意味である。[315]」したがって、ナータンはメシアの命により集団棄教の可能性を考えていた節がある。ナータンはまたメシアの棄教と魂の彷徨とのある種の類似性も示唆している。根は神聖な魂もなんらかの理由で罰せられることがある。非ユダヤの男や女の身体のなかに迷い込み、そこで余儀なく律法の聖性とはまったくかけ離れた生活を送ることになって。それでもそのような魂はそれ以前の生活でえていた功績をそれによって失いはしない。[316] メシアはイスラエルを救うために、故意にその聖性の状である。[317]

態から俗界へ「迷い込む」。それゆえタルムードはいみじくも彼をバル・ナフレ（「墜ちた者」）と呼ぶのである。[317]

赤い雌牛の律法（民数記一九）はナータンによれば、みずから律法を侵すことによって世界を救うメシアの奇妙な状況を象徴するものであるという。つとに昔のラビたちは、赤い雌牛の灰による浄罪の供儀は不可解である、それを執り行なうさいに穢れた者は浄められるが、当の清い祭司は穢れるのだから、と述べていた。ナータンによればこれこそまさにサバタイの任務の不可解な秘義なのであった。[318] ナータンは、メシアの魂はテヒルーから、すなわち宇宙の、「容器の破損」以来メシアの手からティックーンを受けるのを待っている部分から生ずる、と説いていた（三二八―三二九ページ参照）。棄教後に書かれた著作のなかでナータンは、このトーラーの不可解な戒律も同様にテヒルーに根ざしていると説明した。赤い雌牛の律法はメシアの魂を入れる精神的な容器の構築に関係しているのだから、どうしても「そのなかにいろいろな矛盾」があるのはいたしかたなかった。[319] ナータンはルーリアのテクストからの引用を自分の目的に合うように「修正する」のをためらわなかった。たとえば、あるタイプの魂は律法を侵してもよいということを証明したりするために。[320] この種の偽りの引用はサバタイ主義文学ではめずらしいことではなく、出典は何かを確認し、加えられた変更の程度を判断することは必ずしも容易ではない。

棄教を正当化するために、ナータンは、すでに見たように、因習的な遵法主義的論拠に訴え、あらかじめラビの法律に然るべき規定を設けてメシアに特免の資格をもたせる。だが、このテーマにかんする彼の本当の考えは、彼が著書『ツェミール・アリツィーム』と次いで『創造の書』で展開しているもっと過激な、もっと深い見解に表わされていると推測していいだろう。ナータンはゾーハル（とくに「ラーヤ・メヘムナー」と題する部分。二〇ページ参照）に展開されている、「生命の樹」と「認識の樹」から出た二種類のトーラー説を採り上げ、それを体系的に彼の宇宙論的テヒルー論と結びつけた。生命の樹はトーラーが認識の樹によって二つに分裂する以前の楽園におけるその統一を象徴している。終末論的未来において、生命の樹の支配は宇宙全体を包括するだろう。そして死の樹である認識の樹から出た法や規則は消えるだろう。

メシアの魂はもともとのすみかであるテヒルーの奈落の底から解放されるために戦った。この戦いにおけるその形而上的勝利は長い勇敢な努力のたまものであった。この試練は解放者が世に生まれ、その最終的任務についたあとも、彼の人柄のなかに痕をとどめている。テヒルー生れであるにもかかわらず、メシアの魂は生命の樹との一体化という最高の高みに達することに成功し、そこでは善悪を超えていた。それゆえメシアは律法にたいしとくべつかつ独特な関係を有していた。こうした教説はたしかにナータンの別の考え、すなわちメシアは使命を果たす過程でやむなく悪のかたちを取り、悪と一致せざるをえないのだという考えとはうまく合わない。もしメシアの魂が認識の樹に由来する善悪の二元性と区別を超えているのであれば、それは弁証法的に悪と一致しないどころか、逆に、絶対善を認識したのち、自分の身を汚すことなくケリパーの奈落の底へ降りて行き、そこに幽閉されているすべての聖性を解放する。禁じられたとか許されたというカテゴリーはメシアにはあてはまらない。「そしてメシアの力はそがれ、彼は悪の領域に引きずり込まれ、彼らの網にかかって……［棄教後］彼らの流儀と宗教にしたがって振舞っているけれども、そのことで彼の価値が下がることはけっしてない……彼が生命の樹の一部であることによって、彼のなすことはすべてティックーンだからである。彼は楽園の魂のようであり……この世のいっさいの規定をまぬがれている。」彼の力が萎え、彼の光が弱くなっても、それで彼の根本的な性質が変わることはない。彼は死の神秘の手に委ねられていないばかりか、「砕けた断片は生命の樹から出ても、その高い状態にとどまっている」[321]。律法にたいして罪を犯した背教者メシアなどというものは厳密に言うと存在しない。彼の行動は通常の正しいとか誤りの尺度で測れないからである。ナータンの教義は、完全な人間はいくら外見が反対のように見えても、罪を犯すことはできないというおなじみの命題のもうひとつの例である。そのような精神主義的考えはしばしば明瞭な反律法主義になりがちであり、サバタイ主義もその例に洩れない。潜在的に反律法主義的な結論を明確に述べるナータンの著作（とくに彼の『ツェミール・アリツィーム』）はその一例である。

反律法主義理論の試金石はデリケートな性道徳のテーマである。厳格な、そしておそろしく禁欲的なサバタイ主義の預言者は、このテーマについてきわめて大胆な反律法主義的思弁をすることすら辞さなかった。認識の樹にかわって生命の樹が支配する事物の楽園的秩序の視点から見れば、近親相姦――性道徳の制約の象徴――にかんする聖書の戒律すらその絶対的な妥当性を失う。この低次の世界では近親相姦の掟がアダムに課せられているが、アツィールースの高次の世界には「近親相姦はない」[322]。近親相姦の禁忌がこの地上で効力を有しているかぎり、「天上で合一を果たすことはできない」。近親相姦の禁止の神秘的な廃止により人間は「生命の樹の神秘に包まれた創造者のよう」になるだろう[323]。

ラーヤ・メヘムナーのトーラーと二本の樹にかんする教義はナータンの思考にとって直接的な、きわめて重要な意味をもった。生命の樹の秩序のなかでトーラーは「その掟を守る義務をともなわない、もっぱら天の光と」「悪の側」[324]の破壊をなしとげる「精神的行為の活動との合一」「の目的」のためにする律法の研究」を意味している。このトーラーの定義はたしかにメシアとほかの、生命の樹との不変の合一をなしとげた精神的完成者にあてはまる。全イスラエルの民はいっときこの完全性の状態に達したことがある。シナイ山上で律法があたえられたときである[325]。生命の樹のなかに宿っている天の光のおかげでこれらの完成者たちは悪そのものを救い、それを善へ再生することすらできる。それにひきかえ、より低い秩序の魂はよくてせいぜい善を悪から解き放ち、分離することができるだけである。[326] この教説はもちろん、ケリポースが聖性と完全性へ完全に再生する可能性にかんするナータンの見解と密接なつながりがある。

サバタイ主義のメシア的トーラーの構想にあまり目立たないがかなりの影響を及ぼした古典的カバラーの教義がもうひとつある。これは一三世紀の『テムーナー』書が展開しているような世界周期（シェミットース）の説である。[327] この歴史的―宇宙論的教説によれば、下位の七つのセフィロースの力はそれぞれが七〇〇〇年続く宇宙発展の連続する七つの時期に顕われる。ヘセドからマルクースまでの各セフィラーは完全な宇宙の構造をなしている。そのような宇宙の七「週」の終りに、すなわち五万年目（大ヨベルの年）に、宇宙はより高位のセフィラー、ビーナーのなかにあるその起源に帰るだろう。順次巡る世界周期には、神の叡知そのものにほかならぬ、トーラーの永遠と不変のドグマが唯一適用できる絶対的な原始のトーラーがいろいろなかたちで顕われる。各時代内ではとくべつな顕われをしたトーラーが絶対の効力を有しているが、新しい周期の到来とともに別の新しい様相をしたトーラーが顕われる。カバラーの文字神秘思想の言葉でいえば、トーラーの文字は神の叡知を映しており、変わることはないが、その構成と意味は多様な時代の性質に応じて変わる。いまの時代はテムーナー書によれば、第二のセフィラーの時代、厳しい裁き（ゲブーラーないしはディーン）であり、それゆえその本質と「律法」は――現在読まれているトーラーと一致して――規則と禁止、清浄と不浄、聖と俗というかたちで表われる。しかし、来たるべき時代にはトーラーは別なふうに読まれるだろう。そしていま禁じられていることもそのときには必ずしも禁じられてはいないだろう。一六世紀までのカバラー文学では現在と次のシェミッター時代のトーラーの性質についての思弁が多くの場所を占めている。だがそのあとサーフェードの偉大なカバリスト、モーセス・コルドヴェロとイサアク・ルーリアは、シェミットースの教義を斥け、それによってこの教義はそのきわだった地位を失った。それでもサーフェードのカバリストたちが斥けたテムーナーにおける世界周期の説と彼らが受け容れたゾーハルの二本の樹の説とのあいだにある種の類似性をつくり出している否定しがたいユートピア的な性質がある。したがって、これらの教義が、その歴史的起源の違いにもかかわらず、サバタイ信奉者たちの心のなかでひとつになったのも意外なことではない。

　サバタイ主義勃発の三代まえに、正統的カバリストにしてタルムード学者であるルブリンのラビ・モルデカイ・ヤッフェは、律法がシナイ山上であたえられたとき、すなわち現在の宇宙秩序内で、第一のシェミッターから第二のシェミッターへの移行が行なわれた、と主張した。したがって、ひとつの周期の終りと次の周期の始まりは世界の悲惨な崩壊を要しなかった[328]。サバタイ信奉者たちがメシアの到来とともに同様な新時代への移行を告げていけない理由はなかった。メシアがこの移行を惹き起こせば、先の周期の終りに早くも次の周期の支配的力、つまりセフィラーが強まってくるだろう。

　しかしながら、ひとつの点でナータンは伝統的なシェミットース説とかなり相違している。わたしたちの現在の七〇〇〇年の周期はヘセド（恩寵）のセフィラーの力でつくられた、と彼は信じていた。わたしたちはいまなお第一の宇宙周期に生きている。古典的な学説では第二のシェミッター（すなわちゲブーラー、厳しい裁き）となっているが、そうではない。次のゲブーラーの時代はメシアの到来とともに始まるだろう[329]。メシアの任務はひとつの周期から別の周期への移行を生じさせることであろう。テヒルーのなかの円または領域としてえがかれる神的セフィロースのティックーンをなしとげられるのは「聖蛇」、すなわちメシアだけである。杖によって象徴されるモーセの律法がまっすぐなのと違って、メシアは蛇やテヒルーのなかのセフィロースの円のように湾曲ないしは「屈曲」している。モーセの杖が「蛇」になり、

「モーセがそれから逃げた」のはこのためである。エン・ソーフから発する神的光の「直射光線」の支配下、すなわちモーセの律法下にあったものは、「円光」からその力を受け取る秩序と替わらねばならなかったのである。それゆえ、円光によってはたらくメシアと関係している事柄はすべてミステリアス、不可解で、モーセの律法と一致しない。モーセ自身このことを知っていたが、彼は「それ」とそこに含まれる意味「から逃げた」。モーセのトーラーは実際「真実のトーラー」、トーラース・エーメースであったが、いまはイスラムがサバタイ主義の著作で情け（または心からの親切）と恥を意味するヘブライ語へセドの両義性を用いて、トーラース・へセド、恩寵のトーラーと呼ばれる。メシアのトーラーは——そこではかつて恥であった事柄がいまは情けと親切の行為として許されている——この時代と時代に支配的な力とを具現するトーラーの外套、すなわちイスラムとその聖書コーランにくるまれているのである。[330] そのような類型学的類似性の発見によってナータンは、なぜ真のモーセ、すなわちサバタイ・ツヴィが初めにモーセの律法を棄ててイシュマエルの宗教を受け容れ、しかるのちに天の光のなかへ消えなくてはならなかったのか、そのわけを説明することができた。メシアの掩蔽説をナータンはサバタイから学んだのである。

ナータンと彼の弟子たちは自分たちの教義を裏づけるためにしばしばテムーナー書から引用した。彼らがこの一三世紀の原典を使用するやり方は次のような例にとくによく表われている。テムーナーはこのようにいう。聖なる魂は最初ひとつ（アダム）から三つ（族長たち）に、次いで七〇（ヤコブとともにエジプトへ行った魂の数。創世記四六、二七参照）に、それから六〇万（エジプト脱出時のイスラエル人の数）にふえたが、それとまったく同じように、それは日々の終りにも減りはじめ、世界はシェミッターと次のシェミッターとのあいだに荒れ果て、生命がなくなる。この原文のナータンの神秘主義的再解釈は没落と生命の決定的終りのイメージを無視し、それに替えて生命の源との一体的交わりという考えを打ち出す。「そのときすべてのからだがまとまり、ひとつのからだになるだろう……たとえそのまえは完全に離れていてもである。……これはイスラエルの魂たちが天のセフィロースと見事に一体となっているおかげである。なぜなら、宇宙のティックーンが完成するのは、イスラエルの魂たちがひとつのからだにまとまることによって完全なティックーンをなしとげたときだからである。これがメシアなのである。[331]」ナータンはここでキリストの神秘的なからだのなかで信者がひとつになるというパウロの説とサバタイ主義との注目すべき類似性を呈示している。ナータンの論拠はカバラーのテクストの解釈に基づいている。この解釈が実際はテクストの元の意味を逆にしているということなどサバタイ主義の預言者たちは意に介さなかった。全イスラエルがひとつのからだ、すなわちアダムと同一人物であるメシアのなかでひとつにまとまることをそれが示しているかぎりは。この一体化をなしとげることに現在のシェミッターはその完成と終りを見出すだろう。

## X　アブラハム・ミゲル・カルドーゾの手紙『マーゲン・アブラハム』

リビアのトリポリのアブラハム・カルドーゾによって書かれたトラクトには、メシアの使命と終末の時代におけるトーラーの意味にかんするナータンの理念がお手本のように表われている。[332]ナータンの著作のいくつかのコピーが当地へもたらされ、カルドーゾの興味を惹いた。その結果彼は棄教の擁護論を書き、一六六八年、ᵓ*Iggereth Magen Abraham Me*ᵓ*erez ha-Ma*ᶜ*arab*『マグレブからの書簡マーゲン・アブラハム［アブラハムの楯］』を著した。カルドーゾが著者であることについては数々の疑惑があったが、いまは彼自身の証言によって信憑性があると証明されており、[333]サロニキのナータンの弟子のひとり、アブラハム・

ペレツのものとしているある写本の主張は斥けられねばならない[334]。トラクトから、棄教後の最初の数年間に極度に過激な傾向が急速に広まっていったようすがうかがえる。ほぼ同じ時期（一六六八―六九年）に、ナータンは新たにサバタイとコンタクトを取ったのち、著書『ツェミール・アリツィーム』を執筆した[335]。ナータンの著作はカルドーゾの著作と互いに補い合い、『竜にかんする論文』から晩年の著作まで、ナータンの思考がたえず発展しつづけていることは明白である。メシアの魂と「下位のテヒルー」との本質的に形而上的な結合にかんするナータンの以前の見解が、あたかも棄教を経験したことで成熟し、それによって正しさが証明されたかのように、さらに発展したかたちでふたたび現われる。ナータンの『ツェミール・アリツィーム』とカルドーゾの『マーゲン・アブラハム』はいずれもその原動力において、またその推進力が異教的方向へ向きを変えるあの転換点においても、サバタイ神秘主義の完全にグノーシス的な性格を示している。しかしながら、カルドーゾのトラクトのほうがより系統立った、より整然とした思考の歩みを示しており、ナータンの冗長さや本題をそれてだらだらと連想の赴くままにまかせる性癖――それが彼の長い論文を非常に読みづらくしている――はカルドーゾにはない。

カルドーゾは具体的な歴史的出来事や事情にはあまり興味を示さず、もっぱら神学的諸問題に集中し、鋭い過激な表現でそれらを展開する。彼は美文調の暗示に富んだラビの文体を避け、明瞭な、比較的現代風のヘブライ語を書く。彼も前述のカバラー的イデーやシンボルを用いるが、「わたしたちはこれらのテクスト［の説教学的解釈］を手段にして完全な信仰に到達したのではなく……福音を聞いたとき、わたしたちの魂の根によって信仰の深みに達したのである」と強調する[336]。著者はどうやら自分を、高い魂にあたえられる、直接の霊的理解に基づいてミドラーシュやゾーハルを解釈する能力をもつ霊的完成者のひとりと思っていたようだ。しかし霊的というにもかかわらず、彼の考え方には論理性と整合性がきわだっている。

カルドーゾはのちにサバタイ主義の基本的な論拠になったことをはっきり述べた最初の著者である。「神は義人の獣に過ちで罪を犯すことをけっして赦されないのだから、義人自身にはなおさらであり[337]」、神は、神のすべての民はいわずもがな、神の聖徒たちがそのような重大な過ちを犯すことをきっと赦されないだろう、と。この考え方は非常に興味深い。サバタイはその発展当初には良き信仰のなかで行動していたが、己れの過ちを認めたあとは詐欺と罪悪に走った、と多くの失望した信者たちは言ったらしいが、カルドーゾはこの見解を斥ける。なぜなら、もしこの見解が正しいなら、模範的な敬虔な生活が堕罪によって報いを受けることもあるということになり、大勢の信心深い贖罪者や真摯な信者たちが嘘とだましの犠牲になってしまうからである。これは神の正義と摂理を否定することにひとしい、と[338]。メシアの魂はアツィールースの最高天から出たものであり、普通の人間は魂が下位の領域から出ているので、おそらくメシアの行動が理解できなかったのである[339]。

著者は伝統的なルーリアの前提に基づいて追放と解放の深い意味を明らかにする。イスラエルの追放と苦悩は結局天の光の降下とそれに続く神的シェキーナーの降格の結果であった。このことはそれ自体、自身の魂のなかにほかのすべての魂を擁しているアダムの堕罪をもたらした。アダムの堕罪により聖なる火花がケリポースの奈落に墜ちることとなった。各世代の人びとは然るべき掟に助けられて、最初のアダムの身体のなかという己れの魂のとくべつな出自にふさわしいティックーンをなしとげねばならなかった。それゆえ、さまざまな時代（アダム、ノア、シナイ山麓のイスラエル人）はトーラーとその規定のさまざまな解釈を必要とした[340]。最初の宇宙の没落とのちの律法の助けによるティックーンは、深い穴に落ちた人間にたとえることができよう。彼の手足はみな（神的な巨大人間の手足と同様に）ひどい打撲を負い、熟練医師による膏薬湿布の治療を要している。医師は厳重な食餌療法も処方する。患者は治癒すれば、正直言って自分の体質に合わない治療や食事療法をやめることができる。「このたとえ話は［律法の］規則にあてはめることができる。この規則は湿布のようなものであり、そのために光とすべての世界は確実に非常に高い地位まで引き上げられる。しかし、これが成就されるのはメシアの時代になってからであり、メシアだけがすべての世界のティックーンをなしとげることができるのである。それは彼自身が最初のアダムだからである。[341]」

彼の論証のこの点でカルドーゾはタルムードが二つの可能な解放の時期を区別することから途方もない結論を引き出す。タルムード（B. Sanhedrin 98a）は「わたし、ヤハウェが、すみやかにそれをする」（イザヤ書六〇、二二）というイザヤの預言のなかに矛盾を見、こう説明する。「もし人びとがそれにふさわしいならば、わたしはすみやかにそれをするつもりだが、そうでないなら、そのときには［メシアが］定められた時に［来るだろう］。」もしイスラエルがその高い使命にしたがって生き、ティックーンをなしとげていたら、解放はすみやかに行なわれただろう。だが、彼らがだらしないから、神と神のメシアは定められた時期が来たときに解放を行なわねばならないだろう。「そして神はもはや彼ら［すなわちイスラエルびと］に律法の研究と遵守を要求しない[342]。」著者は定められた時期がいま来たことをつぶさに証明し、この事実が現在の律法の状態を正しく理解することにたいしてもつ意味を読者に諄々と言って聞かせる。というのも、「現在のトーラー」――すなわち伝統的なラビ的ハラハー――は「メシア時代には通用しない」からだ。メシア時代には「不文法は価値がなくなるのである」。六つの法規と六〇のミシュナーのトラクトを有する不文法は、アダムが罪を犯すもととなった認識の樹に支配されている週の六日間に相当する。しかし、安息日は生命の樹によって支配されており、それゆえミシュナーとタルムードの律法はもははや通用せず、「［今後］現在のやり方で［神に］仕えようとする者は」メシア時代の尺度によれば「……耕地を破壊し、安息日を穢す[343]」。サバタイ主義の論理はこのためラジカルな反律法主義的結論にいたった。律法の規定は無効になるばかりではない。それを遵守することはまったく罰当たりなことにメシアの安息日を穢すだろう、というのである。著者はその論拠を『ラーヤ・メヘムナー』や『ティックーネ・ゾーハル』からのさまざまな引用で裏づけ、詩篇一四六、七「主は囚われびとを解き放たれる」へのミドラーシムの注釈を引き合いに出す。アスリーム（「囚われびと」）をイッスリーム（「禁制」）と読み替えるならば、この句はこのような意味になりうる。「主はすべての禁制を解かれるだろう――豚肉の禁制も含めて[344]。」「これらの言葉を表面的に読んだだけでも明らかなように、ケリポースのかけらの世界が浄められれば、［トーラーの］外被は不要となり……トーラーは改められる。……しかし、モーセ［の化身］にほかならないメシア王を除いてこれをなしうる者はいない[345]。」

信心深い敬虔なユダヤ人として著者は自分自身の教説から反律法主義的結論が出るのを防いでいる。彼は彼の論証から性急に結論を引き出したり、ラビの法律や慣習から少しでも外れたりせぬよう読者に注意する。なぜなら、生命の樹の規則は認識の樹の規則が完全に履行されて初めて樹立されるからだ。だが、メシア以外にだれもこの履行の瞬間を知らない[346]。メシアが――一種のトロイの木馬としてであるが――ケリポースの領域にとどまっているあいだは、伝統的な律法はなんらその効力を失わなかった。著者の立場はこれ以上ないくらい明白で、確固としており、ほかの多くの支持者たちも同断だったと思われる。しかしそれはまた、理論的潜在的な反律法主義とその実際の適用とを分ける稜線がいかに狭く、危なっかしいかをも示している。

カルドーゾによれば、イスラエルが宇宙的ティックーンをやり損ねたからには、新しい時代を招来するにはメシアが決定的なはたらきをするだろう。しかし、彼の職務の性質は凡人の理解能力を超えている。というのも、メシアの奇矯な行動は「容器の破損のさいに彼とともに大いなる奈落へ沈んだ世界と聖性の火花を引き上げるための極秘のティックーニームだからである」。この落下は出エジプト記二一、三三に象徴的に表現されている。「もしひとが穴をあけたままにしておいたら……牛や驢馬がこれに落ち込む。」ゾーハルによれば(347)、牛はヨセフ家のメシアを象徴し、驢馬は「謙虚に驢馬に乗って行く」ダビデの息子を象徴している。原始の光とのちの容器の破損とのあいだの矛盾は井戸の穴のようなもので、「メシア、すなわちモーセはそのなかに落ち込んだ」。ファラオの宮廷とクッシュの地でモーセが奴隷状態にあるのはそのためである。メシアの行動は、彼が征服せねばならぬ、「そして聖性の火花をまるで火中から救い出すようにつかみ取るためにはいって行かねばならぬ」とくべつなケリパーの性質と本質に合ったものでなくてはならない(348)。この点でカルドーゾとガザの預言者とのあいだにわずかな差異がある。『竜にかんする論文』や別の箇所でナータンは、メシアの魂はツィムツームの最初からテヒルーの大きな奈落のなかにいたと言っているが、それにたいし書簡『マーゲン・アブラハム』は、メシアは容器の破損のさいに奈落へ「墜ちた」と示唆しているように見える。しかし、カルドーゾはナータンの奔放な、比喩的な言葉づかいを厳密に取りすぎまいとしたのだろう。

メシアは使命を果たすには「曲がった」道を行かねばならないだろう。ナータンは、すでに見たように、道が曲がっているのはメシアの魂の生れがテヒルーの圏域にあるからだという。その点ツィムームのあとにテヒルーにはいり込んだエン・ソーフの光が「直線」であるのと対照的である。メシア王国の建国者ダビデの出生と歴史が普通の人間の尺度からすれば「曲がって」いるのにもいわれがないわけではない。すなわち、ロトと娘たちとの近親相姦(ダビデ王家の先祖であるモアブ人女性ルツは彼らの血を引いている）〔神がソドムとゴモラに火を降らせたとき、天使の導きで逃れたロトは二人の娘とともに山中深くに隠れ住んだが、子種がなくなるのを恐れた娘は泥酔させた父と交わって、それぞれ一子をもうけ、モアブ、ベン・アミと名づけた。前者はモアブ人の祖先、後者はアンモン人の祖先となった。後出のルツはモアブ人女性である〕、ユダとタマル〔ユダはタマルと結婚した長男エルが子を残さずに死んだため、次男オナンに兄嫁タマルと子をもうけるよう命じたが、オナンは子ができないように行為した――オナニーの語源――ため、神の怒りを買って死んだ。そこでタマルは遊女に変装して舅のユダを誘い、ペレッツとゼラの双子を産んだ。前者がダビデの祖先となった〕[349]、ボアズとルツ〔夫を亡くしたルツは庇護者のボアズと再婚し、息子オベドを産んだ。ダビデの父エッサイはこのオベドの子であり、これによってイスラエル王家にはロトの胤モアブ族の血が流れることとなる〕、ダビデ懐妊の事情とダビデのバトシェバとの過ち〔ダビデはヒッタイト人ウリヤの妻バトシェバに横恋慕し、ウリヤを戦場に送って戦死させ、彼女を誘惑して妻にした。この破廉恥行為を怒った神は二人のあいだに生まれた第一子を死なせたが、そのあと第二子が生まれ、これがソロモンである〕。実際、反ダビデの指導者たち、エドム人ドエグ〔サウルの手をのがれたダビデはノブの地で祭司アヒメレクに助けられたが、ノブの首長ドエグはそれをサウルに知らせたうえサウルの命で八五人の祭司を皆殺しにした（サムエル記上二二）〕やビクリの息子シェバ〔ベニヤミン族の人。ダビデに反抗し、ベト・マアカのアベルでヨアブ率いる討伐軍に包囲されたすえに町の破壊を恐れる住民らによって首をはねられた（サムエル記下二〇）〕などはけっしてならず者やごろつきではなく、（タルムードの伝説によれば）当時の最も偉大なラビの権威ならびにサンヘドリンの首班のひとりであった。それゆえ、主の油を注がれた者を早まって疑ってはならない。この秘義を理解するには、古い書を丹念に調べねばならない。「なぜなら、このような奥深い事柄は浅薄な知識ではとらえられないからである[350]。」支持者たちはこれほど多くのすぐれたラビたちが反対するからといってうろたえてはならない。なぜなら、メシア到来の時には陣営が二つになるのは避けられないからである。そのうえ、真のカバリストはみなメシアの側だった[351]。著者がすべてのカバリストはサバタイ陣営だったと主張するのはたしかに誇張であるが、しかし彼の証言は支持者たちの一般的感情を表わしているかもしれない。いずれにせよ、棄教後の最初の数年間にはナータンとカルドーゾが提唱したような論拠に感銘を受けたカバリストや支持者がたくさんいたに相違ない。

# 第八章　サバタイ・ツヴィの晩年（一六六八－一六七六年）

## I　アドリアノープルにおいてサバタイグループが強固になること

これまでに行なった、棄教がヨーロッパとオリエントのユダヤ人にあたえた直接的影響の描写は、メシアそのひと、サバタイ・ツヴィことメフメット・カピジ・バシを一六六七年夏のアドリアノープルに残したまま等閑視してきた。

棄教後のサバタイの心の状態については先の章で（七二四ページ参照）手短に述べた。最初彼は非常に混乱し、度を失っているように見えたが、時とともに彼のうちひしがれた気分は新たな精神的昂揚の発作にとってかわられ、すでにおなじみの躁と鬱の交代リズムがふたたび始まった。照明の時期にはいっさいの疑惑が消えた。彼は自分の天職と神秘な任務をふたたび確信した。彼の支持者たちは背教者メシアが放つように見える不思議な魅力に相変わらず取り憑かれた。彼の棄教はしだいに、これまでのすべての試練、経験、奇矯な行動の自然な高まりという決定的な性格を取るようになった。サバタイはすでに一度ケリポースの獄《ひとや》からの解放を経験していたが、いままたその囚人となった。彼の最後の試練は最も困難なものだった。彼は自分の苦悩の秘義の奥底を探ろうとした。彼が同じようにその秘義を究明しようとした指導的な支持者たちと交わした手紙は、たしかに、彼の運命の彼自身の解釈を明確に述べるのに役立った。

サバタイはナータンとも連絡を取りつづけた。預言者が約束を守らなかったとラビたちがこぼしたのも無理はない（七七九ページ参照）。アブラハム・ヤキーニなど多くの支持者たちはサバタイを訪ね、話し合いをしては帰っていったが、教えを棄ててくれと彼からたのまれはしなかった。メシアのそばから離れぬためにアドリアノープルやその近辺に住みつく者もいた。サムエル・プリモはしばらくまえにソフィアに引き移ったが、その後もサバタイを訪問し、彼の教えを受けた。サバタイの訪問者のなかに彼の命で棄教した者が何人かいたとしても、ブルッサでナータンと別れて、さらにアドリアノープルへ旅を続けたナータンの仲間（七六三ページ参照）が同じ事をしたという証拠は何もない。最初の棄教者の名前は不明である。ナータンがアドリアノープルについたとき、そこに彼のグループの仲間が何人かいた。そのなかには「イスラエルの一二部族」の代表者もいた。一連のサバタイの有力な支持者や近しい盟友たちがアドリアノープルに呼ばれて来ていた。クーネンがスミルナのサバタイの裕福な兄エリヤ・ツヴィの家にナータンを訪ねたとき、彼は、エリヤがアドリアノープルへ発とうとしていることを聞いた。エリヤ・ツヴィと彼の長子は実際一六六七年夏アドリアノープルへ行った。しかし彼らがサバタイのほかの多くの随員たちと同じようにサバタイの命で棄教したのはもっとあとになってからである。[1] こうして棄教者の最初のグループが生まれ、彼らはどこへ行くにもサバタイにつきしたがい、多くのユダヤ人の怒りを買うと同時に、キリスト教徒たちの注視を浴びた。「神秘主義神学など皆目わからぬ」単純な商人（六五四―六五五ページ参照）からいつしか「偉大な賢者」の地位にまでのぼっていたエリヤ・ツヴィは片時もサバタイのそばから離れなかった。サバタイの死後、彼は逃げて父祖たちの宗教に戻ったばかりか、だれからもうやまわれるコミュニティの一員としてふたたびスミルナに落ち着くことに成功した。[2] どうやら過去を掘り返したり、転落した改宗者をトルコ当局に売ったりすることに興味をもつ者はいなかったようである。わたしたちの知るかぎりでは、サバタイの二人の兄弟はいずれものちにイスラム改宗者（デンメー）の仲間入りをすることはなかったし、だれか家族の者がその一派とつながりをもったという言い伝えもない。

サバタイ主義やその他の典拠はサバタイの分裂した振舞いについて証言している。サバタイ信奉者にはもちろんこの二面性を強調すべき彼らなりのわけがあった。彼らは少なくとも始めの数年間は、棄教はまったくの見せかけであるという見解を広めようとしたからである。だが時とともに棄教の肯定的な意味にかんする新しいサバタイ主義の教義がより大胆に提唱されるようになり、支持者たちはもはや、メシアはほんとうに律法を侵したわけでも廃したわけでもない、などと言い張りはしなくなった。トビーアス・ローフェはこう書いている。サバタイは「いつもどおりラビらしく振舞った。彼はときにはユダヤ人のように、ときにはイスラム教徒のように祈り、振舞い、そして奇妙な事をした」[3]。この数年間にサバタイを見たキリスト教徒も同じことを報じている。それゆえ、サバタイは片手にコーランを、もう一方の手に律法の巻物をもっているとか、祈りを口にするさいに聖句箱を捧げ持っているといったサバタイ・ツヴィにかんする話も、カサーレの使節やイサアク・サスポルタスがしたように、たんなる噂といって片づけてしまうわけにはいかないだろう[4]。棄教直後にアドリアノープルとラグーサで書かれた支持者たちの手紙は、サバタイがユダヤの大祭（一六六六年九月から一〇月）を伝統的な典礼方式でとどこおりなく執り行なったことを報じているが[5]、それに間違いはないだろう。

ド・ラ・クロワは、サバタイが一再ならず大勢の棄教したユダヤ人グループに囲まれて歩きまわっているのを見たと主張している。「彼らは彼にしたがってシナゴーグに行った。そこで彼はイスラム教への改宗をうまく説いたので、この狂信者がマホメットの宗教のためになす宣教活動が続いた丸五年のあいだにトルコ人（つまりイスラム教に改宗したユダヤ人）の数がふえた。(6)」フィレンツェの使節サンティ・バニは一六七二年二月二八日に書かれた報告のなかでサバタイの改宗説教にも触れている。(7)リコーはこの数年間のサバタイの振舞いを次のように叙述している。(8)

このようにしてサバタイは、かつてエジプトの宮廷に滞在したモーセのひそみに倣ってしばらくトルコの宮廷で日を過ごした。ひょっとすると彼もこの昔のユダヤ人解放者と同じように同胞たちの苦しみを見て、彼らを憐れんだかもしれない。彼は今でもしょっちゅう自分は本当に彼らの救世主であると断言していた。だがトルコ人の気に入るように、こうもつけ加えた。もしわたしの民がわたしと同じようにならないかぎり、つまり、暗い部分や不完全な部分がある彼らの律法を棄ててイスラム教に改宗し、そのほかわたしが彼らに必要と考える事柄を指示どおり行なうのでないかぎり、わたしはけっして彼らをエルサレムには連れていかない、と。彼の言うことに強力な効き目があったのか、非常に大勢のユダヤ人がエルサレムやバビロンや、その他の辺境の地からやってきて、被り物をかなぐり捨て、堂々と太守の面前でトルコ人の信仰に改宗した。

こうしてサバタイは、これほど大勢の人びとを改宗させ、トルコ人たちの覚えがめでたくなったことによって、いつでも好きなだけ兄弟たちを訪ねることをとくべつ許された。だが、そのさい彼はモーセの律法に倣って、生後八日目の子供たちに割礼をほどこし、彼の新しい教義を説いたので、彼らの多くは彼こそ本当のメシアだと堅く信ずるようになった。それでこんなに不思議な事柄が終末にもたらすものをいまかいまかと待ち焦がれた。それでもおおっぴらに彼を認める勇気のある者はいなかった。トルコ人やユダヤ人を怒らせ、後者からは追放を、前者からは絞首刑をくらうのではないかと恐れたからである。

リコーの叙述は一宗派の発生過程を正確にえがいている。すべては仮装と擬態である。サバタイと彼の支持者たちはその本当の信仰を隠す。改宗を説く棄教者の説教も多くの支持者たちのメシア信仰のあからさまな拒否もいずれもごまかしである。リコーの叙述はすべての支持者にはあてはまらないが、非常に多くの者にあてはまる。トルコ側からとユダヤ人側からの二重の圧力が運動を地下に潜らせた。サバタイグループはこうして薄暗がりのなかで動きはじめ、そのなかで栄えた。自分たちの信仰と目的をおおっぴらに告白しようものなら破局を招いただろう。リコーはサバタイの「新しい教義」にも触れている。この点でも彼の情報は、このあと見るように、正しかった。

前述の証言は主としてサバタイの活動の晩期（一六六九―一六七二年）に関係するものであるけれども、ほぼ間違いなく棄教直後の期間にもぴったりあてはまる。レイーブ・ベン・オーザーはトルコから来た旅人から、棄教した弟子やラビたちが自分たちに倣うようほかのユダヤ人の説得に努めていることを聞いた。彼らはまた実際に「多くの罪びとを仲間に引き入れた」という。サバタイはまた支持者の多くに「こちらへ伺候せよ」と命じ、「『ピルケー・デ・ラビ＝エリエーゼル』にメシアはイシュマエルびとのなかに呑み込まれるだろうと書かれているように、すべては天で定められているのだと彼らに説明した。[9] 彼は彼の誤ったカバラーによってすべてを説明し、どんな問いにも答えることができた。こうして二、三ヵ月のうちに三〇〇人以上のユダヤ人を棄教させた。[10] レイーブ・ベン・オーザーはどうやらサバタイの改宗の努力にかんする報告とのちのデンメーの活動とをないまぜにしているようだ。[11] サバタイの棄教した支持者たちが彼の存命中に活発に改宗活動をしたことを示す証拠はない。サバタイ主義の資料はこの方面で活動したのはサバタイだけであることを推測させる。レイーブの挙げる数も誇張のように思われる。一六七二年から翌年までトルコにいたキリスト教徒の旅行者は棄教者の数を二〇〇家族と見積もっている。[12] 一六七三年にたいする彼の見積もりが正しいなら、メシアの棄教直後の一六六七年の数はかなり低かったに相違ない。はじめの数年間には棄教者が後悔してユダヤ教に戻ったケースもあった。一六六九年にすでにサスポルタスはモロッコの彼の交信者に、サバタイ・ツヴィとともに棄教して非ユダヤ人女性と結婚した彼の多くの仲間が「過ちを悔い」ていると伝えている。彼らは妻と[13]別れ、ポーランド国境近くのヴァラヒア侯国〔ルーマニアの南カルパティア山脈とドナウ川に挟まれた地方。一三〇〇年頃に現在のルーマニアの中核となるヴァラヒア侯国が建設された〕へ逃げた。サバタイ信者たちが良心の呵責を感じたケースがほかにもまだたくさんあったに違いない。

一六六七年、サバタイ・ツヴィにひとりの息子が生まれた。ナータンはこの出来事を一六六七年始めに書かれた彼の手紙のなかで予告していた。その頃サバタイの妻はすでにみごもっていたのである。男の子はナータンの預言どおりイシュマエル・モルデカイと名づけられた（「モルデカイ」はサバタイの父、モルデカイ・ツヴィにちなんだものである）。だが、ナータンの預言に反して、[14]子供は（ラビの伝説によればまえの解放者モーセがそうであったのと違って）割礼されないで生まれてきた。サバタイ主義の資料によれば、サバタイみずから大勢のトルコ人の見守るなかユダヤ教の儀式にのっとって息子に割礼をほどこし、この催しを記念して祝宴をひらいたという。[15] この報告が正しいなら、トルコ当局はサバタイに下した訪問禁止を一六七二年に彼を再逮捕し追放するまで実施しなかったということになる。わたしたちの知るかぎり、そのような禁止は、たとえカサーレの使節がそんな噂をスミルナで聞いたとしても、存在しなかった。そのような禁止があったのなら、ひょっとすると棄教後に破棄されたのかもしれない。カストリアのラビ・イスラエル・ハッサンは一六六七年に彼のサバタイ詣でをこう記している。彼はサバタイに目通りを許されたあと、イスラエルの王に拝謁するさいに定められている儀礼の祝福を述べた。サバタイは自分の人柄やメシアの使命にかんする自著を彼に見せた[16]。他方あるキリスト教徒の旅行者が聞いたところによると、サバタイはユダヤ人たちに、自分ひとりにしておいてくれと書き送ったという[17]。しかし、サバタイの予測不能な衝動的な振舞いのなかに首尾一貫性と論理性を求めるのは無駄であろう。もしかすると彼は、支持者たちがラビたちから甚だしく迫害された時分に、訪問者たちに手紙を書いて、自分のところへ来ないようにと言ったのかもしれない。

資料はその後もあらゆる国々から支持者がサバタイを訪ねてきたことを示唆しているばかりか、わたしたちはそこから支持者のさまざまな人間像や性格についてもなにがしかのことを知る。棄教後も信じつづけた忠義者たちは分別よりも感情を優先させる主情的な不安定なひとたちであると推定しようとするのはいとも簡単であるが、しかしこの推定はきっと間違っているだろう。支持者のなかには、通常利口で、理性的で、常識があるといわれるひとたちがいた。トゥーリン近郊のピネローロのヨナス・サルヴァドールはそういう人間であった。ユダヤ自治体の業務にたずさわっていた商人で学者のサルヴァドールは一六七〇年始めの数ヵ月パリに滞在した。そこで彼はフランス人学者で聖書研究家のリシャール・シモンと親しくなった。ヨナス・サルヴァドールにかんするわたしたちの知識もこのひとの書簡に負うている。サルヴァドール自身は敬虔な正統派ユダヤ人であったが、啓蒙されたフランスの知識人を動かしていたあの思想に関心を抱き、彼自身の計画にたいし彼らの支持を期待した。彼はパレスチナに帰還し、そこにユダヤ人の政権を回復させる構想にすっかり取り憑かれていた。それで彼はリシャール・シモンを通じて知ったイサアク・ド・ラ・ペレールの『ユダヤ人の帰還命令』（一六四三年[18]）に強い感銘を受け、イスラエルについてこれほど肯定的に語る作者がユダヤ（マラノ）出自でなかったことがどうしても信じられなかった。

リシャール・シモンとの会話に見るサルヴァドールは常識と批判力をそなえた男であるが、だからといってそれは、彼もまたサバタイ信奉者であると認めるのを妨げるものではない。サバタイの棄教にもかかわらず、「彼は現在アドリアノープルにいるこのメシアが彼の民を彼の掲げた旗印のもとに聖地へ連れて行くだろうと確信している――あるいは少なくとも確信している振りをしている。そうすればそこに神の崇敬が純粋なかたちで回復されるだろう」。シモンはこれについて、トゥーリンの修道院で教育されている娘に宛てたサルヴァドールの手紙を見たと述べている。サルヴァドールはシモンに、あらゆる国々からユダヤ人がその後もアドリアノープルのサバタイ・ツヴィを訪れているとも話した。彼の発言はわたしたちがほかの資料から知っていることと一致している。いずれにせよ、ヨナス・サルヴァドールのケースはカサーレの使節の否定的な報告にもかかわらず依然としてピエモントに支持者がいたこと、そしてこれらの支持者が必ずしも非現実的、空想的な夢想家ではなかったことを示している。サバタイ主義陣営全体をすでに早い時点でユダヤ共同体全体と縁を切った分離主義的宗派としてえがくことはたしかに間違っているだろう。いろいろな種類のサバタイ信奉者がいたことは彼らの文献が示している。そのなかには公的な用件で「セクト主義的メンタリティ」といえるものとはまったく無関係に活動した実務的な人間もいた。自分の信仰について腹蔵なく自由に語った支持者がヨナス・サルヴァドールひとりでなかったことは確かである。(19)

## Ⅱ 一六六八年の啓示とトラクト『信仰の証』。一六七二年までのツヴィと彼のサークル

棄教からほぼ一年半後にサバタイ・ツヴィは新たにアドリアノープルで興奮を巻き起こした。今回は、一六六八年の過越祭のあいだに彼を見舞った「大いなる照明」に関係してである。サバタイには、周知のように、文才がなかった。それで彼が見た天の幻視を口頭で側近の者に伝えることに甘んじていたようである。そして側近の者たちがそれを文字に書きおろした。一六六八年早春か夏にそのようなトラクトが二冊書かれたようである。この二冊のトラクトのひとつはいまは遺失してしまったらしい。ただロザーネスは一九一五年にサロニキでそれを見ている。デンメーからその秘密文書館を調査する許可をえたときである。この折りにロザーネスはひとつの写本を見た。それを彼は次のように記している。「啓示――二部に分かれた小冊子、紙数約三〇枚。文書の始まりは〈知るがよい[20]、一六六八年、われらの主アミラーがテーブルにつき、過越祭の夜の儀式を祝っておられたとき、二万四人の天使が現われ、いっせいにこう言われた、『あなたはわたしたちの主です。あなたはわたしたちの王です。あなたはわたしたちの解放者です』と。[21]〉」『サハドゥーサ・デ・メヘメヌーサ』（信仰の証）と題する別のトラクトが支持者たちのあいだに出回っていたらしく、数多くのコピーが遺されている。本文は五章からなり、一六六八年の過越祭における神とサバタイ・ツヴィの幻想的な出会いの描写と、第一章への注釈と、詩篇一九への注釈を含んでいる。[22]

平易な、好もしい、ときには美しくすらある文体で書かれた描写は真の深い感情を示している。その意義は、それがサバタイのすぐ身辺から生まれた、そして意志鞏固な熱狂的な支持者たちの心情をうかがわ

せる棄教後初めての記録だという点にある。『証』の作者がサバタイといっしょに棄教したのかしなかったのか、それはわからない。どっちにせよ、彼の描写は、明確な、しっかりした考え方——そこにはひょっとすると当時のサバタイ自身の姿勢が反映されているかもしれない——があることを示す深いユダヤ感情と断固たる堅い信仰の息吹を放っている。著者の意図と説はガザのナータンが一六六七年から一六六八年のトラクトと書簡で展開したものとは異なっている。[23] ナータンのほうが棄教の解釈や、メシアの任務とメシアがケリポースの世界へ下ることとの秘義を説く教義においてもっと過激で極端である。非ユダヤ人にたいするナータンの態度は一貫して敵対的である。メシアが彼らの世界に侵入するのは彼らを救うためではなく、彼らの絶滅を早めるためであった。アドリアノープルの支持者たちはどうやら一六六八年にはまだナータンの教義の新しい方向を受け容れていなかったようで、そこに含まれている意味を完全に理解してはいなかった。彼らはまだ、メシアが非ユダヤ人のもとでどんな任務をになっているのかや、不浄な身体になった解放者にたいしてイスラエル人はどんな態度を取ったらいいか、という問題を論じていなかった。棄教後の最初の数年間はこの穏当でない惨憺たる出来事をどう説明するか、いろんな試みがなされたにちがいない。そしてそのような説明は疑いなく天の啓示というかたちで表われることが多かった。これらの論文の多くはのちに遺失してしまったが、この文献のひとつの例がある日記のなかに遺っている。ほかの点では不明のラビ・ヤコブ・ベン・イサアク・ツィロヨンという支持者が一六六七年九月二九日の贖罪の日から一六六八年のあいだにあたえられた、サバタイ・ツヴィの棄教と「奇矯な行動」にかんするマッギードの啓示をそこに書き記しているのである。シェキーナーによって吹き込まれ、ゾーハルの言葉で伝えられたこの啓示は主として、ゲマトリアのかたちを取ったサバタイ主義的「証明」からなっている。[24]

『信仰の証』の著者は、神とサバタイの天上での出会いにさいして観客の役割を取りながらこの問題を論じている。彼の叙述はそれゆえカバラー神学ではなく黙示録的幻視の言葉にくるまれている。筆者は天の必罰を恐れるためでなかったら、このような畏れ多い事実を絶対に明かさなかっただろうという。どの章でも、彼は公表を控えようとすると、「百死にまさるひどい」火焔と苦しみに見舞われ、「証人でありながら、見たり知ったりしたことについて何も言わないで罪責を負った」（レビ記五、一）ばあいに下されると聖書がいう罰をこうむった。(25) この「証人」の供述はこうである。

知るがよい……神は一六六八年過越祭の夜に、真の解放者、われらの主、偉大な、清らかな、聖なる王にしてメシア、サバタイ・ツヴィの上に聖霊を宿らされた……この時にあたってイスラエルを救い、解放されるためである。しかし、解放者はこう言われた。「あなたの子らにメシア時代の苦しみをまぬがれさせてくださるならというわたしがつけた最初の条件を聞き入れてくださるのでしたら……わたしは解放のつとめをお引き受けいたしますが、そうでないなら、もうしばらくお待ち願います。」すると神はこう言われた。「あなたはわたしの子らにたいしてわたしよりも憐れみをもっているのだね。[予定した] 苦しみの半分はもうすでに発せられた。あと半分は彼らに負わせ、あなた自身は苦しまずともいいのです。」それにたいして彼はこう答えた。「世界の主よ、あなたは、わたしが民衆のあいだに播かれた種を摘み取りに出かけた日から何人かのユダヤ人によって汚されたわたしの名誉を救おうとしてそうなさるのです。ご覧ください、わたしは多くの魂を集め、それらを改宗させ、非ユダヤ人からイスラエルへ導きました。わたしの名誉が汚されることなどかまわないでください。神の名誉とイスラエルの栄光が増すならそれでいいのです。なぜなら、何千、何万の非ユダヤ人がみずからイスラエルにつらなるのを見たら、彼らはみな完全に償いをするでしょうから。」それから彼は家父長たちを呼んで、彼らに言った。「非ユダヤ人がわたしのことを知り、わたしのことを調べ、わたしのことを確め……そしてわたしの内にある明るい輝く光を見たことにより彼らの心をとらえた新しい完全な信仰を信ずることを互いに認め合うなら、イスラエルの敵［とは――婉曲話法で――イスラエルのこと］を滅ぼすことなどできないだろうなどと思ってはなりません。しかし、だれもが相手が自分と信仰を共にしているかどうか疑っています。イスラエルは、将来このうえない幸せが自分に用意されていることを知らないから非ユダヤ人に嗤われるのだということがわからず、わたしを信ずるから嘲笑されるのだと思っています。しかし、そうではありません。［非ユダヤ人は］ただこれがその理由であるかのように振舞っているだけなのです。なぜなら、彼らは自分の心のなかにあるものを見せ合うのを恐れているので、きっと非ユダヤ人にもそれを見せないでしょうから。」

神は家父長のいるまえで彼に詰め寄って、言った。「麦の穂を刈るひとでさえすべての実を拾い集めることはできない。毎年成った実の一粒や二粒はなくすものだ。畑の持ち主はわたしであり、麦はわたしのものだ。あなたが麦を収穫するかぎり、少々の粒が失われたって、わたしは一向にかまわない。」「おそれながら」と彼は答えて、一羽の鳥を呼び寄せた。すると鳥が飛んできて、一粒の実をついばんだ。……［メシアは］鳥を殺してその実を取り出し、それを播いて、天の獣の汗をたっぷりやった。それは大木に生長し、花を咲かせ、見事な実をつけた。彼は最初の果実を取り、神に供えた。神にはそれが楽園の香を放っているように思えた。それから［メシアは］言った。「一粒でもたくさんの見事な果実を実らせることができるのですから、どうしていくつかの魂を失うかもしれないようなやり方でイスラエルを解放することができましょうか。」(26)

そうしてメシアは世界じゅうからひとつひとつ穀粒を集めると、鳥や獅子や野の獣に次のような言葉で話しかける。「わたしの信仰とわたしの知識によっておまえたちに命ずる。そして鳥や獣たちが一六四八年に解放を疑った者のずたずたの肉から奪ったものをすべて吐き出しなさい。」そしておまえたちがイスラエルの子らの身体をもどしたとき、メシアはおのおのに己れがしたことを順々に話す。鷲は心臓をついばみ、鳥たちは肉を食らった等々。この部分は『証』が実際にサバタイの幻視にかんするサバタイ自身の報告に基づいていることを推測させる。一六六七年（あるいは一六六八年）から一六七二年までサバタイの側近にいたカストリアのラビ・イスラエル・ハッサンはヨブ記三九、一二の「彼が戻って来て、あなたの穀粒を打ち場へ集める」を次のように説明する。「一粒の麦も失われないだろう。だからアミラーは言われた。たとえだれかが死んで、鳥たちがその肉を食らっても、わたしは彼らに命じてそれを戻させ、そしてふたたびそれを無傷なかたちにするだろう、と……そうしてわたしは彼の聖なる口からこのように聞いた。わたしはすべての麦を集め、それを穀倉へ収納することができる。一粒たりともなくしはしない。たとえ鳥が誤って一粒呑み込んでしまっても、わたしはそれを鳥の口から取り戻すだろう……なぜなら、イスラエルの魂がひとつも失われないことが彼の大いなる業のティックーンの目的だからだ。」(27)

アドリアノープルのサバタイと彼のサークルが彼の棄教の秘密の意味についてどのような考えをもっていたかがここにはっきり表われている。非ユダヤ人のなかにも「聖なる穀粒」がある。メシアはそれを貯蔵しなくてはならない。ただたんに「茨のなかに落ちた」聖なる火花と魂を（ハイーム・ヴィタールや古典的カバラーが説くように）取り上げるのではなく、信仰を広め、非ユダヤ人をサバタイ主義的ユダヤ教へ改宗させることによって。キリスト教の資料はごく一般的に、非ユダヤ人（おそらくトルコ人）もサバタイ・ツヴィを信じていると語っているが、この主張を裏づけるものは何もない。『証』には改宗させた者たちのことを自慢するサバタイが見られる。ただし幻視が語る何千人というひとたちはおそらく少数の個々人にすぎないだろう。ラビ・イスラエル・ハッサンは「非ユダヤ人の信者」のことをそれ以上詳しい説明を要しない周知の事実として語っている(28)。

解放者はたとえ神を畏れぬ不信仰のイスラエル人——彼らもおそらく後悔はするだろう——であれ、非ユダヤ人のなかに播かれた穀粒——それを集められるのはメシアしかいない——であれ、一粒たりともあきらめない。すべてが集められないかぎり、彼は準備の仕事が終ったとはみなさず、解放を表明しないだろう。棄教まえにはだれもそんな教義は考えもしなかった。だが、棄教後それはメシアが自発的にケリパーの世界へはいったことの自明な説明として各地で同時に——アドリアノープルでは最も極端なかたちであったけれども——発生したらしい。この教義には、ガザのナータンの著書では非常にきわだっている、ケリパーの力はいわば内側から崩されるという考えこそないが、それでもそれはすべての信者がメシアが「野に出て行った」という点に何か悲劇的なものを感じたことを示している。この感情はアドリアノープルのグループの教義のなかにこれまでにない最も深いかたちで表われている。ルーリアのカバラーは、イスラエルの歴史的使命のなかには大きなドラマがあるという感情をかきたてていた。サバタイ主義的に変形された感情のなかではそれはメシアの使命のドラマとなった。

メシアはひとつの魂たりとも放棄しないだろうという根本理念は『証』全篇に繰り返されている(29)。とくに第三章は多くの支持者が取り組んだらしい問題を扱っている。メシアを捨てたあとのイスラエルの行いには、いかなる価値、いかなる功績があるのか。幻視は次のようなメッセージでこれに答える。

よく聞きなさい、イスラエルの人びとよ、四二六年［一六六六年］にイスラエルの贖罪行為から生まれた新しい天使のグループがいまとても心を痛め、神の玉座の前で嘆き悲しんで、こう言っている。「わたしたちが神の御許へお持ちしようと思っていた、イスラエルの善行からつくられた王冠はどこにあるのでしょう。……いまわたしたちの両手は空いています。彼らの信仰によってわたしたちを元気づけてくれる少数のひとたちがもしイスラエルにいなかったら、わたしたちはもうとっくにいないでしょう。もし彼らまでが背いたら、わたしたちはどうなるでしょう。」この天使たちがなおも嘆き悲しんでいるうちに、別の天使のグループがやってきた。彼らはイスラエルがなした何千、何万の善行を両手にいっぱいもっている。彼らは最初のグループが泣いているのを見て、こう言った。「わたしたちの骨折りもみな無駄になるのでしょうか。」……［それにたいし神は天使を遣わし］われらが主、メシア王サバタイ・ツヴィを連れて来させた……彼に答えさせるためである。そして神は彼に言われた。「公正すぎることのないようにあなたに言いませんでしたか。この印章を取りなさい。そのなかにイスラエルのすべての子らの名前が彫ってあるから……この天使たちを苦しめる者の名を消しなさい。」すると彼は言った。「宇宙の主よ。どうしてあなたは［アブラムの名をアブラハムに変えて、創世記一七、五参照］*h* の文字をつけ加えられたのですか。彼のすべての四肢が永遠の生を継ぐことができるためではないのですか(30)。あなたがアブラハムの手足の一本に憐れみをおもちになるのでしたら、イスラエルの何千、何万という人間にも憐れみをおもちになろうとはなさらないのですか。律法の巻物は文字一字でも欠ければ無効です。とすれば、イスラエルの子らの多くの名をわたしの印章から消すことなど、どうしてできましょうか。それらは律法の文字のようなものなのですから……(31)」するとと神が彼に言われた。「この泣いている天使たちみなをあなたはどうするつもりですか。」……そしてわれらの主は彼らとともに泣かれた……そこで家父長たちはモーセのところへ行った。彼［サバタイ・ツヴィ」もいっしょに連れて行った。そして彼に言った。「イスラエルの敵［イスラエルの子らの婉曲話法］は滅びるでしょう。」……［それにたいしモーセも仲裁にはいった。出エジプト記三一、一一―一四と三四、八―九を参照］そして神は言われた。「やさしく、誠をもって悪行を赦してやりなさい。」

五つ目の幻視はもっと明瞭である。著者はどうやら、そこに囚われている聖性の要素が引き出された結果ケリパーが完全に破壊されるのを期待していないようだ。それどころか逆に、七〇の国の君主の上に君臨し、彼らと神のあいだを取りもつサバタイ・ツヴィの神格化を先取りしている。ここでアクセントは二つの理念に置かれている。メシアは最終的に顕現するさい、エルサレムの神の玉座に座していて、トーラーのすべての秘義を説き明かすだろう。メシアの新法が示されるわけではない。戒律の廃棄についてはひとことも言及されない。ナータンの言説に特徴的な反律法主義的要素はまったくない[32]。そのうえ、なおも反抗しつづけ、不信仰者の罪業から力を引き出していたあの国の君主たち（おそらく神の単一性を否定した異教徒たちではなく、サバタイ・ツヴィのメシア的性格を否定したイスラエル人たちであろう）は悔い改めるだろう。そして七〇の国はサバタイの王国に屈服するだろう。イスラエルはエルサレムに集められ、サバタイはイスラエルとその民たちにトーラーを説き明かすだろう。メシアの任務はしたがって非ユダヤ人にとっても解放を意味するのである。

以上のことから、サバタイサークルが一六六八年に一定の幻視を経験したことは明白なようだ。棄教のために大方のユダヤ人から軽蔑されたメシアはそれでもなお自分のことを――あるいはほかのひとたちは彼のことを――高位に列せられた、神の玉座か神の右側に坐っている者だと思っていた[33]。といってもこの表現はメシアが神のようだと思われていることを意味する必要はない。詩篇一九への注釈も含まれている第五章ではメシアの祈りは明白な注意を表明している。「わが岩、わがあがないぬしなる主よ」（詩篇一九、一五）――これは、メシアが世界に、天使たちが間違えて最初の人間を［神に似ているところから］讃美しようとしたように、間違えてはならぬと命じたことを意味している。というのも、神はわたしの強さ、わたしのあがないぬしだからである。……そして神はわたしをそのようにかたちづくられたのだ。[35]」ここには「強さ」（あるいは「岩」）と「かたち」を表わすヘブライ語を連想させる翻訳不可能な語呂合せがある。そして著者はさらに、「神はメシアを変えさせ給う」と言う。つまり、変容させるのである。しかし、この変容は現世で行なわれるのではない。メシアが隠蔽されたあと、彼が天上の光のもとへ昇ったあとである。論争を意図していることにほとんど疑いの余地はない。それは自分は神であるという考えを――けっしてあからさまにではないが――たのしむサバタイの傾向から見て二重に興味深い。モーセス・ピンヘイロの話では、[36]サバタイはその頃自分の名前を*Turco*と書いていたが、「トルコ人 der Türke」と読むことができるそのヘブライ語の綴りはカバラーでは「神の山」とも読めるという。彼は妻にもそれと似たような、同様に秘教的な解釈にうってつけの署名を用いた。彼はそれで、神性がシナイ山上にあるように自分の上に宿っているとでも言いたかったのだろうか。サバタイはもうまえからメシアを神の名で呼ぶミドラーシュの言葉を自分に適用していた。彼の支持者たちの多くもそうしていた。ミドラーシュはたしかにありさわりのない解釈にも、思い切ったラジカルな解釈にも耐えられた。どうやらアドリアノープルでは穏健な解釈と極端な解釈のさまざまな方向が競合していたらしい。当時の支持者たちの典礼実践にかんするイスラエル・ハッサンの証言はこの点で興味深い。「毎朝毎晩わたしたちは、余人ならぬ彼、彼こそわれらの神である、と言います。」この信条告白はおそらく伝統的な「聞け、イスラエルよ、ヤハウェ、われらの神、ヤハウェは唯一なり」といっしょに言われたのだろう。この慣習はサバタイ自身か、それともナータンによってバルカン半島の支持者グループと合流したあと採り入れられて、その後デンメーの祈禱書に受け容れられた[37]。こうしてメシアの神格化が焦眉の問題となったのである。

サバタイはトルコ人やユダヤ人が彼に認めた移動と訪問の自由を利用し、コンスタンチノープルをたびたび訪れて、そこでアブラハム・ヤキーニに率いられた多くの忠実な支持者たちと話し合った[38]。彼はこの機会に、トルコで彼と似たような状況にあったあるイスラム宗教グループとも連絡を取った。サバタイ信奉者は表向きはイスラム教徒であったが、内心では秘教的な、ある点では具体的なユダヤ教を求めていた。しかしその正確な性格は彼らにはまだはっきりしていなかった。彼らの二重生活が彼らを、イスラム教の歴史全体を通じてその正当性と忠誠さが同じように疑われているベクタシ〔イスラム教のダルウィーシュ［托鉢僧］団のひとつ。創始者は一三世紀の伝説的なハッジ・ベクタシュ。一六世紀初めに組織しなおされ、シーア派とスーフィズム的傾向をそなえ、オスマン帝国の特殊軍団イェニチェリとイデオロギー的に結びついた。一九二五年にトルコで禁じられたが、その後も非合法で存続した〕のような特定の托鉢僧団に近づけたのは疑いない[39]。彼らはイスラム教徒であるのはそとづらだけで、仲間内では霊の子らの放恣と「自由」の限りを尽くしているというもっぱらの評判だった。このテーマはたしかにサバタイ主義ののちの歴史においてかなり重要性をもつが、いまはこれ以上扱わないことにする。しかしサバタイが托鉢僧グループに接近したのはどうやら本当のようだ。一〇〇年まえのデンメー伝承は、サバタイがトルコの托鉢僧で詩人のニャジという男と交友関係を結び、コンスタンチノープル訪問中はその男の修道院に逗留したことをまだ知っていた[40]。デンメーの歴史的伝承には錯誤が多いけれども、この特殊なディテールを疑うべき理由はない。メフメット・ニャジは歴史的人物であり（一六九四年歿）、托鉢僧団の長で、神秘主義的な詩の作者として汎神論的なオーラに包まれていた。二人がそれぞれのユダヤ教とイスラム教の象徴を超えた共通の言語を見出したというのもけっしてありえぬことではない。

詩篇一四三、一〇「わたしに教えてください、あなたの意思を行なうことを、なぜなら、あなたはわが神ですから。あなたの善き霊が私を導いてください、平らな地で」への注のなかで、イスラエル・ハッサンはメシアにこのような祈りを言わせている。「わたしはこの宗教の掟をまだ何も知らないのですから、教えてくださらなければいけません、……なぜならあなたはわたしの神だからです、余人ならぬあなたは。あなたの霊は善良です、なぜなら、この民族［イシュマエル族］の道は狂気に続いているからです。なぜなら、彼らは狂人［マホメット］の根のなかで悪しき振舞いをするからです。彼らは気違いじみた振舞いをするとき悪霊を呼び込むのです。でも、わたしは彼らのなかにいても、彼らの仲間ではありません。なぜなら、あなたは、おお神よ、あなたの霊は善良だからです。でも、彼らの霊は悪です。(41)」この説教はサバタイが踊りとアラーの名を呼ぶことによって「悪霊」を呼び込む、「気違いじみた」托鉢僧の陶酔的な儀式に加わっていたことを示唆しているように思われる。イスラエル・ハッサンが「わが喉は嗄れ」（詩篇六九、四）という言葉を「祈禱のなかで神の名を何度も彼らの知っている回数繰り返す」ひとたちにたいして用いるとき、彼はまさにこのディクル〔記憶の謂。スーフィー派の重要な基本的実践のひとつで、神の名、神の特性を繰り返し口にすることで神を心にとどめること〕の実践を暗に指しているように思われる。(42)

サバタイは折りに触れて自分で祭や典礼を考え出す癖をやめなかった。イスラエル・ハッサンによれば、彼はあるとき鳩を犠牲として捧げ、うやうやしくこう述べた。「火に焙られた犠牲、主に奉るかぐわしい薫り。(43)」（彼はそのまえに二度犠牲を捧げていた。一度はパレスチナで、そして二度目はコンスタンチノープルであったが、ここでは律法でエルサレムの外では捧げてはならぬとされている過越祭の羊を捧げた。）彼は一六六七年夏、アブ九日の慶事を廃止したのち、このメシア的改新を一六七一年に再導入し、すべての支持者にこの祝祭を過越節のように丸一週間祝うようにと指示を出した。(44)ユダヤ人に反対する者たちはトルコ当局にサバタイにたいしてなんらかの処置を取らせようとしたがうまくいかなかった[45]。サバタイはどうやら善意の宣教師と見られていたようである。当局は、彼がユダヤ教的でもイスラム教的でもない宗教的改新をやっているように見えてもかまうなと指示を出した。このとくべつな祝祭は、一六五八年にすべて一週間で祝われた三つの巡礼祭のように、二度と繰り返されることはなかったが、しかしサロニキ宛のある手紙に、ガザのナータンは「祝祭の七日間」の正当性の証明を『ティックーネ・ゾーハル』、四四節（初版一五五八年）に見出したと書いている[46]。

イスラエル・ハッサンの詩篇注釈は当時のサバタイの振舞いにかんして興味深い詳細を蔵している。彼は相変わらず詩篇とスペインのロマンツェをうたっていた（「何も知らぬ者たちは彼がふしだらな歌をうたっていると言っている」）。彼は詩篇一一八を朗誦するたびに、詩句一六（「主の右手は高く上がり」）を七回繰り返した。「そうするのがふさわしいからです。」イスラエル・ハッサンはカバラーの瞑想に耽るサバタイを目撃したようだ。「アミラーは自分の聖なる魂とともに独りでいるとき、自分の魂を」カバラーの宇宙の四界と「一体にし」、これらの世界を「エッサイの子は生きている」のしるしのもとに統合し、高めて、アツィールースの世界における至高の聖なる統合をなしとげるだろう。「わたしはこの一部始終を見た。ありがたきかな、主は。主はそのように独りでおわすときにご尊顔を拝することをわたしに許された[47]。」サバタイは周知のように彼にとくべつな好意をもったスルタンにたいしていつも非常な尊敬の念を抱いていた。イスラエル・ハッサンは「アミラーは［完全に］顕現したあともトルコ太守を鄭重に遇するだろう」と思っていた。「……わたしがこの耳で聞いたことだが、アミラーはひとが彼［すなわちスルタン］を罵るのを許せなかった[48]。」もうひとりのサバタイ信者モーセス・フランコはサバタイにかわって「夫人」（マトローナ、多分サラのことだろう）から、スルタンがサバタイにたいして示した好意は多大の名誉と彼の魂のティックーンによって報われるだろうと聞いた。[49]

アドリアノープルの支持者たちはナータンのたびたびの訪れによっておおいに力をえ、メシアの「第二の顕現」に向けて準備を始めた。人びとはこの顕現が一六七三年か一六七四年、すなわち非ユダヤ人のなかに落ちた種を拾い集めるために行なわれた棄教から七年後に、威風堂々と行なわれるのを期待した。アドリアノープルのユダヤ民衆はいまだメシア信仰を失わず、[50] 棄教の神秘な目的がすぐにも明らかになるだろうという噂を喜んで信じた。それまでのあいだ、疑わしいばあいはメシアとその預言者を信頼すべし、と。「この男の一派」は初めは金持ちの支持者モーセス・コーヘン[51]の家につどい、のちにはヨセフ・カリリョの屋敷に集まった。彼はまだ「トルコ太守の御前で」ターバンをかぶっておらず、サバタイ派のグループ内で高い名声をえていた。[52] 各地のコミュニティの信者仲間の学者が当時たくさんサバタイを訪れている。ヘブロンのラビ・メイール・ローフェはのちに後述の（八九七―八九八ページ）出来事を抑えた口調で報じた。決定的な記録文書が発見されるまえは、彼の報告はどちらかといえば田園詩風に読めた。彼は三人のブルッサの学者といっしょに来た。「そして彼らとほかのえらい学者たちはトルコ太守同席のもとにアミラーと座談をした。最後にサバタイは、神は彼に似たすばらしい若者であると彼らに伝えた。」メイール・ローフェはすべてを曖昧にしておき、この機に最も有名な棄教のいくつかが行なわれているのだが、その事実を目立たぬようにした。[53] イスラエル・ハッサンの証言からわかるように、サバタイの照明中に彼のたっての要請に応じて何人かの棄教が行なわれた。そのときのサバタイは「通りがかりのひとたちに見境なく咬みつく」蛇のようであった。「それでラビ・ナータンは照明中はアミラーからできるだけ離れているようにとわたしたちに注意した。それというのも、そういうときの彼は列席者のだれかれにイシュマエルの宗教を受け容れるよう要求したからである。[54] アドリアノープルのトルコ当局が支持者たちの集会をどんなふうに自分たち自身の宣伝目的に利用したのか、この讃えられた棄教者の心理的経過や振舞いがどこまでトルコ当局の意図にかなうものだったのか、サバタイ派の資料からそれらを判断することはもとよりできない。イスラエル・ハッサンのえがいた、光と薄明の織りなす神秘的な雰囲気はたしかに絵の半面にすぎないのだが、しかしトルコ当局の非神秘的な、むしろ現実的な思惑については何ひとつわからない。

ここまでイスラエル・ハッサンの証言について語ったが、しかしもっと信頼するに足る証人がいる。サバタイ・ツヴィ自身である。ナータンはカストリア宛の手紙のひとつにメシアがあるとき攻撃的な気分のさなかで書いた回状を同封した。スペイン語とヘブライ語混じりで書かれたこの手紙は、きわめて忌むべき振舞いをするサバタイを示している。(55) 彼は古い伝統的なユダヤ教を激しく非難し、自分がいま——どうせ長くは続かないだろうが——驚くほどの熱心さで受け容れているイスラムの新しい道を擁護する。彼は書く。

聞きなさい、わたしの兄弟、わたしの子供たち、わたしの友たちよ、わたしははっきりさとった。わたしだけが幾世代もまえから知っている真の［神］——わたしがあんなにも多くのことをしたのはそのお方のためなのだ——は、わたしが衷心からイスラムの宗教［ディーン・イスラム］、イシュマエルの宗教を受け容れ、それが赦すものを赦し、それが禁ずるものを禁じ、モーセのトーラーを終末の時まで無効にすることを望まれた。なぜなら、わたしと心を一にする者であるならだれでも、神の［秘義］——これはきわめて厳密に証明することが［できる］——を明かしたのちにそこへ導いてやることは、神の栄光と神の啓示にとって重要なことだからである。それが最高位の神の真の存在であり、第一原因のすばらしい栄光なのだ。また詩篇［一一九、一二六］がいうこと、主よ、［いまや］行なう時です。彼らはあなたの律法を破ったのです、というのはこのことなのだ[56]。同じように、イシユマエル人たちはよくこう言っている。モーセのトーラーは無効になった、と。このことはタルムードの箴言にも暗に言われている。［それによると神はモーセにこう語ったという］あなたの力が増すように。あなたは契約の板を打ち壊したのだから[57]。［こうなるのも］モーセのトーラーは、イスラエルには長いあいだ、まことの神がなく、律法もなかったといわれているように［歴代志下一五、三］、真の一者がなければなんの値打ちもないからである。しかし、ディーン　イスラーム　ハーク　ハーク［イスラムの宗教はまことの真実である[58]］。……そして亡きマイモーニデスが「神はみずから授けた律法をあとから補ったり、ほかの律法と取り替えたりはけっしてなさらない[59]」という教理を打ち出したとき、彼は完全に思い違いをした。それというのも、彼が本当の神、サバタイ・ツヴィの神を知らなかったからである。きょうだいたちよ、わたしがこれ［イスラム教徒になること］を照明に基づいてしたと思ってはならない。驚いて、今日明日にも照明が消えて、彼は自分が言ったことを遺憾に思って、ひどく後悔するだろう、などと言ってはならない。そうではなくて、わたしはそれをみずからすすんで真実と信仰の大いなる力と強さによってしたのだ。だから世のいかなる嵐も、いかなる賢者も預言者も、わたしをこの場所から離れさすことはできない。……以上。真実と信仰の師、トルコ人、メツルマン。

メツルマンという奇妙な署名はどうやら「エジプト化」したひと、すなわちミツラーイーム、エジプト人の領域に連れて来られた者を意味し、ケリパーの力と世界の象徴として書かれているようである。サバタイは、たとえばメツレイ・ヤーム「海の道」というように、ミツラーイームと関連した連想を用いるのが好きだ。彼は「道」の上にいる。彼は自分の使命のためにトルコ人になり、「エジプト人」になったのだ。わたしたちはしかしここで、彼を知るひとたちが彼には一途さが欠けていると語り、彼が照明の状態でなした行為の価値を疑問視していたことも知っている。

この手紙が書かれた日付を断定することはできないが、文脈からして一六七〇年以前、おそらく一六六八年から一六六九年の頃と察せられる。ナータンは、プリモ宛に長文の手紙を書き、そのなかで前述のラジカルなレトリックを説明したと、交信相手に語っている。彼はその手紙を同封しているが、その同封物は遺っていない。しかし、彼はさらにもう一節つけ加え、そのなかでサバタイとの会談と、サバタイが神の栄光を少数の選ばれた者たちだけでなく、選ばれた民の会衆にも明かしてほしいという彼［ナータン］の希望について語っている。それからまた、どうやら一連の出来事にかんする彼の報告の続きのようだが、人びとが彼を誹謗したこと、そのあとすぐサバタイが彼に激しい抗議の手紙を送ってきたことを書き加えている。一六六九年一〇月二〇―二五日の日付で、ナータンはそれを書き写している[60]。そのなかでサバタイは彼と彼の友人サムエル・ガンドゥールに自分のところへ来るように命じている。彼は自分の「神性が穢された」［世のひとから?］のはナータンのせいで、ナータンが神性の秘義を、これからよく説明してやるが、正しく理解していないといって責めている。彼はナータンの執筆活動についてくどくどと意見を述べている。言っていることはわかりにくいが、そこにはナータンのカバラー的著作にたいする大きな不満が表われているように思える。「わたしは獲物を、未熟なイチジクをあなたの口からもぎ取ろう。あなたはわたしの禁止に背き、盗んで食べ、ほかの信奉者たちにも食べさせ、実際は襤褸にすぎないのに勝手に綺麗だと思っている服に身を包んでいるのだから。あなたは自分で自分に悪事をなし、わたしの心を傷つけたのです。[61]」これらの言葉にはサバタイの苦々しい気持ちと不満が多分に表われている。それはつとに支持者たちのあいだに広まっていたナータンの狭義や著作にたいする抗議にほかならないといえる。このことはそれ自体すでに注目に値することだが、ナータンは彼のトラクトや論文の大半を書き終えるまでのあいだ、サバタイの晩年の「神性の秘義」にかんする秘教的な説法に参加を認められなかったという、確かなとはいえ驚くべき事実によって裏づけられる。[62] この事実はサバタイの手紙、自分の直観を理路整然と述べ、それを自分の尺度に合うように文学的に書き表わすことが自分ではできない男の書いた手紙のきつい語調を理解するうえで役に立つ。ここには自分の預言者にたいする感情の両義性が認められるが、この記録がなかったらそんなことは思いもよらなかったろう。

ナータンが彼の師であり王であるひとから受けたこの誇りにたいして個々にどう応えたかは不明であるが、デンメーの記録保管所にその一節が遺っている彼の長文の書簡からは彼の完全な恭順と帰伏の姿勢がうかがえる。[63] この書簡はサバタイに宛てられたもので、支持者たちのあいだに広まったが、きわめて荘重な儀礼的な文体のラビ流の韻文で書かれている。彼の翻訳不可能な聖書的カバラー的ほのめかしは、古典的なカバラーの文書によると神の叡知から流れ出るという三二の「知的光」を創世記第一章で世界創造の推移を述べる聖書の言い回しときわめてたくみに結びつける。最後に書簡は、ナータンがサバタイのメシア性と最高の権威を絶対的に、揺るがぬ確信をもって受け容れる説明で頂点に達する。これが実際に前述の非難の手紙にたいする返事として書かれたものか——これはおおいにありうることだが——それともももっとのちの一六七〇年から一六七五年のあいだのある機会に書かれたのか、不確かである。いずれにせよ、メシアと彼の預言者のあいだの友好関係はそれでもなお続いた。

アドリアノープルの「軽蔑された男」(カルドーゾの言による)から依然として発する魅力についてでは

ほとんど疑いはない。彼は相変わらず多数の訪問者を惹きつけた。ある者は彼をためそうとして来た。それにたいし、ある者はメシアの姿を一目拝して法悦に浸ろうとした。ヴォリニアのラビ、サロモン・コーヘンが一六七二年早春にアドリアノープルからポーランドへ帰ったのち、同年八月一一日にきょうだいに宛てて書いた手紙にそのような訪問の貴重な描写が遺されている。著者は「一二年以上ブダペストで士師（ダヤン）を務めたが、アドリアノープルで「われらが主のかんばせを拝する」[64]ために、職を捨てた。いくつもの写しが遺されているこの手紙はサバタイ支持者たちのあいだに、とくにイタリアで、広まっていた。アレッツォのバルーフにも引用されている[65]。熱っぽい叙述は当時のアドリアノープルの昂ぶった雰囲気を反映しているように思われる。それはイスラエル・ハッサンの記述を補完し、裏づけている。

ありがたいことに、わたしはそこ［アドリアノープル］でわれらの義しき主、真の預言者ラビ・ナータン、そしてなお主のおそばに侍っている主だった学者たちとごいっしょすることを許されました。わたしはアブ九日からその月の一七日まで［一六七一年七月一六―二四日］の大祭に光り輝く王のご尊顔を拝しました[66]。そこでわたしはきわめて畏れ多いことを見ました。……なぜなら、彼のすることはみな真実であり、彼は間違いなく真の解放者だからです。わたしたちは一週間以上昼夜ぶっ通しで彼といっしょにいました。誓って申しますが、彼は大いなる光に見舞われているとき、時にまどろむことはあっても、ちゃんとは眠りません。彼の顔は大いなる光で輝いています。……わたしにはまた何度か彼といっしょに祈る機会をあたえられました。いまわたしたちは、じきにこれらのことすべてが明々白々となり、隠れた事柄が明らかになることを期待しています。義しいお方に逆らう者たちは失敗するでしょう。最近もそのようなことがありました。連中が結託して、金を出して彼を当局に売り渡そうとしたのです［が、結局］彼らは主の前にひれ伏して嘆願したのです。……「義しい者はその信仰によって生きる」[67]です。そして神の冒瀆者たちは大変後悔しました。彼らは、事がまもなく起こり、主の栄光が全地上に顕われることをさとったのです。イスラエルのすべての目がそれを見るでしょう。われらの主のシナゴーグのなかでわたしは筆舌に尽くしがたい畏れ多い事を見ました[68]。わたしはまたメシアの兄上とも話をしました。主よりも二、三歳上の学者で、彼は幼少時代からこんにちまで主の身に起こったことをすべて語ってくれました。わたしは全部書き留めました[69]。わたしはまたアドリアノープルにある大きなポルトガル系のシナゴーグで（主の同意をえてそこにいた）ラビ・ナータンやほかの学者らといっしょに祈る特権を授かりました。われらの主はあとで来られました。というのも、主のもとではミサは行なわれなかったからです。あらゆるひとがポルトガル系シナゴーグへ聞きにくる説教のためです。わたしは不信仰者の心にも語りかけました。シナゴーグにいた最も重要な不信仰者のディナン［ラビ・ヤコブ・ダノンのこと］は主を恐れずにはいられなくなりました。なぜなら彼はこのとき後悔したからです。でも、それを世のひとたちに示す勇気がありませんでした。なんといっても、神とその油を注がれた者にたいする最大の冒瀆者だったのですから。……なぜなら主の破滅を願った者たちはみな死んでしまったからです。われらの主は日増しに強くなりました。彼がメシアであることがすべてのトルコ人に明らかとなったからです。……わたしの敬愛する兄よ、あなたが神を畏れるひとであることはわかっています。熱心に祈ってください。あなたがわれらの主の信仰を分かち、［神が神を畏れる者たちのためにとってある。詩篇三一、二〇参照］大きな好意がえられるように。というのも、この問題ではトーラー全体よりも信仰が大事だからです。……このわれらの王なる主は真のメシアです。……

この手紙が言及している訪問は一六七一年に行なわれたようだ。これの歴史的心理学的価値はどんなに高く評価してもしすぎることはない。書き手はポーランドのタルムード学者で、『シャーアーレイ・エフライム』の著者にして当時の指導的学者のひとりであるラビ・エフライム・コーヘンを長とするラビ法廷の一員であった。しかしこの信心深い、真っ直ぐな学者でさえ「この問題ではトーラー全体よりも信仰が大事だ」ということをすんなり受け容れたようだ。この言葉は一六六七年のサバタイの棄教直前に生じたような、突如沸き上がった集団ヒステリーのなかで書かれたものではなく、数年あとに書かれたものであった。この手紙はメシア運動が学識ゆたかなラビの心のなかに惹き起こしえた深い危機を示す、心を打つ証拠である。メシア「信仰」はますます逆説的になっていったが、パラドックスに陥った者たちは必ずしもそのことを意識していなかった。

ラビ・ヤコブ・ナヤラのメシア訪問にかんする年代記は、アドリアノープルの支持者たちのあいだを支配する雰囲気ならびにサバタイの両面的振舞い（それととくに支持者たちを説得して棄教させようとする努力）にかんする詳細な証言となっている。それはサバタイの人柄に光をあてるきわめて特異な記録文書のひとつである。この年代記は最近明るみに出たデンメー記録集の写本のなかに遺されている。(70) ガザのラビ、ヤコブ・ナヤラとあるエルサレムの同職者とがサバタイの特命か、でなければ聖地のユダヤ人コミュニティの委任を受けて、モロッコへ旅した。一六七二年夏、二人は揺るぎないサバタイ信仰をもって (Freimann, p. 98) テトゥアンにいた。モロッコへの途上彼らはアドリアノープルを通り、その地に一六七一年の数ヵ月間滞在した。滞在はひょっとすると丸一年に及んだかもしれない。年代記は「一年と二ヵ月照明のなかった」サバタイが見た深い穴に落ちる夢の興味深い描写で始まっている。サバタイが上を見上げると、そこに父と母が立っているのが見えた。両親は彼に縄を投げてくれ、彼はそれを伝って穴から出た。年代記は明らかに新しい照明の時期の始まりを画するこの夢の日付をシェヴァト一七日、すなわち一六七一年一月二八日としている。同じようにナータンも一六七二年に、シェヴァト一八日をサバタイの照明の更新の日と語っている。(71) そうだとすると、サバタイは一六七〇年はずっと正常な時期にいたことになる。

ナラヤがサバタイと最初の会見をするあいだ、サバタイは大方のユダヤ人――あるいは少なくとも真の信者たちのなかの選ばれた者たち――はターバンをかぶらねばならないだろうと説明した。籤祭の前日にサバタイは「ヴァーニ・エッフェンディの家人四人」にともなわれて兄を訪ね、ただちに棄教するよう迫り、全生涯においてこれほど力強い照明を経験したためしはなかったと断言した。それを聞いてサバタイの兄は甥といっしょにヴァーニ・エッフェンディの邸に行き、「そこでターバンをかぶった」。籤祭の日、サバタイはヨセフ・カリリョの家でしきたりのエステル記の読誦と祝宴とで祭りを祝った。翌日、サバタイは馬に乗って市中を回り、次の安息日に私宅とポルトガル系シナゴーグでユダヤ式の礼拝を執り行なった。この礼拝はあけっぴろげに、大きな注目を浴びて行なわれたので、トルコ人――なかにはイェニチェリもいた――の耳にもはいったが、「だれも口をひらこうとはしなかった」。その晩、サバタイは棄教する覚悟のできた支持者たちを集めた。そして翌日、彼は彼ら――男一二人と女五人――の会議広間へ連れて行き、そこでターバンを巻いた。成り行きをカーフェス〔格子付きのアルコーグ〕から見守っていたスルタンは新しい改宗者に恩給(ウルフェ)をあたえようといったが、サバタイは立腹して、自分の支持者たちはあくまで信仰の問題としてイスラム教を受け容れたのであり、不純な動機を指す、ないしは助長するようなことはいっさい認めないと説明した。

一週間後、イプソラから来たあるユダヤ人はただちにターバンをかぶるよう説得され、信仰仲間を同じ理由でイプソラからアドリアノープルへ連れてくるよう言いつかった。次の安息日にメシアは棄教したすべての支持者とともにシナゴーグに姿を現わし、教区民に静粛にするよう命じ、みずから礼拝をとりしきった。律法を読むまえに、彼は長い説教をし、聖書やラビ文献のなかにある多くの矛盾はもっぱら彼のメシア的秘義によって十分説明できると断言した。説教の終りに彼はコーランの一冊を抜き取り、そこから二、三節読み上げた（八七一ページ参照）。数日後のニサン四日に彼は支持者のなかの指導的な学者たちの全体集会を開催する旨の手紙を口述した。スルタンの面前で行なわれる論争で彼らを説き伏せて棄教させるためであった。彼はヴァーニ・エッフェンディにこんなことも言っていた。自分だけが神の真の秘義を知っているが、この秘義は招待したユダヤの学者全員が集まったところでしか明かせない、と。彼はまたスルタンとヴァーニ・エッフェンディにたいしてそれとなく、自分は——真の預言者のように——そのような論争の結果を予測して言うことはできない、すべては精神の大きさと天から授けられる照明の程度にかかっているのだから、とも言った。なぜなら昔の本当の預言者たちのように、「そして彼らの書物によればイエスがそうであったように」、彼もまた霊感をえたり、えなかったりしたからである。結局、招待状はコンスタンチノープルとソフィアとブルッサだけに送られ、これらの市の多くの有力な支持者たちがアドリアノープルへ行った。そのなかに当時コンスタンチノープルに滞在していたヘブロンのラビ・メイール・ローフェがいた。彼は数年後カルドーゾにこの集会の模様を話した。二、三のラビたちはトルコ政府に用事があって参加を阻まれた。そのなかにはラビ・モーセス・アルファンダリとラビ・アアロン・イブン・ハイームがいたが、棄教後の彼らの運動とのかかわりについて証するものはほかに見当たらない。その頃イズネメド（ニコメディア）にいたナータンの招待は初めは予定されていたが、口にされなかった。その理由は不明である。

ニサン五日（一六七一年三月六日）、サバタイは七年まえに結婚していた（二一六ページ参照）妻のサラに離縁を告げ、聖書の「彼（ヘブライの男奴隷）は六年間奴隷でいるが、七年目には解放された者として無償で出て行くことができる」（出エジプト記二一、二）を典拠にしてその釈明をした。だが、サラは四歳になる男の子イシュマエルと別れたくなかった（八七四ページ参照）。イスラムの法律では七歳まで子供を手元に置く権利が彼女にあった。だが、ヴァーニ・エッフェンディは子供を父の元へ送るよう彼女を説得した。ニサン七日の男の子の到着をサバタイはすぐに神秘的に解釈し、そのうえ、翌日にも男の子の割礼を行なうと告げた。聖書に述べられていることを果たすためであった。「それは、三年間はあなたたちにとって無割礼のものとなり、それを食べることは許されない。四年目になったなら、その実はすべて聖なるものとなり、ヤハウェへの讃美の献げ物となる」（レビ記一九、二三―二四）。サバタイがニサン八日に招待状を発送したとき、トルコのお偉方はごくあたりまえに、式は翌日（ユダヤ暦によればニサン九日）行なわれると思った。ところが、サバタイは式をその日のうち（八日）に行ない、ヨセフ・カリリヨが代父（サンダク）を務めた。式は、サバタイ特有の工夫がないわけではなかったけれども、厳密にユダヤの作法にのっとって行なわれた。儀式で男の子はイスラエルと名づけられた。そして同じ機会に割礼をほどこされたサバタイの棄教した支持者の一〇歳の息子にイシュマエルという名が授けられた（八七四ページ参照）。次の安息日に、サバタイは聖書のレビ記から「以下は癩病人が清い者とされるときの掟である」で始まる（不純な妻との離縁と関係していることは疑いない）第一四章と出エジプト記第一九―第二〇章（この催し事が大いなる神の顕現、シナイ山上での十戒の告知と同じくらい重要であることの表われとして）を読んだ。礼拝とそれに続く祝宴は窓をあけたまま行なわれたので、そのようすはすべてのトルコ人に聞こえた。サバタイは支持者たちのなかの棄教者にアレヌの祈り（ほかの宗教を「虚栄とむなしさに仕え、救ってくれぬ神に祈る」などとけなす表現が若干含まれている）〔三つの日々の祈りの終りにとなえられる一なる唯一神を讃える歌。その内容はキリスト教軽視であると問題視され、聖俗の権威がそれを朗誦することはたびたび禁じられた〕を大声でとなえるよう命じたが、彼らには続く祝宴に参加することを許さなかった。晩に彼はもう一度伝統的なユダヤの夕べの礼拝を行ない、それから三〇人の棄教した支持者をともない、手にゾーハルの写しをもって、市中を馬で歩きまわった。イッヤル一日（四月一一日）にサバタイはイプソラの多くの支持者たちをイスラム教に改宗するよう説得した。

　この箇所でナヤラの年代記は空白があり、そのあと、サバタイが呼び寄せたラビたちと行なった論争の描写からふたたび始まっている。儀礼的にこまごまと叙述された議事は皇帝の謁見の間（バシュ・オーダ）で、玉座（タクト）に座ったスルタンとヴァーニ・エッフェンディや他の高官たちの前で始まった。ヴァーニ・エッフェンディはラビたちに（アラビア語で）ここへ来た理由を尋ねた。ラビたちは、サバタイのことはおおいに尊敬しているけれども、彼がイスラム教に改宗するのは理解できない、と答えた。わざわざ自分たちを呼んでくれたのだから、この件を彼とよく話し合って、彼の論拠に納得したら、自分たちも彼に倣おう、と。サバタイと残りの会衆はそのあとバシュ・オーダから枢密院へ移った。スルタンはカーフェスに退き、そこからスペイン語で行なわれる議論を見守った。それはすぐに「タルムード学校におけるような」大声の言い争いになった。宮殿の役人がエリヤ・ツヴィに、カーフェスから見ているスルタンのことを慮ってもっと静かに、品性正しく議論を運ぶよう弟にたのんでくれと指示したとき、サバタイはトルコ語でこう叫んだ。「この枢密院で言い争う者たちはわずかなお金のためにわめきたてています。生きている神の言葉のことが問題になっているときに、どうして大声を出していけないわけがあるでしょうか。」終りに彼はひとりひとりにイスラム教を受け容れる意志があるかどうか尋ねたが、みんな拒否した。ただコンスタンチノープルのアブラハム・ガマリエルとヨセフ・カリリョだけが棄教した。年代記によれば、スルタンはイスラム教を受け容れない者たちを殺せとヤーラート（死刑執行人）に命じた。だが、サバタイが聴き手たちに、束縛も強制もしない、ただ自発的にそうしたいと思う者だけターバンをかぶりなさいというのを聞いたとき、皇帝はヤーラートを呼び戻した。サバタイはスルタンにとぼしい成果を詫びた。そしてユダヤ人は頑固な民族であることを彼に思い出させるとともに、二人の新改宗者を紹介した。サバタイは次にソフィアへ手紙を書き、サムエル・プリモとアアロン・マヤールとほかの一〇人をアドリアノープルへ呼んだ。そのまえに彼はナヤラを呼んでいた。そしていま、彼はガザであたえていた「一〇部族」の彼らの名誉称号を取り消した。それはいま始まる新しい物事の秩序をもはや代表するものではないからである。彼はどうやら新しい代表者を、今回は彼の支持者たちがなお優勢を保っていたソフィアから指名しようとしたようだ。翌朝、彼は上機嫌でナータンへの指示を改め、自分を訪ねてくるようにと言った。たまたまナータンはすでに自分からメシアを訪問しようと決めていた。そしてサムエル・ガンドゥールともうひとりの同行者といっしょにシヴァン一九日（五月一八日）アドリアノープルに到着した。しかし、ロドストからアドリアノープルへ発つまえに、ナータンはサバタイ宛に手紙を書き、自分に棄教することを要求しないでほしいとたのんでいた。ナータンはサバタイが訪問者たちに何を押しつけるか、よくわかっていたので、それを恐れたのである。(72)

ナータンがアドリアノープルに着いたとき、サバタイはふたたびふさいだ気分に陥っていた。それは新妻であるソフィアのラビ・アアロン・マヤールの娘との婚約の日まで続いた。ナヤラの年代記は照明が甦った日をシヴァン二五日（一六七一年五月二四日）、すなわち「祝福された結びつきの成就」の日としている。この表現はしかしたんなる決まり文句だと思われる。(73) 実際には、サバタイとアアロン・マヤールはただ結婚の取り決めをしただけである。シェマヤ・デ・マヨ宛のナータンの書簡はサバタイの離婚とこの結びつきについて実に詳細に論じている。この新しい記録文書は少なくとも棄教後のサバタイの結婚生活の状態をいま初めて明らかにしてくれる。彼は自分自身を七年間サラの支配に苦しんできたへブライの奴隷だと思っていた。そして彼女のことを（ユダヤの諺をもっていえば）「夫にとってらい病のよう」な悪妻とみなした。はじめから彼女をきらっていたナータンが言うには、「彼女の身体には老いた蛇の毒が流れていて、彼としょっちゅう喧嘩をし、あの手この手で彼をいじめようとしました。彼の食事に毒を盛ろうとしたことが二度ありました。彼に危害はありませんでしたが、彼女は破廉恥な行為を続けました。これが離婚の本当の理由でした」。（ほかの文献ではすべてこのエピソードは糊塗されるか、だれにもわからないように謎めかして語られている。）しかし、ナータンは同じ手紙に、サラが一六七一年末にサバタイに娘を生んだと伝えている。そうだとすると、彼が離婚の決心をしたのは彼女の妊娠直後だったに違いない。サバタイはトルコ人女性ではなく、今度もユダヤ人の娘を娶る意思を告げた。新しい妻には、イスラム女性の服装をさせ、アハシュエロシュ（すなわちサバタイ）にかしずくエステルの役を演じさせても、正式にイスラム教に改宗させはしなかった。メシアの意思を知ると、アアロン・マヤールは娘の提供を申し出たが、サバタイはアドリアノープルに着いたとき、ふたたび鬱状態になり、新しい縁結びのことを話したがらなくなった。彼の照明が回復してから新しい結婚の契りが交わされた。（ソフィアにいた）アアロン・マヤールの娘はそれによって建前上サバタイの婚約者となった。娘はドゥルチーニョとも。九三九ページ参照）のサバタイのもとへ行けないうちにソフィアで死んでしまったため、夫婦関係は履行されずじまいだった。延期の本当の理由はサバタイの衝動的な予測不可能な行動のひとつであった。ナータンが手紙に報じているところによれば、その後まもなくサバタイの照明がふたたび終り、その頃の彼は躁期のあいだにしたことを理解はおろか、ほとんど覚えていなかった。彼は別れた妻に同情し

――彼の皮肉ったらしい言によれば――「友人たちみなの忠告に逆らって」彼女を呼び戻した。そのあとふたたび照明が戻った。それでも彼はアアロン・マヤールの娘との結婚生活を全うする考えをあとになっても捨てなかった。とにかく、シヴァン二五日に婚約が結ばれた。照明の状態にあったサバタイは、アドリアノープルに来ていた彼の訪問者たちを呼んだ。「わたしたちは美しさと力強さにあふれる彼を見た。そしてみんなして奴隷が主人にたいしてするように彼に扇で風を送った。(74)」ナヤラはこの出来事とサバタイの振舞いを克明に記している。アドリアノープルにおけるこの奇妙な精神状態がサバタイの最後のコンスタンチノープルの旅まで続いたことを一六七二年二月をカバーするもうひとつの同様に興味深い記録が裏づけている。それは中心グループに属するある匿名の学者が書いたサムエル・プリモ宛の手紙である。(75)彼はガリポリでサバタイといっしょにいたことがある。その後どこにいたかは不明であるが、このとき彼はスミルナから来て、一六七二年二月四日から三月六日までのあいだサバタイと接した体験を綴ったのである。それはナヤラがえがいた状態と一致している。躁状態と鬱状態の一定の交代と奇態な挑発的な振舞い。サバタイの「光」がしだいに強まるさまと安息日における彼の「神聖な面の完全な裏返し」――とは明らかに聖なる罪の行為を意味している――を目撃するとき、書き手はさながら「エデンの園」にいるような感じを覚える。だが、まさにこういう時にサバタイは「何か聖なる言葉以外のことを話す」のをこばむ。「それもひとえに差し迫った目的のためにほかならなかった。」サバタイはムッラ・ムスタファと二人ないし三人のラビ――そのなかにはのちにユダヤ教に戻った棄教者モーセス・ハラリがいた――にともなわれて、名高いダルウィーシュ(76)の集会に行き、そののちスルタンの宮殿におもむき、奇妙な振舞いをする。番兵に注意されるが、一〇トマーンの袖の下で宥め、何もされない。宮殿で彼はおおっぴらにユダヤの作法にしたがって、すなわち「モーセの律法にのっとって」大宰相の座に腰をおろし、ヘブライ語の聖書を朗読した。彼はとくべつな出来事のためにあるとっておきの祝福を言わずにいられない気がした、と書き手は言う。照明の状態はしばしば六日続くが、そういうときの「彼にはすべての人間が蝿のように思われる」が、「神がわれらの主から隠れ給うと、彼はそんなことは何も思わず」、「身分の低いユダヤ人や位の高いユダヤ人に会わぬよう」外出を避けた。彼は上機嫌でユダヤの慣習にしたがって籤祭を祝ったかと思うと、その少しあとには兄のエリヤ、ベンヤミン・リイワン、アブラハム・アルシェイクらといっしょに、親しくしているらしい高官アリ・パシャの家に行く。そこで彼は筆者やほかの者たちが不動の支持者ラビ・モーセス・コーヘンの家からもってきた清浄な食事とワインで祝宴を催す。サバタイがベンヤミン・リイワンをともなってコンスタンチノープルへ旅する準備がなされたらしい――これは彼が最も重要な棄教者のひとりであったことを示すのかもしれない――が、しかし彼は体力が十分ではないと感じ、旅行をとりやめた。（旅行はその四ヵ月後に行なわれた。）筆者は、毎日三時間サバタイといっしょにいて、そのさい彼の祈りと「神性の秘義」と「サバタイ・ツヴィの神」についての彼の話に耳を傾ける、と語っている。筆者は、自身イスラム教に改宗するよう求められたとは言っていない。多分彼はほかの多くの者たちと同じように、ユダヤ教徒であり続けたのだろう。しかし、サバタイは一六七二年三月三日（再アダル《シェニ》〔三年目の閏年に数えられる月〕四日）に「完全にヘセドの律法に」すなわちイスラム教に「宗旨替え」した、と彼は語っている。この言葉の意味するところは、サバタイは二役を演ずるのをやめて、少なくともしばらくのあいだはイスラム教に帰依し、すでに数年まえ、先に引用した（八九〇ページ）回状を書いたときにしたように、ふたたび布教活動に取り組んで、イスラム教の護教者になった、ということにほかならない。このことはのちのコンスタンチノープルでの彼の行動を説明している。筆者はここでサバタイの二つの言葉を伝えている。「彼はわたしたちにこう言いました。心配しなくてもいいのです。これは神の思し召しなのだから。わたしは神の命を果たさなくてはならないのです。すると彼ら（サバタイグループの者たち）は答えて、言いました。あなたは何度も言われたではありませんか。『わたしは自分を高めて卑しめた。わたしは自分を卑しめて高めた』と。安息日の前夜と終りに、わたしは彼の家でいっしょに食事をしました。昨日からふたたび彼に照明が戻りました。わたしはこの喜びが太陽の面《おもて》に顕われますようにと神に祈っています。なぜなら、彼はわたしにこう言ったからです。『わたしは何ひとつ満足していませんから、ヘセド［イスラム］の律法を捨てるつもりはありません。なぜなら、それによってわたしの解放が太陽の面に行なわれるからです。』」

ほかの（たとえばイスラエル・ハッサンの）証言と結びついて、これらの年代記や書簡は実際の出来事のみならず、サバタイ支持者の精神的宇宙の生き生きとした印象を伝えている。のちのエルサレムのラビ法廷の長ダヴィド・イッハーキも当時はまだ確信的な支持者であった(77)。サムエル・プリモやガザのナータンのように、ダヴィド・イッハーキも一六六六年か一六六七年のいつの日かパレスチナを出た。彼はしばらくアドリアノープルに滞在し、そこでサバタイの口から「信仰の秘義」を教わった。彼とラビ・ベンヤミン・リイワンは信仰が弱いと咎められたとき、サバタイに詫びた。するとサバタイは寛大に彼らを赦し(78)、まもなく神の解放が「師と同じ名をもつ神のしもべ」によって明らかになるだろうと、彼らに約束した。サバタイの手紙にはこう署名されている。「あなたがたのきょうだい、義しい者たちすべてがはいるこの主の門は、主の信仰、真理の神のごとくまことに［これは語呂合せである。ヘブライ語 *me*ᵓ*emeth*「本当に」は Mehemed ないしは *Me*ᵓ*emed* と聞こえるように発音できるからである。］かく言えり。」換言すれば、メフメット・サバタイ・ツヴィは主の門（詩篇一一八、二〇参照）であり、真の信仰を保証する者なのである。

棄教の危機に負けぬ信仰をもったエルサレムのラビはダヴィド・イツハーキひとりではなかった。一六六九年にエルサレム、サーフェード、ヘブロンに送られた奇妙な、部分的に解読不能な、符丁で書かれた手紙は、そこでの「信仰」が学識あるラビのあいだにさえなお生きていたことを示している。[79] この手紙はアドリアノープルで書かれたものと思われるが、内容の大部分（たとえば亡くなるまえに預言者になったエルサレムのあるラビの老士師に言及している部分）はすべての解釈の試みを失敗に帰せしめる。それでもその手紙は、棄教から二年たってもエルサレムのラビたちのなかにまだ支持者がいたこと、そして彼らがバルカンの同職者たちとつながりをもっていたことを示す証拠になりうる。

　一六六九年にサバタイグループがエルサレムにあったことを、興味深い、問題の典礼書『ヘムダース・ヤーミーム』も裏づけている。[80] 本書との関連では、「小」贖罪の日（すなわち、新しい月の始まる前日）のために定められた典礼が関心を惹く。この礼拝規定はサバタイ派の典礼にほかならないからである。それには長い祈禱が含まれており、著者やその仲間の者たちはそれをエルサレムに葬られている聖人の墓前でとなえるならわしだったようだ。そこからこの祈禱の起源がエルサレムにあることは動かぬようだ。それと同時にはっきり認められるのは、この典礼が棄教後まもなくサバタイ派の仲間内で生まれたことである。祈禱のひとつは、「わたしたちは神殿の破壊から一六〇一年間牢屋に囚われの身」である、と言っているが、これは伝統的な年代学によれば、一六六九年のことになる。ある祈禱は、ケリパーの奈落に墜ちた聖なる火花を救いに出かけたメシアに次のような言葉で呼びかける。「立ちてご覧あれ、メシア王よ、牧人のいない群れのような主の教区民を。」

　祈禱は大部分詩篇八九とイザヤ書第五三章から取られた聖書の言葉で書かれている。メシアは天の父にお願いしてくれと乞われる。

「いつまであなたは見捨て、こばまれるのですか。いつまであなたの油を注がれた者にたいして腹を立てられるのですか。いつまであなたのしもべの契約をないがしろにされ、彼の王冠を地面に踏みつけて汚されるのですか。……そのため道行く人はみな彼を軽蔑し、彼は隣人の物笑いの種になっています。（いつまで）あなたは彼の敵の右手を持ち上げ、彼の敵を喜ばせ……そして彼の王冠を地面に投げ捨てられるのですか。今日わたしは悲しみにあふれ、病と親しみ、神に打ちのめされて苦しむ者です、屠殺場に引かれる羊のように。……わたしがこの苦しみと不安をにない……あなたの子らのために償いをしたのはなんだったのでしょう。彼らはいまだに追放の鉄鎖につながれているのですから。おお、主よ、あなたの油を注がれた者からお顔を背けないでください。お手をしっかり彼に添えておいてください。あなたの名において彼の角笛が高く掲げられ、あなたの聖なる民、イスラエルびとの目にはっきり見えるようにしてください。深い奈落の底に沈んだひとたちを救うために。諸国民のあいだで落ちぶれ、汚辱にまみれている者たちを闇から連れ出すために。世界を全能者の国へ仕上げるために。そして主は全地を統べる王でありますように。」

棄教後の最初の数年間、メシアとその使命について語るとき、この用語を使用することができたのはサバタイの信者だけである。ラビ・イスラエル・ハッサンがアドリアノープルでメシアに言わせる祈り（九一六―九一八ページ参照）とエルサレムの聖人の墓前に礼拝を捧げる無名の支持者たちがメシアに呼びかける祈りとのあいだには、あるとしてもわずかな違いしかない。アドリアノープルの支持者たちと彼らの交信相手、「聖都エルサレムの信仰篤いひとたち」とは同じ言葉を語っている。サバタイ主義の「信仰者」の言葉である。

## III　サバタイサークルの教義。イスラエル・ハッサンの詩篇注釈

アドリアノープルの支持者グループとメシアのもとへ巡礼した他のコミュニティの訪問者たちはしだいにセクトの発生を思わせる姿勢と行動パターンを取るようになり、「セクト的」感覚と「セクト的」組織の始まりともいえるものの顕著な特徴を示しはじめた。彼らは、自分たちが「真のイスラエル」の選民であることを意識していた。そして彼らの「聖書を比喩的に解釈する」説教は解放者の悲劇的な秘義を説明するもので、初期キリスト教のそれと驚くほど似ている。この類似は、すべてのメシア信仰復興運動に——ほかの点ではそれらはお互い非常に異なっているけれども——共通しているある心理的基質を明かしている。

霊感の源（アミラー、聖なる王と「聖なる灯」のラビ・ナータン）に最も近かったあのサバタイ信者たちの考えが表明されている、おそらく最も明解な、そして深く心を揺さぶる人間ドキュメントは、詩篇のさまざまな箇所やその他の聖書本文へのイスラエル・ハッサンの注釈である。ハッサンの注釈はメシア信仰のいくつかの深淵を解明するものであり、歴史家にとってその価値は、サバタイ主義文学の大半が完全に破壊されているという事情からいっても非常に高い。実際、サバタイ周辺の棄教者たちの最初の世代の（と思われる）著作物はほとんど残存していない[81]。それゆえ、ナータンの弟子でもあり秘書でもあったこの忠実なカストリアの支持者の著作は神学的歴史的資料として第一級にランクづけられる[82]。

ときおり著者は棄教後のメシアの悩み多き心の奥深くにわけ入ろうとする。そこに彼は詩篇作者の絶望的な叫びを解く鍵を見出す。棄教はメシアの個人的問題を超えるものである。それはいわば、支持者の

「神聖なコミュニティ」内の選ばれたグループ、メシアからその恐ろしい試練とティックーンを共にすることを要請されたグループがになわねばならぬ十字架なのである。イスラエル・ハッサンは、もし要請されれば彼にもメシアの道を共に歩む用意があることを疑わせはしないけれども、この極端な試練を受けずにすんだことに安堵の色を隠さない。多くの者はさいわいにしてサバタイが「蛇のように」飛びかかる（八八九ページ参照）照明の瞬間に居合わせずにすんだが、メシアから棄教するよう命じられて、それにしたがわなかった者たちは災いあれ。彼らの拒否は完全な解放を達成する妨げになるだろう。イスラエル・ハッサンの書きっぷりは、サバタイサークルのなかではイスラム教への自発的な改宗は絶対に必要だとか大きな功績だとは考えられていなかったこと、メシアの使命への「神聖なる信仰」にはこんな極端な結果は含まれていなかったことを推測させる。しかし、わざわざこの行動のために招かれた者たちについては「主に寄り頼む者はひとりだに罪に定められることはない」（詩篇三四、二二）〔引用文とその出典挙示は本書英語版に依り、訳文は日本聖書教会訳にしたがったが、本訳書の底本であるドイツ語版、ならびにドイツ語訳聖書、本邦岩波書店刊「旧約聖書」IVでは同文は二一、六となっている〕と言うことができた。——それゆえ、「ターバンを巻くことによって世界のティックーンをもたらすために、苦しい試練を受け、モーセの律法を放棄する」者たちはメシアの違反の償いをする必要はないだろう。著者はイザヤ書二、二の「それ（主の家の山）はもろもろの山の上に聳える」（「もろもろの山の上に」のヘブライ語は「帽子」とか「ターバン」を意味するようにも〔誤〕解することができる）という表現をこう説明する。「アミラーの命によりターバンを着用する者たちは、彼らがイスラエルの民のためにこのティックーンを始めたときイスラエルにたいしてなした正義にふさわしい判定を受けるだろう」と。

したがって、棄教はメシアの命令下にあったのであり、支持者の個人的願望の問題ではなかった。すべての支持者に棄教が課された、ないしは許されたのではない。「そしてわたしたちは、アミラーがターバンを着用したとき、いっしょにティックーンをやらせてほしいとアミラーに懇願するひとたちを見たが、彼はわずか数名の者にしか許さなかった。」それは彼が自分の使命に参加するにふさわしいと考えた者たちである。イスラエル・ハッサンの叙述が信頼できる証言なのか、それとも偏向的な歴史の改竄なのか、異論のあるところである。いずれにせよ著者は、サバタイが始めから支持者と棄教者をいくつかの神秘的なカテゴリーに分けていたことを示唆しようとしている。彼はメシアのこんな言葉を引用している。「善行のためにターバンをするひともいれば、悪事のためにするひともいる。善行のために「ユダヤの」帽子をかぶるひともいれば、悪事のためにかぶるひともいるのと同じである。」イスラエル・ハッサンにとって、メシアが栄光に包まれて顕われたあとも「善行のために」ターバンをするひとがいることは明白だったが、「わたしはほかのひとたちには帽子［すなわちユダヤ教］をかぶったままでいることを許すだろうし、彼らをこんな試練に遭わせることはしないだろう」。ガザのナータンとイスラエル・ハッサンはこの種の人間だった。

しかし、まったく異なった、悲観的な像をえがくのはド・ラ・クロワである。(83) 彼はこう主張する。皇帝の寝椅子に身を横たえたサバタイは棄教することをこばんだ連中を、イスラム宗教を馬鹿にし、冒瀆したと言って咎めた。サバタイの熱意の不幸な犠牲者たちは殺されないように、やむをえず軽蔑する宗教を受け容れたのだ、と。サバタイは本当にそこまで堕落し、彼の性格の一部をなす、彼の躁期の照明とはまったく無関係な不埒な邪意をもって振舞ったのだろうか。サバタイはもう以前にスミルナのシナゴーグでこうした特徴の片鱗を見せたことがあり、ド・ラ・クロワの記述をメシアを疑うものだからといって簡単に斥けてしまうわけにはいかない。実際、晩年のド・ラ・クロワのサバタイにかんする陳述は、初期の叙述よりもずっと信頼ができる。当時彼はトルコにいて、シナゴーグでのサバタイの説教をアドリアノープルから最終的なアルバニア追放まで追っていくチャンスがあったからである。その頃のサバタイの振舞いは、彼本来の病気と同様、あとになって書き換えられたのかもしれない。たぶんイスラエル・ハッサンの叙述は自分の神学を書き表わすさいにいくらか歴史的事実を歪曲する正直な信者の意を表わしているのだろう。

しかしながら、イスラエル・ハッサンの叙述とほかの資料の証言とのあいだに見られる明らかな不一致を見逃すわけにはいかない。サバタイは「選ばれた」個人に棄教を迫っただけではなく、実際シナゴーグでも改宗を迫る説教をした。(84) ド・ラ・クロワは、サバタイがいろいろな機会に説教をして「かなりの成果を上げる」のを見たと報じている。「というのも、サバタイがシナゴーグを出るときには必ず彼からターバンをもらうべく帽子を投げ捨てたユダヤ人が何人かいたからである。そんなとき彼はこの新しい改宗者たちを引き連れてユダヤ人街を歩き、ほかの者たちを励ます手本としたのである。」イスラエル・ハッサンの著作にはそういうことを示すものは何もない。彼はこの驚くべき事実を伏せたようだ。それが自分の神学的方向にマッチしなかったからか、それともサバタイがいわば自分の本心ではないことをする衝動に屈したこのような「外面的」行動は重要ではないと考えたからか、どちらかである。ハッサンの沈黙は、自派用に書かれた著作のなかで彼らの指導者たちがユダヤ人コミュニティとそのラビたちにたいして公然と起こした儀式殺人の訴えにひとことも言及しなかった一八世紀ポーランドのフランク派の著者たちのそれを思い出させる。フランク派の著者たちは多分、この血腥い非難はカトリック教会の圧力を受けてなされたものであり、したがって彼ら自身の布教ならびに神学的目的にとってまったく重要でないと思ったのだろう。同じようにイスラエル・ハッサンも、サバタイの公の布教活動のこの側面はもっぱらトルコ人を宥めるためのものであり、したがって真面目に論議する必要などないと思ったのだろう。

支持者たちを説得して改宗させようというサバタイの公私にわたる試みは、サバタイ陣営内に並大抵ではない批判を惹き起こした。支持者たちにはメシアの行動をとやかく批判するつもりはまったくなかった。メシアの行動は定義上純粋かつ神秘的に霊感によって惹き起こされたものだった。メシアが奇矯な振舞いをし、棄教を要求するまでに支持者たちをためすのは当然のことと受けとめられた。それでも支持者にとってふさわしい行動は、試練に耐え、かつメシアの要求に逆らうことだった。それゆえ、サバタイの圧力に屈した者たちには批判の目が向けられた。こうした姿勢はアブラハム・カルドーゾが一六七二年ないし一六七三年の某月某日に書いた義理のきょうだい宛の手紙に見られる。トリポリに届いた報告は非常に意気沮喪させられるものだったので、カルドーゾは反サバタイ派との公開論争にかかり合うのをやめた。一六六九年にはまだやっていたのだが。支持者たちがターバンをするのをサバタイが要求したという報せは、いかなるユダヤの教義とも明らかにまったく相容れないものであり、「わたしは馬鹿を見たくなかったから、黙っていることにしました」。実際、メシアの秘義をほかの連中によくわかるように説明することは事情からして不可能だった。「少なくともわたしは納得のいく証拠を見つけることができませんでした。」サバタイの振舞いを聖書のなかに見出される隠れた暗示によって弁明することはあまりにもキリスト教的聖書釈義の方法を思わせた。だが、カルドーゾは「証拠」こそ見出せなかったけれども、この問題ではひとつの見解をもっていた。「サバタイ・ツヴィはメシアであり、解放者、救い主です。世のどんな嵐も、[彼の]どんな奇矯な振舞いも、この光をわたしの意識から消し去ることはできません。……でも、わたしはこの奇妙な奉仕の秘義をわたしの口からあなたのお耳にお伝えしましょう……[神の摂理は集団棄教につながる恐ろしい迫害を]定めていました。メシアはそのことをご承知で、ご自身でそれを惹き起こされ、みずからの不名誉と、トーラーを穢し、解放の望みを絶つことでもってわたしたちの心を動揺させ、わたしたちの気を滅入らせました。[メシアのあとにしたがわねばならぬと考えて]ターバンをするひとたちはその償いをしなければなりませんが、でもそれは迫害を受けて殉教死を避けるために棄教するよりはずっとましです。もしそんなことをしたら、それは本当に神の名を穢すことになったでしょう。[85]しかし、このばあいは彼らは無知から罪を犯すのであって、こうすることによって解放を近づけるのだ、だからこれは正しいのだと考えています。[86]」

カルドーゾと違って、イスラエル・ハッサンは疑惑に苦しむことはない。一六七八年か一六七九年[87]の著作のなかで彼はためらうことなく、「灰のかわりに頭の飾りを」あたえると聖書が約束する（イザヤ書六一、三参照）真のシオンの悲しむ者たちとはいまメシア王の「歓喜の油」を塗られるサバタイの棄教者たちなのであると説明する。彼らが「悲しむ者たち」と呼ばれるのは当をえている。なぜなら、彼らはモーセの律法を捨てたからである。しかし、それによって彼らはケリポースの国にすら神の支配を打ち立てる。だから、彼らは「栄誉を表わす主の植木」なのである。

ついでに言うと、「信仰のひとたち」という呼称の説明をするなかでハッサンはさらにいくつか興味深い歴史的情報を提供している。「アミラーがだれかにこのティックーン［すなわち棄教］の手引きをしようとするとき、彼はその者に神性の秘義を打ち明けた。」「神性の秘義」はサバタイに授けられたとくべつな啓示であった。彼はそれをさらに選ばれた少数の者に伝えた。あるとき、サバタイは支持者のひとりにこの秘義を明かした。ところが、この者が土壇場になってターバンを巻くのをこばんだ。そのことでサバタイは彼を叱った。「なぜあなたはわたしから神々を盗んだのですか。」（創世記三一、三〇参照）これはつまり、わたしが棄教する選ばれたひとたちのために留保されている秘密をあなたに教えたのはなんのためだったのか、という意味である（八九〇―八九一も参照）。

ハッサンの話は非常に興味深くて明解であるけれども、真実を少々誇張しているかもしれない。なぜなら、ターバンをすることを要求されずに「神性の秘義」を伝授された支持者も多くいるからである。もっとも、彼らの多くには棄教したという噂がつきまとっているけれども[88]。カルドーゾはアドリアノープルにサバタイを訪ねたラビたちは秘義を伝授されたと述べている[89]。彼はまた、敬虔なラビ・アザリヤ・ハ＝レーヴィはたびたびサバタイ・ツヴィから「聖なる者――彼に誉れあれ――イスラエルの神はセフィラー・ティーフエレースに身を包んだ第二原因である」ことを聞いたと報じている[90]。すべての資料が異口同音に言うには、サバタイは彼から秘義を伝授された者たちにそれをひとには言わないでくれとたのんだ。イスラエル・ハッサンによれば、神性の秘義と棄教とは師に倣った支持者たちのみならず、サバタイ自身にとっても密接に結びついていた。ほかの者たちに秘義を明かす許しが彼にあたえられたのは、もっぱら棄教の結果にほかならないのである。思い出されるのは、モーセス・ピンヘイロが、サバタイは彼やほかの友人たちに秘義をすでに一六五〇年にスミルナで明かしていた（一四一―一四二ページ参照）と主張していることである。しかし実際は、一六六五―六六年の資料には（サバタイのナータンとの討論は例外としても）そのような秘義の痕跡はほとんど認められない。そのことに言及する資料[91]はすべて棄教後の時代のものである。この秘義が正確に何に存するのか、資料の言うことはまちまちである。それが「イスラエルの神」がセフィラー・ティーフエレースのなかに顕現することと関係しているという点ではすべての資料は一致しているけれども。あるときはイスラエルの神はティーフエレースと同一であると示唆されるが、そのばあい秘義はほとんどゾーハルの明確な教義の域を出ない。あるときはティーフエレースはもっと内なる存在の「衣装」にほかならないとも言われる。といってもこの存在はエン・ソーフと同じものではなく、そこから流れ出る「第二原因」である。イスラエル・ハッサンはしばしば「神性の秘義」について述べるが、けっしてその正確な意味を詳述することはせず、ティーフエレース、すなわち聖四文字〔יהוה「ヤハウェ」だがユダヤ教では通常神の名を口にしてはいけないので、「アドナイ」と発音する〕の三番目の文字であるワウ〔ヘブライ語の六番目の字母〕は「アミラー信仰の神」であるという型どおりの指摘で満足している。この決まり文句は曖昧すぎて、神性自身が第六のセフィラー、すなわち聖四文字のワウの文字にどのように顕現するのか、正確には理解しにくい。

しかし、棄教の問題とそれによって生じた意見対立に話を戻そう。イスラエル・ハッサンは、支持者たちの考えは二派に分かれたと報告している。ひとつのグループは、メシアの言うことにはなんでも、「ターバンの問題でも」したがわねばならないと信じていた――それにたいしてハッサンは「蓋しこれは正論である」と付言している。サバタイにしたがわず、棄教することをこばんだ支持者たちはそれとは反対の姿勢を擁護した。「彼らは罪を負うべきである」とイスラエル・ハッサンは脅迫的な論評をしている。「彼らのせいでイスラエルの解放が遅れるかもしれないのだから。」両派とも申命記三〇、二の解釈で自説の正当性を証明している。メシア大衆運動が支持者の「セクト争い」に変わるやいなや、両派によって主張された論拠のような過激な方向と穏健な方向が表面化した。過激派はメシアによって命じられたことであるなら、何事も恐れなかった。穏健派は、神によって命じられたこと、すなわちモーセの律法全体と一線を画した。あるとき、イスラエル・ハッサンは支持者を三つのグループに分ける。[92]熱意にあふれ、いかなる試練をも受ける心がまえのある「若者たち」、自分のためになることなら賛成するが、信仰が高くつくようなら引き下がる「老人たち」、そして信仰から不信仰へ、そしてまた元へと去就定まらぬ「赤ん坊たち」。バルカンのイスラエル・ハッサンの周辺では第二と第三のグループが非常に多かった。

信者を三つのタイプに分けるこの類型学はどうやら棄教後のメシアの地位にかんする著者の教義に影響されたものらしい。ハッサンの詩篇にかんする説教はメシアの秘義にともなって生ずる苦悩と苦渋の杯を一滴も残さず飲み干す。ハッサンは教えに背いたメシアを、この生けるパラドックスのヴァイタリティと執拗さをえがいている。このパラドックスは大きな、中心的な問題であった。それに比べれば、教義のほかの問題（たとえばメシアの魂の根源と性質にかんする問題など）はどれも派生的な、比較的「単純な」問題にすぎなかった。イスラエル・ハッサンの考えは明らかにナータンの著作に——ガザの預言者についてはっきりとは述べていないところでも——影響を受けていたが、彼の説教の才能は彼の解説にまったく独自の性格と独特の面白みを付与している。ハッサンはしばしばトーラース・エーメースとトーラース・ヘセドという概念を用いる。「真実の律法」と「友愛の律法」、つまり「慈しみ」（箴言三一、二六参照）であるが、前者はモーセの律法とユダヤ宗教、後者はコーランとイスラム教を表わす。この対概念の使用はナータンに発するもので、彼は非常によくそれを口にする。[93] ハッサンは言う。「イシュマエルの宗教は友愛の律法といわれる。わたしたちの聖なる宗教は真実である……なぜならイシュマエル人は先祖から伝えられたものしかもたないからである。それゆえ……彼らの宗教は〈慈しみ〉といわれる。『なぜなら、あなたの慈しみはわたしの目の前にあるからです』と書かれている［詩篇二六、三］ように——これが〈わたしの目の前にある〉ターバンの秘義なのである。だが、わたしは彼らの言葉にしたがい彼らの道を歩むことはせず、真実といわれるわたしたちの聖なる宗教である『あなたを信頼してわが道を歩みました』［詩篇二六、三］。」両宗教はどれも同じひとつの律法の観点なのである——一六七〇年から一六八〇年のあいだにあってじつに大胆な発言である。

詩篇一四三はこの意味で、ときとして深く心を動かされるやり方で棄教後のメシアの祈りと解釈される。メシアは棄教によって「慈しみの宗教」にはいったが、真実の宗教にも憧れをもちつづける。サバタイが「慈しみや友愛の律法」をうたうとき、つまりイシュマエル人のコーランを読誦するとき、彼は聖書（箴言三一、二六）を実現し、叡知をもって口をひらく。彼の舌の上には友愛の律法がある。二つの宗教が結びつけられるからである。これは詩篇八五、一一「慈しみとまことが出会う」の神秘的な意味でもある。二つの律法がサバタイのなかで出会う。彼はしたがって、両者を実現せねばならない。たとえ「目はあっても見ることができない」者たちからまるで真実の律法を棄て、その掟に違反しているように思われようとも。メシアの奉仕について真実を知ることができるのは心のなかをためす神のみである。それゆえメシアは「わたしをためしてください、主よ、わたしを試みてください」［詩篇二六、二］と祈り、不貞の疑いをかけられた妻のように（民数記五参照）苦みの水でためしてほしいと神に願う。タルムードの箴言三一、二六への注釈（B.Sukka 49 b）によれば、慈愛のトーラーはもっぱら神への愛から追求されるものなのである。

イスラエル・ハッサンはキリスト教が好む愛の掟のような概念はまったく使用しない。たしかに、神の玉座は慈愛をもって（すなわち慈愛の律法がなしとげる神秘なティックーンによって）打ち立てられるが、しかし「そこには真実をもって彼が座している」。なぜなら「神の玉座推戴と天の王国は真実の律法のなかにのみあるからである」（イザヤ書一六、五参照。「その時、［神の］慈愛をもって玉座が堅く立てられ、そこに［ダビデの幕屋の内で］確かな裁き人が座している」）。ハッサンの愛の律法を「神的流出の世界の律法」（これについてはさらに後述する）と同一視することもできない。愛の律法は救済の完成にいたる中間段階であるが、時みちてメシアの「新しい律法」として明らかにされるトーラーの精神性の最終的啓示ではない。

棄教には三重の宗教的意味がある。棄教は神的シェキーナーを回復し、世界の民を救い、ケリポースの国を滅ぼすはずである。シェキーナーはケリパーに捕えられているが、メシアはシェキーナーのために敢然と「慈愛の律法」の国へ降りて行き、シェキーナーを回復することができる。こうして、「正しい決意をもって［すなわちサバタイ派のカバリストにとっては、墜ちたシェキーナーの回復のために］なされた違反は誤った意図で規則を守るよりもましである」というタルムードの格言（B.Nazir 23 b）を身をもって示すのである。メシアの道は「猛鳥も知らず、鷹の目も認めることができない」（ヨブ記二八、七）道である。なぜなら、それはいまだかつてだれも行ったことがない見知らぬ道だからであり、メシアはそのために罵りと辱めを受けねばならない。メシアはケリポースの国を破壊し、「貴重なものをつまらないものから引き出す」（エレミヤ書一五、一九）、すなわち大きな深淵に墜ちた聖なる火花を引き上げるために、「そしてまたケリパーを改心させ、聖性のもとへ引き戻す」ためにも、このつらい試練をみずから引き受ける。メシア自身世界の民とケリパーの解放にひと肌脱ぎ、それらを聖性の領域へ回復させるという教義はことのほかサバタイを魅了し、うしろめたい気持ちを宥めるのに役立ったことだろう。他方、この教義は多くの単純な支持者たちにはさほど好かれなかったという証拠もある。彼らにはケリパーが絶滅されず、非ユダヤ教徒が踏みにじられないメシア時代など想像もできなかったのである。イスラエル・ハッサンは妥協案を提唱するが、彼の叙述からこの問題には意見の対立が多かったことがわかる。ときには、メシア(94)の解放行為は非ユダヤ教徒にはうまい具合にイシュマエルだけに及ぶとされることもある。またときには、メシアは自由意志でケリパーのもとへ行く決心をし、それは神の思し召しにもかなっていたという説に矛盾して、悪魔の勢力がメシアを攻め、網に彼を捕えたという逆の考えもあった。

「嫉妬は墓と同じくらい残酷である(95)――イスラエルの光と聖性がためされねばならないがゆえにわたしたちが感ずるこれは嫉妬なのだ。これはとても残酷な嫉妬である」というイスラエル・ハッサンの不安にみちた叫びには支持者の良心の呵責が表われている。どんな説明も背理の刺を完全に抜き去ることはできない。イスラエル・ハッサンは「困窮者の祈り」（詩篇一〇二）以外にも、恵まれない者が不安に襲われて神に語りかける詩篇のすべての言葉をメシアに言わせている。メシアが人間の理解を超えた曲折を行かねばならぬことは天の定めであった。「わたしにあなたの道を教えてください」という詩篇作者の祈りのとくべつな意味はそこからきている。「曲がったトーラー」の象徴はナータンの「曲がった円」（八五九—八六〇ページ参照）と簡単に結びつく。だから、メシアは——イスラエル・ハッサンによれば——こう祈る。「わたしの歩みはあなたの道筋をたどります（詩篇一七、五）——わたしは曲がった円をたどりましたが〔〈道〉と訳されているヘブライ語は〈円〉も意味する〕、それは——ラビ・ナータンが説明したように——正義の道［または円］なのですから。それで〈わたしの足はよろめかなかったのです〉（詩篇一七、五）。多くのひとたちは同じことをしようとしましたが、だめでした。でも、わたしはケリポースの深みへ降りていきましたが、わたしの足はよろめきませんでした。」サバタイ・ツヴィは己れの任務を首尾よく果たすだろう。彼の魂はカバリストの象徴法で「正義」ともいわれるシェキーナーといつもひとつになっているのだから。それゆえ、メシアの祈りはこの言葉で終る。「しかしわたしは義にあってあなたの顔を視るでしょう。」（詩篇一七、一五）これは、メシアが「正義」とぴったりひとつになっていることによって、すべての火花と聖なる魂をケリパーの獄《ひとや》から拾い集めて救い出すことに成功することを意味している。

詩篇三七、七「主の前に黙《もだ》せ」へのイスラエル・ハッサンの注釈は不信仰者にたいするサバタイ信奉者の取るべき正しい姿勢をめぐって議論があったことをうかがわせる。ハッサンは「主の前に黙すこと」、つまり表立った争い、論争をいっさい控え、弁明すら控えることを勧める。「人びとが嘲り、そしり、罵るのを聞いても……何も言うな」と。イスラエル・ハッサンが命じた「沈黙」は、「ドマの重荷」（イザヤ書二一、一一。ヘブライ語のドマは「沈黙」とも訳せる）〔ヘブライ語では משא דומה ドマ דומה はエドムの象徴的な呼称。訳は本書英語版のThe Burden of Dumah、ドイツ語版のdie Last über Dumaをそのまま訳したが、ヘブライ語משאには「（動物が担う）重荷」の謂とは別の名詞として「言葉、箴言」の意味もあり、邦訳聖書はこちらにしたがい、「ドマについての託宣」日本聖書教会訳、「ドマに対する宣告」岩波訳としている。ちなみにGeseniusのヘブライ語—ドイツ語辞典も後者を採っている。しかしドイツ語訳聖書は前者の意味に解している］について述べるヤコブ・フランクの言葉に最も極端なかたちで表われているようなのちのサバタイ主義の欺瞞的、偽善的な沈黙ではない。ハッサンによれば、支持者は誹謗されるのを聞いたとき、その信仰を否定するのではなくて、ただ黙っているのがよい。それでもここにはのちにサバタイ主義の特徴となったあの二枚舌の始まりが見られるように思う。イスラエル・ハッサンは「心のなかに信仰をもちつづけるべきだが、［表向きは］口に蓋をして、〈穢れている、穢れている〉と叫ばねば［すなわちサバタイをそしる声に同調せねば］ならない（レビ記一三、四五参照）などと言う馬鹿者たち」とは断固として距離を保つ。「彼らは信者であることを敵に知られないようにそう振舞うのだと言う……しかし、これはまったくのごまかしだ……また、自分は（ほかの）支持者をだますために（サバタイ・ツヴィの）大のファンになっているのだなどと口走る者もいる。」ハッサンは信仰においては心と口は一致しなくてはならぬと強調し、申命記三〇、一四を引用する。「その言葉はあなたの近くにあり、あなたの口、あなたの心にあるので、あなたはそれを行なうことができる。」

　ここ以外にも、サバタイ主義陣営のいろいろなグループや方向に言及するところでイスラエル・ハッサンは貴重な歴史的情報を提供している。うわべを偽って信仰を隠しはじめた支持者がすでにいたようだ。その一方――どうやらハッサン自身の町カストリアやサバタイ派がまだ多数を占めていたマケドニアの諸コミュニティには――サバタイ派でもないのにサバタイ派だと偽る者もいた。ハッサンはサバタイ信者にたいして、すすんで告白をし、それによって要らざる迫害をこうむるようなことを要求していない[96]。彼はただ積極的な偽りやごまかしを非難するだけである。だが、サバタイや彼の命で棄教したひとたちがした「神聖な欺瞞」の類いは彼の非難の対象にはならない。この欺瞞はケリパーの悪の勢力と戦う戦術の一部であり、まったく異なる性質のものであった。イスラエル・ハッサンの姿勢は高貴な性格と純粋な精神の証であり、厳格主義に徹するものではない。両陣営間の緊張と苦々しさ、憎しみ合いは大きかったに相違ない。たいていのコミュニティではラビと長老の大多数は「反対者」であった。イスラエル・ハッサンは彼らの「小賢しさ」に信者の「単純さ」と「愚かさ」を対置している——サバタイ派に列するのはおもに無知で無教養な者たちであるという事実を認めているのだろう。反対者は「雑多な人種」であり、本当のイスラエルではなかった[97]。当時の富有なコミュニティの首長たちや反カバラーのラビたちにたいするラーヤ・メヘムナー書の激しい非難（二五一ページ参照）がいまや反サバタイの抵抗勢力に関係づけられた。サバタイ派は典型的なセクト主義的優越感を示している。自分たちこそ真の精神者であり、知恵があると思っているラビたちに比べ自分たちは馬鹿だと言っているが、「しかしあの連中には精神がない」と[98]。支配する指導部の力と世俗の賢者の知恵は実際にひとを誤らせ、主の真実から遠ざけてしまうことがあるとイスラエル・ハッサンは強調する。「知恵と力は主のものだから」（ダニエル書二、二〇）である。

イスラエル・ハッサンのトラクトは彼のサークルで行なわれていた解放のプロセスの順序にかんする考えについても明らかにしてくれる。このトラクトはサバタイの死後書かれたものであり、たしかに新しい状況に適合しているが（たとえば棄教と最終的顕現のあいだに中間段階があるという考え方）、体系の基本線はサバタイの生前の六〇年代後半か七〇年代前半につくられたと推測することができる。この頃、最終的顕現は棄教後まもなくと期待されていたようだ。したがって、最初の救済の時間表を次のように再構成することができる。

a　サバタイが「塗油」されてメシア王に叙せられる。神秘的な塗油式は一六五八年に行なわれた（一六四ページ参照）。

b　「最初の顕現」と一六六六年の大贖罪運動。だが、サバタイの王国が世に知らしめられた最初の顕現は、「真の（すなわち最終的）顕現」ではなかった。そのため、敵対勢力が強くなり、試練の時が必要になったのである。

c　救い主は「異国の服を着」なくてはならなくなった。多くの罪過や増大する悪の力のために、「わたしたちの時代に芽生えた解放」が先へ延ばされた。

［d　サバタイの死の二年後に書いたイスラエル・ハッサンはこの時点でもう一段階、「アミラーが隠れる」段階を入れる。しかし、この段階は先の段階と同じくあくまで過渡期であり、そのあとに続くのが］

e　最終的、または「真の顕現」、メシアの王国が最終的、決定的に築かれる時である。この最終段階は、初期キリスト教の再臨のイデー、キリストの再来を思わせる（一一三―一一四ページ参照）やり方でえがかれる。

伝統的なメシア的期待が（キリスト教の千年至福のばあいとまったく同じように）サバタイ主義固有の付加物もろともいまや、メシアがターバンの着用でもって始めたことを完成する時である「最終的顕現」へ移される。「そのときには武器など要らない、讃歌があればよいのだ。」イスラエル・ハッサンの主たる関心は、伝統的にユートピア的メシア的秩序のために期待されるもろもろの改変によりも、むしろこの最終的顕現の精神的意味にある。詩篇一九、七以下についての彼の説教は、「主の律法はそれによって魂が回復されるとき完全である」と説明する。サバタイがこの律法によってイスラエルのすべての魂を回復するからである。主の証言については「単純な者を賢くする」とも言われている。なぜなら「多くの者はまったく無知で、アミラーの信仰以外は何ももっていないが、しかしこの信仰によって彼らは大いなる賢者となり、メシアの新しいトーラーを享受することになる」からである。もちろん、カバラーの学者であるサバタイ信者たちはまえに無知でなかったからといって不利にはならない。それどころか口では言い表わせないほどの報いを受けるだろう。またサバタイの真実を共有していたひとたちもいるが、その後「悪魔に取り憑かれてしまった」。彼らが無知のために堕ちたのなら、彼らには聖書の句（詩篇一九、一三）「過失をだれがさとりえましょう」があてはまり、多分救われるだろう。しかし、一六六六年に深く信じていると言ったにもかかわらず、あとで本性を現わした者たちは聖書（詩篇一九、一四）に「傲慢な者からもあなたのしもべを庇ってください」と書かれているように、放り出されるだろう。なぜなら、彼らは公然と信仰に反対する「恐ろしく傲慢な者たち」よりももっと悪いからである。この説教のなかでイスラエル・ハッサンは彼の精神的期待を説明するとともに、「恐ろしく傲慢な者」から「ひそかな」偽善的似而非信者まで、いろいろなタイプの反対者をえがいている。大多数の、信者でも反対者でもない、どっちつかずの混乱したユダヤ人は、預言者エリヤがメシアと和解させるだろう。

「最終的な聖なる顕現」のときに、サバタイ・ツヴィとともに回教徒になった棄教者の正義は明らかになるだろう。信者にはメシアの顕現であるものが、不信仰者には蛇の顕現であるだろう（「メシア」と「蛇」を表わすヘブライ語の文字は同じ数値をもっている）。ルーリアのカバラーの用語では最終的顕現が行なわれるのは、ラケルと呼ばれる形態（ここではサバタイ・ツヴィの秘義と結びついている）に聖なる王（すなわちゼーイール・アンピーン）の天の知識がみたされたときである。そのとき初めてメシアの新しいトーラーが明かされる。荒野のマナあるいは「聖なる老人」から降りてくる露のように、「われらの聖なるトーラー、アツィールースのトーラー」――流出の天上界に一致するトーラー――が全面的に信じた者たちに褒美としてあたえられるのである。はっきりとは言わないが、イスラエル・ハッサンは、「荒野」のトーラーは（セフィロース系のティーフエレースに相当する）「聖なる唯一者、彼に讃えあれ」のトーラーであり、それにたいし新しいトーラーは「聖なる老人」のトーラーであることを示唆している。この教義はデンメー聖歌にはっきり述べられている(99)。イスラエル・ハッサンはまた「真の崇高な信仰」と「天の聖なる老唯一者の信仰」とを同一視して、こう述べる。神はイスラエルを荒野から、すなわちモーセの律法から導き出されるとき、アツィールースのトーラーを啓示され、メシアがそれを説くだろう、そしてそのトーラーによって死者は甦ることができるだろう、と(100)。とにかく、「アツィールースのトーラー」という概念はナータンやサバタイによって説かれた現存のサバタイ教義を指すものではなく（この概念はのちにデンメーによってそのように解釈されたけれども）、「最終的顕現」のさいに授けられるまったく新しい啓示を指していることが明らかとなる。たとえばキリスト教心霊論者の永遠の福音《エヴァンゲリウム・アエテルヌム》のように（一一七―一一八ページ参照）。イスラエル・ハッサンがアツィールースの概念を使用しているのは明らかに師であるガザのナータンに依っている(101)。

　したがって、サバタイがターバンを着用したときに（あるいは着用したがゆえに）啓示した「神性の不可思議な秘義」をアツィールースのトーラーと混同してはならない。それは全き真実ではなくて、さしあたって有効だというだけである。まったく完全な秘義、すなわちアツィールースのトーラーは、メシアの二度目の顕現のときに初めて啓示されるだろう。そしてそのときには選ばれた少数者のみならず、全世界に明らかにされるだろう。

　イスラエル・ハッサンの神学はサバタイ主義の三位一体をまだまったく知らず、のちのサバタイ主義文学で、とくに一六七五年以後、非常に大きな役割を果たしている「信仰の三つの結び目」というゾーハルの概念にまったく言及していない。それでも、聖なる唯一者――彼に讃えあれ――とシェキーナーと「愛する息子アミラー」を結びつけるとくべつな絆がある。それは同一性の絆ではなく、たとえシェキーナーとメシアがしばしば同一の名前で呼ばれても、この同名性はそれらの一致というよりもむしろそれらの親しい連携を指している。以前のカバラーのテクストもときおり最後のセフィラー（マルクース、シェキーナー）の付加語的形容詞のひとつとして「メシア」の概念を用いているが、その使用は技巧的、象徴的であって、化身のイメージとは関係ない。イスラエル・ハッサンもメシアとシェキーナーが追放とケリパーの世界の獄《ひとや》から解放されて、神の名の充溢へもたらされたときに行なわれる両者の神秘的合一について語っている。サバタイ・ツヴィの魂は世界の始まりからシェキーナーと結びついている。しかしこれはメシアが始めから神であることを意味しない。メシアの神格化はむしろ最後の出来事として期待されるのである。メシアは下から、最後で最下位のセフィラーと合体していて、終末のプロセスが遂行されると、ティーフエレース（すなわちゼーイール・アンピーンの形態）の領域へ昇っていく。ひとたび蛇が世界から取り除かれると、メシアに新しい名前があたえられ、「彼の光は天上のセフィロースの真ん中に輝き、彼は高められてそれらとともにあるだろう」。しかしそのときは、ルーリアのカバラーによれば、セフィラー・マルクースも高められ、もっと高い地位に昇るだろう[102]。

だが、これらの表現や文彩はメシアの神格化のようなものを前提としている。このような教義がナータンの思考のなかで徐々にかたちを取りはじめたのだが、しかしそれは疑いなくサバタイ・ツヴィ自身にさかのぼる。それは彼の忘我的な、幸福感にあふれた体験の数々に基づいているようだ。そういうとき彼は未来の神格化のようなものを先取りしたのだ。イスラエル・ハッサンが漠然と示し、ナータンがはっきり口にするメシアの神域への上昇は最終的顕現時の彼の生に関係しているのであって、彼の死後の出来事をいうのではない。このような考えがサバタイ・ツヴィとの再会まえのナータンの著作に現われることを証するものはないので、このとくべつな教義はあくまで妥協として生まれたのかもしれない。サバタイ・ツヴィは躁期の照明の瞬間には自分が神であることを確信していたようだ。だが、彼の魅力的な個性に深い感銘を受けていた支持者たちはどう見ても罰当たりと思われるような結論を下す結果になるのを躊躇し、サバタイの要求を妥当なカバラーの教義に組み入れようとしたのだろう。そのような教義がサバタイの棄教まえにすでにナータンの『竜にかんする論文』に書かれていた。イスラエル・ハッサンはこのテーマでは非常に慎重な物言いをし、メシアの神性にはっきり言及することを避けている。だが、一六七一年以後のいつかあるとき、ナータンはサロニキへ手紙を書き、そのなかで彼のメシア教義を「完全な神性の位への」メシアの上昇にかんする彼の定義と結びつけた。この手紙は一部しか遺っていないが、ナータンの神学がいかにラジカルな方向へ向かったかを示すには十分である。彼自身の預言者としての使命はもっぱらメシアの到来とその任務と彼への正しい信仰を説くことにあったと彼は強調している。この信仰にはメシアが「完全な神性を獲得するだろう」という信条が含まれている。サロニキの手紙の受取人はそう伝えられる。「……なぜなら、それはメシアたることの本質の一部だからです。もしそうでなければ、彼はメシアではないでしょう。」これはまだサバタイが生きているうちに書かれたメシアの神性にかんする最も極端な表現であり、ごく少数の支持者たちのあいだにしか広まっていなかった。(103)(104)

## Ⅳ　一六七二年、サバタイ・ツヴィの逮捕と審判

これまでのところで引用され分析されたテクストは、一六六六年から一六七二年にかけてのサバタイ・ツヴィを取り巻くサークル内の信仰とそこに生まれた教義の特徴をなす雰囲気をとてもよく伝えている。支持者たちは自分の考えを口や文書で広めたが、メシア運動の失敗と失望感が知れ渡るにつれて、トルコ

におけるユダヤ人コミュニティの公的指導機関の反対は強まった。ガザのナータンはその後も信仰にとどまるよう注意しつづけた。一六七二年一月末にマケドニアのコミュニティ宛に書かれたその種の手紙が遺っている。[105] ナータンは、エッサイの子の角が生い出たという報せは本当で、確たる根拠のある、確かな正しい事実であること、そして天の聖なる安息日(すなわちメシア)の光がまもなく現われるであろうということを、手紙の受取人たちに約束している。ケリパーの勢力が聖なる魂を虜囚にしたとき、そのなかには「大きな奈落の底に」墜ちていたメシアの魂もあった。しかしたとえ彼の頭の被い(つまりターバン)がよこしまであろうと、彼は「清純な天体」にひとしかった。

サバタイ派の神学宣伝はますます過激で極端な表現を使いつづけたが、そのさいサバタイ自身の書簡(たとえば八九〇ページで引用したような)は派内のごく一部の者にしか知られていなかった。ユダヤの伝統の存続性とユダヤ人の生活が危ぶまれることがますます明らかになり、とくにコンスタンチノープルとアドリアノープルのユダヤ人コミュニティの長老たちは「毒の実やにがよもぎを生ずる根」(申命記二九、一七参照)をつぶすことに全力を傾けた。この任務は宮廷と良好な関係にあった長老たちにとってけっしてやさしくはなかった。サバタイがスルタンのとくべつな保護を受けていたからである。まずその親玉をやっつけることなしに支持者たちの強情さを打ち破ることができるのか。破門というラビの罰令もメシア顕現の暁にはラビたちに重罰が待っていると堅く信じている支持者たちには効を奏さなかった。[106] サバタイ派の迫害は増大したが、[107] いっこうに効果がなかったので、コンスタンチノープルのコミュニティの指導者たちはもっと実効のあるやり方をし、高官のひとりを買収することにした。一六七二年末に起きたことについては相反する記述がある。多くの歴史家たちはド・ラ・クロワの甚だしい作り話を鵜呑みにした。[108] 正確な日付も挙げている信頼すべき報告がひとつあるのだが、これまでほとんど注意が払われてこなかった。この報告はド・ラ・クロワのあとを継いで、トルコ王宮のフランス大使M・ド・ヌワンテルの秘書となったアントワーヌ・ギャランの日記に見出される。ギャランの報告は最近になって解読されたトルコのある記録文書(109)でも裏づけられた。ある意味でギャランの報告は前述した(九〇三―九〇五ページ)一六七二年三月のサムエル・プリモ宛の手紙の続編である。

サバタイは彼の命を受けて棄教した彼の「廷臣たち」の三人をともなって、一六七二年八月二三日直前にコンスタンチノープルに到着した。サバタイは不興をこうむり、スルタンは彼の年金を取り消したとか、サバタイを恐れたユダヤ人たちは彼をうやうやしく鄭重に迎えたというド・ラ・クロワの証言を信ずべき理由は何もない。ギャランはまったく正反対のことを報告している。サバタイ、またの名アジズ・メフメット・エッフェンディは賓客としてコンスタンチノープルに来た、そしてただちに地方軍務局に、ユダヤ人来訪者を近づけないために、二軍団を派遣してくれるよう求めた。多くのユダヤ人が必ずしも支持者や信者ではなくとも、いまだに彼に会いたがっていたようだ。彼の願いは聞き入れられ、彼は奇妙な行列をなしてコンスタンチノープルの市中を練り歩いた。棄教した支持者の一五人が先に立ち、別の一五人が後に続いた。彼はすべてのイスラム教徒から大きな敬意を払われた。コンスタンチノープルのシナゴーグ(ガラタ、スクタリ、バラタ)のコミュニティの指導者たちに彼は手紙を書き、来訪をやめてくれとたのんだ。彼は最初は棄教した彼の支持者たちとヘブライ語で祈りを唱え、そのあとイスラム教の典礼にのっとって祈禱をしたとも報告されている。トルコ人たちはそれを知っていても、口出しはしなかった(110)。二週間か三週間のちにサバタイは捕縛された。そのとき起こったと思われることをギャラン自身が二とおりの異文で伝えている。一六七二年九月一二日の日記に記しているところによれば、サバタイと彼の支持者グループがシナゴーグにはいり、ユダヤの典礼にしたがって祈りをとなえた。このことが軍団の指揮官に報告されるや、指揮官は即座にサバタイを「彼によってユダヤ教徒にされ、彼のそばに仕えているイスラム教徒もろとも」引っ捕えよと命じた。引用文「彼によってユダヤ教徒にされたイスラム教徒」はひょっとすると（「彼によってイスラム教徒にされたユダヤ教徒」の書き間違いでないかぎり）、『信仰の証』に述べられている（八七九―八八二ページ参照）、サバタイはトルコ人も改宗させたという主張を裏づけるものといえるかもしれない。捕えられた者たちは鎖につながれ、アドリアノープルへ送られた。その後の三ヵ月間サバタイの消息は皆無だが、一二月半ば、ギャランは信ずべき筋からある事件の話を耳にした。この報告によると、ユダヤ人たちがサバタイに罠を仕掛けたが、最初カイマカム〔郡長官〕を含めたコンスタンチノープルの高官の二人がスルタンのお気に入りにたいしてあえて手を下そうとはしなかったために、うまくいかなかった[111]。その件は次に皇帝の宮殿や庭園の警備の長であるブスタンジ・バシによって採り上げられた[112]が、彼はどうやら相当な額の賄賂をつかまされていたらしい。トルコの記録文書ではブスタンジの名がボスニア人オトマーン・パシャとなっている。ギャランは四〇〇〇ピアストル（レアル）の額と述べているが、このかなり大きい金額――当時の貨幣価値からすればおよそ一〇〇〇ドゥカーテン金貨――がだれにあたえられたかは明らかにしていない。三人の証人が連れて来られたが、彼らはサバタイ・ツヴィにたいし反対証言をした。証言と告発の性格は二つの補足資料から明らかにすることができる。

一六七二年一二月、スルタンと彼の大宰相ケプリュリュ・パシャがアドリアノープルに戻った。一六七二年六月に彼らは当市から対ポーランド戦争に出ていたのである。この戦争はカミエニェッツ征服とブツァッツの講和条約で終結し、これによってポドーリエン地方はオスマン帝国の一部となった。それはヨーロッパにおけるトルコの最後の大勝利となった。帰還したとき、スルタンと大宰相はサバタイがアドリアノープルに捕えられているのを見ると同時に、ブスタンジ・バシの報告に接した。それによると、「彼が[113]

不敬なことを言うのを多くの無関係なイスラム教徒が聞いた」、いつでもそれを証言する用意がある、必要ならアドリアノープルに行ってもよい、ということだった。ギャランによれば（一六七二年一二月一五日記）、証人たちはサバタイが「テフィリンを身に着け、［ターバンのかわりに］ユダヤ帽をかぶっていた、そして女と葡萄酒と［宗派の］何人かの指導者たちに囲まれている」のを見たと主張した。この出来事をサバタイ逮捕のきっかけとなったシナゴーグでの礼拝と取り違えてはならないだろう。この二つの出来事はのちに結びつけられた。ド・ラ・クロワによれば、夜衛兵と見回りをしたブスタンジ・バシはサバタイが支持者グループといっしょにボスポラス海峡沿いの村クル・チェスメのとある家で聖歌をうたっているところを見たという。この告発をむげに斥けてしまうわけにはいかない。「女と葡萄酒」の指摘はもっぱら聖歌をうたうための集会というよりむしろ性的宗教儀式の準備と考えられる。

アドリアノープルのあるフランス語を話すユダヤ人がギャランに語ったところによれば、サバタイの兄弟（おそらくエリヤ・ツヴィ）がサバタイを解放してくれるようスルタンに請願した。彼はほかにもいろいろ細かいことを報告しているが、それから察するに、サバタイは依然として政府高官の寵愛をえていたらしく、高官は彼の釈放を要求した。モーセとかいう男（ギャランのユダヤ人情報提供者）によれば、サバタイは簡単に釈放を手に入れることができたのだが、牢を出るのをこばんだ。サバタイの友人たちが彼の自由を確保しようと骨折る一方で、当局は前述の証人をアドリアノープルに呼び寄せた。じつは、証人を連れて来いという命令——オトマーン・パシャ宛の大宰相の手紙——はサバタイ・ツヴィにかんして唯一遺されているトルコの公式文書なのである。この時代のほかの文書はすべてトルコの記録保管所から消失してしまった。もとより手紙は、大宰相がいまユダヤの長老たちのためにひと肌脱ぐという事態をもたらすこととなったユダヤ人の贈賄の背景については語っていない。宰相はサバタイにたいする敵意と彼を処刑したいという気持ちを隠さない。手紙は「ユダヤ人たちのところから来た［すなわち改宗した］、そしてターバンを巻き、いまアドリアノープルに捕えられている強情な不信仰者」について語り――サバタイと名指してはいない――サバタイが出した訴願に言及している。「このいまいましい囚人は皇帝陣営に迫害を訴え出て、こう言っている。『わたしは迫害され、不当な扱いを受けています』と。」それから手紙の筆者は、被告人が処罰につながるような言葉を口にするのを聞いたイスラム教徒の証人を、宗教裁判の規定にしたがって行動が起こせるよう証言させるために、アドリアノープルへ送れと命じている。(115)

記録文書から、サバタイがイスラム教を中傷したか否定したかどで――どちらも死刑をまぬがれなかった――訴えられたこと、そして一六六六年には非常に穏健な態度を見せていた大宰相がいまはサバタイにはっきり敵意を見せ、すすんでユダヤ人と手を組んで棄教したメシアを厄介払いしようとしたことに疑いの余地はない。一六七三年一月四日にギャランはこう書き留めている。「聞いたところによると、［反］サバタイの証人がアドリアノープルで尋問された。そして四〇〇〇ピアストルが当市のユダヤ人から支払われた。(116)彼はオルタ・カピに幽閉された。そこの囚人は一般に［死刑の］宣告を受けた者とみなされていた。しかし、彼の処刑はラマダン月のあとに延期された。トルコ人たちは、その月には血を流さぬよう気をつけていたのである。こんな［有罪判決を受けた囚人の］状態においてさえサバタイはトルコ人の宗教に定められているように身体を清く清潔に保つために沐浴に行く許可をえていた。(117)」

数ヵ月の拘禁後サバタイに言い渡された判決はみなにとって驚きであった。ギャランは一六七三年二月一〇日にこう記している。「サバタイは約ひと月まえ（つまり一月中頃）にモレアに追放されたとユダヤ人モーセは言っている。彼を支持する強い勢力が宮廷になかったら、大宰相は彼を殺させていただろう。(118)」サバタイ派の言い伝えによれば、サバタイのシンパのなかにはスルタンの母親とヴァーニ・エッフェンデイがいた[119]。

のちの記述には、サバタイを追放してもらうためにユダヤの長老たちは賄賂を払ったと言われている。贈賄額もピアストルの一杯詰まった袋一二個分、総額にして一五〇〇〇ターラーにまでふくれ上がった[120]。本当のところは、ユダヤ人たちはサバタイの死を望み、そのために大宰相とブスタンジ・バシの助力を求めたのである。証人はおそらく金で買われたのであって、イスラム教にたいするサバタイの姿勢についてわたしたちが知っていることに照らせば、彼が言ったとされる中傷はおそらく言ってはいないと思われる。だが他方、彼がイスラム教徒を自分の信仰に改宗させようとしたという告発はいくらか当たっているかもしれない。いずれにせよ、サバタイ派の言い伝えはこの点においてレイーブ・ベン・オーザーの記憶よりも確かだと思われる。というのも、アブラハム・ヤキーニがその説教のひとつで次のような言葉をメシアに言わせているからである。「傲慢な者らはわたしに落とし穴を掘った〔詩篇一一九、八五〕――つまり人びとが彼を殺すために引き渡したときである……というのも、われらの主、まことのメシアはこう言っておられるからだ。多くの忠実な学者がわたしのもとにいた。わたしは彼らにあなたがたの神の秘義を明かした……でも、こうしていかがわしい連中の中傷のために非ユダヤ人のなかに追放されているいま、わたしはあなたに〔詩篇一一九、七九の言葉でもって〕祈ります、〈わたしに帰らせてください、あなたを畏れ、うやまう者たちを〉と[121]。」もういくらもたたないうちに、サバタイ派の伝説は出来事を歴史的事実とは似ても似つかぬ奇跡物語に変えてしまっていたのである。アブラハム・クウェンケによれば、サバタイはみずから遠流を願い、彼を行かせたくはなかったスルタンの宮廷に妻子を残した[122]。

サバタイの追放は支持者たちにどんな影響をあたえたのか。ラビ・アブラハム・ヤキーニの長文の手紙からそれがわかる。アドリアノープルのグループは解散し、棄教しなかった者たちはちりぢりになった。

サムエル・プリモはそのあと数年間ブルガリアのソフィアで暮らした。そこには（ヤキーニによれば）支持者たちがまだ大勢いたのである。ナータンはサバタイ主義の使徒として（またおそらく身に降りかかる迫害を逃れて）町から町へと流浪し、もちろんたまにはカストリアへ帰った。ヤキーニの手紙が示すには、主だった支持者たちは密に連絡を取りつづけ、互いに励まし合って、手紙や預言や幻視、「最終的顕現」の日付の計算を頻繁に交わした。ナータンは依然として中心人物と見られ、彼の預言者としての権威は揺るぎなかった。(123) ヤキーニは自分の感情の赴くままに完璧なサバタイ讃美の詩集を著した。(124)

ヤキーニの手紙はサバタイ追放の数ヵ月後、おそらく一六七三年夏に書かれた。反対者たちは部分的勝利を収めたからにはさらに非情になることができた。コンスタンチノープルや他所の支持者たちは迫害を受ける身となり、誹謗や中傷におびえながら暮らした。手紙はサバタイが躁状態にあったときによくしでかす「奇矯な振舞い」のひとつにも付言している。詳細はきわめて重要である。通常サバタイ派の資料はあまり詳しいことは語らず、メシアによるティックーンの神秘的行為については曖昧な婉曲語法で語るのをむしろ好むからである。最後にコンスタンチノープルを訪れたさい、サバタイは支持者のひとりの婚約者相手にそのような神秘的ティックーンを行ない、おまけに彼女をイスラム教に改宗させた。その若い男は、サバタイが彼の許嫁に添い寝をし、もしかしたら孕ませたかもしれないことに抗議したが、無駄であった。この事件はコンスタンチノープルで物議をかもし、多くの支持者たちは信仰に迷いを覚えた。「考えも理解もつかなかったからである。」当時サバタイはヤキーニに手紙を書き、娘にはけっして手を触れていないと「わが信ずる神にかけて」誓った。時経て娘がみごもっていることがわかった。生まれてきた子はやむなくトルコ人たちのなかでサバタイ・ツヴィの子として育てられる仕儀となった。サバタイはもちろん絶対母親に手を触れなかったたし、「日々その子を見たひとたちも太鼓判を押すように」子供は母親の婚約者に瓜二つだったのだけれども。似てないのだから心配いらず、「信仰の砦はわたしの心にどっしりかまえている」にもかかわらず、ヤキーニは心穏やかでなく、うろたえている。ひょっとすると預言者ナータンがこの不安を取り除いてくれるかもしれない。そして「われらの主、イスラエルの聖者」が多くの支持者たちを怒らせ不審がらせずにはおかないようなことをどうしてしたのか説明してくれるだろう。メシアの行為はすべて汚れなく、神聖である。たしかにそのとおりだ。そしてゼルバベルの黙示録がメシアは侮辱と中傷と誹謗のきっかけをあたえるだろうと預言していたのも本当だ(125)。でも、神はなぜそのような恐ろしい律法違反を許されるのだろうか。それはただ人びとを惑わし、信仰をぐらつかせる結果になるだけなのに。

ヤキーニの手紙からわかるように、サバタイはアドリアノープルでいっしょに暮らしていた妻のサラ以外に別の男と婚約していた女と結婚した。子供はしたがって法的にはサバタイの子であった(126)。彼が本当に婚約している女に子を産ませたのだったら、それはユダヤの法にしたがえば姦淫であり(申命記二二、二三参照)、あとで彼がそれを否定したことは、のちのサバタイ主義の過激グループがひそかに行なったフリーセックスの手本になったかもしれない。もしサバタイがみずから主張するように、その女に手を触れなかったのであれば、――かなり信憑性が高いが――子供の顔つきから証言したように、そしてヤキーニがこの出来事は挑発的逆説的なデモンストレーションにほかならず、サバタイの複雑な性生活に解明の光を投げかけるものである。何年もまえにスミルナでサバタイは支持者たちに彼らの処女の娘を差し出すように命じたことがある。数日後、彼は彼女らを手つかずで両親に戻した(127)。サバタイの振舞いは欲望と抑制の奇妙な混じり合いであり、その最も早い例がすでに彼の最初の二つの婚姻に見られる。彼が大勢の熱狂的な支持者の支配者となったとき、生来の好色と禁欲の相半ばする儀式好きを存分に発揮することができた。

ここでわたしたちはコンスタンチノープルで彼にたいしてあがった非難を思い出すこともできよう（七〇九―七一〇ページ参照）。サバタイがイスラム教を中傷し侮辱したことを疑うべき理由はあるとしても、わたしたちは彼がテフィリンをつけ、聖歌をうたいながら、女と葡萄酒に囲まれているようすを容易に想像できる。この光景はサバタイのエロチックな神秘思想の怪しげな雰囲気にマッチしている。

残念ながら反対陣営からはヤキーニのことによると一面的かもしれない叙述を修正できるような手紙は遺されていない。コンスタンチノープルのユダヤ人たちは混乱と狼狽の有様だったことだろう。大騒ぎだったに違いない。あるアシュケナージのラビ（おそらくラビ・モルデカイかヤコブ・アシュケナージ）が破門された。そしてのちに彼らは「けしからんことにわたしたちの師まで」侮辱した――これはおそらく、ナータンにたいする追放令が正式に更新されたことを意味するのだろう。ヤキーニは反対者たちのあいだに、コミュニティの富有層から徴収する税金のことでか買収額のことでかはっきりしないけれども、査定をめぐって激しい争いがあったことを報告している。不信仰者の陣営における混乱とは対照的に、迫害された支持者たちの生活は、初期キリスト教徒のそれと同様、平和と調和と兄弟愛としてえがかれている。[128] アブラハム・ヤキーニはこの期に及んでラビたちとの関係を絶つ。彼らにはタルムードの学識はあっても、「精神がない」。そして待ちわびながら引き籠る。そうこうするうちにラビたちの異端審問が頻度を増した。彼らは支持者たちの手紙を開封し、異端がないかどうか調べた。アブラハム・カルドーゾが最終的発現を一六七三年夏か秋と預言したトラクトをサバタイ・ツヴィに送った。手紙はおそらくトリポリで書かれたのだろうが、ひょっとするとカルドーゾが住んでいたチュニスですでに書かれていたのかもしれない。しかし、手紙の持参人がガリポリに着いたとき、[129] 手紙が開封された。ヤキーニが伝えるこの出来事はラビたちがサバタイ派にたいして行なった検閲のよく知られた最初のケースである。[130] のちにはそれは頻繁に行なわれた。サムエル・プリモも信仰のために迫害に耐えたことをヤキーニに称賛されているが、[131] あまりにも漠然と曖昧にほのめかされていて、精確には解釈しがたい。

ヤキーニは手紙をサーフェードに住みついていたポーランド人説教師ラビ・エリヤ・アシュケナージ(四五五ページ参照)に託した。ヤキーニはエリヤ・アシュケナージが「恐ろしい夢」を見たと伝えている。その夢にはイサアク・ルーリアも現われ、このひとを通して彼は「われらの主の真実」を知ったのである。アシュケナージは娘の持参金を集められると思って旅に出たのだとヤキーニは示唆しているけれども、彼がサーフェードを出立した理由は明らかにしていない。彼がどうやら一六七三年にコンスタンチノープルに着いたとき、ラビたちはその信仰ゆえに彼を退去させた。そこで彼は支持者たちがなおたくさんいるソフィアに行く決心をした。ヤキーニはソフィアの支持者たちにあたたかく迎えられるように彼を推挙した。「あの一六六六年の幸せな日々に」サバタイからおおいに愛された人物であることは、支持者たちにとってこの旅人を鄭重にあたたかく迎える理由とするによもや不足はないだろう。[132]

## V　サバタイ、ドゥルチーニョへ追放。一六七四―一六七五年、アムステルダムと北アフリカにおけるメシアニズムの復活

ギャラン(九三一ページ参照)と他の諸外国外交官はサバタイの亡命先を正確には名指さず、ただ「モレアへ追放」されたとだけ報告したが、これはギリシアとアルバニアにまたがっていた。[133] おそらくトルコ当局はユダヤ人たちのあいだにこれ以上騒ぎが起こるのを避けて、彼の亡命地を秘密にしておきたかったのだろう。一八世紀始めになってもまだレイーブ・ベン・オーザーは、サバタイはアルバニアの一地区バ

ッサン、「いまだかつてユダヤ人が足を踏み入れたことのない」[134]地へ追放されたと繰り返し述べるとともに、彼が正確にはどこへ送られたのか、見つけ出せなかったとつけ加えている。レイーブによれば、トルコのラビたちがサバタイの名を口にした者はすべて追放に処すと脅していたので、「善良なユダヤ人ならあえてそれを詮索して追放の罰を背負い込むようなことはしないだろう。だが、［サバタイ派の］信者たちはあれこれと嘘を考え出して、互いに相手を混乱させた……その結果トルコのユダヤ人はだれも彼がどこに行ったのか、どこで死んだのか、知らなかった」[135]。ほかの点でもそうだが、ここでもレイーブの叙述には混乱と誤りが多々見られる（九七六―九七七ページ参照）。なぜなら、少なくとも最初の数年間はユダヤ人もキリスト教徒も亡命先を知らなかったことは疑いないからである。ド・ラ・クロワは一六七九年に[136]、サバタイはモレアのドゥルチーニョ要塞に捕えられているのだろうと書いた。トビーアス・ローフェによるなら、トルコ人は次に彼がどうするか見るために、彼をそこへ拘禁した[137]。サバタイは政治犯として流謫の生活を送った。ということはつまり拘禁されていなかったのであって、しばらくのちには、たまさか訪れる客を迎えることさえ許されたのである。

ドゥルチーニョはこんにちのユーゴスラヴィアのアドリア海沿岸最南端に位置し、いまはウルチーニと呼ばれている。サバタイ派の伝統はこの地名をイタリア名（ドゥルチーニョ）とトルコ名（ユルギュン）で伝えている。トルコ語のかたちはサバタイ主義者たちによってアルクムに変えられた。これは箴言三〇、三一「そして軍勢が共にいる王」（ヘブライ語でメレク・アルクム）をほのめかしている[138]。この言葉による連想はおそらくサバタイが自分で考え出したのだろう。彼が王のなかの王、イスラエルとユダの神の油を注がれた者と署名している一六七六年の手書きの書簡は、そのものずばり「アルクムで一筆啓上」といっている[139]。支持者たちにはすぐ彼の滞在地がわかるだろうと期待された。アブラハム・カルドーゾはしばしばアルクムをサバタイの居住地と述べている。多分支持者たちもはっきりと口には出さないが、その場所を知っていたのだろう。[140]

追放後のサバタイの心境について多くは知られていないが、その頃のナータンの側近ラビ・サムエル・ガンドゥールの手紙のなかに興味深い情報が遺されている。ガンドゥールは一六七七年九月にリヴォルノのサバタイ主義信者モーセス・カプスートに宛てて手紙を書き、そのなかでアブ九日の断食について次のように述べている。「貴殿もご承知のように、わたしたちはここ六年間彼［すなわちサバタイ］の指示により断食を守っておりますが、……でも泣くことも嘆くことも、哀しみの歌をうたうこともしていません。」[141]指令はきっと一六七二年にアドリアノープルで告知され、サバタイが死ぬまで遵守されたのだろう。しかし同様に、一六七三年、サバタイが国外追放になってから出された可能性もある。いずれにせよ、一六七一年夏にアブ九日が六日ないし七日間祭りとして行なわれたことはわかっている。[142]断食は守るが、恒例の嘆きの歌を詠唱することはしないという妥協策は座して時を待つ試みであり、国外追放がサバタイに及ぼした影響を反映している。

サバタイの妻サラ「夫人」はしばらくしてから夫のもとへ行くことを許された。大宰相はサバタイの兄エリヤ・ツヴィから然るべき額の賄賂を受け取る見返りにその許可を出した。[143]ドゥルチーニョでもサバタイの生活は例によって躁と鬱のリズムを示した。彼は自身の空想力の閉ざされた世界に引き籠り、支持者宛の手紙で崇高と陳腐のあいだを揺れ動く示唆に富んだ象徴的な文体で考えを述べた。[144]これらの手紙はいまもいくつか遺っているが、[145]長文の手紙というよりむしろ短いメモで、断食日の遵守――というのは廃止の意味だが――の指示と、彼が五四三四年キスレブ二四日（一六七三年一二月二一日）に「戻ってくる」というほのめかしを含んでいる。それが追放からの帰還を意味しているのか、それともイスラム教徒としての生活からユダヤ教に戻るというのか、定かではない。おそらく彼は、その日に一六六六年に始まったケリパーによる幽囚の七年という期間が終了し、それとつながりのあるメシアの使命がなしとげられると信じていたのだろう[146]。

それからまもなく、一六七四年に妻のサラが死んだ。サバタイは一六七一年夏に婚約していたソフィアのアアロン・マヤールの娘との結婚をいまようやく果たせると思った[147]。ところが娘はドゥルチーニョのサバタイのもとへ来れないうちに死んでしまった。しかし、サバタイは近いうちに彼女を生き返らせると語った。イスラエル・ハッサンは、サバタイがバシャンのユルギュン出身のイスラム法学者[148]とともに義父アアロン・マヤールへ送った一通の封書について述べている[149]。ソフィアへの途中、手紙の使者はカストリアの支持者グループへもメッセージを届けた。ナータンがサバタイの近況を尋ねたとき、イスラム法学者は彼に「夫人の逝去と甦りのこと[150]」、そしてサバタイが木を切り倒し、太い幹を自分で切断して、短いほうを「わたしたちの主イシュマエル」にあたえたことを話した。

一六六七年、「裁きの勢力が慈愛の勢力を打ち負かしたとき」に「ターバンのもとで」（すなわち棄教後に）生まれたイシュマエルは、母親が亡くなったとき七歳だった。彼はアドリアノープルの父のもとにおり（八九九ページ参照）、イスラエル・ハッサンは個人的に彼を知っていた。この少年によって非ユダヤ人は生き延び、救われるだろう、神は「みずからおつくりになった者たちの亡びを望まれない」のだから、とナータンが預言して以来[151]、イシュマエルはサバタイグループのなかで一種の救済論的期待の的となった。イスラエル・ハッサンによれば、「わたしたちの主イシュマエルは塗油のみぎりにはアミラーと同等の位をえるだろう。なぜなら、［最終的に顕現したのち］アミラーは死すべき者の分別よりも高められるからである。だが、〈その子孫は地において強くなり〉（詩篇一一二、二）、彼［すなわちイシュマエル］はわたしたちの主になるだろう。なぜなら、アミラーが彼を召し、わたしたちに［イシュマエルの面前で］これがあなたがたの主である、といわれたからである」。イシュマエルは、イスラエル・ハッサンがこの預言を書き留めたとき、どうやらまだ生きていたらしい[152]。

イシュマエルを「主」ならびに父の玉座の継承者と定めることは、支持者たちの内輪で行なわれていた、サバタイを「愛するひと」と呼ぶならわしを説明してくれるかもしれない。ナータンは「彼［すなわちサバタイ］」をもうわれらの主といわずに、われらの愛するひとという」ように指示したという[153]。ヘブロンのラビ・メイール・ローフェがモデナのラビ・アブラハム・ロヴィゴに宛てた一連の書簡がこの指示を裏づけており[154]、そこではサバタイはもっぱらこの肩書きで呼ばれている（ちなみに初期のキリスト教徒もこの肩書きをイエスにたいして用いている）。

サバタイがコンスタンチノープルで婚約者から奪った許嫁についてはわたしたちの資料はもはや何も語っていないが、ヤキーニによればサバタイの家庭で育ち、トルコ人から彼の息子とみなされた彼女の子供は、父とともにドゥルチーニョにいたかもしれない。サバタイは彼の最後の義父ラビ・ヨセフ・フィロソフに宛てた手紙のなかでアブラハムというヘブライ語名の子供のことに触れている。イシュマエルのほかにサラは彼にひとりの娘（一六七二年）しか産んでいない。

フィロソフはサロニキの高名な学者であったが[155]、ソフィアの許嫁が死んだあと、サバタイはフィロソフに彼の娘を所望した。ナータンからサバタイ主義のカバラーを教わったヨセフ・フィロソフは彼にとってこの新しい絆が意味する重大な個人的結果をものともせず同意した。彼をラビ職から外し、給料の支払いをやめたユダヤ人コミュニティのラビや平信徒たちに彼はこう答えた。「自分のしたことはわかっていま す。これは主から出た事です。」（創世記二四、五〇参照）「彼は息子に供をさせて彼女を送り出した[156]。そして結婚式はドゥルチーニョで……ユダヤ教の祭式にのっとって行なわれた。[157]」サバタイはヨセフ・フィロソフをサウルの化身とみなし、手紙のなかで彼にサウルと呼びかけ、その娘（すなわちサバタイの妻）をミカルと呼んだ。[158]

結婚式は一六七五年に挙行され、その報せはじきにリヴォルノに届いた。ここには当時ヘブロンのラビ・メイール・ローフェが住んでいた。ローフェはナータンとともに一六六六年秋に聖地を去り、アドリアノープルのナータンの中心サークルのメンバーだった。彼はまたここで「神性の秘義」も受けた。[159]サスポルタスはこの学者が「サバタイが棄教するのを見たあともなお堅く彼の信仰を守り、彼［サバタイ］こそメシアにほかならない」と言ったことに驚きを禁じえなかった。彼は指導的なサバタイ信奉者たちと手紙を交わし、彼らを慰め、彼らの信仰を強めた。彼のリヴォルノ滞在の正確な日付はわかっていない。一六七四年夏にはもう当地にいたこと、[160]そして一六七八年冬まえにはそこを去っていないことは確かだが。[161]リヴォルノの時代にヘブロンのユダヤ人コミュニティは彼をコミュニティーの公使に任命した。[162]彼の確たるサバタイ信仰は遍く知れ渡っていたけれども、学者ならびにヘブロンの代表者としての彼の風貌がどうやら彼をいやがらせや侮辱から守ってくれたようだ。ひと前や反対者との手紙のやりとりのなかでは彼は慎重にサバタイのメシア性を匂わすことはいっさい避けた。[163]それでも彼がイタリアにいることはそこの支持者たちにとって慰めと心強さのもとであったことは確かである。ローフェは一六七五年夏ロヴィゴに宛てた書状のなかで、「愛するひと」がラビ・フロレンティン[164]の娘と結婚した、そして預言者ナータンとサムエル・プリモが彼のもとへ行ったと報告している。「ラビ・ナータンが理由なくして彼を［いまこのとき］訪問したのでないことは確かで」、だからローフェはすぐにも吉報が届くのを期待したのである。「そうすればわたしは愛するひととともにわたしの以前のすみかに戻るでしょう。[165]」

サバタイは最後の結婚では子供をもうけていない。義父宛ての手紙では妻のことを二人の息子の「母親」と語っているけれども（実際は彼女の継息子）。デンメーの伝承では、彼の最後の妻はヨヘベドといった[166]、夫は彼女に別の象徴的な名をつけていたけれども、といわれている。ロヴィゴの『サバタイのメモ帳[167]』にはヨセフ・フィロソフが娘の結婚式の記念に詠んだ詩が含まれているが、そのなかで彼女は三たびエステルと呼ばれている。これと同じ名はサバタイ・ツヴィが「サウル（すなわちヨセフ・フィロソフ）、神の選ばれし者、モルデカイ、ヤイルの子、シメイの子、キシュの子、ベニヤミン一族の者[168]」に宛てた短い、暗号風の手紙にも現われ、「わたしの妻ハダッサ・ミカル、エステル[169]、わたしの妹、わたしの恋人、わたしの鳩、わたしの理想の女《ひと》〔雅歌五、二参照〕と彼女の（原文のまま）二人の息子イシュマエルとアブラハム」と語られている。たしかに、エステルやハダッサもアレゴリックな名である可能性は大であるが[170]、しかし同様に彼女の名はもともと（ヨヘベドというよりむしろ）エステルで、ミカルはサバタイが彼女につけた唯一のアレゴリックな名であった可能性もある。この手紙[171]をサバタイが書いたのは一六七六年早春で、このとき彼は照明を受けたトランス状態にあり、近々家族をともなってフィロソフのもとを訪ねることを知らせたのである。手紙には「イスラエルとユダの神の油を注がれた者」と署名されている。この署名は当時のほかの手紙にも現われ、「神性の秘義」にかんするサバタイの神学における新しい発展を示すものかもしれない。

　サバタイの国外追放の最初の数年間は、いまにも決定的な出来事が起こることをあてにしていた支持者にとって張りつめた期待のときであった。モデナのアブラハム・ロヴィゴはとくにじりじりして吉報を待っていたが、そんな彼をメイール・ローフェはたびたび失望させねばならなかった。「愛するひとについては新しいことは何もありません。何かいい報せがありましたら、すぐお知らせいたします。」サバタイの結婚についての報告は救済の期待を呼び起こしたが、無駄であった。一六七五年晩夏ローフェはモーセス・ピンヘイロが一通の手紙を受け取ったと記している。そのなかで手紙の差出人は「愛するひとについてその弟のラビ・ヨセフ［・ツヴィ］と話したところ、いまは何も新しいことはないが、アドリアノープルにいる兄のエリヤ［・ツヴィ］から毎日手紙があり、近々にわたしたちの主である弟のことで新しい情報を伝えると知らせてきた」と報告していた。この「新しい情報」とはおそらくサバタイの結婚にかんすることであろう。

ロヴィゴ宛のローフェの手紙はリヴォルノの小さい支持者サークルにみなぎっていた雰囲気と期待を明らかにするとともに、サスポルタスが――反対者の偏見をもちながらも――一六七四年に集めた情報を補っている。手紙は典型的な「宗派的」雰囲気を伝えている。コンスタンチノープルでもそれと同じものにでくわしたが、[172]あれは驚くほどの早さで広がった。リヴォルノの宗派生活の中心はモーセス・ピンヘイロの家であった。彼の孫ラビ・ヨセフ・エルガスはおよそ四〇年後に、断固たる反サバタイ主義の中心的闘士のひとりになった。[173]一六七四年のあるとき、モーセス・ハラリ[174]という年若い学者がリヴォルノへやってきた。彼はアドリアノープルで棄教した支持者のひとりであったが、その後非イスラム教国へ逃れ、ふたたびユダヤ教に戻った。しかしサバタイ信仰を棄てたわけではなかった。イタリアで彼は隠れ信徒に典型的な分裂した態度を示した。反対者たちには、サバタイ信仰は嘘と誤りだらけだと言い、「その一方でひそかに支持者たちのところへ行き、堅く信仰を守るように注意し、自分が反対者たちに言っていることはすべて嘘で……ただみんなの安全のために言っているだけなのだと（彼らに断言した）」。支持者たちはピンヘイロの家につどい、ハラリはそこで彼らにゾーハルのなかの、神秘的なサバタイ・ツヴィの示唆を含む節を説明し、「（サバタイ・ツヴィを信じ）ない者はイスラエル人とはいえないと教えた」。ユダヤ人コミュニティの長老たちは彼がすでに一度棄教したことがあるのを知っていたので、自分たちに破門されたら、彼はまた棄教して、キリスト教徒になるのではないかと恐れた。プリモの師でガザの最初の支持者のひとりであったラビ・ユダ・シャーラーフは晩年をリヴォルノで送り、一六七五年に亡くなったが、ピンヘイロとハラリの仲間に加わった。大層な学識と禁欲的な信仰深さで有名だったこのグループの権威と評判がサバタイ派を支えたことは疑いない。一六七四年にチュニスからリヴォルノへ来たアブラハム・カルドーゾの存在にしばらくのあいだ彼らは意を強くしたが、一六七五年五月末に彼はユダヤ人コミュニティの長老たちによってむりやり出立させられた[175]。

バルカンとイタリアのあいだにはさかんな往来があったに相違ない。イタリア人たちにサバタイ・ツヴィやナータンにかんする信心深い書簡や報告をもってきた旅人はきっとメイール・ローフェやモーセス・ハラリだけではなかっただろう。アブラハム・ロヴィゴが一六七五年か一六七六年に預言者ナータン宛に書いた手紙は、真摯なサバタイ信徒の内面生活や、混乱、葛藤を明らかにしており、いわば信仰告白《コンフェッシオ・クレデンティス》の見本ともいうべきものである。原本は遺失してしまったが、彼自身の手になる写しが遺っている[176]。ロヴィゴはその手紙を、カストリアから来てそこへ戻るという旅人に託した。それが書かれたのは、ロヴィゴが——おそらくメイール・ローフェから——ナータンのいくつかのサバタイ主義的著作の写しを手に入れたあとだということははっきりしている。「この手紙の使者」についてロヴィゴがいっていることはどう見てもローフェにあてはまる。もしローフェがリヴォルノに居ついてカストリアに戻らなかったという事実がなければ、両者を同一視したくなるだろう[177]。ロヴィゴが彼のメシアである主の御前から、あまつさえ慣れ親しんだサバタイ信仰仲間から遠く離れたモデナでの孤独と寂寥を述懐するとき、そこに少々誇張があることは確かだ。彼は驚くことに、リヴォルノの非常に活発なサバタイ主義グループについてまったく語らない。彼は「この国を訪れ、わたしの家に滞在する旅人たち」の報せや情報に依存しているが、さいわいにもすばらしい、畏敬の念を起こさせる叡知にあふれたナータンのいくつかの著作を目にすることができた。とくにカストリアから来た「この手紙の使者」はサバタイやナータンにかんする直接の情報で手紙の筆者の心を喜ばせた。「わたしは本当に忠実な信者であってしあわせだ。」この手紙の使いがナータンに説明してくれるだろうが、個人的な事情により、モデナを去って、バルカンの「主の山」へ馳せ参ずることはできないが、でも、もしナータンがお呼びになるなら、自分はすべてを投げうって、費用と労をいとわず彼の命にしたがうだろう。もしナータンが（「この友人を通して」）ご返事を賜りますなら、そしてもしやアミラーについていくらかでも新しい事をお知らせくださいますなら、恐悦至極に存じます、と。

この信仰吐露、熱烈な帰依、強い憧れをロヴィゴがラビ・モーセス・ザクートに宛てて書いた手紙と比べてみると、同じ人間の書いたものとはとうてい信じられないだろう。ザクートはロヴィゴにルーリアのカバラーを伝授した師であった。手紙は不信仰者に宛てた信仰者の書状から価値ある結論を引き出すことの難しさを証明している――そういう証明の必要があるならの話だが。サバタイ信者が胸襟をひらき、思っていることをはっきり言うのは同じ信仰仲間に書くときだけであって、この辺の事情がのちのサバタイ主義をめぐる議論では故意に見逃されている。

メイール・ローフェはチュニスとトリポリへ旅を続ける計画を棄て、「明けても暮れても」メシアのそばへ戻る日を待つことにしてから、支持者たちのあいだにナータンの著作を広めることに専念した。受け取る側はこれらの著作を手放したり、知らぬ者に見せたりしないことを約束せねばならなかった。書き写すのも信頼できる書き手でなければならなかった。したがって、ナータンのトラクトはすでに一六七五年には「アングラ文学」になりかけていた[178]。一六六六年の大きなメシア復活運動のあいだにサバタイの大きな奇跡にかんする噂が広まったとき、メイール・ローフェはそれを嘘のつくりごとと言って斥け、「もしそれになんらかの真実性がありましたなら、貴下にそれを秘密にしておくなど断じていたしません」とロヴィゴに断言した[179]。

ローフェの手紙はリヴォルノとモデナのサバタイ信者たちの生活と期待を反映している。彼らは伝統的な篤い信仰心と禁欲的な敬虔さにあふれた生活を送っていた。彼らは自身の内に引き籠り、メシア的期待を心のなかで体験し、棄教者グループの反律法主義的背理的傾向も、メシアの神秘的肩書きについて学問的にこまかく論議しようというとくべつな望みももっていなかった[180]。しかしどこか他所で、張りつめた期待が新たな頂点に達し、メシア主義的熱意の新たな表明へといたった。支持者や反対者たちのもとに、とくにサバタイ・ツヴィのすぐ身辺にはいった報告は、預言のお告げやその他もろもろの見解表明が一六七四年から一六七五年のあいだに（すなわちサバタイがドゥルチーニョに追放されたあと）きわめてさまざまな、お互い遠く離れた場所で起きたことを示している。その頃のアブラハム・カルドーゾの活動は、初期のマラノやサバタイ主義の唱道者たちの発展全体と同様に、独自の考察に値する。当面のわたしたちの目的には、彼が一六七三年に「ヤコブの神の油を注がれた者」としてのサバタイの使命を支持する[181]手紙や一六七三年秋の最終的発展の開始を告げる手紙をいろいろな国に（サバタイ自身宛にも、九三五ページ参照）送りはじめたことを確認しておけば十分であろう。カルドーゾの報せは彼が当時住んでいたトリポリとチュニスのユダヤ人コミュニティ内に相当な興奮と緊張をもたらした。

アムステルダムでもカルドーゾの報せは少なからず重要な支持者グループにかなりの影響を及ぼした。このグループにかんするわたしたちの情報は、サスポルタスがちょうどこの時期アムステルダムに住んでいて、大事な報告や記録を「書類」にしまっていたという事情に負うている。同様の反響はほかのコミュニティにもあったかもしれないが、そこにはそれを記録しておくサスポルタスがいなかった。カルドーゾの書簡は一六七三年アブ九日まえにアムステルダムに届き、支持者たちは哀歌の朗読と悲しみの歌の朗誦を中止し、断食だけは守ることに決めた——ナータンとガンドゥールが文通者たちに強い調子で薦めていたそのとおりに（九三八ページ参照）。カルドーゾの定めた日付が過ぎたとき、彼らは、一六七四年二月にイギリスとオランダの戦争が終結したのは——たしかにオランダの経済生活においては重要な出来事だった——救済の予兆だと主張した。カルドーゾのさらにほかの手紙が届き、ひきつづき一六七五年の出来事にそなえよと支持者たちを促した。

アムステルダムの支持者たちは普段、彼らの指導者のエマニュエル・ベナッタール[182]、ポルトガル系シナゴーグのハッサンの家に集まった。ユダヤ当局は彼らを阻止しなかったようだ。非常に敬虔な大富豪アブラハム・ペレイラがそのなかにいたからかもしれない[183]。一六七四年に高名なマラノの作家で詩人のダニエル・レーヴィ・デ・バリオス（一六二五—一七〇一）がグループに加わった。デ・バリオスはスペイン語で書き、ユダヤ人にもキリスト教徒にも非常に尊敬されていた。彼は公にユダヤ教に戻ったあともスペイン軍の将校としてベルギーで服務したが、のちに任務を返上し、アムステルダムに居をかまえて、聖書をテーマにした詩を書き、それをいろいろな貴族に（スペインやポルトガルの貴族にも）捧げた。彼が軍隊を捨てたのは彼の宗教的経験とサバタイ主義的幻視の結果なのか、それともこれらは彼がアムステルダムに居住し、サバタイ信者たちと知り合いになってからあったことなのか、定かではない。わたしたちの知識は彼のサスポルタスとのサバタイ主義的つながりによるものであるが、サスポルタスが伝えているところによれば、カルドーゾの報せがはいったのち一六七四年、デ・バリオスは「自分の［詩の］本を投げ棄てた。噂を信じたのだ。彼の空想は大きくふくれ上がって、……自分のことをまるで預言者のように思い、ナータンとカルドーゾの言葉は本当である、と言った」。熱狂的な詩人と異端者狩りの第一人者とのあいだに奇妙な友情が芽生えた。幻視を体験したあと一六七四年か一六七五年、デ・バリオスは何日間も断食をした。彼の妻は夫の精神状態をとても心配し、サスポルタスに助けを求めた。彼らは長い話を交わした。デ・バリオスは「彼の乱暴な誇張やうぬぼれた空想をすべて」サスポルタスに打ち明けた。そのなかには「救いの兆候はアブ九日まえに現われるでしょう、メシア、サバタイ・ツヴィはユダヤの新年が始まるまえに来るでしょう……すべてのキリスト教徒、わけてもオランダの支配者、ヴィルヘルム・フォン・オラーニエン王子はユダヤ人になるでしょう……フランス王はネブカドネツァル〔バビロンの王。バビロニアの名を世界に轟かせた人物。ユダ王国を滅ぼし、その民の多くを連れ去った。建築術にも長じ、世界七不思議のひとつ「空中庭園」を造成した〕です……スペインの王はティルスの王ヒラム〔フェニキアの都市国家ティルスの王。ダビデやソロモンと友好関係をもち、ソロモンにはエルサレム神殿の建設資材などを提供した〕でした等々」といった啓示もあった。デ・バリオスはそれらの啓示を、それにともなう聖書の本文も含めて、ヘブライ語ではなくスペイン語で受け取った。そして友人であるサスポルタスの助言を求めた。サスポルタスは「あなたの想像力はあなたの孤独（の結果として）大きく育ったのであり、それだからあなたは目覚めながらに啓示を体験するものと思われます」といって彼を納得させようとした。[184] この穏やかなやさしい口調はサスポルタスが通常サバタイ信者たちを相手にするときに発する侮辱とはまったく違っている。彼はデ・バリオスにこんなことすら言った。「彼がサバタイを信じたいのなら、そうするがいい［原文のまま］、ただし彼が始めた詩作の仕事をなおざりにしないという前提のもとに。彼はそれをわたしに約束した。」にもかかわらず、デ・バリオスはその後も預言者のように振舞い、シナゴーグに公示を貼り出した。「われダニエルはあなたがたに注意する。悔い改めよ、大いなる罰がやってくるから。[185]」デ・バリオスが一六七四年に著したサバタイ主義的幻視の書は遺失し、つづく二五年間に書き著した多くの著作では彼は生涯のこのエピソードに触れていない[186]。

多くの失望にもかかわらずまだたくさんの支持者がいたモロッコのユダヤ人コミュニティではメシア信仰復興運動はもっとずっと大きな規模になった。アムステルダムでは父祖の宗教に帰ったひとりの高名なスペイン系マラノが預言の霊感を受けたのにたいし、モロッコの預言者は低い社会層の出であった。彼は「信仰心篤いが、無知な人間」であった。つまり、聖書やハッガーダー本文やモラリストたちの著作を読むことはできるが、タルムード学者でもなければ、「ラビの注釈を読むこともできない」ひとということである[187]。アレッツォのバルーフの詳細な記述と証言[188]のおかげでこのエピソードについてはかなりよくわかっている。この新しい預言者、ヨセフ・ベン・ツールは、サスポルタスによれば反サバタイのラビたちが多数派を占めていたメクネスの独身の若者であった[189]。それでもサバタイの影響はあった。預言者ナータンの父親ラビ・エリシャ・アシュケナージが晩年メクネスへやってきた。一六七三年夏における当地での彼の死と埋葬は多くのひとに深い印象をあたえた[190]。エリシャ・アシュケナージはどこへ行っても有名な息子、ガザのナータンのことを訊かれたであろうと思われる。のちにモロッコで大変広まったナータンのサバタイ主義的著作は彼がもってきたのかもしれない。

ひとりの天のマッギードがヨセフ・ベン・ツールを訪れ、メシアの到来を告げ、多量の水で彼に洗礼を授けた。「それは服を取り替えねばならないほどの量だった。それから天にましますわれらが主にして王であるサバタイ・ツヴィが現われ、われこそは真の救い手であり、ラビ・ナータン・ベンヤミンは真の預言者、そしておまえはヨセフ家のメシアである、と言った[191]。」サバタイ・ツヴィの登場に先んずるはずだったヨセフ家のメシアが現われなかったことが、すでにまえに見たように、サバタイ信者たちをその間ずっと不安にし、預言に熱を上げた多くの者たちは自分こそこのとくべつな役をになうべく定められた人間だと思った。その折り、大天使ラファエルはヨセフ・ベン・ツールにアルファベットの本当の順序を明かした。それはかつてシナイ山上であたえられたのだが、黄金の牛を崇拝したイスラエルびとの罪によって滅茶苦茶になっていたのである。この「字母の本当の順序はサバタイの預言と読める、あるいは少なくともそう解釈できるように並んでいた。この新しいというか、むしろ本来のアルファベットの順序に照らせば、トーラーとその秘義の新しい理解が可能であった。フェスやサレ、テトゥアンのラビがメクネスに来て、これまで聞いたこともないような深いカバラーの理解に驚いた。解放は一六七五年の過越祭前夜に行なわれると預言者は告げた。モロッコを吹き抜けた贖罪運動は一六六五年から一六六六年に「われらの主が初めて現われたときよりもはるかに大きき」かったといわれる。サバタイのことを否定的に語っていたラビたちですら悔い改めをし、「いまやこの信仰にすがった」。族長アブラハムが、解放はもともと一六六五年に行なわれるはずだったのだが、メシア到来の苦しみと痛みをイスラエルびとが味わわずにすむよう、そして不信仰者たちをすでに彼らに下されている死の判決から救い出してくれるようサバタイが神に頼んだから、一〇年だけ先へ延ばされたのだと預言者に打ち明けた。棄教にはさげすまれ辱められたメシアがそのことによってイスラエルびとにかわって産みの苦しみに耐えるという目的があった。ケリパーのなかで、メシアはちりぢりになった聖性の火花をすべて引き寄せるだろう[192]。

預言者を訪れたあるカバリストのラビが友人に宛てた手紙のなかでこのときの会談についてとても興味深いことを語っている。ラビ・アブラハム・ベン・アムラムは一六七五年二月五日、友人アルジェリアのラビ・バンジャマン・デュランに手紙を書き、ゾーハルを解釈するさいにぶつかったいくつかの難問を解いてもらうためにメクネスの預言者のところへ行った、と報告した。「謙虚な、神をうやまう有徳の士」と見られたこの若者は、自分は無学で簡単なテクストさえ読めないのだから、ましてゾーハルの秘義を説明することなどできない、と彼に答えた。しかし、霊が降りたときは、よどみない、見事な話しぶりで、紙に書き記すにはもったいないくらい神聖な秘義を明らかにした。彼はまた計算によってメシアの顕現は過越祭に行なわれることを証明した。訪問者がゾーハルについて是が非でも質問したいというと、預言者は次のように答えた。

「わたしは話している相手がだれだか知りません。わたしは何も見ませんし、何も話しません。でも、わたしの唇が話すのです。そしてわたしは唇が発する声を聞きます。」しかし、わたしが彼に「尋ねてくれませんか、わたしの質問を天のあなたの指導者に訊いてくれませんか」といったとき、彼はこう答えた。「わたしの感覚はすべて宙に漂っており、わたしは天にいるのか地上にいるのかわからないのです。」彼は目があけられない。鉛のように重いからである。……あなたはヨセフ家のメシアなのですかと訊くと、彼は、そのように言われたと答えた。……要するに、これは悪霊や悪魔とは関係ないことだとわかったので、わたしは喜んでそこを去ったのです。……彼に奇跡やしるしのことを尋ねると、彼はこう答えた。「大きな奇跡とはなんですか。……わたしは聖書を読むことが一度もできませんでしたが、いまこうしてカバラーの秘義について話しています。わたしはあなたに最終的解放まで一年待てとか二年待てとはいいません。二ヵ月だけでいいのです。これ以上訊かないでください。」[193]

この預言に刺激されて、もうひとり別のメクネスのサバタイ信者が救済の説教とカバラー的解釈を著し、最終的解放を一六七四年と預言した。もともとの救済の年は一六六八年――ユダヤの年代学によれば神殿破壊からちょうど一六〇〇年後――であったが、神が慈悲により、イスラエルの人びとがメシア到来の苦しみと痛みを味わわないですむように、さらに六年と六ヵ月をつけ加えたのだった。[194] 定められた時がすぎても何も起こらなかったことを預言者はイスラエルびとの犯した多くの罪のせいにした。しかし、これらの罪はいま人びとにかわって、嘘つきとみなされた彼［預言者］の屈辱と悲しみによって償われた、と彼は言う。モロッコのサレのひとりのユダヤ人が一六七五年晩夏にリヴォルノの兄弟に手紙を書き、こう伝えている。「わたしたちは一六七六年に解放が行なわれるものと主を信じています。西のマラノたちはみな悔い改めをし……イスラエルへ行くために礼服を着用しています。」この日付も過ぎ、その後まもなく預言者ヨセフ・ベン・ツールは死んだ。[195] サスポルタスによれば、[196] 支持者たちは預言の失敗を奇妙な新手の理論で説明した。ヨセフ家のメシアは本当は結婚してダビデのメシアの家族の一員にならねばならなかった（つまり、サバタイ・ツヴィの娘と結婚しなくてはならなかった）のだ。ここではすでにヨセフ家のメシアという人間はその伝統的な意味と連想をはぎ取られ、一種のダビデ家のメシアの傀儡王ないしは副王になってしまっている。この考えは後期サバタイ文学に非常にしばしば見受けられる。

このような救済の期待の爆発には独自の論理があった。それらはみな解放のプロセスのなかにある一種のリズムから出たのである。七年とか一〇年とかいう期間はどちらも等価値の単位で、カバラーの視点から見て意味があるものだった。唯一難しいのはこの期間の開始の日付を決めることであった。サバタイが一六六五年にメシアとして顕現したのを始めとするか、それとも彼の棄教をもって始めとするか。その答えによって最終的顕現の日付は一六七二年から一六七五年の幅で異なってくる。しかし、これらは公の現象としてのサバタイ主義のいまはの痙攣であった。そのあとそれはオランダでもモロッコでも地下に潜った。同様にサバタイ主義はトルコでもイタリアでも隠れた分派になっていったのである。

## Ⅵ　サバタイの最晩年。彼の「神性の秘義」とトラクト『信仰の秘義』

大方の時間、サバタイはアルバニアの亡命地で孤独な生活を送った。彼はコンスタンチノープル、アドリアノープル、ソフィア、サロニキ、カストリアの忠実な支持者とコンタクトをもっていたが、わたしたちの知識は断片的で、一貫していない。それらから全体像を再構築することはできない。彼の「宮廷ラビ」たちが彼を訪ねるさいもひょっとするとトルコ人に扮していたかもしれない。プリモは何度か、少なくとも二度は彼を訪ねている。最初の訪問のときには（ソフィアの？）ラビ・アブラハム・ガーオンが同行したが、彼はいくつかの非友好的な振舞いによってその訪問をぶち壊した。そのことについてプリモは沈黙を守っている(197)。二度目の訪問についてはプリモとナータンの証言がある。それは、前述のように（九四一ページ）、一六七五年に行なわれた。アルバニアのベルグラード（トルコ語ではベラート）の小さなコミュニティが何人かのサバタイ支持者たちのコミュニケーションの中心になっていた。ベルグラードのラビ・イサアク・アルバラーグに宛てて（五四三五年の？）ニサン一日（一六七五年三月二八日）に書かれたと思われる、旅行中の出来事を伝える一通の手紙がある。プリモはこの機会に是非とも膝を交えたかったナータンに会えなかったことを残念がっている。彼（プリモ）はソフィアからユスキュブ（スコプリエ）に行ったが、ここで十日間病床に伏した。彼はユスキュブでサバタイの特使を迎えた。特使は、サバタイはいま照明の状態にあるので来るようにと彼を招待した。翌日の月曜日、「アルクムの王」に会いに出かける、と彼は言い、帰途ベルグラードを通ることを約束する。それどころか過越祭を手紙の受取人の広壮な邸宅で過ごすことになるだろうから、そのときサバタイの手紙とそのほかの「朗報」を彼に見せるという。アルバラーグはコミュニティの富裕な一員で、他の同時代の資料からわかっているように、コミュニティのきわめて重要な信徒の指導者であった[198]。どうやら彼はサバタイへの信念をプリモと同じくしていたらしい。サバタイは彼や彼の仲間に頼ってもはねつけられる恐れのないことを知っていた。実際彼は亡くなる数週間まえそうしたのである。

プリモが実際にどのくらい長くドゥルチーニョに滞在したのかはわからない。この訪問と関係があるらしい別の手紙がある。ナータンがカストリアのラビ法廷の一員であるシェマヤ・デ・マヨに書き送ったものである。「五週間まえわたしはソフィアを発ち、アミラーにお目もじを許されるかもしれないと期待して当地へ参りました。ラビ・サムエル・プリモがわたしより三週間まえに来ました。彼はまだ主の御前にいます。でも、彼が来たとき、彼［すなわちサバタイ］は転落者の神秘に包まれていました［つまり鬱状態であった］。それでわたしはドゥラッツォで二週間待ち[199]、使いを送って許可を求めましたが、彼にこばまれたので、いたしかたなくここベルグラード［すなわちベラート］[200]へ来て、彼の大いなる光が［わたしの上に］輝き、ご尊顔を拝せるようになるまで待たなくてはならなかったのです[201]。」

メイール・ローフェはこの訪問の謎を少し明らかにしてくれる。彼は情報をナータンとプリモ自身からえたか、さもなければ彼らの懇意な人間、たとえばサムエル・ガンドゥールからえた。メイール・ローフェはその手紙のひとつで、訪問者たちは（たとえば今しがた述べたサムエル・プリモのばあいのように）もっぱら個人的に招待されて来たのであると述べている。一六七五年夏ローフェは、良い報せがはいったのでチュニジア行きの計画を延ばした、と書いている。「ことに、招かれずに愛するひとのもとへ行ったラビ・ナータンの訪問、これはたしかに無駄なことではありません……本当に、主が民のことを思い出される時が来ていたのです。」どうやらナータンとプリモは新たな照明状態とそれがサバタイの結婚と重なった喜びを耳にしたらしい。それで招待を待たずに彼のもとへ急いだのだ。ところがその間にサバタイはまたしても鬱に突入し、ナータンに会おうとしなかったのである。メイール・ローフェに宛てた（スミルナの）アブラハム・カルドーゾの手紙から、ナータンがのちに面会を許され、彼とプリモがサバタイとともにしばしの時を過ごしたことがわかる。カルドーゾは手紙のなかで訪問時のサバタイの鬱を隠そうとし、こう伝えている。「一六七五年冬は大いなる光はとだえなかった、と愛するひとは弟さん［スミルナのヨセフ・ツヴィ］に書いています。弟さんはまた、ラビ・ナータンとプリモが訪ねて来たこと、そしてみんなで喜び合って、スルタンのところへ行く用意をしたことも知らされました。主がどうか解放と慰めの福音をお告げくださいますように。(202)」

これはいま一度支持者をとらえた期待にみちた雰囲気を物語る価値ある証言である。また新たな大いなる顕現が目捷の間にある。メシアが腹心の二人の助言者とまもないスルタンとの会談について話し合っている。先述の、近々ドゥルチーニョを発つ旨を告げるヨセフ・フィロソフ宛の手紙（九四二ページ参照）はこのときの照明の時期と関係しているかもしれない。残存している記録がこうして互いにうまく補い合うかもしれない。メシアと彼の預言者と書き手がどのような話をしたのか、確かなことはわからないが。彼らが当時どのような計画や希望を話し合ったにせよ、サバタイの熱意と精神的昂揚はいつものように消え失せ、まともな行動にいたることはなかった。

しかしながら、サバタイの生涯のこの最後の時期に、実生活というよりむしろ教義の面で、ひとつの新しい変化が認められる。会いにくるよう招かれた支持者のひとりが、彼の口から「神性の秘義」の完全な説明を聞き、それを書き記した。数ページにわたるこのテクストはサバタイ文学のなかでは『ラーザー・ディ・メヘムヌーサ』、『信仰の秘義』という名でも知られている。それは数多くの写本でも――そのなかのいくつかははっきり「アミラーの信仰の秘義」について語っている[203]――印刷でも遺されている。ネヘミア・ハイヨンの『オーツ・レエロヒーム』（ベルリン、一七一三年）にこのテクストが発表されたことは当時一大センセーションを巻き起こした。ハイヨンはこのトラクトの表題を『万人の信仰』に変えていたが、批評家にはすぐにそれがサバタイ・ツヴィの作品であることがわかった。ラビ・ツヴィ・アシュケナージ（ハハム・ツヴィ）は即座に「著者はかの悪名高い棄教者サバタイ・ツヴィである……が、ハイヨンもそれを自作として公刊することを恐れた。ほかのサバタイ信者たちはそのトラクトがサバタイのものであり、彼の考え出した神性の秘義がそこに含まれていることをよく知っていたからである」[204]と書いた。ラビ・ヨセフ・エルガスも、これは「サバタイがアルクム（すなわちドゥルチーニョ）で書いた」トラクトであると書いている[205]。しかしカルドーゾは、このトラクトはサバタイの教義を含んでいるけれども、彼の書いたものではないとはっきり言っている。カルドーゾの証言を疑うに足るもっともな理由はない。「一六九七年ロドスト（コンスタンチノープルに近いマルマラ海沿岸）にいたとき、わたしは『信仰の秘義』という表題の一冊のトラクトを手に入れた。アルクムのさるラビがサバタイ・ツヴィの指示で書いたものである。彼の教義はすばらしい叡知と真の信仰の輝きを放っていた。（ひとつの重要な点を除いて）わたし自身の秘義にかんする教義と寸分たがわなかった[206]。」ユダ・ハーシードのグループがエルサレムに到着した（一七〇〇年）直後に書かれたスミルナの弟子宛の手紙にカルドーゾはこう述べている。「わたしは（一六六六年）［一六九六年］に『信仰の秘義』を手に入れた。それはイスタンブールのわたしの弟子たちがあるラビからもらったものだった。そのラビが言うには、トルコ人に扮してアルクムへ行き、四ヵ月間サバタイのもとにいて、彼の口から聞いたとおりに〈神性の秘義〉を書き記したのだという[207]。」トラクトの実作者――その名前は挙げられていない――が彼（カルドーゾ）の弟子たちにそのテクストを書き写すことを許可したのだ、とカルドーゾは強調している。ほかの支持者たちはサバタイ自身がこのテーマについて厳に秘密を守ることを命じたのだと主張していることをカルドーゾは知っていたが、彼は自分の違いをこう釈明した。禁止が言い渡されたのは「神性の秘義」の元の版だけである。サバタイの最終的決定版をドゥルチーニョで聞いたラビは秘密を守れと誓わせられてはいなかった。カルドーゾの教義が師の教義と同じだということに気づいたとき、彼はカルドーゾの弟子たちにその『秘義』を伝え、それを書き写すことを許したのである。したがって、これが決定版であり、「われわれは（サムエル）プリモやほかの者たちがこのテーマについて言ったことを気にする必要はない」[208]。カルドーゾの説明が正しいのか、それとも希望的観測にすぎないのか、それはどちらでもよい。彼が伝える、このトラクトがドゥルチーニョで書かれたという事実を疑うべき理由は何もない。しかし、未解答の問題がひとつ残っている。この二〇年間このトラクトの存在をだれも聞いたことがなかったのはなぜなのか。このトラクトがかなり早い時点で知られていたかもしれないことを示すヒントがひとつだけある。アブラハム・ロヴィゴのサバタイ主義関係の収集品（Ms. Halberstam 40, in Jew's College, London）のなかにイタリア語の筆跡でこのテクストの残存する最も古いものと思われる写しがある。コレクションのほかの作はすべて一六九五年以前のものである。ロヴィゴがそれらをカルドーゾからえたのか、彼の仲間からえたのか、それを示すものは何もない。それらはエルサレムから送られたものかもしれない。そのまえのものはそこで（ナータンの『ドルーシュ・ハ゠タンニーニーム』）一六九四年一〇月に筆写されている。しかし同じ人間の手になるものかどうかはもはや確かではない。もしそうであるなら、そのテクストはカルドーゾがそれを入手する三年まえ、一六九四年に、エルサレムで知られていたことになろう。サバタイの神性の秘義にかんする以前の記述はすべて短い暗号風の言説の域を出るものではない（一三九―一四三ページ参照）。多くの解釈者は秘義を六番目のセフィラー・ティーフエレース、すなわち聖四文字の三番目の文字（ワウ）と同一視した。カルドーゾはリヴォルノでメイール・ローフェから、サバタイは創造主と「イスラエルの神」をけっしてセフィロースのひとつと認めようとはしなかったこと、そして秘義はセフィロースの上の存在領域──「天の原理」（すなわちエン・ソーフないしは第一原因）そのものではないらしいが──に関係していることを聞いた。これとカルドーゾの引用したそのほかの定義はたしかにカバラーの観点から見れば意味深いが、サバタイが「わが信仰の神」に付していた正確な意味をいまだ十分説明していない。まったく同様に、ルーリアのカバラーにたいするサバタイの姿勢について語る証言も曖昧である。カルドーゾはサバタイがしばしば口にした「イサアク・ルーリアはすばらしい玉座をつくったが、だれがそこに座るのか言わなかった」という命題を引用し、サバタイは「ルーリアのカバラーを、その真実性は「認めた」けれども、拒絶した、それは彼を混乱させるばかりで、彼の努力や神の認識を進めるうえでなんにも役立たなかったからである」と主張した。この証言は、サバタイは──すべてのカバリストと同様に──ルーリアのカバラーを学びはしたけれども、けっしてそれと深い関係をもたなかったという推論を確かなものにする。どうやらサバタイは神の「形像」（パルツーフィーム）のティックーンにかんするルーリアの教義に足りないものを探し求めたようだ。サバタイの兄弟と弟子たちはカルドーゾに、サバタイはおもにタルムードとミドラーシュ文学に依っていたと語っている。「彼はよくタルムードとミドラーシームに接吻して、言ったものでした。タルムードの教師たちは神性の秘義について教えを受けたわが父であり母である、彼らの言葉に心を動かされて自分は神を求めた、彼らによって自分は神を見出した、と。」これはモーセス・ピンヘイロとサバタイが若い頃にカバラーを学んだというピンヘイロの報告（一三五ページ参照）と一致している。というのも、当時ゾーハルとカナ書は古代の「ミドラーシュの」テクストと思われていたからである。

ルーリア主義にたいして距離を置いたサバタイの姿勢は、彼の神秘的な教義の土台についてわたしたちの知識が少ないわけを証している。根本的にはゾーハルの『イドラー・ラッバー』を解釈する試みである『信仰の秘義』には本質的にルーリア的な要素は――たとえあるとしても――わずかしかない。用語もゾーハルのそれであり、読んでもルーリア主義の痕跡はめったにお目にかからない。練りに練られた複雑な思考はむしろ、サバタイが『ゾーハル』Ⅲ、一四一節の解釈（違い）によって導入しているじつに重要な新機軸を覆い隠すのに適している。創世記二、七「そしてその鼻に命の息を吹き入れた」(213)を詳説するさいに『イドラー・ラッバー』は「空と地上のすべての生き物が依存している魂、それによってそれらが生きている魂」について語っている。ゾーハルのこの節のシンタクスを完全に無視してサバタイはそれをあたかも「生きとし生けるものの魂」（祈禱書を読むユダヤ人ならだれでも知っている言い回し）を意味しているかのように解釈し、それによって神性のなかにあるこれまで知られていなかった隠れた一面を表わす新しい象徴をつくり出した。サバタイの大胆な新機軸はのちのサバタイ神学者の異端的思弁に重要な役割を果たすこととなった。

『信仰の秘義』の教義を分析することは容易な企てではない。矛盾がたくさんある。その多くはどうも意図的らしい。必要なきわめて大胆な前提が、これまた意図的と思われるが、そもそもまったく述べられていない。ある箇所では異なっている神の顕現の局面が別の箇所では同一視される。最高位の二つ、エン・ソーフとその「意志」（これはあるときはゾーハルのテヒルーと、あるときは「聖なる老人」と同一視される）についてはあまり語られない。この沈黙がのちにどのような解釈を招いたにせよ、ここでエン・ソーフが宗教的機能を果たしていないことは明らかである。それは神という概念が通常意味するところの「神」ではない。いっさいは「エン・ソーフの秘義から来る」という一般的な表現以上にエン・ソーフについて正確なことは述べられない。だが、この沈黙はあくまでサバタイの極秘の教義を隠していたのかもしれない。なぜなら、サバタイの弟子たちは、カルドーゾによれば、教義を他人にもらさないよう誓いを立てねばならなかったからである。その結果、すべての根のなかの根ともいわれる[214]エン・ソーフは「摂理もなんらかの影響も及ぼさず、隠れたままになっていて、それについて語ることはできない[215]」。カルドーゾは、このテーマについてサバタイの口数が少ないわけはこの教義がエピクロスの神々にかんする見解と類似しているからだと考えた。エン・ソーフからはたらく摂理の否定には何か異端的なところがあるのは確かだ。以前のカバリストたちはこんなにあからさまなラジカルなことはけっして言わなかった。サバタイ信者たちはこの信仰の秘義にかんする噂がひとたび広まったら、大騒ぎになることは避けられまいと推測したが、それももっともだった——まさにこのことが一世代後に起こったのである。この教義がサバタイ主義思想の一転機となったことは間違いない。しかし、サバタイの存命中はこの教義は公には知らされず、アドリアノープルの第一の弟子たちのごく少数の者にしか明かされなかった。『信仰の秘義』はこのとくにデリケートな点にはまったく触れないが、わたしたちはあとで論議の進む過程でこの対象にかんする重要な発言を引用するだろう（九六六—九六七ページ参照）。他方、テクストはアティカ・カッディシャー（「聖なる老人」）の両様の面をえがいている。ひとつは「聖なる老人にして完全に隠れた者」という面であり、もうひとつはほかに付加語をもたない、ただの「聖なる老人」である。ときに両者は同一視されるか、あるいは上位がなくなって、どちらもただ「聖なる老人」とだけいわれる。これは裂け目をつくったエン・ソーフの単純な意志、そのなかへすべての世界が入れ込まれた空間、そのなかですべてが創造された空間である。このテヒルーないしは原空間のなかに聖なる老人は「帷」を広げ、そのうえに限りなくたくさんの隠れた言葉と一〇の形像（パルツーフィーム）を書いた。これらはさらにその先の内的プロセスを「帷」のなかに生じさせた。わたしたちのトラクトはそれを「死んだ王たち」とその復活（ティックーン）をえがくゾーハルの描写から出た用語で詳しく述べている。その叙述は「意志」のなかに生まれる、それゆえ意志の弁証法を表わすものともいえる存在の仕方、すなわち存在の段階を述べている。時がたつにつれ、「聖なる老人」の下位にある「形像」は一定したかたちを取るようになった。とくに非常に「繊細な」形像はダーアースで、これはセフィラー・ティーフエレースに相当し、その光をいくらか聖なる老人の天の形像に反射する。「帷」のなかでこのように原形式が構成される過程で「聖なる老人にして完全に隠れた者はわけても男性と女性からなるひとつの魂を放出した」[216]。これは「生きとし生けるものの魂」で、「聖なる老人」と同じ物質でできている。「形式のなかの形式」としてそれ自身は「人間の像」と呼ばれる、そしてまた「聖なる王とそのシェキーナー、［あるいは］聖人——彼に讃えあれ——とそのシェキーナー」とも呼ばれる新しい形像として組織される。それは一面においては聖なる老人、すなわちその魂と同じ物質でできている「単純な意志」と同じであるが、別の面ではこれと異なっている。それは聖なる老人から流出した魂によって生み出されたものだからである。この形像は聖四文字やほかの神の名で書き表わされる[217]。それはイスラエルの神、律法を授けたときにイスラエルの人びとに示現した啓示の神である。それはサバタイ・ツヴィの「信ずる神」であり、ほかの四つの世界（アツィールース、ベリーアー、イェツィーラー、アジーヤー）はすべてここから下方に引き出され、流出するのである。聖なる老人の意志のなかに宿っているすべての形像はそのなかに含まれている。「原空間」にほかならぬ（ゾーハルとルーリアの用語ではテヒルー）「帷」の上に記されている無数の隠れた言葉はすべてこの「聖なる王とそのシェキーナー」の形像によって支配されている。トラクトの著者は彼の教義のなかにあるあからさまな矛盾をけっして説明しようとはしない。それによると、「イスラエルの神」はテヒルーとそのなかに生ずる諸形式の存在と関係しているプロセスのなかで聖なる老人から流出したにもかかわらず、テヒルーを支配する。聖なる王はアツィールースのさまざまな形像、なかでもとくに（ティーフエレースのセフィロースの段階に一致する）ゼーイール・アンピーンの形像を取ることによって下位の世界に作用を及ぼす。（聖なる老人とその形像の世界を除く）すべての世界は、いっさいのものを越えた高みに、自分とつながりのある、テヒルーの上層部にしてアツィールースのアツィールースと定義されている「帷」すらも越えた高みにひとり君臨する「聖なる王」を渇望し、必要としているのである。[218]

自分独自の理論的新機軸と関心をゾーハル本文のなかに読み込もうとする著者の骨折りは彼の思考をかなり複雑にしている。三つの形像アティカー、すなわちアーリーク・アンピーン、ゼーイール・アンピーン、ゼーイールのヌクバー（妻）についてはすでにゾーハルのイドラー・ラッバーが述べているが[219]、それはまた、アティカーとゼーイール・アンピーンは見かけ上違いはあるけれども同じようなものではないか、とも推測している。しかし、サバタイ主義のトラクトは「生きとし生けるものの魂」についてまったく新しい考え方をし、ゼーイールというひとつの形像のかわりに、アツィールースの国においてすべての形像の上に君臨する「聖なる王」について語る。この新種の教義によれば、ヌクバーをともなったゼーイールはひとつしかないのではなくて、「老人」の段階の下のほうで行なわれる流出のどの段階にもゼーイールとその伴侶の形像が繰り返し現われる。天のゼーイールがアツィールースの世界の下位のゼーイールに包まれているのである。同じような二重性が四つの世界アツィールース、べリーアー、イェツィーラー、アジーヤーの形像の上方の存在レベルを表わすアダム・カドモンにかんするルーリアの教義に見出される。

しかしながら、『信仰の秘義』では、多分ルーリアの体系を意識的に拒否してだろうが、アクセントの位置が変わっている。ルーリアの教義では神性の決定的な中心はゼーイール・アンピーンと呼ばれる、アツィールースの世界の形像のなかにあるが、サバタイ主義の信仰の秘義は一方のエン・ソーフともう一方の、イドラーのなかに述べられた、ルーリアのカバラーにとって中心的な「形像」の領域とのあいだの神性に中間層を設ける。したがって、ゼーイール・アンピーンという形像は神性内部のもっと奥深い領域の外被にすぎない。この新しく発見された領域が「生きとし生けるものの魂」なのである。[220]

「神」すなわちゼーイール・アンピーンの形像と「聖なる王」の同一視によって解釈者の好み次第で二方向へのアクセントの移動が許される。たとえば、非人格的な「生きとし生けるものの魂」をこの秘義の精髄として、神秘主義的な汎神論に行きつくかもしれない——実際それは次世代に起こった——ようなやり方で強調することが完全に可能である。「生きとし生けるものの魂」についてはこういわれる。それはすべての世界をみたし、統一している、そして「この魂を世界から引き離し、別の魂があると主張する者は必ずや永遠に破滅するだろう」と。[221]だが他方、「生きとし生けるものの魂」を内に宿し、「帷」のなかにある他のすべての形像の上に君臨している「聖なる王」の人格的性格にアクセントを置くことも同様に可能である。[222]テクストの終りのほうで初めて著者は彼の神性の構想のなかに存する一種の「三位一体性」を指し示している。「彼［すなわち聖なる王とそのシェキーナー］ひとりが……自由意志でいっさいを放射し、創造し、形成し、つくったのである。すべての生き物が彼の偉大さを、［すなわち］彼、彼の力のシェキーナーと聖なる老人と完全に隠れた者が……すべてひとつであることを見るように。彼はわたしたちの神である。ほかにはいない。まことにわたしたちの王である。ほかにはいない。」しかし全体としてこの三位一体はほとんど強調されていない。「生きとし生けるものの魂」の統一性がアティカーとゼーイールとシェキーナーの三つの相をすべて統合しているからである。テクストには聖なる王——彼はサバタイの信仰の神である——がセフィラー・ティーフエレースのなかに「内在する」（ヒトラッベシュース）ことをはっきり指摘した箇所は見当たらないが、そのことは『信仰の秘義』の全般的教義と相容れないわけではない。なぜなら、ゾーハルと違って聖なる王とゼーイール・アンピーンとを区別しようとする著者の断固たる姿勢にもかかわらず、両者はどういうものか完全に一致しているからである。『イドラー・ラッバー』がゼーイール・アンピーンについてなんと言おうと、『信仰の秘義』はそれを聖なる王に適用する。聖なる王ははっきりしたゼーイール・アンピーンの形像としてのその性格を保っているので、著者がゼーイール・アンピーンを聖なる王の属性のちょうどいい「衣服」ないしは住まいと考えても不思議はない。[223]それゆえ、いろいろな証言や引用のなかでなされている神性の秘義のさまざまな定義やそれの示唆はテクストの意図と方向に完全に一致している。いろいろなされている表現は調和しないというカルドーゾの主張はあくまで一面的な証明のケースだろう。[224]わたしたちの知るかぎりでは、『信仰の秘義』のなかの教義と、「ティーフエレースに内在する、あるいはそれに身を包んでいる第二原因」という「イスラエルの神」の定義とのあいだに違いはまったくなかったと思われる。カルドーゾによれば、アザリヤ・ハ゠レーヴィは「何百回もサバタイ・ツヴィの口からそれを聞いた」と主張したそうだ。サバタイののちの見解にある程度不変性があったことを示す言葉である（九一四ページ参照）。

しかしながら、『信仰の秘義』のなかで展開される教義とサムエル・プリモが書き表わし、サバタイの教えだといって紹介した教義とのあいだに差異があることは否定できない。この叙述には先に分析した体系の独特の特徴、たとえば「聖なる老人」とか「生きとし生けるものの魂」といった教義は見当たらない。プリモが秘義について述べるテクストはプリモ自身のものと思われる文言で残っているが、ラビ・ハイーム・マルアッハ[225]がアドリアノープルでプリモから聞いたことをカルドーゾが書き記したものもある。ハイーム・マルアッハの報告によれば、プリモは「サバタイがとうとう彼に神性の秘義を伝えた」とき、ということはつまりサバタイの生涯の終り頃、プリモがドゥルチーニョを訪ねたあいだのことであるが、彼から厳に秘密を守るよういわれた、と主張した。プリモが受けとめ、ハイーム・マルアッハが彼から聞いて伝えた秘義の核心はこういうものだった。「第一原因のなかには限りなく単純な意志がある。それは太古の時代からその根［すなわち第一原因の根］のなかに含まれていたもの、その根と同じ原初のものである。生き物が存在することをこの意志が望んだとき、生き物は主ないしはこの意志の持ち主からちょうど光源から光が発するように流れ出た。それが第一原因から現われ出るやいなや、単純な意志からもともと厳しい裁き手であるシェキーナーも生まれた。しかし、単純な意志は天の恩寵であり、意志の主、すなわち第一原因も、意志である恩寵の根である。意志は裁きの根、すなわち単純な意志のはたらきであるシェキーナーの根である。このシェキーナーは聖四文字 JHWH の最後のHによって表わされている。そしてそれは流出（アツィールース）のなかへ下降したとき、［セフィラー］マルクースを身にまとった。聖者――彼に讃えあれ――であり、聖なる王である単純な意志は聖四文字の［前の］三文字 JHW によって表わされ、［セフィラー］ティーフエレースを身にまとう。それはそれによってみごもるシェキーナーにたいし男性の性格をそなえている。一方シェキーナーは聖なる王――彼に讃えあれ――との関係において女性のようであり、聖なる王はちょうど夫が妻にするようにその流入を彼女にあたえる。」

この表現は最初見たところでは、のちの、イスラエル・ザールークの弟子アザリヤ・ファーノとその著作『ヨナス・エレム』から出た準哲学的な用語が元のゾーハルの象徴的な言語にとってかわったのだと想定でもしないかぎり、『信仰の秘義』の教義と一致しない。プリモの秘義の解釈と『信仰の秘義』の記述とは、秘義ではエン・ソーフが完全に背景に退いてしまい、プリモの「第一原因」は元のテクストの「聖なる老人」と一致する、そう仮定すれば、和解させられるかもしれない。わたしにはこれが正しい解釈であるように思われる。それゆえ、「第一原因」のなかに含まれていて、それが（プリモの解釈では）創造しようとしたときにそれから流出した「単純な意志」は本当に聖なる王に相当すると結論してかまわないだろう。プリモのテクストは実際にそういうふうに言っている。ただしメタファーによってであるが。意志は創造者である。プリモのテクストは実際にそういうふうに言っている。ただしメタファーによってであるが。意志は創造者である。そして意志は男性ならびに女性の様態ないしは原理を含んでいる。なぜなら、第一原因は意志が出たあとすぐにシェキーナーを生み、そして両者——聖なる王とそのシェキーナー——は聖四文字のなかで結びつくからである。それで、『信仰の秘義』が「意志」と呼ぶ聖なる老人はまるでプリモの記述では意志が内在する第一原因であるかのように見える。この聖なる王は「ティーフエレースを身にまとっている」とプリモははっきり言っている。[226]「生きとし生けるものの魂」の教義はプリモの稿からは完全に消えてしまった。デンメーの伝承のなかではそれは非常によく知られているという事情を考えると、どうしてプリモがそれを棄ててしまったのか疑問である。プリモの「第一原因」が『信仰の秘義』のエン・ソーフと同じものであるなら、両者の言うことはまったく相容れない。「聖なる老人」がプリモの見解から消えてしまっただけになおさらである。それでも、前述のように、別の解釈も可能である、いやそれどころかそのほうが好ましい。プリモの見解は無理に解釈を変えなくても『信仰の秘義』の教義と一致させられる。両論をカルドーゾがしたように相容れないものとする必要はまったくない。離れようとする両者の用語——前者の「聖なる老人」と「生きとし生けるものの魂」、そして「第一原因」について語る後者——のあいだに関連があることは、サバタイが少数の選ばれた者たちに「この聖人は——彼に讃えあれ——第一原因の力から生まれた天の魂である」と明かしたという言い伝えに示唆されている。この短い言葉はプリモのテクストの二つの可能な解釈をどっちも支持することができる。「第一原因」を聖なる老人と同じだと仮定するなら、この短い文は聖なる老人、すなわち意志から生まれる「生きとし生けるものの魂」にかんする教義の簡潔な表現である。

これまで検討した二稿は一方のエン・ソーフに摂理がないことについての秘密の教義と他方の創造し、みずからを啓示する宗教的に重要な神とのあいだの関係についてはっきり論じてはいない。だが、サバタイ主義の神性の秘義の根底にあるこの秘密の「命題」に基づいている重要な一節がカルドーゾに残されている。彼はヨセフ・カリリョの写本からサバタイ自身の次のような言葉を書き写している。「いっさいの原因の原因は下方の世界に影響も摂理も及ぼさないことを知りなさい。それは神となすために最高の王冠（ケセル）を生じさせ、王となすためにイスラエルのティーフエレースを生じさせた。」[227] この簡潔な表現は用語の違いこそあれ『信仰の秘義』と一致する。一方のエン・ソーフはここでは「いっさいの原因の原因」として現われ[228]、前の稿の「老人」はここではケセル（第一のセフィラーの伝統的な名称）と呼ばれ、「聖なる王」はティーフエレースとなっている。[229] 神性はしたがって、ケセルとティーフエレース、すなわち「魂」と「王」（とそのシェキーナ？）の合併である。先に述べた神秘主義的二元論がサバタイ自身の言を拠り所にし、彼の「神秘主義的棄教者」のひとりに維持されて、ここに最もラジカルなかたちで現われる。「彼の信ずる神」はより高い原理から流出した、したがってそれは第一原因というよりむしろ第二原因であった、という主張は、「いっさいの原因の原因」は宗教的には重要ではないという「異端的」想定を拠り所にしている。原因の連鎖の始まりとしてそれは論理学ないしは存在論の問題であるが、宗教的観想ないしは崇拝の問題ではない。こちらは「王」である神性に払われるべきものである。メシアが神性の真の秘義として説いたこの大胆な教義がごく少数の選ばれた者たちにしか明かされなかったのは理解できることである。ひょっとすると、この教義はカバラーの神秘主義的神学にたいするサバタイの唯一の独創的（かつ異端的）貢献だったかもしれない。この貢献はサバタイ主義の教義のその後の発展にとって非常に重要であることがわかった。

サバタイの「神性の秘義」の詳細やその見かけの矛盾をどのように説明しようと、このテーマにかんするサバタイの考えは彼の往年のスミルナでの日々からドゥルチーニョで歿するまで相当程度の一貫性と継続性を示している。彼の知的能力は彼の情緒不安定と三〇年続いた躁と鬱の浮き沈みによって損なわれることはなかったようだ。彼の神性の教義と関連して幾多の一致した発言がなかったら、彼の知力も彼の異常な人間性と同じように不安定だったと思いたくなるだろう。しかし、彼の神性の教義は何年にもわたって培われ、徐々に深まっていったと思われる。カルドーゾとハイーム・マルアッハはたしかにサバタイの死後派閥争いを演じたが、しかし両者とも、あのナータンでさえ神性の真の秘義を知ったのは、彼の説教やトラクトの大半を書き終えたあと、すなわちようやくサバタイの生涯の終りになってからであった、と証言している[230]。

前述したように、『信仰の秘義』が扱っているのはもっぱら神性の神秘主義的教義であって、メシアの人格ではない。したがって、それはけっしてメシアの神格化や神がメシアの姿を取ることに言及したりはしない。サバタイが亡くなった直後に筆を取ったカストリアのイスラエル・ハッサンは『信仰の秘義』の存在について何も知らなかった。それを書いた著者は何年ものあいだそれを秘密にしていたようだ。それゆえ、ハッサンはこの主題について何も隠したりする必要はなかった。彼は聖なる老人と聖なる王とそのシェキーナーの三位一体についてはひとことも述べていない。他方、彼はしばしば別の三位一体、聖なる者とそのシェキーナーとメシア（九二四ページ参照）について語っている。この言及が化身の教義を示唆しているのかどうかは確信もって断定はできない。メシアはこの世の務めを果たすあいだ、「彼の信ずる神」と密接につながっていたが、それと同じではなかった。もしイスラエル・ハッサンがその裏にもっと何か隠れていると思ったら、彼はきっとそれを著作のなかで明かさなかったはずだ。

## Ⅶ　サバタイと預言者ナータンの死

一六七六年、サバタイはまたしても「これまでなかったような大きな照明」を体験し、「奇矯な」振舞いをしてトルコ人を激昂させた[231]。彼はものものしい行列をなしてトルコの高官や役人たちの住む市街区へ行進し、真夜中に「塔の壁」(モスクのミナレット?)を登り、いつもの歌や聖歌をうたった。しかしこのときも彼の身に何も起こらなかった。のちのサバタイ伝説はこの行為を敵の刃を逃れた奇跡物語で飾り立てた。「それゆえ彼は、解放の時が来た、いま一度すべての生き物の前に姿を現わそう」と決心した。この照明の新しい波の頂点でサバタイは一六七六年の過越祭直後に最後の手紙と勅宣をしたためた。その勅宣は「ソフィアの信者全員」に向けられていた。

この文書の波乱の運命は非常に興味深い[232]。サバタイの手紙が届いたとき、ソフィアにはたまたまヘブロンの使節ラビ・ヨセフ・コーヘンがいた。彼はそれをメモ帳に書き留め、それがさいわいいまも遺っている[233]。だが、この手紙のもうひとつの写しがデンメー記録集のなかの、現在エルサレムに保管されている写本のひとつに遺っている。この写しもサバタイが書いたものかもしれない。特定のコミュニティに宛てられたものではない。写しは非常に丁寧に堅い紙に貼り付けられている。このコレクションの他の文書にはないことである。少なくとも一七五〇年から一七六〇年頃には正真正銘メシアの筆跡だと思われていた(九七三ページのファクシミリ参照)。このコレクションをサロニキでまとめたラビ・アブラハム・ミランダはそれをそう性格づけている[234]。

この手紙によれば、サバタイは過越祭最後の晩に「一匹の蛇を作って、それを杖の上に取り付けた」（民数記二一、九参照）。どうやらサバタイはモーセ復活の役回りを演じたらしい[235]。彼はそういうものとして支持者たちに語りかけたのである。

> わが兄弟、わがいとしき最愛の者たち、主がシオンに帰られるとき〔イザヤ書五二、八参照〕、主の解放を観じ、目で見ることを許されるソフィアの町のすべての信者たちよ、わたしはあなたがたにまえもってひとりの天使「すなわち使い」をつかわし〔出エジプト記二三、二〇参照〕、エジプトでわたしがえた栄誉のすべてを[236]、またその者が見たことのすべてを〔創世記四五、一三参照〕あなた方に知らせ、伝えさせよう。使いに気をつけ、その声に聞きしたがい、彼に逆らってはならない〔出エジプト記二三、二一参照〕、彼がわたしの名においてあなたがたに何を言っても。なぜなら、神が裁きに立ち上がられるとき〔詩篇六七、五参照〕、わたしはあなたがたの罪を赦さないし、万軍の主は裁きにおいて高くされるからだ〔イザヤ書五、一六参照[237]〕。いったい、どの神があなたがたをわたしの手から救うことができようか〔ダニエル書三、一五参照〕。なぜなら、わたしのほかに神はないからだ〔イザヤ書四四、六参照〕。しかし、もしあなたがたが彼の声に聞きしたがい、わたしが告げることをすべて行なうなら〔出エジプト記二三、二二参照〕、わたしは立って[238]、あなたがたの宝蔵をいっぱいにするでしょう〔箴言八、二一参照〕。父の高みに昇りゆきし者、天の獅子、天の鹿、イスラエルとユダの神の油を注がれし者、サバタイ・メフメット・ツヴィ識。

「アルクムで出された」この手紙は聖書の言い回しのモザイクである。それは書き手が照明を受けて昂揚した状態にあるばかりか、自分に本当に神性のようなものがあると思っていることを示唆している。彼は使いを送り、信者たちに彼が「エジプト（すなわち流謫の地）で受けた栄誉」について話させ、彼の指示を伝えさせる。サバタイは一六五八年のときのように過越祭を仮庵祭と結びつけていた(239)。亡くなるおよそ六ヵ月まえに書かれたこの手紙には昔の彼の好きなテーマや引用句がいくつか聞かれる。若い頃、彼はすでにイザヤ書一四、一四「わたしは雲のいただきに昇り、いと高き者のようになろう」を引用していた。しかし今回は、「父の高みに」昇った、もしくは昇るだろうとほのめかしている。最初の信者たちはみずからの神性をほのめかす彼の別の手紙と同じようにこの手紙もサバタイ派内に秘匿しつづけた。手紙の写しを所有するとともに、実際にそれをサバタイ主義の福音書を書くときに利用したアレッツォのバルーフはのちに、とうてい信じがたい日付とダニエル書三、一五ならびにイザヤ書四四、六からの引用と、「父の高みへ」昇っていくという示唆を削除した。もしヘブロンの使者が用意周到に作成したコピーやサバタイが自分で書いたと思われる手紙の写しがなかったら、この重要な文書は支持者たちの自己検閲の犠牲になっていただろう(240)。

　最後の大きな照明があった数ヵ月後、五四三七年の贖罪の日（一六七六年九月一七日）にサバタイはドゥルチーニョで亡くなった――五〇歳の誕生日の二ヵ月後、一六六六年九月一六日の棄教からほぼ一〇年のちのことである。

　ひょっとすると自筆のものかもしれない残存している彼の最後の手紙は、依然としてユダヤ人とイスラム教徒の二役を演じている彼を示している。彼は最寄りの「アルナウト―ベルグラード」（ベラート）のユダヤ人コミュニティの友人に手紙を書き、マハゾル〔もともとは祭式礼式の概説書であるが、狭義には日々の祈禱書シッドゥールにたいして祝祭日用の祈禱書を指す〕、新年の祝日と贖罪の日のための祈禱書を急いで送ってくれとたのんでいる。手紙が書かれたのは一六六七年八月かもしれない。おきまりの仰山な自己過大評価でもって署名をし、「イスラエルとユダの神のメシア、サバタイ・ツヴィ」で結んでいる。ユダヤ人コミュニティに祈禱書をたのむとき、彼はけっして新しい名であるメフメットを口にしない。[241]

サバタイが亡くなるおよそ二週間まえの一六七六年九月五日、ヨセフ・カリリョともうひとりの棄教したサバタイ派の学者（イサアク・ハベルかソフィアのアブラハム・オヘブ）が、アリという名のイスラム教の律法学者によって伝えられたサバタイのたっての招きに応じてドゥルチーニョにやってきた。[242] カリリョの同伴者は一六八二年早春にコンスタンチノープルでカルドーゾにあったとき、このときのサバタイ・ツヴィとの面会を話した。それによれば、サバタイは二人の訪問者を海辺に連れて行き、こう伝えた。「みなそれぞれ自分の家に帰りなさい。あなたたちはいつまでわたしのそばにくっついているのですか。ひょっとして海岸のあの岩の下が見られるまでですか。[243]」これはまことにもってメランコリックな言葉である。それはサバタイが自分の挫折を意識して絶望的な気持ちで死んだことを推測させる。ナータンの周辺ではこの状態を意図的に隠蔽した。すべての資料は異口同音に、サバタイは贖罪の日に死んだと言っている。[244] だが、サバタイ派の言い伝えは彼がネイラー〔ユダヤ暦一番目の月ティシュリの十日、一年で最も神聖とされる贖罪日ヨーム・キップールに行なわれる終りのミサ〕の祈禱のさいちゅうにみまかったことを強調するが、カルドーゾの情報提供者は、死は「早朝に」やってきたと言う。イスファハーン〔エスファハーンとも。イランの州都、イラン第二の都市〕のユダヤ―ペルシア編年史は一六八六年に、コンスタンチノープルの反サバタイ主義の資料や手紙に基づいていると思われるが、サバタイはスルカン（ウルカンの書き間違いであろう）へ追放され、そこで劣悪な条件のもとに辱めと拷問（！）を受けて監禁されていたが、「一六七六年、贖罪日の午前四時に死去した」といっている。[245] これはカルドーゾの証言と一致するだろう。当時トルコで行なわれていた一日の時間区分は日の出から計算された。したがって、サバタイは午前九時

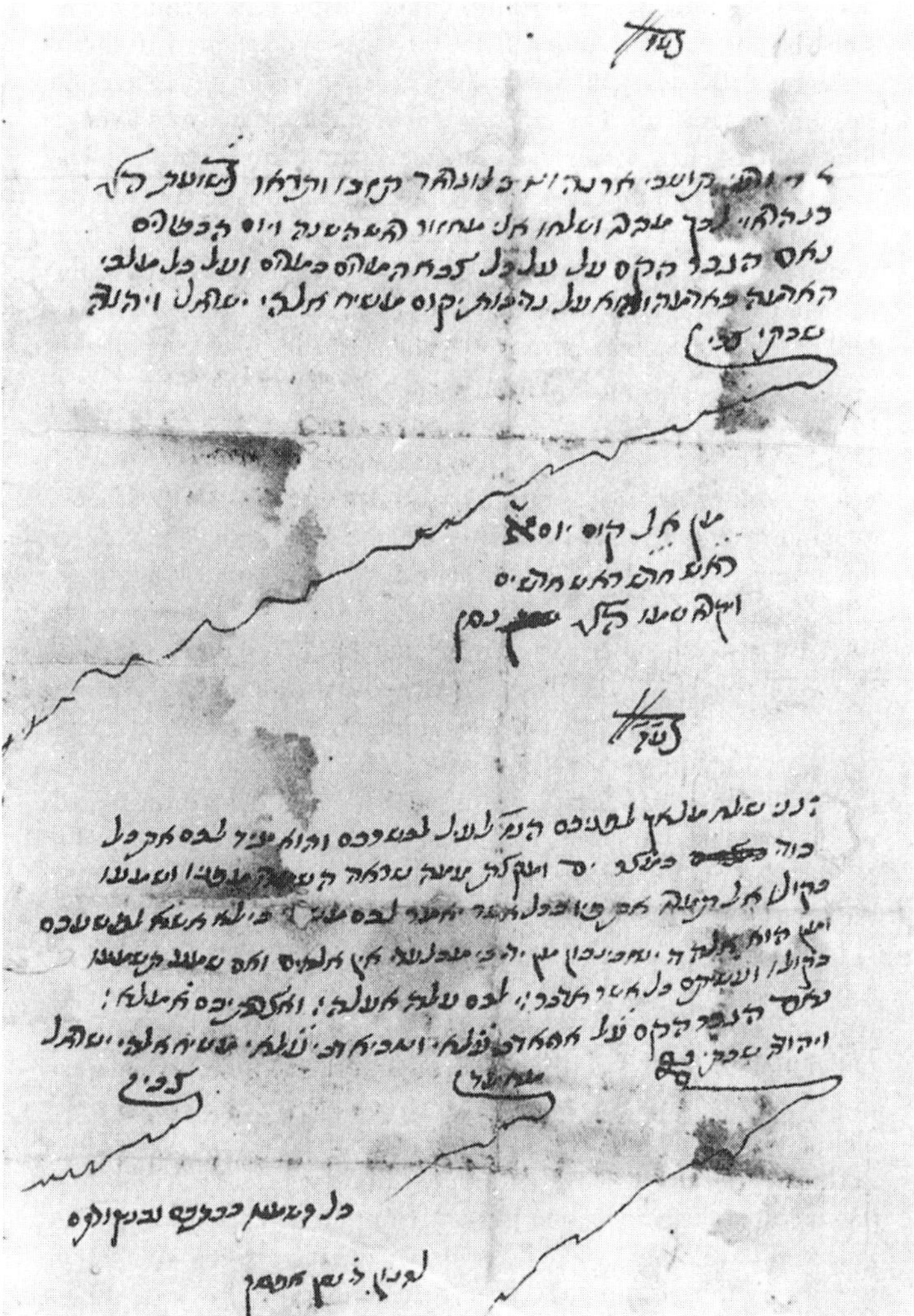

アルバニア，ベラートのユダヤ人コミュニティーに宛てたサバタイ・ツヴィの唯一の自筆の手紙．1676年8月記．1676年9月の大祝日のためにヘブライ語の祈祷書を依頼している．MS.2262.fol.79.Ben–Zvi Institute, Jerusalem.

XII

から一〇時のあいだに死亡したと思われる。他方、カリリョと彼の同伴者は記念祭のあと、サバタイが贖罪日に亡くなるまえにドゥルチーニョを立ち去っていたが、彼らの供述は、サバタイは「昼間に」亡くなったというサムエル・カンドゥールの情報（後記参照）と一致するだろう。贖罪日の終りのネイラー祈禱の時間はその年の最もおごそかな、最も神聖な時間とされている――ラビの伝説では、モーセはこの時間に死んだといわれている。それゆえ、サバタイ主義の伝承がサバタイの死を二、三時間遅らせたとて不思議はない。

サバタイの死から半年以上もたって、報せがイタリアに届いた。それはいつ、どんな内容ともわからないが、スミルナに着き、贖罪日前日の彼の死亡について報じていた。それを受けてモーセス・カプスートはただちにナータンと懇意なサムエル・ガンドゥールに手紙を書き、確かな裏づけをたのんだ。バルカンのサバタイの支持者たちは事実を伝えることをためらったようだ。思いもよらぬメシアの逝去に信者たちはひどい打撃をこうむったに違いなかったからだ。彼らの混乱と狼狽ぶり、そしてこの新しい状況に順応しようとする手探りの試み、そういったものを一六七七年九月一二日付アブラハム・ロヴィゴ宛のメイール・ローフェの手紙は映し出している。「これからあなたがたに重要な報せをお伝えしますが、どうか秘密を守り、だれにも言わないでいただきたい。ラビ・サムエル・ガンドゥールのソフィアからの手紙は、愛するひとがちょうど贖罪の日に天の学院に召されたのは本当だと言っています。……でも、気を落とさないでください。委細は別便でお知らせしますが、［そのあいだに、預言的な夢ないしはマッギードの指導によって］ひとつ尋ねてください。今後どうすれば彼のことばが本当になるのか。なぜ、どういうわけでこうなったのか。これは本当の死なのか。このことを慎重に探ってください。そして「夢の導師」に本当のことを、わらのない麦（エレミヤ書二三、二八参照）〔夢ではない真の神の言葉の謂〕を教えてくれとたのんでください。そしてそれをわたしに知らせてください[246]。」

手紙はなかなか興味深い。ここからわたしたちは、訃報は故意に秘匿され、公表されたのは一六七七年夏になってからだったと推測せざるをえない。年若い友人にこの由々しい出来事の意味について天に問い合わせてほしいとたのんでいることから[247]、そしてまたこれはつまるところ「本当の死」ではなくて、「多分天の天使にすら理解できない」一種のカバラーの秘義なのだというあやふやな示唆からも、ローフェの混乱ぶりがうかがえる。結局のところ「彼のことはすべて始めから終りまで不思議で謎めいているのだから、ましてこれはそう」なのだ。ガンドゥールと彼の一派の信仰はいつもどおり堅く、揺るぎなかったが、彼らはみずからに絶対の沈黙を課した。「［このことについては］話しません、いわんや遠方に手紙を書いたりなどいたしません。われらの導師、聖なるラビ、世界の果てから果てまで光り輝く、そして［サバタイの死という］この大いなる秘義にも明るい聖なる灯［ラビ・ナータン］でさえ沈黙し、ずっと語ろうとしないのですから……［サバタイの兄］エリヤは彼［サバタイ］の妻と子供たちをアドリアノープルへ連れて行きました[248]。」

サバタイ主義的メシアの死の物語はいまだ成熟にはいたっていなかった。サムエル・ガンドゥールはまだエリヤ・ツヴィやほかの信者、ラビたちが彼の臨終の床に付き添っていたかどうか報告していない。イスラエル・ハッサンはすでに一団の信者たちがその場にいたと述べているが、サバタイの兄には触れていない。イスラエル・ハッサンによれば、サバタイはこのときのためにかねて用意していた洞穴に死ぬ身を横たえた[249]。アレッツォのバルーフは数年後に完成した聖人伝を語っている[250]。サバタイは兄弟と妻と身辺にいたラビたちを呼び寄せて、こう告げた。「わたしは贖罪の日の断食日のネイラーの刻に死にます。そうしたらわたしを海の近くに用意しておいた洞穴へ運んでください。そして三日目にエリヤ兄さんがこの洞穴に来てください。」サバタイの兄が三日目に洞穴へ行くと、入口が一匹の大きな竜に塞がれているのを見た。だが、弟が来るように命じたのだというと、竜は彼を通してくれた。彼がなかにはいると、洞穴は空っぽだった。「主はおろか、ほかになにも洞穴のなかにいなかった。ただ、光が充満していた。」

やがてサバタイ主義の中心的な神話となったこの物語の起源はいうまでもなくローフェがつとにロヴィゴに表明していた、ひょっとするとこれはまったく「本当の死」ではないのかもしれない、という信者たちの感情の芽生えであった。もうまえに一度、棄教のときに、メシアは初めは誇らしげな様子であったが、そのあと「隠され」た。その行きつく先にあるのは結局二度目の、もっと深い掩蔽であるかもしれなかった。ガザのナータンがこの一年目に何を思ったかはわからない。ガンドゥールによれば、彼は「ひょっとすると秘義を理解していたのかもしれない」が、むしろ沈黙を好んだのである。しかし、ロヴィゴのマッギードは話し好きで、多分多くの支持者たちの希望を表明したのだろう。一六七七年秋、ショッキングな報せが本当だとわかったすぐあと、マッギードは尋ねるひとたちにたいして、サバタイは一年後に戻ってくる、そのとき解放が明らかになるだろうと答えた。メイール・ローフェはマッギードを批判し(251)、愛するひとにかんする彼の報せは不十分で、矛盾していると言った。そうこうするうちに本当に一年以上たったが、何も起こらなかった。

サバタイ派の言い伝えはみな口をそろえて、サバタイはドゥルチーニョで亡くなったといっているが(252)、ユダヤ人たちはこの事実を秘密にしようとしたらしい――最初はうまくいった。レイーブ・ベン・オーザーは、すでに見たとおり、この点について確かなことを知りえなかった(九三七ページ参照)。結局彼が聞いたのは、サバタイがアルバニアのベオグラード―ベラートで亡くなり、埋葬されたということだった。サバタイはそこで何日も疝痛を患ったのち亡くなり、「贖罪の日に埋葬された。［こんにちのユーゴスラヴィアの」ベオグラードのラビ・ヨセフ・アルモスニーノが言うには、彼はこのことを、病気のあいだサバタイの世話をし、埋葬にも立ち会ったあるトルコ人から聞いたのだった」。レイーブはすでにサバタイ伝と彼がアムステルダムのハハム・ツヴィ・アシュケナージから聞いた話をないまぜにしている。ハハム・ツヴィによれば、サバタイはアルナウト――ベオグラードで亡くなり、贖罪の日に埋葬された。彼は願いによりイスラム教徒のそばには埋葬されなかった。それより独り水辺で眠ることを欲したのである……「この辺りにはユダヤ人はまったくいない。」もちろんサバタイが疝痛で急死した可能性もないわけではないが、しかし彼が死ぬ直前にドゥルチーニョから（一六七六年の過越祭のあいだ彼がそこにいたことは確かである）当時ユダヤ人コミュニティのあったアルバニアの唯一の場所へ追放されたというのはおよそありえないことである[253]。この矛盾した記述の出所は不明であるが、ドゥルチーニョについて語るサバタイ派の言い伝えは正しいと思われる[254]。二〇世紀の始めまでデンメーの巡礼者がサロニキからドゥルチーニョの無名の墓に詣でていたことを示す証拠がたくさんあるからだ[255]。

ガザの預言者は沈黙を守りつづけた。その熱情と信仰の強さで支持者たちを鼓舞した男が今は暗澹たる気分と絶望にとらわれていた。彼はカストリアを去った。そして大半の時間をソフィアで過ごしたらしい。カストリアにいるわが兄弟と愛するひとたち」に宛てた彼の最後の、いまなお残存している手紙が書かれたのはこの頃かもしれない。手紙はカストリアにおける激しい争いと新たな迫害について語り、うんざりした気持ちと意気沮喪を感じさせる。ナータンはコミュニティを引き裂く「解放について」の絶え間ない争いに不満の意を表わし、この論議白熱する問題にかんしては厳に沈黙を守るよう――違反者は追放に処するとして――命じた。「主の救いを静かに待ち望むことは、良いことである」（哀歌三、二六[256]）。手紙は「全イスラエルのために平和を求めて努力する者、小さな子供、荒野の狼識」と署名されていた。どうやら預言者も主だった支持者たちも、さしあたっては、議論や宣伝や争いをしないで「期待しながら、辛抱強く待つ」、そして「この問題では口をつぐんで良いことも悪いことも言わない」ほうがよかろうという結論に達した。いま争うことは無意味だった。然るべき時になったら、正しいのはだれか、はっきりするだろう。ナータンの権威はいまだ地に墜ちず、彼はカストリアの支持者たちに「違反者は追放に処するとして」命を発することができた。しかし、ナータンがアドリアノープルにサバタイを訪ねたあとシェマヤ・デ・マヨに宛てて書いた手紙の確信にあふれた口調とカストリアへの手紙のうちひしがれた口調のあいだにはなんという違いがあることか。署名の象徴性は不明である。これは預言者がナータン・ベンヤミンと署名せず、比喩的な称号を用いた唯一の機会である。小さな「子供」（ヘブライ語はベン）は明らかにベンヤミンの語呂合せであり、狼もそうである（創世記四九、二七参照。ベニヤミンは噛み裂く狼）。

　一六七八年から一六七九年にかけて早くも、サバタイの死は「掩蔽」であるという考えが行き渡った。この概念は、おそらくナータンが初めのメランコリーから立ち直ったあと導入したものであろう[257]。イスラエル・ハッサンが著した説教集（九一三―九二六ページ参照）の多くは支持者たちの新しい状況と新しい教義の結晶を反映している。「反対者」たちはサバタイの死という周知の事実を利用して、支持者たちを嘲り、誹謗した。「彼らの喉はひらいた墓である」（詩篇五、一〇）。なぜなら、彼らはその口でもって意地悪くサバタイの墓[258]（すなわち彼の死と埋葬）について語り、支持者たちを憤慨させるからである。主だった反対者のひとりがこう言った。「彼は死んで埋葬された。なのに、彼に何を期待しているのだ。それでも彼を信じようというのか。」イスラエル・ハッサンは、サバタイの訃報がカストリアに届き、反対者たちがシナゴーグに集結して、嘲るようにホセア書一〇、一五「イスラエルの王は必ず断ち滅ぼされる」を引用したあの恐ろしい日のことが忘れられない。この嘲りにたいする返事がサバタイは最終的顕現を果たすために戻ってくるだろうという信念なのである。詩篇一四二、「洞穴にいたときの」ダビデの祈り〔サウル王の寵愛を受けたダビデは彼の人気を妬んだ王から命を狙われる身となり、ガトの王アキシュのもとへ逃れて洞窟に隠れ住んだが、サウル王の死とともにユダ族の王に迎えられた。ときに三〇歳であった〕は、サバタイの掩蔽の預言的先取りである[259]。

サバタイ主義の掩蔽説はほかの体系から借用したのではなく――宗教史にはよくあるように――類似の信仰構造の結果なのである。エリアス・ビッカーマンは初期キリスト教とローマ皇帝神格化崇拝における掩蔽観にかんする研究[260]でこのプロセスの主人公を「死の瞬間に神の恩寵によって死から解放され、どこか――楽園か天かとつ国へ移されて、そこで生きながらえる」者と述べている[261]。サバタイ主義的掩蔽説を打ち出したのはナータンである。彼の天の「使い」（ないしはマッギーディーム）、ヨシュアとカレブ〔モーセに率いられてエジプトを脱出したイスラエル人のなかでこの二人だけが約束の地に足を踏み入れた〕が照明状態のなかで彼に「アミラー、肉体と魂が、贖罪の日のネイラーの刻に隠された」ことを明かした。「彼はすべての人間と同じように死んで、その魂は神に召されたのだ、そう考える者は重大な罪を犯しているのである。聖なるラビ・ナータンはこのことをラビ・サムエル・プリモ、ラビ・サムエル・ガンドゥール、近しい友人仲間らに打ち明けた[262]。」トビーアス・ローフェは多くの学者やすぐれたひとたちがサバタイの死にもかかわらず信仰を堅く守り、起こったことを「たんなる幻想にすぎない、なぜなら、たとえすべての生者の眼から隠されても、彼が生きていることに変わりはないのだから」と説明していることに驚きの意を表した[263]。掩蔽説それ自体はより厳密なサバタイ主義的表現、すなわち、サバタイは「天の光」のもとへ昇り、それに迎え入れられたのだというふうになりやすい性質を秘めている[264]。だが、ナータンの弟子たちによって広められた話は通俗的なハッガーダーの精神に近かった。チェレビーのラファエル・ヨセフに宛てた一六六五年のナータンの手紙がすでにその精神で書かれていた。この見解によれば、掩蔽は「主がモーセの娘と結婚するためにわたしたちの兄弟、イスラエルの子ら、サンバチオン川向こうの一〇部族のもとへ行った」ことを意味した。「わたしたちがそれにふさわしい人間だとわかったら、彼は結婚式のすみしだいただちに戻って来て、わたしたちを解放するだろう。でも、もしそうでなかったら、彼はそこにとどまり、そのあげくわたしたちは多くの苦しみに襲われるだろう。[265]」

ナータンは晩年、彼みずからが手を貸してつくったこの神秘的な伝説の世界に逃げ道を見出した。当時彼は、プリモと同様、ソフィアに住んでいた。そこではユダヤ人コミュニティの首長たちはまだサバタイの支持者であった。ある目撃者がイタリアのサバタイ信者たちに語ったところによると、ナータンはアシュケナージのシナゴーグでのラビ・ハイーム・メボラーク追悼の説教の折りに公衆の面前で誓約し、「真のメシアはサバタイであり、彼をおいてほかにはない」と言った。ナータンは敬虔な禁欲的な生活を送った。以前のサロニキの弟子たちは彼の勤行の多くを記録しており、[266]そのなかには注目に値するものが多々ある。ナータンは安息日の前日にうたわれる有名な聖歌の歌詞を、そのメシア的色合いを強めるために、多くの箇所で変更した。彼は安息日が終ったあとの四回目の食事に重きを置き、それを「メシア王の食事」と名づけた。しかし、最も重要なのは、「アミラーにかんする問題に取り組む者は、たとえ話をするだけであっても、メルカーバーの秘義を学ぶ者といえる」という彼の説明である。ハッシーディームはのちにこの突飛な言葉を引き継ぎ、彼ら自身の聖人ツァッディーキームにかんする説話にそれを適用した。[267]これは一般にハッシーディームが導入した非常に思い切った改新のひとつと考えられている。しかし、実際にはそれはナータンが言ったことの再確認にすぎない。一六七九年には彼はまだソフィアにいたが、その年の晩夏か秋にはもうそこにいられなかった。もしかすると、自分の最期が近いことも感じていたかもしれない。モルデカイ・アイゼンシュタット宛の手紙（差出人はアブラハム・ロヴィゴか？）は一六八〇年二月にこう報じた。預言者ナータンは「ソフィアからサロニキへ行きました。出立まえ、彼は説教を行ない、コミュニティの人びとに悔い改めるよう注意して、こう言いました。サバタイはきっと生きている、彼［ナータン］は彼［サバタイ］がいまサンバチオンを渡って帰って来たから、会いにいくのだ、と。彼はそう言ってソフィアからトルコへ行きました。それでソフィアの人びとはおおいに悔い改めました[268]」。

筆者は手紙を書いたとき、ナータンがもはや生きていなかったことを知らなかった。ナータンは一六八〇年一月一一日金曜日にマケドニアのユスキュブ（スコピエの名で知られる）で死亡した。長年コミュニティに伝わっている伝説によれば、ナータンはある日の金曜日クマノヴォから来ると、ただちにラビの家へ赴いた[269]。そこで彼は、自分はまもなく死ぬ、安息日のまえに埋葬されたいので、墓の用意をしてもらえるよう、すぐに墓掘り人夫を寄越してくれとたのんだ。また彼は、彼のしもべが日曜日に着くはずで、そしたらその日のうちに死ぬだろうとも預言した。「彼はラビの家にいるうちに倒れて死んだ。教区民たちは鄭重に彼を葬った。彼のしもべも来たが、いわれた日に死んだ。そしてナータンの墓の傍らに葬られた[270]。」ナータンのソフィア出立と彼の死にかんするさらに詳しい記述が、ベンヤミン・コーヘンとアブラハム・ロヴィゴのかなり長いサバタイ主義覚書のなかに含まれている[271]。収集者は一六九三年終り頃、ベオグラードからのある訪問者から聞いた話として、「彼は若い頃、ナータンのもとでタルムードを学んだ、彼［ナータン］は彼［情報提供者］の生まれた町ソフィアにおよそ一三年間住んでいた」と記している。彼とするなら、ナータンは一六七九年にはまだソフィアにいた。訪問者は次に預言者の最後の忘我体験を伝えている。「ある夜、彼は超自然的痙攣に襲われ、気を失ったように横たわっていた。するとそのとき預言に見舞われた。彼が回復するや、ラビたちが来て、何か言うことがあるかと彼に尋ねた。」するとナータンは彼らに、天に流血と死を意味する巨大な柱を見たと語った。彼はこう預言した。スルタンが皇帝にたいして大きな戦をしかけるが、敗れるだろう。しかし、日々の終りに（それは「三、四年内に」という意味だった）このトルコ人は強大になる。悪の帝王サマエルが彼を助けるからである。だが同時に、メシアがみずからを顕わすだろう、と。(272) その続きから察するに、預言がなされたのはナータンの出立と死の直前だったに相違ない。というのも、「柱が現われたのと同じ年に、聖ラビはソフィアの人びとに、安息日以外は毎夜寝ずの番をし……詩篇とミシュナーとゾーハルを読むように命じた。最後の夜にソフィアの最も豊かなユダヤ人の家で会合がひらかれ、ラビ［ナータン］は人びとに、ある貧しい娘のために持参金をこしらえてやってくれとたのんだ。彼は、みなを煩わすのはこれが最後だ、自分はもうすぐ苦しみをになうから、と言った。この苦しみが何を意味するのか、だれにもわからなかったが、彼はその日のうちにユスキュブへ旅立ち、到着後すぐに病気になり、亡くなった」。この記述はのちにユスキュブに蔓延したナータンの死の伝説の歴史的背景を示している。

ナータンの墓石は第二次世界大戦中に破壊されたが、ロザーネスによって墓碑銘が再現されている。(273) それはこううたっている。「生きとし生けるもののために定められた家［ヨブ記三〇、二三］。神の［霊感を受けた］ラビの遺骸の墓石、天から下りし聖なる見張り人［ダニエル書四、一三］。聖なる灯――わたしは彼の讃美をくどくど述べなかった。彼は黙って讃美するものだからである［詩篇六五、二参照］――導師にしてラビ、アブラハム・ベンヤミン・ナータン・アシュケナージ、御霊が天国にやすらわんことを。〈おまえの罰は完了した［ヘブライ語 *tam*（完了した）の数値は四四〇＝一六八〇である］、シオンの娘よ〉［哀歌四、二二］年、シェヴァト一一日金曜日、天の学院に召される。(274)」

「おまえの罰は完了した、シオンの娘よ。」この言葉には実際「ヤコブの神のメシア」サバタイ・ツヴィと彼の預言者ナータンの波瀾万丈の生涯のメッセージが込められている。彼らは解放の門をひらこうとし、イスラエルの家全体を鳴動させた。にもかかわらず、幻想から実現への道を見出さなかった。それを見つけ出すことができなかった。彼らが民衆の心のなかにつくり出した溝は深かった。彼らのメッセージの種子はユダヤ史ののちの段階に芽生えた。彼らが思っていたのとは違うやり方、まったく違う状況ででではあったが。彼らの呼び起こしたあの運動が加速させた危機は、ユダヤ史における決定的な転換点のひとつであったと見ていいだろう。

ある意味では、事実をただ数え上げることによりも伝説のなかにより多くの真実が現われる。偉大な人間にまつわる話は彼についてしばしば歴史研究がなしうるよりも多くのことを語ってくれる。サバタイ・ツヴィにかんする歴史的真実は彼の存命中に、彼の名がまだ取り沙汰されているあいだにすでに隠蔽されてしまった。記録の証言に注意し、支持者たちの訥々とした象徴言語を解読し、反対者たちの告発のわけを究明しようというわたしたちの努力にもかかわらず、この歴史的真実の多くが闇に包まれたままである。信仰する大衆にとっても多くの「不信仰者」にとっても、ガザにおけるサバタイの最初の顕現から彼の死後の年月にまで及ぶこの話は唯一受け容れやすい現実であった。伝説は信者たちを動かす力をつくり出したが、それはまた悲劇的な挫折の秘義を理解できなかった単純な人びとを動揺させた。サバタイ主義伝説は、サバタイ・ツヴィという人物像がのちの世代を衝き動かした歴史的形式である。それは「歴史的」サバタイのことはあまり明らかにしないかもしれないが、しかし民衆の憧れについては非常に多くのことを明かしている。悪夢のような魔力の意識と結びついた、聖性の力による解放の希求が、この物語に秘義と悲劇の意味合いを付与した。これはひとつの民族全体を揺り動かした大きなメシア復興の物語を違ったふうに書き表わそうとした非サバタイ主義者の記述にすら見られる。

サバタイ主義の物語は三とおりの「古典的な」ヴァージョンでこんにちに伝えられている。信者であるヘブロンのアブラハム・クウェンケとアレッツオのバルーフの記述には死後数年しかたたぬのに伝説的な偉大さに包まれたサバタイが見られる。この物語はもっぱらそこに内在する力によって、メシアの人間像のみならず、彼の支持者たちの憧れや彼らの信仰のための戦いをも表出している。サバタイの死からおよそ三〇年か四〇年後に執筆したアムステルダムの公証人レイーブ・ベン・オーザーによってこの物語は頂点に達した。というのも、レイーブ・ベン・オーザーは歴史的『シャブサイ・ツヴィ記』を書くつもりだったのだが、実際には巷間に流布している話を再現したにすぎないからである。語るうちに歴史的事実と思われていたものが伝説に――生きたポピュラーな話に結晶したのである。信者ではない年代記作者が話を語るばあいでも、そこには少なからず「信仰」の輝きがほのかに光を放っている。たしかに、この信仰はおとしめられ、さげすまれた。その希望はむなしく、その主張は撃破された。でも、誇りある悲しい問いが残った。大きな嘘どころか、大きなチャンスが無駄にされたのではないか。くだらない事柄の失敗というよりはむしろ反対勢力の勝利だったのではないか。この物語の二とおりのヴァージョン、二人の熱烈な支持者のものと、もうひとつの不信仰者レイーブ・ベンのものとは、出来事の評価の違いにもかかわらず、多くの共通点をもっている。偉大なる役者にしてペテン師の物語と結局使命を果たすことに失敗した選ばれしひとの物語、ユダヤ民族の記憶のなかに生きつづけているサバタイ・ツヴィの物語は両々相俟って形成されているのである。

ユダヤ人をイスラエルへ連れ戻すサバタイ・ツヴィの架空の銅版画．標題の》Sch（a）lo　Sabbat（t）oi《はおそらくShalo（m）Sabbataiのことであろう（1687年，製作地不明）．

XIII

# 訳者あとがき

本訳書は Gershom Scholem: Sabbatai Zwi. Der mystische Messias. 1992, Jüdischer Verlag/Frankfurt am Main の全訳である。ユダヤ学の泰斗ゲルショム・ショーレムが一七世紀におけるメシアニズムの発生とメシアの棄教までの運動の歴史を包括的にえがく本書は初めヘブライ語で刊行された。*Shabbtai Zwi weha-tenuʿah ha-shabbethaʾith bi-jemei chajaw*（Shabbetai Zevi and the Shabbetaian Movement during his Lifetime）. 1957, Tel Aviv, Israel. ついで著者によってその後新たに発掘された資料に基づいて増補改訂された英語版 SABBATAI ṢEVI, The Mystical Messiah 1626–1676（1973, Princeton University Press/Princeton, New Jersey）が出版された。本訳書が底本とした前記ドイツ語版はこの両書に基づいて訳されたものである。邦訳にあたっては常時英語版を、そしてときにヘブライ語版を参照した。ドイツ語版と英語版の不一致がまま見られたが、そのばあいは英語版に依拠した。

カバラーとユダヤ神秘主義分野におけるパイオニアにして指導的権威である著者ゲルショム・ショーレムは一八九七年、ベルリンの完全に同化したユダヤ人家庭に四人兄弟の末子として生まれた。一家は一九世紀初め、祖父母の代にベルリンへ来て以来西欧キリスト教文化に溶け込んで、さしたる社会的不自由を感ずることもなく、家業の印刷業を着々と伸ばし裕福な中流家庭を築き上げるまでになっていた。しかし、早くからそのような両親の、ユダヤ宗教がほぼ形骸化していた西欧ブルジョア的生活様式に対する反感を心に育んできたショーレムは、一四歳にして一九世紀の歴史家H・グレーツ（『古代から現代までのユダヤ人の歴史』（一八五三―七五）の民族主義に目をひらかれ、さらに翌年M・ブーバーの著作に深い衝撃を受けたことから自力でヘブライ語を学びはじめ、ユダヤ精神の生きた標本ともいうべきタルムードの勉強に打ち込んだ。

学生時代にシオニズム運動に加わり、ベルリンのシオニスト青年クラブ「若きユダヤ」のラディカルな一員となるが、彼の関心はしかしユダヤ教正統派の儀礼的側面にも、世俗的政治的民族主義にもなかった。彼はもっぱらヘブライ語の習得とユダヤ教原典の情熱的な研究に自己のアイデンティティを求めたのである。シオニストであるということは彼にとってユダヤ民族の歴史的、宗教的、文化的伝統を完全に理解することであり、その点で彼は当時若きシオニストたちのいわば精神的指導者であったM・ブーバーの、ユダヤ人が解放とともに西洋合理精神を採り入れたことによって失ったユダヤ本来のオリエント的精神性を取り戻すという意味でシオンに帰還する、という理念に深く共鳴した。のち第一次世界大戦におけるブーバーの神秘主義的なシオニスト的立場からの戦争肯定を非難して彼と袂を分かつものの、ブーバーにたいするショーレムの尊敬の念は生涯変わらなかった。

彼は初めベルリン、そして兵役を挟んでイェーナ、そのあとスイスへ行きベルンの大学で主に数学と哲学を学んだが（ベルンではとくにかねて親交のあったベンヤミンと親密な時間を多く過ごした）、一九一九年夏、ミュンヘンにドイツ最大のヘブライ語文献やカバリスト手稿類があることを知って、ここで学位論文に取り組むことを決意、一九二二年にほぼ自力で博士論文を書き上げた。テーマは、現存する最も初期のカバラー文学できわめて意味不明瞭にして韜晦なもののひとつであるバーヒール書の翻訳と注釈であった。

翌一九二三年にパレスチナへ移り、エルサレムのヘブライ大学図書館並びに国立図書館（一九二三―二七年）に司書として勤務、一九二五年へブライ大学講師、そして一九三三年、ユダヤ神秘主義とカバラー学の教授に就任する（一九六五年まで）。

彼の研究は大きく分けて言語学的文献学的研究と、そのほかの専門的研究からなる。前者には *Kirjath Sepher, Zion, Sefunoth,* その他の学術雑誌に発表された数多くの論文があり、後の範疇には本書以外に、Die Jüdische Mystik in ihren Hauptströmungen（1941）〔邦訳『ユダヤ神秘主義』、法政大学出版局〕、Jewish Gnosticism, Merkabah Mysticism and Talmudic Tradition（1960）, Ursprung und Anfänge der Kabbala（1962）, Judaica 2Bde（1963, 1970）〔邦訳、三巻、『ユダヤ主義の本質』、『ユダヤ主義と西欧』、『ユダヤ教神秘主義』、河出書房新社〕、The Messianic Idea in Judaism（1971）などがある。

第二次大戦後はスイスのアスコナで毎年開催される「エラノス会議」の常連となり、その席上で読まれた数多くの論文、エッセイ、講演は Zur Kabbala und ihrer Symbolik（1960）〔邦訳『カバラとその象徴的表現』、法政大学出版局〕など数巻にまとめられて、非ユダヤ人世界にユダヤ神秘主義の歴史についての理解と知識を深めることに貢献するとともに、斯界における彼の世界的名声を不動のものにした。彼の精緻な分析力と鋭い哲学的洞察と深い歴史的理解の結びつきはユダヤ学全体に新しい基準を打ち立て、そこに新しいパースペクティヴをひらくとともに、多くの宗教的歴史的現象や運動の再評価をもたらした。ここに全訳した『サバタイ・ツヴィ伝』はまさにその冠たるものであろう。なお前記の邦訳書の他に、『ベルリンからエルサレムへ』、『ベンヤミン－ショーレム往復書簡』（以上は法政大学出版局）、『錬金術とカバラ』（作品社）、『わが友ベンヤミン』（晶文社）などがある。またショーレムの評伝としてはデイヴィッド・ビアール『カバラーと反歴史』（晶文社）が非常に啓発的である。

Studies in Mysticism and Religion Presented to Gershom Scholem on his Seventieth Birthday（1967）に公表

された総数五〇〇点に余る彼の著書目録は、彼が当代きっての宗教科学の重鎮にほかならぬことを遺憾なく証している。多くの大学から名誉学位を授与されたほか、ユダヤ研究の「イスラエル賞」受賞（一九五八年）をはじめ、数々の顕彰に輝いた。一九六二年にイスラエル自然科学人文科学アカデミーの副会長、一九六八年にはその会長に就任した。一九八二年死去。

読者は本書を読み進めながら謎解きのスリリングな感じを覚えるかもしれない。実際著者は一七世紀の謎のメシア、サバタイ・ツヴィの行跡にかんするこの大著を推理小説に譬えている。探偵さながらに古文書を精査し、サバタイと同時代人が残した無数の足跡を採取する。あまたの資料を間接証拠として（残念ながら直接証拠たるサバタイ・ツヴィ自身の記録はない。彼は書くことが不得手だったからである）つぶさに吟味、わけてもこれまで不当に扱われたり等閑視されてきた重要資料を評価しなおし、それらから通説とは異なる独自の推論を引き出し、従前の説をしりぞけて新たな仮説を打ち立て、そうして何千年にもわたるユダヤ宗教、ユダヤ神秘主義の歴史において無類の作用を及ぼしたひとりの異端的人間の生涯を再構築する。

メシアス（ヘブライ語　マシアッハ）とは「油注がれた者」の謂で、もともとはイスラエル民族の王を指す呼称（ヤハウェは…ご自分の王に力を与え、ご自分の油注がれた者の角を高く上げられます―サムエル記上二、一〇）であった。ときにはまた大祭司も表わした（油注がれた祭司―レビ記四、三ほか）。第二イザヤ（イザヤ書四〇―五五）はバビロンを攻略してユダヤ人を捕囚から解放したペルシア王クロスを神の「油注がれた者」と呼び、詩篇（一〇五、一五）ではメシアは神のとくべつな庇護下にある侵すことのできない預言者たちと並行して現われている。

これらの箇所ではメシアはまだ世俗の者であれ聖職者であれ、神によって任命された民族の支配者を表わす普通名詞とか、神の道具として民を救う異教の王の呼称として現われており、新訳のキリストのように終末論的な救済者ではない。

これと並行してすでに古預言者時代から、深い宗教的な期待の本来の内容をなす別のメシア表象があった。それによればメシアは一回限りの特定の人物、ダビデ一族から出る理想的な王である。イスラエルを統一して大国に高め、対外的には輝かしい戦果をほこり、国内的にはつねに寛容と公正をもって統治した最も偉大な国民的指導者を懐かしむ思いが、そのような民族的偉大さの時代がいつかは異民族支配による抑圧の悲惨と罪の汚名を取り除いてくれるだろう、という切々たる思いと結びついたのである。

イザヤ書の理想は、叡智と力と神への畏敬にあふれて人民を統治する王である。その支配下では戦争が人民を責めさいなむことはなく、したがって武器は廃棄され、文化的な道具に作り替えられる。獅子、狼、熊といった猛獣も性格を変え、楽園のような無垢と善意が地上に戻り、もはや誰も堕落行為をする者はいない。メシア王の叡智にあふれた正義にすべての国は屈するからである。

民間伝承では、ダビデ家のメシアに先駆けてまずヨセフ家のメシアが現われる。彼は離散したイスラエルの子らを呼び集め、敵を一掃したエルサレムに破壊された神殿を再建する。そのあと、神に抵抗する勢力（アルミルス、ゴグとマゴグ）がエルサレムに最後の決戦を迫り、ヨセフ家のメシアは打ち負かされ、彼の亡骸はエルサレムの路上に放置される。そののちダビデ家のメシアが現われ、悪魔の勢力に最終的に勝利するのである。

メシア運動は窮迫したユダヤ民族の最終的未来形成に向けられた宗教的色合いの試みで、民族の自立を取り戻し、パレスチナを奪還して神殿を再建しようとする運動である。この運動は「時代の終末に」現われると期待された解放者メシアの信仰と密接に結びついていた。どの時代にも民族解放の願望があり、周囲のひとたちに已れのメシア的ミッションへの信仰を教えることのできる人物、いわゆる偽メシアが出現したとき、それはひとつのメシア運動に凝縮する。これらの偽メシアは、民衆に宗教的実践（贖罪と断食）の強化を促し、それによってなにがなんでも天から解放をかちえようとする夢想家、熱狂者であるか、もしくは武器でイスラエルに解放をもたらそうと考えた信心深い行動家であった。民衆には予定されたメシアの機能を引き受けることのできる奇跡を行なう人（バアル・シェーム）と思われていた。

ここで参考までにサバタイ主義運動のあらましをまとめるとともに、本書で言及される、ユダヤ宗教史のメシア運動を時代順にざっと概括しておこう。

ツェローテン

ツェローテンの解放戦争は大規模なメシア運動で、その指導者メナヘムは支持者たちからメシアと目されていた。ツェローテン（ヘブライ語でカンナーイーム）は紀元一世紀のパレスチナのユダヤ人内部における民族的な過激派であり、学識と実行力を備えたガリラヤ人ユダ（のちローマ人との戦いで戦死）によって組織された。宗教的観点ではパリサイ派に近い立場を取り、口伝（ミシュナー）の慣習律の厳守と学者による神権政治への服従を要求した。彼らの特徴ともいうべき本来のドグマは共和制的な「天の国」と完全な政治的自由を打ち建てることであり、それなくしては宗教的自由も考えられなかった。神への真の奉仕は地上のいかなる国家にも従属することを許さなかったからである。彼らの呼称カンナーイームはミシュナーでも「行動的な狂信者」を意味し、掟の遵守を要求する神の厳しさ（出エジプト記二〇、五）と熱狂的な祭司ピネハス（民数記二五、一一）や預言者エリヤ（列王記上一九、一〇）の行動を表わしている。理論的には彼らはローマ人支配を否定し、かつまたヘロデ王朝の非合法統治も承認しなかった。彼らは無産階級や搾取に苦しむ小さな町や村の住民、もともと失うものを持たず、したがってこわいもの知らずの根無し草たちにささえられ、ローマ人や親ローマの背信的なユダヤ人たちに対して仮借のない戦いを挑んだ。その最終目的は当然聖都を異国の支配から解放することであった。

バル・コクバ

それと同じくらい大きかったのはバル・コクバ（本名シモン・バル・コセバ）のメシア運動で、彼はラビ・アキバによってメシアとして迎えられた。紀元一三二―一三五年ローマのハドリアヌス皇帝支配下でユダヤ人の反乱を率いた。その素性、経歴についてはほとんど知られていないにひとしい。救世主のように突如現われ、奇跡を行なって人心を捉えた。あらゆる国国からユダヤ人が彼の旗印のもとに集まり、ユダヤや非ユダヤの資料によれば、兵力五〇万の軍隊が組織される。運も手伝って、彼は一年で五〇もの町や村を手中に収め、ほどなく王に任ぜられて、自身の硬貨も鋳造する。一三五年、ハドリアヌス帝が時の最大の武将ユーリウス・セヴェルス率いる強力な軍隊を彼に差し向ける。将軍は意図的に戦を引き延ばし、兵糧攻めなどの手段で要塞を攻略、多くの町を奪還する。同年アヴ九日に最後の砦ベタルが落とされ、反乱は失敗に帰した。バル・コクバの最期は不明で、ローマ人に殺されたとも、毒蛇に咬まれて死んだともいわれているが、彼の死とともにユダヤ人は大きな救済の望みを絶たれた。彼は歴史によりもユダヤ伝説に多く生きつづけている。

アブラハム・アブーラーフィア

サラセン人によるエルサレム再占領（一一八七年）と失敗に終った第三次十字軍遠征ののち、ヨーロッパにメシア的雰囲気が醸成された。一二一一年から数多くのユダヤ人学者たちがイギリス、北フランス、南フランスからパレスチナへ移動した。インノケンティウス三世、とくに一二一五年のラテラノ公会議による迫害はメシア待望の雰囲気を増大させた。モンゴルの民族大移動はユダヤ人にとって解放の始まりと思われた。一二三五年にはプラハのすべてのユダヤ人が町を引き払い、パレスチナへ向かったといわれる。

カバラーの神秘主義が広がるにつれて、メシアの性格をそなえていると称する熱狂者の数が増える。一三世紀後半のアブラハム・アブーラーフィア（一二四〇—一二九一以後）はカバリストならびにメシア的熱狂者として中世ユダヤ人の精神生活において最も注目すべき人物のひとりである。彼の外的生活は内的生活同様波乱に富んだ、冒険的なものであった。一八歳でパレスチナへ移住し、その後ある時はスペイン、ある時はギリシャと去就定まらず、多くはイタリアに逗留した。当地で多くの弟子たちを身辺に集め（ヨセフ・イブン・ギカティッラもそのひとり）、一二八〇年に法王ニコラウス三世をユダヤ教に改宗させようともくろむものの失敗、奇跡的に焚刑を逃れて、最後はシシリアにメシアとして姿を現わした。彼は「預言者的カバラー」の代表者をもって任じ、禁欲と文字神秘主義によって神との合一を得ようとした。宗教哲学と理論的カバラーに精通し、それらを神の名の教義とその使用を内容とするより高次のカバラーの前段階と考えていた。彼の存命中に出たゾーハルの著者とも目されている。

ダヴィド・レウベーニとサロモ・モルコ

メシア運動の一環としてダヴィド・レウベーニとサロモ・モルコの出現も注目に値する。前者は一六世紀初頭、あるユダヤの、彼の触れ込みではルベン族とガド族とマナセ族からなる独立国家の王子としてイタリアに登場、白馬に跨がって法王宮に入り、法王クレメンス七世とポルトガル国王ジョアオの後援のもとに一種の対トルコ十字軍遠征を企てた。彼の登場にとくに力を添えたのがポルトガル系のマラノ、サロモ・モルコの支持である。レウベーニがポルトガルに姿を現わしたことがポルトガル系マラノであったモルコ（一五〇〇頃—一五三二）の空想的な熱狂に火をつけた。それまでリスボンの高等裁判所の秘密書記官をしていたモルコはふたたびユダヤ教に改宗する決心をし、みずからの手で割礼を行なう。しかしマラノがおおっぴらにキリスト教と絶縁したことによりポルトガルの宮廷における彼の政治的地位が危うくなるのを危惧したレウベーニに突き放され、モルコはさしあたってトルコへ行き、サロニキでヨセフ・タイタツァクからカバラーの奥義を伝授され、またアドリアノープルではヨセフ・カロとコンタクトを持った。そののちパレスチナ、とくにオリエントのカバラーの中心地サーフェードに滞在したが、皇帝カール五世の軍隊にローマが占領されたとの報を耳にし、まさにこの出来事、ローマ（すなわちエドム）の崩壊こそ近々メシアが現われる前触れであることを確信してローマへ急行した（一五二九年）。そしてあるメシア伝説にならって、襤褸に身を包み、乞食連中に混じって、法王宮の向かいのチベル河畔の橋のたもとで三〇日間過ごした。その間間近に迫るメシア到来の幻視を見、そのことをサロニキに書き送ったり、首都の大きなシナゴーグで自分の期待について説教をしたりした。しかしそうした言動が疑いを生み、ために彼はヴェネツィアへ居を移し、そこで一五三〇年レウベーニと遭遇した。そうこうするうちにローマは大洪水に、マラノ迫害の中心地であるポルトガルは大地震に見舞われ、これぞメシア時代の始まりの証とみたモルコは急ぎローマへ舞い戻り、いまや公然と「エドムの没落」、メシアの到来を説いてまわり、ユダヤ人やキリスト教徒のみならず、法王クレメンス七世すらも彼の幻視の虜にしたのである。ところが彼に敵意を抱く者の密告により異端審問の裁きにかけられ、火炙りの刑を言い渡された。彼はドイツへ逃げ、レウベーニとともにレーゲンスブルクへ行って、帝国議会で皇帝カール五世に対トルコ戦争を訴えようとした。二人はカール五世に謁見を許されたが、結果は捕縛され、マントヴァへ送り返されて異端審問の場であらためて焚刑を宣告された。キリスト教へ戻ることで恩赦を受けられたが、彼はそれをこばみ、一五三二年殉教死を遂げる。いっぽうレウベーニはスペインの監獄へ送られ、そこで毒殺されたという。

イサアク・ルーリアとハイーム・ヴィタール

その後、高名なカバリスト、イサアク・ルーリアとハイーム・ヴィタールが前メシア（ヨセフ家のメシア）とみなされた（一六世紀後半）。

イサアク・ルーリアは新しい（「ルーリアの」）カバラーの創始者で、崇敬の的として彼にならぶカバリストはいないといわれる。その全生涯はひとつの伝説にまでなっている。一五三四年エルサレムに生を享けたが、父が早世したためにカイロで叔父に育てられた。若くしてタルムードの権威になったが、ゾーハルに沈潜したのち、二二の歳から一三年間隠遁生活を送った。そして一五六九年、謎の呼び声に誘われてパレスチナへ赴き、サーフェードに腰を落ち着けた。彼の周りに特異なカバリストのサークルが形成され、こうして、ゾーハルによればそこからメシアが誕生すると期待されるガリラヤの丘の町は新しい教義の源泉となり、中心地に発展したが、彼自身は三八の歳に当地で死去した。彼の教えは口で説かれただけで、弟子たちの記録に基づいてそれを書き表わしたのはハイーム・ヴィタールである。ルーリアのカバラーの体系は理論的カバラーの全領域を徹底的に、部分的にはまったく新たに叙述したもので、その主傾向は最終目的に向けられた魂の集中、「カッヴァーナー」（神秘的性格をもつ瞑想的な祈祷術）である。重要と思われるものは「ツィムツーム」による創造説、四つの世界の教義とセフィロース説の有機的つながり、独特の魂の遍歴（ギルグール）説であるが（詳しくはG・ショーレム『ユダヤ神秘主義』、山下・石丸・他訳、法政大学出版局刊を参照されたい）、これらの教義も結局は、贖罪や禁欲行（これは前記ユダの神秘主義とのつながりを示すものである）、カバラーの儀式も含めて常日頃宗教生活を固く守ること、わけても礼拝祈祷に集中すること等々によってメシア的終末の始まりを早める努力の基礎をなしているにすぎない。このように具体的なメシアニズムの要素を具えていることによって、こののちメシア運動を可能にする基調が用意されるが、それにはこの新しい教義がある程度民間に広まっていたこともあずかっていた。というのもそれ以前は理論的カバラーは特定の人間やサークルの秘密の知識として形成され、その実践も秘密にされてきたが、ルーリアの教義は数多くの直接間接の弟子たちによって文字や言葉であらゆる国々、とりわけイタリア、ドイツ、オランダ、ポーランドへ広められたからである。

ハイーム・ヴィタール（一五四三―一六二〇）はイサアク・ルーリアの最も重要な弟子であり、その生涯は師と同様伝説化され、教義も多く法典化されている。主著『エッツ・ハイーム』（生命の樹　一七八四）はルーリアの全体系を含み、『セーフェル・ハ・ギルグーリーム』はとくに「魂の遍歴説」を扱っている。

サバタイ主義

最後の、最も長く続いたメシア運動が一七世紀後半のサバタイ・ツヴィである。近世のハシディズムや後述するフランキズムもこの運動に連なるものとみることができる。現代のシオニズム運動はパレスチナをユダヤ民族に帰属せしめるという政治目的においてはメシア運動に近いが、基盤としての宗教的要素が欠けており、その目的実現のためにもっぱら経済的、政治的手段、宣伝的手段を使っている。その意味でシオニズムは「世俗化したメシアニズム」ともいわれている。

サバタイ主義はユダヤ史において、神殿破壊とバル・コクバの叛乱につぐ最も長い、かつ最も重要なメシア運動だといわれる。それが並々ならぬ広がりを見せ、人心を深くとらえたのには主として二つの要因があった。ひとつは追放されたユダヤ民族の置かれた一般的状況と宗教的伝統によって培われた政治的かつ精神的救済への期待がつねに、救済の到来を告げることを狙いとしたメシア運動が花咲く肥沃な土壌を用意していたことである。そしてもうひとつ、一六六五年に始まったこの運動の推進力となった特殊な状況があった。政治的社会的にディアスポラ諸国におけるユダヤ人の立場は基本的に同じで、ユダヤ人たちは政治の変わり目ごとに屈辱と迫害に直面し、つねに身の不安を感じながらキリスト教社会やイスラム教社会から離れて彼ら固有のライフスタイルをつらぬいていた。一六四八年のフミェルニツキイの大虐殺を皮切りに始まったポーランドとロシアにおける反ユダヤの迫害の大波はアシュケナージ・ユダヤ人を震撼させ、その波紋は大きく広がった。この不幸のあとにすぐ続いたロシア－スウェーデン戦争（一六五五年）もフミェルニツキイの襲撃をまぬがれたポーランド・ユダヤ人の居住地に打撃をあたえた。これらの要因がポーランドのユダヤ人のあいだにメシア待望論が高まるのに重要であったことは疑いない。しかしそれだけではまだ説明が十分とはいえない。たしかにいろいろな離散地の地域情勢もそれなりにはたらいたが、しかし政治的社会的出来事はこのストーリーの一部分にすぎないのである。

サバタイ主義運動の背後にある中心的統一的要因は宗教的性質のもので、一六世紀のサーフェードに中心をおく精神的改革によって惹き起こされたユダヤ教内部の大きな変質と関係していた。その決定的な特徴は、カバラーがユダヤ人の生活において、それもとくに新しい宗教的インパルスに敏感で、ユダヤ人コミュニティのなかでも最も活動的な部分をなしていたひとたちのなかで優勢な地位を占めるようになったことである。サーフェードに発した新しいルーリアのカバラーはメシア思想と結びついた。それは一口に言えば、神秘主義の染み通ったメシアニズムと特徴づけられる。古いカバラーにより瞑想的な性質の新しい緊張の要素を持ち込んだ。ルーリアのカバラーは律法の要請を遂行するユダヤ人の宗教的活動力と祈禱者の瞑想とメシア的メッセージの緊密な結合体となったのである。すべての生き物はそもそもの創造の始めから追放されていた。そしてすべてのものをその本来あるべき場所に返す仕事がユダヤの人びとにあたえられていた。彼らの歴史的政治的運命は宇宙全体の状態を象徴するものなのである。あらゆる所に散らばった神性の火花はみな悪の力ケリポースに捕えられていて、救済されねばならない。しかし最終的救済はメシアの一回的行為によっては達成されず、救済への道を用意する行動の長い連鎖によってもたらされる。カバリストがティックーン「修復」と呼ぶものには、破壊された世界の構成要素が調和へと修復される——それをするのがユダヤの人びととの本質的な仕事である——プロセスと最終的結果、最後のステージを画すメシアの出現によって告げられる救済の状態の両方を含んでいる。政治的解放と民族神話がそれと結びつけたもののすべては、宇宙の玄奥で進行する宇宙的プロセスの外的シンボルにすぎないと見られた。メシア思想の伝統的な民族的政治的内容とメシア思想がルーリアのカバラーにおいておびた新しい精神的神秘的音色とのあいだになんら矛盾は予知されなかった。ユダヤ教の神秘神学を受容しやすいひとたちは律法の要請に厳密にしたがいつつも仮想上のメシアニズムに染めぬかれた禁欲的な生活によってティックーンの世界の到来を早めることに活動の焦点を絞った。しかしこのメシアニズムは遠い未来の抽象的な期待ではなかった。ルーリア主義をユダヤ史のダイナミックな要因にしたものは、修復の全過程はほぼ完了し、最終的解放は間近に迫っている、最後のステージを通り抜ければ、救済は手の届く所にあるだろう、と宣言したことであった。

このような考えが優勢になり、宗教生活を支配しはじめると、それはメシア熱の急激な高まりの共通の機縁となった。実際、ルーリアのカバラーが支配的要因になったのは一六三〇—四〇年間だけで、サバタイ主義運動はこの展開と密接につながっている。この運動がイエーメン、ペルシア、トルコ、北アフリカ、イタリアといった、いろいろなディアスポラの中心地やアシュケナージのコミュニティに圧倒的にアピールしたことは、ルーリア主義の熱心な宣伝が新しいカバラーの勝利によって惹き起こされたメシアエネルギーの放出に有利な風土を作り出したという事実によってのみ説明される。ユダヤ人が圧政から比較的自由に生活していたアムステルダムとかリヴォルノ、サロニキのような場所が運動の坩堝、サバタイ主義活動の中心地になった理由もここにあった。

サバタイ・ツヴィ

サバタイ・ツヴィは一六二六年アヴ九日にスミルナで生を享けた。ペロポンネソス出身の父モルデカイ・ツヴィは貧しい家禽商から身を起こして、のちにオランダ商人やイギリス商人の代理商となって富を築いた。兄エリヤと弟ヨセフも裕福な商人であった。サバタイはラビとなるべく伝統的な教育を受け、タルムードを徹底的に教え込まれた。才能は早くから開花し、一八歳でハハム（セファルディーのタルムード学者の呼称）に任ぜられたらしい。一説には一五歳でイェシヴァを去り、禁欲的な孤独な生活を始め、教師につかず独学で学んだという。青春時代にはカバラーの研究にも着手し、主にゾーハル、カナ書、セーフェル・ペリーアー書を集中的に学び、カバラー学にかなり習熟して、同学の若者たちの尊敬を集めた。

一六四二年から一六四八年のあいだ隠遁生活を送ったが、この間に躁鬱病の兆候が現われ、以後正常な時期を挟んで深い気鬱、メランコリーと高揚、多幸症の発作が交代する生涯を送ることとなる（これらの状態についてのちに支持者たちは前者を「墜落」とか「掩蔽」〔神が彼に顔を隠すこと〕、後者を「光明」と形容する）。正確にはわからないが、遅くともフミェルニツキイの大虐殺の報がスミルナに達した一六四八年には発病したといわれる。人前であからさまに禁ぜられた神の名を口にしはじめ、初めてメシアを名乗ったのもこの時期だったようだ。以来彼は精神を患う人として知られ、誰もそれを深刻にはとらえず、彼の奇矯な振舞いも一時的な騒ぎを惹き起こしただけであった。精神異常者とか馬鹿とか評判されるいっぽう、好人物で、音楽好きで、格別美声の持ち主であったので、友人を多く作った。といっても必ずしも彼のカバラー的思弁の支持者ばかりではなかったようだ。

この頃、彼は精神的格闘を通して明かされた「神性の秘義」について語りはじめ、彼がとくべつな親しみと密接な関係を感じた「わが信ずる神」のことをよく口にするようになった。これはもっぱら彼が神の本質的な示顕とみなしたセフィラー「ティーフェレース」（ゾーハルで用いられる、神がその隠れた存在から顕われ出る一〇の境域セフィロースの一つで「慈悲」を意味する）を意味するのか、それともこのセフィラーに身を包んだ何か天上の力なのか、定かではないけれども、とにかくエロヘイ・イスラエル（イスラエルの神）がとくべつ神秘的な意味合いをおびて彼の口から語られる。光明の状態でしばしば反律法的な行為を冒すことやたびたびメシアを名乗ることがついにはラビたちの怒りを招き、一六五一—五四年頃スミルナから追放される。

それから彼はトラキア、テサロニキ、コンスタンチノープル、エルサレム、カイロなどを転々とするが、その間躁期の忘我状態のなかで三大祝日であるペサッハ（過越祭）、シャブオース（五旬節）、スッコート（仮庵の祭）を一週間で祝って反感を買ったり、「禁を許したもう主」を祝福する冒瀆的な振舞いをしたりする。そしてある光明の発作中にいかがわしい評判をもつアシュケナージの娘サラとの結婚を企てる。彼女は一六四八年ポーランドでコサックの暴動の渦中に両親を失って孤児となり、ポーランドの貴族に拾われ修道院に入れられてキリスト教徒にさせられようとしたが、アムステルダムへ逃れ、そこに数年滞在したのちイタリアへ行き、リヴォルノで自堕落な生活を送った。かねがね自分は将来メシアの妻になるのだと称していた彼女はサバタイの噂を聞きつけ急ぎカイロへ向かう。こうして彼は、売春婦と結婚した預言者ホセアの例に倣ってか、一六六四年三月三一日に彼女と結婚するのである。

ガザに神の人が現われ、人びとに彼らの魂の根の秘密を解き明かし、それぞれにその魂が必要とするとくべつなティックーンのやり方を授けてくれる、という噂が舞い込むとともにサバタイの生活が急転する。彼は己れのミッションを棄て、自分の魂のティックーンと平和を求めて一六六五年四月半ばガザを訪れる。

このときまでにナータンはメシアたるサバタイ・ツヴィの幻視を見ていた。ナータンは一六六三年にエルサレムのヤコブ・ハギスのもとで学んでいた折にサバタイにかんする話を耳にした。これらの話やナータンがエルサレムの街角でしばしば見かけたサバタイの姿が心に残り、のちガザでカバラーの研究に取りかかったときに彼の新しい幻視のなかに結晶したのである。ナータンはサバタイの病を治すどころか、彼こそ真のメシアであることをサバタイに確信させようとした。初めはナータンの説得に耳を貸さなかったが、それでもサバタイは彼とともにエルサレムやヘブロンのいくつかの聖地を巡礼し、その間彼らの幻視やその正当性について議論を交わした。このようにしてナータンが初めてサバタイ・ツヴィ自身のメシアの夢を確証し、さらにはカバラーの創造の体系に占めるメシアの魂のとくべつな地位と性質を説明したのである。サバタイは光明の時期に入るや、これらすべての出来事を吸収し、自分自身とナータンの預言の才能を信じ、新たな力を得てかねてのメシア主張に戻る。一六六五年三月三一日ガザでメシアを宣言、王侯のような身なりで馬にまたがって堂々と市中を練り歩き、側近の信者たちを使徒や一二部族の代表者に定めた。

メシア出現の報せは野火のように瞬く間にパレスチナの全コミュニティに広がったが、同時にナータンの師ヤコブ・ハギスを初めとするエルサレムの著名なラビたちや、サバタイ・ツヴィに忌憚なく意見を述べる高名なカバリストたちの猛烈な反発にも会う。王の衣装に身を包んだサバタイは馬に乗って七回エルサレムの市内を巡り、サムエル・プリモ、マッターティアス・ブロッホ、イスラエル・ベンヤミン、モーセス・ガランテのような幾人かのラビたちを味方に引き入れるものの、大多数のラビたちとの衝突はピークに達し、ラビたちは彼を町から追放する。ところが、コンスタンチノープルのラビたちに出来事を知らせたあと、彼らはなぜかメシア宣伝に対してそれ以上積極的な措置は取らず、事件にかんする多くの問い合せの手紙に返事を出すことも控えて、不可解な沈黙をつらぬくのである。

ガザのナータン

ナータンは来るべき救済への移行を促進するために悔い改めの大衆運動の必要性を説いた。これは確実に多くの人心をとらえ、当然のことながらラビの権威からも反対されることはなかった。極度の断食やその他の禁欲的な勤行が日々の務めとされるいっぽうで、ナータンはタンムーツ一七日の断食を廃止し、その日を喜びの日として祝うことを布告した。彼が告知したことのなかで目を惹く新しい点のひとつは、預言者にもメシアにも何らかの奇跡を行なうことによってそのミッションを証明しなくてはならぬ義務はない、イスラエルは外的証拠なしにサバタイ・ツヴィのミッションを信じなくてはならない、というものであった。しかし、続いて起こった大衆運動の実際の歴史は、救済の価値としてのこの純粋な信仰と離散地を席巻したあふれるばかりの伝説や奇跡話との矛盾を露呈する。

一六六五年九月、ナータンは新しい啓示に確信を得て、ラファエル・ヨセフに長文の書簡を宛てる。その第一部で彼は救済の到来とともに隠れた世界に現われた変化を述べ、これらの変化に伴ってカバラー的信心の実践に生じた事柄を説明する。イサアク・ルーリアのカッヴァーノース（瞑想）はもはや役立たない、宇宙の内部構造が変わり、もはや聖なる火花は悪の領域ケリポースのもとに残されてはいないからである。救済の時は来た、それはもう誰にも止められない、サバタイ・ツヴィはどんな罪人でも、イエスですらも義とする力を持った、彼が世界で最も羲しいにもかかわらず、彼に疑いを抱く者があれば、サバタイはその者を大きな苦しみで罰するだろう、と。そして第二部では、現在から完全な解放が達成されるまでの出来事の経過をあらまし述べる。サバタイ・ツヴィは戦わずしてトルコ王からその王冠を奪い取り、スルタンを自分の召使いにするだろう、四、五年のちにサンバチオン川を渡り、失われた一〇部族を連れ戻すだろう、そして復活したモーセの一三歳の娘と結婚するだろう。この期間、彼はトルコのスルタンを監督下に置くだろう。しかしスルタンは彼のいないあいだに謀反を起こすだろう、これは「救済の陣痛」、大いなる苦難の時期であるが、ガザに住む人たちだけはそれを免れるだろう、現在と実際のメシア的出来事が始まるまでのあいだに一年と数ヵ月の間があるだろう、全ユダヤ世界はこの期間を悔い改めのために用いねばならない等々。この目的のためにナータンは一般大衆用と、カバラーの伝授を受けた人用の礼拝式を定める。そしてこれらがヨーロッパその他の各地に、一六六五年秋のメシア到来を告げる最初の長文の告知とともに送達されたのである。

サバタイ自身は体系的な思想家ではなく、もっぱら示唆やメタファーのかたちで語った。この精緻な体系を作り上げたのは主にガザのナータンで、ルーリアのカバラーの新しいヴァージョンにこの新しい秩序のなかでメシアが占める位置にかんする彼独自の考えをつけ加えた。そのように」して彼の考えは広く受け容れられたのである。

ナータンはルーリアのカバラーのツィムツーム説を受け容れるが、新しい、さらに深い層を彼の神性の概念につけ加える。

エン・ソーフ（無限なるもの）にはそもそもの始めから二種類の光ないしは相がある。思慮深い光と無思慮な光とである。前者は創造の目的にかかわるすべてを含んでいる。だが、エン・ソーフの無限の充溢のなかには創造を目的としない力ないしは原理が存在し、それの唯一の目的はあるがままを維持し、今いる場所にとどまることである。それらは創造に向けられた考えをまったくもたないという意味で「無思慮」である。宇宙をもたらすために起こった「ツィムツーム」の行為はもっぱら「思慮深い光」の内部で行なわれた。この行為によって思慮深い光が己れの考えを実現する可能性、つまりそれを原空間テヒルーのなかへ投影し、そこに創造の構築物を打ち建てる可能性ができた。しかしこの光が引っ込むと、そのあとテヒルーのなかに、創造に参加せず、その本来の性質上あらゆる創造的な変化に逆らう無思慮な光が残った。創造の弁証法においてそれは敵対的破壊的パワーとなった。悪の勢力と呼ばれるケリパーは神のなかのこの非創造的な光のなかに根づいている。形と質の二元性は新しい様相を見せる。無思慮な光はそれ自体悪ではなく、エン・ソーフ以外のものが存在することに反対し、思慮深い光によって創造された構造を破壊しようと決めているから悪の相をおびるのである。ツィムツームのあとに残った思慮深い光の残滓が混じる、無思慮な光に溢れたテヒルーは、ゴーレムと呼ばれ、形のない原初の質である。創造のプロセス全体はこのように二つの光のあいだの弁証法を通して進行するのである。

ツィムツームのあと、思慮深い光が一条の直射光線となってテヒルーのなかへ照り返し、そこでルーリアのカバラーに叙述されているものにとてもよく似たプロセスを開始するが、その光は原空間の上半分だけを差しつらぬき、いわば無思慮な光を制圧してそれを変形し、それによってそれ独自の考えの世界を構築する。しかし光は大いなる深淵の深みといわれるテヒルーの下半分には届かなかった。ルーリアの述べることとすべてや、イスラエルがトーラーの力によって果たさなければならない宇宙の修復あるいはティックーンの教義はテヒルーの上半分だけにかかわっている。下の部分の未構成の、形のない状態はメシアの出現まで続き、それが思慮深い光につらぬかれ変形されるのを可能にするのはひとりメシアだけである。要するに、無思慮な光もそれ自身の構築物を打ち建てるのである――思慮深い光が作ったものを破壊することのみを志向するケリポースの悪の世界を。これらの悪の力は「大いなる深淵のなかに棲む蛇」と呼ばれる。ゾーハルでシスラー・アーラー（裏側）と呼ばれる悪魔の勢力は、その抵抗によって創造のプロセスそのものに含まれることになり、そのかぎりではエン・ソーフそれ自体のもうひとつの面にすぎないのである。ナータンはエン・ソーフから光線が差し込む直前にテヒルーで行なわれる、思慮深い光の残滓とゴーレムの勢力とのあいだの相互作用によって惹き起こされるプロセスについて新奇な理論を発展させた。容器の破損とティックーンに結びつけられたルーリア的プロセスがすべて今や二つの光の弁証法に合わせられたのである。

こうした創造概念のなかでメシアという人物は最初から中心的役割を果たしていた。ツィムツームによって生まれた原空間のなかで形を作り出すためにエン・ソーフから発した神的光の火花が「容器の破損」にさいして落下したとき、その最初の神的光のなかに包み込まれていたメシアの魂もテヒルーの下半分に沈んだ。つまり創造の太初以来メシアの魂は思慮深い光の火花のひとつとしてケリポースの領域にとどまっているというか、そこに捕えられているのである。この魂は世界の始めからえもいわれぬ苦しみのなかで自由の身になって己れの大きな仕事に取りかかるべく闘っている。その仕事とは思慮深い光が差し込むようにテヒルーの下部を解放し救済とティックーンをケリポースにもたらすことである。ケリポースの最終的変質とともに理想的な均衡と統一がエン・ソーフの二つの相のあいだにもたらされるだろう。メシアがケリポースの領域から逃れることに成功するまでは深淵のなかに直射光は入り込めない。メシアはティックーンのプロセスでそれぞれの役目を果たすすべての魂とは本質的に異なっている。要するに、彼はけっしてトーラーの権威に縛られていないのだ。トーラーは思慮深い光のパワーとそれと結びついた魂によって使用される神秘的な道具なのである。いっぽう彼は何かまったく新しいもの、宇宙的及び歴史的追放の状態のなかで拘束力を有する律法に服従しない権威である。彼は通常の善悪の概念では測れない存在で、彼は彼自身の法にしたがって行動しなければならないのだ。

この教義によってナータンはメシアのひとつひとつの「奇矯な行動」を、彼の棄教や律法違反も含めてすべて擁護することが可能になった。メシアは不浄なものを清浄にするが、その過程で彼自身不浄になる。メシアは「聖なる蛇」であり、深淵に棲む蛇を制圧する。ヘブライ語のマシアッハ（メシア）の数値はナハシュ（蛇）と同じである。ある意味、すべての魂は二つの光で成り立っているが、生まれつき圧倒的に破壊を旨とする無思慮な光に縛られている。そしてこの二つの光の闘いは個々の魂のなかで幾度も繰り返される。しかし聖なる魂たちはトーラーによって助けられる。それにたいしメシアはまったく好き勝手にさせられている。これらの考えが新しい異端的カバラーのなかで詳細に、かついろんな風に変形されて展開され、パラドクシカルな信仰教義を編み出した。それらは棄教したメシアのミッションを信じたひとたちの特殊状況に正確に応えた。そしてそれらに具わった少なからぬ弁証法的な力は感じやすい人心に影響を及ぼさずにはいなかった。

## 棄教の意味

棄教は深刻な打撃を与え、指導者も信者もひとしく麻痺状態に陥った。メシアがユダヤへの忠誠を放棄することを誓うなどとは夢にも思われなかった。誰もが信じられず、真実が受け容れられるまでにかなりの時間を要した。人々はつらいジレンマに立たされる。自分たちが信じたことはまったく無駄なことで、解放者はペテン師であったことを認めるか、それとも外的敵対的現実に直面してあくまで自分の信仰と内的経験にしがみつき、起こったことの説明と正当化を探し求めるか。多くの者が後者を選び、降参することをこばんだという事実は運動の深さを証している。

一六六六年一一月にサバタイの仲間から棄教の報を受け取ったとき、ナータンはただちに、これはすべて深い秘義であって、いずれ近いうちに解決するであろうと告げた。ナータンは棄教を擁護し、サバタイ・ツヴィのメシア的ミッションはまだ続いていることを信者たちにわからせようとする。彼の議論のポイントはこうである。棄教の真意は、敵のなかに散らばっていた、そしていまイスラムに集中している聖なる火花を拾い上げるミッションを遂行することである。ユダヤの民の仕事はトーラーの求めに応じてティックーンを行なう過程で自分自身の魂の火花を修復することであったが、メシア自身にしか修復できない火花もあり、このために彼はケリパーの領域へ下りてゆかねばならない。表向きはその支配に従うが、実際は内側からケリパーを征服するという、彼のミッションの最後の最も困難な部分を遂行するのである。彼はいわば敵陣に送り込まれたスパイなのである。ナータンはこの説明を、サバタイ・ツヴィの生涯を悪の領域との闘いとする彼の以前の形而上学的説明と関係づけた。現世の生活におけるサバタイの「奇矯な行動」はまさにそれを証明するものであったが、棄教はそのような奇矯な振舞いの最も極端なケースにほかならない。彼は歴史的場面に栄光に包まれた姿を現わすまえの最後のステップとして己れの民にたいする裏切り者の汚名を着なければならなかった。悲劇的であるが、しかしまだ合法的な解放者、棄教したメシアというパラドックスを新しいサバタイ神学の中心に据えることによって、ナータンは続く百年間の信者のイデオロギーの礎を置いたのである。彼や彼以後の多くのひとたちは、この根本的なパラドックスを示すものを聖書やタルムード、ミドラーシュ、カバラー文学のなかに探し求め、そうして古い聖典のきわめて大胆かつしばしば異端的な再解釈を見出した。根本的なパラドックスがひとたび認められれば、すべてが同列に思われた。聖書の主人公の不行跡、アッガーダーの奇妙な話、ゾーハルの謎めいた一節、すべてがメシアのスキャンダラスな行為を指しているように思われる。これらの考えが信者たちの指導者によって採り上げられ、サバタイ・ツヴィの黙認のもとで広く行き渡った。

サバタイ・ツヴィ自身は一六七二年までアドリアノープル、そして時にはコンスタンチノープルに住み、イスラム教徒の務めを果たすいっぽうで、ユダヤ教の典礼の大部分を守りながら二重生活を送る。躁鬱の交代は続くが、光明の時期には相変わらずの調子で新しい祭礼を定め、己れの神秘的ミッションを確証し、イスラム教をユダヤ教の「真実のトーラー」に対し「慈悲のトーラー」と呼んで、イスラム教に改宗するよう人びとを説得した。一六七一年四月の昂揚の一時期には妻サラを離縁するが、光明が去るとふたたび彼女を呼び戻す。そのいっぽうで別の娘との結婚の段取りを進めたりする。トルコ側は彼に伝道師を期待するが、彼に説得されて改宗した者はわずかで、大部分はユダヤ教にとどまって信仰と禁欲的な生活を固く守り、こうして実際に追放されたわけではないが、サバタイ運動は次第に地下化し、セクト的性格を強めていく。

何人かのユダヤ人やイスラム教徒から二重行為や性的放埒を密告されて、サバタイ・ツヴィは一六七二年八月コンスタンチノープルで逮捕され、最終的には翌年一月アルバニアのドゥルチーニョに追放される。最後の一〇年間に彼は特定の者たちに彼のとくべつな「神性の秘義」を打ち明ける。「イスラエルの神」は第一原因またはエン・ソーフではなく、「セフィラー・ティーフェレースのなかに宿る第二原因」である、つまりこのセフィラーを通して顕われるのであって、それと同じではない、というのであるが、のちのサバタイ主義の発展にとってきわめて重要なこの教義の二つのポイントは、まず、(一)第一原因とイスラエルの神は違うということ。第一原因は世界や創造になんらかかわりを持たない、創造はもっぱらツィムツームの行為のあとに存在するようになるイスラエルの神によってなされる。この教義はきわめて危険な異端的なものと考えられ、正統派の陣営に大きな反感を呼び起こした。つぎに、(二)上記区別の明白にグノーシス的な性格。違いはこの二元論における両要素の宗教的評価が逆であること。二世紀のグノーシス派は真なる認識、悟性がかかわる隠れた善なる神を真の神とし、彼らが「ユダヤ教の神」とも呼ぶ世界創造神、「正義の神にして掟をあたえる神」をより劣った存在と考えた。「より高い愛する神」と「ただ正しいだけである低い神」。しかしサバタイ・ツヴィやナータンは価値の順位をひっくり返す。イスラエルの神は、第一原因から流出したものであるけれども、宗教の真の神であり、第一原因（隠れた神）は宗教的には無価値である。宗教においてはむしろ啓示が悟性によっては認識できないものを伝達するのである。第一原因は宗教の対象ではない。それは「アリストテレスの神」、「哲学者の神」であり、宗教の神は「シナイの啓示の神」なのである。サバタイ・ツヴィは死ぬまえにこの教義を訪問者である学者の一人に口述筆記させた。のちに『ラーザー・ディ・メヘムヌーサ』（信仰の秘義）として知られるこのテクストは神性の構想のなかに一種の三位一体性を設定する。それは「聖なる老人」（アティカー・カッディシャー。第一原因たる隠れた神、エン・ソーフ、ゾーハルとルーリアの用語では原空間、そのなかですべてが創造された空間）とそこから流出した「聖なる王」（マルカ・カッディシャー。サバタイの信ずる神、イスラエルの神）とそのシェキーナーからなるが、「彼〔聖なる王とそのシェキーナー〕ひとりが…自由意志でいっさいを創造し、形成し、作ったのである。すべての生き物が彼の偉大さを、すなわち、彼と彼の力のシェキーナーと聖なる老人と完全に隠れた者が……すべてひとつであることを見るように。彼はわたしたちの神である。ほかにはいない」。

　メシアと彼の地位や、彼とこれらの位格との関係については言及されない。この教義はそれ以前にガザのナータンによって『セーフェル・ベリーアー』（創造の書）で展開された体系とはかなり違っていた。両書はのちのサバタイ派の教義に大きな影響を及ぼした。

　サバタイ・ツヴィは五〇歳の誕生日を迎えた二ヵ月後、一六七六年九月一二日急死する。ナータンは、サバタイの死はたんなる「掩蔽」にすぎず、彼は実際に天上に昇り、「天の光」に吸収されたのだという考えを広める。こうした神聖視の理論はメシアの段階的神格化というナータンの初期の思弁と一致するものであるが、それではこの地上においてメシアであるものは誰かという疑問がいっぽうで未解決のまま残る。

フランキズム

サバタイ主義運動の発展の最後のステージをなすのはフランキズムである。創始者のヤコブ・フランクは一七二六年ポドーリエン（ポーランド）の小さな町コロロヴカの貧しい家庭に生まれた。ヘデル（伝統主義的な東方ユダヤ人の四、五歳児の基礎的な教場。授業では無資格の教師が聖書とタルムードを教える）には通ったものの、タルムードの知識は乏しかった。一二の歳にたつきを求めてブカレストへ出、織物や宝石を扱うポーランド系ユダヤ商人に雇われ、一七四五年からほぼ一〇年間彼とともにバルカン半島を旅して回った。オリエント滞在中にサバタイ・ツヴィの信奉者やデンメーとも接触、スミルナではカバラーの秘義やサバタイ派の教義、とくにゾーハルを学び、サバタイ派仲間にとくべつなパワーとインスピレーションを持つ男として知られるようになった。一七五二年にブルガリアのあるアシュケナージの商人の娘と結婚したが、その後はしだいに商売よりもサバタイ主義の「預言者」としての役割が彼にとって一義的になり、己れのミッションの一部としてガザのナータンの墓やアドリアノープル、スミルナ、テサロニキへ旅した。

ニューリーダー登場の報せはすぐさまポドーリエンに広がった。ここにはサバタイ・ツヴィの登場以来、わけてもかつてポドーリエンがトルコに属していたことから多くのデンメーがポドーリエンの市場に出入りしていたこの時代、新しい偽メシア誕生の土壌が用意されていた。サバタイ主義の新しい預言者たちが出現し、新しいメシアの到来が間近いことを告げていたのである。フランクはここで預言者、サバタイ・

ツヴィの化身として熱狂的に迎えられた。信者たちはタルムードを敵視しゾーハルを福音書のようにあがめたことから自らゾハリストと称し、大衆のあいだに着々と支持を広げていった。彼らは夜の暗闇のなか、扉や窓を閉ざした部屋のなかで集会を行ない、少なからずエロチックな様相を呈する歌や踊りによって密儀めいた忘我的陶酔状態に浸ろうとした。彼らにはそれがあらゆる宗教的情熱の前提条件のように思われたのである。一七五六年、そんな集会の真最中に反対派の密告によってフランクは信者とともに逮捕される。信者たちは投獄されたが、彼自身はトルコ市民と勘違いされて無罪放免となった。そのあと彼はイスラム教に改宗したともいわれているが、その辺は定かではない。

熱狂的な信徒たちは伝統を踏みにじり、風紀を犯し、安息日を穢し、典礼規則を無視し、不倫をし、家族の絆を緩めた。一七五六年、ブロディでフランキストたちに破門が言い渡される。彼らの妻女は娼婦扱いされ、子供たちは非嫡出子とみなされた。フランキストとの婚約は無効とされ、すべてのユダヤ人にフランキストを知ったら告発する義務が課せられる。四〇歳まえにルーリアの著作を、そして三〇歳まえにゾーハルを勉強することが禁じられる。この破門は文書で諸処のユダヤ人コミュニティに送られた。

ラビやタルムーディストたちとの対立、彼らによる迫害が強まるなかでフランキストは庇護を求めてカトリック教会に接近する。カトリック側も彼らをユダヤ人を改宗させる道具と考えて、彼らに迫害から守る保護状を交付する。一七五六年から一七六〇年にかけての激動の年に彼と熱狂的な信徒の大部分（一〇〇〇人ともいわれる）はカトリックに改宗、ポーランドにおける、カトリックの皮をかぶった一種のデンメーを形成した。彼の妻と娘エーファも洗礼を受けたが、しかし大多数のサバタイ主義者は彼にしたがわず、ポーランド、ハンガリー、モラヴィア、ボヘミアそしてドイツにおいてはフランキストのグループはユダヤ教信仰にとどまった。

フランクは自分がサバタイ・ツヴィやベラキヤ（デンメーの指導者）のミッションを仕上げねばならぬ神的パワーの体現者であり、先人アブラハムとイサクの仕事を完成させたイスラエルの祖ヤコブになぞらえて、「真のヤコブ」であることを明らかにした。そして信者たちに、デンメーがイスラム教についてしたように、已れの本当の信仰を秘密にしておくために表向きキリスト教徒を装わねばならぬことを覚悟させたのである。すべからく宗教は「信者たち」が通り抜けねばならぬ——ちょうどひとがいろいろな衣服を身に着けるのと同じように——そしてそのあとは隠れた本当の信仰と比べたら何の価値もないものとして捨て去らねばならぬステージにすぎないのだと彼は言明する。

フランクのオリジナリティはガザのナータンの著作やベラキヤ風の極端なサバタイ主義的カバラーに基づいた著作から信者たちによく知られていたサバタイ神学を臆面なく拒否したことにあった。彼は信者たちにこれをすべて忘れるように求める。彼はサバタイ主義からそのカバラー神学と晦渋な形而上学的思弁とそれを表わす術語を剝ぎ取り、代わりにもっとポピュラーでカラフルな、神話的イメージに包んだものを提供する。おなじみのサバタイ主義の三位一体、神性のなかで統一されている「信仰の三つの結節」、アティカー・カッディシャー、マルカ・カッディシャー、シェキーナーに代わり、フランクにおいては、「善なる神」と「大いなるきょうだい」（または「神の前に立つ者」ともいわれる）、そして「娘」（アルマー）または「処女」（ベトゥラー）が三位一体をなしている。「善なる神」は隠れていて、創造、とくにこの無意味な世界とはいっさいかかわりがない。それは「大いなるきょうだい」の後ろに隠れている「真の信仰の神」で、ひとはそれに近づくよう努め、そうすることで今この瞬間に不適切な法体系を課して地上を支配している三人の（つまりユダヤ教、キリスト教、イスラム教の）「世界の指導者」の優位を覆さなくてはならないのである。ベラキヤ一派の過激なサバタイ主義者たちはサバタイ・ツヴィとベラキヤに

「イスラエルの神」であるマルカ・カッディシャーの化身を見たが、それと同じようにフランクは自分自身を「大いなるきょうだい」の使者とみなした。「大いなるきょうだい」のミッションは彼とつながりのあるこの三位一体の女性要素アルマーないしベトゥラーの具現によって完成されるといわれるが（彼はこの概念を意識的にキリスト教の聖処女の概念に近づけようとしている）、彼によれば、父祖からサバタイ・ツヴィやベラキヤにいたるまですべての偉大な宗教的指導者たちは神への道を見出そうと努力したが果たせなかった。

そこで神と処女が示顕するにはいまだイスラエルの人びとが歩んだことのないまったく新しい道に踏み出す必要がある。この道をフランクは「エサウへの道」と呼ぶ。この文脈ではエサウ（エドム）は、いかなる法にも従うことのないパワーを持つがゆえにひとを自由にする無拘束な生の奔流を象徴している。イスラエルの祖ヤコブはセイルの兄エサウのもとを訪ねると約束したが（創世記三三、一四）、結局約束を果たさなかった。彼にはその道が困難だったからである。しかし、今やこの道に足を踏み出す時が来た。それは「真の生」（フランクの体系のなかで自由とか放縦の含意をもつ中心的な考え）へ通じている。

この道は宗教的アナーキズムまたはニヒリズムにつながる道であった。「わたしたちが行こうとしている場所はいかなる法にもしたがわない。なぜならこれらの法はみな死の側にあるからである。わたしたちが行こうとしているのは生なのである。」この目的地に達するには生の力を抑制する法、教え、実践を廃棄し、破壊する必要があった。ただし、これは秘密裡になされねばならない。それを成しとげるために表向き物質的なエドム、すなわちキリスト教の外装を身に着ける必要があった。「信者たち」、あるいは少なくともその先導者はつとにユダヤ教とイスラム教を通り抜けたのだから、今度は真のメシア、生ける神たるフランクの信仰という真の核をキリスト教信仰で包み隠し、その思想を利用することによって自己の旅を貫徹しなくてはならないのである。

フランクがここで掲げるモットーは「沈黙の重荷」である。つまり、すべての法の廃棄を隠れた信条として完全に黙秘するという重荷を負わねばならないのである。それを信者仲間以外に漏らすことは固く禁じられた。キリスト教は果実（フランク自身）を隠す外皮にすぎなかった。キリスト教への忠誠を示す外的証拠を示さなくてはならなかったが、キリスト教徒と交わったり結婚することは禁じられた。それというのも、フランクのヴィジョンは、反逆的革命的なかたちではあったが、あくまでユダヤ的な未来だったからである。そのかわり信者間の放縦な性的な慣行を定めた。こんな風に振る舞うことに慣れた支持者たちはそのなかになんら非難さるべきものを見出さなかったが、カバラーの「古い書物」をすべて身の回りから根絶せよという要求についてはこころよく思わず、多くの者、とくにユダヤ教内にとどまった者たちは著作のなかで、サバタイ主義的カバラーの考えをフランクの新しい象徴と混ぜ合わせながら使いつづけた。ユダヤ人と棄教したフランキストたちはブリュン、のちにはオッフェンバッハに置かれたフランクの「宮廷」での集会を通して密接につながっていた。そして彼らはフランクの言葉や書簡に深い感銘を受けたが、それでも彼ら自身の行動は彼の破壊的、ニヒリスティックなヴィジョンとはけっしてイコールではなかった。

カトリックに改宗したフランクは新たに支持者を組織しなおし、一二人の「使徒」を選び、彼らを象徴的にヤコブの一二人の子らの名で呼び、一定の計画にしたがってセクトの支配権をあたえた。そして自らを神の栄光で包み、キリスト教徒の魂を救い、聖書の言葉を実現するために復活したキリストとして崇めさせるいっぽう、フランキストたちは受洗にもかかわらず「重婚」を維持し、カトリックの祈禱書をイエスの名をヤコブにかえて読み、ミサにもしばしば祈禱書のかわりにゾーハルを利用した。

さまざまな疑いをかけられ、一派は逮捕される。信者たちは審問のすえフランクの誘惑術の罪なき犠牲者として釈放されるが、フランク自身はチェンスハウ要塞に拘留された（一七六〇年）。ポーランド第一次分割でチェンスハウがロシア領に帰したことからフランクは一三年ぶりに解放される。そしてモラヴィアに新天地を求め、ブリュンで護衛兵に守られた「宮廷」を形成する。

オーストリア政府はフランクにたいして寛容さを示したが、フランクはオーストリアが安全ではないとみて、ドイツ・ヘッセン州へ行き、オッフェンバッハにあるイーゼンブルク侯の古い城を手に入れ、男爵を名乗って、さらにはロシアの女帝エリザベータ・ペトローヴナと縁戚で、娘エーファを彼女の庶子と称した。オッフェンバッハの「宮廷」でフランクは初め少数であった信者の数をしだいに増やし、彼の成功の評判が広まると、ポーランド、オーストリア、モラヴィア、ベーメンから信者が続々と詰めかけた。

一七九一年、フランクは何度か卒中発作を起こして死去する。葬儀は多数の信者たちによって盛大に営まれたが、異様なほどの仰々しさ以外はユダヤ的性格を具えたその葬儀にカトリックの聖職者は一人も参列しなかったという。

彼亡きあと、娘のエーファが二人の弟と共に一派の中心地オッフェンバッハの「宮廷」を引き継ぐが、父のような名声も個人的説得力も得られず、彼らの運命は急速に衰える。そして一八一六年、エーファが世を去る。

一九世紀の最初の一〇年間にサバタイ主義は緩やかな組織として、ユダヤ教に戻った人たちとも離れてバラバラになり、しだいにユダヤリベラリズムのなかへ、多くのばあいは無関心のなかへ消えていく。トルコのデンメーの党派的グループとポーランド、とくにワルシャワのカトリック・フランキストたちはもう少し生き延びるが、前者は二〇世紀中頃に、後者は一九世紀後半に解体する。

＊　＊　＊

遅筆ゆえに作業に予想以上の歳月を要したことは毎度のことであるが、今回それがとくに悔やまれるのは、本書の翻訳の意義を熱っぽく語り、わたしにその仕事を託されて完成を心待ちにしておられた元編集長稲義人氏の生前のご期待に応えられなかったことである。今遅まきながら、鬼籍に入られてすでに久しい氏の御霊にお詫びのひと言を添えてこれを捧げたい。

翻訳に際して、とくに原注部分にラテン語、ヘブライ語、スペイン語、イタリア語、古フランス語、古ドイツ語、オランダ語等の文献の引用が多々あり、作業はしばしば非力な訳者の手に余ったが、その都度各方面の諸先生にご指導を仰ぎ、ご懇篤なご教示をいただいた。ここに個別のお名前は記さないが、心から御礼申し上げる。

また、いつもながら辛抱強く励ましとねぎらいの言葉をかけてくださった編集部の藤田信行氏のご厚意に深く感謝するとともに、氏がいつまでも現役でわたしの仕事につきあってくださるものとのんびりかまえていた訳者の錯誤から多大のご迷惑をおかけしたことを心底お詫びせねばならない。

二〇〇九年桜季　　石丸昭二

# 収録図版一覧

（原書にはないが図版説明を簡略化して訳者が付した．数字は頁数）

# 索　引

## ア　行

## カ　行

## サ　行

## タ 行

## ナ　行



## ハ　行

## マ　行

## ヤ　行

## ラ　行

# ヘブライ語の字母の転写表

| | |
|---|---|
| ᵓ | א |
| b | ב, בּ |
| g | ג |
| d | ד |
| h（語末では無表示） | ה |
| w | ו |
| s | ז |
| ch | ח |
| t | ט |
| j (i) | י |
| k | כּ |
| ch | כ |
| l | ל |
| m | מ |
| n | נ |
| s（語の中間ではss） | ס |
| ᶜ | ע |
| p | פּ |
| f | פ |
| z | צ |
| k | ק |
| r | ר |
| sch | שׁ |
| s | שׂ |
| th | ת |
| t | תּ |

ヘブライ語を転写する際，技術的な理由から，発音区分符を無視し表記を簡略化することを旨とした．

ヘブライ語の人名，書名，用語でその英語表記が慣用されているものについては，それにしたがった．

# 原　注

〔原注　第一章〜第四章(1)〜(103)頁は上巻〕

## 第五章

1．*Diarium Europaeum* 16, 1668, pp. 514–515.

2．MS. Hottinger, Zürich, vol. 30, fol. 357b. 富有なユダヤ人はメシアにさほど熱狂せず，「新しい預言者よりも旧来の儲けのほうを重視した」とマルティン・マイヤーが述べるにいたった（注 1 参照）のはどうやら運動の最盛期にホッティンガーが書き留めた話に影響されたものらしい．

3．たとえば，M. Lahaw の（ヘブライ語の）書『マルキシズムに照らして見たユダヤ人離散の社会学』（Tel Aviv）1951, pp. 170–174のお粗末な期待外れの章「メシアニズムの社会層」など．

4．こうした日付の形式は1666年にアムステルダムで印刷されたいくつかの本，ならびにたとえば1666年 2 月にアムステルダムから書いたイサアク・ナハ

ル（Sasportas, p. 57）や，1666年4月にリヴォルノから書いたラファエル・スピーノ（Sasportas, p. 70）の手紙，および1666年3月付のウィーンからの手紙（*Zion* 10, 1945, p. 144）などに見られる．

5．非難は数人の「不信の念を抱く」反対者から挙がった．本書521頁，621頁参照．

6．Sasportas, pp. 23, 84.

7．Coenen, p. 53.

8．Sasportas（p. 141）はこの矛盾に注意を喚起している．

9．Sasportas, p. 29.

10．Sasportas, p. 47.

11．1665年秋から1666年早春にかけての時期に書かれた手紙．

12．Buchenroeder: *Eilende Messias Juden-Post*（ユダヤ人メシア速報），7章始め．

13．Josef Kastein, p. 289に引用された1666年7月のドイツまたはオランダ商人の供述．筆者はまだKasteinの情報源を見つけ出すにはいたっていない．

14．⊂*Eduth be-Ja⊂akob*. Saloniki 1720, fol. 42a.

15．MS. Schasar, fols. 23–24.

16．Sasportas, p. 123.

17．Sasportas, p. 1, 355. 1666年に書かれた手紙の言葉づかいはかなり慎重になされている．周知のように，サスポルタスはのちに以前の発言を「編集し」，もっとはっきり，もっと攻撃的に見えるように，言い直した．本文605–606頁，614頁参照．

18．カイロのサムエル・ベン・ハビブ: *Schebach Ne⊂urim*（MS. Oxford 845）から引用．サラゴッシのラビ回答書は1674年の日付になっているが（*Zion* 7, 1942, p. 179参照），エルサレムのイサアク・デ・ボートンならびにカイロのナータン・グータのラビ回答書は，ジェルバの所有関係の件が1667–1668年にラビたちによって議論されたことを示唆している．決定的な手紙を公刊したM. Benajahu（*Sinai* 46, 1958–1959, pp. 33–53, とくにpp. 34–36）も参照されたい．

19．文の最後の部分から，グータが当時エジプトにいて，メシアを信じない者たちが（少なくとも運動の最初の数ヵ月間は）大半をなしていたエルサレムにいなかったことがはっきりする．

20．Bossuetのサバタイ主義運動の記述（*Discours sur l'Histoire Universelle*. 第2部，第22章）でもこれが前提とされているようだ．「どんなに見えすいたペテンでも必ず人の心をとらえるものだ．現今，ひとりのペテン師がわれこそはオリエントのキリストだと称している．ユダヤ人たちがみな彼の周りに群がりはじめた．わたしたちは彼らがイタリア，オランダ，ドイツ，そしてメスでも，彼にしたがうために全財産を売り払い，すべてを捨て去る心づもりでいるのを見た．彼らは，いまや自分たちが世界の支配者になろうとしていると思い

込んだまさにそのとき，彼らのキリストがトルコ人になり，モーセの律法を捨てたことを知った.」〔原文フランス語〕

21. 1668年夏に書かれたモーセス・ザクートの手紙（*Zion* 13, 1948, p. 56）と本章の過程でさらに引用されるこれにかんする詳しい証言を参照されたい.

22. Haberman によって *Kobez ᑦal Jad* 3（新シリーズ）, 1940, pp. 207–215に『サバタイ主義運動の全書簡』（ヘブライ語）というタイトルで発表されている. 大英博物館のある写本（Margoliouth 1077）ではそれらは「サバタイとガザのナータンを讃えるいくつかの書簡」と題されている.

23. 最初のは1666年４月（唯一の版が G. ショーレムの書庫にある），もうひとつは1666年10月，ということはサバタイの棄教後であるが，ニュースがまだイタリアに達しないうちである.

24. Schulwass『ローマとエルサレム』（ヘブライ語）.（Tel Aviv）1944, p. 119. 彼は *Tikkun* がヴェネツィアで印刷されたと主張しているが，これは *Tikkun Schabbethaj Zwi* という（実在しない）参考書目の誤った指示に惑わされたのである. このような表題はヘブライ語では考えられない. したがって，もとの指示は，Wolf: *Bibliotheca Hebraica*, vol. 3, p. 1225が推測したように，どうやらサバタイの画像を含んだ版のひとつを指していたようだ.

25. Schulwass, pp. 110–114参照.

26. 彼の死亡の日付は疑問視されていた. *SZ* 1, p. 392の詳論を参照されたい. そうこうするうちに，正確な日付がほかならぬナータン・シャピラーの墓碑銘になっている短い詩によって確定された. M. Benajahu によって *Sinai* 35, 1954, p. 58に発表されている.

27. アレッツォのバルーフ（Freimann, p. 59）.

28. Mortara: *Maskereth Chochmij ᑐItalja*. 1886, p. 63, ナータン・シャピラーの24の説教について. 同様の説教は MS. Margoliouth 847–849, 大英博物館にもある.

29. *RÉJ* 34, 1897, p. 305に D. カウフマンが引用しているある割礼司式者のメモ帳から. この割礼司式者は，1666年４月，レッジョに住むセファルディー系家族のひとつの一員で人望の高いイサアク・ヌーネス・ロンブローソが息子をサバタイと命名した，とも述べている. Schulwass（p. 117）が言及しているのはどうやらこのケースらしいが，しかし彼はそれをあやまってシエナでのこととしている. Schulwass の書はイタリアからのすべての情報をまとめた最初の試みである. 彼が引用する資料のいくつかはそもそもサバタイ主義運動とは関係がないもので，重要ではない. 一方，ほかの多くの証言はさらに補う必要があろう. 遺憾ながら Schulwass は，モーセス・ピンヘイロは1665年以前にすでにリヴォルノでサバタイの教義を広めていたという誤った（あるいはいずれにせよ未証明の）見解を繰り返すとともに，アブラハム・カルドーゾはすでに1650年にピンヘイロとつながりがあったとも主張している. この主張は資料の

誤解から説明できる．カルドーゾのピンヘイロとの論争は彼がリヴォルノへ戻ったあとの1675年に生じた．このとき，ピンヘイロはサバタイがすでに1650年に友人や弟子たちに教えたことをカルドーゾにも伝えたのである．

30．Harry Rabinowicz: *The Jewish Library Treasures of England and America*. p. 79参照．このメモ帳はニューヨークの Jewish Theological Seminary の図書館にある．

31．ニューヨークの Jewish Theological Seminary 図書館の写本．筆者はこのメモ帳の知られざる部分を *Zion* 10, 1945, pp. 55–66に発表した．ほかに注意書のないかぎり，引用はこの発表に依っている．

32．Wilenski, p. 172. Schudt: *Jüdische Denkwürdigkeiten*（ユダヤ人の記憶すべき出来事）．IV, p. 238に引用されているオランダ人著者 W. Goerze の報告によると，サバタイの登場はヴァチカンでも大きな恐れを惹き起こしたと言われるが，ことによると，その情報源はセラリウスのパンフレットであるかもしれない．フランドルからの回状にも（Eschkoli, p. 221）こう書かれている．「ローマが震え上がった，枢機卿が，そして全司教が．」

33．Coenen, p. 132. Coenen はスミルナのユダヤ人にかんする噂を聞いたか，それともヨーロッパから受け取ったパンフレットの一枚で読んだかしたかもしれない．レイーブ・ベン・オーザーは（p. 14）その報告を美しい潤色をほどこしたサバタイ伝説に変えた．そして Schulwass（p. 118）はレイーブの話を誤って事実の報告だと思った．

34．*Zion* 10, 1945, pp. 61–66のイタリア語の手紙文．

35．リヴォルノからのサスポルタス宛の手紙のなかでラビ・ヨセフ・ハ＝レーヴィは，不正に得た利益をすべて返せという要求を受け容れることが人びとにとってどんなにつらかったか訴えている（Sasportas, p. 170）．

36．アレッツォのバルーフ（Freimann, p. 62）．

37．アムステルダムからイタリアのユダヤ人について手紙を書いたポーランド人（Balaban, p. 41）．

38．この手紙の内容はクラクフのチャルトリスキッチ博物館にある（MS. 1656, fol. 490）．ソフィア・アマイツァノヴァ教授はご親切にもその一節を転写してくださった．「ローマの某修道士が，目下たくさんの信奉者をもち大きな奇跡を行なう新しいメシアとつながりのあるヘブライの友人に宛てた手紙の要旨．1665年11月26日．これが私がエルサレムから受け取った手紙だ．待ちに待ったメシアがやってくる日のためにヘブライ人たちは言い尽くせぬ騒ぎと喜びに包まれている．期待されたメシアはこのように書かれている．若者は容姿が立派で，名をサバタイという．十二の歳に庇護者である預言者ナータンによって香油を塗られた．彼の父と母はエルサレムに住んでいる．彼はたくさんの一族を支配下に擁していると言われている．国々と約束の地を征服するためであるとともに，律法の定めによってヘブライのすべての部族が結集すべく命ず

るためである．このように，とうとう最後の審判の日が始まったことは明らかだ．ほとんどいたるところに騒動，戦や武器の響き，異端や偽預言者たちが起こっているからだ．これこそまぎれもない最後の審判のしるしにほかならない．」〔原文ラテン語〕

39．Sasportas（p. 271）. 彼がこの情報をローマのラビのひとりから受け取ったことは疑いない．サスポルタスの表現には，サバタイ・ラファエルとマッターティアス・ブロッホとがまえからエジプトで密接な関係にあったのではないかという現代の二，三の著者たちの推測を裏づけるものは見当たらない．

40．*Vessillo Israelitico* 59, 1911, p. 425参照．

41．本書167頁参照．1650年モーセス・ピンヘイロはまだ若かった．サスポルタス（4頁）によれば，若いピンヘイロと彼の父はスミルナでサバタイの支持者だった．モーセスはラビたちによって町から追われたが，しかし彼らがそのためリヴォルノへ行ったことを示す証拠は何もない．サスポルタスはこの情報をサバタイの棄教後に書かれたヨセフ・ハ゠レーヴィの非常に論争的な書簡から採った．個々の記述が合っている保証はない．

42．サスポルタスはただ，「彼の師が彼にメシアの秘密を明かしてくれた」と断言しているだけで——それはたしかにそのとおりである——ピンヘイロもそれを信じていたとは言っていない．

43．ピンヘイロがただちに出立したという推測はサスポルタスの報告のわずかな拠り所からは引き出せない．むしろ反対の推測が成り立つ．ピンヘイロは「彼に会いにコンスタンチノープルへ行ったが，スミルナに着いたおり［首都への途中，あるいはサバタイと会ったのち？］サバタイが棄教したことを知った」（p. 4）．このことはピンヘイロが夏までイタリアにいてサバタイ主義の宣伝に努めていたことを証明している．このことはヨセフ・ハ゠レーヴィの手紙からもすぐ思い当たる（Sasportas, p. 256）．

44．非ユダヤ人の製造した，あるいは彼らの手が少しでも触れた葡萄酒は飲んではならぬという厳しいラビの禁制を守らぬことはつねに，ラビ正統派の行動規範にあまり厳密にしたがっていないことを示す指標とみなされた．

45．Sasportas, p. 170.

46．引用はすべてサバタイの棄教後に書かれたヨセフ・ハ゠レーヴィの2通目の手紙から採られたものである（Sasportas, p. 256）．

47．Sasportas, p. 171. コミュニティの裕福なひとたちが彼の説教にたいして祝意を述べたというハ゠レーヴィの主張は手紙の内容からして明らかに嘘である．

48．Sasportas, p. 57（彼は説教の報酬として年額200グロッソ約束されたとある）と p. 256. イサアク・ナハルの旅とリヴォルノで彼になされた諸々の供与にかんするサスポルタスの記述には個人的な敵意があまたあり，その信憑性が疑われる．当時コミュニティの長老たちとリヴォルノのラビ職への就任につい

て交渉をしていたサスポルタスは，ナハルのことをラビ職を自分のものにしようという よこしまな意図でリヴォルノへ来たのだと非難している．

49．Sasportas, p. 256. ヨセフ・ハ゠レーヴィによれば，スピーノはメシアを讃えていくつも詩を書いた．この特殊な詩のなかでスピーノは自分を彼の軍団の指揮官にしてくれと頼んだと言われる．ハ゠レーヴィの記述は憤激した敵対者のそれである．

50．Sasportas, p. 187.

51．Sasportas, p. 156. この手紙は1666年夏の終りに書かれた．書き手はナータンを引用したと書いているが，しかしガザの預言者はけっしてこんな極端な表現はしない．不信仰者を「雑多な群衆」と同一視することはもちろんナータンに発したことである．

52．Sasportas, p. 187.

53．このことは文の冒頭からはっきりわかる（Sasportas, p. 187）．「どうしてあなた［ラビ・ナンタワ］はこの信仰をモーセの律法にたとえることができたのですか．あなたは最も有力な信者のひとりであるダヴィド・イツハーキにそう断言され，それで彼はそれをリヴォルノに書き送りましたが．」ナンタワがそれを口で「断言し」たのなら，それはイツハーキが当時アレクサンドリアにいて，そこから手紙を書いたことを意味する．しかし，イツハーキの1665–1666年の旅の正確な日付はわかっておらず，彼がエルサレムにいて，そこでナータンから書面で報告を受け取った可能性もある．*Zion* 6, 1941, p. 86も参照されたい．

54．Conforti, fol. 51a. コンフォルティは個人的にイツハーキと面識があった．

55．Conforti, fol. 44b. ラビ・グアルティル（ガワルティル）は1634年に死んだ．したがってダヴィド・イツハーキは1615年頃生まれた．

56．Sasportas, p. 157.

57．Sasportas, p. 154.

58．*Zion* 7, 1942, p. 184の G. Scholem 参照．

59．Frances, p. 125.

60．スピーノのサスポルタス宛書簡（p. 73）．この預言者のことは1666年2月に印刷された英語のパンフレットでもほのめかされている．「リヴォルノならびにスミルナからの最後の手紙によれば，ポルト・レーギオで新しい預言者が立ち上がった．彼はこれこれの日に王がコンスタンチノープルに到着した，そしてこれこれの日にしかじかのことが起きた，と言ったそうである．」（*A Brief Relation of the Jews*, p. 8）

61．Sasportas, p. 93.

62．Sasportas, p. 271. サバタイ・ラファエルについては本文828頁も参照されたい．

63．ランプロンティの情報は彼のタルムード百科事典 *Pachad Jizchak*の*Ta-*

ᑦ*anith*（「断食」）の見出し語（fol. 84b）のなかに隠れている．彼は「自然の法則にしたがえば生命の危険をともなうと医者が言うような」やり方で苦行をするひとたちにあたえられる超自然的な助けにかんするエリヤ・デ・ヴィダの言葉を引いたあと，「でもわたしは［人びとがそんな苦行をして］自分の命を危険におとしいれたら，罪になるのではないかと恐れる」とつけ加え，それからさらに先に述べた例を続ける．

64．*Zion* 10, 1945, p. 59.

65．Frances, p. 103. この詩は疑いなくサバタイの棄教まえに書かれた．ほかにもたくさん彼によって書かれた反サバタイ主義の詩が Penina Nawe: *Die Gesammelten Gedichte von Jakob Frances*（ヤコブ・フランセス全詩集: ヘブライ語）. Jerusalem 1969にある．

66．コミュニティの二人のメンバー，ユダ・ハイームとダヴィド・クーティンホーがアレッポのラビ，サロモン・ラニアードとナータン・ベン・モルデカイから，サバタイ・ツヴィとナータンについて非常に詳しい報告を受け取ったことは第三章と第四章に詳述したとおりである．

67．この詩のいろいろなヴァージョンについては *HUCA* 7, 1930, pp. 510–515の Bernstein を参照されたい．のちの稿はナータンが1668年にアンコーナを訪れたさいに彼に渡された．*Festschrift Wolfson*（ヘブライ語部門）. Jerusalem 1965, p. 229のわたしの詳述を参照されたい．

68．S. ジーモンゾーン博士（テルアヴィヴ）はマントヴァのコミュニティの記録簿の原物をマイクロフィルムに収められた．この証拠をご教示くださったのは博士である．

69．Coenen, pp. 131–132. レイーブ・ベン・オーザー（Emden, p. 14）も同じ話を歪曲して伝えている．クーネンがこの報告をスミルナでマントヴァの使節から聞いたことは確かだが，それがだれであるかはまだ確かではない．ひょっとすると，クーネンは名前を書き間違えたのかもしれない．クーネンがマントヴァとリヴォルノを取り違えたとはまったく信じがたい（Carpi, p. 20はそう推測し，ピンヘイロのことだろうと考えているが）．

70．Sasportas, p. 247.

71．カルドーゾについては本文684–686頁参照．

72．*Zion* 10, 1945, p. 61と Coenen, p. 131.

73．Bartolocci: *Bibliotheca Hebraica*, IV, p. 112. のち彼の熱意は衰え，彼はキリスト教信仰を受け容れようとした．

74．バッキーはのちにカサーレのラビになり，イタリアの指導的なカバリストのひとりとなった．二人はサバタイのもとへ送られたとき30代であった．バッキーは1691年に亡くなった．セグレは1700年には70歳で（彼の書 *Binjan* ᑐ*Aw*. MS. Jerusalem 8° 2024による），その後まもなく死去した．

75．この２通の手紙は Carpi, pp. 20–24と MS. Jerusalem 8° 1466, fols. 261b–

263a にある．遺されている写しには署名がなく，それらが同じ証人によって送られたものかどうかわからない．サバタイ宛の手紙は「忠実な」使者（単数形で），すなわちサムソン・バッキーについて述べているが，ナータン宛の手紙は「彼の同伴者」ハイーム・セグレにも言及している．奇跡的に残存しているこのナータン宛の手紙は Coenen, pp. 127–128に彼と二人のイタリアの使者との対談にかんする彼の報告と関連して述べられている．

76．Sasportas, p. 58.

77．Freimann, p. 51.

78．アボアブの手紙（書かれたのは1665年末）は M. ベナヤフによって ⊃*Erez Jisra⊃el* 4, 1956（Israel Archeological Society 刊），p. 200の MS. Montefiore 257にしたがって公刊された．

79．Sasportas, p. 60.

80．Sasportas, p. 58. これはアボアブが手紙を書いた時点の少しまえにヴェネツィアにはいったスミルナからのセンセーショナルな報告のことを指していると思われる．

81．Sasportas, pp. 59–60.

82．この手紙は M. ベナヤフによって⊃*Erez Jisra⊃el* 4, 1956, p. 197に公表された．ベナヤフの指摘によれば，アボアブは同じ週にスミルナのベンヴェニステにも手紙を書いたが，ベンヴェニステが中心的な役割を果たしていたドラマチックな出来事のことはおくびにも出さなかった．

83．*Zion* 10, 1945, pp. 59–60.

84．Sasportas, pp. 122–123.

85．アボアブ（Sasportas, p. 107）とアレッツォのバルーフ（Freimann, p. 51）の証言による．

86．モーセス・ザクートの生れと青少年時代については *Sefunoth* 9, 1964, pp. 127–132の I. Melkman を参照されたい．

87．MS. Jerusalem 8° 1466に基づき G. ショーレムによって *Zion* 12, 1947, pp. 49–51に発表された．ザクートの手紙はほかの国々にも送られた．サロモン・フェルナンデス・ディアス宛に送られた写しが MS. Ben-Zwi Institute 2262, pp. 61–62に遺っている．

88．注87に挙げられた出版物参照．

89．この報告を「信頼すべき証人」から受け取った R. Gabriel Pontremoli による（*Zion* 12, 1947, p. 48）．

90．*Be⊃er ⊂Esek*. Venedig 1674, ラビ回答書 no. 29.

91．Andrea Marmora: *Della Historia di Corfu Libri otto*. Venedig 1672と *Sefunoth* 3–4, 1960, pp. 537–540の Ch. Misrachi. ミズラーヒは，1902年，この本が著者の子孫によってギリシア語に訳されコルフで刊行されたとき，どうやらコルフのユダヤ人コミュニティが神経過敏なのを顧慮して，話の内容全体が検閲

され，一部省かれたという事実に注意を喚起している．

92．この遅い日付は驚きである．アボアブはベンヴェニステと公私にわたって文通していた．しかし彼の手紙にはこのメシア的出来事との関連は見出せず，問い合せすらない．M. ベナヤフによって *Sinai* 34, 1945, p. 201に発表された1666年5月のアボアブのベンヴェニステ宛書簡を参照されたい．

93．Coenen, p. 112. 本書第七章も参照されたい．

94．この言い回しはすでに1666年以前にアブラハム・ヤキーニの著作物に見出される．たとえば，オランダの学者ヴァルナー宛の家父長アブラハムにかんする手紙（MS. Leiden, Warner 72）に．ヴァルナーはサバタイ主義運動の開始以前に亡くなった．

95．Sasportas, pp. 110–111; Baruch von Arezzo（Freimann, pp. 51–52）. 残存している手紙の写しの署名はさまざまである．ほかの資料からコンスタンチノープルのラビ会議の一員として知られるモーセス・ベン・アブラハム・ガランテはアレッポで預言を口にした同名のエルサレムのガランテ（本書277頁参照）と同一人物ではない．

96．Sasportas, p. 107. この手紙にたいするサスポルタスの反応については本書620頁も参照されたい．わたしは多くの著者が引用している（たとえばSchulwass, p. 117）もうひとつの「記録」は利用しなかった．コンスタンチノープルからヴェネツィアのラビ Isaak Iseron 宛に送られたと言われる，「近々イスラエルを救おうとしている彼のことを人びとが信ずるように，サバタイ・ツヴィが全イスラエルのまえでやって見せた奇跡やしるしを順次語る17人のラビの」署名入りの手紙はけっして書かれなかった．その存在はひとえにレイーブ・ベン・オーザーのよくある取り違えと誤解によるものである．Coenen（p. 111）は Isaak Iseron をスミルナのラビのひとりの名としている．そしてレイーブ・ベン・オーザーはこの人宛の手紙をいましがた述べたコンスタンチノープルからヴェネツィア宛の手紙と取り違えたのである．レイーブの情報提供者たちは想像力たくましく手紙に大勢の署名をつけ加えた．結果としてその手紙がのちに彼の記憶に浮かぶのである（Emden, p. 14）．本書740, 752頁も参照されたい．Iseron という名は Jessurun の崩れたかたちである．

97．*Medabber Tapuchoth*, L. Blau 編，*Ha-Zofe me-ᵓErez Hagar* 2–3, 1912–1913所収．表題は箴言2，12から採られた．サバタイ派の騒ぎとそれへの著者の関与にかんする章（第3章，84–93頁）には哀れっぽい題名がついている．「426年にヴェネツィアで出来し，ラビのだれもがラビの尊厳を奪われた出来事，いまだかつてなかったような混迷，への弁明，ならびにラビ会議によるわたしの問責について」．奇妙なことに，この十分学識を備えた回想記の編者はこの章がサバタイ主義運動を扱っていることに気づかなかった．この書の自筆原稿がつい最近ミラノで発見された．*ᵓArescheth* 4, 1966, p. 256の N. Akloni と E. Kupfer を参照されたい．本文の損なわれた Blau 版よりもはるかによい．

98. M. ベナヤフによって⊃*Erez Jisra⊃el* 4, 1956, p. 201に公表された.

99. 改宗者フリードリヒ・ペーター・ヴェッセルの証言*Der geistlich todte Jude*（宗教的に死んだユダヤ人）. Kopenhagen 1721, p. 17はドイツにおける運動について両親から語って聞かされたことの記憶に基づいている. 彼はこう報告している.「わたしは［両親が］贖罪運動について話をしてくれたこと，そして彼ら［ユダヤ人たち］が『サバタイ・ツヴィのティックーン』と題する新しい本をいくつかヴェネツィアで印刷し出版したことをよく覚えている.」ここには明らかに混同がある. ティックーンがこの表題で印刷されたことはない. だがのちの記憶のなかでそれらの本がサバタイのティックーンとして語られたのだろう. ヴェネツィアがアムステルダムにとってかわったのである. 本書511頁参照.

100. プリモがコンスタンチノープルの信者仲間に加わった時点はわかっていない. 彼がサバタイのガリポリ幽囚以前にサバタイの秘書をしていたことや，彼がサバタイのパレスチナからスミルナへの旅に同行したことを示す証拠はない. もしかすると彼はそもそもスミルナに行ったことなどなくて，エルサレムから直接コンスタンチノープルへ行ったのかもしれない（ことによると途中故郷の町ブルッサに滞在して，そこでメシアのメッセージを説いたかもしれない？）. テベス10日の断食を廃止せよという呼びかけ――Z. ルバショフ（Schasar）によって彼のヘブライ語の論文『メシアの書記』（*Ha-Schiloach* 29, 1913, p. 37. 1970年に単行本として覆刻）に引用された――はRycaut（p. 206）に発するものであるが，彼のテクストはそもそもテベス10日の言及など含んでおらず，むしろタンムーツ17日の断食を廃止する手紙の要約のように見える.

101. Sasportas, p. 165. この手紙は夏の終りに書かれた. プリモの署名した手紙がサバタイのガリポリ幽囚前に発送されたことを示す証拠は何もない.

102. アレッツォのバルーフ（Freimann, pp. 55–6）と Sasportas, pp. 128–129.

103. Emden, p. 9 と MS. Schasar, fol. 30b.

104. Benveniste: *Ba⊂ej Chajej*. vol. 3. no. 228. S. Verses は*Jawne* 3, 1942, pp. 107–108の論文でこのラビ回答書に注意を喚起している. ベンヴェニステがずっとのちに出版の準備をしたラビ回答集にこの一目瞭然サバタイ主義的なラビ回答書を採り入れることになんの疑念も抱かなかったことは注目に値する. ほかにも密告のケースがno. 119に論ぜられている. 詳細は不明であるが，日付（1666年）はサバタイ主義が背景にあることを示唆している. ラビ回答書に述べられているところによれば，長老たちは密告によってもたらされた危険を回避するために，いくらでも必要な［賄賂の］金を工面する腹を決めたということである.

105. Coenen, pp. 75–77. Rycaut（pp. 210–211）によれば，信者たちは裁判官への贈賄によって不信仰者たちの懲罰を確定させた. レイーブ・ベン・オーザーは（Emden, p. 10）事件をコンスタンチノープルへ移しているが，そこでは

グランドワジールがみずから判決を下したと言われる．この話はどうやら多くの証人たちによって語られたようだ．しかもその際たくさんの尾ひれがついた．それでもレイーブ・ベン・オーザーの記述は，明らかな矛盾があるにもかかわらず，信者たちが周りに広げた恐怖の雰囲気を的確に伝えている．

106．Coenen, p. 77.

107．同所．

108．ある問合せにたいするベンヴェニステのラビ回答書，1667年秋の日付（*Ba⊂ej Chajej*. no. 206）．

109．マントヴァのフランセス一家はポルトガル系マラノの出らしい．兄弟が彼らのヘブライ語の詩に説明の注をポルトガル語で書いているからである．

110．ヤコブ・フランセスは反サバタイ主義的調子の詩をほかにも数多く書いている．いまそれらはPenina Nawe: *Die gesammelten Gedichte von Jakob Frances*. Jerusalem 1969, pp. 440–551によって公刊されており，両陣営の論争にかんするわたしたちの知識を補う重要な資料になっている．聖書やタルムードのほのめかしや語呂合せに富むそのヘブライ語の文体のとくべつな色合いを翻訳で再現できないのはいかにも残念である．*SZ* のヘブライ語版にいくつか例が出ている．

111．Frances, p. 107.

112．Frances, p. 124.

113．Frances, p. 115.

114．⊃*Emunath Chachamim*. Mantua 1730, 第22章（fol. 31a）．

115．この詩はPenina Naweの詩集（pp. 401–412）に掲載されている．

116．エマニュエル・フランセスが兄のヤコブを弁護した（*Wikuach Libni we-Schim⊂i*. Krakau 1893）というのは真に受けることはできない．「真の」カバリストと「偽の」カバリストのあいだの違いにはもはや弁明策以上のものはほとんど認められないだろう．P. Naweの書にたいするEsra Fleischerの論評，*Kirjath Sefer* 45, 1970, p. 186所収を参照されたい．1668年に書かれた*Disput* にはサバタイ主義運動への言及はまったく含まれていない．

117．*Zwi Muddach*, p. 116の詩を参照されたい．

118．Sasportas, p. 285. 彼のラビ回答書⊃*Ohel Ja⊂akob*. no. 48（fol. 54d）にも．

119．Sasportas, p. 260.

120．Emden, p. 7.

121．Sasportas, p. 106.

122．ナータンの預言にかんするエルサレムとガザからの手紙がリヴォルノとヴェネツィアを経由して11月27日にアムステルダムに着いたというセラリウスの証言（Wilenski, p. 170も参照）はサスポルタスの情報と日付にも，そしてまさにこの報せが1週間後（アムステルダムから）ハンブルクに着いたという事実にも一致している．

123．Sasportas, p. 17.

124．セラリウスはメシアのことを何度もサボタス・レーヴィと言っている．この綴りがたんなる誤植でないことは確かだ．*Hollandtze Merkurius*. 1666年 1月，p. 2 は »Caeram Sevy alias Nathan Levie«（カエラム・セヴィ，又の名ナータン・レーヴィ）について語っている．また同所にある »der Joodtze Mesias Nathan Levi«（ユダヤのメシア・ナータン・レーヴィ）も参照されたい．この名はオリエントからの手紙のどれにも現われない．直接ヘブライ語のオリジナルから作成された，兄のチェレビーに宛てたハイーム・ヨセフの手紙の翻訳（セラリウスの手紙，Wilenski p.171と本書267頁ならびに注を参照されたい）はナータン・レーヴィとは言わず，ただ「わたしたちの預言者」とか「預言者ガザのナータン」としか言っていない．Coenen もつねにヘブライ語の資料に出ている名前しか使わない．

125．Sasportas, p. 25. ラビ・イサアク・ナハルの1965年12月付書簡（Sasportas, p. 24）も参照されたい．これははっきりカイロからの半公式の手紙に言及している．

126．フィレンツェのアブラハム・コーヘン・ヘレラ（ca. 1570–1635または1639）．かつてのマラノ．スペイン語で書く唯一のカバリスト．彼はルーリアの教義を広めるために送り込まれたアムステルダムで亡くなった．

127．Sasportas, p. 24.

128．Sasportas, pp. 25, 44.

129．M. Benajahu が*ɔErez Jisraɔel* 4, 1956, p. 202に彼にかんする証言をまとめている．彼は医学博士の学位を1665年にライデンで取得した．

130．サスポルタス宛のサルファティの手紙，26–29頁．アボアブも1666年 1月の手紙でサルファティの手紙に触れている．「ラビ・アアロン・サルファティ氏もすでに動かれ，尊師に返事を書かれました．」したがって，サルファティは5426, テベス15日以前，すなわち1665年12月に書いたに相違ない．説教はおそらく燈明祭安息日になされたのだろう．

131．アムステルダムからイタリアへ宛てた Baruch Fubini（下記注155）の手紙も参照されたい．アダル新月に総額3000ドゥカーテンが義捐金として集まった（*Zion* 10, 1945, p. 66）．

132．これはイタリア宛の手紙にも述べられている（前掲の手紙）．

133．Sasportas, p. 29. この――ひょっとすると誤った――情報の出元はたぶんパレスチナの信者によって書かれた手紙だったのだろう．

134．*A New Letter concerning the Jews*, p. 6; Cecil Roth: *Anglo-Jewish Letters*. London 1938, p. 171にも．サバタイ派の手紙には（Haberman, p. 211）昼夜の祈禱のためのティックーンは「426年ヘシヴァンの月始めに」ガザから送られたと述べられている．それゆえ，それは1665年12月まえにはアムステルダムに届いていなかったはずである．

135. David de Castro Tartas によって出版された版のひとつの表紙にはそう書かれている.

136. »Tikkun della Noche«（夜のティックーン）. Hebrew Union College（Cincinnati）の図書館. 図版 IV 参照.

137. この詩は疑いなくオリヴェイラによって書かれたもので，Freiman p. 115にも転載されている.

138. アッティアスの最後の版で fol. 82に続くノンブルのないページの fol. 4 b.

139. アッティアス版，fol. 66b.

140.「肖像画」の高い希少価値のためにこれらの版の数部が運動の破局後に市当局から指示された廃棄処分をまぬがれた. 所有者がそれらを隠匿したのである. なかには，アムステルダムの書籍商フランクフルトのナータン・ベン・モーセスのように，それらの名前を書き留めておいた者もいる. Sotheby & Co., London で競りに掛けられた Sassoon Collection of Hebrew books（第 1 部）のカタログ，1970年 6 月30日，63頁（no. 146）に記載された写しを参照されたい. この版の複製はこんにち法外な値段で売られている.

141. わたしはこれまでにポルトガル版と三つのスペイン語版にでくわしたが，どれもみなダヴィド・デ・カストロ・タルタスとヨセフ・アッティアスの出版社から出されたものらしい.

142. たとえばイェザーヤ・ホーロヴィッツの *Schnej Luchoth ha-Brith* やマナッセ・ベン・イスラエルによってスペイン語に訳され，1623年に出版されたイサアク・ルーリアの『罪の告白』などからの.

143. たとえば，S. Schechter（*Studies in Judaism*，第 2 巻，フィラデルフィア 1908, pp. 294–299）によって公表されたラビ・アブラハム・ガランテとラビ・アブラハム・ハ＝レーヴィの「規則」は唯一，徹頭徹尾サバタイ主義的な MS. Halberstamm 40に伝えられている.

144. この出版物と表紙の再現にかんする詳細については A. M. Haberman『ヘブライ語の本の歴史』（ヘブライ語）104頁参照. この書はカストロ・タルタスで印刷された.

145. ⊂*Emek ha-Melech* の「メシア」版はどの文献目録にも記載されていないが，わたしは 1 部所蔵している. *Kirjath Sefer* 30, 1955, p. 413の G. Scholem 参照. そこには表紙の図版も出ている.

146. R. Samuel b. David ha-Levi の *Nachalath Schib⊂a*. 本書628頁も参照されたい.

147. このヴェストファーレン，ドイツ，ラインラントの旅の冒険の記述がペレイラの *Espejo de la Vanidad del Mundo*（この世の虚飾を映す鏡）. Amsterdam 1671, pp. 96–98にある. 1666年の籔祭には彼らはヴェストファーレンのアーレムベルクにいた.

148. アブラハム・ペレイラについては次のものを参照されたい．*Ha-Karmel* 6, 1866–1867, pp. 294–296; M. B. Amsalak: *Abraham Israel Pereyra*. Lissabon 1927; ヘブロンのペレイラのイェシヴァにかんするA. Jaᶜariの論文，ヘブライ語の季刊誌 *Jeruschalajim* 4, 1952, p. 185. ヤーアーリは彼の資料（すべてペレイラの1666年のパレスチナの旅にかかわるもの）のなかのいくつかの証言を誤解するとともに，あやまってほかの1673年のガザの旅から始めた．ガザで預言者に会う目的でなされたこのいわゆる旅行は「よくわからぬ理由で」ヴェネツィアで打ち切られたそうだが，ここでもヤーアーリは，1666年と明言しているサスポルタス（363頁）を誤解している．イサアク・ナハル博士は1666年２月の手紙に「来月中の」間近に迫った聖地への旅立ちのことを述べている（Sasportas, p. 57）．

149. Wilenski（p. 167, no. 50）はこれを前節の表題「1666年２月19日，パリから」に基づいてパリからの出立を指すものだと誤解している．だが，新しい節とその続きは或るキリスト教徒（セラリウス？）によってアムステルダムで書かれた手紙から採られている．このことは，東方から新しい報告を受け取ったあとの「３月10日」喜びに沸いた――ほかの資料からも知られている出来事――という記述（Wilenski, p. 168）によっても裏づけられる．ペレイラの名が出る節は２月ではなく，３月半ばか３月後半に書かれたものである．「先週月曜日」は1666年３月15日を指しているのかもしれない．

150. Wilenski, pp. 167–168.

151. ここにはサバタイ信仰の跡は見られない．

152. Sasportas, p. 49.

153. *Relation*, pp. 24–25; *JJS* 12, 1961, p. 48のイタリア語の手紙．

154. *Relation*, p. 34.

155. たとえば，イサアク・バルーフ・フビニが家族に送った書状を参照されたい．「イタリア覚書」（ヘブライ語），*Zion* 10, 1945, pp. 65–66所収（ここには名前の誤記があり，改める必要がある）．そこに（66頁）「新しいニュースをたくさんもっている」富有な商人モレノの手紙のことが述べられている．イタリア覚書に三度現われる「フビニ」という名前はトリノの名家の名である．英語のパンフレットはペレイラ Pereira の名をペレナ Perena と歪めている．初版を読むと名が「フッチーニ」となっているが，セシル・ロート博士は（ある個人的な報告で）この名は「フビニ」――トリノや周辺のユダヤ人のあいだによく広まっていたピエモント地方の名――と読むに違いないと推測された．しかし「フビニ」については家族とともにマルセーユ経由でイタリアへ旅したと言われている．

156. Sasportas, p. 59. アボアブの手紙はアダル13日（２月18日）となっている．したがって，ここに述べた出来事は１月かそれ以前に起こったに相違ない．

157. 奇妙なことに，輸送手段はすでに1649年に話されていた．それも「現

在アムステルダム市の住民である未亡人ヨハンナ・カーテンライトとその息子エビニーザー・カートライト（原文のまま)」によるユダヤ人のイギリス再入国許可を求める英国政府宛の請願書のなかで．彼らはこう書いている．「イギリス国民とオランダ住民とは，イスラエルの息子や娘らを船で彼らの祖国へ……永遠の地と約束された国へ運ぶ最初の，最もふさわしい民となりましょう．」*Hebraica from Denmark*. ニューヨークの展示会のカタログ（1969年）no. 29に書かれた異色のパンフレット *The Petition of the Jewes* 参照．

158. 公立記録保管所，S. P. 29–147–33, fol. 65. 請願書はフランス語で書かれている．C. Roth: *History of the Jews in England*. Oxford 1941, p. 175は申請者の名前のポルトガル語形を João d'Ilhão としている．

159. 「イタリア覚書」*Zion* 10, 1945, p. 66. しかしそこでは名前がコンスタンチーナのジェロリモ・ヌニェスに改変されている．ヌニェス・ダ・コスタについては Roth(1941), p. 169と *Catalogus Herdenkingstentoonstelling portug. -Israelit. Synagoge*（ポルトガル－イスラエルのシナゴーグの記念展示会カタログ). Amsterdam 1950, p. 27を参照されたい．

160. Balaban, p. 42.

161. *Calendar of State Papers*（国内シリーズ）151, 1665–1666, S. 300 no. 23の Muddiman の手紙．この手紙にはまた，当時ユダヤ人が大きな期待を寄せていたメシアはもともと「普通の男で，パン屋のせがれ」だったという奇妙な情報も含まれている．

162. サスポルタス宛の同じ日付のイサアク・ナハルの非難にみちた手紙は「金曜日，喜ばしい報せの日」という言葉で結んでいる（Sasportas, p. 49)．この日付はシェヴァト30日，アダル1の新月に一致する．

163. Eschkoli, pp. 226–227. 1666年3月18日に書かれた手紙の筆者はもっと早く，「先週」スミルナからの報せを受け取った直後に書かれた手紙に言及している．

164. Lejb ben Oser. MS. Schasar, fol. 13a.

165. 3月末か4月始めに出されたオランダのパンフレット（*Afbeelding*「模写」など）による．コミュニティには堅い信者もいれば，疑う者，いまだ意見の定まらぬ者もいたが，「彼らのあいだには大きな喜びがみなぎり……それは3月11–12日アムステルダムのシナゴーグにはっきり現われた」．このパンフレットにはまた初めて想像で描かれたサバタイのポートレートも発表された．その後それはフランス語の *Relation* にも受け継がれた（第二章注233参照)．パンフレットの一部がアムステルダム大学図書館のローゼンタール文庫にある．

166. 通常，支配者たちのための祈りは安息日と祭日にしか捧げられない．

167. Freimann, p. 114, アムステルダムの写本による．ほかの稿は（Freimann, pp. 113–114）サバタイの署名入りの，彼の好きな表題を含んだ手紙に基づいている．これらの祈禱の作者にかんする情報（Freimann の注，同所）は，そ

れと明記されてはいないが，アムステルダムの⊂*Ez Chajim* 図書館の司書 J. S. da Silva Rosa から借用された．彼はポルトガルのコミュニティの口伝に基づいている．

168．Sasportas, pp. 211 ff.

169．Sasportas, p. 138. アブラハム・デ・ピントも同じような話を語っている（Sasportas, 137）．彼はデ・ファロがベンヤミン族の者でありアアロン族の者ではないことをナータンから聞いていたという．デ・ピントについては⊃*Erez Jisra⊃el* 4, 1956, p. 204の M. Benajahu 参照．

170．Sasportas（p. 237）は二人のカントルの名前を述べずに，事件について報じている．これらの名前はオランダの週刊誌 *De Vrydagavond*「金曜日の晩」（1926年 1 月11日の見本版，p. 6）のダ・ジルヴァ・ローザの短い論文のなかに述べられている．

171．Sasportas, pp. 56–55. サスポルタスは自筆原稿の遺されている手紙の元の文を「修正した」．彼が「手を加えた」稿は辛辣な嘲りの印象をあたえるという．だが実際のところ手紙はサスポルタスが疑念と迷いの危機をくぐり抜けたごく短い期間に書かれた．本文614–617頁参照．

172．レイーブ・ベン・オーザー．MS. Schasar, fols. 50a–b.

173．MS. Hottinger, Zürich, 第30巻，fol. 349.（セラリウスの？）記述はフランス語（セラリウスがおもに使う 2 言語のうちのひとつ）で書かれている．このテクストのラテン語版は同 MS., fol. 347b に．

174．アムステルダム宛の手紙は 6 月 1 日の日付になっている．したがって「ラビ・イスラエル，アブラハムの子」にかんする有名な手紙よりも遅い．のちの手紙のアムステルダム版は 7 人のラビの署名があるが，ほかの資料はみな署名者 6 人としており，それより少ないものすらある．サスポルタス（107頁）によれば，コンスタンチノープルからの有名な手紙は 6 月10日から17日にかけての週に，つまりフランス語の記録に書かれた日付よりも 1 週間早く着いた．

175．MS. Hottinger, fol. 349b.「ここ［アムステルダム］で大きな声望を受けているラビ・サロモンとほかのひとたちは，イスラエルにかつて真の預言者がいたとするなら，ナータンこそそうであると証言している．」証言者の信頼性が「ここで」非常に強調されていることは，彼らがもはやここに住んでおらず東方から書いたのであっても，アムステルダムで有名だったことを示している．ことによると，「ラビ・サロモン」はほかでもない，パレスチナへ行き，そこから以前の同郷者たちに彼らのメシア信仰を強めるために手紙を書いたアムステルダム出身の教師，ラビ・シャーローム・ベン・ヨセフかもしれない．ラビ・サロモンなどにかんする文がないラテン語ヴァージョンの本文（fol. 347 b）と比べてみると，この推測には真実性がありそうだ．コンスタンチノープルからの手紙の要約に続いて，「6 月 6 日付のエルサレムとアレクサンドリアからの手紙が 8 月18日に当地に着いた，そこにはナータンがガザからエルサレ

ムへ発ったのは神の命であることが告げられている，彼はみなに神のご意志を知らしめる命を受けているのである」という報告がなされる．フランス語ヴァージョンとラテン語ヴァージョンは同じパレスチナとエジプトからの手紙の異なった要約である可能性が高い．一方はナータンの将来の行動をほのめかすラビ・サロモンの言葉を引用し，もう一方はナータンの意図したことが実際の出来事になった話を引用しているのである．

176．Sasportas, p. 106.

177．この詩は文献学的に正確ではない．ドイツ語に近いかたちで転写されている．

178．Max Weinreich: *Bilder fun der Jiddischer Literaturgeschichte*（イディッシュ語）．Wilna 1928, pp. 219–252参照．この詩はここにも掲載されている．これまではオックスフォードの Bodleian Library にある 1 部しか知られていない．

179．同書．

180．たとえば，獄中の彼から発した輝き（36節）．不思議にも目の前でひらいた牢屋の扉（28節）．彼にかしずいた天使（37節）．彼が牢屋を出るのをこばんだこと（37節）．

181．35節と39節．

182．43–46節．

183．サスポルタスによれば（p. 364），デ・バリオスも1666–1675年に見た幻視を書き留めた本をもっていた．本書947–948頁も参照されたい．

184．Freimann, pp. 116–117.

185．ᑕ*Ez Chajim* のメンバーを代表して書き，メシア信仰を揺るがすようなサスポルタスの敵対的なプロパガンダにたいして彼に釈明を求めるアボアブの手紙はサスポルタス（pp. 105–107）に転載されている．

186．Sasportas, pp. 126–127; Freimann, pp. 112–113. 月刊誌 *Ost und West*（東と西）6, 1906, pp. 273–274に掲載された記録文書の写真コピー；同誌 pp. 267–278の M. Gaster の論文も参照されたい．

187．Sasportas, p. 128.

188．Sasportas, p. 111.

189．A. H. Weiss: *Beth ha-Midrasch*. Wien 1865, p. 92所収のサバタイ主義運動にかんする Jaᑐir Bachrach の個人文書の要旨を参照されたい．

190．ヴァーゲンザイルは著書のひとつでみずからそう言っている．Hofmann: *Das schwer zu bekehrende Juden-Hertz*（おいそれとは改宗させられないユダヤ人の心）第 2 版1701, 補遺，p. 104から引用．

191．この手紙は M. Benajahu によってアムステルダムのᑕ*Ez Chajim* 図書館で発見され，ᑐ*Erez Jisra*ᑐ*el* 4, 1956, pp. 203–204に発表された．

192．どうやらキリスト教徒たち．

193．スピノザ「書簡」第33番．qui, verus si fuerit, verum omnium in Mondo

Catastrophen induturus sane videtur.〔もしそれが本当なら，たしかに世のすべての真実の危機をもたらすであろうと思われます.〕スピノザ宛のこの手紙の印刷文には誤植が含まれているように思われる．わたしは判読によって *indu[c]turus*（もたらすだろう）と読む.

194. *Tractatus Theologico-Politicus*（神学政治論），第3章終り.

195. このことはほかのいろいろな友人に宛てた彼の手紙からはっきりする．1666年3月6日オルデンバーグはロバート・ボイルに手紙を書き，彼にアムステルダムからはいった最新のニュースを伝えた（*Works of Robert Boyle*. 新版. London 1722, 第6巻，p. 219参照）．頭文字 H. O の署名がある1666年11月10日付ジョゼフ・ウィリアムソン宛書簡も疑いなくオルデンバーグの手になるものである（初めてそれに気づいたのはC. ロートである）．*Calendar of State Papers*（国内シリーズ）151, 1665–1666, p. 50参照．しかしここではこの手紙はあやまって1665年11月のなかに入れられている．手紙はサバタイの棄教にかんする最初の報告について述べているので，日付はどうやら1666年11月らしい．手紙の筆者の身元は手紙を読みつづけるとさらにわかる．筆者はそのなかでダンツィヒの天文学者ヘヴェリウスから得たある情報について論じている．ヘヴェリウスはオルデンバーグが事務員をしていた学会のメンバーだった.

196. オランダのラバディのサークルにかんする情報源は MS. Hottinger, Zürich, vol. 30, fols. 349a–350a である．当時ラバディはまだ夢想家アントワネット・ブリニョンに出会っていなかった．彼女と知り合い，緊密な関係になったのは1667年からである．にもかかわらず，彼はオランダに着いたときにすでに神のしるしと啓示を熱望し，近い将来それがあることを期待していた.

197. これらのパンフレットの著者たちは，いろいろな回状から得られたサバタイとナータンにかんする錯綜したニュースを提供するためのみならず，ユダヤのメシア教義やかつて現われた偽メシアのことも含めたユダヤ人の事柄にかんする自分たちのとくべつな知識をひけらかすために機会を利用したのである．彼らの宣教的関心は明白であるが，しかし彼らはこのテーマについてユダヤ人とキリスト教徒のあいだであけすけに多くの議論が交わされた時代の雰囲気を忠実に反映している．この点でとくに興味深いのは1666年4月に出た *Den gewaanden Joodsche Messias Sabatha Sebi ontdeckt*（自称ユダヤのメシア，サバタイ・ツヴィの仮面を剝ぐ）と題するパンフレットである．匿名の著者はアムステルダムでユダヤ人と行なった二，三の議論について報告している（それらが本物であることはほぼ確かである）．多少奇妙な逸脱がある（たとえばハイーム・「ペニア」［ペニャ］の話がナータンが死者を生き返らせる記述になったり，出来事がスミルナからカイロへ置き換えられたりする，同掲書7頁）けれども，おおむね著者が聞いたとおりに再現されている．彼はサバタイの結婚式（おそらく同様に7頁に述べられているスミルナでのサバタイの最初の結婚式）に参列した人間がアムステルダムに二人いることも聞いていた．著者はスミル

ナにおける一般の預言風潮についてラビ・ベンヤミン・Lなる人物と話を交わしたことを述べている．パンフレットの終りには，ユダヤ人が話し相手のキリスト教徒たちを4月12日に家へ来るよう招待したと書かれている（14頁）．したがって，このパンフレットが印刷されたのはコンスタンチノープルからの最初の報告を受け取った直後である．

198．H. C. Lea: *A History of the Inquisiton of Spain*. vol. 3. New York 1907, pp. 303–304.

199．*Relation*, p. 24. フランス語版のひと月まえに書かれ，*Lettera mandata da Constantinopoli*（コンスタンチノープルから送られた手紙）の表題で公刊されたこの話の元の版にはマラノ人の記述はないが，しかし，スペインやポルトガルからも人びとが来たとそこにはっきり言われている．いうまでもなく，これは同じことを意味している．

200．Roth（1941）, p. 174.

201．Roth（1941）, p. 282. イギリス系ユダヤ人の歴史家ルーシャン・ウルフは異端審問の書類のなかにその記録を発見した（ウルフからその話を聞いたC. Rothによる）．この記録そのものは確認できず，したがってむろん公刊もされていない．

202．*Zion* 10, 1945, p. 66の『イタリア覚書』（ヘブライ語）によれば，1666年初春のアムステルダムの報告はクェーカー教徒によって船が出されたと詳しく述べている．ポーランド人の歴史家が（Balaban, p. 42）アムステルダムから「先ほど，一艘の船がブリストルからエルサレム［！］に向かって出帆した．主の奇跡を見ようと物好きな連中がたくさん乗っていた」と報告しているのだが，キリスト教徒の著者にはエルサレムはしばしばパレスチナと同義であった．

203．サスポルタス（p. 71）がかいつまんで述べている手紙は（Tishbyが考えているような）失われた部族の軍勢の攻略にかんする報告というよりはむしろナータンの預言についての報告を含んでいたようだ．ベンヤミン・レーヴィとほぼ同じ時期にロンドンでキリスト教徒によって出版された英語の手紙とのあいだにはいかなる関係もない（Roth［1938］, p. 72に反して）．第四章注31も参照されたい．

204．『日記』，1666年2月19日．*Diarium Europaeum*（ヨーロッパの日記）16, 1668, p. 516は同様の趣旨のことをロンドンから伝え，キリスト教徒たちもサバタイが「2年以内に」エルサレムの王に任ぜられるかどうか賭けをしたとつけ加えている．

205．*JJLG* 11, 1916, p. 12とSasportas, p. 75. ハンブルクからの報告の日付はペピの日記の記載よりも早い．

206．アブラハム・カルドーゾの手紙（*Zion* 19, 1954, p. 14）参照．「彼の名は西インド諸島にまで知られていた．」

207．Increase Matherの長いトラクト*The Mystery of Israel's Salvation ex-*

*plained and applied*（London 1669）に先立つニュー・ヘイブンのジョン・ダヴェンポートのまえがき「読者への手紙」．手紙の日付は1667年である．このことはニューイングランドにも最初の報告の影響が残っていたことを示している．マザーは1665–1666年の説教のなかで，ユダヤ人再興の時はまだ来ていないと主張した．（これはシンシナチ大学，ジェイコブ・R・マーカス教授のご教示によるものである．）

208. Eschkoli, p. 218.

209. N. Szabolcsi: »Témoinages Contemporains Français sur Sabbatai Zevi«（サバタイ・ツヴィにかんするフランスの同時代人の証言）. *Semitic Studies in Memory of Immanuel Löw*. Budapest 1947, pp. 184–188所収．新聞はこの運動の歴史にとって重要なことは何も含んでいない．大半は意地の悪いからかいである．

210. *Diarium Europaeum*, p. 515.

211. 最初の写本（1666年 2 月21日）は Sassoon Collection にある no. 663である（*Katalog Ohel David*, p. 840），ほかの二つはイスラエル大統領Z. シャザールのコレクションのなかにあった．そのうちのひとつはわたしに贈られた．最初の写本の表紙はあとの二つの写しの表紙とは異なっている．そのうちのひとつにはナータンの名が出ているが，ほかのにはない．写しが作られた場所はどこにも書かれていないが，書き手と彼の居住地と買い手の名はほかの写本からわかっている．H. Gross: *Gallia Judaica*. Paris 1897, p. 345参照．

212. Jesaja Horovitz の *Beth ha-Lewi*（Venedig 1666）への彼の賛同は「[イスラエルが主によって] 救われし年に」と日付が記されている．本書565頁参照．

213. アンシヨーンとボシュエの証言による．二人は当時メスにいた．彼らの言葉は A. Cahen によって *RÉJ* 7, 1883, p. 226に引用されている．メスのカルヴァン派の僧アンシヨーンは「ドイツとフランスのユダヤ人の名代として」サバタイ・ツヴィのもとへ遣わされた使節団のことを回想記に述べている．ボシュエについては上記注20も参照されたい．

214. *Diarium Europaeum*, p. 515.

215. *Zion* 10, 1945, pp. 61–62.

216. ひとつの版は小八つ折り判に小さい文字，もうひとつのはそれより少し大きい判型で活字も大きい．両版とも一部だけ遺っており，オックスフォードの Bodleian Library にある（Steinschneider: *Cat. Bodl*. no. 3038と3039参照）．

217. M. Horovitz: *Frankfurter Rabbinen*. 第 2 分冊，1883, pp. 40–49.

218. A. H. Weiss: *Beth ha-Midrasch*. Wien 1865, p. 92; D. Kaufmann; *J. Ch. Bachrach*（1894）, p. 49.

219. *Schirej Jehuda*. Amsterdam 1696, fols. 4–5. この重要な証言に注意を喚起したのは D. Kaufmann（上記注218参照）が最初である．

220. F. A. Christiani: *Der Juden Glaube und Aberglaube*（ユダヤ人の信仰と迷

信）. Leipzig 1705, p. 66. さらにまえがきにも．

221. この勅令の写しが一部アンスバッハユダヤ人コミュニティの記録保管所に保管されていた．いまはエルサレムの「ユダヤ史総合記録保管所」にあり，私はそこでこの記録を発見した（アンスバッハ記録保管所の第 4 巻）．オリジナルのテクストはこう書かれている．

神の恩寵により／アルブレヒト／ブランデンブルク辺境伯／マグデブルク／プロイセン／[等々]／...我が領邦，侯国の全ユダヤ人が訴え申すには，平民たちからいろいろといやがらせや迷惑をこうむり，家人たちが罵詈雑言を浴びせられたり，夜分公道で窓や店に石を投ぜられるばかりか，債務者たちから貸金や国の支払い代金を徴収する邪魔をされ，近頃はいずこにても助けをあてにしておられぬという．そこでお上に寛大な保護と法的措置を願い出た．よってここに，皆々こころうべく勅書を印刷捺印し，もって諸卿ならびにその他当国内の町々の役人たち，管財人，収税吏，代官，裁判官，町村長，市長，参事官，司法官，臣民に命じ，今後なんぴとも彼らユダヤ人とその家族，親子供，ならびに使用人にたいし，彼らが何処であれ我が庇護のもとに滞在もしくは旅するところにて暴言暴挙を加えることのなきよう，而して無用の罰を受くることのなきよう願うものなり．よってわが郡長ならびに諸役におかれては職権をもってそのつど彼らを守り，違反者を厳しく取り締まり，かつまた彼らユダヤ人たちの求めに応じて，彼らが正当に請求しうる貸金をそのつど契約者同士で取り決め和解のもとに取り立てるのを助け，貧しい者たちにあってはすみやかにこれを得させ，隣人相手には必要に応じて決まりを作るなり，他の有用な方法を講じて援助すべし．一方，ユダヤ人たちはつねに慎みをわきまえ，而して不当な言いがかりや日々の暮らしでの企て，その他好ましからざる所業によって，彼らにたいして然るべき処置を取らざるをえなくする原因をつくらぬべし．かつまたユダヤ人がその財産を少しでも国外に持ち出したり，当人自身当局に寛大なる許しを願い出ることなく移住をしたりせぬようすべての有司に見張らしむるべし．

皆々これにしたがうべし．侯国秘書局内璽を印し署名す／オノルツバッハ／紀元1666年 2 月22日．

ほぼ同じ時期にこのアンスバッハ－バイロイト侯国のひとりの説教師が1666年灰の水曜日に行なった説教を発表した．彼はそのなかで十部族の帰還にかんする当時の噂を扱っている．Johnann Rephun: *Jüdischer Heer-Zug*（ユダヤの軍隊）*etc*. Culmbach 1666. 参照．このきわめてめずらしいパンフレットの一部が Hottinger コレクション，Zürich, vol. 30にある．

222. 次の書を参照されたい．M. Weinberg: *Geschichte der Juden in der Oberpfalz*（オーバープファルツのユダヤ人の歴史）．第 3 巻（Rothenberg 地区）. 1909, pp. 49–50; 同: »Das Messiasjahr（メシアの年）1666« *Bayerische Israeli-*

*tische Gemeinde Zeitung*（バイエルンのイスラエルコミュニティ新聞）no. 1, 1928, pp. 2–3. 著者は前注に引用した勅令に似た主旨の記録を援用しているが，遺憾ながらその全文を掲載していない．1666年 5 月21日メシアだと勘違いしたためにユダヤ人のあいだで騒ぎが起こったという指摘がバーデン北部のヒュッフェンハルト村年代記に見られる．*Israelitisches Wochenblatt für die Schweiz*（スイスのイスラエル週刊紙）．1957年 4 月 5 日，p. 41の K. Darmstädter 参照．この村に土地をもっていたユダヤ人コッペルが市長と所有地の売買契約を結んだ．メシアの顔を拝みに「使用人共々出かける計画を立てた」からである．契約書は遺っている．

223．MS. Oxford, Neubauer 1794. この写本には父親が18世紀始めにフュルトのラビをしていたラビ・フィネアス・カッツェンエレンボーゲンの誤解を招きやすい間違った覚書も含まれている（このメモは L. Löwenstein によって *JJLG* 8, 1913, pp. 119–120に発表された）．それによると，このナータンのマニュアルはラビ・アブラハム・ロヴィゴが弟子モルデカイ・アシュケナージの本 ⊃*Escher* ⊃*Abraham* を印刷するためにフュルトへ来たとき，イタリアからいっしょに持ってきたものだというが，この推定を裏づけるものはない．マニュアルの字体は1664年にゼッケンドルフによって書き写されたルーリアのトラクトのそれと同じである．この両テクストが37年の隔たりをおかずにほぼ同時期に複写されたものであることはまず確かである．ヒュルトのカバリストの筆者はどうやらナータンをまことの預言者と見たらしい．ヤーコプ・ヴァッサーマンが彼の長編処女作『ツィルンドルフのユダヤ人』の一種のプロローグとして物語『サバタイ・ツヴィ，序曲』を書き，そのなかでヒュルトとその周辺の村々でのサバタイ主義運動を扱ったとき，それの存在をまったく知らなかったことはかえすがえすも残念でならない．（カッツェンエレンボーゲンの覚書の別の解釈については，*Sefunoth* 3, 1960, pp. 80–83の Tishby の詳論を参照されたい．）

224．M. Buchenroeder（1666），第 8 章始め．

225．1666年 3 月 2 日アウクスブルクで（参考文献目録 no. 62）印刷され，M. Stern によって *Magazin für die Wissenschaft des Judentums*（ユダヤ学雑誌）15, 1888, pp. 101–104に覆刻されたパンフレットを参照されたい．この記述は誇張と歪曲はあるけれども，サバタイのスミルナ到着までを詳しく報じている（たとえば，約400人の貧しいメシア信奉者たちがメシアに喜捨をすることをこばんだ金持ちにたいして起こした暴動などについて）．だが，その先は作り話で，メシアはコンスタンチノープルへ進攻した．ワジールは 3 万の軍勢で彼を迎え撃った．メシアは破れ，捕虜としてスルタンのもとへ連れて行かれた．最初彼は自分の要求を曲げなかったが，拷問を受けて自分の嘘を認めた．預言者ナータンはおよそ4000の兵とともに逃れた．ほかの何千もの兵士は屍となって戦場に残った．メシアは裁かれ，鞭打たれたのち，舌を抜かれ，ついには皮膚を剝がされ，逆さに吊るされた．（ドイツではこのようにしてユダヤ人犯罪者は処

刑されたのである！）剝がされた皮膚には藁が詰められ，人前に晒された．コンスタンチノープルのユダヤ人にとってはこのうえない屈辱，恥辱であった．

226. *Wahrhaftes Conterfey... des Propheten Nathan Levi*（預言者ナータン・レーヴィの実写像）と題するパンフレット（参考文献目録 no. 71）の一部が Hottinger コレクション，Zürich, vol. 30, fol. 287にある．*Zeitschrift für die Geschichte der Juden in Deutschland* 5, 1892, pp. 101–102で L. Geiger が手短に内容を述べている．このパンフレットはさらに古いドイツのパンフレット（参考文献目録 no. 72）に基づいているが，それ自体あるハンガリーの貴族宛に送られた手紙（M. Dercsénji によって *Goldziher-Gedenkbuch*. Budapest 1948, pp. 400–411に発表されている）に含まれているラテン語の報告の情報源にもなっている．ラテン語のテクストの発行者はドイツ語の資料に依拠していることを述べていない．しかしラテン語版にはドイツ語のオリジナルにある大きな挿絵がない．旗に銘記された標語（*Goldziher-Gedenkbuch*, p. 406）に著者はおおいに想像力をたくましくする．(1)*Non curo ventura fati*（不幸な未来を思い煩わない）．(2)*Mortis imago*（死の影）．(3)*Nil fortius*（強力な無）．ドイツ語のパンフレットもこの標語をラテン語で掲げている．終末論的な旗に書かれた銘文の問題は黙示録的空想と表象にとってつねに魅力的だったようだ．それは死海の巻物の下に発見された「光の子らと闇の子らとの闘い」からよくわかる．

227. このパンフレットも Hottinger コレクションに 1 部残っている．Zürich, vol. 30, fol. 289. 本書挿図Ⅷ参照．挿図Ⅱも参照されたい．

228. Gichtel の神智学的書簡（1722），vol. 6, p. 3295に基づいた A. von Harless: *Jakkob Boehme und die Alchemysten*（ヤーコプ・ベーメと錬金術師たち）第 2 版，1882, p. 143参照．

229. このテクストはいろいろな本に引用されている．わたしはホレシャウで印刷された絵葉書に墓石の写真を見た．

230. D. Kaufmann: *Letzte Vertreibung aus Wien*（最後のウィーン追放）. 1889, p. 29.

231. *Jüdische neue Zeitung vom Marsch aus Wien und anderen Orten*（ウィーンその他の町からの退去にかんするユダヤ新報）. 大四つ折り判．シンシナチの Hebrew Union College に 1 部保存されている．挿図Ⅸ参照．

232. *Diarium Europaeum* 16, 1668, p. 516参照．

233. MS. Hottinger, Zürich, vol. 30, fol. 348a. J. J. Schudt: *Jüdische Merckwürdigkeiten*（ユダヤの奇）. vol. 2, p. 41. は「キリスト教の上ご一人が座すウィーンにてユダヤ人の厚顔無恥なること甚だしく，おのれらの新しきメシアとユダヤ王国をほめそやしてはばからず，キリスト教徒の嘲りと嫌悪を買うなり」と言っている．

234. Sasportas, pp. 114–120.

235. よく読まれている現今のいくつかの小説作品に詳しく書かれているよ

うなこうした暴発は作者のたんなる空想の産物である．

236．*Zion* 13, 1948, p. 56.

237．Sasportas, pp. 120–121; サラヴァルの手紙，同掲書 p. 122. ラビ・スピラについては *Jahrbuch der Gesellschaft für die Geschichte der Juden in der ČSR*（チェコスロヴァキア連邦共和国のユダヤ人の歴史学会年報）4, 1932, pp. 274–290参照．彼は1640年から1679年までコミュニティの長をしていた．

238．Hottinger コレクション，Zürich, vol. 30, fol. 348a.

239．表紙には日付として出エジプト記23, 20が書かれている．それの数値は421に相当する．すなわち西暦1661年である．しかしこのトラクト（大きい活字で53頁）が1666年に書かれたことに疑問の余地はない．印刷者の名も印刷場所も記されていないが，活字のタイプはプラハ特有のものである．オックスフォードに1部遺っている．

240．ユダヤ人男性が民数記15, 38の要請を果たすために衣服の下に着ける四隅に房のある小さい布．

241．*Zion* 10, 1945, p. 144.

242．この手紙については二つの稿が伝えられている．ヘブライ語版はアレッツォのバルーフの回想記のケンブリッジ写本の終りにある．わたしはそれを *Zion* 10, 1945, p. 145に発表した．あとになってわたしは，すでに1714年にキリスト教の学者ヘルマンv. d. ハルトによってラテン語版が出版されていたことを発見した．それはさらに1727年ヴォルフによって *Bibliotehca Hebraica* vol. 3, p. 1055に覆刻された．v. d. ハルトはこの手紙とサバタイ主義宣伝との関係をすでに見抜いていた．

243．J. Mann: *Texts and Studies*. vol. 1. New York 1972（[1]1931），p. 39と *Reschumoth* 2（新シリーズ），1946, p. 162の S. H. Kook を参照されたい．

244．*Diarium Europaeum* 16, 1668, p. 516.

245．サスポルタスの縮約版におけるエムデンの注（Altona, 1755, fol. 57a）; Esekiel Landau のラビ回答書 *Nodaʾ bi-Jehuda*. pt. 1（*Choschen Mischpat*），no. 16に掲載された彼のレシュニッツのラビ宛書簡．ヴォルフ・ハイデンハイム宛サロモン・ドゥブノの手紙ではこの風習は1789年になってもまだオランダにもあったと証言されている（Auerbach: *Geschichte der israelitischen Gemeinde*［イスラエルのコミュニティの歴史］Halberstadt 1866, p. 181参照）．

246．のちのブダペスト．ユダヤの資料ではブーダは一般にドイツ名オーフェンで現われる．

247．Rycaut, p. 201.

248．Nehemia Chajjon: *Ha-Zad Zwi*. 1714, 最初の（頁数のない）頁の「著者のお詫び」．

249．Sasportas, p. 169. ナハマーニデスのスペイン語の姓はキリスト教の記録文書ではダ・ポルタとか（彼のカタロニア語形式で）サポルタとして現われ

る．

250．彼の「優美な文体」にたいするイサアク・アボアブの称賛も参照されたい．Sasportas, pp. 34, 106.

251．挿図X参照．この絵はエルサレムのイスラエル博物館にある．

252．この書のヘブライ語版の論評のなかでティシュビーはサスポルタスを弁護しようとしてここに述べられたいくつかの意見とは異なる立場を取っている．*Tarbiz* 28, 1958–59. pp. 119–123参照．わたしは彼の異論がそのとおりだとは思わないので，わたしの叙述を変えずにおいた．

253．サスポルタスへのティシュビーの序文（p. 23）．

254．サスポルタスはのちの（1681年）リヴォルノのコミュニティの世俗の長たちとの言い争いでも一歩も引かなかった．J. Tishby はこれにかんする文書を公刊している．たとえば，1681年のサスポルタスとリヴォルノのコミュニティの長たちとの往復書簡を参照されたい．*Kobez ᶜal Jad*（新シリーズ），1946, pp. 145–159の Tishby 参照．また *Sefunoth* 9, 1964, pp. 167–191の Alfredo S. Toaff も参照されたい．

255．この自筆原稿はベルリンのユダヤ学大学の図書館にあったが，第二次世界大戦中に消失した．

256．1665–1666年と1666–1667年の書き込みは *JJLG* 10, 1915と11, 1916で U. Cassuto によってドイツ語に訳されている．

257．このコミュニティの記録帳は第二次世界大戦中に消失した．いまはそのいくつかの部分がエルサレムのユダヤ史記録保管所にある．*JJLG* 10, 1915, p. 292.

258．Sasportas, pp. 18–23, 40–44. サスポルタスはまた，ヴェネツィアとプラハのラビたちは彼の最初の疑惑と抗議の表明に返答したとも伝えている（p. 34）．しかし，彼は彼らの手紙を掲載していない．

259．Sasportas, p. 39. 元の稿による．それはのちに自著の「出版用に手が加えられ」た．

260．サスポルタスのオリジナル書簡における彼への敬意にあふれた言及はすべて「改訂」稿では省かれている．

261．Sasportas, p. 47.

262．Sasportas, pp. 7, 137. ナータンのメモはアムステルダムの元学校教師シャーローム・ベン・ヨセフによってほかのひとにまわされた．

263．Sasportas, p. 47.

264．Sasportas, pp. 48–49.

265．Sasportas, p. 48ととくに p. 95.

266．Sasportas, pp. 81, 94, 113. ここで示唆されている警句は *Sefer Chassidim*, Wistinetzky 編，§212にある．ほかの版は§206.

267．*JJLG* 10, 1915, p. 295.

268．*Die Memoiren der Glückel von Hameln*（ハーメルンのグリュッケルの回想録）. v. D. Kaufmann 編，Frankfurt a. M. 1896, pp. 80–82.「人びとがサバタイ・ツヴィのことを話しはじめたとき」グリュッケルは少女だった．彼女の回想録はサスポルタスの記述を補うものである．

269．Sasportas, p. 61; p. 47も．

270．*JJLG* 11, 1916, pp. 9–10.

271．J. J. Schudt: *Compendium Historiae Judaicae*（簡約ユダヤ史）1700, p. 518.

272．Sasportas, p. 91; アブラハム・ナハルにたいして口頭でなされた同様の反論「不当に得た利益やほかの同胞たちにたいしてなされた不正の罪を断食は償えるのか」については137頁も参照されたい．

273．*Festschrift für Werner Leibbrand*. Mannhein 1967, pp. 127–128の H. J. Schoeps. 彼の堅い信仰を証する出来事（本書618–619頁）も参照されたい．

274．*JJLG* 11, 1916, pp. 5–6.

275．たとえば，サバタイの弟子とおぼしき人物によって書かれたモロッコ宛の手紙（1669）のなかに，師は運動の最盛期にさえサバタイの名を口にするときはいつも罵りの言葉をつけ加えたと言われている（Sasportas, p. 352）．これはまったく嘘である．なぜなら，そのような自殺的行為を敢行しようものなら，疑いなく破門されていたからである．教区簿（1666年 8 月 9 日）は「わたしたちの王と預言者をあしざまに言う」者には重罪を科した．サスポルタスは本当に勇気あるひとだった．それだけに，彼の意のままになる決断と洞察力が彼の自尊心を満足させるほどでなかったのは惜しまれる．サスポルタスが自分の元の手紙を「改訂した」いくつかの例を Riwka Schatz が *Zizath Nobel Zwi* のティシュビー版の論評のなかで分析している（*Bechinoth* 10, 1956, pp. 51–56）．

276．Sasportas, p. 23（1665年12月の手紙）と p. 84.

277．Sasportas, p. 42, 46（1666年 1 月）.

278．とくにイサアク・ナハル宛のサスポルタスの手紙（p. 41）参照．サスポルタスが大幅に手を加えたテクストへのティシュビーの注にオリジナルの異文が挙がっている．これらの異文を集めてくれたティシュビーに歴史家は感謝しなければならない．

279．たぶんラビ・ダヴィド・ハーナウ．サスポルタスはアアロン・サルファティ宛の手紙の「改訂」版に彼への言及をつけ加えている．Sasportas, p. 38 参照．

280．オリジナル版のサスポルタス，52頁．

281．Sasportas, pp. 50–57. エムデンによって印刷された縮約版はこの手紙の改訂版を省いている．そのためこの重要なエピソードは微塵も見られない．

282．Sasportas, p. 57. ナハルの返事（同掲書）から，彼が実際に受け取ったのは（ベルリンの写本に伝えられているように）サスポルタスの書簡のオリジ

ナル版であり，絶対に改訂版ではないことは明らかだ．ナハルは友人の改宗を喜んで，リヴォルノかほかの場所で落ち合い，いっしょにメシアのもとへ行こうともちかけた．

283．*JJLG* 11, 1916, p. 9. 書き込みの日付はアダル2の4日（3月11日）となっているが，もしかするとアダル1の4日（2月9日）の書き間違いかもしれない．ナハル宛の書簡が上述の日付に書かれているからである．他方，サスポルタスはラファエル・スピーノ宛の3月10日付書簡で（Sasportas, p. 70），「王と預言者のお顔を拝しに」過越祭まえに出立しようという意図も洩らしている．しかし記録帳によると，出発は「籔祭直後」と決まっていた．サスポルタスは自分の意図を長老たちに伝え，彼らから経済的支援を受けようとした．長老たちは，彼が家族をともなって行くなら100ターラーの路銀を工面することにした．

284．メシア出現時にはまだ子供であった彼の息子モーセス・サスポルタスは実際に1694年パレスチナへ行ったが，1年以内にエルサレムのセファルディー系のコミュニティから委任された重大な使命をおびてふたたびそこから旅立った．エルサレムのラビたちは委任状のなかでレッジョのラビ・ベンヤミン・コーヘン（隠れサバタイ信者！）にも使節の支援をたのんでいた．*Festschrift Jesaja Wolfsberg*（ヘブライ語）．1956, pp. 226–227の Isaak Riwkind 参照．

285．サスポルタスの一時的な改宗を惹き起こしたエルサレムからアルトナ宛の手紙について彼はのちにアアロン・サルファティ宛の手紙の「改訂」版できわめて軽蔑的な口調で語っている．手紙のオリジナル版にはもちろんそのような誹謗は含まれていなかった．Sasportas, p. 38参照．

286．Sasportas, p. 64. サムエル・アボアブとラファエル・スピーノに宛てた3月11日付の手紙は彼の姿勢と論証がまえの12月と1月の手紙から変わりなく続いていることを示している．イサアク・ナハル宛の2月9日の手紙がなかったら，そのあいだに短い信仰の期間があったなどとはとうてい信じられないだろう．

287．サスポルタスはラビ・イサアク・ハ＝レーヴィ宛の手紙で彼に触れ「わたしたちの親愛なる友」と言っている．パラへがリヴォルノ経由で行こうとしたので，サスポルタスはそこにいるラビ・イサアク・ハ＝レーヴィに手紙を渡してくれるよう彼にたのんだのである（p. 169）．

288．Sasportas, p. 62, 132. 彼は62頁にハンブルクで朗誦されたようなサバタイのための祈禱の全文を引用している．本書569頁も参照されたい．

289．Sasportas, pp. 132–133.

290．Sasportas, p. 80. ティシュビーは（81頁の彼の注で），この手紙が数ヵ月間発送されなかったことを立証した．手紙の発送にかんする真実を隠蔽しようとするサスポルタスの偽装工作については *Beschinoth* 10, 1956, p. 56の Riwka Schatz 参照．

291. Sasportas, p. 135.

292. Sasportas, p. 100.

293. Sasportas, p. 111.

294. Sasportas, pp. 107–108.

295. Sasportas, pp. 144–146.

296. Sasportas, p. 132.

297. Sasportas, pp. 113, 115.

298. Sasportas, p. 132.

299. Sasportas, p. 166.

300. Sasportas, p. 131.

301. アブディエンテの *Fin des los Dios*（下記注303参照）の第１頁に詳述されている31人の会員のうち８名の名は会の記録簿からわかっている．以下はすべて前述の富有な世俗の指導者グループに属するひとたちである．Abraham Chilão, Abr. Benveniste, Abr. Nahar, Abr. Senior de Mattos, David and Isaak Aboab, Jakob Fidanque, Gideon Kohen Lobatto, Daniel and Joschua Bensur (Benzur), Joseph Bravo, Joseph Jessurun, Joschua Chabillo, Samuel Gades, Samson de Lima, Nathaniiel and Samson Abudiente.

302. 彼については *MGWJ* 10, 1861, 69ff の Kaysering 参照.

303. *Fin des los Dios*（日々の終り）．多くの預言者たちによって預言された日々の終りが来たことを知らせ，神聖なる聖書の多くの謎を解き明かす．聖なる言語にて記されしが，いと高貴なるイェシヴァ・シャアーレ・ツェデクの導師モーセス・ベン・ギデオン・アブディエンテによりスペイン語で要約さる．メナヘム〔メシアの名のひとつ〕の10日，5426年，グリュックシュタット，126頁，八つ折り判．〔原文スペイン語〕.

304. *JJLG* 11, 1916, p. 27.

305. アムステルダムのポルトガル系コミュニティの図書館に.

306. Abudiente, p. 13.

307. Abudiente, pp. 14, 17–19. メシアの幽囚を預言するものとしての詩篇２は再度104–105頁で述べられる

308. 中世の聖書伝説集 *Sefer ha-Jaschar* によれば，モーセは10年間ミディアンの牢で過ごし，食事を運んでくれた妻ツィッポラに命を支えられた．アブディエンテはこの伝説をイザヤ書53, 8にかんする *Jalkut Schim⊂oni* から引用しているが，そこにはこの話は見つからなかった.

309. イザヤ書60にかんする *Pesikta Rabbathi*.

310. Abudiente, p. 20. *La mas gran seguridad que podemos tener de ser este Santo señor nuestro Redemptor y Misiah, es su prison*. のちにサバタイ・ツヴィの後継者たち（バルヒア，ヤコブ・フランク）に付けられたメシアの付加語「尊いお方《セニョール・サント》」はこの場所で初めて現われる.

311. Abudiente, p. 21. *para abatir la incredulidad acque es apetito te incklina*（欲望がしからしむる不信仰を打ちのめすために）.

312. *Mischna ⊃Awoth* 4, 1から採った標語.

313. Abudiente, pp. 22–24.

314. Abudiente, p. 73. p. 104にも.

315. Abudiente, pp. 30, 74. アブディエンテはサバタイの年齢について正確な情報をもっていなかった. ナータンについては1年しか間違っていなかった. ナータンが生まれたのはたぶん1644年で,（アブディエンテが考えたように）1643年ではない.

316. Abudiente, pp. 75–80.

317. Eschkoli, pp. 223–224.

318. 数字7の性質にかんするアブディエンテの余談はフランス語テクストの当該部分（Eschkoli, pp. 223–224）と一致している. アブディエンテの好きな言葉のいくつか（たとえば23頁の *en los divinos archivos* 神の古文書館に）がフランス語テクストではそれに対応するスペイン語テクストにはない箇所にすら現われる（たとえば224頁 *cachée et scélee dans ses divins trésors* 神の古文書庫に隠され, 封印されている）. ということは, これが同じ著者の前の版と後の版であることを意味している.

319. Abudiente, pp. 95–99.

320. 『グリュッケルの回想録』82頁と本書801頁. Sasportas, p. 75もハンブルクのアシュケナージがポーランドからの手紙を受け取ったことを述べている.

321. この証言はB. Brillingによって *YIWO-Blätter* 5, 1933, p. 45に発表された.

322. ラビ回答書 *Nachlath Schib⊂a*, vol. 2, no. 81. このラビ回答書に注意を喚起し, それを歴史的文脈で分析したのはM. Kuschnir（*Musaf Dawar*. vol. 6, no. 21. イッヤル1929年）が初めてである. この書の第1部のサバタイ派的表紙については本書564頁参照.

323. *JJLG* 21, p. 32のB. Brilling; *Ja⊂ari*（1950), pp. 159–160.

324. この書簡に注意を喚起してくださったのはホランダー氏（シュトックホルム）である. 氏はそのフォトコピーもお世話くださった.

325. Lejb b. Oser. MS. Schasar, fol. 38b.

326. こののちの版の全文はMS. 2262, Ben-Zwi Institut, fols. 69–72に伝えられている.

327.（彼が高齢になってFrankfurt/Oderで1716年に出版した）著書 *Schem Ja⊂akob*, fol. 26dで. 本書111頁参照. 1666年にはラビ・ヤコブはゾルタワに住んでいたらしい. 408と426という数の他の説教学的意味（すなわち決定的な出来事が起こった年, 1648年と1666年）についてはR. Israel von Shklov: *Tif⊃ereth Jisra⊃el*. Frankfurt/Oder 1774, fol. 36a参照.

328．Sasportas, p. 75.

329．部分的に Balaban によって出版されている（pp. 38–43）．この短い報告の一節はこの章や前の章に引用されている．

330．印刷のすばらしくきれいなこのトラクトはオックスフォードの Bodleian Library に第 2 版の一部が遺っているのみである（12 fols. 四つ折り判）．*Tikkunej Tschuwa ⊃Erez Zwi* という表題はテクストがパレスチナから送られてきたことを述べていない．特別な活字できわだたせられ，単独で 1 行をなしている *Zwi* という語ははっきりメシアを指している．表題の意味は「ツヴィの地で行なわれている贖罪行」である．

331．*Torath ha-⊃Ascham*, *⊂Emek ha-Melech*, R. Juda 敬虔者，*Jesod Josef* およびルーリアの著作．そのような手引書の三分の一がイディッシュ語で同年クラクフで印刷されたという――フライマン教授を典拠とした――Balaban の主張（p. 33）の正しさは疑問である．いわゆるこの版の唯一残っていた 1 部（フランクフルト市立図書館）が第二次世界大戦中に焼失してしまったので，これはもはや検証すべくもない．しかしながら，注意すべきなのは，バラバンの情報によれば，そのトラクトには刊行の場所も日付も記されていない点であろう．上記の二つのクラクフ版にはすべての情報が，刊行者の名前すら挙がっているのに．

332．Dembitzer: *Kelilath Josif*. vol. 1, p. 78.

333．*Messias prawdziwy*（1672）．この書はポーランド語とロシア語で出版された．Balaban, p. 36と *Jewrejshaja Staryna* 5, pp. 219–221の Z. Rubashov（Shazar）を参照されたい．

334．*Pesikta Rabbathi*. vol. 1（Friedmann 版，fol. 2a）．

335．Fr. P. Wessel: *Der geistlich todte Jude*. Kopenhagen 1721, p. 17.

336．彼の *Griechische Kirchengeschichte*（ギリシア教会史）のなかで．Galante pp. 108–109に引用されている．雲に乗っていくという表象にたいするガランテのこじつけの説明は，ミドラーシュが出所であることがわかればなくもがなである．

337．*Ha-Tekufa* 24, 1928, pp. 345–348の J. Mann 参照．

338．*Kewod Chachamim* と *Diwrej Chachamim* の著者として最も知られている．ここで述べる出来事は二作目（第 1 部 *Da⊂ath Chochma*. Hamburg 1692, fol. 23 d）に述べられている．

339．同掲書，fol. 32c.

340．著者は真夜中の祈りの彼の版（*Tikkun Chazoth*. Frankfurt/Oder 1679），fol. 10 a（頁数がついていない）で詩篇21（サバタイ派の著者たちのお気に入り！）をメシア的に解釈し，こうつけ加えている．「われわれはこの点をわれわれの説教，とくに1665–1666年の説教のなかで詳しく論じた……拙著 *Maschmiach Jeschu⊂a* を参照されたい．」この作品は遺失した．真夜中の祈りの彼の

版はわずかに数部残存している．ラビ・ヨセフ・ダルシャンと彼は呼ばれ，当代のすぐれた説教師のひとりと一般にみなされていた．

341. *Diarium Europaeum*（16, 1668, p. 515）の発行者マルティン・マイヤーにもこの種の事件が報告された．エペルイェス（スロヴァキア）のキリスト教徒の商人が1666年３月にポーランドを旅した．泊まった宿のユダヤ人亭主が，まもなくユダヤ人がキリスト教徒にたいして行なう復讐を得意げに話した．「すると客は，やられるまで待ってたまるか，と言うや，亭主の頭を引っ摑んで，ぼかぼか殴って，部屋じゅう引きずり回した．」

342. Balaban, p. 43.

343. この国王の命はバラバンによって（pp. 44–45）ルヴォフの記録保管所で発見された．

344. Balaban, p. 45.

345. Balaban, p. 37. この詩は最初 A. Brickner によって出版された（*Ogród fraszek niewyplewionny*. 1907）．

346. Prag 1776,, fol. 2c. R. Zwi Hirsch Horovitz はゾーハルへの注釈も書いている．⊃*Aspaklarja ha-Me*⊃*ira*, Fürth 1776.

347. Lejb b. Oser. MS. Schasar, fol. 54a. 縮約版（Emden, p. 26）の本文は損なわれて読みにくい．

348. Balaban のポーランド語の著作『クラクフとカージミールのユダヤ人の歴史』，第２巻，1936の64頁の向かいに表紙のファクシミリがある．祈禱の本文についてはこの作品の（ヘブライ語の）オリジナル版500頁を参照されたい．

349. アレッツォのバルーフ（Rreimann, p. 53）: クロトシンのラビ・エリエゼル，使者《シュタドラン》ラビ・モルデカイならびにヤコブ・ネシュナー（ひょっとしたらネシュヴィッシャー，つまりリトアニアのネシュヴィッツの人かも？）．

350. Solomon Buber: ⊃*Anschej Schem*, p. 127参照．肩書きのモキアハはアレッツォのバルーフの命名（Freimann, p. 53）．

351. 彼はいろいろなコミュニティでラビを務めた．1701年からブレスト－リトウスクでラビをしていた．そして1718年に当地で亡くなった（Zunz: ⊂*Irha-Zedek*, pp. 150–154参照）．レイーブ・ベン・オーザーがサバタイ・ツヴィの思い出を書いたとき，ラビ・アルイェー・レイーブはすでにブレスト－リトウスクのラビだった（MS. Schasar, fol. 38b）．

352. このことは Sasportas（p. 70）によって覆刻された手紙のなかでとくに強調されている．

353. Sasportas, p. 77.

354. Sasportas, p. 79.

355. Sasportas, p. 78.

356. Emden, p. 17.

357. Lejb の *Beschrejbung fun Shabb. Zwi*（サバタイ・ツヴィ記）のイディッ

シュ語のオリジナルではルヴォフの使節に関係する部分はヘブライ語になっている．このことはそれが元の文献から書き写されたものであることを示している．この関連でレイーブはこんなことも言っている（MS. Schasar, fol. 34b）．「このラビたちは彼のもとで論じたり……見たりしたこともたくさん述べている．」レイーブの慣用では「述べられる」というのはつねに文字に書かれたものを指しており，口による描写には「話される」が使われる．MS. Schasar, fol. 54a も参照されたい．

358．レイーブ・ベン・オーザー（Emden, p. 16）．

359．ラビ・ヤイール・ハイーム・バハラハはフランクフルト・アム・マインで 1 枚の写しを見た．同様におそらく別の場所ではかの写しも見ただろう．A. H. Weiss: *Beth ha-Midrasch*. Wien 1865, p. 92参照．ベラキヤ・ベラッハのガリポリ訪問は，いろいろ推測されているような1665年死亡説はありえないことを証している．

## 第六章

1．*Relation*, p. 22. Coenen, p. 48も参照されたい; Sasportas, p. 76; de la Croix, p. 346.

2．Rycaut, p. 209; *Hollandtze Merkurius*. 1666年 1 月，p. 135も参照されたい．

3．*Relation*, p. 23. 同じ話が，細かい点に違いはあるけれども，Galanté が88–89頁に引用しているアルメニアの詩，ならびにアルメニアの年代記，Galanté, p. 101にも語られている．

4．Galanté, p. 88.

5．Galanté, p. 101.

6．*Relation*, p. 24.

7．同所．同じく22頁も参照されたい．「貧しい女たちまでもがメシアに装飾品を捧げた．」

8．Sasportas, p. 126. イスラエル・フリートレンダー（*JQR* 2［新シリーズ］, 1912, pp. 507–516）はこのキリスト仮現説を根拠づけるために，ことによるとトルコのユダヤ人にたいしシーア派の影響があったかもしれないと提唱したが，この説明はこじつけで，説得力に欠ける．

9．*Relation*, p. 25. イエズス会士の著者はこう述べている．「このペテン師が行なったとされるそのような奇跡にかんする噂がだれが見てもそれが嘘だとわかる場所にさえ広がることができたのなら，そんな奇跡話など想像だにしえなかったフランスその他の場所でそれが語られたとてわたしは驚かない．なぜなら，あの悪魔でさえいまだかつて彼のために，あるいは彼を通して何か……奇跡と言えるようなことをしたことは一度もないのだから」（p. 26）．レイーブ・ベン・オーザーは（Emden, p. 14），サバタイがずっとまえに死んだ使者を

生き返らせ，癩患者を治したと主張する手紙のことを聞いていた．

10．Sasportas, p. 76.

11．Sasportas, p. 157参照．

12．*Relation*, pp. 23–24.

13．つまり彼は，たまたまサバタイが躁の発作のときに訪れたのである．

14．もともと神を指した典礼の決まり文句の改作．

15．ラビ・ホセア・ナンタワの手紙に引用された報告（Sasportas, pp. 156–157）．

16．Coenen, pp. 108–109.

17．1677年末に書かれた彼の手紙（*Sefunoth* 3–4, 1960, p. 117）参照．人びとはゾーハルの不明な箇所を説き明かした，と彼は言っている．

18．レイーブ・ベン・オーザー（MS. Schasar, fol. 30b）．この部分は縮約された印刷版（Emden, p. 11）では完全に損なわれて読み取れない．オリジナルの写本を有しているにもかかわらず，D. Kahana は叙述するにあたって不幸にも印刷版に依拠してしまった．

19．*Beth Din*. Livorno 1873, fol. 126b. ハモイ（ないしはハマウィ）はよく旅をし，たくさんのカバラー本文集を出版した．

20．Sasportas, p. 150（オリジナルの自筆稿で）．

21．レビ記26, 3（*be-Chukkothai*）で始まるトーラー週間章節〔「[もしあなたがたが] わたしの掟にしたがって」の謂．創世記12，出エジプト記11に続いてレビ記は10の週間章節に分かれ，これは最後の部分〕はあの年にはイッヤル17日安息日（1666年 5 月22日）に読まれた．

22．MS. Hottinger, vol. 30, fol. 374a のラテン語の本文は次のとおりである〔文意は同じなので，原文をそのまま掲げる〕．

»Apographum epistolae Regis Judacorum
Amsterdamo huc missae, 24. Aug. 1666
（アムステルダムから送られてきたユダヤ人の王の手紙の写し．1666年 8 月24日）

»Sic dixit rex Magnus, Noster Dominus, Rex Sanctus cim salutationibus meis quas communicabitis toto populo fideli qui me amant ut faciam amicos meos haereditatem possidere, quod est ut repleam thesauros corum felicitate tam spirituali quam corporali, ac ut misericordes mei mea bonitate saturentur, dictum Domini; adeoque sint benedicti omnes meae fidei homines, tam viri quam foeminae, fratres et sorrores, filii ei filiae meae, sint, inquam, benedicti ab ore Magni Dei et ore servi electi sui.

»Notum vobis sit, quod Sabato illo quo legebatur parasa incipiens si ambulaveritis in statutis meis, Deus respexerit afflictionem meam non fictam meque magno gaudio et consolatione cumulaverit ex quo haud obscure percepi, instare

illus expectatum spei Israeliticae tempus quod dixissi vobis in praesenti sufficiat. Quapropter roboremini ac estote fortes. Confortetur cor verstrum omnes qui expectatis dominum ac unctum ejus.

»Fratres nostri, cum verba haec ad aures illorum pervenirent, cantabunt praeconia ac prae gaudio exultabunt omnes qui desiderant justitaiam ejus, et dicent semper magnificetur Dominus, qui vult apcem servi sui, ac benedictum sit nomen ipsius magnum et gloriosum in secula. Anima enim mea, qua multum afflicta et angustata fuit, magno nunc splendore perficitur, ac prae gaudio subsultat. Faxit Altissumus pro sua vertate ac magna misericordia ut consolatio illa continua sit et multiplicetur quam persensi in me, cum legeretur sectio illa, et respiciam ad vos et dabo tabernaculum meum in medio vestri et ambulabo inter vos and non amplius repudiabit vos anima mea. Sane vobiscum gaudebat Israel cum creatore suo et filii Zion cum rego suo, ac in solitudine mea confirmabitur et verificabitur versus illus turris munitionis, nomen Domini, justus acurrit et fortificatur. En tempus amorum. Verum tamen vos roboremini, ac fortes estote in fide, in precibus, in contritione, in jejuniis, in lavationibus multis ac saepius repetitis; Redemtio enim Israelitica prope est cum auxilio divino.

»Sabbathai Sebi«

23. アレッツォのバルーフ（Freimann, p. 54）; Sasportas, p. 134.

24. Sasportas, pp. 123–125. Rosanes, vol. 4, pp. 362–364はサロモン・エスペランサをエルサレムに在住としたが，当時彼はまだヘブロンにいた．*Sinai* 43, 1958, pp. 103–104の M. Benahahu 参照．

25. Rycaut, p. 210. ここで彼は明らかに Coenen, pp. 55, 94, 137を書き写している．

26. Coenen, p. 56. 海側からスミルナを眺めたある非常に良質の銅版画（1660年頃）にこれらの場所がすべて精確にえがかれている．

27. Coenen, p. 65.

28. Coenen, p. 75.

29. Coenen, pp. 79–81.

30. Coenen, p. 77.

31. この表現はアレッツォのバルーフのものである（Freimann, p. 64）．

32. Rosanes（vol. 4, p. 72）は，タンムーツの断食は廃止される，その日神がサバタイ・ツヴィに宿るからであるという主旨のプリモの手紙を引用しているが，そのような手紙は存在しない．ことに彼が引用している資料のなかにはない（Sasportas; Emden, fol. 25a）．Rosanes は彼の資料の多くを読み違え，ごちゃ混ぜにしている．おまけによく孫引きもある．したがって，サバタイ・ツヴィにかんする彼の記述には重大な欠陥がある．第四章注102参照．

33. サバタイは，メシアの時代には「神はアヴ９日［の断食］を喜びに変え

るだろう」というミドラーシュ（*Jalkut Schim⊂oni ad Lam*., §998）の有名な言葉にインスピレーションを受けたのかもしれない．

34．Rycaut は205–206頁にイタリア語訳を載せている．それをさらに Evelyn が借用した（p. 62）．Coenen は公示には触れず，アヴ9日の典礼の細かい指示を含んでいる手紙に言及しているだけである．Rycaut は両方の記録に触れているが，その年代順を混同している．彼は1666年12月のナータンの書簡も丸1年まえの日付にし，それによって彼やイーヴリンから書き写したのちのすべての作者を誤らせた．リコーはその頃スミルナにいなかった．彼がサバタイにかんする記録を集めだしたのは職務に復帰して（1667年？）からである．したがって，彼の報告には不正確な点がたくさんある．しかし，公示の信憑性はアルメニア語の資料によって裏づけられている．注35参照．

35．アルメニア語訳は二つの校訂で存在する．(a)Galanté（p. 102）がフランス語に訳しているアルメニアの年代記．この資料は（ギリシア語からアルメニア語への）訳者の名前も挙げているが，それはガランテが掲載しているアルメニア語の詩の作者と同一人物である．(b)さるアルメニアの名家の文書庫の記録や書簡のアルメニア関係コレクション．このテクストは Galanté によって発表された．*Encore un nouveau recueil de documents concernant l'histoire des Juifs de Turquie*（トルコのユダヤ人の歴史にかんするさらに新しい記録集）. Istanbul 1953, p. 19. 後者は前者の比較的明白な誤りのいくつかを避けており，リコーのイタリア語のテクストにより近い．ヘブライ語のオリジナルは気取った美文調で書かれていたらしく，それが翻訳のさいに変形や誤解のもととなった．これらのアルメニア語訳に加えて，（1970年9月に）よりにもよってシナイ山上の聖カタリーナ修道院の写本のなかにギリシア語訳が発見された．この情報をくださった同僚の A. ヴァッサーシュタイン氏が1673年に書かれた写本のなかにそれを見つけ，そこには「この手紙は1668年1月にヘブライ語からロマンス（すなわちギリシア）語へ訳された」とのメモ書きがあった．本文は，*Tisch⊂a be-Aw*〔アヴ9日，紀元前586年と紀元70年のエルサレム落城を思い出して悲しむ日，哀歌を朗読し，断食を行なう〕のかわりに *Purim*（籤祭）とする奇妙な誤りも含めて，アルメニアの訳者が利用したものと基本的に同じである．ギリシア語訳は1666年7月にはすでに作られていた．それゆえ，ギリシア語の写本に挙がっていた日付は意外である．メシアの名は変形されてヨサパイとなっている．この新しい訳がコンスタンチノープルで作成されたのかそれとも別の場所でなのか，写本からはわからない．*Zion* 37, 1972/1974, pp. 239–243の Wasserstein 参照．

36．ここではメシアの肩書きとして使用されている．いくつかの手紙におけるサバタイの署名「イスラエル，あなたがたの父」も参照されたい．

37．イタリア語の本文はこうなっている．»facendo ogni giorno quelle cose che solete fare nelle Calende.（あなたがたがいつも月始めの朔日にしていること

を日々やりなさい）«

38．アルメニア語（とギリシア語）の版が妙なことにここでプーリームとしているのは，ガランテが示したように，アルメニア語訳のもとになったギリシア語訳の誤りによるものに相違ない．イタリア語のテクストも特定の日のことをいっているように思われるが，アヴ9日をサバタイ派の喜びの祭典に変えようという意図があるのかもしれない．ひょっとするとプーリームは毎新月に先立つ，キップール・カタンと呼ばれる日を表わしているのだろうか．

39．この文はイタリア語版にはない．

40．あとの句は最初のアルメニア語版にはないが，ギリシア語版にはある．

41．Galanté（p. 103）参照．彼はまた翻訳者の名をパナギオティス・ニコッシオンスとしている．

42．Sasportas（p. 174）は，1666年9月にガリポリにいた信者たちからそれを聞いたというラビ・ヨセフ・ハ＝レーヴィの話を引用している．

43．レイーブ自身はけっしてガリポリ Gallipoli とは言わず，（発音どおりの綴りで）カスティリョ *castillo* とかそれに類したかたちを用いている（たとえば，MS. Schasar, fol. 32b; *das Schloss castillo*（カスティリョ城）; 同 fol. 54a も参照）．同じことはクウェンケについてもいえる（Emden, p. 41）．たびたび「ガリポリのコミュニティ」について語るハイーム・ベンヴェニステも *Castillios* の名を口にする（*Ba⊂ei Chajei*, no. 171）．A. M. Cardoso の手紙には複数形も見られる．ここではメシアの牢は *Migdaloth*（「塔」）と言われている．*Sefunoth* 3–4, 1960, p. 195参照．サスポルタスは一般に Gallipoli を使用するが，ある詳細な記述（p. 113）のなかで「政治犯が捕らえられている，七つの塔といわれる場所」と書いている．同時代のラビ回答書のなかでは何度もガリポリのコミュニティのラビのことが述べられる．

44．もしかするとラビ・サムエル・プリモあるいはラビ・アブラハム・ガマリエルのことか．

45．Emden, p. 12.

46．Emden, p. 13.

47．Sasportas, p. 76.

48．Danon, p. 40.

49．*Zion* 7, 1942, p. 181参照．

50．Danon, p. 47. 彼が所有するにいたったヤキーニの説教の自筆原稿から．ヤキーニは著書 *Wawej ha-⊂Amudim* をその当時に書いたという D. Kahana の主張（第1部，91頁）にはいっさい根拠がない．ヤキーニがその書を書いたのは1681/1682年で，亡くなる直前である．詩のなかのヤキーニの示唆は漠然としていて，明白な神学的逆推理を許さない．わたし自身は彼がメシアの魂の淵源を「大いなる奈落の底」とするナータンの理論を知悉していて，詩のなかの示唆はこの説にかかわっているという考えに傾いているが．

51．*MGWJ*, 17, 1868, pp. 117–118の M. Güdemann 参照．*RÉJ* 18, 1889, p. 105に発表されたアルファベットの詩もひょっとするとコンスタンチノープルで書かれたものかもしれない．ほかにもこの時代の詩がいくつか Ben-Zwi 研究所の写本のなかに遺されている．

52．MS. Adler 493ならびに Freimann（p. 96）が使用した写本．しかしそれから作成された彼のテクストは原形を歪めている．

53．本書640–641頁参照．彼らのおびた使命は三つの資料に記されている．(a)（D. Kahana, 第1部, pp. 91–96によって用いられている）MS. Schasar 中の Lejb b. Oser. (b)Sasportas, pp. 76–80. (c)Baruch von Arezzo（Freimann, p. 53）. 誤りや誤解が数多くあるが，(a)が最も忠実かつ詳細な記述である．(a)と(b)は相互補完的である．(a)は書かれた使節自身の報告に基づいている．本書640–641参照．

54．Kahana, p. 92参照．

55．Sasportas, p. 76.

56．すなわち，タンムーツ23日，月曜日に行なわれたサバタイの「大安息日」．

57．Sasportas, pp. 67–68; Tishby の注 6 参照．

58．レイーブ・ベン・オーザーに依拠しているカハナ（上記注53参照）はこの言い回しを「あなたがたに会うことがわたしに許されぬあいだ」という意味に解釈している．しかし，レイーブ・ベン・オーザーの記述はこう続く．「なぜ彼が大きな苦しみのなかにあると言ったのか，だれも知らなかった．」カハナはこの文をサバタイに外部との連絡を禁ずる命令に関係するものと理解したが，わたしには鬱の発作を指しているというほうが確かそうに思われる．この出来事はサバタイがその間ずっと首都の主だった支持者たちと手紙のやりとりをしていたことを証している．

59．祝日に祭の名がはっきり言われる箇所で．

60．MS. Schasar, fol. 34a. Emden（p. 14）の縮約版は多くの重要な細部を省いたうえ，日付をタンムーツ24日に直している．

61．祭礼は22日日曜日，安息日は23日月曜日．

62．22日日曜日が祭礼，タンムーツ24日か25日が安息日．

63．年代学上の問題の論議については Tishby 編の Sasportas におけるティシュビーの注（p. 78注 1 ）と G. Scholem, *SZ*, p. 520注 2 を参照されたい．また A. Amarillo によって *Sefunoth* 5, 1961, p. 250に発表されたサバタイの手紙の本文も参照されたい．

64．Emden, pp. 14–15; *SZ*, p. 521.

65．カハナのこの訪問記は彼の偏見によって損なわれている．ポーランドの使節が「純朴で，馬鹿といってもいいくらい」だった（第1部，p. 94）ことにプリモはすぐに気づいたと察せられるような証拠は何もない．

66. この問題については *SZ*, p. 521, 注 3 を参照されたい.

67. コンスタンチノープルで出版された版のひとつ.

68. この報告がなされるのはレイーブの訪問記の終りのほうであり，始めではない．出来事が起こったのは大安息日のあとであるに違いないが，しかし会話が本当にレイーブの物語の第 1 部に書かれている訪問のあいだになされたのかは確かではない．記述はひょっとすると二つの訪問を含んでいるのかもしれない.

69. オリジナルの写本に書かれている「一日じゅう」という語は Emden（p. 15）と Kahana（p. 94）に掲載されているテクストにはない.

70. サバタイはこの節を自分自身を指すものと解釈した．なぜかというと，後半部分の最初の文字を組み合わせるとツヴィ *Zwi* という語になるからである．ツヴィ *Zwi* は神への門なのである.

71. Kahana（pp. 94–96）はオリジナルの写本から引用している．Emden, pp. 15–16に掲載されている縮約版参照.

72. ドイツでもカリスマ的なラビ，いわゆるミッヒェルシュタットのバアル・シェーム（R. Seckel Löb Wormser, 1769–1847）にまつわるそのような話がたくさん語られている.

73. Rosanes, vol. 4, p. 232.

74. Emden, p. 16.

75. ほぼ同時期にナータンは同様な弁明書（『竜にかんする論文』）を著し，そのなかでメシアの幽囚の神秘的な意味を説き明かした.

76. ポーランドのラビの訪問のことを何年もあとにひとりの目撃者タルニヒラートのラビ・メイールが回想している．彼はラビ・アブラハム・ロヴィゴにこう話した（Rovigo: *Sabbatian Diary*, MS. Sonne Ben-Zwi 研究所，Jerusalem, fol. 49b 参照)．「三人のポーランドの使節，尊敬すべき，ご高齢の *Sera⊂Berach*［すなわち Berachia］の作者と *Turej Sahaw* の著者の二人のご子息，そして重要な説教師ラビ・ヤコブ・ラートナーが来られたとき，わたしはアミラーのおそばにおりました」と．（クラクフのラビ・ヤコブ・ラートナーについては H. D. Friedberg: *Luchoth Sikkaron*, 1904, p. 27を参照されたい．）タルニヒラートのラビ・メイールは「アミラーが彼らに何も恐れることはないと言ったこと，そして彼が一本の木を引き抜いて，それを燃やしながら，自分はこのようにケリポースや異教徒たちを焼き殺し，ほろぼすだろうと言ったこと，こういったことすべてをいっしょになって聞いた」．ヴィルナのラビ・アブラハム・コーケシュが語った話はこの証言を裏づけている（本書215頁参照)．もちろんタルニヒラートのメイールの記憶のなかでいくつかの違った出来事がひとつに圧縮され，あとになってまるでそれらがいっしょくたに一日に起こったかのように語られた可能性もある.

77. この祈りは下記の資料（注78）やデンメーの祈禱書（*Zion* 7, 1942, p. 25

の Gershom Scholem 参照）にも伝えられいるがが，しかしここではこの日は「喜びの祭」（「慰めの」ではなく）と言われており，贖罪の日の典礼の諸要素がテクストのなかに織り込まれている．

77a．詩篇45については本書678頁も参照されたい．

78．Coenen 版（pp. 59–60）は損なわれて読みにくい．しかし，Baruch von Arezzo（pp. 57–58）と Sasportas（pp. 129–130）は正しいテクストを提示している．A. Amarillo によって *Sefunoth* 5, 1961, pp. 250–251に発表された手紙も参照されたい．de la Croix の記述（pp. 361–364）は，この手紙にかんする彼の知識が又聞きであり，正しくなかったことを示している．

79．Sasportas, p. 131.

80．Danon, p. 45. ダノンはヤキーニの自筆原稿（5 枚）を見ていたが，その作成の事情やアヴ 9 日との関係を認識していなかった．

81．Galanté, pp. 90, 103.

82．Baruch von Arezzo, pp. 56–57.

83．Sasportas, p. 79.

84．Sasportas, p. 151; de la Croix, p. 364も参照されたい．

85．MS. Adler 3354, fol. 3a に伝えられている断片的なラビ回答書から．*ᑐErez Jisraᑐel* 4, 1956, p. 189の Gershom Scholem 参照．

86．MS. Hottinger, vol. 30, fols. 347b と349b. 第 2 便は1666年 9 月24日にアムステルダムに着いた．サバタイの棄教まえにナータンがガザを発ったという報告はアブラハム・ミゲル・カルドーゾの耳にも達した．彼はスミルナのラビ法廷に宛てた長文の手紙のなかでそれに言及している．しかし，この情報が誤りだったことは疑いを容れない．同じ噂はオスロの囚人宛のハンブルクからの手紙にも述べられている．

87．De la Croix, p. 356.

88．同所．Coenen（p. 32）は彼女を「王妃」とも呼んでいる．

89．*Hollandtze Merkurius*. 1666年 8 月，134頁．この発言をほかのいろいろな資料のなかにある，サラは棄教直後に男児を出産したという報告と辻褄が合うようにすることは難しい．なぜなら，もしそうだとしたら，彼女はガリポリ到着時には妊娠 7 ヵ月か 8 ヵ月だったことになるからである．だが，かなり信頼できる証言は彼女が棄教の数ヵ月後にお産をしたことを示している．

90．MS. Hottinger, vol. 30, fol. 349.「手紙にはコンスタンチノープルについて次のように書かれている．イスラム教の托鉢僧たちは，彼らの聖人たちが，いままさにオスマントルコは消滅し，王国が必ずやユダヤ人のもとに戻るだろうということを公言してはばからないと思っている．人びとはコンスタンチノープルで12人のハハミーム〔ヘブライ語で学者たちの謂〕といっしょにナータンが来るのを首を長くして待っている．この地のラビ・シェロモやほかの信望篤いひとたちは，かつてイスラエルに預言者がいたとするなら，この人こそ真

に神の預言者であると証言している.」〔原文フランス語〕ド・ラ・クロワの詳しい記述（pp. 365–369）によると，サバタイはイスラム教の托鉢僧を雇い，トルコ人にたいして辻説法をさせようとした．この托鉢僧はさんざん打擲され，異端のかどでカーディのまえに引き出された．カーディは彼を精神病院へ送ったが，彼を診察した医師たちは彼の釈放を要求した．彼は結局一顧だに値しない馬鹿者として放免されたが，首都のユダヤ人たちは彼の預言によっておおいに力づけられた．

91．Coenen, p. 53.

92．使者はエルサレムからではなく，コンスタンチノープルから送られたのだと言われている．使者のなかにはラビ・イスラエル・ベンヤミンとラビ・ユダ・シャーラーフがいた．後者は死ぬ（1675年リヴォルノで歿）ときまでサバタイを信じていた．資料の綿密な論究については *SZ*, pp. 530–532参照.

93．Baruch von Arezzo, Freimann, p. 57.

94．たとえば，Johann Christoph Müller: *Anabaptisticum et Enthusiasticum Pantheon*. Coethen 1702の「偽メシアたちの身の毛のよだつ行為」の章に．この章には別個の表紙がついており，わたしはこの章を単行本にしたものを見たことがある．

95．この数字が正しいなら，コミュニティの大きさを逆推理できる．

96．*Relation*, p. 34; Coenen, pp. 59–62.

97．彼の息子の A. M. カルドーゾにたいする論争的なパンフレット *Meribath Kadesch* に含まれている陳述（Freimann, pp. 7–8）のなかで．彼はまた，男女がいっしょにシナゴーグに座っていることを嘆いている．

98．たとえば，R. Aaron Perachia: *Bigdej Kehuna*, 説教10番と26番.

99．たとえばラビ・サロモン・フロレンティンのようなハーラーヒストやラビ・アブラハム・ペレツ，ラビ・イサアク・ハナンのようなカバリストたち．後二者については本書823頁，861頁を参照されたい．Rosanes（vol. 4, p. 124）はラビ・ハナンのサバタイとのつながりに気づかなかった．

100．Baruch von Arezzo, Freimann, p. 57.

101．*Kirjath Sefer* 35, 1960, p. 392の M. Benajahu.

102．Baruch von Arezzo, 前掲書; de la Croix, p. 369. この祝いはメシアの謀叛に——当時アドリアノープルにいた——スルタンの注意を引こうとする試みだったというのがド・ラ・クロワの見解だった．これは明らかに無理な理由づけである．

103．Baruch von Arezzo, Freimann, p. 65.

104．Danon（p. 23）. 彼がマグレッソの墓碑銘（1682年または1687年の）に書かれた表現をサバタイ運動勃興中のマグレッソの毅然とした態度をそれとなく言い表わしたものと見たのは正しい．コンスタンチノープルのラビ・モーセス・ベンヴェニステに向けられたマグレッソのハーラーハ的質問が Rosanes

(vol. 4, p. 127) に述べられている.

105. 最初のヘブライ人伝記作者ラビ・サバタイ・バスの兄弟, *Sifthej Jeschenim* の著者.

106. Emden (p. 56). エムデンの父ハハム・ツヴィはアドリアノープルで彼のことをよく知っていた.

107. Rosanes (vol. 4, p. 64) の報告によれば, ソフィアのマシアッハ家はサバタイに敬意を表してそういう名をつけたというが, そうするのがこの一族の明確な伝統であった可能性がきわめて高い. たんなる名前それ自体はなんの証明にもならない. マシアッハはセファルディーのあいだでは (人名としても家族名としても) 普通の名前であり, サバタイとのつながりを示すものではない.

108. ウィーンのユダヤ人コミュニティの写本目録に載っている1666年夏のオーフェンからウィーン宛の手紙, no. 141, §11 (A. Z. Schwarz: *Die hebr. Handschriften in Osterreich*『オーストリアのヘブライ語写本』, p. 90) による. この手紙 (わたしはそれのフォトコピーを所蔵している) はイタリアのユダヤ人, モーセス・カセスによって書き写されたもので, 崩れて読みにくいところだらけである.

109. MS. Oxford 1777に伝えられているコピーも「聖なるカバリスト, ラビ・ナータン・ベンヤミンによってガザから送られた祈り」を含んでいるが, そのあとにもうひとつ別の祈りが続き, そこでは「聖なるラビ, メシアの王に」カバリストとしてラビ・シモン・ベン・ヨハイと同じ位があたえられている. この2番目の祈りはのちに写本から削除された. ノイバウアーはそのカタログのなかに, その写本はアルモスニーノが所蔵していると書いているが, 決定的な頁はアルモスニーノ自身の筆跡で書かれていることを見逃した.

110. A. Wagenaar: *Toledoth Ja⊂bes*. Amsterdam 1868, p. 57参照.

111. Emden, pp. 9–10.

112. 出典については注108を参照されたい.

113. Freimann, p. 92と Sasportas, p. 196に掲載されている書簡中の A. M. カルドーゾ. (この書簡はどうやら棄教直後に書かれたらしい.)

114. MS. Schasar, fols. 36a, 38a.

115. クルディスタンのサバタイ関係の資料は主としてメシアの棄教後の時代のものである. *Zion* 7 (1942, pp. 172–173の G. Scholem と M. Benajahu:『サバタイの典礼書とペルシアの写本にあるほかの証言』(ヘブライ語), *Sefunoth* 3–4, 1960, pp. 9–38所収. しかし証言からはっきりするのは, 運動がその地では非常に早くから始まったということである. M. Benajahu が発表した (前掲書, 21–24頁) 二つの典礼詩は1665年の運動の草創期かサバタイの棄教まえの (Benajahu, 前掲書, 14頁) 1666年始めのものと思われる. それらがミサに使用されたものであることははっきりしている.

116. *Zion* 7, 1942, p. 176. わたしはそこにハリリ一家にかんする資料を集め

ておいた.

117. 同書，195頁.

118. 同書，178, 196頁.

119. 写本『ダビデの祈り』（すなわち詩篇86）の読み方はたぶん『ダビデの讃美』（すなわち詩篇145）に訂正すべきだろう．この詩篇は日々の典礼で重要な役割を果たしているのにたいし，詩篇86のほうは祈禱書に現われないからである．詩篇45は神秘的な女性讃美と理解された.

120. 上記注115と M. Benajahu: 前掲書，pp. 22, 24参照.

121. *Zion* 7, 1942, p. 196.

122. この暴動にヒントをえてベンジャミン・ディズレーリは（非歴史）小説 *The Wondrous Tale of David Alroy* を書いた.

123. 偽メシア像にかんする著作 *To⊂ej Ruach*（MS. Enelow, Jewish Theological Seminary of America, no. 2223）の著者はダマスカスの学者で，およそ100年まえにクルディスタンを旅して回り，サバタイ運動にかんするたくさんの資料を見つけ，そのうちのいくつかを自分の作品に採り入れた．彼の名はヨセフ・ベン・ヨセフと言った（1888年バグダードにて歿）. *Kirjath Sefer* 35, 1960, pp. 387–390の M. Benajahu 参照．彼はエルサレムに生まれ，書籍商として広く旅して回った．彼のメモにはオリエントの写本のサバタイ関係資料がたくさんある．クルディスタンには1853年にいた.

124. W. Fischel:『ゼフェヴィード王朝時代のペルシア系ユダヤ人の歴史』（ヘブライ語），*Zion* 2, 1937, p. 289参照.

125. このラビ・アアロンの身元についてはM. Benajahu: 前掲書，9–11頁を参照されたい．彼は，1674年かそれ以前に長文の手紙を書き，そのなかでマイモーニデスを引いてサバタイの主張の誤りを証明したペルシアの学者で医師のラビ・アアロンと同一人物ではない．ペルシアのユダヤ人がさらされた苦境にかんする彼の報告はフランス人旅行者シャルダンの描写と一致している．M. Benajahu: 前掲書，25–32頁参照．Benajahu が使用した写本は現在は Hebrew Union College, Cincinnati, no. 2001にある.

126. この断片をわたしは *Zion* 7, 1942, p. 175に発表した．文体はだれかアブラハム・ヤキーニのような人を指しているように思われる.

127. Z. Rubashov（Shazar）:『メシアの書記』（ヘブライ語）41頁は，プリモはシャーラーフといっしょにエジプトで学んだと言っているが，それはエルサレムだった可能性もある．どちらにも決定的な証拠はない．プリモは（ラビ回答書 *Kehunath ⊂Olam*, Konstantinopel 1740の末尾に印刷された彼の説教⊃*Imrej Schefer* のなかで）シャーラーフのことを先生と言っている．プリモがシャーラーフの弟子であったことはアブラハム・カルドーゾも知っていた．G. Scholem: *Essays in Erinnerung an H. P. Chajes*. Wien 1933, p. 333参照．Frumkin（第2部，p.　31）によれば，シャーラーフはエルサレムのラビ・ゼラヒヤ・グ

ータの弟子であった．

128．Haberman, p. 212.

129．本書442–443頁と Baruch von Arezzo, p. 55参照．

130．Sasportas, p. 81.

131．Samuel Vital の *Scha⊂ar ha-Gilgulim* の末尾に掲載されている．

132．Sasportas, p. 137.

133．Sasportas, p. 82と ⊃*Erez Jisra*⊃*el* 3, 1954, p. 246の M. Benajahu 参照．

134．Sasportas, p. 157.

135．Sasportas, p. 156.

136．Coenen, p. 45; 本書456頁参照．

137．1666年3月に書かれたエジプトからの長文の手紙にかんする Sasportas, p. 122, ならびに信仰にかんするアレクサンドリアのラビたちの手紙の本文 Sasportas, p. 72を参照されたい．

138．Sasportas, p. 192, ラビ・ヨセフ・ハ＝レーヴィのラビ・ホセア・ナンタワ宛書簡のなか．書き手はすでにサバタイの棄教のことを知っていて，手紙のなかで積もり積もった憎悪を「信者たちに」ぶちまけている．

139．ラビ・ヨセフ・ハ＝レーヴィと同じ典拠に基づいているエマニュエル・フランセスは，アレクサンドリアでのアブ9日の断食は似而非預言者ラビ・マッターティアスの命で廃止されたと主張しているが，ほかのエジプトの町には言及していない（*Zwi Muddach*, p. 128）．

140．Sasportas, p. 182. 以前わたし（*Zion* 7, 1942, p. 176）や J. Tishby（Sasportas への注，p. 271）が主張した見解とは反対に，預言者ブロッホがイタリアで信仰を説くためにサバタイ・ラファエルについて行った男と同一人だった可能性はない．サバタイ・ラファエルは，自分と連れはサバタイの使命をおびてパレスチナからローマへ行ったのだとサスポルタスに語ったとき，23歳の（あるいはせいぜい27歳の）若者だった．彼は白髪のラビを自分の「仲間」などとはぜったい言わなかっただろう．

141．Sasportas, p. 198. しかしここには彼の故郷の町の名は述べられていない．棄教後も長く彼は活発なサバタイ主義者だったと言われている．しかもそう言ったのはアブラハム・カルドーゾで，カルドーゾはひょっとすると「彼［パラへ］が故郷の町マラケシュへ帰る途中チュニスを通ったときに」そこで彼と会ったのかもしれない（リヴォルノのラビ・サムエル・デ・パス宛のカルドーゾの手紙; Weiss: *Beth ha-Midrasch*, p. 65）．

142．Sasportas, p. 169.

143．C. Bernheimer: »Some new contributions to Abraham Cardoso's Biography«. *JQR* 18（新シリーズ）, 1927, p. 112.

144．彼は *Las Excelencias y Calumnias de los Hebreos*（ユダヤ人の優秀さと誹謗）. Amsterdam 1679を書いた．のちの兄弟間の関係は冷えきってしまった．

彼の生年月日についてはJulio Caro Baroja: *La Sociedad criptojudica en la corte de Felipe IV*（フィリップ四世の都における隠れユダヤ人の社会）. Madrid 1963, pp. 102–103を参照されたい．この書が印刷に付されたとき，イサアク・カルドーゾにかんする包括的な価値あるモノグラフィが出版された．Josef Hayim Yerushalmi: *From Spanish Court to Italian Ghetto*. Columbia University Press. New York 1971である．このなかで，比較的長い一章（pp. 302–349）が兄弟二人の関係とサバタイ主義にたいするイサアク・カルドーゾの敵対的な態度に捧げられている．

145. J. Basnage: *Histoire des Juifs*. 第9巻，第2版，1716年，793頁（第1版にはない）と彼の神学研究の2年間にかんするカルドーゾの証言（*Zion* 7, 1942, p. 25）．バナージュはカルドーゾがサラマンカで読んだノストラダムスの予言を堅く信じていたことも知っていた．察するに，カルドーゾはノストラダムスのユダヤ出自を知っていて，それで彼を自分と同じマラノだと思ったのだろう．

146. *Sefunoth* 3–4, 1960, p. 221と*Zion* 29, 1953, p. 15. ここで彼は1649年に見たヴェネツィアのユダヤ人たちにかんする夢のことを語っている．メシアが現われたが，彼らは彼を信じようとしなかった，というのである．Yerushalmi, p. 192は「兄弟二人がいっしょにスペインを去ったのは事実上確かだ」と考えている．兄弟二人のヴェネツィア滞在については，Yerushalmi, pp. 195–205参照.

147. *JQR* 18（新シリーズ), 11927, p. 113. ヴァレンシは1649年3月に85歳で亡くなった．*MGWJ*, 1892, p. 273参照．したがって，彼がカルドーゾの先生のひとりであったというのはきわめてありそうもないことである．

148. *JQR* 18（新シリーズ), 1927, pp. 114–116.

149. *Sefunoth* 3–4, 1960, p. 233参照. しかし別の本では，彼は初めてルーリアの幻を見た日付を1662年としている．*Zion* 7, 1942, p. 17.

150. カイロとトリポリへの旅にかかわるカルドーゾの主張に見られる矛盾にかんするBernheimerの注，*JQR* 18（新シリーズ), 1927, p. 114を参照されたい．後年彼は，カバラーの著作を書きはじめた時点を1664年とした．*Essays in Memory of H. P. Chajes*. Wien 1933, p. 326（ヘブライ語部門）参照.

151. Bernheimer, p. 127参照.

152. MS. Hamburg 312, fols. 14a–15a. この二つの記録は1668年11月のものである．そのうちのひとつはトリポリのラビ裁判についてである．

153. Sasportas, p. 289.

154. Sasportas, pp. 290–291.

155. Sasportas（p. 93）はラファエル・スピーノ宛の手紙で，スピーノが以前に伝えた，メシアの予兆が惑星「サバタイ」（すなわち土星）の幻視というかたちで述べられた報告を引き合いに出している．この幻視を見た者の名は述べられていないが，この出来事はカルドーゾが1666年3月に見た幻視の描写を

想起させる．Sasportas, pp. 290–291参照．

156．Sasportas, p. 209.

157．MS. Oxford 845, fol. 198a. この写本のフォトコピーがエルサレムのベン・ツヴィ研究所にある．

158．Gershom Scholem『*To⊂ej Ruach* 書からサバタイ関係の新証言』（ヘブライ語），*Zion* 7, 1942, p. 179. 本書第五章Ⅰの終りも参照されたい．

159．その写本を所蔵し，目を通すことができたラビ・ヨセフ・マシャシュ（ハイファ）の文書による報告（1965年12月9日）．

160．Sasportas, p. 152.

161．Sasportas, p. 91.

162．Sasportas, p. 73. ラファエル・スピーノ宛書簡．

163．Sasportas, p. 328.

164．Sasportas, p. 351.

165．サレ宛の手紙でサスポルタスは（p. 352），サバタイ主義運動との不屈の闘いの過程で彼がいろいろなコミュニティに送ったすべての書簡をリストアップしているが，注目すべきことにそれ以外のモロッコ宛の手紙については述べていない．

166．M. Kehathi はハブシューシュの *Dofi ha-Seman* の決定的な章を彼のヘブライ語の論文『イエーメンにおけるサバタイ主義運動』（*Zion* 5, 1933, pp. 78–88）に発表している．とくに82–83頁を参照されたい．

167．ヘブライ語の月刊誌 *Misrach u-Ma⊂arawl*, Jerusalem 1920, p. 13の Idelsohn. この伝承とサバタイ主義運動とのつながりをいっさい認めまいとするイエーメンの学者アブラハム・ナダフの試みは明らかに彼が重要な証拠文書を知らないことに起因する（前掲書，332頁）．ヘブライ語の写本『アラブ人の歴史』からの彼の引用はたんに，いろいろな版では本来の日付もサバタイの名も故意に省かれたということを示しているにすぎない．*Dofi ha-Seman* のハブシューシュ版はいまではその間に発見された重要な記録によって裏づけられている．

168．ユダヤ国立図書館の写本4° 497にある *Tikhlal*（イエーメンの祈禱規則）の刊記．

169．この詩はシャッバジの全詩集のなかにある．エルサレムのベン・ツヴィ研究所の MS. 3274, fol. 3a. 彼は「この1666年」，所有地の売却とナータンの預言について語っている．ほかにも彼のサバタイ主義の詩はナダフ（前掲書，31頁）によって引用されているが，彼はそれらをサバタイ主義的キリスト再臨論というよりは，通常のメシア的期待の結晶と解した．ツヴィ（*Zwi*）という言葉はしばしば神を，そしてその女性形（*Zwija*）はシェキーナを指していると彼が強調しているのは正しいが，シャッバジの多くの詩では *Zwi-Zaddik*，すなわちメシア・ツヴィははっきり神と区別されていることを看過している．

170. A. S. Idelsohnのアンソロジー *Schirei Tejman*. Berlin 1924, pp. 269–270に発表されているSa⊂id Mansurの1666年に書かれた詩を参照されたい. Uas b. Sa⊂idのメシア的詩（*RÉJ* 52, p. 44参照）もサバタイ主義運動に属するかもしれない.

171. *Kobez ⊂al Jad* 4（新シリーズ）, 1949, pp. 105–141. わたしが編集したテクストの序文でわたしは，残存している黙示録はもともと大きなカバラーの著作の一部であったに違いないことを示した.

172. これらの写本は匿名である. MS. Enelowだけは（別人の手で）表紙にこのような書き込みがある.「これは尊敬すべき兄弟サロモン・ベン・ゼカリヤ・サアドヤーの書 *Gej Chissajon* である.」だが，この名前は本の持ち主の名だったかもしれない.

173. *Kobez ⊂al Jad* 4（新シリーズ）, 1949, p. 124.

174. ビザンチン時代からヘブライ語の慣用ではビザンツ（すなわちコンスタンチノープル）は第2のローマを意味することもあった.

175. *Kobez ⊂al Jad* 4（新シリーズ）, 1949, p. 125.

176. 同書118頁.

177. ポーランドとロシアにメシアの復讐があるというナータンの預言の明らかな反響. 本書292頁参照.

178. *Kobez ⊂al Jad* 4（新シリーズ）, 1949, p. 118; pp. 115, 120, 125も参照されたい.

179. 同書，110頁.

180. 同書，113頁.

181. 同書，116頁. この決まり文句が採られたオリジナルの手紙はもはや遺っていない.

182. 同書，125頁.

183. 同書，114頁，116頁. イエーメンにおいてメシア的解放の最終段階が始まるだろうという確信はほかのイエーメンの著者たちももっている. *Kitwej Jad be-Kabbala*, Jerusalem 1930, pp. 240–242とヘブライ語のアンソロジー *Vom Jemen nach Zion*（イエーメンからシオンへ）, S. Garidiならびに I. Jeschaja編, Tel Aviv 1938, pp. 174–179にわたしが発表したイエーメンの黙示録を参照されたい.

184. 同書，123頁.

185. 同書，137頁.

186. 同書，124頁，126頁.

187. 同掲書125–126頁，137頁.

188. ここでいわれているのは西ローマ，すなわちキリスト教世界である.

189. *Kobez ⊂al Jad* 4（新シリーズ）, 1949, S. 135.

190. Sasportas, p. 78.

191. イディッシュ語のオリジナル版も参照されたい．MS. Schasar, fol. 36a.

192. Sasportas, p. 77.

193. Sasportas, p. 345.

194. Sasportas, p. 174.

195. Lejb b. Oser; Emden, p. 26.

196. MS. Scchasar, fol. 55a.

197. 同書，fol. 38b.

198. 同所.

199. Baruch von Arezzo, Freimann, p. 53.「[サバタイは] 彼らに，あなたがたの国には預言者がいるかと尋ねた．彼らは『いいえ』と言った．すると彼は彼らにこう語った．『よろしいですか．預言者がひとりいます．彼の名はラビ・ネヘミヤです．わたしのところへ来るように彼に言いなさい．彼はある場所にいるでしょう』[言い伝えではネヘミヤがレンベルクから来ると言われていることがもう忘れられていた.] 彼らは本当に主の言われた場所に彼を見つけた．ラビ・ネヘミヤは彼らを迎えて，こう言った．『あなたがたが主のもとへ行かれたとき，主は大勢の学者といっしょにおられたでしょう．手には小さなトーラーの巻物をもっておられた．……その場に居る者たちを主が放たれる熱から守る大きなガラスがあった．主は燃える天使のようだからです．またあなたがたは主の光の神々しさのために4エレ離れていました.』」

200. レイーブ・ベン・オーザー（Emden, p. 17); リヴォルノのヨセフ・ハ＝レーヴィ（Sasportas, p. 172).

201. カサーレのラビ・サムソン・バッキーによる（Capri, p. 18).

202. Emden, p. 26; Coenen（p. 81）も彼が有名な学者であることを聞いていた．

203. 彼はカバラーの作品 *Akbat Rokhel* からトラクト『メシアのしるし』を知っていた．Jellinek: *Beth ha-Midrasch*. vol. 2, pp. 58–63と，August Wünsche: *Aus Israels Lehrhallen*（イスラエルの大教室から). vol. 3, Leipzig 1909, pp. 106–117にあるドイツ語訳参照．『ゼルバベルの書』は1519年にコンスタンチノープルで印刷された．Israel Levi: »L'apocalypse de Zorobabel«. *RÉJ* 68, pp. 129–160; *RÉJ* 69, pp. 108–121; *RÉJ* 70, pp. 57–65; Juda Even-Schmuᵓel: *Midreschej Geᵓulla*. Jerusalem 1954, pp. 55–88.

204. Emden, p. 17. Kahana（vol. 1, p. 97）はこの考えの出所としてつとに小さい黙示録的ミドラーシムを指摘していた．

205. Rycaut, p. 213; Coenen, pp. 81–82と2篇のアルメニア語の叙述，Galanté, pp. 93, 105も参照されたい．

206. この点でクーネンとレイーブ・ベン・オーザーは一致している．しかし，クーネンはレイーブの回想記の主たる典拠をなしていたけれども，この場合に限ってレイーブは必ずしも彼に依拠していない．レイーブはネヘミヤとの

話し合いについて報告するのにたくさんの追加資料を意のままに使うことができた．そのなかには主としてネヘミヤ自身の話があった．「ラビ・アブラハム・ザールマン」が実在したのかどうかはわからないが，もし実在したとしても，彼がかつてサバタイのスミルナでの最初の弟子のひとりであったのかどうか．

207．Carpi, p. 18（4 行目の本文には欠けている箇所がある）．

208．J. Sonne は，ネヘミヤにかんするエピソード全体はかねてたくらんでいたサバタイ自身の棄教の道を用意するための，サバタイ自身によって演出された狡猾な策略にほかならないという説を唱えた．ネヘミヤは劇的な転換をもたらすために密命をおびてアドリアノープルへ送られたというのである．サバタイの性格判断を完全に誤っているこの謀叛のでっちあげを証するものは何もない．*Sefunoth* 3–4, 1960, pp. 62–66の Sonne 参照．

209．Emden, p. 17.

210．Sasportas, p. 345.

211．レイーブ・ベン・オーザー，Emden, p. 17:「彼らはラビ・ネヘミヤを殺すつもりだった．」さらに Emden, p. 18:「彼はとても恐れた……彼らがひそひそ話し合っているのを見たからである．」だが，これらの引用はレイーブの記述をエムデンが空想でふくらませたものである．レイーブはただオリジナルの写本にしたがって「彼らは彼を殺したかったのだが，砦の周りにいるトルコの監視兵を恐れた」と言っているだけである．

212．Emden, p. 18; MS. Schasar, fol. 54b.

213．Sasportas, p. 174. これはネヘミヤの棄教に言及した，知られている最初のもので，事件の約10週間後に書かれた．

214．Coenen, p. 83.

215．Sasportas, p. 175. 彼はネヘミヤと話をしたポーランドの証人たちの話に依っている．

216．Emden, p. 18.

217．Rycaut, p. 213参照．「[ネヘミヤは] アドリアノープルへ行き，それまでこの民衆の大集会やユダヤ人の謀叛の預言のことなどいっさい聞いていなかった国の大臣たちや宮廷の役人たちに内緒で教えた．……そしてサバタイに不満を抱く，彼を信じない何人かのコッカム（ラビ）を味方に引き入れた．彼らは自国民への愛情からか，それともこんなに長く続く愚行から生ずるかもしれない不幸を防ぎたいと思ったからか，勝手に（当時カンディア［クレータ］で大宰相代理をしていた）カイマカムのもとへ行き，彼に，アビドの城に捕えられているサバタイ・セヴィという名のユダヤ人は極悪人であると知らせた．」Rycaut はネヘミヤの棄教については触れていない．

218．Coenen（p. 82）によれば9月5日．

219．オリジナル（MS. Schasar）ではこうなっている．Emden（p. 26）の印

刷稿では対照を表わす「しかし（わたしが聞いたところによると）」が省かれている．

220．上記注199に引用された，サバタイ派の作り話と思われる話を参照されたい．

221．「彼は数人の女たちと性的関係があった」（Galanté, p. 94）．

222．Galanté, p. 106. ガランテのフランス語訳（*favoris*）に基づいて，アルメニア語の原文が同性愛的関係を言っているのか，側女を指しているのか断定することは困難である．

223．Rycaut, p. 213.

224．Sasportas, p. 98.

225．Galanté, pp. 85, 97. アルメニア語の資料に基づいている．本書第四章，注244も参照されたい．

226．Emden, p. 41. サバタイは７人の娘を呼んで律法を読ませたというモーセス・ハギスの言（同書）はあるとくべつな機会になのか，それとも正規の儀礼のときになのかまったく不明である．

227．モーセス・イブン・ハビブ（Emden, p. 53）は，一度棄教したが，あとでまたユダヤ教に戻ったある信者の証言を引用している．この証人が言うには，いまわしいサバタイは「頭にテフィリン［聖句函］をつけたまま男児と性交をし，これは大いなる［神秘な］ティックーンなのだと説明した」．確かな証拠がないかぎり，この「後悔している」脱サバタイ主義者の証言は慎重に扱われねばならない．しかし，ガリポリの当局に持ち込まれた訴えのひとつにお気に入り *favoris* との不道徳な関係もあった．上記注222参照．

228．*Sefunoth* 3–4, 1960, p. 89の J. Tishby は R. Elia Mojajon の著作（MS. Günzburg 517）から引用している．

229．同書，88–91頁．トーラーの巻物の神聖さを穢す同様の儀式があったことはヤコブ・フランクの語る自伝的な話によっても証明されている．

230．サバタイのガリポリ幽囚の結末にかんする de la Croix（p. 369）の記述にはまったく証言価値を認めえない．ド・ラ・クロワはネヘミヤの訪問のことはまったく聞いておらず，当局はアブ９日のお祭り騒ぎをきっかけに行動に踏み切ったと考えた．スルタンはユダヤ人の行なった祭り事に注意を引かれると，調査を命じ，カイマカムのムスタファ・パシャを厳しく叱ったという．しかし，スルタンとカイマカムが言ったとされる談話やほかのある種の詳細は，この場面全体はド・ラ・クロワが自分の知識の欠除を埋める「歴史小説」の一部をなすものであることを示している．

231．Rycaut, p. 214.

232．Coenen（p. 84）によれば，これは９月12日に起こった．ラビ・ヨセフ・ハ＝レーヴィ（Sasportas, p. 172）はエルール13日＝９月13日と言い，ガリポリの騒動はネヘミヤの棄教の日に終ったとつけ加えている．「その日，ユダ

ヤ人は激しい攻撃を受けてことごとく追い払われた．そしてアドリアノープルのスルタンのもとへ一報が送られた．」ほかの資料はもう少し早い日付を考えさせる．たとえばド・ラ・クロワなどはサバタイは９月14日にアドリアノープルに着いたと言う．Rosanesの記述（vol. 4, pp. 428–429）は不正確で，間違いがある．サバタイがコンスタンチノープルを通って行ったことを示す証拠はない．フランス語の*Relation*（p. 29）によれば，ムフティ〔イスラムの律法学者〕と高位聖職者はサバタイ騒動のスキャンダルについてスルタンに苦情を言ったそうだが，ほかにこの記述を裏づける資料はない．このイエズス会士の著者はどうやらネヘミヤの本のことは何も聞いていなかったらしい．アルメニア語の記述は次のように報じている（Galanté, pp. 94, 106）．カイマカムは最初，サバタイをただちにガリポリで縛り首にせよという命を携えた将校を送ったが，そのあとすぐ第二の使者が逆の命令を携えて到着した．「彼［サバタイ］は天に召され，絞首刑にされたのは別人であるという噂が広まらないように，」サバタイを生きたままアドリアノープルへ連行せよというものである．サバタイがガリポリの市中を通ったとき，信者たちは彼をひと目見る許しを得るために護送兵に袖の下をつかませた．この報告は完全に事実に基づいているかもしれない．

233．Graetz, vol. 10, p. 455はゴーチエ・ド・レスリ伯を引用している．

234．Freimann, p. 90.

235．この日付はいろいろな資料によって裏づけられている．ド・ラ・クロワ（p. 372）によればサバタイは９月14日に着いたが，クーネンの日付（pp. 84–82）のほうが信頼性が大きい．サバタイ・ツヴィも（棄教後に書いた手紙のなかで; Coenen, p. 86参照），Galanté（pp. 80–82）の引用しているトルコの資料も，枢密院での引見は９月16日に行なわれたと言っている．Hammer: *Histoire de l'Empire Ottoman*（1938）. vol. II, p. 241に述べられているトルコの日付（24 Rab⊂ia al-Awwal 1077＝1666年９月24日）は誤りに違いない．フランス語の*Relation*は，棄教は９月17日に行なわれたと報告している（p. 30）．

236．1666年11月23日にアムステルダムで書かれた手紙には，サバタイの棄教の報せはスミルナのキリスト教の商人から届いたと報告されている．「しかし，わたしたちのユダヤ人はそのような報せを受け取っていない．他方彼らは，王［すなわちサバタイ］が９月13日にガリポリを発ち，３人のラビをともなって馬車で旅立ったことを知らされている．彼は９月16日にアドリアノープルに着き，スルタンにうやうやしく迎えられた，と．だが，彼がトルコ人になったということについては彼らは何も知らされていなかった．」

237．Robert de Dreux: *Voyage en Turquie*（トルコの旅）. H. Pernot注・刊，Paris 1925, p. 41.「わたしたちがアドリアノープルで過ごしていたときに，この国民は……極度の混乱に陥った．わたしはその一端を目撃した．わたしの住んでいた部屋が通りに面していて，朝早く，大勢のひとたちが通り過ぎる物

音を聞いたのである．私は鋤や鍬やシャベルや，そのほか土を運ぶための道具を運んで通る大勢のひとたちを目撃した．彼らがどこへ行ったのか聞いてわかった．まもなく彼らのメシアが到着するというので彼らは道を均しに行ったのである．わたしが彼らをからかうと，わたしが住んでいたユダヤ人の家の長男がわたしに，笑われたってかまいません，もう少しであなたたちはみんなわたしたちのメシアのお力によりわたしたちの奴隷になるのですから，と言った.」〔原文フランス語〕これは同僚の A. J. Duff のご指摘によるものである．

238. MS. Schasar, fol. 40b. Emden（p. 18）は彼が出したレイーブの回想記のヘブライ語版で人物像を誇張している．

239. 同時代の二人のトルコの歴史家，アブディ・パシャとメヘメド・ラシドの著作の決定的な部分が Galanté（pp. 80–82）によってオリジナルの写本から訳されている．トルコ語のテクストは現在 Ibrahim Gövsa: *Sabatay Sevi*. Istanbul o. J., pp. 47–52で目にすることができる．

240. Galanté, p. 80:「皇帝陛下は姿を見られずに窓から眺め，聴き入った.」

241. Rycaut（p. 218）は彼を「後宮の説教師，あるいは――こう言ってよければ――皇帝付き司祭」としてえがいている．ドイツ語版では（p. 16）彼のことをこう書いている．「イスラム教の神のお告げにして信頼できる律法解釈者といってごく当然なくらい高い学識があると思われている男．そのため彼は自分自身の功績と神聖さを自分でもたいそうなものだと思っている．それもそのはず，彼はまったく迷信的なトルコ人で，キリスト教徒に触られたり，そばに近寄られただけで自分の身が汚れると思っていたのである.」

242. Rosanes（vol. 4, p. 116）はハヤティ・ザーデにかんする情報をトルコの資料から集めている．ユダヤ人著者のなかではトビーアス・コーヘン（*Ma*⊂*ase Tobia*; Emden, p. 46）だけがこのトルコ人の名を挙げている（Majati Sadi というのはたぶん印刷者の誤植であろう．Rosanes が430頁でそれを訂正しているのは正しい）．アルメニア語の記述もハヤティ・ザーデとしている（Galanté, pp. 95, 106）．フルネームは，Gövsa, p. 51に引用されたトルコ語の資料に現われている．彼はユダヤ人の仕立て屋（ヘブライ語でハヤト）の息子であった．彼がのちにもらったトルコ名はそれから由来する．

243. 挿入された部分は一般にクーネンの記述の潤色とみられているが，そこにあるいかにも偽物らしい感じは見逃された．「サバタイを信じていない」が敬虔なユダヤ人としてえがかれているこの医師はスルタンと長く話をしたが，サバタイをどうしたらいいかということについては何も提案をしなかったという．ヘブライ語版の著者はスルタン自身は姿を見せずに帷か格子窓の奥に隠れているというトルコのならわしを知っていたらしいが，サバタイのケースではスルタンはこのルールを逸脱して，みずから彼と面談したと述べている．エムデンはこの話をセファルディー系ユダヤ人の資料から書き写したのかもしれない．

244. MS. Adler 494. Jewish Theological Seminary of America, New York, fol. 38a. 17世紀後期のこのセファルディー系写本のサバタイ主義的性格は疑いようがないように思われる．本書723頁参照．

245. レイーブ・ベン・オーザーがこの名前をヘブライ語に転写していることは彼がCoenenに依存していることを証明している．トビーアス・コーヘン（上記注242参照）はこの名前をディドンとしている．Rosanesは，ギドムというのはそもそも名前ではなく，この棄教者がそう呼ばれていたユディオ *Judio*（「ユダヤ人」）という渾名の崩れたかたちであると言っている（vol. 4, p. 77）が，クーネンの綴りはユディオの音声上の読み方とは合わない．しかしながら，ギドムはクッスムの軽い音声上の変形と言えるかもしれない．もしそうなら，クーネンはひょっとすると二人の医師，棄教者とトルコ人とを取り違えたのかもしれない．

246. スルタンの宮廷は1668年９月（あるいは10月）から1670年初春までラリッサにあった．したがって，この英国の旅行者が1666年の出来事に関係した，ユダヤ人のメシアを嘲笑する歌や話を聞いた可能性がはなから除外されているわけではない．ブラウンは自分の聞いたトルコ語の歌を翻訳してくれる人を見つけるのにさして苦労しなかっただろう．

247. Edward Browne: *A Brief Account of Some Travels in Hungaria... Thessaly... and Friuli*. London 1673, p. 58; Geoffrey L. Lewis と Cecil Roth: »New Light on the Apostasy of Sabbatai Zevi« *JQR* 53, 1963, pp. 219–225を参照されたい．

248. カシム・パシャと当時のトルコの出来事において彼が果たした役割にかんする詳細については亡き同僚U. ハイト氏に感謝せねばならない．氏はとくにトルコ史のこの時代の研究に専念された．

249. Lewis と Roth（前掲書，注247参照）が提唱しているように．

250. Rycaut（p. 214）によれば，通訳を通してサバタイに質問したのは「皇帝」自身だった．Coenen（p. 84）とフランス語の *Relation*（p. 31）が，彼は「スルタンの名代に」聞かれたと述べているのは間違っていない．

251. サスポルタスは一度だけこの重要な記録に言及しているが（p. 299），奇妙なことに本文を載せていない．ユダヤ人コミュニティの長たちのそのような報告は「その場で」書かれたのかもしれないというのはありえないことではないけれども，サスポルタスがほかのばあいは自分の情報源としてはっきりコンスタンチノープルやスミルナやエジプトからの手紙に言及しているという事実に異論の余地はない．ひょっとするとアドリアノープルからの手紙などまったくなかったのかもしれず，サスポルタスがそれに触れているのはまったくの混同によるのかもしれない．歴史家にとって，この話のきわめて重要な資料の多くが遺失してしまったことはかえすがえすも残念なことである．

252. Sasportas, p. 299. アブラハム・カルドーゾもたびたびこの手紙に触れている．*Zion* 29, 1954, p. 21のカルドーゾの書簡参照．

253. *Relation*, p. 30. 著者は，彼を破滅させようと望む敵対的な挑発者がメシアの噂を立てたのかもかもしれないとさえサバタイは主張したとしている．Sasportas（p. 172）によれば，サバタイはのちにはっきりナータンを首謀者だと言ったという．

254. これは何人かのサバタイ派の著者が言い立てた説明でもあった．クウェンケ（Emden, p. 41）によれば，サバタイはスルタンの医師に「まだその時ではない」と言ったという．Emden は（同所）そのような「気まぐれさ」を怒った．彼はサバタイの内面生活の不合理な面をまったく解しなかったからである．

255. *Relation*, p. 31.

256. Rycaut, p. 214. Coenen, p. 84も参照されたい．アルメニア語の記述（Galanté, p. 95）は，弓の射手に加えてさらに他の拷問器具がいろいろ用意されていたと言っている．レイーブがまったく勝手に作り上げた記述（Emden, p. 18）によれば，矢には毒が塗られていたという．

257. Coenen, p. 84.

258. Rycaut, p. 214. アルメニア語の報告（Galanté, p. 107）も同様で，それによれば，サバタイは，ユダヤの著作を長年研究した結果，イスラム教の真実性を確信するにいたり，実際すでにこの20年間ひそかにそれを信奉していたことを明らかにした．フランスのイエズス会士がサバタイに言わせる（*Relation*, pp. 32–34）激しい反ユダヤの誹謗の言葉はまったく非歴史的である．もっとも，サバタイが「もう20年まえに」ユダヤ教の虚偽性を見抜いていたという指摘はある程度本当かもしれない．ことによるとサバタイは実際に，この20年間伝統的な律法を逸脱していたことについて何か言ったかもしれない．

259. 本書714頁のサバタイ派の資料からの引用を参照されたい．

260. De la Croix, p. 374も参照されたい．「彼はユダヤ人の縁なし帽を地面に投げ捨て，足で踏みつけた．」

261. Sasportas, p. 172.

262. Sasportas（p. 173）の引用した報告が言うには，サバタイは彼の密告を，信者であるいろいろなコミュニティが彼に書いた手紙を見せることによって証明した．しかし，この不意の逮捕にさいしてすばやく「証拠書類」の山を用意してタイミングよく出して見せることができたとはおよそ信じられない．この説明は話全体の真実性に疑いを投げかける．また，このフランス人著者の過激な反セム主義も彼の記述の信憑性を甚だしく疑わしめる．（1666年10月21日に書き終えられ，イタリア語で発表されたイエズス会士 Jacob Becherand の初稿にもそのあとの *Relation* に見られるようなサバタイの長い，激越な反ユダヤのスピーチはない．*Lettera mandata da Constantinopoli a Roma intorna al nuovo Messia*〔コンスタンチノープルからローマへ送られた新メシアにかんする手紙〕. Siena 1667, pp. 7–8 参照）．この種の話は棄教後の反サバタイ論争熱や憤激

から発した可能性が高い．もちろん支持者たちがあとでうまく言いつくろおうとしたり，二度と思い出したくないと思ったようなことをサバタイが言った可能性もけっしてないわけではないが．

263．年金（トルコ語で *Ulufé*）のことは棄教にかんするすべての報告に述べられている．De la Croix（p. 374）は月額50エキュと言っている．同様にフランス語の *Relation*（p. 32）も「日給約１エキュ半」という数字を挙げている．故L. A. マイヤー教授は当時の１エキュの価値は80～90アスペルと計算された．それにしたがえば，１エキュ半はトルコ語やヘブライ語の資料に言われている（Sasportas, p. 172参照）150アスペルの額に相当するだろう．イタリア語のパンフレット（上記注262参照）は１日につき15ジュリイの年金について語っている（p. 7）．

264．Galanté, pp. 81–82.

265．*Relation*, p. 32. もっとまえのイタリア語版（p. 7）でもすでにそう言われている．

266．*Relation*, pp. 35–36. イタリア語版はひとりの忠実な召使い，助手のことを述べているが，この者も棄教者になったとは言っていない．

267．De la Croix, pp. 372–374.

268．スミルナのラビたちに宛てたカルドーゾの手紙．*Zion* 29, 1954, p. 13を参照されたい．

269．Freimann, p. 58. サバタイにかんするそのほかの報告については Sasportas, pp. 247–248参照．

270．M. Attias: *Romancero Sefaradi*（第２版1961), pp. 177–178参照．「60万のユダヤ人全員が彼のあとに従った．／彼の名声は王の耳にはいるほど高まった．／王はそれを知るや，彼を連れてくるよう命じた．／宮殿の入口でシェキーナーが彼の内に宿った．／城門の入口で，王は立ち上がり彼を迎えた．／王は頭巾を頭から取り，そしてさらに毛皮も脱いだ．（……）王は彼のために宴をもうけ，彼を連れてくるよう命じた．／彼は王を無視し，ないがしろにした．／彼はゾーハルを胸ふところに，さらにテフィリンを身につけた．／そのときから今日まで彼はイスラエルのために尽力している．」〔原文スペイン語〕この詩，サバタイ－スペインのロマンツェは故 Ben-Zwi 一世が1943年にトルコから持って来たデンメー歌謡集にある．上記引用の最終行はこの詩がサバタイ存命中に書かれたものであることを示しているように思われる．ゾーハルとテフィリン（聖句箱）のくだりはアブラハム・クウェンケも述べている．

271．Emden, p. 41.

272．彼女が夫とともに棄教したという，各種報告に現われる主張にはいっさい根拠がない．

273．*Relation*, p. 40; de la Croix, p. 377.

274．*Relation*, p. 40.「それでも彼女は夫が他のトルコ女と再婚したのを見て

ちょっと自尊心を傷つけられたといわれる．この女は元王妃の侍女，より正確に言えば，王妃の女奴隷のひとりで，この新イスラム教徒に嫁がせるのが彼をより強く味方に結びつけておくのに都合が良いと判断されたのであるが，なんと彼はそれをすんなり受け容れたのであった.」〔原文フランス語〕

275．エジプトのラビたちの手紙を参照; Sasportas, p. 198と Sasportas 自身，p. 304.

276．MS. Adler 494, fol. 38aff; わたしはテクストを⊃*Erez Jisra⊃el* 4, 1956, pp. 192–193に発表した．

277．すなわち「名誉」カピジ・バシにして王の年金生活者であり，一定の任務を遂行せねばならない実際の宮殿の門番ではなかった．

278．Coenen（p. 86）は自分で見ることのできたオリジナルのヘブライ語のメモの文言を書き写した．

279．サバタイはヘブライ語の語呂合せを用いて手紙に日付を入れた．*Dach* という語はいわば24日［エルール］と，さらに「意気消沈した」を意味する．

280．*Kobez Hoza⊃ath Schocken le-Diwrej Sifruth*. Jerusalem 1940, fol. 24a. の G. Scholem を参照されたい．

281．Tishby, *Sefunoth* 3–4, 1960, pp. 86–87, 注69に MS. Günzuburg, fol. 24a にしたがって引用されている．

282．「自称ユダヤのメシアの暴かれた嘘と背信」

図の説明は以下のとおり．

1．急使によってコンスタンチノープルへ連行される偽メシア．

2．嘲られ，罵られて，腐った果実を投げつけられる偽メシア．

3．トルコ皇帝の前に引き出される．

4．［皇帝は彼にイスラム教か死かの選択を迫る］サバタイはユダヤの信仰を拒否し，トルコの宗教を受け容れる．

5．大宰相のもとへ連れて行かれる．

6．衣服を脱がされ，［断食をやわらげるためにひそかに隠し持っていた］ビスケットを見つけられ，トルコ人の服を着せられる．

7．このポーランドのユダヤ人たちの使いはトルコ人になり，信仰を誓う．

8．棄教したメシアが家来たちとともにトルコ人の身なりで立っている．

9．メシアの妻．彼女もトルコ人になった．

おそらくアウクスブルクで1667年初頭にシリーズで印刷されたパンフレットの最終号．

## 第七章

1．E. Renan: *Les Apôtres*. Paris 1894, p. 2 参照．

2．*Sefer ha-Likkutim*（Chajim Vital の作とされている）. Jerusalem 1900, fol. 22c.

3. ヨセフ・ハ＝レーヴィの手紙（Sasportas, pp. 171, 186).

4. Sasportas, p. 190. ヨセフ・ハ＝レーヴィの手紙は1666年11月に書かれたが，手紙が言及しているナータンの助言がなされたのはたしかに棄教まえである．ナータンの言はサバタイ派の資料にも伝えられている．Freimann, p. 96を参照されたい.

5. Sasportas（p. 352）は，サバタイには結局棄教するしか道はあるまいと自分は預言していたと主張している．実際，サスポルタスは1666年始めに天の助言を求め，夢のなかで答えをもらった．答えはヨブ記30, 5と27, 23のかたちでなされたが，その謎めいた答えはサスポルタスがのちにそれに付与したような意味（p. 79）をもっていなかった．本当のところサスポルタスが恐れていたのはメシアの棄教よりもむしろ失望した信者たちの棄教の可能性だったようだ（Sasportas, pp. 47, 166).

6. Coenen（p. 96）によれば，スミルナで幾人もの証人が，サバタイはいつの日かターバンを巻き，ユダヤ宗教の奥義をトルコ人に明かし，ポルトガルのシナゴーグをモスクに変えるであろうと預言した，と報告した．Coenen 自身は当然この報告の真実味を疑っている.

7. *Relation*, p. 36: »ce fut un coup de foudre（これは青天の霹靂であった).«

8. 同所.

9. カルドーゾのスミルナ宛の書簡，MS. Ben-Zwi 研究所2263に伝えられている版.

10. Lejb b. Oser. MS. Schasar, fol. 41a. レイーブはさらにこうつけ加えている．人びとはサバタイが前代未聞の拷問を甘受し「手足をバラバラに切断させるだろう」と期待していた，と.

11. *Relation*, p. 36.

12. Sasportas, p. 175. Coenen（pp. 90–91）によれば，コンスタンチノープルとスミルナで同様の見解が主張された.

13. Lejb b. Oser. MS. Schasar, fol. 54b. 注目すべきことに，ハシディズムの創始者イスラエル・バアル・シェーム・トーヴも同意見で，「彼［すなわちサバタイ・ツヴィ］は聖性の火花をもっていたが，サマエル（すなわち邪悪の王）はそれを網で捕えた」と言ったといわれる（*Schiwchej ha-Bescht*. S. A. Horodezki 編，Berlin 1922, p. 81).

14. J. Tishby によって *Sefunoth* 3–4, 1920, p. 87に発表された MS. Günzburg, 517のラビ・エリヤ・モヤヨンの証言による.

15. *Relation*, p. 36.

16. この諷刺詩の二つのヴァージョンが A. M. Haberman によって *Kobez* ᶜ*al Jad* 3（新シリーズ), 1940, pp. 187–206に発表されている.

17. 同書，202頁.

18. 同書，194頁.

19. 詩篇79, 6–7参照．過越祭ハッガーダーの典礼の一部．

20. Sasportas, p. 190.

21. ある信者宛の書簡で（あやまって主張されたように彼の兄弟宛ではない）; Freimann, p. 92.

22. *Kobez ᶜal Jad* 3（新シリーズ）, 1940, p. 192の Haberman.

23. Sasportas, pp. 177–197.

24. Sasportas, p. 191参照．

25. 過越祭ハッガーダーをまねて．

26. Chajim Palache: *Kol ha-Chajim*. Smyrna 1874, fol. 18a; *Zion* 1, 1936, p. 456の S. Asafと，ムンカーチュのラビ Chajim Elasar Schapira: *Chamischa Maᵓamaroth* 1922, p. 128を参照されたい．レイーブ・ベン・オーザーは（Emden, p. 25）トルコのラビたちが当然これに同意したことを周知の事実のごとく述べている．

27. *ᵓAhawath Dawid*. Prag 1800, fol. 19b. この言い回しは同様に，アドリアノープルのラビ・メナヘム・ベン・アシュケナージの子孫の有罪判決を除外する意味でも使用された．一家の言い伝えによると，ラビ・メナヘムは幼少の折り，この棄教者のもとへ連れて行かれ，彼から祝福を受けた——すると重い病が癒えた．Rosanes, vol. 4, p. 232参照．

28. Emden, p. 20. レイーブの回想記を仔細に検討してみると，彼が出版された本のなかで目についた証言だけ利用したことがわかる．唯一の例外は，二人のポーランドの使者の報告である（第六章注53参照）．レイーブが引用している証言は大半クーネンで見た手紙の抜粋である．布告の文体は，本文がコンスタンチノープルのラビたちによって書かれたものではないことの十分な証である．ほかのところにも類似の文は見当たらない．

29. Coenen（p. 111）は Isaak Iseron と綴っている．彼の誤記はほかの者たちに引き継がれた．レイーブ・ベン・オーザー（Emden, p. 14）はクーネンを誤解して，実在しないヴェネツィアのラビ Isaak Iseron を考え出した．エムデンはクーネンから抜き書きをしているときに，本当の名前を知り，Jessurun というかたちに訂正した（p. 31）．この一家はスミルナでよく知られていた．本書448–449頁参照．

30. Coenen はオランダ語訳しか示していない．「もし彼がとりなしてくれなかったら．」ヘブライ語のオリジナルはおそらくラビ風の美文調の，暗示に富んだ書簡体で書かれていたのだろう．

31. レイーブのパラフレーズはいつもながら異質な要素で成り立っている．「われわれはひとりの男も，1ペニヒすらも失わなかった」という主張は一世代後のこの出来事の世間一般の見方に特有のものである．ユダヤ人がメシア運動に関連してこうむった甚大な損失に気づいていた同時代人だったら，このようなことはぜったい書かなかっただろう．だが，レイーブの情報提供者が彼に

そう話したことは疑いない．だから彼は手紙の彼の版にそれを組み入れたのである．本書743頁も参照されたい．

32．レイーブの述べる人数（総勢50人のラビ，そのうちコンスタンチノープル出身とスミルナ出身が各12名）はおそらく彼自身の，空想から生まれたクーネンの報告の補足であろう．もっとも，このばあいに限っては数は合っているかもしれないが．もし12人が首都で逮捕されたのなら，ユダヤ人コミュニティ全部では総数50人に達しただろう．

33．Coenen, pp. 86–87.

34．Coenen, p. 87.

35．Sasportas, p. 173.

36．De la Croix, p. 374.

37．MS. Schasar, fol. 54b. Emden（p. 19）の要約に見られるようなレイーブの記述はクーネンの文を想像力豊かに練り上げたものにすぎない．クーネンによるなら，最初の指令が発せられて当局がすでに逮捕を始めてから，のちに命令が撤回されるまでのあいだに数日過ぎたに違いない．レイーブの記述では，ユダヤ人たちは棄教後すぐ祈禱や断食を行なって不吉な発令にたいする心構えをした．実際発令は翌日行なわれたが，すぐにまた撤回された．彼はそう主張している．

38．Rycaut, p. 215.

39．MS. Schasar, fol. 42b.

40．Coenen, pp. 91–92; 本書723頁に引用したサバタイ派の資料も参照されたい．

41．Sasportas, p. 174.

42．ナータンは棄教を正当化するための彼のトラクトではこの類比を用いていないが，アブラハム・カルドーゾが1669年にそれを口にしている．*Zion* 19, 1954, p. 21を参照されたい．

43．この話し合い（そのなかにはサバタイが言ったとされる話もある）について de la Croix は375頁で述べている．

44．Emden, p. 20.

45．Rycaut, p. 216.

46．同書．

47．1667年始めにコンスタンチノープルから広まった話のなかに，サバタイが毒入りのキャンディーを詰めた器を彼に送りつけたトルコのパシャの殺人計画を奇跡的に逃れたいきさつが語られている（Coenen, pp. 104–105）．ナータンとその相手「ガザのパシャ」にまつわるきわめて似たような話が1666年にガザから来ている．Coenen の話はレイーブ・ベン・オーザー（Emden, p. 21）からの借用である．

48．Sasportas, p. 210. 他方，ベンヴェニステはメシア的異端との結びつきの

ためにラビ職を退いたというサスポルタスの主張（Sasportas, p. 277）はほとんど事実と一致しないように思われる．コンスタンチノープルのきょうだいヨシュアに宛てたラビ・ハイーム・ベンヴェニステの手紙――パレスチナのタルムード，コダーシームの規定〔全6巻あるミシュナーの5巻目の聖典篇．犠牲にかんする掟，ならびに神殿の儀式万般にかんする規定が収められている〕への刊行者の序文に掲載されている――は，それが出ている作品と同様明らかな捏造である．（コダーシームにかんするパレスチナ・タルムードはヘブライ語の書誌学史上最も悪名高い捏造のひとつである）．*Zeitschrift für Hebräische Bibliographie* II, 1907, p. 25を参照されたい．

49．このノタリコンの手法〔膾炙した人名や言い回しのなかの頭文字のみを組み合わせてひとつの語を造ること〕による聖書釈義のヘブライ語の文言はCoenen, pp. 107–108に述べられている．本文はおそらくミッケーツ週間節（全54のうち10番目）に，すなわち燈明祭（1666年12月）に読まれた創世記41, 1から始まる聖書朗読のために書かれたか説かれたのであろう．わたしはこのノタリコン――各単語は最初の字母で示される――をサバタイ派のいろいろな写本のなかに見つけた．

50．Coenen, pp. 91–92.

51．たとえばアブラハム・カルドーゾの手紙（*Zion* 19, 1954, p. 13）．

52．サバタイがターバンをかぶったことを示す，この好んで用いられた比喩はゼカリヤ書3, 5に基づいている．

53．アレッツォのバルーフ（Freimann, p. 58）．

54．以下を参照されたい．Sasportas, pp. 173, 199; ラビ・サムソン・バッキーの手紙（Carpi, p. 19）; フランス語の *Relation*, p. 42.

55．長いあいだ――デンメー写本が発見されるまで――これは唯一遺されたサバタイ宛のナータンの手紙だった．その文言はナータンの旅の同行者たちもそれに署名したことを示している．本文はヘブライ語のオリジナルを転写したCoenen（p. 99）によって伝えられている．

56．Coenen, p. 101. 手紙は，ナータンがアレッポを通らず，別ルートでダマスカスからアレクサンドリアの港へ旅したことを示している．

57．手紙はたぶん棄教まえに発送されたのだろう．本書672頁参照．

58．アレッツォのバルーフ（Freimann, p. 59）．

59．このテーマにかんするサバタイの発言ならびに（Sasportas, pp. 174, 247に引用されている）リヴォルノのラファエル・スピーノの発言がなされたのはまだナータンの考えが知られるまえだったことは確かだ．

60．MS. Adler 493. Jewish Theological Seminary. New York, fol. 15b. 写本は17世紀末のものである．報告はナータンの手紙に基づいていると思われる．

61．Coenen, p. 92.

62．Coenen, p. 78. 高位者のリストによれば（Coenen, p. 45），彼はヨセフ・

ペルニークといった．たぶんヨセフ・ツヴィの友人で，彼同様商人だったのだろう．クーネンを誤解した二，三の著者たちは肩書きを売ったのはヨセフ・ツヴィ自身だとした．

63．したがって，彼がパレスチナを出発したのは棄教の報せがはいるまえだったかもしれない．通常船旅は4週間から5週間かかった．

64．互いにかかわりのない二つの資料がコンスタンチノープル（Coenen, p. 103）とブダペスト（Kaufmann によって *Letzte Vertreibung*［最終的追放］，91頁に引用されている写本）における彼のサバタイ主義活動について述べている．

65．使命をおびたローマ行きにかんするナータンの父親宛の手紙，本書819頁を参照されたい．

66．Sasportas, p. 346.

67．Coenen, p. 103.

68．Coenen, p. 112; 本書740頁も参照されたい．

69．ヨムトヴ・b・ハナニヤ・イブン・ヤカル，モーセス・ベンヴェニステ，イサアク・アルナカワ，ヨセフ・カッツァビ，サムエル・アカシナ（Rycaut はそう綴っている．Coenen はアカズリーノと書いているが，しかしこれは彼自身のヘブライ語の綴りを忠実に再現していない．サムエル・カスノとも書かれている［Sasportas, p. 209］），カレブ・ベン・サムエル，モーセス・ブルード，エリエーゼル・アルフ，ヨシュア・ベンヴェニステ．

70．Rycaut のドイツ語版，15–16頁から引用．手紙は1666年12月5日から9日のあいだに書かれた．アレクサンドレッタ（イスケンデル）に入港する意図を告げているナータンの11月20日付書簡はしたがって12月初旬に着いたに違いない．

71．Rycaut の英語版（215–216頁），数ヵ所ヘブライ語のオリジナルによって訂正され，Coenen, pp. 118–119に転載されている．レイーブ・ベン・オーザーは2通の手紙をひとつにまとめている．リヴォルノのラビ・ヨセフ・ハ＝レーヴィも，信者たちはこの先もスミルナのサバタイの家に集まり，ナータンの典礼文を読誦するだろうと聞いた（Sasportas, p. 255）．

72．Lejb b. Oser. MS. Schasar, fol. 43b.

73．Sasportas, pp. 208–209. この手紙の署名者としてその名を連ねているラビ・サロモン・ベン・ベンヤミン・ハ＝レーヴィを，1667年に――父親とともに――パレスチナでサバタイとナータンを支援する手紙に署名をした同名の男と混同してはならない．

74．Sasportas, pp. 268–270.

75．本書674頁参照．

76．1666年11月か12月のスミルナからの情報に基づいた1667年4月の手紙におけるラビ・ヨセフ・ハ＝レーヴィ（Sasportas, p. 256）．

77．Lejb b. Oser. MS. Schasar, fols. 45b と47b.

78. 同，fol. 47a.

79. Sasportas, p. 256.

80. この歌（全文は Freimann, p. 104）はおそらくトルコからイタリアへ来たのだろう．それは——ラビ・イスラエル・ハッサンによれば——サバタイがとくに好きだったと言われる「わたしたちのためではなく，あなたのために」という歌（Davidson: *Ozar*. vol. 3, p. 54参照）といっしょに現われる．*Schocken Volume*（ヘブライ語）, p. 195参照．

81. Coenen, pp. 122–123; コンスタンチノープルのラビたちによって書かれた1月30日付手紙（本書756–757頁参照）も参照されたい．

82. Coenen, p. 124; Sasportas, p. 203. サスポルタスの記述は先入見があり，クーネンほど信頼できない．サスポルタスによれば，ブルッサのラビたちはナータンをトルコ人に引き渡す寸前のところまでいっていたが，信者たちに注意され，彼は逃れたという．

83. Epstein（*RÉJ* 26, 1893, p. 218）によれば，手紙はヒオス島で書かれたというが，これはわたしたちがナータンの旅の経路について知っていることと一致しない．

84. Sasportas, pp. 200–201.

85. Coenen（p. 134）. 彼はそれに相当するユダヤ暦の日付（アダル7日）も挙げている．Mahler の *Jüdische Chronologie* の表によれば，その年アダル7日は木曜日にあたっている．クーネンの日付とマーラーの表の1日のずれはこれが唯一の例ではない．クーネンの再現の一般的信憑性（彼は彼が報告する数多くの出来事のいわば目撃者だった）を顧慮すれば，このずれはマーラーの表の信頼性に疑問を生じさせる．Rosanes の示すナータンの到着と出発の日付は誤りである．スミルナ訪問の Rycaut の描写（pp. 217–218）は Coenen から書き写したものである．

86. こんにちのボルノヴォ，スミルナから北東へ7キロメートル．

87. Sasportas, pp. 251, 256.

88. Coenen, pp. 127–133. 彼らはヴェネツィアの「殿様がた」へのバラリーノの報告すらピエモント公を通じて知っていた．

89. ラビ・サムソン・バッキーの報告のなかで「ラビ・サムエル」と言っているのは疑いなくガンドゥールのことであって，編者が考え違いしているように，プリモのことではない．プリモがその当時スミルナにいたことを示す証拠はない．

90. R. Samson Bacchi の報告（Carpi, pp. 19–20）．

91. 彼はスミルナの信者のひとりであった．1673年アブーラーフィアはサバタイの兄エリヤ・ツヴィといっしょにアドリアノープルに行ったが，のちにスミルナへ戻った．*Sefunoth* 3–4, 1960, p. 217参照．

92. Coenen, pp. 135–136.

93．Carpi, p. 20.

94．Coenen（p. 136）は「1667年終りにあたる5428年エルールの月に」と言っているが，これはありえない．どうやら5427年エルールのことらしい．それは Coenen の言葉からもわかる（Coenen, p. 139）．

95．*Relation* p. 29. この医者のあっせんで Coenen はエリヤ・ツヴィと初めて話し合いをすることができた（Coenen, p. 78）．おそらくこの医者は Coenen が93頁で（本書第二章注87, 第四章注233と234も参照されたい）述べている *Doktor Barut* と同一人物であろう．カルドーゾという名はサスポルタスにあってめずらしくはない記憶違いのひとつに基づいている．サスポルタスはあるところで（p. 22a）信者たちのなかのこの医者をからかい，ドクター・ベンヤミン・ムッサフィアと「スミルナのある医師」について述べている．しかし，文脈からして，そこでいわれているのはアブラハム・ミゲル・カルドーゾであり，スミルナはしたがってトリポリの筆の誤りであることに疑いはない．誤りはさらに誤りを生むものであるから，このことはまたスミルナの医者がサスポルタスによって（p. 200）カルドーゾと呼ばれた理由でもあるのかもしれない．

96．Coenen（p. 137）によれば，ナータンはサバタイの母の墓に詣で，その近くの海で水浴びをした（本書654頁参照）のち，4月ヒオスに向けて発った．二人の支持者ないし弟子と，雇った3人のトルコ人を引き連れていた．月の終り頃にスミルナへ戻り，そのあとはエリヤ宅に滞在した．

97．会談は1667年4月25日に行なわれた．クーネンはイタリア語で話し，ナータンはレヴァントの言葉であるイタリア語とスペイン語の混合語で答えた．Coenen, 138参照．

98．ニッシム・アマートの署名はコミュニティのほかの指導者たちの署名とともになお1677年の記録に見られる．J. M. Toledano: *Sarid u-Falit*, p. 50参照．

99．Sasportas, p. 203.

100．ラビ・サムソン・バッキーの報告（Carpi, p. 19）; 同様にアレッツォのバルーフ（Freimann, p. 63）も．

101．*Relation*, pp. 35, 39ととくに Rycaut, pp. 218–219. Rycaut が偏見のない客観的なやり方で報告した事実をフランスのイエズス会士は悪意をもって歪曲し，サバタイを悪党として紹介し，彼に反セム的なことさえ言わせている

102．デンメー写本，Ben Zwi-Institut, Jerusalem, no. 2280. I. R. Molkho が本文を *Sefunoth* 3–4, 1960, p. 505に発表している．

103．Rycaut, pp. 218–219. De la Croix, p. 378も参照されたい．ヴァーニの人柄にかんする詳細な興味深い記述がトルコ駐在英国大使の医者にして友人であるジョン・コウヴェルの日記の1675年の書き込みに見られる．»Extracts from Dr. John Covel's Diary« J. Th. Bent 編 *Early Voyages and Travels in the Levant*. 1893, pp. 268–272参照．

104．*Schocken Volume*（ヘブライ語）p. 163参照．

105．同書，p. 176. これについて詳しいことは本書908–913頁を参照されたい．

106．De la Croix, pp. 375–376. De la Croix によれば，サバタイはモーセが奇跡を行なうのに使った杖を預言者ナータンが持って来るのを待っているとも言った．それまで「わたしは隠れていなければならない」．これはキリスト教徒である著者の創作というよりはむしろ本物の引用であるように聞こえる．コンスタンチノープルのユダヤ人たちは言うまでもなくサバタイの説明についていろいろな話を振りまいた．

107．De la Croix, p. 378.

108．手紙の写しがウィーンに送られた．その内容の要旨が Hottinger コレクション，vol. 30, fol. 3456に伝えられている．

109．Rycaut, p. 219.

110．アレッツォのバルーフ（Freimann, p. 64）．

111．本書908–926頁，「神聖なコミュニティ」の棄教という教義にかんするイスラエル・ハッサンの証言を参照されたい．

112．Sasportas, p. 203.

113．彼らの報告はのちに »*Ein Memorial den Kindern Israels*（イスラエルの子らへの覚え書）« という表題のパンフレットとして公にされた．それはアボアブのラビ回答書 *Dewar Schmuᵓel* の終りにも転載されている．そのなかで3人の使節は医師ダヴィド・クリエル，アッシャー・ベン・アブラハム・アシュケナージ，ラビ・ユダ・ベン・メシュラムと呼ばれている．Sasportas（p. 204）は上記の二人目をアッシャー・ベン・ラファエルとラビ・アブラハム・ハ＝レーヴィ・アシュケナージと読んで，4人のラビについて語っている．後者はコンスタンチノープルのラビのひとりとして知られている．アレッツォのバルーフ（59頁）は，4人か5人のラビがイプソラへ派遣されたと報告している．

114．全文は Sasportas, p. 205に．

115．*Sefunoth* 5, 1961, pp. 270–271に発表されたデンメー記録保管所のコピーは本文がひどく損なわれて読みにくい．関係者の名前についても同断である．

116．彼は *zirej*（使者）と書くかわりに *Zarej*（敵）と書いている．

117．たとえば彼は，サバタイと直接文通はしないことに同意しただけで，彼に使者を送ったり，彼から来た手紙に返事をすることはまだまったく自由だったと主張している．そのような主張が見えすいていることは明らかである．

118．アンコーナのマハラレル・ハレルヤとナータンの話し合いから判明するとおりである．*H. A. Wilson Jubilee Volume*（ヘブライ語）. Jerusalem 1965, p. 226の G. Scholem を参照されたい．

119．指示はトラキアの小さなコミュニティ Comerjina（トルコ語 Gumůlčina）から送られてきた．Sasportas, p. 206を参照されたい．

120．彼はまだ「ラビ・カリリョ」と言われていた．

121. A. H. Weiss: *Beth ha-Midrasch*. Wien 1865, p. 65参照．カリリョの子孫はサロニキのデンメー一族に属していた．『サバタイ主義者の歌と聖歌』（ヘブライ語）Tel Aviv 1948, p. 82参照（82頁の注 5 は訂正されねばならない）．

122. Sasportas, pp. 205–206参照．

123. ひょっとするとヘブライ語 *Me⊃od*（「非常に」）は書き手の間違いかもしれない．そしてテクストは「あなたがたの若いきょうだいメフメット・サバタイ・ツヴィ」と読むべきかもしれない．Z. Rubashov によって *Zion* 6（年鑑），1934, p. 54に発表されたサバタイの手紙の署名も参照されたい．

124. 創世記45, 26, *Wa-Jiggasch*, すなわち1667年 1 月始めの節．だとすると，取り消しの時期は丸 4 ヵ月早まるだろう．

125. MS. Enelow 2223. Jewish Theological Seminary, New York, fol. 233a. アルメニアで発見された写本からの引用．*Zion* 7, 1942, p. 175を参照されたい．バグダードのラビ・サロモン・ベホール・ホジンの手紙に伝えられている同テクストの別の写しでは日付は「429年 Wa-Jiggasch 節の週」〔トーラー週間章節第11番目，創世記第44章18節で始まる週〕，すなわち1668年12月始めとなっている（*Ha-Zefira* 2, 1875, p. 115参照）．しかし，サスポルタスの記述にしたがえば，事件は1667年に起こった．二つの日付のひとつが間違っているのか，それとも二つの出来事をいっているのかどちらかである．2 番目の写本ではペルシア人使者の名前がメラカのアアロンとなっている．*Sefunoth* 3–4, 1960, p. 10の M. Benajahu も参照されたい．

126. Schocken Volume（ヘブライ語），p. 164も参照されたい．

127. Sasportas, p. 207. Comerjina はアドリアノープルの近傍である．

128. Sasportas, p. 259. Tishby の注（Sasportas, p. 203）も参照されたい．サスポルタスによれば，運動の反対者たちはこっぴどく復讐するぞとナータンを脅したらしいが，サスポルタスの主張を裏づけるものは何もない．

129. アレッツォのバルーフ（Freimann, pp. 59, 63）; エルサレムの使節が1668年にモロッコのサレに持って来たナータンの手紙の引用（Sasportas, p. 331）も参照されたい．

130. MS. Ben Zwi-Institut 2262, pp. 85–100. すべての頁に1750年から1760年間に写本を作成したサロニキの蒐集家ラビ・アブラハム・ミランダが手に入れた自筆原稿であることの表示が見られる．

131. これは Riwka Schatz によって *Sefunoth* 14（未刊），pp. 220–250に発表される予定である（＝*Sefer Jawan* 1）．

132. 啓示の日付はエルール24日火曜日であるが，この日付が火曜日にあたっているのは1667年だけである（1667年 9 月 3 日）．

133. 1667年12月（キスレヴ5428年）の啓示では．

134. タルムード時代のこの秘教的書物についてはG. ショーレム『ユダヤ神秘主義』第二章を参照されたい．

135. *Zion* 7, 1942, pp. 186–187の G. Scholem と，Sasportas, pp. 333–334への Tishby の注を参照されたい．サスポルタスは1668年のラビ・ヤコブ・サアドゥンの手紙の表現を誤解して，この黙示録は棄教まえに書かれたと信じた．しかし，本文を正確に読めば，メシアの棄教がその主テーマになっていることがはっきりする．その本文は S. A. Wertheimer: *Pirkej Hechaloth*. Jerusalem 1889, 第33–34章と J. Even-Shemuᵓel: *Midreschej Geᵓulla*. 第 1 版，1943, pp. 352–370に転載されている．この章のサバタイ主義的性格を認めたのは Even-Shemuᵓel が初めてである．のちにわたしはあるサバタイ主義の写本（現在はエルサレムの国立図書館，8°, no. 381）によってそのテーゼを裏づけることができた．*Zion* 7, 1942, pp. 186–817の拙論を参照されたい．1667年と述べるもうひとつの版は MS. Ben Zwi-Institut 2262, pp. 104–105に見られる．これはサロニキのタルムード・トーラーの教師サロモン・ヘレラによってハイーム・ヴィタールの ᶜ*Ez Chajim* から写されたものであることがそこに述べられている．

136. *Pirkej Hechaloth*（上記注参照）の第33章と第35章．サバタイ主義の写本によって修正されている．*Zion* 7, 1942, p. 186参照．

137. ナータンとサムエル・ガンドゥールが——通常の使者と違って——彼らが通ったコミュニティにたいしてなんら慈善行為を要求しなかったことにアンコーナのラビが驚きを表明したとき，ナータンは自分たちの諸経費はすべて解放者の財布で賄われており，「ユダヤ人から一銭たりとも受け取ってはならぬ，あなたたちはいま（メシアに代わって）布教活動についているのだから」とサバタイから言われている，と答えた（*Fs. H. A. Wolfson*［ヘブライ語］p. 233）．

138. Sasportas, p. 259.

139. Sasportas, pp. 260–262; Baruch von Arezzo, pp. 59–61（ちょっとした異同がある）．

140. ここでナータンは1665年に著した『アブラハムの幻視』で用いた表現を繰り返している．

141. ナータンはここでマイモーニデスの言葉（本書23頁参照）を自分の意図に合うようにねじ曲げている．メシアの預言は事が起こったあとに理解されうるものであろうから，その元の表現は本質的に秘教的であったに相違ない．

142. *Sohar*. vol. 3, fol. 125b. 話し手はエリヤで，モーセに向かって言っているのである．ナータンはこの一節をメシアの運命を示すものと理解している．

143. この論証は翻訳不可能な語呂合せに基づいている．ヘブライ語の *srch* は「悪臭を放つ」を意味し，また（慣用的には）「罪を犯す」の謂でもある．

144. ナータンはイプソラでの義務を否認したことと関連してこう述べている．「彼への信仰を堅持する者はみな王とメシアの樹の果実のようなものであり，彼を辱める者たちは烏合の衆なのである．つねに冷静に振舞い，彼を誹謗したりしないひとたちは「メシアの世代」のひとたちと同じ根から出ていなく

とも，彼らの賢さは彼らの世代の尺度によって［彼らの振舞いによって］判断される.」*Sefunoth* 5, 1961, p. 270と *Kobez ᑦal Jad* 16, 1966, p. 445を参照されたい.

145. *Tikkun* 20（マントヴァ版，fol. 47a）. この部分でも語られているのはモーセのことであって，メシアではない.

146. ヘブライ語 Mecholal との語呂合せであって，こう訳せるだろう.「俗界の一部となった」. この語呂合せはナータンとカルドーゾのたいていの書簡に繰り返される.

147. エステル記へのミドラーシュ・ラッバー，第6章からの引用.

148. ザキントス（ザンテ）への手紙に見出される言い回しや教義はすでに1667–1668年の短い手紙に現われている. メシアの書記サムエル・プリモに宛てた書状でナータンは，余人ならぬサバタイこそメシアであり，「彼をおいてイスラエルの解放者は存在しない」と断言している. メシアは「清いターバンをかぶった」けれども，「彼の聖性は失われていない」. この主張を裏づけるために，Tikkunej Sohar の一節が引かれる. そこにはこう書かれている.「中側はいいが，彼の衣服［つまり外見］は悪い――これは驢馬に乗った賤しき者のことである」と. プリモ宛の手紙はナータンの慌ただしい，去就定まらぬ生活をも反映している.「わたしは貧乏で，みすぼらしく，さげすまれ，賤しい者です. そして一般的なティックーンやとくべつなティックーンを行なうために，あちこちさまよい歩いています.」*Sefunoth* 5, 1961, p. 271参照.

149. Sasportas, pp. 327, 331, 271.

150. 身元は J. Tishby の論文『ラビ・ヨセフ・ハミツの著作におけるガザのナータンにかんする記録文書』（ヘブライ語），*Sefunoth* 1, 1957, pp. 117–180所収によっていまでは確定している. ティシュビーは相当数のハミツのカバラー的説教集を MS. Oxford 2239のなかに発見した. それらのサバタイ的性格はほとんどわからぬほど注意深く隠されている. しかし著者の本心は数多くの預言者ナータンへの熱狂的な言及によっておのずと知れている（Tishby, 前掲書, 85頁）. コルフからの手紙の宛先はどこか，についてのティシュビーの論究にかんしては，前掲書，102–103頁を参照されたい.

151. ハミツの作品のいくつかがヴェネツィアで刷られたのは1658年（すなわち旅立ちまえ）であり，あやまって推定されているような1663年ではない. G. Scholem: *Bibliographia Kabbalistica*, p. 175を参照されたい. 正しい日付は Chamiz: ᑐ*Or Noga* の表紙にも出ている. N. S. Libawitsch『哲学者，医者，カバリストであるヨセフ・ハミツの著作の残存している断片』（ヘブライ語），Jerusalem, 1938, p. 13参照.

152. この頃にハミツは上記（注150）の説教を著した.

153. *Sefunoth* 1, 1957, p. 101の Tishby を参照されたい. ティシュビーが正しく指摘しているように，ハミツはザキントスで単独のサバタイ主義者であったのではなく，ロデフェイ・ツェデクと称するサバタイグループの一員だった.

このグループに宛てられた手紙（ナータンの？）の冒頭部分がすでに述べたオックスフォードの写本に遺されている．

154．H. J. D. Asulai（*Schem ha-Gedolim*. vol. 2, *Jode⊂ej Bina* の見出しで）は，この本の現物を見たと報告している．始めと終りは写本のかたちだが，中間はおよそ100枚の印刷紙だという．運よくわたしは印刷された作品をロンドンのBeth Din 文庫（元はJews College 文庫．のちにロンドンのラビ・サロモン・ヒルシェルのオリジナルコレクションがこう呼ばれるようになった）に1部見つけた．この残念ながら不完全な版（表紙と紙数144枚）はハミツによって書かれた注釈部分も含んでいる．これ以上は印刷されず，未完になった可能性もある．N. S. Libawitsch が所蔵し（上記注151参照），1929年にわたしも見る機会をえたヨセフ・ハミツの作品 *Belil Chamiz*（Venedig 1624）の表紙には（印刷のあいだその本の面倒を見た）レオーネ・モデナの筆跡で辛辣なコメントが書かれており，ハミツは非ユダヤ人に媚薬と護符をあたえて淫行をそそのかすつもりだろうと非難している．Libawitsch は *Belil Chamiz* を覆刻したとき，モデナの端書きを削除した．わたしの記憶違いでなければ，この書はいまニューヨークの Jewish Theological Seminary の図書館にある．

155．*Sefunoth* 1, 1957, p. 108の Tishby.

156．Sasportas, p. 237. ひょっとするとサアドゥンはこれをまえに *Zizath Nobel Zwi* の写本を1部送ってくれたサスポルタスから聞いたのかもしれない．ザキントス宛の手紙の写しがルーマニアのヤッシーに達し，そこからラビ・ヤイール・ハイーム・バハラハの手に渡った．A. H. Weiss: *Beth ha-Midrasch*. Wien 1865, p. 92参照．

157．Sasportas, p. 331. サスポルタスは受取人が誰かわかっていたようだ．そして，この人物がナータンの預言を堅く信じていたという事実をたしかに知っていた．このことはサアドゥンの手紙からはわからない（Sasportas, pp. 331, 345）．

158．J. V. Baer: *A History of the Jews in Christian Spain*. vol. 1, Philadelphia 1961, pp. 270–277; 本書20–21頁，251頁も参照されたい．

159．ガザのナータン（ニューヨーク，コロンビア大学図書館 fol. 15a のサバタイ派のメモ帳のなか）．

160．この日付は正しくない．アダル20日（1667年3月16日）は水曜日であった．

161．Sasportas, pp. 331–332.

162．申命記32, 47の伝統的なラビ的解釈．

163．*To⊂ej Ruach*（MS. Enelow. Jewish Theological Seminary. New York. no. 2223）, fols. 233b–234a.

164．これはおそらく――サバタイ派の説明によれば――メシアからそっぽを向かれたら，そのユダヤ人コミュニティには皆殺しの危険性があることを指

しているのだろう．本書742–743頁参照．

165．バルカン半島における信者仲間の社会的構成については本書781頁を参照されたい．

166．Sasportas, p. 198; 本書684頁も参照されたい．

167．Sasportas, p. 199.

168．Sasportas, p. 248.

169．M. Benajahu はこの使者が誰であるかつきとめた（*Sefunoth* 3–4, 1960, p. 13）．1669–1679年間に東方を多く旅したラビ・ヤコブ・アルイェーはどうやらエルサレムのサバタイ信者グループのひとりだったようだ．

170．429年アブ15日，すなわち1669年夏の日付の手紙．サバタイがアレッポを通った4年後である．

171．1667年夏，サバタイ・ハモイは典礼法にかんする著作を書き終えたが，最後をこのような祈りでしめくくった．「この法が理解されますように……そしてわれらが主サバタイ・ツヴィのお顔を拝することがかないますように．」*Zion* 6, 1934, p. 54の Z. Rubashov 参照．

172．1667年か1668年に断食日が祭日として祝われたラーワンドゥーズ〔現在のイラク北部に位する町〕は例外．*Zion* 7, 1942, p. 196参照．

173．*Zion* 7, 1942, p. 177参照．Jakob Mann: *Texts and Studies*. vol. 1, pp. 491–519にまとめられている証言も参照されたい．これらの証言の正しい日付をわたしは *Zion* 7, 1942, p. 177に示した．

174．ラビ・フィネアスと彼の父ラビ・イサアク・ハリリについては本書678頁を参照されたい．

175．*Zion* 7, 1942, p. 178. もし*To<sup>c</sup>ej Ruach* に示された日付が正しいなら，これはわたしたちが知っているこの年唯一の預言運動である．

176．この手紙と『預言者ダニエルの幻視』は MS. Ben Zwi-Institut 2263, pp. 151–153に伝えられている．彼は「ラビ・マッターティアスの真の使い」と言われている．

177．「わたしはサバタイ・ツヴィの使いであると言った」ラビ・マッターティアスの死についてはエスファハーン〔イランの第1州の首都〕と関連してユダ・ベン・エリエーゼルの年代記 *Chowoth Jehuda*（1686年にエスファハーンでユダヤ系ペルシア語で書かれた）に報告されている．MS. Hebrew Union College, Cincinnati 2007, fol. 113a. この情報は Esra Spicehandler 教授によるもので，教授は *Studies in Jewish Bibliography and Booklore* 8, 1968, p. 116でこの年代記の概要を述べておられる．この両資料は互いに補い合っている．

178．M. Benajahu, *Sefunoth* 3–4, 1960, pp. 25–32, とくに p. 29参照．Benajahu は，非難はラビ・マッターティアスに向けられたと推測しているが，それは正しい．彼の名はペルシアの年代記にもはっきり記されている．

179．*Sefunoth* 3–4, 1960, p. 33の M. Benajahu 参照; 医師ラビ・アアロンの書

簡を含むものと同じ写本から.

180. 本書580–581頁参照. この書簡は *Calendar of State Papers for the years 1665–66*, p. 50に伝えられているが, しかし日付を誤って1666年11月10日ではなく1665年11月10日のものとされている. 手紙の署名である頭文字 H. O. はヘンリ・オルデンバーグを表わすとしか考えられない. (わたしがオリジナルで見た) この手紙の続きは, 筆者がごく最近ダンツィッヒのヘヴェリウスから受け取った, ある学問的問題を論ずる手紙に触れているからである. ヘヴェリウスは, 周知のように, 当時オルデンバーグが秘書官をしていた英国学士院の会員であった. 印刷された要約は, 手紙がロンドンのユダヤ人の反応について述べているような印象をあたえるが, しかしオリジナルをよく読むと, オルデンバーグがアムステルダムから来た手紙から引用していることは疑いようがない. オルデンバーグが引用しているアムステルダムからの英語の手紙は Hottinger コレクション (vol. 29, fol. 350a) に伝えられているアムステルダムから来たフランス語の手紙と非常に似通っており, 筆者はひとりと推定せざるをえない (セラリウス?). 第六章注236を参照されたい. この手紙の筆者は1666年12月1日に, サバタイ・ツヴィについては現在スルタンの宮廷で高位についているということ以外何も確かなニュースはないと報告している. しかしながら「彼がトルコ人になったという噂は疑わざるをえない」. 11月末, 棄教の報せは西ヨーロッパ全体に知れた. 1665年11月25日のフランスの雑誌 *Muse de la Cour* はそれを諷刺する詩すら掲載した.

181. MS. Hottinger. vol. 30, fol. 350a.

182. 同書. 「ユダヤ人の現状について言えば, ユダヤ人はサバタイ・セビがトルコ人に転向したといまなお思いつづけている. キリスト教徒たちは妬んで, そして彼をうやまわなかったユダヤ人たちも, そんなふうに書いている. しかし, どうやらこの王は以前このユダヤ人たちによって死んだとみなされたが, その後も生きており, このトルコかぶれを非難されたあともいま一度ユダヤ人とユダヤ人の王に戻りそうな様子だ. なぜなら, 彼と彼の仲間のラビたちが生きているばかりか, スルタンのもとでうやまわれており, ユダヤ人がアドリアノープルでさげすまれることはなかったというのは確かだからだ.」〔原文フランス語〕

183. M. Benajahu は⊃*Erez Jisra⊃el* 4, 1956, pp. 202–203にザールークの手紙を発表した. Benajahu (同所, 199頁) はザールークの最初の手紙に反サバタイ的な意味を読み込もうとしているが, 無駄である. ザールークはたしかにハンブルクで言い渡された追放にかんするサスポルタスの記述を引用しているが, まったくそれを喜んではいない. 彼は別の手紙 (同所, 205頁) ではサスポルタスをむしろ「喧嘩好き」と言っている.

184. 同所. マイモーニデスについては本書22–23頁参照.

185. Wolf: *Bibliotheca Hebraica*. vol. 3 (1727), p. 1010参照. ヴォルフのこの

非常に興味深い部分はこれまで研究者に注目されていなかった.

186. Ragstatt de Weile: *Theatrum lucidum*. Amsterdam 1672, p. 31.

187. MS. Adler 178; Adler の *handlist*, p. 45参照.

188. ハーメルンのグリュッケルの回想記, 46–47頁. 本書612頁, 627頁も参照されたい.

189. *Zeitschrift für die Geschichte der Juden in Deutschland*（雑誌「ドイツにおけるユダヤ人の歴史」）5, 1935, pp. 236–241の F. Aronstein 参照.

190. 初版, Kapust 1814, 印刷者イスラエル・ヤッフェ. 理由は不明だが, この版はほぼ完全に消失した. わたしは2部しか目にすることができなかった. この書は1830年にもう一度レンベルクで印刷されたが, 表紙の日付が間違っており（1804年), そのためこの版があやまって初版だと思われた. H. D. Friedberg の *Bibliography* 3, 1954, p. 762に挙がっている日付1815年も同様に誤りである. わたしの知るかぎり, 初期のハスカラ文学の研究者でこの本を研究したり, その匿名の著者がだれなのか明らかにしようとしたりした者はいない——それはひょっとすると, この本があやまって本物の年代記と思われ, 小説とは認識されなかったためかもしれない.

191. J. J. Schudt: *Jüdische Merkwürdigkeiten*（ユダヤの変事). vol. 4（第6篇, 第2分冊), p. 242参照. さらに vol. 2, p. 56. Schuldt の記述は印刷された棄教者の妻の告白に基づいている. 本書613頁も参照されたい.

192. *Danck-und Lob-Gesang,.. zur Bekräftigung seiner[Taufe]... August 5, 1673, in Nordhausen*（感謝と称賛の歌……彼の［洗礼］を確証するために……1673年8月5日, ノルトハウゼンにて）Wittenberg 1674. 著者はキリスト教徒としてクリストフォルス・パウルス・マイヤーと名乗った. わたしはこのパンフレットを1部ニューヨークの Jewish Theological Seminary の図書館で見つけた. サバタイの死にかんする詳述はどうやら同時代の空想的なパンフレットのひとつ（たとえば本書592頁に書かれているような種類の）に元があるのかもしれない.

193. J. J. Schudt: *Jüdische Merkwürdigkeiten*. vol. 2（第27章, §32), p. 56参照. 改宗後バルーフはフリードリヒ・アルベルト・クリスチアーニと名のった. 彼の叙述は自著 *Der Juden Glaube und Aberglaube*（ユダヤ人の信仰と迷信）Leibzig, 1705のまえがきとして印刷された（pp.66–67).

194. Sasportas, pp. 186–197.

195. Sasportas, p. 192.

196. Sasportas, pp. 247, 255.

197. Sasportas, pp. 247–248, さらに p. 256も.

198. 本書692–693頁で論じたイエーメンの黙示録参照. 軍事的表象と神秘主義的表象とは——表面的には矛盾しているように見えるけれども——相容れないものではない.

199．Sasportas, p. 256.

200．これは1667年冬と早春（Sasportas, p. 256），ならびにナータンが訪れた時期についてあてはまる．

201．たしかに正しい情報を含んでいるそのような手紙がHottingerコレクション vol. 30, fol. 345に伝えられている．

202．*Zwi Muddach*, pp. 101, 135.

203．*Zwi Muddach*, p. 127. この部分は（Schulwass『ローマとエルサレム』（ヘブライ語），129頁が誤解したように），棄教後信仰を断念したのは取りたてて言うほどもないごく少数の者だけであるとは言っていない．

204．*Zion* 13, 1948, pp. 52–54.

205．*Dewar Schmu⊃el*, fol. 97a. アボアブは非ユダヤ人の言語で「最近刊行された」本にも触れ，そこには「恥ずべきことに」ごく最近の最悪の者も含めておよそ20人の偽メシアがリストアップされている，と述べている．しかしながら，彼がどの作品のことを言っているのか確かではない．J. von Lentの偽メシアにかんする本の第1版が出たのは1683年である．ひょっとすると，（Wolf: *Bibliotheca Hebraica* によれば）1666年（実際は1667年）にViterboで印刷されたCarlo Alfanoのサバタイ・ツヴィにかんするイタリア語のパンフレットのことを言っているのかもしれない．もちろんわたしはこれまでこのパンフレットを目にすることができなかった．

206．Sasportas, p. 263.

207．Freimann, p. 61.

208．以前はウィーンのユダヤ人コミュニティの図書館にあった（Katalog Schwarz 141, no. 5）．

209．このパンフレットはわずか数部しか残っていないが，本文はラビ・サムエル・アボアブによって，彼のラビ回答書 *Dewar Schmu⊃el*. Venedig 1702, fols. 263–267に覆刻された．

210．Freimann, p. 63.

211．同所．

212．たとえばH. J. D. Asulaiの報告．*Sefunoth* 5, 1961, p. 335の M. Benajahuを参照されたい．この言い伝えがザクートからアズライへ伝わったことについては同書，322頁を参照されたい．ザクートがペテンに気づいたとき，ナータンの姿はすでになかった．ナータンによって用いられた文句はこのような状況で使われたラテン語のC. F.（*coactus feci* 強制のもとになされた）にぴったりあてはまるものである．

213．G. Scholemによって *Zion* 13, 1948, pp. 52–54に発表された．

214．1647年に書かれた手紙からわかるように，彼はレオーネ・モデナとコンタクトがあった．*Sinai* 34, 1945, p. 187の Benajahu参照．

215．*Zion* 13, 1948, n pp. 55–56.

216．Sasportas, p. 267.

217．アレッツォのバルーフが伝える情報は間違いなく直接の情報である．彼はナータンのフィナーレ・ディ・モーデナからの旅立ちの仕度をするよう依頼する手紙を携えてヴェネツィアから叔父のサロモン・フォルミッジーニのもとへ送られたと報告しているのだから．ヴェネツィアの手紙に表明されている，「教皇の使者」がナータンに危害を加えるかもしれないという恐れは，サスポルタスのヴァージョンとは明らかに矛盾している．アレッツォのバルーフは，キリスト教徒の群衆がパナロ川の岸に集まって，「ユダヤ人たちのメシアを見ろ」と叫んだときにナータンが遭遇した危険を書いているが，この出来事はかなり不可解である．もしかすると当時のヴェネツィアの新聞を調べてみればこの件ははっきりするかもしれないが，これまでのところこの新聞を見つけ出すにはいたっていない．

218．1669年の手紙にアブラハム・カルドーゾはそう書いている．*Zion* 19, 1954, p. 13参照．アレッツォのバルーフ（Freimann, p. 62）はあまりはっきりしていない．それだけに彼が簡単に，ナータンはそこに「しばらく」いたと報告しているのは信憑性があるかもしれない．サムエル・カタラーニの手紙は，ナータンはタンムーツ１日（1668年６月10日）にはすでにアンコーナを出立したとはっきり述べ，そうしてナータンのイタリアの旅を４月半ばから６月半ばまでの短い期間に押し込めている．しかし，遺されているカタラーニの手紙の写しに書かれている日付は書き違いであり，ナータンは６月21日にアンコーナに到着し，６月29日に出立している．下記注221参照．

219．彼の名はメイール・ローフェがリヴォルノから1674–1678年にラビ・アブラハム・ロヴィゴと交わした手紙に何度も出てくる（大英博物館 MS. Or. 9165. J. Tishby によって *Sefunoth* 3–4, 1960, pp. 71–130に発表されている）．カプスートはいろいろなサバタイグループのつなぎ役を務めた．彼はトルコやバルカン半島の諸都市から手紙を受け取り，信者たちに金を取り次いだ．Tishby が *Sefunoth* 1, 1956, pp. 93–95に発表した証言を参照されたい．60年代，70年代はリヴォルノに住んだ（*Sefunoth* 3–4, 1960, p. 95, 注24参照）．父のダヴィド・カプスートを1684年にフィレンツェで亡くした（Freimann, p. 62, 注４参照）あのモーセスはことによるとわたしたちのモーセス・カプスートとは同一人物ではないかもしれない．ロヴィゴ宛のメイール・ローフェの手紙（*Sefunoth* 3–4, 1960, p. 91）はいまなお存命中のフィレンツェのダヴィド・カプスートに言及している．この姓はのちにカッスートに改められた．

220．Sasportas, p. 268. サスポルタスはたぶん，預言とも呪文ともつかない，明らかにニニヴェにおけるヨナの預言をモデルにして作られたこの文はナータンがチベル川に投げ入れたトーラーの巻物に書かれていたと言おうとしたのだろう．Sasportas, p. 259も参照されたい．

221．Tishby はこの手紙を Oxford, Bodleian Library（no. 2239, fol. 191a）に発

見した．*Sefunoth* 1, 1956, p. 113の Tishby の論文参照．タンムーツ新月（1668年６月10日）という日付は書き間違いと思われる．N. A. アロニ博士が1960年に発見されたミラノの写本（下記注230参照）はタンムーツ25日と正しい日付を記している．サムエル・カタラーニの手紙から得られた，そして本書のもとのヘブライ語版（656頁）に採用された年代決定は然るべく改められねばならない．ミラノの写本によれば（fol. 1a)，ナータンとガンドゥールは「428年タンムーツ12日木曜日（1668年６月21日）にアンコーナに」着き，「……ラビ・ヤコブ・ベン・サバタイ・コーヘンが彼らに気づくまで……ユダヤ人のだれにも気づかれなかった」．ラビ・ヨセフ・ハミツが写したカタラーニの手紙の写しにある新月の日付は読み違いか書き違いによるものであろう．タンムーツ28日というのはありえそうもない（この日は安息日だったからである)．それゆえ，本来の読み方はタンムーツ25日だったに違いないと思われる（ヘブライ語の文字はその時その時できわめて似ている)．ナータンがローマからアンコーナへ直行したというカタラーニの言は，ナータンはしばらくリヴォルノへ帰ったというわたしたちの別の資料と矛盾する．

222．*Chajjath Kane* という表題で印刷された．アムステルダム（1658年？)．彼の神秘的な変装の描写は同書，fols. 3b–4a.

223．Tishby はこれらの手紙を上記注221に述べた Bodleian の写本に発見した．

224．たとえば Pesachim 36, Baba Kamma 3b, Sanhedrin 7a など．*SZ* のヘブライ語版658–659頁に掲載されているようなテクストは Sasportas（p. 268)，コロンビア大学図書館のサバタイ派のメモ帳（fol. 24a)，MS. Oxford 2239に基づいている．これは現在ミラノのアンブロシアーナで発見された写本（上記注221と下記注230参照）によって改訂が可能である．まるでナータン自身がいろいろなひとたちのもとに遺した写しのなかで読み方を変えたように見える．

225．Tishby の論文，*Sefunoth* 1, 1956, pp. 112–117, とくに p. 114の説教全文を参照されたい．

226．これはメストレのメイールの資料のなかにあった．『*H. A. Wolfson* 記念論集』ヘブライ語部門，228–229頁のテクスト参照．

227．Freimann, p. 95. イタリック体で印刷された語 *sondern*（しかし）は写本のヘブライ語の⊃*Ela*⊃の訳．Freimann の印刷されたテクストはそれを――言われたことの正反対を意味する――⊃*Ela*⊃*Lo*⊃に歪めている．

228．スミルナのラビたちに宛てたカルドーゾの手紙はラビたちがまさにそう信じていたことを示唆している．したがって，彼らは1668年夏の終りにはナータンの本当の滞在場所をまったく知らなかった．*Zion* 19, 1954, p. 13参照．

229．アレッツォのバルーフ（Freimann, p. 62)．1669年夏のカルドーゾの手紙から明らかなように，彼もナータンが当時どこにいたか知らなかった．カライ派の著者ダマスカスのダニエル・ベン・モーセス・メラメドの反サバタイ主

義的詩のなかでは，預言者はサバタイの棄教後「ずっと遠くへ逃げ，どこに行ったのかだれも知らない」と言われている．この詩は1669年に書かれた．全文は *MGWJ* 60, 1916, pp. 149–150の S. Poznanski を参照されたい．

230．上記注221参照．日付のはいっている写本はミラノのアンブロシアーナで N. A. アロニ博士によって発見された．ベルンハイムのカタログには載っていないこの写本は外側に *x 148 sup.*, 内側に *MS III. 47* と記されている．きれいなイタリア語の筆跡で書かれているその14葉にはいくつかのサバタイ主義の証言が含まれており，なかにはこれまで知られていなかったものも若干ある．1a から7b まではナータンのアンコーナ訪問の詳しい記述で，アンコーナの盲目のラビ，マハラレル・ハレルヤによって著された，つまり口述され，だれかによって筆記されたものであることはほぼ確かである．ラビ・マハラレルは年代記作者の流儀に倣って，自分のことを三人称で「ラビ」といっているが，著者本人であることはほぼ疑いない．*H. A. Wolfson* 記念論集，ヘブライ語部門，225–241頁の G. ショーレム『ガザのナータンにかんするサバタイ派の証言．アンコーナのラビ・マハラレル・ハレルヤの記録集から』を参照されたい．アンコーナ訪問にかんするアレッツォのバルーフの情報はだいたい信用できる（ただし滞在期間を 3 週間にのばしているのは誤りである）が，彼は，ナータンが「盲目のラビと」話をしたと言っている．でも，その人の名は述べていない．

231．*Sefunoth* 1, 1956, p. 113のサムエル・カタラーニの手紙．「彼は当地に1週間滞在した．」

232．この手紙の本文は *H. A. Wolfson* 記念論集，ヘブライ語部門，237–238頁．

233．同書，230–236頁．

234．同書，233頁．

235．アレッツォのバルーフ（Freimann, p. 62）参照．そこの *Ma⊂ase ha-Schelichim* は，コロンビア大学図書館のサバタイ主義にかんするメモ帳の読み方に倣って，*Ma⊂ase ha-Schelichuth* と修正すべきだろう．

236．*H. A. Wolfson* 記念論集，ヘブライ語部門，236頁．

237．アレッツォのバルーフ（Freimann, p. 63）．

238．この手紙はデンメー記録集から公表された．*Sefunoth* 5, 1961, pp. 262–263参照．それにはガンドゥールの署名もはいっている．奇妙なことに，手紙は折りしもイツハーキが訪ねていたサバタイ・ツヴィにはひと言も触れていない．たぶん彼らは彼に個人的な手紙を送ったのだろう．

239．サロニキへ行く途中彼らはパトラスとナヴァリーノを通った（Baruch von Arezzo; Freimann, p. 63）．

240．A. H. Weiss: *Beth ha-Midrasch*. Wien 1865, p. 66に掲載されたリヴォルノのサムエル・デ・パス宛のカルドーゾの手紙．ナータンの動きの年代記にか

んするわたしたちの現在の知識によるなら，こういう長逗留が可能なのは1668年の晩夏から秋しかない．すなわちアドリアノープルとカストリアへ旅立つまえである．彼のそれ以前の1667年のサロニキ訪問はもっとずっと短かった．あとの訪問は，それ自体ありえなくはないが，きわめて短かかったに違いない．信者たちにたいする敵意が増すなか，ナータンが比較的長く滞在したというのはありえないことである．M. ベナヤフはこの長期滞在は1674年以後だという考えに傾いている．

241．（以前は no. 213としてリストアップされていた）この写本はサロニキのヤコブ・ヴィダールという人のものだった．

242．*Zion* 6, 1941, pp. 128–129参照．（Günzburg コレクションの）リストの他の写本はいまはマイクロフィルムで見ることができる．

243．R. Salomon Florentin, R. Joseph Filosoff, R. Joseph Russo, R. Isaak Chanan（彼の墓碑には Chanin と書かれている．彼はグループのメンバーのなかで指導的な人物だったらしい）, R. Abraham Perez, R. Jeremia, R. Juda Brussa, R. Joseph Konat, R. Rafael Baruch（Florentin の娘婿），R. Mordechai Kohen Chasid, R. Elieser Kohen, R. Ascher Abravanel, R. Sabbatai Immmanuel, R. David Kerimisin.

244．Salomon Amarillo: *Penej Schlomo*. Saloniki 1717, fol. 59a（R. Sabbatai Immanuel 1690年歿について）, fol. 61a（R. Elieser Kohen 1690年歿について）, fol. 82d（R. Ascher Abravanel 1698年歿について）．これらのラビたちは1668–1669年には中年を越えてはいなかったはずだ．これらの弟子たちのうち５人の墓碑銘は現在 Isaac Emmanuel: *Precious Stones of the Jews of Salonika*［ヘブライ語］, vol. II（Jerusalem, 1968）によって公表されている．Mordechai Kohen は1699年に死んだ．

245．これらを集めたものが1756年に *Benej Jizchak* というタイトルで出版された．

246．ナータンは1680年に亡くなった．ラビ・イサアク・ハナンは――彼の墓碑によれば――1684年12月15日に死んだ．*Zion* 6, 1914, pp. 200–201も参照されたい．

247．Emden, p. 46.

248．Emden, p. 53. 著者はサロニキ生まれだったから，その地方の言い伝えを保持していたのかもしれない．

249．*Reschumoth* 6, 1936, pp. 538–539の Isaak R. Molcho.

250．Rosanes. vol. 4, p. 150.

251．アレッツォのバルーフ（63頁）はナータンのアドリアノープル訪問について述べている．ナータンの弟子で書記のラビ・イスラエル・ハッサンの詩篇注釈も何度もそれに言及している．ナータンのカストリア滞在にかんする最も早い証言は，ほかのサバタイ派の記録とともに MS. Oxford 2239に発見されたパトラスのダヴィド・コーヘンの429年シヴァン27日付手紙に見られる．*Se-*

*funoth* 1, 1956, p. 115の J. Tishby を参照されたい．アレッツォのバルーフ（63頁）もナータンの「かなり長い」カストリア滞在について述べている．

252．S. Asaf によって *Zion* 1, 1936, pp. 454–455に発表された記録参照．

253．この書簡集を自分で見たラビ・ミカエル・モルホの口伝え．この書のヘブライ語版が出たあと，アルベルト（アブラハム）・アマリリョ氏のご尽力によりこの書簡集が再発見された．のちに氏はこのきわめて貴重な写本をベン・ツヴィ研究所に寄贈され，いまそれは2262番としてリストに記載されている．（本書のまえがきを参照されたい．）当時モルホはカストリアのみに関係する２通の短い手紙を書き写して発表することができた．*RÉJ* 104, 1938, pp. 119–121, さらに本書995頁を参照されたい．

254．アレッツォのバルーフの回想記の印刷されたテクスト（Freimann, p. 94）は「20年間」としているが，正しい読み方はニューヨークのユダヤ神学大学にあるオリジナルの写本に示されている．

255．Ch. Wirszubski の重要な（ヘブライ語の）論文『ガザのナータンのサバタイ神学』，*Keneseth* 8, 1944所収，pp. 210–244参照．

256．彼が1667年にヴェネツィアで印刷した魔術的カバラーの手引集 *Ta-⊂alumoth u-Mekoroth ha-Chochma* の序文のなかで彼は「ダニエル・ラファエルの息子，サバタイ・ラファエル」と自称している．これはラファエルが姓であったことを示していよう．だが他方，彼の２通のサスポルタス宛書簡には「ラビ・ラファエルの息子，サバタイ」と署名されている（Sasportas, pp. 274, 276）．

257．自著カバラーのトラクト（注256参照）へのサバタイ・ラファエルの序文; Sasportas, p. 273. また Sasportas, p. 278に引用されているコンスタンチノープルのラビたちの推薦状も参照されたい．

258．1667年の二つの証言は彼の年齢を一方は27歳（Sasportas, p. 273），もう一方は24歳（*Liber amicorum Prof. J. Romein*. Amsterdam 1953, pp. 103–104の J. Meijer 参照）としている．J. Meijer に掲載された証言によると，サバタイ・ラファエルは母はエルサレム出身で，彼と父はシチリアの生れだと主張した．当時ユダヤ人はシチリアに住むことが許されなかったのだから，この主張は誤りか，それとも意図的な虚偽の陳述であるに違いない．ヨハネス・パストリツィウスは1698年に書いた手紙（Wolf: *Bibliotheca hebraica*. vol. 4［1733］, p. 971参照）のなかで，サバタイ・ラファエルのかつての知り合いで，信仰を棄てたローマのあるユダヤ人が言った言葉を引用しているが，それによればサバタイ・ラファエルはどこか「アドリアノープルとフィリッポペル〔こんにちのプロヴディフ，ブルガリア〕のあいだで」生まれたという．このことは彼がミストラ〔ギリシア〕で育ったという事実を排除するものではない．

259．Sasportas, p. 275.

260．Sasportas, pp. 271, 322.

261. Sasportas, p. 271.

262. Sasportas, p. 322.

263. Sasportas, pp. 271, 322.

264. Sasportas, pp. 271, 273. Thishbyはこれに関係する注のなかで，サバタイ・ラファエルのローマ訪問を1667年4月としている．教皇は前年の5月に亡くなっていた．この年代決定はサバタイ・ラファエルは棄教後にイタリアにはいったという推測から出発している．しかしながら，証言はその反対を示している．サバタイ・ラファエルは教皇アレクサンドル七世が亡くなったとき，たぶんまだイタリアにいて，すぐさま彼や彼の行動の本当の年代順を知らないひとたちのために彼の教皇面会の話をでっち上げたのだろう．

265. 表紙の表記によれば，この本は1662年夏に印刷されているが，この日付はしかし誤植か意図的な捏造である．1662年にはサバタイ・ラファエルはまだコンスタンチノープルにいて，イタリアはおろか，エルサレムにはけっして行っていなかった．本当の日付は1667年である．これにかんする詳細は*SZ*, p. 667, 注2を参照されたい．

266. J. Meijer: 前掲書，304頁．Meijerに掲載されている証言はHillesumによって最初月刊誌*Elsevier*（1917年8月）に発表されたが，わたしはまだそれを見たことがない．

267. Sasportas, p. 321参照．

268. Sasportas, pp. 271, 281.

269. Sasportas, p. 271. サバタイ・ラファエルはサスポルタス宛の手紙のなかで，これをデ・メルカードにたいして言ったということに異論を唱えている（Sasportas, p. 275）．

270. Sasportas, pp. 277, 281, 321.

271. Sasportas, p. 271. ラファエル・ヨセフの「儀式屠畜と食餌法」にかんするトラクトをサスポルタスが指示しているのは記憶違いによるものである．彼がモロッコ宛の手紙のなかで（Sasportas, p. 321），サバタイ・ラファエルは預言者エリヤを見たという主張を（典礼法ではなく）実践的カバラーの書のなかで活字のかたちで表明したと述べているのは当たっている．

272. Sasportas, p. 273.

273. Sasportas, p. 283.

274. 同所．Sasportas, p. 274も参照されたい．

275. Hillesumによって，ついで再度J. Meijer（前掲書，304頁）によって公表された証言はサスポルタス（pp. 272–274）やアムステルダムのラビたち（Sasportas, p. 283）の説明を裏づけし補完するものである．ハンブルクのコミュニティは最後には追放命令の写しを受け取ったが，そのまえにかなりの行政上の難問を乗り越えなくてはならなかった（Sasportas, pp. 287, 288）．

276. Sasportas, pp. 281, 283; p. 287も参照されたい．

277．Sasportas, p. 283.

278．Sasportas, p. 284.

279．コミュニティの記録簿への重要な書き込みについては *JJLG* 11, 1916, p. 47を参照されたい．長老たちがラビと相談したところ，ラビは，サバタイ・ラファエルの追放をアシュケナージのコミュニティの協力なしに行なうことは不可能なのだから，「追放の重罰」を思いとどまるよう忠告した．そこで彼らはコミュニティのメンバーが彼と会うことを禁ずるという「軽い罰」を告げた．

280．Sasportas, p. 272.

281．Sasportas, pp. 275–277, p. 281.

282．Sasportas, p. 283.

283．セファルディー系コミュニティの記録簿はタバコ商人ベンヤミン・ヴルフのケースについて述べている．彼はすべての病人に治療をバアル・シェーム（奇跡を行なう人の称号）・サバタイ・ラファエルの手に求めよと説き勧めた．彼は1667年12月始めに追放された．*JJLG* 11, 1916, p. 48参照．ベンヤミン・ヴルフはその後デッサウに定住し，1699年に死去した．彼の妹は，Alex. Altmann が *Bulletin des Leo Baeck Instituts*（レオ・ベック研究所報告）10, 1968, pp. 243–252で指摘しているように，モーゼス・メンデルスゾーンの曾祖母であった．

284．Sasportas, pp. 278, 281–282.

285．Sasportas, pp. 278–279. 市長がサバタイ・ラファエルにあたえた保護の記述は1668年２月始めにハンブルクのマハマードがアムステルダムの同僚に宛てた手紙のなかにも見られる．J. Meijer: 前掲書，105頁参照．

286．Sasportas, p. 279.

287．Sasportas, pp. 279, 322. 告発はかなり根拠薄弱で，しかも出されたのはサバタイ・ラファエルが町を去ったあとであった．

288．ポルトガル語で書かれた手紙の原物はアムステルダムのスペイン－ポルトガル系コミュニティの記録保管所に伝えられている．

289．サスポルタスは1667年11月始めにはすでにサバタイ・ラファエルにかんする詳しい報告を求めてアムステルダムのラビに宛てて手紙を書いていた（Sasportas, p. 282）．４週間後の二度目の手紙で彼は追放命令の写しも求め，サバタイ・ラファエルを追放しそれを文書で世に広めるにあたってハンブルクのアシュケナージとセファルディーの両コミュニティの協力を約束した．２月にセファルディー系コミュニティの長老たちは追放命令の写しを求める正式な依頼文をアムステルダムのマハマードに送った（Sasportas, p. 288参照）．お墨付きの写しはシェヴァト24日にハンブルクに届いた（*JJLG* 11, 1916, p. 58参照）．アムステルダムのラビたちがサスポルタスに返事をしたのは，シェヴァト23日から28日の週，すなわちマハマードが要求された追放命令の写しをハンブルクへ発送したあとだった．

290．アシュケナージのコミュニティは当時デンマークの領土であったアルトナ法域に属していた．それゆえ，自由都市ハンブルクの追放命令はアルトナには効力をもたなかった．にもかかわらず，セファルディーは――サバタイ・ラファエルがハンブルクにはいるのを阻止するのなら――彼をアルトナからも追い出すことにアシュケナージたちが同意してくれるのを期待していたようだ．サスポルタス（279頁）は，サバタイ・ラファエルが過越祭のとくべつな食餌法のひとつに違反したところを見つかったと述べている．このことは，彼がアルトナを去ったのは4月末以前ではなかったことを示している．

291．この情報はパンフレットをご覧になったハイファのN. L. Hyman氏のご教示（1943年10月18日付の手紙）によるものである．

292．Sasportas, p. 289.

293．Rycaut, p. 219.

294．Rycautではこの年代になっている．英語のオリジナルではなく，フランス語訳（*Histoire de l'Empire Ottoman*. Den Haag 1709, p. 208）によって引用しているグレーツは，資料どおりに1672年としている．他の著者はグレーツから書き写している．ここに引用されたドイツ語版も1672年と言っている．

295．おそらくスミルナのユダヤ人指導者のことであろう．

296．*Geschichte der Juden*（ユダヤ人の歴史）第3版，第10巻，459頁．

297．*Schocken Volume* の拙論（ヘブライ語）174頁に示した例を参照されたい．

298．この教義をわたしたちが知った典拠はわけても当時たびたび筆写されたナータンとカルドーゾの書簡である．本章の次節で取り上げるつもりのナータンの最も重要な手紙は疑いなく，彼が1673年から1674年頃に書いた長文の回状である．デンメー古文書のなかに完全なテクストが遺されており，それが見られるようになったのは本書のヘブライ語版が刊行されたあとだった．現在は *Kobez ᶜal Jad* 16（新シリーズ), 1966, pt. II, pp. 421–456のわたしの編集で見ることができる．その一部はもうまえに知られていて，Ch. Wirszubskiによって *Zion* 3, 1938, pp. 227–35に発表された（その内容にかんする彼の論究，前掲書，215–235頁を参照されたい)．完全なテクストは，この手紙が1667年に書かれたというヴィルシュブスキーやわたし自身のこれまでの推測が誤りであることを証するものである．1668年始めに書かれたもう一通の手紙は本書785–788頁に引用されている．さらに1668年以後に書かれた手紙の一部をわたしは*ᵓErez Jisraᵓel* 4, 1956, pp. 191–192に発表した．カルドーゾの重要な書簡は，以下に論ぜられる *Magen Abraham* を除けば，スミルナのラビ宛の手紙（*Zion* 19, 1954, pp. 1–22)，義理の兄弟宛のヘブライ語（Freimann, pp. 87–92）とスペイン語（MS. Neubauer 2481. Oxford）の手紙である．

299．Cardoso: *Magen Abraham*（G. Scholem編．*Kobez ᶜal Jad* 12, 1938, p. 138)．サバタイ・ツヴィを虫にたとえるのはつとにナータンの『竜にかんする

論文』に見られる（G. Scholem: *Be ⊂Ikwoth Maschiach*, p. 37参照）.

300. *Magen Abraham* p. 139.

301. *Keneseth* 2, 1937, p. 360所収の拙文 *Mizwa ha-ba⊂a ba-⊂awera* から引用. Scholem: *Zum Verständnis der messianischen Idee im Judentum*（ユダヤ教におけるメシア思想の理解のために）, *Judaica* 1. Frankfurt a. M. 1963, pp. 7–74所収を参照されたい.

302. サバタイ主義の写本に見られる，ヤキーニの *Wawej ha-⊃Amdium* からの引用. *Zion* 7, 1942, p. 181の G. Scholem を参照されたい. これはヤキーニの書のまえがきから引用されたものらしい. Bodleian Library の自筆の写し（Neubauer no. 2761）にはまえがきがない.

303. *Kobez ⊂al Jad* 16, 1966, p. 428.

304. ナータンの上記引用の手紙，pp. 428–429と Cardoso（Freimann, pp. 88–90）.

305. *Kobez ⊂al Jad* 16, 1966, p. 428. 最後の文は彼自身の偽書への示唆を含んでいるかもしれない.

306. 同書，426頁.

307. 同書，431頁.

308. Abraham Galanté: *Sahorej Chamma. Sohar* I, 81b への注釈.

309. *Kobez ⊂al Jad* 16, 1966, p. 434. ナータンの釈義は *Sohar* I, 81b を対象にしている. 続いてナータンは *Sohar* II, 34a にも言及している.

310. Chajim Vital: *Scha⊂ar ha-Kawwanoth*. Jerusalem 1873, fol. 47a 参照.

311. ナータンはサバタイ・ツヴィの兄宛の手紙（Sasportas, p. 201）と彼ののちの著作（MS. 大英博物館，Margoliouth 856, fol. 75a 参照）でそう言っている. ナータンはさらにこうつけ加えている. もしひとが自分からケリポースへ墜ちたのなら，本当に危ないだろうが，神によって投げ込まれたのなら，そんなことはないだろう，と. *Kobez ⊂al Jad* 16, 1966, p. 454参照.

312. *Sohar* II, 52b.

313. MS. Kaufmann 255. Budapest, fol. 17a.

314. ナータン，*Kobez ⊂al Jad* 16, 1966, p. 426の手紙のなかで.

315. 同書，433頁.

316. 同書，435頁.

317. コロンビア大学図書館のサバタイ主義のメモ帳にあるナータンのトラクト，fol. 9a 参照.

318. 同所，fol. 18a.

319. MS. Adler 493. Jewish Theological Seminary. New York, fol. 8b.『A. Marx 記念論集』ヘブライ語部門，New York 1950, pp. 459–460のラビ・エリヤ・コーヘン・ハ＝イッタマリにかんする拙論も参照されたい. ナータンは説教術の語呂合せを使って赤い雌牛を「野蛮な人間」イシュマエルと関係づけて

いる（創世記16, 12参照）．イシュマエルはテホム（「奈落」）と同じ数値をもっている．創造の始めにメシアの魂はテヒルーの深淵にあった．棄教後のメシア期にはそれはイシュマエルの深淵にあった（MS. Adler 493, fols. 9–10）．

320．*Kobez ⊂al Jad* 16, 1966, p. 435. Tishby: *Torath ha-Ra⊂weha-Kelipa be-Kabbalath ha-⊃Ari*. Jerusalem 1942, p. 112の注も参照されたい．もともとルーリアが述べていること（*⊂Ez Chajim, Scha⊂ar Klipath Noga*. 第5章で）はまったく正統的で，そこには反律法主義的な点はひとつもない．

321．ナータンの『メノラ〔七本腕の燭台〕論』（G. Scholem: *Be⊂Ikwoth Maschiach*, p. 102所収）を参照されたい．この論文はいくつかの写本（たとえば大英博物館，Margoliouth 856）に残存しているナータンの大作 *Zemir ⊂Arizim* の一部である．

322．*Tikkune Sohar* 69, 始めの部分．

323．G. Scholem: *Be⊂Ikwoth Maschiach*, p. 104, ならびに *Keneseth* 8, 1944, p. 239の Wirszubski の論文を参照されたい．サバタイ主義者たちは，近親相姦と不倫が禁止されたのはエヴァがその原罪のために呪われてからだというタルムードの言説で自分たちの命題を支えることができた（B. ⊂Erubin 100b）．17世紀末の有名な説教師，ラビ・エリヤ・ベン・カロニモスは，「カバリストたち」の著作からこの趣旨の発言を引用している．彼の *⊃Addereth Elijahu*. Frankfurt/Oder（1694）, fol. 93c 参照．蓋し，これらのカバリストの裏に隠れているのはナータンとその弟子たちにほかなるまい．

324．Scholem: *Be⊂Ikwoth Maschiach*, p. 96.

325．ナータン，著書 Sefer ha-Beri⊃a で．G. Scholem: *Be⊂Ikwoth Maschiach*, p. 93参照．

326．同書，97頁．

327．最良の版は Lemberg 1892である．この書とその教説については G. Scholem: *Ursprung und Anfänge der Kabbala*（1962）（カバラの起源と開始）, pp. 407–414, ならびに同: *Zur Kabbala und ihrer Symbolik*（カバラとその象徴的表現）. Frankfurt [6]1989, pp. 105–116を参照されたい．

328．M. Jaffe: *Lebusch ⊃Or Jekaroth*. Lemberg 1881. pt. 2, fol. 8d 参照．

329．G. Scholem: *Be⊂Ikwoth Maschiach*, pp. 120–122（ナータンの『メノラ論』から）．

330．同書，124頁，ならびにナータンの『メルカーバー論』MS. Adler 493. Jewish Theological Seminary. New York, fol. 9a. この写本の前の頁には，納得のいく理由が述べられていないトーラーの典礼や掟がメシアの時代にどのようにして明らかにされ，理解されるようになるか，長い説明がある．そしてそれはすべて現行のトーラーの文字の新しい配列によってなされる．*SZ* のヘブライ語版，pp. 699–700の引用文を参照されたい．

331．引用文は，Ch. Wirszubski によって文学年鑑 *Kobez Hoza⊃ath Schocken*

*le-Diwrej Sifruth*. Tel Aviv 1940, pp. 180–191, とくに pp. 182–183に発表されたナータンの創造にかんする書から採られている．ヴィルシュブスキーはペリーアー書から採られたと言われている引用文の出所を確かめることができなかったが，本当の出典はテムーナー書である．テムーナー書から採られたこの節はカルドーゾの回状 *Magen Abraham*, p. 136にも引用されている．

332．わたしはこのテクストを，オックスフォードのある無名の写本に基づいて，*Kobez ⊂al Jad* 2（新シリーズ），1938, pp. 121–155に発表したが，そこでわたしはそれを，かなり疑問はあるけれども，アブラハム・カルドーゾのものとした．ヴィルシュブスキーは *Zion* 3, 1938, pp. 234–245で *Magen Abraham* の教義の分析を行なっている．

333．デンメー古文書の MS. Ben Zwi-Institut 2263には，カルドーゾの弟子のひとりによってマグレブからサロニキへもたらされたと称するトラクトの本文（pp. 1–30）のみならず，そのうえさらにわたしが *Zion* 19, 1954, pp. 1–22にその元の稿を発表したカルドーゾのスミルナのラビ宛ての回答文の，のちのより完全なヴァージョン（pp. 32–53）が含まれている．この増補版ではカルドーゾは *Magen Abraham* をはっきり自身の作として引用しており，その写しをスミルナへ送ったのだと彼は言う．

334．本書のヘブライ語版で（p. 701）わたしはモスクワの MS. Günzberg 517のこの証言を採用した．これがあやまってペレツのものとされた経緯は不明である．著者アブラハム・ペレツのフルネームを掲げたもうひとつのサバタイ主義的カバラーの論文が現在ロンドンのラビ裁判所の図書館にある MS. Halberstam 40に残されている（上記注154参照）．このテクストは匿名で，かつすべての引用文からナータンの名を省いて，ゾーハルの注釈集（*Torath Nathan*. Lemberg 1894, pp. 71–75）に印刷された．ペレツがナータンの晩年の著作を拠り所とするこの論文を預言者の死後に書いたことは確かだ．わたしは *Jalkut David*. Dyhernfurth 1691, fol. 72d のなかに「故アブラハム・ペレツ」のいろいろな言葉が引用されているのを見つけた．ペレツはユダヤ人として死んだらしく，1683年のサロニキの集団棄教には加わらなかったようだ．

335．わたしは *Zemir ⊂Arizim* から（『メノラ論』と題した写本に基づいて）かなり長い抜粋を拙著 *Be⊂Ikwoth Maschiach*, pp. 88–128に発表した．完全な作品はいくつかの写本で伝えられている（たとえば，大英博物館 Margoliouth 856, fols. 13–76; Oxford, Neubauer 1897; Günzburg 1873; Kaufmann 536[2]; Berlin, 国立図書館3076, 8°; Jewish Theological Seminary, New York, Enelow Collection 731; Jews College, London（上記注154参照）123, fols. 12–40. どうやらこの書は広く出回っていたらしい．

336．*Magen Abraham*, p. 148.

337．有名なタルムードの箴言（B. Chullin 7a 参照）．

338．*Magen Abraham*, p. 129.

339. 同書，128頁.

340. 同書，132頁.

341. 同書，133頁.

342. 同書，133, 134頁.

343. 同書，135頁.

344. *Magen Abraham*, p. 145; *Midrasch Tehillim* 146, § 4, Buber 編，ならびにそこの編者の注を参照されたい.

345. *Magen Abraham*, p. 146.

346. 同書，147頁.

347. *Sohar*. vol. 3 (*Ra⊂ja Mehemna*), 279a.

348. *Magen Abraham*, pp. 137–138. この部分の続きは本書848頁に引用されている.

349. 彼の父エッサイは妻のもとへ来て，彼女を侍女のひとりと考えた. 第1章の注90を参照.

350. *Magen Abraham*, pp. 139–140. サロニキのナータンのもうひとりの弟子，ラビ・イサアク・ハナンもその著 *Benej Jizchak*. Saloniki 1756, fols. 55–56で同様のことを言っている.

351. *Magen Abraham*, pp. 147–148.

## 第八章

1. Coenen, p. 139; Baruch von Arezzo (Freimann, p. 63); de la Croix, p. 382; そしてとくに *Sefunoth* 5, 1961, pp. 254–262のヤコブ・ナヤラの年代記（本書896–903頁参照）.

2. ラビ・サロモン・ハ＝レーヴィのラビ回答書 *Lew Schlomo*, no. 57を参照されたい.

3. Emden, p. 46. トビーアス・ローフェはサバタイ主義信者ではなく，サバタイ主義者たちに使われていた「奇矯な振舞い」という用語を用いていない.

4. Carpi, p. 19; Sasportas, p. 248; アレッツォのバルーフが引用した叙述 (Freimann, p. 64) や A. クウェンケが語った話 (Emden, pp. 41–42) も参照されたい. いろんな機会における彼の振舞いについてイスラエル・ハッサンが証言していることも信用できる.

5. MS. Hottinger vol. 30, fol. 345はラグーサとアドリアノープルからヴェネツィアに届いた1667年3月16日の報告を引用している.

6. De la Croix, p. 381. ナヤラの年代記にそのような儀式の行列が，サバタイにつきしたがう棄教者たちのも含めて，描写されている. 258頁参照.

7. このテクストは *Vessillo Israelitico* 59, 1911, p. 513に発表された.

8. Rycaut, p. 219.

9. これは *Pirkej de-Rabbi Elieser*, 第30章末の本文の不正確なサバタイ的再現である．*Pirkej de-Rabbi Elieser*. G. Friedlander 訳（1916），p. 222参照．

10. MS. Schasar, fol. 41a–b.

11. この推測はレイーブの記述の続きによって裏づけられる（MS. Schasar, fol. 41a）．「彼らは毎日祈りのなかでシェマーを三度となえるが，『聞け，イスラエルよ』と言うところでユダヤ人たちは『聞け，イシュマエルよ』と言う．彼らの謬説にのっとったこのような変更がほかにもある．」レイーブはこれを「何人かの信用できるひとたち」から聞いたが，この報告が当時のデンメーのしきたりを述べていることは確かである．

12. *Journal d'Antoine Galland*. vol. 1. Paris 1881, p. 194. 察するに，レイーブの挙げる数字も同様に個人ではなく家族数を指していると思われる．

13. Sasportas, p. 345. ヴァラヒアはポーランドに隣接していなかった．サスポルタスはそれをモルドヴァと取り違えたのに相違ない．本書824頁に述べたカストリアの出来事も参照されたい．

14. Sasportas, pp. 200–201に引用された手紙のなか．

15. Baruch von Arezzo（Freimann, p. 68）; de la Croix, p. 377. ヤコブ・ナヤラの年代記にイシュマエルの割礼にかんする別内容の記述があり，本書899頁に引用されている．アレッツォのバルーフとド・ラ・クロワの報告はお互いわずかに違っている．バルーフによると，サバタイは「清浄なターバンを頭にかぶったあとで妻を知り，それから彼女はみごもり，出産した」．それにたいしド・ラ・クロワは，彼女は棄教時にはすでにみごもっていたと主張する．ナータンの手紙（Sasportas, p. 201）はド・ラ・クロワのヴァージョンを支持しており，妻がみごもり，妊娠しているというスミルナでのサバタイの告知はしたがって誤りであった．クウェンケのイシュマエル誕生の記述（Emden, p. 42）はいささかはっきりしないが，彼はどうやらバルーフの報告のもとになっているのと同じ言い伝えを拠り所にして（かつそれを潤色して）いるようだ．象徴的に息子もイサアクと命名された（*Schocken Volume*［ヘブライ語］, pp. 172–173参照）．

16. *Schocken Volume*, p. 146のショーレム参照．

17. Galland: 同掲書，第１巻，194頁．

18. H. J. Schoeps: *Philosemitismus im Barock*（バロック時代の親ユダヤ主義）. Tübingen 1952, pp. 3–17. 意外なことに，ラビ・シモンがペレールに，サバタイ・ツヴィを訪ねたいなら，サルヴァドールが紹介状を書いてくれるだろうと示唆した（皮肉で？）にもかかわらず，ペレール自身はサバタイ主義運動に積極的な関心を抱かなかったようだ．

19. ヨナス・サルヴァドールについては *Lettres Choisies de Richard Simon*（リシャール・シモン書簡集）. Amsterdam 1730, vol. 1, p. 15, ならびに vol. 3, p. 13を参照されたい．

20．Rosanes は「彼らは知っていた」と読んでいる．わたしは二つ目の写本に合わせて読み方を修正した．

21．Rosanes, vol. 4, p. 475.

22．わたしはこのテクストを *Be⊂Ikwoth Maschiach*, pp. 69–77に発表した．当時わたしはことによるとナータンが作者かもしれないと考えた．しかし，この仮説はいまは問題外としてさしつかえない．*Kirjath Sefer* 21, 1944, p. 17の Tishby のコメントを参照されたい．Tischby はナータンの教説と『証』の作者のそれとのあいだに大きな相違があることを的確に指摘している．そのうえこの論文が書かれたときには，ナータンはアドリアノープルから遠く離れたイタリアにいた．この作の著者にかんする実に思いがけぬ証言が MS. Ben Zwi-Institut 2262, p. 74の，論文の別の写しにかんする欄外の注に明らかになった．この欄外の注は，この写本（1760年頃）のなかにまとめられている論文や証言を収集したラビ・アブラハム・ミランダの写本にある．著書のひとつ *Ne⊃eman Schemu⊃el* で彼は，アブラハム・ヤキーニはこの章をアレッポの有名なラビ，サロモン・ラニアードが著したものとして引用していると報告している．もしこれが正しいなら——それにヤキーニはサバタイ陣営で起こったことを知ることができる立場にあった——ラニアードは1668年にアドリアノープル詣でをしたと推定せざるをえないだろう．

23．この時代のナータンの著作のいくつかはまだ残存している．ナータンの革命的異端的なサバタイ神学のさらに詳しい分析は本書の続編でするつもりである．

24．この啓示はアマリリョ－コレクションの写本のなかに遺されている（現在はエルサレムのヘブライ大学のベン・ツヴィ研究所，MS. 2262, pp. 85–100）．この写本に注意を喚起したのは M. Benajahu が最初である（*Sefunoth* 5, 1961, p. 307, 注55）．本書780–781頁と注を参照されたい．

25．G. Scholem: *Be⊂Ikwoth Maschiach*, p. 72参照．別に表示のないかぎり，引用はすべて『信仰についての証』の本文からである．

26．同書．ここに述べられている「天の獣」とは天の車メルカーバーを引いている動物のことである．

27．*Schocken Volume*（ヘブライ語), p. 168の G. Scholem を参照されたい．このことすべてをイスラエル・ハッサンみずからが幻視で経験した——このばあいは彼が『証』の著者であろう（しかし，上記注22を参照されたい）——のでないとするならば，サバタイが訪問者や信者たちに自分の幻視の経験について語ったと推測せざるをえない．『証』の著者はサバタイのことをつねに三人称で報告している．

28．「彼は彼らの祈りを軽んじなかった」（詩篇102, 18）という句をイスラエル・ハッサンは次のように解説している．「これは真の信仰をもち，イスラエルの根である信者たちである．なぜなら，ユダヤ人やユダヤ人でない信者た

ちは彼のために祈り，アミラーの命にかけて誓ったからである.」*Schocken Volume*（ヘブライ語), p. 180の G. Scholem を参照されたい.

29. これは学識豊かなカバリストでサバタイ信者のラビ・ヨセフ・ハミツの数多い説教のテーマでもある.

30. この言い回しは最古のカバラーのテクストのひとつ，バーヒール書から採られている.

31. トーラーのひとつひとつの文字はイスラエルの「60万」の魂に一致しているという考えはルーリアのカバラーに広く見られる. G. Scholem: *Zur Kabbala und ihrer Symobolik*. Zürich 1960, p. 90参照.

32. *Kirjath Sefer* 21, 1944, p. 17の J. Tishby を参照されたい.

33. 四つ目の証言（「幻視」）は神の面前で行なわれるイスラエルの魂と不信仰者たちとの対話について報告する. そのさい神の右手に座しているメシアに話が及ぶ. このイメージは必ずしもキリスト教の影響を前提にしているとは限らない. 古いミドラーシュは詩篇110, 1をメシア王のことと解しているからである. *Midrasch Tehillim* 18（Buber 編，fol. 79a）参照.

34. ラビの物語 *Genesis Rabba*, Theodor 編，p. 63による.

35. *Be⊂Ikwoth Maschiach*, p. 84.

36. Freimann, p. 96. *Schocken Volume*（ヘブライ語), p. 169の G. Scholem による Israel Chassan も参照されたい.

37. *Schocken* 記念論集（ヘブライ語)，p. 175. 上記注11参照.

38. ヤキーニは彼の自筆原稿 *Wawej ha-⊂Amudim*（MS. Oxford 2761）で繰り返しこの会談に言及している.

39. John K. Birge: *The Bektashi Order of Dervishes*. London 1937参照.

40. *MGWJ* 33, 1884, p. 60参照.

41. *Schocken Volume*（ヘブライ語), p. 182.

42. 同書，209頁.

43. 同書，167頁.

44. サバタイの指令はアマリリョのデンメー古文書集に伝えられている書簡に一字一句そのまま引用されている. *Sefunoth* 5, 1961, p. 252参照. A. M. Cardoso もトリポリからアムステルダムの義理の兄弟に宛てた日付のない手紙のなかでそれに触れている（MS. Hamburg 312, fol. 17). 本書894–895頁の，これにかんするサロモン・コーヘンの手紙を参照されたい. サムエル・ガンドゥールが言うには（本書938頁参照)，この祝祭はサバタイの指令に基づいて1672年以後はもはや祝われなかった.

45. Cardoso（前掲書)「カイマカムとヤニチャーレンの指揮者」. アマリリョ・コレクション（*Sefunoth* 5, 1961, p. 252）も参照されたい. それによれば，人びとはカーディや警察署長（*Bustanji Baschi*）に訴えた.

46. *Zion* 7, 1942, p. 188の G. Scholem を参照されたい. この論文を書いたと

き，わたしはまだこのアヴ９日の祭礼のことは何も知らなかった．それでわたしはナータンの発言を説明できなかった．

47．*Schocken Volume*（ヘブライ語），p. 165参照．そこに語られているもうひとつの出来事は，サバタイとほかの改宗した信者たちがその後も仲間内ではユダヤの律法と慣習を守りつづけたこと，そして彼の振舞いが伝統的なユダヤの慣習に反するときはいつもその神秘的な理由を尋ねてくれることをサバタイが信者たちに期待したことを示している．彼はそういうときに彼に聞くことをしなかった者を叱った．

48．同書，168頁．

49．MS. Günzburg 517, fol. 80b.

50．Sasportas, pp. 206–207.

51．本書775頁参照．彼はおそらくサムエル・プリモの娘婿，ラビ的作品 *Kehunath ᶜOlam* の著者と同一人物ではないだろう．後者が1667年にはもう相当年寄りだったとは考えられない．Rosanes が（vol. 4, p. 238で）提唱した同一説はなんら根拠がない．

52．改宗した天文学者がサバタイ・ツヴィを訪ねたことにかんする報告も参照されたい（G. Scholem がイスラエル・ハッサンの写本に基づいて *Schocken Volume*［ヘブライ語］，166頁に引用している）．「われらの聖徒たちがアドリアノープル市のラビ・ヨセフ・カリリョの屋敷でラビ・ナータンと会したとき．」

53．A. H. Weiss: *Beth ha-Midrasch*. Wien 1865, p. 65のカルドーゾの説教を参照されたい．そこにはカリリョがのちにスルタンのまえで棄教したことも述べられている．カルドーゾはこの報告をどうやら，1675年早春にリヴォルノでメイール・ローフェと会ったときに彼から受け取ったらしい．

54．*Schocken Volume*（ヘブライ語），163. これはナヤラの年代記に伝えられている出来事によって裏づけられる．注72参照．

55．この手紙は *Sefunoth* 5, 1961, pp. 266–267に発表された．

56．文字どおりには神の敵が律法を無効にしてしまったという神への訴えを意味する詩句のこの大胆な解釈はすでにタルムードによく見られる．

57．タルムードの引用，B. Schabbath, 87a.

58．おそらくサバタイが彼のイスラム教の教師から教わったポピュラーな格言なのであろう．

59．サバタイがここで引用しているのは実際にマイモーニデスが言った言葉ではなく，日々のミサの一部をなす後年の詩 *Jigdal* に現われる言葉である．

60．もちろん，伝来の写しに述べられている5430という年が読み違いである可能性，そしてこの手紙がもっと遅い時期，1670年から1672年のあいだにはいるかもしれない可能性はなおある．

61．*Sefunoth* 5, 1946, p. 173参照．

62. *Zion* II, 1946, p. 173でG. Scholemによって引用されているCardosoとCh. Mal⊂achからの証拠を参照されたい

63. MS. Ben Zwi-Institut 2262, pp. 247–251.

64. Rosanes（vol. 4, p. 143）によると，ブダペストにサバタイ派の棄教事件があった．（葬儀担当の）「聖徒会」の会長であるヤコブ・ベン・モルデカイなる人物が解放の到来を早めるためにイスラム教徒になったが，じきに間違いを悟り，コミュニティの信者たちのもとへ戻ったという．Rasanesはヴィルナのエフライム・コーヘンのラビ回答集，*Scha⊂ar Ephraim*．ラビ回答書no. 121（*lege* 122）に依拠している．エフライム・コーヘンはブダペストのラビだった．しかし，ラビ回答書をよく読むとこの件はサバタイ主義運動となんらかかわりがなかったことがはっきりする．ヤコブ・ベン・モルデカイはなんらかのサバタイ主義的信念から棄教者になったのではなく，恐ろしい拷問で脅されたからであった（Lemberg編［1887］, fol. 78a参照）．他方，預言者ナータンの父ラビ・エリシャ・アシュケナージは，信者ではあったが，棄教者にはならなかったブダペストのコミュニティのある古老のことを述べている．エリシャ・アシュケナージは1667年後しばらくブダペストとウィーンに住んでいた．この言葉は，D. Kaufmann: *Die letzte Vertreibung der Juden aus Wien*（ユダヤ人の最後のウィーン追放）. Wien 1889, p. 91にあるラビ・エリシャの書簡のひとつから引用したものである．これらの書簡はイタリアのあるユダヤ人家族が所蔵していた．

65. Freimann, pp. 65–66. カルピが*Toledoth Schabbetai Zwi*. Wilna 1879, pp. 18–19に発表した断片は同じこの手紙から出たものである．もうひとつの写しはMS. Jerusalem 1466, 8°にある．この写本はイタリアの，レッジョのラビ・サロモン・コーヘンのサークルで書かれた．そしてサロモン・コーヘンの手紙についてはそのなかで（fol. 114b），ポーランドのサバタイ主義者ラビ・レイーブ・ツィヴィトーヴァーが持って来たと言われている．

66. それによれば，彼はサバタイが10日間照明の状態にあるのを見た．この照明は時間的にはサバタイが支持者たちにのみ課した七日祭と重なっていたようだ．本書887頁参照．

67. ハバクク書2, 4. 三つのヘブライ語の単語の頭字は沓冠り体で「ツヴィ」をなしている〔צד⊃ק באמונתו ⊃ח⊃ה の頭文字を取れば צב⊃（ツヴィ）〕．ここに示唆されている出来事は本書896–899頁に述べられている．

68. これはたぶん照明状態中のメシアの「奇矯な振舞い」を指しているか，あるいはひょっとすると，たとえば続く頁に伝えられている棄教のような，信者衆のいくつかの行いを言っているのかもしれない．

69. このようにサロモン・コーヘンのはユダヤ人によって書かれた最初のサバタイ・ツヴィの伝記的記述であり，アレッツォのバルーフのものより数年早い．いまはもう遺っていない．

70. *Sefunoth* 5, 1961, pp. 254–262. 上記注44も参照されたい．年代記に述べられている詳細は，サバタイの振舞いや接触について上に言われていることや，サバタイは照明状態にあったときは支持者たちに信仰に背くよう迫ったというイスラエル・ハッサンの証言を補完するものである．年代記の表題は「高名な学者ラビ・ヤコブ・ナヤラが到着した日からここアドリアノープルで起こった出来事の年代記」となっている．

71. 同じ写本に含まれている手紙のなかで．*Sefunoth* 5, 1961, pp. 263–265. この手紙は多くの点で年代記を補足している．

72. 本書889頁参照．

73. *Sefunoth* 5, 1961, pp. 263–265.

74. 同書，261頁．

75. この手紙は1815年頃アブラハム・カルフォンによってリビアのトリポリで書き写され，彼の年代記 *Ma⊂asse Zaddikim*（MS. Ben Zwi-Institut, Jerusalem, §132）に採録された．彼は複写控え帳に書き留められたサバタイ文書集を見たが，その悪い保存状態と消えかかった文字のために完全には転写することができなかった．しかし，本書簡には脱落や誤読はわずかしかない．1672という年は明記されてはいないが，前後関係や，一連の出来事が閏年に起こったことを明らかにする日付から推定できる．ほかの情報と合わせて後者から考えられるのはユダヤ年5432（西暦1672年）しかない．R. Jakob Ludai はまだアドリアノープルにいたと書き手は述べているが，この読み違いを1671年４月にサバタイに呼び寄せられたブルッサのラビ（Jakob Ludrik, Moses Jafe, Isaak Sardina）のひとりを表わす Ludri[k]と訂正することは難しいことではない（*Sefunoth* 3–4, 1960, p. 166参照）．彼はまた，ラビ・ヤコブ・マルガやラビ・ヤコブ・アシュケナージらと膝を交えて，聖書やカバラー文学からサバタイのメシア性が証明されることを詳しく話し合ったとも述べている．そのほかの点では知られていないマルガという名はナグラ（＝ナヤラ）の読み違いと説明できるかもしれない．

76. 手紙にはこう書かれている．「彼はイズリラクと呼ばれるところへ行った.」これは明らかに──プリンストン大学のノーマン・イツコヴィッツ教授がご教示くださったように──アドリアノープルの北西にある丘ヒジルリクの書き違い（ないしは読み違い）である．そこにはテッケ（ダルウィーシュの修道院）があったが，1641–1642年に当局によって閉鎖された．不敬な連中に逃げ場を提供しているという苦情が多々あったためである．メフメット四世がそこにパビリオンを建て，その場所はツァリイェ（避難所）として再開された．M. Tajjib Gökbilgin『エディルネ市の創設者』（トルコ語），記念論集 *Edirne Edirnenin* 600（トルコ語），Fethi Hildönümü 編，アンカラ1965所収を参照されたい．したがってこれもサバタイがダルウィーシュ一派と密接な関係があったことを示す証拠である．この場所がベクターシ〔ダルウィーシュ修道会のひと

つ〕の避難所であったのか否かわたしにはわからなかった．

77．彼が1666年にこの運動で果たした役割については本書267頁を参照されたい．わたしは断片的な証言や参考資料を *Zion* 6, 1941, pp. 87–89と *Zion* 13, 1948, pp. 59–62に集録した．

78．アレッツォのバルーフの引用（Freimann, p. 64）．ベンヤミン・リイワンについては *Zion* 6, 1941, p. 89と *Schocken Volume*（ヘブライ語），p. 166の G. Scholem を参照されたい．ベンヤミン・リイワンはサバタイがメシアであることを示す身体のしるしを見た唯一の人間であった．彼が一度（あくまで例外的に）メシアの沐浴について行ったときのことである．王の水浴姿を見てはならないというタルムードの掟（B. Sanhedrin 22a 参照）どおり，通常サバタイの沐浴について行くことは許されなかった．

79．わたしはこの証言を *Zion* 10, 1945, pp. 144–145に発表した．同誌143頁のわたしのコメントも参照されたい．M. Benajahu はこの手紙を，当時エジプトにいたダヴィド・イツハーキが書いたものであるかのように解釈しようとした．*Studies in Mysticism and Religion in Honor of G. Scholem*.（ヘブライ語部門），Jerusalem 1967, pp. 41–45の彼の詳述を参照されたい．

80．ここでこの書とそのサバタイ的性格についての議論のまとめをする必要は必ずしもない．A. Ja⊂ari, J. Tishby, G. Scholem が参加した話し合いの最新の段階で，この書は17世紀に書かれたものではありえないことが証明された．これを書いたのは（ヤコブ・エムデンが推測したように）ガザのナータンでもなければ，（ヤーアーリが主張したような）ベンヤミン・ハ＝レーヴィでもなかった．ここでのわたしたちが考えを進めるうえで重要なのは，新月（ローシュ・ホーデシュ）の前日の典礼を述べる部分だけである．この特殊な典礼（ヴェネツィア版1763年．第2部，fols. 3–14）が棄教後の最初の数年間に流布したサバタイの教義に基づいているのは明らかだからである．ヘムダス・ヤーミームにかんする議論の参考文献については *SZ* のヘブライ語版第1巻，727頁を参照されたい．

81．唯一の例外は最初のデンメー世代の二つのテクストである．いずれもわたしによって公表された．(1)»The Sprouting of the Horn of the Son of David«, *Essays in Honor of Abba Hillel Silver*. New York 1963, pp. 368–386所収．(2)サロニキにおけるデンメー派の始まりの頃のテクスト（ヘブライ語），*Sefunoth* 9, 1965, pp. 193–207所収．これらはナータンの死後に書かれたものである．

82．引用はすべて，別の参照指示がないかぎり，*Schocken Voleme*（ヘブライ語），pp. 176–194のラビ・イスラエル・ハッサンにかんする拙論から採られている．そこでは残存している唯一の資料（にしておそらくはハッサン自身の自筆原稿），すなわち MS. Kaufmann 255, Budapest への綿密な参照指示がなされている．

83．De la Croix, p. 382. しかし彼が言及しているのはひょっとすると，ラ

ビ・ヤコブ・ナヤラ（本書900頁を参照されたい）によってきわめて正確に報告されている出来事かもしれない.

84. De la Croix, p. 381.

85. ここでカルドーゾがポルトガルのマラノを示唆していることは疑いない.

86. MS. Hamburg 312, fol. 17a–b. この手紙はまたアブ９日の祭礼のことも七日祭として語っている. 本書887–888頁, 894頁参照.

87. ハッサンの論文の日付については *Schocken Volume*（ヘブライ語）, p. 161の G. Scholem を参照されたい.

88. 神性の秘義にかんするサムエル・デ・パス宛のカルドーゾの手紙.

89. 同, *Beth ha-Midrasch*. Wien 1865, p. 65.

90. *Rasa de-Rasin*, MS. Deinard 153. Jewish Theological Seminary. New York, fol. 11a. 本書964頁も参照されたい.

91. とくに, カルドーゾの著作における, サバタイから秘義を受け取った信者たちへの数多くの詳細な言及.

92. *Schocken Volume*（ヘブライ語）, pp. 179–180のテクストを参照されたい.

93. 本書860頁の引用を参照されたい.

94. MS. Kaufmann 255, fol. 120a–b. ここには, 信者たちこそ真の「シオンの悲しむ者たち」であるとも書いてある（本書913頁参照）.

95. 雅歌 8, 6. 嫉妬というヘブライ語には「熱意」とか「激情」という意味もある. 民数記25, 11参照.

96. イスラエル・ハッサンは反サバタイ的迫害の開始をたびたびほのめかしている. *Schocken Volume*（ヘブライ語）, p. 210, 注97の G. Scholem を参照されたい. ハッサンはまた, アブ９日に「反対者たち」が信者たちの家に押し入り, 彼らがこの祭日にこっそり食事をしているのではないか確かめようとしたとも語っている.

97. MS. Kaufmann 255, fol. 10b.

98. アブラハム・ヤキーニ, ガザのナータン宛の手紙で. *RÉJ* 26, 1893, p. 214.

99. M. Attias:『サバタイ主義者たちの歌と聖歌』（ヘブライ語）, テルアヴィヴ1948年, 49頁とそこのわたしの注.

100. この考えはミドラーシュ・テヒリーム３に基づいていると思われる. ここではトーラーの章の正しい順序にかんするミドラーシュの考えとアツィールースのトーラ——というカバラー的考えが入れ替わっている. G. Scholem: *Zur Kabbala und ihrer Symbolik*, pp. 100–102, 112–114参照.

101. Ch. Wirszubski『ガザのナータンのサバタイ神学』（ヘブライ語）, *Keneseth* 8, 1944, p. 238.

102. メシアの神格化という考えはサバタイ主義者が1666年に日々の朗読用に定めた「王の詩」, 詩篇21にかんするハッサンの注釈にはっきり表われてい

る．*Schocken Volume*（ヘブライ語），p. 194参照．

103．手紙の日付は「喜びの祝祭」（すなわちアブ９日）が７日間続く祭礼として述べられている事実から推定できる．上記注44参照．わたしはこの手紙文を*Zion* 7, 1942, p. 188に発表した．

104．ナータンはこの点では生涯変わることはなかった．彼はすでに1665年夏に同様のことを書いている．*Likkutej Michtawim*. Habermann 編，209頁参照．

105．わたしは崩れたひどい状態で存在しているこのテクストを MS. Adler 494. Jewish Theological Seminary. New York に基づいて*ᵓErez Jisraᵓel* 4, 1956, p. 191に発表した．

106．MS. Schasar, fol. 47b 参照．

107．ガザのナータンは，ニューヨークのコロンビア大学のサバタイ主義運動のメモ帳に伝えられている彼の手紙のひとつでこの迫害について触れている．「だが，わたしたちを守ってくれる信仰の功徳がなかったら，わたしたちは生きたまま呑み込まれてしまっただろう」（同所，fol. 15a)．

108．ド・ラ・クロワはこの出来事の時点でコンスタンチノープルにいなかったようだ．彼は混乱した，部分的に誤った噂に基づいている．de la Croix, p. 383参照．

109．U. Heydt『サバタイ・ツヴィにかんするトルコの記録文書』（ヘブライ語），*Tarbiz* 25, 1956, pp. 337–339.

110．*Journal d'Antoine Galland*. vol. 2. Paris 1881, p. 194. また *RÉJ* 18, 1889, p. 106も参照されたい．そこに Galland の情報が翻刻されている．ただし，きわめて重要な日付が略されている．

111．当時のカイマカムはムスタファ・アヴァであった．彼の前任者（1671年７月から1672年４月まで）はほかならぬサバタイの棄教の場にいたカシム・パシャそのひとだった（本書715頁参照)．もしサバタイがこの間 V. I. P. としてコンスタンチノープルを訪れていたのなら，彼らは再会していたかもしれない．

112．アレッツォのバルーフによって（Freimann, p. 66）なされた報告はこの点で間違っており，例によって作り話の要素が混じっている．彼が拘禁の責任をコンスタンチノープルのカイマカムに着せているのは誤りだが，サバタイの「ユダヤ人としての」振舞いについては正しいこともいくらか述べている．サバタイは捕えられ，アドリアノープルへ送られたが，その間スルタンは国外でポーランドと戦っていたともバルーフは主張している．このことは Galland によっても，トルコの記録文書によっても裏づけられている．

113．U. Heydt がこの一節をサバタイ・ツヴィにかかわるものと解釈しているのは正しい．この一節は警察署長《ブスタンジ・バシ》の中央政府宛の最初の手紙から引用している大宰相の手紙から採られている．*Tarbiz* 25, 1956, p. 338の U. Heydt を参照されたい．この件における警察署長の役割については，Galland も1672年12月18

日の書き込みのなかで述べている（vol. 1, p. 248).

114. »Leur accusation était d'avoir trouvé Sabbatai Zevi avec des téphillines, avec le bonnet à la juive, avec des femmes et du vin chez lui et plusieurs semblables chefs«（Galland. vol. 1, p. 243).

115. Heydt, 前掲書，338頁.

116. これはアドリアノープルのことを言っている確率が高い．さすれば，この4000ピアストルはコンスタンチノープルで支払われた4000に加えてさらに支払われたのであろう．だが，ギャランが同じ支払いのこと，つまりコンスタンチノープルで支払われた賄賂のことを言っている可能性もある．あいにくギャランの文章のシンタクスでは両方の解釈が許容される.

117. Galland, vol. 2, p. 4.

118. 同書，35頁.

119. アレッツォのバルーフ（Freimann, p. 66）は事実と虚構をごっちゃにしている．大宰相は異端者としてサバタイの死を要求したが，スルタンは判決の承認をこばみ，彼を放免しようとした．それにたいし，宰相は少なくとも追放を望んだという．この解釈はいささか疑問に思われる.

120. Lejb b. Oser（MS. Schasar, fol. 56 b). サバタイの追放にいたった出来事のレイーブの記述はめちゃめちゃで，歴史的価値はない．Emden, p. 25参照．ところが，Rosanes（vol. 4, pp. 88–89）はレイーブの記述に依拠し，それによって他の著者たちを誤らせた．サバタイが棄教のあと 3 年間コンスタンチノープルで暮らしたという主張は根拠がない.

121. *Wawej ha-⊂Amudim*. MS. Oxford 2761, fol. 107a.

122. Emden, p. 43. Cuenque はサバタイの訴訟については黙しているが，サバタイをスルタンの友人としてえがいている．Tobias Rofe（Emden, p. 46）ですら，スルタンはサバタイにたいして非常に友好的な態度を示したと力説している.

123. A. Epstein によって *RÉJ* 26, 1893, pp. 210–215に発表されたヤキーニの書簡の本文§ 1 を参照されたい．Epstein はみずから公表した記録文書のなかの多くのことを誤解している.

124. *Sefunoth* 5, 1961, p. 155. 彼の詩は少ししか遺っていない.

125. この偽黙示録については本書782–784頁を参照されたい．ヤキーニの冒頭の黙示録からの引用をエプシュタインは誤解した．マリ・アジズという天使の名は古代の呪文（MS. Vatikan 216, fols. 4b–6b）にはマリヤ・アジザとして現われる（同所，fol. 5b）けれども，カバラー文学では実際にまれである．しかしながら，現在の文脈ではマリ・アジズは（たとえばギャランやのちのデンメー記録文書に現われる）サバタイのトルコ名アジズ・メフメット・エッフェンディのヘブライ語化したかたちである．ヤキーニが天使の長，メータトローンの名としているのは，メシア・サバタイ，アリアス・アジズ・エッフェンデ

ィ（トルコ語，エッフェンディ＝アラム語，マリ）の名である．

126. エプシュタインは，この子供は先に述べたイシュマエルであると考えた．だが，それはありえない．なぜなら，事件（エプシュタインはそれを情事と言っている）はサバタイの第一子誕生の6年後に起こったのだから．

127. 第四章の注244参照．わたしとしてはこの解釈の真実性を疑う理由はない．

128. *RÉJ* 26, 1893, pp. 210–215, §8のヤキーニの手紙．

129. カルドーゾはこの手紙をおそらくサバタイ追放の報せが彼のもとに届くまえに書いたのだろう．だから手紙はアドリアノープルへ送られたのである．ヤキーニはこの話をサバタイがスミルナで任命した「王たち」のひとりであるアブラハム・ハンダリから聞いた．エプシュタインのテクスト（§9）では「アブラハム・マンダル」となっているが，これは書き違いか誤植である．

130. カルドーゾの手紙は彼の神学的作品のなかの，「第一原因」と「イスラエルの神」との違い（そのために彼がのちに大の異端者として知られるようになった学説）を詳しく論じている最初の作品と同一物ではない．いくつもの写本で伝えられているこの作品 *Boker ⊃Abraham*（アブラハムの朝）は1672年に書かれた．カルドーゾはそれをサバタイに送ったが，サバタイのメシア性についてはこの書は完全に沈黙している．この作品の写本 Berlin 8° 940（あるいはもっと正確に言えば作品そのもの）は5433年キスレヴ2日（1672年11月30日）に書き終えられた．カルドーゾがこの本をアドリアノープルへ送ったときそれに添えられた「長文の手紙」は，サバタイがドゥルチーニョへ追放されたあとに到着した．*Sefunoth* 3–4, 1960, pp. 216–217参照．

131. ヤキーニの手紙（前掲書），§11.

132. ヤキーニの手紙（前掲書），§13–15.

133. トスカーナ大公国の使節サンチ・バニは1673年1月19日にフィレンツェへ，サバタイ裁判は12月末に結審し，サバタイは「彼の民がひとりもいない」場所へ追放されたと報告した．*Vessillo Israelitico* 59, 1911, pp. 513–515の G. Levi を参照されたい．

134. Emden, p. 25.

135. MS. Schasar, fol. 53b. 印刷版（Emden の）でレイーブは正確な場所を見つけ出そうという彼の努力を繰り返し口にしている．

136. De la Croix, p. 384.

137. Emden, p. 46.

138. サムエル・プリモはサバタイのところへ行くまえに，近いうちにメレフ・アルクムを訪ねるつもりだと書いている．*Sefunoth* 5, 1961, p. 274参照．

139. 同書，250頁．

140. サバタイの死後10年以内に書いた（*Zion* 17, 1952, p. 80の G. Scholem 参照）アレッツォのバルーフが伝えるところによれば，サバタイは「イシュマ

エルの地［すなわちトルコ］とエドム［すなわちキリスト教の国々］のあいだの国境にあるドゥルチーノへ送られ，世を去るまでそこで暮らした」（Freimann, p. 66）．数年後には早くもサバタイ伝説作りがアブラハム・クウェンケとともに全盛となる．しかし，クウェンケははっきりドゥルチーノと言っているわけではないが，彼の叙述はまぎれもなくそこを指している．「遠く離れた，王国の果てにある場所．そこにはトルコ人は住んでおらず（もちろん役人や警備兵以外には），割礼を受けていない者たち［すなわちキリスト教徒］しかいない．」Emden, p. 43参照．

141．この手紙のおかげで，*Sefunoth* 5, 1961, pp. 253–254に（誤った日付で）発表されているナータンの手紙が時間的に正しく分類できるようになった．それは言語的にはガンドゥールの手紙とほとんど変わらず，そのなかでは，すべてが公に明かされるまで「わたしたちをイスラエルの悲しみと結びつけておくために」当分のあいだアヴ9日の断食を守る必要があると説明されている．この手紙の内容は1672年以後にしか合致しない．

142．本書894頁，ブダペストのラビの手紙と887頁を参照されたい．

143．De la Croix, p. 384. イタリアでもサバタイの信者たちは，メシアが「アダムの罪を償うために，聖書に（創世記3, 8）〈そしてアダムとその妻は身を隠した〉と書かれているように，妻といっしょに」追放されねばならなかったことを知った．*Dinaburg* 記念論集（ヘブライ語），254頁のG. ショーレムを参照されたい．のちの発見によってわたしは，この引用文が採られた元のテクストがモデナのアブラハム・ロヴィゴのサークルで書かれたものであることを証明することができた．J. Tishby『信仰と異端の道』（ヘブライ語）Jerusalem 1964, pp. 81–107, 295–305参照．

144．アレッツォのバルーフ（Freimann, p. 67）参照．

145．同，さらに *Sefunoth* 5, 1961, p. 250.

146．この推測はGünzburgコレクションの写本目録，Moskau, no. 1109（vol. 2, §279）にある情報に基づいている．そこに或るサバタイ主義の原稿が言及されているが，その原稿の末尾に「神性の秘義」を含む頁と，さらにもう一枚，「断食にかんするアミラーの教令［と］彼が434年キスレヴ24日に戻るだろうということ」という言葉で始まる頁がある．この写本は本書のテーマにとって重要な証言を含んでいそうだが，そのフォトコピーは入手ままならない．ちょっと見にはサバタイが断食の遵守を指示したのか（本書938頁に引用したガンドゥールの手紙参照），それとも彼の以前の断食廃止令のひとつに関係があるのかはっきりしない．

147．本書902頁参照．アマリリョ・コレクションの記録文書からわかるような出来事の正確な時代順は *Sefunoth* 3–4, 1960, p. 97, 注32のJ. Tishbyの年代記によって裏づけられる．アレッツォのバルーフ（Freimann, p. 66）はサラが死んだ日付をあやまってアルバニア追放のあととしている．そこからほかのひと

たちはさらに，彼女はアドリアノープルで死んだと結論づけた．「奥方」の歿年についてはイスラエル・ハッサンの証言が決定的である．

148. MS. Kaufmann 225; *Schocken Volume*（ヘブライ語）, p. 169参照．

149. サバタイ主義者たちはバッサンという地域名のなかに詩篇68, 23「主は言われた，わたしはバシャンから彼らを連れ戻し（……）」のほのめかしを見出し，「アルバニア」のかわりに「バッサン」を用いた．

150. これはおそらくサバタイがこれから行なおうとしている甦りのことを言っているのであって，すでに行なわれた奇跡のことではないだろう．「昨年ソフィアで亡くなった連れ合いを生き返らせる」というサバタイの約束は1675年夏に書かれたメイール・ローフェのアブラハム・ロヴィゴ宛書簡にも述べられている（*Sefunoth* 3–4, 1960, p. 97, 注32）．

151. Sasportas, p. 201参照．

152. *Schocken Volume*（ヘブライ語）, pp. 172–173を参照されたい．

153. Freimann, p. 96.

154. 本書の（ヘブライ語の）オリジナル版に掲載されているこれらの手紙からの引用は大英博物館（Or. 9165）にあるメイール・ローフェの自筆の写本から採られた．その後J. Tishbyは『1675–1680年間のラビ・メイール・ローフェのアブラハム・ロヴィゴ宛書簡』（ヘブライ語）を*Sefunoth* 3–4, 1960, pp. 73–130に発表した．

155. フィロソフが受けた価値評価については*Kirjath Sefer* 15, 1939, p. 491のMichael Wilenski（サロニキのラビ・ヨセフ・ダヴィドを引用している）と，Rosanes. vol. 4, pp. 15, 18（フィロソフの舅で高名なサロニキのラビ・バルーフ・アンゲルを引用している）を参照されたい．

156. この息子ヤコブ・フィロソフ（ヤコブ・クェリドとしても知られている）はのちにデンメーの指導者のひとりとなった．

157. アレッツォのバルーフ（Freimann, p. 67）．モーセス・ハギス（Emden, p. 43）の記述も参照されたい．結婚生活についてはメイール・ローフェも*Sefunoth* 3–4, 1960, p. 96に述べている．

158. サウルの娘．サムエル記上18, 22参照．サバタイはフィロソフ宛の手紙で彼の娘に求婚し，こう書いている．「あなたのお嬢さんミカルを妻にください」（MS. Günzburg 517, fol. 81a）．同時にフィロソフはモルデカイの生まれ変わりとも見られ，娘はエステルと見られた．

159. ローフェは疑いなく，サバタイがコンスタンチノープルへ呼んだ（クウェンケによれば．Emden p. 41）4人の匿名の学者のひとりだった．彼のアドリアノープル滞在についてはSasportas, p. 363と，Weiss: *Beth ha-Midrasch*. Wien 1865, p. 64のカルドーゾの手紙を参照されたい．

160. Sasportas, p. 363.

161. これはリヴォルノのロヴィゴに宛てた彼の最後の手紙の日付である．

162. *Sefunoth* 3–4, 1960, p. 97. 1650–1652年にはすでにローフェはヘブロンのコミュニティのために働き，彼らの利害の代弁者とみなされていた. 1677年に帰郷し，数ヵ月エジプトに滞在したのち，1678年秋にふたたびヘブロンにやってきた.（ヘブロンからモデナへ宛てた彼の最初の手紙は5439年キスレブ15日，すなわち1678年11月30日の日付である.）これによって，ローフェは帰郷することを恐れたという疑いは斥けられた.「そして多くのひとは先述のラビ・メイールがサバタイやほかの者たちといっしょに棄教したと疑っているが，そのことは彼が離散地にとどまり，ヘブロンに帰らなかったことによって証明される. どうやら怖かったためらしい」(Sasportas, p. 363). Ber Eibeschütz Perlhefter（この人物についてはJ. Tishby『アブラハム・ロヴィゴ一派における最初のサバタイ主義のマッギード』(ヘブライ語)，*Zion* 22, 1957, pp. 21–55を参照されたい）がモデナのロヴィゴ一派のなかで会った（Perlhefter: *Be⊃er Schewa*⊂, MS. Oxford. Katalog Neubauer. no. 1416参照）「ヘブロンのラビ・メイール・シュテルン」はメイール・ローフェにほかならない. メイール・ローフェにかんするほかの同時代人の意見については，M. Benajahu『ラビ・サムエル・アボアブの書簡』(ヘブライ語)，*Jeruschalajim* 2, 1955, p. 153と p. 179を参照されたい.

163. アムステルダム宛の手紙（1673年か1674年）でローフェは，スルタンはサバタイを追放したあと「彼を呼び戻し，おおいにうやまった」と報告しているが，これはよく知られたサバタイ主義者であると同時にヘブロンのイェシヴァの後援者であったアブラハム・ペレイラに宛てたものらしい.

164. フロレンティンとフィロソフの名前の取り違え.

165. *Sefunoth* 3–4, 1960, pp. 96–97.

166. Galanté, p. 58といろいろなデンメー歌謡，たとえば『サバタイ派の歌謡と聖歌』(ヘブライ語) Tel Aviv 1948, p. 205を参照されたい. 彼女もイスラム教に改宗し，アイシャと名のった. 彼女の墓は50年まえはまだ存在していたが，宗徒たちにとって巡礼の場所であった. *Reschumoth* 6, 1930, p. 539の I. R. Molkho 参照. 残念ながら，だれも墓石に刻まれたトルコ語の碑銘を写し取ろうとはしなかった. そこには彼女の死亡の日付が書かれていただろうに.

167. ヘブライ大学ベン・ツヴィ研究所写本 fol. 19b（元シンシナチ大学，J. Sonne 博士の遺贈).

168. エステル記 2, 5 参照. ラビの伝承によれば，モルデカイはサウルの子孫である.

169. ハダッサとエステルは同一人物である. エステル記 2, 7 参照.

170. 上記注159参照.

171. アレッツォのバルーフによって引用されている（Freimann, p. 68).

172. 本書932–934頁のヤキーニの手紙の分析参照.

173. 奇妙なことに，リヴォルノのラビ・マラキ・コーヘンは（Ergas: *Dibrej*

*Josef*. Livorno 1742へのまえがきで），ラビ・エマニュエル・エルガスがピンヘイロの娘サラと結婚した頃，ピンヘイロはまだサバタイ主義と深くかかり合いになっていたけれども，そのことはおくびにも出さずに，ピンヘイロのことを偉大な禁欲的カバリストと言って称賛している．

174. 彼はのちにアレッポのラビになり，「実践的カバラー」の達人として高い名声を受けた．Sasportasへの Tishbyの注，362頁参照．

175. *Sefunoth* 3–4, 1960, p. 95のローフェの手紙参照．カルドーゾはリヴォルノからスミルナへ行った．

176. これはJ. SonneによってA. *Marx*記念論集（ヘブライ語部門），89–93頁に発表された．手紙の本文は*SZ*のヘブライ語版756–767頁にも掲載されている．わたしはそこで多くの読み方をゾンネ博士が便宜を図ってくださったシンシナチ写本のフォトコピーによって修正した．写本のファクシミリは本書のヘブライ語版770頁の向かい合わせにある．

177. しかしながら，この手紙が，1675年に近々よい報せがあるという噂が流れたために，ローフェがメシアと預言者のそばに戻れるのを「今日か今日かと」待ちわびていた頃に書かれた可能性はなきにしもあらずである．

178. メイール・ローフェの所蔵していたサバタイ主義の著作の複写と伝達の問題は彼のロヴィゴとの往復書簡で繰り返し述べられている．

179. *Sefunoth* 3–4, 1960, p. 105. 1676年のサバタイの一生の終り頃に生じた同様の奇跡話をアレッツォのバルーフが報じている．

180. ザキントスのラビ・ヨセフ・ハミツも同様のケースで，彼は1675年までサバタイ主義の説教をもっぱら個人的読み物用として書いた．彼の信仰は禁欲的な敬虔さに裏打ちされている．

181. Sasportas, p. 361.

182. 本書799頁参照．この名はときにはアビアタールとも言われる（Sasportas, p. 363参照）．

183. Sasportas, p. 363; 本書799頁も参照．

184. Sasportas, p. 364.

185. Sasportas, p. 365.

186. アムステルダムのポルトガル系ユダヤ人コミュニティの歴史家としてのデ・バリオスの重要性についてはW. C. Pieterse: *Daniel Levi de Barrios as a Historian of the Portuguese Jewish Congregation in Amsterdam in His Triumpho de Governo Popular*, 1968参照．*JQR* 53, 1962, pp. 120–159の Kenneth Scholbergのデ・バリオス論では彼のサバタイ主義運動関与のことは述べられていない．

187. Sasportas, p. 369. 別の箇所では，この預言者はまだ聖書すら読めないことを認めたと言われている．

188. Freimann, pp. 73–76.

189. Sasportas, pp. 324–325. メクネスやフェス近郊のほかのコミュニティで

は断食日は厳格に守られた．

190．*Kitwej Jad be-Kabbala*. Jerusalem 1930, p. 104のG. Scholemを参照されたい．そこにアシュケナージの死への言及が引用されている．写本の筆耕者ダニエル・バールールについては別の資料（Schocken Bibliothek, Jerusalemのカバラー的MS. 91）から，彼が絶大なる信者で，みずからサバタイ主義的説教を著したばかりか，預言者ヨセフ・ベン・ツールの啓示の筆写もしたことが知られている．モロッコのラビたちについては*Malkej Rabbanan*. Jerusalem 1931, p. 64aも参照されたい．ベン・ツール一家はメクネスの卓越したラビ一族であった．この事実はモロッコの預言者たちの無知説を疑わしめるに十分である．メクネスの次世代の最も重要なラビ，ヤコブ・ベン・ツールはエリシャ・アシュケナージが「世を去った日に」生まれた．

191．Freimann, p. 73. 引用はすべてアレッツォのバルーフの記述から採られている（Freimann, pp. 73–76）．バルーフの記述の一部はリヴォルノへ送られた手紙に基づいている（Freimann, p. 75）．

192．サバタイ派の著者は，メシアがなぜキリスト教ではなくイスラム教のケリパーへ降りて行かねばならなかったかを説明している（Freimann, p. 74）．エドム（キリスト教徒）のすべての聖なる火花はトルコに集まっていた．それはヤニチャールがトルコ人として成育する年若いキリスト教徒の少年から選ばれ，かつそのさい摂理によって聖なる火花をになっている者だけが選ばれるようになっているからである．そのため，エドムとイシュマエルのすべての聖なる火花はいまトルコ帝国内に「沈み」，集まっているのである．

193．Freimann, pp. 74–75.

194．ダニエル・ベン・ユダ・バールールについての上記注190参照．彼の自筆の写本は1675年3月始めのものである．

195．Freimann, p. 76. アレッツォのバルーフ（同所）はヨセフ・ベン・ツールが偽預言者だったというのはありえない，物事がそうなったのは神の摂理であったと強調している．サレからの手紙には（ほかの作り話や噂とともに）預言者の顔からは光がほとばしり出て，訪問者は幕越しでなければ彼と話しができないほどだったと書かれている．アブラハム・ベン・アムラムのアルジェ宛の手紙はこれと反する．

196．Sasportas, p. 369.

197．このことと以下の詳述は，デンメー記録文書から*Sefunoth* 5, 1961, pp. 272–274に（ファクシミリで）発表されたプリモ自筆のエルバッサンからの手紙に基づいている．

198．Rosanes, vol. 4, p. 273（彼は245頁で二つのベルグラードを取り違え，アルバラーグをセルビアのほうの人間にしている）と，ヘブロンのコミュニティの委任を受けた使者ヨセフ・コーヘンのつけたメモ帳（1676年6月10日の日付）のなかにあるコミュニティで最も有名な人としてのアルバラーグの署名を

参照されたい．Jakob M. Toledano: *Sarid u-Falit*, p. 47参照．

199．アレッツォのバルーフは，1675年にナータンに会うためカストリアへ来て，ナータンとサバタイに宛てた1通の手紙を持参したという十部族の使者にかんする話をしている．「この使者はさらに［カストリアから］ドゥラッツォを経てドゥルチーニョへ行き，手紙をわれらが主ご自身の清らかな御手に渡したが，その内容はわかっていない．」のちに，この手紙には折りしも鬱の時期にあったメシアにたいし，とつ国の部族（「モーセの子ら」）といっしょにならないかとの招請が含まれていたと言われた．ドゥラッツォもドゥルチーニョもアドリア海沿いにあった．

200．アルバニアのベラートはより知られているユーゴのベオグラードと区別するために，アルナウト－ベオグラードとも呼ばれた．ナータンの手紙は，サバタイがベラートにいなかったこと，ナータンはただドゥルチーニョでの謁見がことわられたからそこへ行っただけなのだということを示している．ベラートには小さなユダヤ人コミュニティがあった．

201．この手紙の本文は*RÉJ* 104, 1938, pp. 120–121に発表されている．*Zion* 17, 1952, pp. 80–81のわたしのコメントも参照されたい．

202．大英博物館写本 Or. 9165, fols. 117a, 128a. いまは *Sefunoth* 5, 1961, pp. 98, 103.

203．これらの写本はモスクワ（Günzburg コレクション），オックスフォード（Neubauer 1537, 2211），ニューヨークの Jewish Theological Seminary（Adler 1653）その他にある．

204．Freimann, p. 122.

205．*Tochachath Megulla*（1715）, fol. 2b と *Ha-Zad Nachasch*（1715）, fol. 32a.

206．Cardoso: *Rasa de-Rasin*, MS. Deinard 153. Jewish Theological Seminary. New York, fol. 3b. 写本に述べられている日付は447（1687年）であるが，457に修正すべきだろう．

207．*Sefunoth* 3–4, 1960, p. 197. カルドーゾの書簡の年代は1666年よりは1696年か1697年のほうがよい．これは写し間違いである．そのことは決定的な文字の類似性によって簡単に説明がつく．

208．*Rasa de-Rasin*, fols. 12b–13a. カルドーゾはサムエル・プリモに反対して *Rasa de-Rasin*を書いた．したがって，カルドーゾがサバタイが「神性の秘義」を口述した匿名の学者であったはずはない．

209．A. H. Weiss: *Beth ha-Midrasch*. Wien 1865, pp. 64–66.

210．*Rasa de-Rasin*, fol. 6a.

211．A. H. Weiss: *Beth ha-Midrasch*, p. 67. わたしは括弧の語を MS. Adler 1653, fol. 202aの正しい読み方にしたがって補った．

212．A. H. Weiss: *Beth ha-Midrasch*, p. 66.

213．元来「息」を意味するネシャーマーはのちのヘブライ語では「魂」の

意味を獲得した.

214. 両概念が区別されるようになったのはあとのことである.

215. *Rasa de-Rasin*, fol. 11a.

216. ⊂*Os l*⊃*Elohim*, fol. 54a の決定的な一節参照.

217. 同書, fol. 58b.

218. 同書, fol. 79a.

219. G. Scholem: *Hauptströmungen*, p. 235も参照されたい.

220.『信仰の秘義』の教えをH. グレーツ（『ユダヤ人の歴史』, 第3版, 第10巻, 448–449頁）は完全に誤解している. それが本来のルーリア的カバラーからどんなに隔たっているかを認識しなかったからである. トラクトに展開されている「形像」の教義でさえルーリア主義よりもゾーハルに近い. トラクトの起源にかんするグレーツの疑いはカルドーゾの証言によって払拭される. グレーツは著者の神秘主義神学の「生きとし生けるものの魂」の意味を完全に看過し, エムデンに惑わされて, 神の化身の教義が論文の主題だと思ってしまった.「生きとし生けるものの魂」が聖なる王に宿っているという教えは, エムデンによれば, 神性がメシアの姿をとって現われていることを意味した. もちろん,「聖なる王」はここではメシアを意味していない. 神性の秘義を扱っているこの論文はそもそもメシアの本性や人柄を論じてはいない. エムデンはのちのサバタイ主義教義に照らしてこのテクストを解釈した. 彼とグレーツはそれによってあとに続くすべての歴史家（カハナ, ロザーネス, カスタイン）を誤らせた. たしかに, サバタイはときに自分を神の化身と理解したが, しかし彼は自分を聖なる王よりむしろシェキーナーと同一視したように思われる. だがいずれにせよ, これはここで論じられているテクストにとって重要な問題ではない.

221.「魂を世界から切り離し」てはならぬという禁止はイドラー・ラッバー（ゾーハル III, 141b）から採られている.

222. ⊂*Os l*⊃*Elohim*, fols. 79a, 81b. もとよりゾーハルではこの天の次元には聖なる老人以外の形像はない.『信仰の秘義』にある聖なる王の教義ははっきり言ってゾーハルのゼーイール・アンピーンの変形である.

223. 聖なる老人が「単純な意志」にして「裁き」の混じらない純粋な恩寵であるのにたいし, 聖なる王とそのシェキーナーは宇宙的ティックーンのために「恩寵」と「裁き」で構成されている. ⊂*Os l*⊃*Elohim*, fol. 81b.

224. カルドーゾは非常に独自の見解をもった神学者で, それを（彼にとって）権威のある『信仰の秘義』のなかに読み込もうとした. 彼には自分の好みに合わないある種の代わりの表現を排除する理由が十分にあった.

225. カルドーゾはこの部分では彼をハイーム・マルアッハ・アシュケナージと呼んでいるが, 別のところでは彼の通称ハイーム・マルアッハを用いている. この部分とは *Rasa de-Rasin*, fols. 4b–5a である. マルアッハは1680年から

1710年にかけてのポーランドの有名なサバタイ主義者である．*Encyclopaedia Judaica*. vol. II, Jerusalem 1972, cols. 818–819参照．

226．ティーフェレースはこの文脈ではアツィールースの世界におけるゼーイール・アンピーンの姿を意味する．サバタイの信仰の神はティーフェレースであるという多くの発言は「示現する」という意味，すなわちティーフェレースに身を「包む」という意味に取ることができる．本書141–142頁を参照されたい．「ティーフェレースである彼の信仰の神」にかんする発言は1666年のナータンの著作のみならず，サバタイの生涯の終りにイスラエル・ハッサンによって書かれた詩篇注釈にも見出される（本書914頁参照）．

227．イェール大学（ニューヘイヴン）図書館のMS. no. 20, fol. 1a. この写本はカルドーゾの未知の作品の断片である．始めと終りがない．別の箇所で（Weiss: *Beth ha-Midrasch*, p. 65参照）カルドーゾは彼がコンスタンチノープルで発見したカリリョの写本について述べている．おそらく引用文はこの写本から採られたのだろう．

228．これは必ずしも（サバタイ主義教義のその後の発展が示しているように）「第一原因」と同じではない．

229．言葉を換えて言えば，セフィロースの言語がパルツーフィーム（「顔」もしくは「形像」）というルーリアの用語にとってかわったのである．

230．*Zion* II, 1946, p. 173の G. Scholem を参照されたい．クウェンケ（Emden, pp. 42–43）は10人の弟子にたいする秘義の伝授式のありさまをまったくの空想でえがいている．サバタイは彼らに守秘を誓わせたあと，秘義を明かし，次のような言葉で弟子たちを去らせる．「これが神の認識です．いまからあなたがたは，誰に仕えるのか，あなたがたの神はだれなのかわかるでしょう．」最後の言葉はまったく本当だろう．とにかくこの話は，伝説めいた性格であるにもかかわらず，秘義を口にするだけでサバタイ主義者たちに呼び起こしたヌミノースな畏怖の感情をはっきり映し出している．

231．この出来事はサバタイ主義の資料に語られている．アレッツォのバルーフ（Freimann, pp. 67–68）を参照されたい．

232．この手紙と関連したいくつかの問題を Z. Rubashov（Shazar）は *Zion* 6（年鑑），1934, pp. 54–58で明らかにしている．デンメー記録文書のなかに写しが発見される30年まえのことである．

233．このメモ帳については J. M. Toledano: *Sarid u-Falit*. vol. I, pp. 39–52と A. Ja⊂ari: *Scheluchej ⊃Erez Jisra⊃el*, pp. 470–472を参照されたい．この使者はサバタイ主義的傾向をもっていたようだ．なぜなら，彼のメモ帳には，ナータンがカストリアでどれほど信望をえていたかについて多くを語るほかの資料の写しが含まれているからだ．

234．この証言をサバタイ・ツヴィの真筆と見ることにたいして主たる異論が二つある．⑴　この丁にはサバタイ・ツヴィの手紙が２通含まれており，そ

のうち最初のものはその内容から判断して2通目よりもあとに書かれたようだ．両者が同時に書かれた可能性を立証するには相当無理がある．(2) 丁の下端に綴り方の特殊な点はすべて元のままであるというコメントが見出される．もちろんこのコメントは「元のままである」ではなくて，「元のままにしておかねばならない」という指示とも訳せよう．このコメント自体は明らかにほかのひとの手になったものであり，手紙をさらにほかのコミュニティへ伝えようとするひとたちへの指示と解することができよう．明確な決定にたどりつくことは難しいと思うが，手紙が真筆であるという可能性は排除できない．テクストは最初（ファクシミリも含めて）*Sefunoth* 5, 1961, p. 249に発表され，M. Benajahu はサバタイの真筆であることを確信していた（同書，237–238頁）．サバタイはそれを自分で書き写したコピーとして最初の，あとで書かれた手紙につけ加え，そのため随所で短縮や変更が行なわれたというのが彼の見解であった．これによってこの丁の特異性が説明できるかもしれない．

235．サバタイ文学ではこの一致は自明のことである．ツヴィという名はヘブライ語の字母の AT-BASCH 反転（神秘主義的な聖書釈義でしばしば用いられた方法）によってモーセになる〔ヘブライ語のアルファベットを，最初の字母 א A を最後の字母 ת T と，2番目の ב B を最後から2番目の ש SCH というふうに順次入れ替える方法．それで AT-BASCH 方式と呼ばれる．これによりツヴィ צבי はひっくり返すとモーセ משה になる〕．本書256–259頁のサバタイの印章についても参照されたい．

236．彼はミツライーム *Mizrajim* を2語で *Mezar Jam* と書いているが，これは彼の回状の多くに見出される綴り方で，カバラーの文献に基づいた寓意的な語呂合せである．

237．この言葉はサバタイの名ツヴィを示唆するように書かれている．

238．サムエル記下23, 1とイザヤ書14, 14の組合せであるが，「雲（⊂*Aw*）の高みに登っていった」という表現が「父」（⊃*Aw*）に書き換えられている．しかし，自筆原稿には *Bamothej⊃Aw*〔父の高み〕の2語は含まれていない．

239．手紙には「過越祭と仮庵祭の終りに」，ニサン23日月曜日の日付がはいっている．この言葉も自筆稿にはない．

240．Z. Rubashov は，手紙が1676年ニサン23日に書かれたことを立証した（*Zion* 6, 1934, pp. 54–58）．この日付の正しさはニサン23日が1663年から1675年までは一度も月曜日に当たらなかったことによって裏づけられる．

241．この手紙は *Sefunoth* 5, 1961, p. 250に発表されている．

242．*Sefunoth* 3–4, 1960, p. 217のカルドーゾの手紙参照．そこではカリリョの同伴者の名前が名誉称号チェレビーに続く空白によって示されている．これがのちにサロニキのデンメー・グループの指導的メンバーとなるムスタファ・チェレビーを指すのかどうか，推測を待つしかない．サバタイは棄教者たちとの手紙のやりとりでけっして彼らの新しいトルコ名を用いず，アレッツォのバ

ルーフの回想録（Freimann, 68）に伝えられているカリリョ宛の招待状から明らかなように，もとのユダヤ名を使用した．デンメー一派もまったく同じで，仲間同士はもっぱらユダヤの姓名で呼び合った．

243．カルドーゾ（*Sefunoth* 3–4, 1960, p. 208）．この記述によれば，サバタイは訪問者たちとカルドーゾの本 *Boker* ᵓ*Abraham* について話し合った．

244．当該資料と伝承を調査した拙論（*Zion* 10, 1945, pp. 140–142）を参照されたい．

245．MS. Hebrew Union College 2007, B. 113a.

246．*Sefunoth* 3–4, 1960, p. 111. ローフェの書簡の年代研究については *Sefunoth* 1, 1957, p. 93の Tishby のコメントを参照されたい．

247．ロヴィゴにはすでにこの頃サバタイの秘義を明らかにしてくれるマッギードがいたと推定できる十分な理由がある．マッギードのお告げと「夢で尋ねること」とはまったく異なった二つの現象ではない．マッギードは夢に顕現することがあるのである．Z. Werblowsky: *Joseph Karo*. Oxford 1962, pp. 41–42も参照されたい．「夢で尋ねること」は非常に古い方法で，そのための手引書がたくさんある．ラビ Abraham Chamoi の *Lidrosch Elohim*（Livorno 1879）のなかのコレクション参照．サバタイ主義の歴史にとってロヴィゴがもつ意味をここで論ずることはできない．これはそもそもサバタイが死んだあとの運動の歴史に属することだからである．ロヴィゴと，彼の仲間内に現われたマッギードについては *Zion* 22, 1957, pp. 21–55の J. Tishby を参照されたい．

248．*Sefunoth* 3–4, 1960, pp. 113–114. サバタイの未亡人と彼女の召使いはエリヤ・ツヴィによってアドリアノープルへ連れて行かれたとカルドーゾも述べている．

249．*Schocken Volume*（ヘブライ語）, p. 195参照．

250．Freimann, p. 68.

251．*Sefunoth* 3–4, 1960, pp. 114, 116.

252．既述の資料に加えて，わたしが *Zion* 7, 1942, p. 16に発表したカルドーゾの書簡（MS. Adler 2432）も参照されたい．

253．ヘブロンの使節ラビ・ヨセフ・コーヘンのメモ帳にコミュニティの長老の表がある（Toledano: *Sarid u-Falit*. vol. I, p. 47参照）．このコミュニティは裕福だったようだ．ヨセフ・コーヘンへのコミュニティの義捐金がかなりの額だったからである．ヘブロンの使節の旅行の経路からしてアルバニアのベオグラード－ベラートの話であることに疑いはない．このコミュニティのことはヘブロンの使節ヨセフ・コーヘンの前任者であるモーセス・レヴィの手記にも述べられており，ヨセフ・コーヘンはそれを自分自身のメモ帳に書き写した（同書，43頁）．ヨセフ・コーヘンがこの町を訪れたのは1676年夏，サバタイの亡くなるほぼ3ヵ月まえである．この機会に彼は当市に着いたサバタイの最後の手紙を書き写した．

254．サバタイの死亡と埋葬の場所については，*Zion* 17, 1952, pp. 75–83の（結論としてベラートを選ぶ）I. Ben-Zwi と（ドゥルチーニョを主張する）G. Scholem も参照されたい．サバタイが死ぬ数週間まえにベラートへ手紙を書き，祈禱書を送ってほしいとたのんでいることから推して，Ben-Zwi の仮説は当然論破される．

255．*Allgemeine Zeitung des Judentums* 44, 1880, p. 620とヘブライ語の日刊新聞 *Dawar*（Tel Aviv, 1965年ニサン17日）の記事も参照されたい．そこに1962年５月のドゥルチーニョ－ウルチーニの「長老たち」の説明が引用されているが，それによると，匿名の墓参者がはるばるやってきて，無名の「聖人」の墓に石や花を供えたものだったという．

256．*RÉJ* 104, 1938, p. 121. この手紙には日付がないが，それを最初に公表したM. モルホは1671/1672年に書かれたものと考えた．実際に1672年１月に書かれた手紙から（本書927頁参照），ナータンが当時熱狂的な信仰と熱い期待にあふれた気分であったことはわかっている．ここで問題になっている手紙に特徴的な絶望的な気分はサバタイ亡きあとの時期にふさわしいように思える．この手紙はハバクク書 1, 8 によってゼエーブ・アラーボース〔夕暮れ時の狼〕と署名されている．

257．MS. Ben Zwi-Institut 2262には，「AMIRAH が掩蔽の時期に語った」，そして「真と義の預言者ラビ・ナータンの手によって書き写されたといわれる」神秘な（非常に謎めいた）アラム語のヘブライ文字の詩が含まれている．これは中世の黙示録「子の預言」の一章のサバタイ主義的模倣である．

258．ひょっとすると，ラビ・サロモン・カッツがある手紙で「偉大な不信仰者」と呼んだアドリアノープルのラビのひとり，ラビ・ヤコブ・ダノンかもしれない．いずれにせよ，イスラエル・ハッサンは公に行なわれたサバタイ主義者に反対する説教のことを言っているように思われる．

259．*Schocken Volume*（ヘブライ語），p. 171の資料を参照されたい．

260．ヘブライ語の表現 *Hith⊂allemuth, He⊂lem*〔隠れる〕はギリシア伝説の ⊃αφανισμός〔姿を消す〕にぴったり一致する．

261．E. Bickermann『空の墓』．*ZNW* 23, 1924, p. 285.

262．コロンビア大学図書館（New York）蔵のサバタイ主義のメモ帳，fol. 13a. このメモ帳はハイーム・マルアッハの弟子によって書かれたものである．マルアッハ自身はプリモの弟子であった．

263．Emden, p. 46. 同様に，サロモン・モルコが薪の山の上で焼かれて死んだ（1532）という事実を受け容れることをこばみ，彼がいまなお生きていると信じた者たちもたくさんいた．

264．この教義の進展については *Zion* 6, 1941, pp. 181–187の G. Scholem を参照されたい．

265．アレッツォのバルーフ（Freimann, p. 68）．ギリシア出身の或るラビも

そこで「われらの主」に会ったという．主は彼に，「今週タタール地方へ行く，サンバチオン川に達するにはこれが正しい道筋なのだ」と伝えた．

266．少なくとも3稿遺されている．一つはFreimann（pp. 93–94）によってイタリア語の写本から印刷されたもので多くの誤りや改変がある．あと二つはモスクワのMS. Günzburg 517と672（エルサレムの国立大学図書館のヘブライ語写本研究所所蔵マイクロフィルム），fols. 17–20にある．あとのほうはたぶんサロニキかバルカン諸国のセファルディー系の写本である．この写本（fol. 19a）は，ナータンが朝の祈りを唱えたとき，すばらしい香が彼の部屋から漂ってきたとも伝えている．その匂いがことに強くなったとき，ラビ・イサアク・ハナンのきょうだいが部屋へ上がって行った．ところが，この世ならぬかぐわしい匂いに圧倒されて，気を失ってしまった．ナータンは彼に，わたしが朝の祈りをとなえると，天国の魂がわたしの部屋に集まるのです，と説明した．普段彼らは天衣をまとっているが，このとくべつな折りには衣を着けないで来る，それで彼らから発する匂いはこんなに強くなるのだ，と．

267．*JJS* 20, 1969, p. 51のG. Scholem参照．

268．この手紙（大英博物館Or. 9165, fol. 97b）に署名はないが，ロヴィゴによって書かれ，それを彼のサークルの一員が書き写したという推測には一理ある．残存している写しはアシュケナージの筆跡で書かれ，当時活発なサバタイ主義者であったアシュケナージのユダヤ人，ベル・ペルルヘフターによって完成されたものである．アレッツォのバルーフにおけるこれらの報告への言及（Freimann, p. 69），およびとくに*Zion* 22, 1957, p. 46のJ. Tishbyも参照されたい．ロヴィゴのサークルのひとたちはサバタイの死後，サバタイ・ツヴィは結局ヨセフ家のメシアであったにすぎず，ダヴィド家出の真のメシアではなかったという「お告げ」を受けた．

269．ユスキュブのラビ，ヤコブ・アブーラーフィアとイサアク・ヤハヤはナータンの信奉者で，彼の著書の写しを所持していたことがアブラハム・ロヴィゴのメモ帳からわかっている．J. Sonne: »Visitors at the House of R. Abraham Rovigo«, *Sefunoth* 5, 1961, p. 295参照．

270．Rosanes, vol. 4, p. 444. スコプリエ生まれの作家エズラ・ハ＝メナヘムの短篇 »The Passing Away of R. Nathan«（*Molad* 4, 1950, pp. 103–116）はこの伝説に基づいている．Rosanesによれば，20世紀始めまで，ナータンの命日には墓へ詣で，ゾーハルの章節を読み，祝宴を催して命日を祝うならわしであった．デンメーの一派は毎年この祝いに代表者を送った．しもべの死の言い伝えはあとから加えた潤色である．その発生の経緯をS. Asafは*Zion* 1, 1936, pp. 455–456に述べている．この話の古いヴァージョンによれば，ソフィアのラビ・サバタイ・ベントゥーラはナータンの墓前で不敬な振舞いをした．そのあと彼の手は萎び，麻痺してしまった．そこで彼は墓前に戻り，赦しを乞うた．彼の息子アブラハム・ベントゥーラがサーフェードのコミュニティの委任を受

けて旅行中その町を通ったとき，「最初の晩に一滴の水が彼の上に落ちてきて，彼は死んだ．……そしてラビ・ナータンの墓の隣に埋葬された」．(スミルナのラビ・ハイーム・パラへがこの話を *Kol ha-Chajim*. Smyrna 1874, pp. 17–18で語っている．)

271．このヴァージョンには『われらが主の信仰の秘義』という表題がついている．モスクワの MS. Günzburg 517. それを作成したのはハイーム・セグレである．

272．デンメー派の最初の数年間1690年から1695年のあいだに生じた世界終末戦争の偽ナータンの描写の根底にはこのモチーフがある．*Sefunoth* 9, 1965, pp. 193–207参照．

273．巻末の墓碑銘の写真は1917–1918年に友人がロザーネスのためにえがいたスケッチに基づいている．碑銘文はアレッツォのバルーフが（Freimann, p. 69）ナータンはサバタイの 1, 2 年後に死んだと書いているのはそう間違ってはいないことを示している．

274．ヤコブ・フランクはポーランドにいる弟子たちに，自分もナータンの墓参をした（1752年から1755年のあいだのいつか）ことを話し，彼らに墓碑銘の最後の行，*Tam ᶜAvonech, Bath Zion* を引用した．だが，彼は行中のそのまえに言われている月名をテベス（ほぼ12月に相当する）と読んだのに違いない．というのも彼は，ナータンは1679年に死んだとも言っているからである．フランクの言葉を載せた写本 *Słowa Panskich*（ポーランド語; 主の御言葉），クラクフ大学図書館蔵，§39参照．墓はスコプリエ（ユスキュブ）にあるとフランクは正しく述べているが，グレーツはそれを間違ってソフィアを意味するかのように理解し，のちの著者たちを誤らせることとなった．

# 文献目録

聖書の参照指示は新エルサレム聖書．統一訳．エルサレム聖書の注釈付．新訂増補版．ドイツ語版．Alfons Deissler, Anton Vögtle 編．協力 Johannes M. Nützel. Freiburg, Basel, Wien[5] 1985 にしたがって統一した．

# 略語表

| | |
|---|---|
| *HUCA* | Hebrew Union College Annual |
| *JJLG* | Jahrbuch der jüdisch-literarischen Gesellschaft |
| *JJS* | Journal of Jewish Studies |
| *JQR* | Jewish Quarterly Review |
| *MGWJ* | Monatsschrift für Geschichte und Wissenschaft des Judentums |
| *REJ* | Revue des Etudes Juives |
| *SJ* | Studia Judaica. Forschung zur Wissenschaft des Judentums |
| *SZ* | Gershom Scholem: Shabbatai Zwi weha-tenu ᶜah ha-shabbetha ͻith bi-jemei chajaw（サバタイ・ツヴィと彼の生前におけるサバタイ主義運動）全二巻．Tel Aviv 1957 |

## ヘブライ語の文献

### 遺失したか公表を差し止められた文献

1. リヴォルノの説教師ヨセフ・ハ＝レーヴィは1667年サバタイ主義運動にかんする本を書いた．詩人エマニュエル・フランセスがこの書を手にしていた．*Zwi Muddach*, p. 135 を参照されたい．

2. オーフェン（ブーダ）のラビ裁判官サロモン・ベン・レイーブ・カッツは1671年，サバタイの兄エリヤ・ツヴィから集めた情報をもとにサバタイ・ツヴィの伝記を書いた．Freimann, p. 65 を参照されたい．

3. ヤイール・ハイーム・バハラハはサバタイ主義運動に関連する記録集をまとめた（1666年）．このコレクションは目次しか遺っておらず，A. H. Weiss, *Beth ha-Midrasch*（1865), p. 92 にそれが保存されている．

4. ヨセフ・サンバリ『サバタイ・ツヴィにかかわる出来事の顛末記』(1676年に書かれた彼の歴史書 *Dibej Joseph* の一部であるが，これらのページは，残存しているこの著作の二つの写本からは削除されている．）

5. 『1668年アドリアノープルでサバタイ・ツヴィにあたえられた啓示の書』．この書は1915年にはまだデンメー一派が所蔵していたが，どうやら1917年の大火災で焼失したらしい．

6. サスポルタスが自著 *Zizath Nobel Zwi* で述べているものの，全部は引用しておらず，大部分失われてしまった記録文書の一覧表がティシュビーのサスポルタス版（下記 *Zizath Nobel Zwi* を参照されたい)，pp. 375–377 に掲載されている．

7. アブラハム・ヤキーニの『サバタイ・ツヴィを讃える歌の本』は1750年にはまだサロニキに遺っていて，ラビ・アブラハム・ミランダはそれを利用した（写本 2262, ベン・ツヴィ研究所)．

### 遺っている文献

8. エプシュタイン写本．以前はウィーンのユダヤ人コミュニティ図書館にあった（A. Z. Schwarz カタログ No. 141『1887年イタリアからもたらされたサバタイ主義運動にかんする文書集』)．この写本の大部分はまだ遺っている．1967年までそれはワルシャワのユダヤ歴史研究所に保

管されていた．

9．サロニキのデンメー一派の記録保管所のトラクト，書簡，文書コレクション．以前，第二次世界大戦開始時にはラビ・サウル・アマリリョが所蔵していた．この写本はアマリリョがギリシアとトルコ間の住民交換の折にデンメー一派のひとたちから貰い受けたもの．彼のご子息である故アブラハム・アルベルト・アマリリョ氏はいろいろな写本のコレクションすべてをエルサレムのベン・ツヴィ研究所にアマリリョまたはデンメー記録保管所のコレクションとして寄贈された．

10．Jakob Sasportas, *Zizath Nobel Zwi*. 故 A. Z. シュヴァルツ博士の作成された写しに基づいた完全なテクスト．J. ティシュビーによってまえがき，注，いろいろな異解が付されて1954年にエルサレムで刊行された．全テクストが公刊されるまでサスポルタスの作品は縮約版でしか知られていなかった．*Kizzur Zizath Nobel Zwi*. Amsterdam 1737, Altona 1757, Odessa 1867. この版はラファエル・メルドーラがサスポルタスの息子の依頼で刊行したもので，全テクストのほぼ半分を擁している．第一版はアムステルダムのセファルディー（ポルトガル）系コミュニティの長老たちによって差し押さえられた．その内容がコミュニティをあまり好意的にえがいていない印象をあたえたからである．本書は主にサスポルタスが同時代の何人かと交わした書簡を含んでいる．サスポルタス自身の手紙は「手を加えられた」，一定の偏りをもって編集されたかたちで掲載されている．しかし，サスポルタスが彼自身の手紙の草稿や写しを保存している自筆原稿が遺っている．

11．Baruch b. Gerson von Arezzo, *Sikaron li-Benej Jisra⊃el*（『イスラエルの子らへの追悼文集』と『ヨセフ・ベン・ツール物語』）．A. Freimann, *Injenej Shabbetai Zwi*（1913), pp. 40–48 に掲載されている．

12．Leib b. Oser, *Beschreibung fun Shabsai Zvi*『シャブサイ・ツヴィ記』，作者の自筆原稿（イディッシュ語），元イスラエル大統領ザールマン・シャザール所蔵（以前は E．カルモリと D．カハナが所有していた）．縮約版（原作との異同が多々ある）がヤコブ・エムデンによって *Torath ha-Kena⊃oth*, pp. 2–26 に掲載されている．

13．Abraham Cuenque（または Conque）von Hebron, *Denkschrift über Sabbatai Zwi*『サバタイ・ツヴィ追想録』（フランクフルトにて1690年作）．ヤコブ・エムデンによって *Torath ha-Kena⊃oth*, pp. 33–45 に掲載されている．

14. Jacob Emden（通称ヤアベツ），*Zoth Torath ha-Kena*ᵓ*oth*. 第一版アルトナ1752年，第二版レンベルク1870年．サバタイ・ツヴィにかんする四つの異なった記述を含んでいる．(a) Leib b. Oser, *Beschreibung* のヘブライ語の縮約版．(b) クーネンのオランダ語の記述をヘブライ語で書き直したもの．出所不明の資料から補足している．(c) Abraham Cuenque, *Denkschrift*. モーセス・ハギスの批判的注付．(d) トビーアス・コーヘンのサバタイ・ツヴィにかんする記述．彼の書 *Ma*ᶜ*asse Tobja*（Venedig 1707）から．これらに加えてエムデンはさらに，もとヴェネツィアのラビたちによって1668年にガザのナータンに反対して発行されたパンフレット *Sikaron li-Benej Jisra*ᵓ*el*（pp. 47–51）と，サロニキのラビ・モーセス・ベン・ハビブ（1700年頃）がサバタイ・ツヴィとその信奉者たちにかんする言い伝えをつたえている『証言』（あるパンフレットのコピー．オリジナルはもう遺っていない）を掲載している．*Emden* として引用．

15. ヤコブ・フランセスとエマニュエル・フランセスの *Zwi Muddach*（サバタイ・ツヴィとナータンにかんする諷刺詩．1666–67年作．続いてエマニュエル・フランセスの『サバタイ・ツヴィ物語』），M. Mortara によって *Kobez* ᶜ*al Jad*, 1885, pp. 101–136 に発表されている．原典批判的な完全な新版が *The Poems of Jacob Frances* と題して刊行された．Penina Nave 編，エルサレム　1969年，440–512頁．

16. サバタイ・ツヴィにかんする著作　(a) ヤコブ・フランセスとエマニュエル・フランセスの『アヴ九日のためのハッガーダー』（二つのヴァージョン）．(b)（*Zwi Muddach* の写本の末尾に見られる）サバタイ主義運動にかんするいろいろな書簡．A. M. Haberman 編 *Kobez* ᶜ*al Jad*, 新シリーズ，1940, pp. 185–215. *Haberman* として引用．

17.『サバタイ・ツヴィ物語』，古い写本に依ってラビ・ナッフム・ブリュルが編纂したもの，ヴィルナ，1879年．（18世紀前半のマントヴァのラビ Salomon Joseph b. Nathan Carpi の ᵓ*Ele Toledoth Parez* からの抜粋．1666–67年のさまざまな記録文書が含まれている．）*Carpi* として引用．

18. *Gej Chissayon*, 1666年晩夏か秋に書かれたイエーメンのサバタイ主義的黙示録．二つの写本から G. Scholem が編纂したもの．*Kobez* ᶜ*al Jad* 4, 新シリーズ，1946, pp. 103–141 所収．

19. *Be*ᶜ*Ikwoth Maschiach*，ラビ・アブラハム・ベンヤミン・ナータン・ベン・エリシャ・ハイーム・アシュケナージ，通称ガザのナータンの著作から選ばれた，サバタイ信仰開始の頃のテクスト集，写本からゲ

ルショム・ショーレムが1944年エルサレムにて編纂.

20. Abraham Michael Cardoso, *Die Epistel Magen Abraham*『書簡マーゲン・アブラハム』, G. ショーレム編. *Kobez ᶜal Jad* 2, 新シリーズ, 1937, pp. 121–156所収.

21. Tobias Rofe ha-Kohen, *Ma ᶜasse Tobja*. Venedig 1707（セクション *ᶜOlam ᶜEljon*, 第 6 章）. エムデンによって *Torath ha-Kena ᵓoth*, pp. 45–47に覆刻されている.

22. Jakob Tausk, *Ein schoen neu Lied fun Moschiach*『美しい新しいメシアの歌』, ヘブライ文字を使ってイディッシュ語で, アムステルダム 1666年. 24頁. この詩はドイツ語に書き換えられて1670年にブレスラウで, そしてさらに1693年（ラウバンで）と1733年に刊行された. *Kirjath Sefer* 10, 1933–34, pp. 374–376 の A. Ja ᶜari と *Kirjath Sefer* 11, 1934–35, p. 131 の D. Weinreb を参照.

23. アミラーの *Rasa di-Mehemnutha*（『信仰の秘義』）. Nehemia Chajjon, *ᶜOs l ᵓ Elohim*. Berlin 1713 に *Mehemnutha de-khola* という表題で（無名で）掲載されている. この論文はサバタイ自身によって書かれたのではなく, 彼の依頼により, そしてもしかすると彼の口述で, 弟子のひとりが書いたものである.

24. ガザのナータン『サバタイ・ツヴィと彼の棄教にかんする書簡』G. ショーレム編. *Kobez ᶜal Jad* 6, 新シリーズ, 第 2 部, 1966, pp. 419–456所収. ガザのナータンの贖罪祈祷と礼拝のための指示を編纂したもの, 1666年刊.

25.「人びとの幸せのために真夜中過ぎにとなえられるべく聖地（ヘブライ語では「ツヴィの国」）から持ってこられた」*Sefer Tikkun ha-Lajla*（夜間礼拝）. コンスタンチノープル 5426（1888）年, 故 R. Abraham b. Salomon Franko von Juda b. Obadja の印刷所. 47頁, 非常に小さい判型.

26. *Sefer Seder Tikkun ha-Jom*「日々の読誦のために聖地（ヘブライ語では「ツヴィの国」）からもたらさる. 著者はイスラエルの灯（…）ナータン（…）疾くこの世にて主の美しさを見んがためなり. アーメン」コンスタンチノープル「〈そしてみ国は主のものとならん［＝5426］〉の年に. 故ラビ・アブラハム・ベン・サロモン・フランコの印刷所にて印刷.」56頁, 小型判.

27. *Tikkun likro ᵓ bekol lajla wa-lajla ubekol jom wa-jom*,「イスラエルの地から到来...印刷所...ヨセフ・アティアスの要請により, アムステルダ

ム」72頁，八つ折り判．表紙には高僧の絵がえがかれている．

28．*Tikkun likro*ᵓ *bekol lajla wa-lajla ubekol jom wa-jom*,...Amsterdam,「印刷所...ヨセフ・アティアスの命により，〈わたしはわたしの民を救うだろう［＝5426］の年〉」82頁．銅板の口絵（シナイ山のイスラエル人）．（スペイン語訳付）*Orden de lo que seá dezir cada dia y noche. Segun vino de Jerusalaim que seá redificada en Nuestra Dias*（日夜となえねばならぬ訓令．当代に再建されしエルサレムより入り来るところによる）．144頁（3–44頁夜，45–97頁　昼，97–144ペラキーム）．奥付「ヨセフ・アティアス印刷所，アムステルダム5426年」．

29．*Tikkun*...（表題は上記と同じであるが，82頁のあとに4—若干のものでは6—頁つけ加えられ，このような見出しが付されている．「見よ，これはサーフェードから来たばかりであるが...二，三の点で印刷された *Tikkun* と違っていることが確認された」）．

30．*Tikkun Ker*ᵓ*ia lekol jom*...「〈見よ，わたしはわたしの民を救うだろう［＝5426］〉の年」，アムステルダム，ダヴィド・デ・カストロ・タルタスの要請により，彼の印刷所で」．59頁，八つ折り判．この版は1666年1月か2月に刊行され，セラリウスは2月末に書かれた手紙でそれに言及している．表紙の文句は二本の柱に縁取られている．印刷者の名前は下部のプレートの中に書かれている．ティックーンの言葉の上部にそれより幅広いプレートがあり，そこに「日夜これを思案すべし」と銘が刻まれている．本書は昼と夜の礼拝を含み，スペイン語訳（*Orden de lo que se deve leer cada dia y noche* 日夜読唱せねばならぬ訓令）といっしょに出た．5426（1666）年，164頁．

31．*Tikkun Ker*ᵓ*ia lekol lajla wa-jom*...「...ヨシュア・サルファティの要請により，ダヴィド・デ・カストロ・タルタスの印刷所で印刷...アムステルダム...〈見よ，わたしはわたしの民を救うだろう［＝5426］〉の年．」54＋32頁．［印刷され，この版のいろいろなコピーといっしょに製本されたセリホースはエルール月とともに始まる贖罪期用である．］

32．*Tikkun Ker*ᵓ*ia lekol lajla wa-jom*...「...ダヴィド・デ・カストロ・タルタスの要請により，彼の印刷所にて．アムステルダム...〈見よ，わたしはわたしの民を救うだろう［＝5426］〉の年．」96頁．表紙は飾りがなく，聖書の句で縁取られている．口絵は玉座に座すサバタイ・ツヴィを示している．本文の変更と補遺は，この版が上記No. 31のあとに印刷され—これと同様に—エルール月とともに始まる贖罪期用とされていた

ことを証している.

33. *Tikkun Ker*ᵓ*ia lejom wa- lajla*. アムステルダム「ウーリー・ファイブッシュ・ベン・アアロン・ハ=レーヴィの印刷所にて，救い主［Moschiᵓa＝5426］の年，初年に」. 106頁，表紙は絵入りで，玉座に座すダビデ王とその向かいに彼の宮廷国家をえがいている．さらに玉座に座すサバタイ・ツヴィの口絵がある．（この版は上記 No. 32 ととても似ている．97–106頁は罪の告白と断食日のための祈りを含んでいる．サバタイ・ツヴィの絵は上記 No. 32 のそれと同じである．1666年に刊行されたすべての判のうちこれが最も贅沢にできている．表紙は A. M. Haberman, *The Pages of Hebrew Books*. Safed 1969, pp. 54–56に再現されている.）

34. *Ticun de la noche; y e del dia ordenado para la salvacion por el S. H. R. Natan Squenazi*『救いのために S. H. R. Natan Squenazi によって命ぜられた夜と昼のティックーン』.［アムステルダム］，5426年．265頁（大文字で印刷され，他のどの版よりも大きい判型).

35. *Tikkun Ker*ᵓ*ia lekol jom...*「〈そしてみ国は主のものとならん［＝5426]〉の年に」フランクフルト・アム・マイン1666年．39＋12頁，大文字.

36. *Tikkun Ker*ᵓ*ia lekol jom...*［上記35の版と同じ]．フランクフルト・アム・マイン1666年．60＋18頁，小文字.

37.「主のみ名において，*Tikkun Ker*ᵓ*ia lekol jom...*（プラハ）〈わたしは使いをあなたの前に遣わし，あなたを道で守らせ，わたしが決めた場所にあなたを導かせるであろう.〉」節（出エジプト記23, 20）の単語の頭文字に印がつけられ，それらを合わせると数値が 426＝1666 となる．表紙はダヴィド・カストロ・タルタスの *Tikkun Ker*ᵓ*ia lekol lajla wa-jom* のそれに似ている．活字のタイプからしてこの版がプラハで印刷されたことは疑いを容れない.

38. *Tikkun ha-Middoth*,「これは定めであり，残ったイスラエルの民が真夜中過ぎと正午過ぎに捧げるならわしのティックーンである．ラビ・モーセス・ベン・ツィオン・ボルゲ［刊]，マントヴァ」.［再アダル5426（1666）年の日付]．51頁.

39. *Tikkun ha-Middoth*（以下上と同文)，マントヴァ5427年．第 2 刷はキスレヴ15日，5427年（1666年12月12日）に終った.

ヘブライ語以外の文献

40. Abudiente, Moses b. Gideon, *Fin de los Dias*『日々の終り』すべての預言者によって預言された日々の終りが来たことを公にし，聖書の多くの不明な点を明らかにする．聖なる言語で作成され，スペイン語で要約さる...神聖なるイェシヴァ・シャアーレ・ツェデークにて編集．メナヘムの10日，5426年，グルックシュタット．［1666年］126頁．八つ折り判．

41. Alfano, Carlo, *Il Sabbathai ovvero il finto Messia degli Ebrei*『サバタイまたはユダヤの偽メシア』，1666年，コンスタンチノープルの回教徒に告げる．ヴィテルボ1667年(?)．12折り判．

42. Becherand, Jacob, *Relazione curiosissima ed insieme verissima des strano successo del pretoso Messia degli Ebrei*『ユダヤの自称メシアの奇妙な成功にかんする不思議であると同時に本当の話』，彼はあの民族に多くの感動を巻き起こしたが，最後はトルコ人になって終った．イエズス会士ベッカランダ神父によってコンスタンチノープルからローマへ送られたユダヤ人の新しいメシアにかんする書簡．(月日の記載無，1667年)，ヴェネツィアとパルマ，ゴッジ．4頁．四つ折り版．［書かれたのは1666年10月21日．ほかの版と翻訳は匿名.］

43. Buchenroeder, Michael, *Eilende Messias Juden-Post*『ユダヤ人のメシア速報』，あるいはユダヤ人の新生メシアの詩とその預言者ナータン，ならびに他の同様な，たびたび逆らう反抗者たちを徹底的に論破する．ニュルンベルク1666年［ページナンバーのない26頁］．八つ折り判

44. Coenen, Thomas，ユダヤ人の最後の自称メシア，サバタイ・ツヴィという姿で示された *Ydele verwachtinge der Joden*『ユダヤ人の空しい期待』，あるいは彼がオスマン帝国でメシアを僭称したときに当地のユダヤ人たちのあいだに起こった出来事の歴史的話と彼の没落．アムステルダム1669年．

45. De la Croix, Chevalier, *Memoire ... contenant diverses Relations très curieuses de l'Empire Ottoman*『回想記...オスマン帝国にまつわる異聞奇譚を含む』．第2巻，259–398頁: サバタイ・セヴィの手紙と来歴．パリ1684年．［1679年作.］

46. Essenius, Andreas, *Heilsaem Bericht en Trost aen de Joden*『ユダヤ人への朗報と慰め』．ユトレヒト1667年．

47. Evelyn, John, *The History of the three famous impostors* すなわちパドロ・オットーマーネ，マホメド・ベイ，そしてユダヤ人の仮称メシア...サバタイ・セヴィ．サヴォイ（ロンドン），1669年．111頁，八つ折り判［41–111頁がサバタイ・ツヴィ］

48. *Historia de Tribus hujus seculi famosis Impostoribus*『当代の名立たる三人の詐欺師の物語』，これは最近招聘された三人の詐欺師，すなわちパドレ・オットマンノ...ユダヤ人のメシアを詐称するサバタイ・セヴィの記述である．（ハンブルク）1669年．100頁，八つ折り判［35–90頁がサバタイ・ツヴィの話］

49. Galland, Antoine, *Journal d'Antoine Galland pendant son séjour a Constantinople*『アントワーヌ・ギャランのコンスタンチノープル滞在日記』（1672–1673），編集・注解シャルル・シェフェール．全2巻．パリ1881年．

50. Hazard, Cornelius, *Kerekelycke Historie van den Sheheele Werelt*．アントワープ1671年．第4巻，237–256頁（第19–20章: サバタイ・ツヴィの話．下記No.56とNo.59からの寄せ集め）．

51. （Hottinger, Johann Heinrich）*Send-Brief*『回状』 I　新しい預言者ナータン・レーヴィとユダヤ人の王を僭称する者について取り沙汰されていることはすべて事実無根である．　II　ユダヤ人たちは，気を静めてみれば，自分のしていることに気づき，彼ら自身の著作から学ぶ機会があるにもかかわらず．ここにはこうしたことが簡潔にわかりやすく述べられている．（チューリヒ?）1666年．

52. Meyer, Martin, *Continuatio* XV *Diarii Europaei*...あるいは日々の出来事の話16部．フランクフルト・アム・マイン1668年，508–520頁．

53. Rephun, Johann, *Jüdischer Heer-Zug*『ユダヤ人の進軍』，これは愚かなユダヤ人の説教であり，ここで論ぜられているのはイスラエルの十部族が約束の地を得て，それを固守できるかどうかである．弱きキリスト教徒に彼らの信仰強化のために，灰の水曜日（1666年）．クルムバハ1666年．16頁，八つ折り判（バイロイトで印刷）．

54. de Rocoles, Jean Baptiste, *Les Imposteurs Insignes*『名うてのペテン師』，あるいは皇帝と王と王妃の身分を僭称した幾人かの卑しい生まれの者たちの話．アムステルダム，アブラハム・ヴォルフガング，1682年（覆刻: ブリュッセル，1728年）．

55. （匿名で出版されたドイツ語訳）（de Rocolles, J. B.）: *Der Erzbetrü-*

*ger Sabbatai Sevi*『大嘘つきサバタイ・セヴィ』，レオポルト一世治下，5666（！）世界年，紀元1666年におけるユダヤ人最後の偽メシア．ハレ1760年．
56．Rycaut, Sir Paul: *The History of the Turkish Empire from 1623–1677*．ロンドン1680年．（200–219頁: サバタイ・ツヴィの来歴）．
57．（匿名の覆刻）同: *The counterfeit Messiah*，あるいは，1666年におけるスミルナのユダヤ人の偽クリスチャン，著者は当地の駐在官という身分の英国人．*Two Journeys to Jerusalem*... 収集者 R.B.（Robert Boulter），ロンドン1695年，125–166頁所収．
58．同: *Die Geschichte von dem großen Betrieger oder Falschen Juden Könige Sabbatai-Sevi von Smyrna*『大嘘つき，または偽のユダヤ王スミルナのサバタイ・セヴィの話』，この者は1666年トルコでユダヤの王を僭称したが，しかしその後マホメット信仰を受け容れ，1676年に... トルコ人として死んだ．発行地記載無（Coethen にて印刷）1792年．（*Anabaptisticum et Enthusiasticum Pantheon* 1702 の特別補巻として印刷されたもので，Rycaut のドイツ語訳，挿絵付．）

### 匿名の筆者

59．*Relation de la veritable Imposture du faux Messie des Juifs*『ユダヤの偽メシアの真っ赤な詐欺話』．その名はスミルナ生まれのユダヤ人サバタイ・セヴィ，今はアヒス（アジズ）・メフメット・アーガといい，太守の王宮の門番である．一修道士，真実を語る信頼するに足る証人によって1666年11月22日コンスタンチノープルで書かれ，マルセーユの彼の友人のひとりに送られたもの．アヴィニヨン，発行所 Michel Chastel, 1667年．51頁．八つ折り判．
60．*A New Letters from Aberdeen in Scotland*，受取人はある上流階級の人物で，ユダヤ人たちの所業について，これまで R.B.（Robert Boulter）によって出版されたものより多くの報告がなされている．ロンドン1665年．
61．*The Last Letters to the London Merchants and Faithful Ministers*．ユダヤ人の改宗と復古のその後の経過について．刊行地記載無（印刷者 C. Cotton）1665年．
62．*The Restauration of the Jews*: またはユダヤ人たちの古代王国を取り戻さんがための画策と行動にかんする真実の見聞記．いくつかの書簡

の要旨である... 発行者R. R., London, 印刷者A. Maxwell, 1665年.（Wilenskiによる覆刻, *Zion* 17（1952）, pp. 169–172所収: パンフレットでのオランダ語訳については下記No.85を参照されたい）

63. *A Brief Relation of several Remarkable Passages of the Jewes*, 彼らがペルシアとタルタリアからエルサレムへ旅した折りのもので... ドミニコ会修道士Marschalck Liraによって書かれた手紙でウィーンから選帝侯Palatineへ届けられた．ずっとのちに，ある偉い人物によってロンドンの親しい友人に送られた．刊行地記載無．イスラエル復興の年と期待される1666年の2月に印刷．

64. *Gods Love to his people Israel*, 東インド会社へ送られた手紙の真正なコピーである．ユダヤ人にかんして，彼らや彼らの預言者，奇跡についてこれまであったものより完全な記述で書かれている．ロンドン1666年．（*Zion* 17, 1952, pp. 169–172 にWilenskiによる覆刻.）

65. *Several New Letters concerning the Jews*, 当地英国のいろいろな上流階級のひとたちに送られたもので，ユダヤ人たちの預言者によって書かれた奇跡，彼らの王の偉大さ，太守の宮廷における彼の饗宴の様子にかんする完璧な見聞記である．ロンドン1666年．

66. *A New Letter Concerning the Jewes*, 筆者はコンスタンチノープル駐在フランス大使．兄弟のヴェネツィア駐在フランス公使宛．イスラエル人の所業，彼らの預言者によって書かれた驚くような奇跡，トルコ人たちに下された恐ろしい審判にかんする真の見聞記である．ロンドン1666年．

67. *The Congregation of the Diepersed JEWs*, モロッコ，サレア，スース，アムステルダム，ロンドンからのキャラバンや手紙によって確認され，報告されたもの．ここには安息日または第七日へのユダヤ人たちの崇敬，エルサレム進軍途中のメッカ攻略，彼らの武器，その他注目に値することがらが看て取れるだろう．1666年印刷．（1枚; ニューヨーク，ホーフシュッター氏のコレクションにあるのが唯一知られているもの.）

68.『新しいユダヤの預言者ナータンの実写像』二，三の漁師によってガザで目撃され，その仲間のひとりによって写生されたもの．1665年7月26日．（第1頁に続く二枚目の表紙に: ）1665年8月6日付未開地のサレからの書状の抜粋．

69. 古式の礼装姿で画かれた王冠を戴いた聖なる王と『今のユダヤの大預言者の真の生き写しの心象像』... またヘブライ語からドイツ語に訳

されたエルサレムからのユダヤ人の書状．刊行地の記載無（アウクスブルク?）1頁．
70.『新しく生まれた預言者ナータン・レーヴィにかんする詳細な見聞記』ならびに彼と糾合したユダヤ人やイスラエルの十部族等々について．また彼らによってメッカ市が占領略奪されるさま．一部銅版画，一部木版画．発行地・発行年の記載無（アウクスブルク?）1頁．
71.『奇跡の預言者といわれたユダヤ人ナータン・レーヴィの生き写しの肖像ないし模写像』多くの航海者によってガザで目撃され，スケッチされたもの．ならびにアレッポ，コンスタンチノープル，エルサレム，ガザからの詳報，数ヵ月来この預言者とともに起こったこと... こうしたことが銅版画の証明を添えて... 明瞭に検討され，報告される．発行地・発行年の記載無．（1頁）．
72. 最近新しく輩出した預言者ナータン・レーヴィと彼によって任命され，新しく選ばれた王ないしはユダヤのメシアエ・サベツァエ，ついでヨスヴァヘル・カームと名指されし者の『驚くべき出だしと恥ずべき結末』．この者はヨーロッパ全土から十部族をふたたび呼び集め，トルコ人を殲滅し，己れの民に約束の地をふたたび授けるといわれる... こうしたことがコンスタンチノープル，リヴォルナ，エルサレム，アレパから知らされ，さらに3月2日付でアムステルダムから確認され，読者は銅版画の証するところからそれを看て取ることができると主張された．発行地・発行年の記載無（アウクスブルク？1666年）1頁．
73. 上記No.72と同じ版画と文．書式に若干の相違あり．メシアエ，サベツァエまで．そのあとは，第1刷アウクスブルク1666年．発行地・発行年の記載無．3頁八つ折り判．
74.『甦ったユダヤの王』これは高く上げられたヨスヴェヘル・カームのニュース，同人がのちにコンスタンチノープルに来て，始めは捕えられたが，最後にはふたたびトルコ太守によって釈放され，名誉ある地位に高められたいきさつであり，コンスタンチノープルからあるひとを通して1666年3月7日に... 確かめられていることである．（銅版画と本文，1頁）．発行地・発行年の記載無（アウクスブルク1666年）．
75.『ユダヤのメシアと思われた人物の暴かれた嘘と没落』信ずべき人の手によってコンスタンチノープルから1666年11月10日と20日付でウィーンへ伝えられしこと．発行地・発行年の記載無（アウクスブルク，1666年末か1667年始め）．

（銅版画の挿入箇所が不適切で，説明文の最後の行が覆い隠されている．作りの統一性と頁を囲む飾り縁とは上記 No. 70, 71, 72 74, 75 が，サバタイ・ツヴィの棄教までの出来事や言い伝えの絵入り年代記として順次アウクスブルクで刊行されたワンセットのちらしであることを示している．ことによると次のも同じセットに属するものかもしれない．）

76．『驚きに次ぐ驚き』メシアと思われたユダヤ人のヨスヴァエヘル・カームスと預言者ナータン・レーヴィ，ならびに彼らと徒党をなしているイスラエルの十部族のユダヤ人たちにかんする新しい見聞，ごく最近エルサレムとコンスタンチノープルで起こった非常に奇妙なことどもを，一部は銅版画で，一部は木版画で親愛なる読者にお知らせする．発行地・発行年の記載無（1頁，部分的に No.71 と一致している．銅版画は左右対称に一致している．）

77．新しく生まれたユダヤ人預言者ナータン・レーヴィがいわゆるイスラエルの十部族の総大将に選んだ『ヨシュアエ・ヘルカーム本人の模写像（！）』その肖像を航海者たちはガザからコンスタンチノープルへ，そしてさらに他の地へ送った．発行地・発行年の記載無（1665/1666年; 1頁）．

（チューリヒ中央図書館に保管されている印刷物の説明文にはこう書かれている．マールブルクに保管されている印刷物の別の写しないし版では，この指揮官は「ヘルカームという名の新しいユダヤ民族の最高司令官」と書かれている．

78．『ウィーンその他の町町から退去する今日のユダヤの十二部族にかんするユダヤ新報』発行地・発行年の記載無（1666年; 1頁，銅版画1枚とユダヤ人の偽イディッシュ語の嘆きの歌二編）

79．ユダヤ一族が長年待ちつづけた新しいユダヤの預言者の『実物通りに描かれた真の模写像』．このアレッポのユダヤ人の模写像は彼の画家仲間のひとりによってアムステルダム，続いてドイツへ送られた... SCHALO SABOTTOJ 生5547年．（1枚，二つ折り版の銅版画）

（Alfred Rubens: *A Jewish Iconography*. London 1954, No. 22, p. 112の向いのページに復刻されている．ひょっとすると表題の文言がまだ毀損していなかった古い銅版画の複製かもしれない．1787年に相当する5547年の表示も同様に毀損しているようだ．預言者の左側のシーンはサバタイが盗賊の一味にやられる様子を伝える当時のアレッポからの手紙である．）

80.『リヴォルノ新報，1666年２月27日』ユダヤ人の偽メシアについて．発行地の記載無．1666年．
81.『天成の誘惑者にして偽メシア，サバタイ・セヴィないしはシャブサスヴィ』しばらくまえからユダヤ人たちのあいだにもち上がった論争に際して，フランス語から翻訳された．R. R による注付．フランクフルトならびにライプツィヒ　1752年．（de Recoles, J.B.: *Les Imposteurs Insignes*『名うてのペテン師』に基づく．）
82. *Israelita revertens armatus verusne an fictus?*『イスラエル人が武装して帰ってくるというのは本当なのか，嘘なのか』イスラエルの十部族にかんする短いながら丹念な報告... 彼らははたしてイスラエル王国を再建できるのか．発行地の記載無．1666年．
83.『奇妙にして真実かつ詳細な，確実に入った報告』ほとんど忘れられていたが，いまふたたび公現したユダヤの王サバタイ・セビの現況．1666年８月５日，アムステルダムから．発行地・発行年の記載無（1666年．ナータンの肖像付）．
84. *Hollandtze Merkurius*，1666（印刷1667–1668）年，pp. 2–4，72–73，134–35; 1667年．p. 33.
85.『ユダヤ民族の再興』あるいはユダヤ民族の存続と旧王国の秩序を回復するについての彼らの行動にかんする嘘偽わりのない報告．アントワープ，リヴォルノ，フローレンスなどいろいろな地から来た手紙の内容で構成されている．L. van Bos による英語からの訳．ドルドレヒト1665年（１枚）．
86.『自称ユダヤのメシアの生活と行状ならびにトルコ語にかんする克明な記述』トルコのガラタからさる有識者によって送られしもの．印刷者ハルレムのアブラハム・カステライン，1667年．
87.『ユダヤ人たちの偶像』あるいはユダヤのメシア．彼の将来，彼の生活，国家，そして彼の統治にかんする記述．筆者は生粋のユダヤ人．そして今オランダ人向けに F. S. により高地ドイツ語から訳された．
88.『暴かれた自称ユダヤのメシア，サバタイ・セビ』これはあるキリスト教徒とユダヤ人の対話である．
89.『新しい自称ユダヤ人の王にかんする実話』サバタイ・セビならびに彼と行を共にする，1666年に立った預言者ナータン・レーヴィ．発行地・発行年の記載無．
90.『いろいろな抜粋』３月10日当地アムステルダムにエルサレム，ス

ミルナその他各地から届いた，ユダヤ人を聖地へ連れ戻す大事業を促す本物の手紙から．アムステルダム1666年．（1枚）
91．『簡にして要をえた報告』これまでに八度ユダヤの偽メシアがいたこと，そして彼らが真のメシアであることを示すためにどんな奇跡やしるしをなしとげたかなど．ユダヤ人の希望の年に印刷される．
92．『コンスタンチノープルからローマへ送られたユダヤ人の新しいメシアにかんする書簡』シエナ＆ボローニャ1667年．（上記〔42.〕Jacob Becherand: *Relazione curiossima de insieme verissima del strano successo del preteso Messia degli Ebrei* 参照... 上記〔59.〕引用のフランス語のパンフレット *Relation de la veritable Imposture du faux Messie des Juifs* の初稿．ポルトガル語訳も下記の二点が伝わっている：）
93．*Copia de huma carta que de Constantinopla se escreuo a Roma, sobre o fingido Messias dos Iudeus*．（Lissabon 1667）（Amzalak, Moses B.: *Shabbethai Sevi*... に転載されている．下記参照）．
94．*Segunda Traducçam e verdadeira exposiçam de uma carta mandada de Constantinopla a Roma*, acerca do fingido Messias dos Hebreos（Lissabon 1667/1668）．

サバタイ・ツヴィと運動にかんする著書論文

95．Aeshcoly, Aaron Zeev: "A Flandrian Newsletter concerning the Sabbatian Movement"（hebr.）. *Dinaburg Jubilee Volume*. Jerusalem, 1949, pp. 215–36.
96．Amarillo, Abraham: "Sabbatianische Zeugnisse aus der Sammlung Saul Amarillo"（hebr.）. In: *Sefunoth* 5, 1961, S.235–274.
97．Amsalak, Moses B.: *Shabbethai Sevi, uma carta em portugues do seculo XVII em que se testemunham factos relativos a sua vida*. Lisbon, 1925. [8], 14 pp.
98．Aronstein, F.: "Eine jüdische Novelle von Grimmelshausen". In: *Die Zeitschrift für die Geschichte der Juden in Deutschland 5*, 1934, S. 236–241.
99．Asaf, Simcha: "Nathan von Gaza in Kastoria"（hebr.）. In: *Zion* 1, 1936, S. 454–456.
100．Attias, Mosche: "Coplas di Adonenu"（hebr.）. In: *Sefunoth* 3–4, 1960, S.525–536.
101．―: Romancero *Sefaradi*. Jerusalem² 1961.

102. Attias, Mosche; Scholem, Gershom; Ben-Zwi, Jizchak: *Lieder und Hymnen der Sabbatianer* (hebr.). Herausgegeben und aus der Handschrift ins Hebräische übersetzt von Attias, Scholem und Ben-Zwi, mit Anmerkungen von Gershom Scholem. Tel Aviv 1948.
103. Balaban, Meir: „Sabataizm w Polsce". In: *Ksiega Jubileuszowa ku czci professora Dr. M.Schorr*. Warschau 1935, S. 47–90.
104. Benajahu, Meir: "Quellen zum Druck und zur Verbreitung hebräischer Bücher in Italien" (hebr.). In: Sinai 34, 1945, S. 156–202.
105. –: "Berichte aus Italien und Holland über die Anfänge der sabbatianischen Bewegung" (hebr.). In: *ᵓErez Jisraᵓel* 4, 1956, S. 194–205.
106. –: "Responsa zum Sabbatianismus in der Sammlung Schebach *Neᶜurim* von Samuel ben Chawiw" (hebr.). In: *Sinai* 46, 1958–1959, S. 33–53.
107. –: "Die 'heilige Bruderschaft' von R. Judas Chasid und ihre Niederlassung in Jerusalem" (hebr.). In: *Sefunoth* 3–4, 1960, S. 131–182.
108. –: "Sabbatianische liturgische Werke und andere Zeugnisse in einer persi-schen Handschrift" (hebr.). In: *Sefunoth* 3–4, 1960, S. 79–38.
109. –: "Schlüssel zum Verständnis einiger Zeugnisse zur sabbatianischen Bewegung in Jerusalem" (hebr.). In: *Studies in Mysticism and Religion Presented to G. Scholem*. Hebräische Sektion. Jerusalem 1967, S. 35–45.
110. Ben-Zwi, Jizchak: "Sabbatai Zwis Beerdigungsstätte und die sabbatianische Gemeinde in Albanien" (hebr.). In: *Zion* 17, 1952, S.75–78 und S.174. Erweiterter Wiederabdruck in dessen *Untersuchungen und Dokumente* (hebr.). Jerusalem 1966, S. 545–551.
111. Bernfeld, Simon: "Zur Geschichte von Sabbatai Zwi" (hebr.). In: *Kobezᶜal Jad* 15, 1899, S. 1–11.
112. Brilling, Bernhard: "An unbekannter Dokument fun Shabsai Zwis Zeiten" (jidd.). In: *YIWO Blätter* 5, 1933, S. 41–46.
113. Cassuto, Umberto: "Un documento inedito su Shabbethai Zevi". In: *Il Vessillo Israelitico* 55, 1907, S. 326–330.
114. Damon, Abraham: *Etudes Sabbatiennes*. Paris 1910.
115. Darmstädter, Karl: "Sabbatai Zwi in der Dorfchronik". In: *Israelitisches Wochenblatt für die Schweiz*, 5. April 1957, S. 41.
116. Dercsénji, Mauricius: "De Pseudopropheta Nathan Ghazati ignota relatio". In: *Goldziher-Gedenkbuch*. Budapest 1948, S. 399–411.

117. Elmaleh, Abraham: *Sabbatai Zwi, Seine Sekten und die Relikte seiner mes-sianischen Bewegung in unserer Zeit* (hebr.). Jerusalem 1927.
118. Epstein, Abraham: “Une lettre d’Abraham Ha-Jakhini à Nathan Gazati”. In: *REJ* 26, 1893, S. 209–219.
119. Friedländer, Israel: “Jewish Arabic Studies. Shiᶜitic elements in Jewish Sectarianism” Jn: *JQR* 2 (N. F.), 1912, S. 481–516.
120. Galanté, Abraham: *Nouveaux documents sur Sabbatai Sevi. Organisation et us et coutumes de ses adeptes*. Istanbul 1935.
121. –: “Un document arménien inêdit. Sabbetay Sevi dans la legende orien-tale”. In: *L’Etoile du Levant* (Istanbul), 10. September 1948.
122. Geiger, Ludwig: “Deutsche Schriften über Sabbatai Zwi”. In: *Zeitschrift für die Geschichte der Juden in Deutschland* 5, 1892, S. 100–105.
Geiger, Wolfgang Jacob. *See* No.187.
123. Goitein, S. D.: “An welchem Tag starb Sabbatai Zwi?” (hebr.). In: *Tarbiz* 27, 1958, S.104.
124. Gövsa, Ibrahim Alaettin: *Sabbaty Sevi*. (türk.). Istanbul o.J. (1939–1941).
125. Graetz, Heinrich : *Geschichte der Juden*. Bd. 10. Dritte vermehrte Auflage, bearbeitet von M. Brann. Leipzig.
126. Haberman, A. M.(Hg.): “Gesammelte Briefe zur sabbatianischen Bewegung” (hebr.). In: *Kobez ᶜal Jad* 3 (N. F.), 1940, S. 207–215.
127. Ha-Menachem, Esra: “Das Ableben R. Nathans” (hebr.). In: *Molad* 4, 1949, S. 103–116.
128. Heydt, Uriel: “Ein türkisches Zeugnis zu Sabbatai Zwi” (hebr.). In: *Tar-biz* 25, 1956, S. 337–339.
129. Hurwiz, Saul Israel (Ish-Hurwitz, Sch. J.): *Woher und Wohin?* (hebr.). Berlin 1914.
130. Hurwitz, Siegmund: “Sabbatai Zevi. Zur Psychologie der häretischen Kab-bala”. In: *Studien zur analytischen Psychologie C. G. Jungs 2*, 1955, S. 239–263.
131. Jost, Isaac Markus: *Geschichte der Israeliten*. Teil 8. Berlin 1828.
132. Kahana (Kogan), David: *Geschichte der Kabbalisten, Sabbatianer und Chassidim* (hebr.). 2 Bde. Tel Aviv 1925.
133. Kastein, Josef: *Sabbatai Zewi. Der Messias von Ismir*. Berlin 1930.

134. —: *The Messiah of lsmir/Sabbatai Zevi.* London 1931.

135. Kaufmann, David: "Une pièce diplomatique Vénetienne sur Sabbatai Cevi". In: *REJ* 34, 1897, S.305–308.

136. Kehathi, Mosche: "Die sabbatianische Bewegung im Jemen" (hebr.). In: *Zion* (Jahrbuch) 5, 1933, S. 78–88.

137. Kuchuk-Joannesov, Ch.: "Armjanskaja letopis o evrejach v Persii XVII-go veka i o messii Sabbatae-Cevi" In: *Evrejskaja Starina* 10, 1918, S. 60–86.

138. Levi, Guiseppe: "Documenti inediti su Shabbathai Zewi". In: *Il Vessillo Israelitico* 59, 1911, S. 511–516, S. 588–592.

139. Levyne, Emmanue l: "A la decouverte d'un manuscrit Sabbataiste (à la Bibliothtque de l'Alliance Israelite Universelle)". In: *Zedek* (organe de l'Alliance d'Abraham, XI annêe). Nr. 78, Juni-Juli 1965.

140. Lewis, Geoffrey; Roth, Cecil: "New Light on the Apostasy of Sabbatai Zevi". In: *JQR* 53, 1963, S. 219–225.

141. Meijer, Jaap: "Sabetai Rephael in Hamburg. Korte bydrage tot de geschie-denis van de Joodse wereld na Sabetai Tswi". In: *Liber amicorum Prof.I. Romein*. Amsterdam 1953, S. 103–108.

142. Menéndez Pida l, R.: "Un viejo romance cantado por Sabbatai Cevi". In: *Medieval Studies in Honor of Jeremiah Denis Ford*. Cambridge, Mass.1948, S. 185–190.

143. Misrachi, Chajim: "Belege für die messianische Unruhe auf Korfu (1667), nach einer christlichen Quelle" (hebr.). In: *Sefunoth* 3–4, 1960, S. 537–540.

144. Molho, Michael: "Deux lettres de Nathan de Gaza". In: *REJ* 104, 1938, S. 119–111.

145. Molkho, Isaak Raphael: "On Sabbatai Sevi and His Sect" (hebr.), *Hao*ᶜ*lam*, Passover issue, 1947.

146. Molkho, Isaak R.; Amarillo, A.: "Autobiographical Letters of Abraham Cardozo". In: *Sefunoth* 3–4, 1960, S. 183–241.

147. de Rie, J.: *Wonderlyke Leevens-Loop van Sabatai-Zevi, Valsche Messias der Jooden*. Leyden 1739.

148. Rosanes, Shlomo: *Geschichte der Juden in der Türkei und der Levante* (hebr.). Teil 4: 1640–1730. Sofia 1933–1934.

149. Roth, Cecil: *New Light on the Resettlement* (Transactions of the Jew-

ish Historical Society of England II). London 1929.
150. − (Hg.): *Anglo-Jewish Letters*. London 1938.
Rubashov, Z. Shazar を見よ.
151. Salomon, H.P.: “Midrash, Messianism and Heresy in Two Spanish-Hebrew Hymns”. In: *Studio Rosenthaliana 4*, 1970, S. 169–179.
152. Schoeps, Hans-Joachim: *Jüdische Geisteswelt*. Darmstadt 1953.
153. Scholem, Gershom: “*Mizwa ha-ba*ᵓ*a ba*ᵓ*awera*: Zum Verständnis des Sabbatianismus” (hebr.). In: *Kneseth 2*, 1937, S. 347–392.
154. −: “Redemption through Sin”. In: Ders.: *Tbe Messianic Idea in Judaism*. New York 1971, S. 78–141.
155. −: “Sabbatai Zwi und Nathan von Gaza” (hebr.). In: *Kobez Hoza*ᵓ*ath Schocken le-Dibrej Sifruth*. Tel Aviv 1940, S. 150–166.
156. −: “Studien zur sabbatianischen Bewegung” (hebr.). In: *Zion* 6, 1941, S. 85–100.
157. −: “Barochja, das sabbatianische Sektenhaupt in Saloniki” (hebr.). In: *Zion* 6, 1941, S. 119–147, S. 181–202.
158. −: “Neue sabbatianische Zeugnisse aus dem Buch *To*ᶜ*ej Ruach*” (hebr.). In: *Zion* 7, 1942, S. 172–196.
159. −: “Notizen aus Italien zur sabbatianischen Bewegung 1666” (hebr.). In: *Zion* 10, 1945, S. 55–66.
160. −: “Sabbatianische Miszellen” (hebr.). In: *Zion* 10, 1945, S. 140–148.
161. −: “Ein Gedicht Israel Najaras als sabbatianische Hymne” (hebr.). In: *Goldziher-Gedenkbuch*. Budapest 1948, S. 41–44.
162. −: “Zur Haltung der Rabbiner zum Sabbatianismus” (hebr.). In: *Zion* 13–14, 1948–1949, S. 47–62.
163. −: “Wo starb Sabbatai Zwi ? ” (hebr.). In: *Zion* 17, 1952, S. 79–83.
164. −: “Ein Psalmenkommentar aus dem Kreis Sabbatai Zwis in Adrianopel” (hebr.) *ᶜAlej ᶜAjin. Festschrift Salman Schocken*. Jerusalem 1953, S.157–211.
165. −: “Ein Brief Abraham Miguel Cardosos an die Rabbiner von Smyrna” (hebr.). In: *Zion* 19, 1954, S. 1–22.
166. −: *Die jüdische Mystik in ihren Hauptströmungen*. Zürich 1957/Frankfurt am Main 1967.
167. −: “Und das Rätsel bleibt” (hebr.; zum Buch *Chemdath Jamim*). In:

*Bechinoth* 8, 1955, S. 79–95 und “Briefwechsel” mit A. Ja<sup>c</sup>ari Über den obigen Artike l. In: *Bechinoth* 9, 1956, S.71–84.
168. –: “Zwei handschriftliche Fragmente der Sammlung Adler, die sich auf die Geschichte des Sabbatianismus beziehen” (hebr.). In: ʾ*Erez Jisraʾel* 4, 1956, S. 188–194.
169. –: “Ein neues Zeugnis über den Beginn der sabbatianischen Bewegung” (hebr.). In: *Kirjath Sefer* 33, 1958, S. 532–540.
170. –: “Zeugnisse zu Nathan von Gaza aus den Archiven des R. Mahallallel Halleluja von Ancoan” (hebr.). In: *Festschrift Harry A. Wolfson*. Jerusalem 1965, S.225–241.
171. –: “Die Krise der Tradition im jüdischen Messianismus”. In: *Eranos Jahrbuch* 37, 1968, S. 9–42. Wiederabgedruckt in: - Judaica 3. Frankfurt am Main 1970, S. 152–197.
172. Schönberg, Joseph: “Un mouvement mystico-messianique parmi des juifs de la méditerranée au XVI siècle au point de vue de la médicine”. In: *Actes au VIII. Congrès International d'Histoire des Sciences*. Florenz 1956, S. 673–682.
173. Shatz, Rivkah: Review of Tishby's edition of Sasportas. *Zizath Nobel Zwi* (hebr.). In: *Bechinoth* 10, 1956, pp. 50–67.
174. –: “Visions on the Mystery of the Messiah, an Early Sourve from a Sabbatian Apostate” (hebr.), *Sefunoth*, 13, 1973.
175. Shazar, Zalman (Rubashov): “The Messah's Scribe (on Samuel Primo)” (hebr.) In: *Ha-Schiloach* 29 (1913), 36–47. Reprinted separately, Jerusalem, 1970.
176. –: “Sabbatai Sevi's Servant” (hebr.), *Tarbiz* 5, 1934, pp. 350–57.
177. –: “Sabbatian Documents from Aleppo” (hebr.), *Zion* (annual), 6, 1934, pp. 54–58.
178. –: “The Story of Joseph della Reyna in Sabbatian Tradition” (hebr.) *S.A. Horodezky Jubilee Volume, Eder ha-Yakar*. Tel Aviv, 1947, pp. 97–118.
179. Silva Rosa, J. S. da: “De Indruk van Sabbatai Tsebi, den valschen Messias, te Amsterdam (I 666)”. In: *De Vrijdagavond*, Proefnummer, 11. Januar 1924, S. 5f.
180. Simonsohn, Schlomo: “A Christian Report from Constantinopel regarding Shabbethai Sevi (1666)”. In: *JJS* 12, 1961, S. 33–58.

181. Sonne, Jesaja: "Zur Geschichte des Sabbatianismus in Italien" (hebr.). In: *Festschrift Alexander Marx*. Hebräische Sektion. New York 1950, S. 89–103.
182. –: "Neues Material zu Sabbatai Zwi aus einem Notizbuch R. Abraham Rovigos" (hebr.). In: *Sefunoth* 3–4, 1960, S. 39–69.
183. –: "Besucher im Hause R. Abraham Rovigos" (hebr.). In: *Sefunoth* 5, 1961, S. 277–295.
184. Szabolcsi, N.: "Témoignages contemporains Françcais sur Shabbatai Zevi". In: *Semitic Studies in Memory oflmmanuel Löw*. Budapest 1947, S. 184–188.
185. Tadir, Ch.: "Messia-otstupnik". In: *Safrut* (russische Anthologie). Herausgegeben von L. Jaffe. Berlin 1922, S. 179–192.
186. Talpis, Samuel: "Brief eines türkischen Spions: Original dokumente zur Erhellung der sabbatianischen Bewegung 1666–1687" (jiddisch). In: *Geklibene Schriften*. Montreal 1933–35 (?), S. 264–81.
187. *THeatrum Europaeum*. Zehender Teil. Das ist: Glaubwürdige Beschreibung denckwürdiger Geschichten... von 1655 bis in anno 1671. Alles zusammen-getragen und beschrieben von Wolfgang Jacob Geiger. Frankfurt/Main 1703.
188. Tishby, J.: Rezension von Gershom Scholems *Be^cIkwoth Maschiach* (hebr.). In: *Kirjath Sefer* 21, 1944, S. 12–17.
189. –: *Wege des Glaubens und der Häresie* (hebr.). Jerusalem 1964.
190. –: "R. Meir Rofes Briefe von 1675 his 1680 an R. Abraham Rovigo" (hebr.). In: *Sefunoth* 3–4, 1960, S. 71–110.
191. Trivus, S.A.: "Massovie psichosi v yevreiskoi istovii-sabbatianstvo". In: *Voschod* 7, 1900, S.79–101.
192. Vajda, Georges: "Autour de mouvement sabbastaiste". In: *REJ* 7 (N. F.), 1947, S. 38–52.
193. –: "Recherches récentes sur l'ésotérisme juif". II, 7: "Le sabbataisme". In: *Revue de l'histoire des religions* 165, 1964, S.48–70.
194. Vulliaud, Paul: "La Legende Messianique de Sabbetai Zébi". In: *Mercure de France*, 47. Jahrgang, Nr. 271 vom 15. Oktober I 936, S.275–300.
195. Weinreich, Max: *Bilder fun derJiddischer Literaturgeschichte*. Wilna 1928.

196. Weiss, Aisik Hirsch: *Beth ha-Midrasch*. Wien 1865.
197. Wilenski, Mordechai: "Vier englische Flugschriften über die sabbatianische Bewegung aus den Jahren 1665/66" (hebr.). In: *Zion* 17, 1952, S. 157–172.
198. Wirszubski, Ch.: "Die sabbatianische Ideologie der Apostasie des Messias nach einem Brief Nathans von Gaza und dem Brief Magen Abrabam" (hebr.). In: *Zion* 3, 1938, S. 215–245.
199. –: "Über die spirituelle Liebe. Aus den Schriften Nathans von Gaza" (hebr.). In: *Kobez Hoza⊃ath Schocken le-Dibry Sifruth*. Tel Aviv 1940, S. 180–192.
200. –: "Die sabbatianische Theologie des Nathan von Gaza" (hebr.). In: *Keneseth* 8, 1944, S. 210–244.
201. Ya⊂ari, Abraham: *Scheluchej ⊃Erez Jisra⊃el*. Jerusalem 1950.
202. –: Wer schrieb das *Buch Chemdath Jamim*? (hebr.) Jerusalem 1954.
203. Zenner, Walter: "The case of the apostate Messiah, a Reconsideration of the 'Failure of Prophecy'". In: *Archives de Sociologie des Religions* 21, 1966, S. 111–118.

## その他の参考文献

204. Baer, Jitzchak: "Der historische Hintergrund des *Ra⊂ja Mehemna*" (hebr.). In: *Zion* 5, 1939–1940, S. 1–44.
205. –: *A History of the Jews in Christian Spain*. 2 Bde. Philadelphia 1961.
206. Bainton, Roland: *David Joris*. Leipzig 1937.
207. Benz, Ernst: *Ecclesia Spiritualis*. Stuttgart 1934.
208. Bietenhard, Iians: *Das tausendjährige Reich.* Bern 1944.
209. Birge, John K.: *The Bektashi Order of Dervishes*. London 1937.
210. Bloch, Ernst: *Thomas Münzer als Theologe der Revolution*. Berlin 1921.
211. Bokser, Ben Zion: *From the World of the Cabbalah*: The Philosophy of R. Judah Loew of Prague. New York 1954.
212. Casse 1, Paulus: *Die Offenbarung S. Johannis und das Tier*. Wiesbaden 1889.
213. Cohn, Norman: *The Pursuit of the Millennium*. London 1957.
214. Dan, Josef: "Die Geschichte von R. Joseph de la Rejna" (hebr.). In:

*Sefu-noth* 6, 1962, S. 313–326.

215. Davies, William D.: *The Torah in the Messianic Age*. Philadelphia 1952.

216. Even-Schmuᵓel (Kaufmann), J.: *Midreschej Geᶜulla*. Jerusalem 1943, ²1954.

217. Fogelklou, Emilia: James Nayler, the Rebel Saint. London 1931.

218. Froom, L.E.: *The Prophetic Faith of 0 ur Fathers*. 4 Bde. Washington 1950–1954.

219. Galanté Abraham: *Encore un nouveau recueil de documents Concernant l'histoire des Juifs de Turquie*. Istanbul 1953.

220. Huck, Johannes : *Joachim von Floris und die joachitische Literatur*. Frei-burg i. Brsg. 1938.

221. Jones, Rufus M.: *Studies in Mystical Religion*. London 1909.

222. Knox, Ronald A.: *Enthusiasm*. Oxford 1950.

223. Mann, Jakob: "Messianische Bewegungen zur Zeit des ersten Kreuzzugs" (hebr.). In: *Ha-Tekufa* 23, 1925, S.243–261; *Ha-Tekufa* 24, 1928, S. 335–358.

224. Marx, Alexander: "Le faux messie Ascher Laemmlein". In: *REJ* 61, S.135–138.

225. Nigg, Walter: *Das ewige Reich*. Zürich 1944.

226. Schechter, Salomon: "Safed in the 16 th Century". In: *Studies in Judaism*. Bd. 2. Philadelphia 1908, S. 202–328.

227. Schoeps, Hans-Joachim: *Philosemitismus im Barock*. Tübingen 1952.

228. Scholem, Gershom: "Der Kabbalist R. Abraham ben Elieser ha-Levi" (hebr.). In: *Kirjath Sefer* 2, 1925, S. 101–141, S. 269–273; *Kirjath Sefer* 7,1931, S. 149–165, S. 440–456.

229. –: "Die Geschichte von R. Joseph della Rejna" (hebr.). In: *Zion* (Jahrbuch) 5, 1933, S. 123–130.

230. –: "Die Solidaritätserklärung der Schüler Lurias" (hebr.). In: *Zion* 5, 1939–40, S. 133–160.

231. –: "Israel Sarug–ein Schüler Lurias?" (hebr.). In: *Zion* 5, 1939–40, S. 214–243.

232. –: "Eine Erlösungspredigt R. Salomon Turiels" (hebr.). In: *Sefunoth* I, 1956, S. 62–79.

233. –: "Schechina, das passiv-weibliche Moment in der Gottheit". In: - *Von der mystischen Gestalt der Gottheit*. Zürich 1962/Frankfurt am Main, 1977, Kap. 4.

234. –: "Gilgul, Seelenwanderung und Sympathie der Seelen". In: *Von der my-stischen Gestalt der Gottheit*. Zürich 1962/Frankfurt am Main 1977, Kap.5.

235. –: *Zur Kabbala und ihrer Symbolik*. Zürich 1960/Frankfurt am Main $^{6}$1989.

236. –: "Zum Verständnis der messianischen Idee im Judentum" In: *Judaica* I. Frankfurt am Main 1963, S. 7–74.

237. Tamar, David: "Die messianischen Erwartungen für 1575 in Italien" (hebr.). In: *Sefunoth* 2, 1958, S. 61–88.

238. Tishby, J.: *Die Lehre vom Bösen und den 'Schalen' in der lurianischen Kabbala* (hebr.). Jerusalem 1942.

239. Werblowsky, Zwi: *Joseph Karo, Lawyer and Mystic*. Oxford 1962.

《叢書・ウニベルシタス　917》
サバタイ・ツヴィ伝（下）
神秘のメシア

2009年 6 月15日　　初版第 1 刷発行

ゲルショム・ショーレム
石丸昭二 訳
発行所　財団法人　法政大学出版局
〒102-0073 東京都千代田区九段北3-2-7
電話03(5214)5540／振替00160-6-95814
製版，印刷　三和印刷／誠製本

Printed in Japan

ISBN978-4-588-00917-4

## 著者紹介

### ゲルショム・ショーレム
(Gershom Scholem)

1897–1982. ベルリン生まれのイスラエルのユダヤ学者. ドイツの大学で数学・物理学・哲学を学ぶ. シオニズム青年運動のグループに加わりパレスチナへの道を志向. 1923 年以降はエルサレムに移住. 1933–65 年エルサレムのヘブライ大学のユダヤ神秘主義及びカバラー学の教授. この分野の世界的権威. 1958 年ユダヤ研究にたいする「イスラエル賞」をはじめ, 68–74 年イスラエル科学人文学アカデミー会長, 75 年以降西ベルリン芸術アカデミー会員等, 数々の顕彰に輝いた. 生涯ユダヤ精神の精髄を説きつづけ, ドイツ・ユダヤ人史への厳しい批判と姿勢を堅持, 彼の最大の思想的親友ヴァルター・ベンヤミンは「唯一の真のユダヤ精神の体現者」と評した. 本書のほかに,『ユダヤ神秘主義』『カバラとその象徴的表現』『ベンヤミン－ショーレム往復書簡』『ベルリンからエルサレムへ』などが邦訳（法政大学出版局刊）されている.

## 訳者紹介

### 石丸昭二（いしまる しょうじ）

1940 年生まれ. 東京大学大学院修士課程修了. ドイツ文学専攻. お茶の水女子大学名誉教授. 現在獨協大学特任教授. 主な著訳書に,『アール・ヌーヴォーのグラフィック』（岩崎美術社）. G. ショーレム『ユダヤ神秘主義』（共訳）, G.R. ホッケ『ヨーロッパの日記』（全二巻共訳）, A. ノーシー『カフカ家の人々』, ハイデン＝リンシュ『ヨーロッパのサロン』（以上法政大学出版局刊）, E. ブロッホ『希望の原理』（全三巻共訳）, G. ロスト『司書』, U. ハイゼ『亭主』（以上白水社刊）,『独和辞典』（共編著）,『和独辞典』（共編著）（以上郁文堂刊）他.